“十一五”国家重点图书出版规划项目
教育部人文社会科学重点研究基地重大项目

黄河文明的历史变迁
丛书主编／李玉洁

秦汉魏晋南北朝黄河文化与草原文化的交融

薛瑞泽／著

科学出版社
北京

图书在版编目(CIP)数据

秦汉魏晋南北朝黄河文化与草原文化的交融/薛瑞泽著. —北京：科学出版社，2010

(黄河文明的历史变迁/李玉洁主编)

ISBN 978-7-03-022998-4

Ⅰ. 秦… Ⅱ. 薛… Ⅲ. 文化史－研究－中国－秦汉时代～魏晋南北朝时代 Ⅳ. K230.3

中国版本图书馆 CIP 数据核字（2008）第 141883 号

丛书策划：胡升华 侯俊琳

责任编辑：宋 旭 陈 超 李俊峰 / 责任校对：宋玲玲

责任印制：徐晓晨 / 封面设计：张 放 无极书装

科学出版社出版

北京东黄城根北街 16 号

邮政编码：100717

http://www.sciencep.com

北京凌奇印刷有限责任公司印刷

科学出版社发行 各地新华书店经销

*

2010 年 3 月第 一 版 开本：B5（720×1000）

2025 年 2 月第五次印刷 印张：24 1/4

字数：447 000

定价：128.00 元

（如有印装质量问题，我社负责调换）

“黄河文明的历史变迁丛书”
编委会

总 序 一

坐落于黄河之滨的古都开封的河南大学，是闻名遐迩的百年名校。教育部近年在河南大学设立了人文社会科学重点研究基地——黄河文明与可持续发展研究中心，中心人才济济，覆盖了众多相关学科，已经取得了令人瞩目的良好成绩。该中心李玉洁教授组织编写的“黄河文明的历史变迁丛书”，即将在科学出版社出版，不难预料其将在学术界产生显著的影响。

黄河文明是辉煌绵远的中华文明的核心组成部分。对黄河文明的考察研究，当然对阐述中华文明的优秀传统有着重大的意义。大家知道，以分区域的方法来探讨我国的历史和文明，是改革开放以来学术界突出的发展趋势之一。回顾这些年历史学研究的明显变化，是强调“多元一体”的观点，揭示中国自古是多民族、多地区的国家，灿烂的中华文明乃多民族、多地区的人民共同缔造。同时，考古学研究也反复证明中华文明是多源、多线的，构成了文化区系的理论。这样就开拓了学者的视野，推动了学科的进步，特别是对中原以外地区的研究，形成了前所未有的繁荣局面。

然而，提倡加强中原以外地区历史文明的研究，绝不应走向另一个极端，即抹杀中原地区在文明史上的重要性。黄河文明的历史意义是不可忽略的。回忆十几年前，我和浙江的徐吉军先生曾与多位学者专家合作，出版了一部《长江文化史》，幸而得到了大家的欢迎。随后我们考虑到中原地区的重要，又安排编写了《黄河文化史》。在后面这部书的序言里，我专门说到，中华文明固然是多源头、多区域的，但也必须承认，在不同时期，不同地区会起特殊的历史作用。具体地讲，在文明发展的若干关键时段，特定的地区会成为中心或者枢纽。例如，中华文明奠基的夏、商、周三代，以及以后的许多王朝的中心都在黄河中下游地区。对于这样的时期，将黄河文明置于特别重要的地位，确实是应该的。何况在三代以后，这一地区的影响仍然持续，需要探索的问题依旧很多。

关于黄河文明，我认为应该考虑这样三个问题：

第一，黄河文明在中国历史上占有怎样的地位？

第二，黄河文明为什么能够在历史上占有这样的地位？

第三，占有历史上特殊地位的黄河文明有哪些特点？

正因为黄河文明在文明发展史上有其独特的作用，教育部才在河南大学专设这方面的研究中心，并且由李玉洁教授主编完成这套“黄河文明的历史变迁丛书”。这套丛书共分九个子课题进行研究，从若干角度研讨了黄河文明的特点及形成这些特点的因素，从各个方面阐释黄河文明的历史地位和重要性。大家都知道“八方风雨会中州”这句话，中原地区之所以在历史上有特殊的重要性，关键的原因正在于其地理位置在当时的“天下”中央，居八方辐辏之地，在经济和文化的交流上占了优势。这套丛书主要从三个方面进行研究：

（1）丛书首先对黄河流域文明的要素：金属、文字、城邑以及凌驾于社会之上的公共权力的形成进行研究。

《黄河流域的青铜文明》一书，对中国古代青铜器的出现、铸造工艺、繁荣与影响进行研究，并把眼光集中于夏商周时期，那时青铜器的演变序列业已大体清楚，该书对有关的青铜文明问题作了深入的论述。

作为文明最重要标志的文字，《殷商甲骨文研究》就中国现已发现的最早的文字载体——甲骨文作了全面的论述，其中不乏新见解。

《黄河流域史前聚落与城址研究》对黄河上、中、下游的聚落与城址进行探讨，研究了聚落与城址形成的地理地貌和发展轨迹。

《中国古史传说的英雄时代》论述古史传说的神话性质及某些传说中的历史真实，把历史传说与考古材料相结合，对黄河流域古史传说中的英雄时代及其凌驾于社会之上的公共权力的形成进行系统的论述和研究，有诸多新意。

（2）丛书还对黄河文明的特质进行研究，即探讨黄河文明与其他地区文化的差异之处。历史上的中国，经济以农业为基本，文化以儒学为主流，而黄河文明即与二者有密切关联。

《黄河流域的农耕文明》对黄河流域农耕文明的起源、发展进行研讨，并且对黄河流域出现的农书、农神、农商思想与古代社会的关系进行研究，重点阐述植根于农业经济的黄河文化的特色。

儒学在中国长期的封建社会中是主导的思想理论。《儒学与中国政治》一书，论述儒学的起源、发展，研究了儒学与中国政治的密切关系。

（3）秦汉以后，黄河文化不断地吸收各地区的文化，得到了飞跃的发展。丛书在对黄河流域的文明起源问题探讨之后，对黄河流域的历史变迁进行研究。

《秦汉魏晋南北朝黄河文化与草原文化的交融》研究了秦汉魏晋南北朝时期黄河文化与胡文化的交流与融合。

《唐宋时期黄河流域的外来文明》研究了唐宋时期黄河文化与外来文明的融合。

《黄河文化与西风东渐》研究了明清时期黄河文化对西方文化进行全方位的吸收过程，黄河文化被注入了新的活力。

丛书对黄河文化与国内外文化的融合问题进行研究。这些书虽非出自一人之手，却将有关问题比较系统地串联起来，勾勒出相当明晰的轮廓，其中不乏新鲜的观点和见解。

读了这几本书，自能对黄河文明的历史地位获得进一步的认识。由这样的视角去观察黄河文明与文化，前人还很少做过。

黄河文明是非常博大的研究领域，“黄河文明的历史变迁丛书”已经开了一个好头，丛书都很值得一读。希望继续编写下去，我们且拭目以待。

李学勤

2009 年 1 月 20 日

总 序 二

黄河文明的历史地位

关于文明的起源，学术界曾出现了“满天星斗”说、“文明多元”论等，这些都是非常正确的。我们国家地域辽阔，中华文明是各地区、各民族的人民经过几千年辛勤的劳动共同创造的。然而根据学术界所认可的文明起源的要素和标准来看，华夏文明最早是在黄河流域出现、形成的。在文明形成的初期，黄河中下游地区处于“天下之中”的地位，这也是不可否认的事实。

国内外许多学者都提出了关于文明起源的见解。英国剑桥大学的考古人类学教授丹尼尔在《最初的文明：关于文明起源的考古学研究》中提出，文明的产生有三项要素：文字、城市、复杂的礼仪中心。日本学者贝冢茂树在1977年出版的《中国古代史学的发展》一书补记中提出，青铜器、文字、宫殿基址是文明产生的三要素。中国考古学家夏鼐先生在《中国文明的起源》一书中提出，青铜器、文字、城堡是文明产生的三个标志和要素，并且得到了学术界大多数学者的认可。

恩格斯在1884年出版的《家庭、私有制和国家的起源》一书中提出，文明和国家的形成主要有两项要素：①凌驾于社会之上的公共权力的建立；②按地区划分它的国民。恩格斯说“文明时代的基础是一个阶级对另一个阶级的剥削”[①]，他用阶级斗争的学说去解释文明的产生。这些理论奠定了马克思主义关于文明起源的政治学的理论基础，是判定文明产生的标准。

一、华夏文明最早在黄河流域形成

黄河是大自然献给中华民族的厚礼，是我们伟大民族的母亲河。黄河发

① 马克思，恩格斯．1972. 马克思恩格斯选集（四）．北京：人民出版社．167，166，173

源于巴颜喀拉山脉北麓，从青海高原奔腾而下，流经五千多公里，在黄河的中下游地区形成宽广美丽而富饶的冲积大平原，为黄河文明的诞生提供了优越的地理环境。

黄河中下游地区四季分明，是最适合古人类生存和生活的地区。大约一万七千多年以前，黄河流域就有人类生存了。华夏民族的祖先在这里勇敢顽强地劳动和开拓，创造了辉煌的文明和文化。传说中的“三皇五帝”、夏商周三代及我国历史上的诸多王朝皆建都在黄河流域。是时，这里是人文荟萃之地，号称“天下之中”，又称为“中原”、“中州”，乃至我们伟大的祖国被称为“中国”也与此有关。黄河是中华民族的摇篮。

文明的要素——金属、文字和城堡，最早在黄河流域出现和形成。黄河中下游地区形成了我国最早的文明的中心。

仰韶文化时期，黄河流域就出现了青铜器物。仰韶文化姜寨遗址出土有铜片，还发现有黄铜管，其时代约在公元前4700年左右。

铜器，在黄河流域龙山文化的遗址中多有发现，如郑州牛寨遗址发现了熔铜炉壁附有铅锡青铜块①，淮阳平粮台三期H15发现了铜渣②，登封王城岗四期H617内出土青铜器残片③，临汝煤山遗址出土铜坩埚、熔铜炉残壁及铜液痕迹④，鹿邑栾台遗址二期早期发现青铜器等。⑤ 这些资料表明当时黄河中游青铜器冶炼和使用比较普遍，已经进入早期铜器时代。在黄河中游的龙山文化遗址中已出现了国家和文明的重要标志。山西临汾陶寺墓葬中发现了一只铜铃（或铜铎），虽出自晚期墓葬，但这是一件工艺复杂的复范型大型铜器，表明在此之前，青铜冶炼铸造技术应该已经有一个很长的过程了。陶寺遗址大型墓中出土了特磬，并且有5座大墓中出土了用鳄鱼皮蒙面的鼍鼓，鼓身为挖空树干，通高1米许，上下口径43～57厘米，外表彩绘花纹。这种乐器首先发现在黄河流域龙山时代的文化中，可能最初为陶唐氏所发明。

目前，新石器时代考古所发现的青铜器只在黄河流域出现，其他地区或者只有很少的几个铜片，或者只是在淤泥中出现的一点铜锈痕迹，而且仅是一处孤证，或者根本没有出现过与青铜器有关的器具和器物。黄河流域以外地区的青铜文明远远落后于中原地区。

---

① 王震中.1998.中国文明起源的比较研究.西安：陕西人民出版社

② 河南省文物研究所，周口地区文化局文物科.1983.河南淮阳平粮台龙山文化城址试掘简报.文物，(3)：36

③ 安金槐.1983.登封王城岗遗址的发掘.文物，(3)：3

④ 1982.河南临汝煤山发掘报告.考古学报，(4)：446～453

⑤ 河南省文物研究所.1994.河南考古四十年.郑州：河南人民出版社

关于文字的起源应追溯到新石器时代器物上的刻画符号。河南舞阳的贾湖遗址出土的龟甲和石柄上就已经出现刻画符号。龟甲上刻有“”、“”、“”、“”、“”、“”、“”、“”、“”、“”等。①

1963年出版的《西安半坡》中公布了半坡遗址出土的大批陶器上有刻画符号。有的符号较简单，有的稍复杂。在仰韶文化类型遗址的陶器中多有这种符号，目前在渭水流域的西安、临潼、郃阳、铜川、宝鸡和甘肃秦安都有发现。②

大汶口文化类型的莒县陵阳河遗址出土的大口尊上发现了陶尊文字17个。其时代在公元前4000年左右。有关资料介绍：“自60年代以来，陵阳河发现刻文陶尊均出于河滩一组墓地（富有者墓地），共10件。采品6件，完整器5件。刻文分别为‘’、‘’、‘’、‘’、‘’、‘’、‘’。另一件为1979年发掘采集的陶尊残片，刻文为‘’……M25的一件刻文为‘’。陵阳河发现的陶尊刻文，共计12个个体。如将刻文归类统计，得图像一，图像文字凡七。”③ 我国许多学者，如唐兰先生、王树明先生等对这些文字均有考释，认为这是现行文字的远祖，陵阳河的陶尊文字与殷墟甲骨文字有渊源关系。

与原始文字有渊源关系的远古符号也在黄河流域大量出现，河南舞阳的贾湖，山东大汶口，陕西西安、临潼、郃阳、铜川、宝鸡和甘肃秦安等遗址出土的大批陶器上的刻画符号，与中国古文字具有一脉相承的渊源关系。殷商时期，大批的甲骨文在殷墟（今河南安阳市）出土，在世界古文字研究方面具有重要的意义。

黄河流域在仰韶文化晚期已发现古城堡。郑州西山古城址是仰韶文化的遗存，距今5300～4800年。④ 黄河中游龙山文化时期的城堡更为普遍，如河南淮阳平粮台古城址、登封王城岗古城址、郾城郝家台、安阳后岗、淅川下寺等。

河南淮阳平粮台城址距今4500年左右。城址呈正方形，长宽均为185米，城周长740米，建筑面积约5万平方米。城墙采用小版筑堆筑法营造，可见圆形夯窝。城有南北两城门。南门有用土坯垒砌的两个门卫房，中间是

① 王蕴智.2003.远古符号综类摹萃.中原文物，(6)：11

② 李学勤.1997.走出疑古时代.沈阳：辽宁大学出版社

③ 王树明.1986.山东省史前文化论文集·谈陵阳河与大朱村出土的陶尊文字.济南：齐鲁书社.249

④ 河南省文物研究所.1994.河南考古四十年.郑州：河南人民出版社

路土，路土下有铺设好的排水管道，城内有建筑在夯土台上的用土坯垒砌的排房。高台上的第 4 号房基的房址，东西残宽 15 米多，南北进深 5.7 米，室内北边有一宽约 0.92 米的走廊，南边再用隔墙分为四间。可以推测，在夯土高台上居住的人绝非一般平民。①

登封王城岗古城址位于河南省登封市告成镇西部，距今约 4400 年，这是两个并列的古城。大城的复原面积约 34.8 万平方米，是迄今为止在河南发现的规模最大的龙山文化晚期城址。② 王城岗古城址的城内有殉人、殉兽的奠基坑 13 个。这些奠基坑多者用 7 具人骨奠基，少者 1 具，共有 28 具人骨架。王城岗龙山文化三期发现一薄胎磨光的平底杯，杯的底外部有烧前刻画的一个文字，形似“共”字。王城岗龙山文化四期，发现一青铜容器的残片，编号为 WT196H617：14，残宽 6.5 厘米，残高 5.7 厘米，厚 0.2 厘米，很像铜鬶的腹与袋状足的部分残片。经北京科技大学冶金室检验是锡铜青铜铸件。③

安阳后岗遗址发现一段宽 2～4 米，长 70 余米的龙山文化时期的城墙。该遗址约 5 万平方米。遗址分布着直径约 3～5 米的圆形白灰面房基和木板地面房基，这些房基的下面有用小孩作牺牲的奠基，埋 1 个幼童的 8 座，埋 2 个幼童的 4 座，埋 3 个幼童的 2 座，埋 4 个幼童的 1 座，仅在发掘的 600 平方米内，埋幼童 26 个。这个遗址的年代在公元前 2700 年～前 2200 年。河南辉县孟庄龙山文化古城址，面积约 16 万平方米，有护城河等，具有军事性质。

黄河下游龙山文化类型的遗址亦发现许多古城址。山东章丘龙山镇的城子崖城址，总面积 17.55 万平方米。1984 年在寿光县边线王村发现一古城址。城址分大小两处，小城在大城之内，居中偏南。大城面积约 5.7 万平方米，四边城墙之中部各有一门道，门宽约 10 米。城内面积 1 万平方米左右。大城址距今 3800 年左右，小城距今 3900 年左右。④ 1991 年邹平丁公村发现一古城址，面积 11 万平方米。城址年代在距今约 4600～4000 年。⑤ 另外淄博的田旺村亦发现一个面积 20 余万平方米的龙山文化古城址。⑥

① 河南省文物研究所，周口地区文化局文物科 . 1983. 河南淮阳平粮龙山文化城址试掘简报 . 文物，(3)：37

② 北京大学考古文博学院，河南文物研究所 . 2006. 河南登封王城岗遗址 2002、2004 年发掘简报 . 考古，(9)：4

③ 河南文物研究所，中国历史博物馆考古部 . 1992. 登封王城岗与阳城 . 北京：文物出版社 . 38

④ 杜在忠 . 1988-7-15. 边线王龙山文化城堡的发现及其意义 . 中国文物报

⑤ 邹平 . 1992-1-12. 丁公村发现龙山文化城址 . 中国文物报

⑥ 齐天 . 1992-3-18. 田旺龙山文化城址面世 . 大众日报

从以上黄河流域发现的龙山文化时期的古城址来看，城址中或有城门和门卫房，或有护城河，是具有军事性质的城堡。城内（如平粮台城址中）高台上的高大建筑物表明城内居民存在阶级和阶层的差别。登封王城岗城址和安阳后岗城址中用幼童作奠基的殉人，表明激烈的社会冲突已经形成，高居于平民之上的公共权力已经形成。龙山文化时期长江流域的古城堡虽然显示了贫富分化的现象，但远不如黄河流域表现得那样尖锐和激烈，似乎还处在军事民主制时期。① 在黄河流域，早期国家已经形成了。

二、黄河流域出现的凌驾于社会之上的公共权力

黄河流域是最适合人类生存的地方，自古以来就流传着许多鸿蒙初辟时期的神话，如盘古、女娲等都是神话中的开天辟地或抟土造人的英雄。这些神话传说表现出华夏民族对世界的最初认识和美好的想象。远古时期，黄河流域活跃着许多部族，并各有自己的领袖。这些部族领袖往往被神化成半人半神的英雄。我国古代史籍中有许多关于远古时代英雄的传说，其中有三皇时期的传说，如燧人氏、伏羲氏、神农氏、葛天氏、柏皇氏等；还有五帝时期的传说，如黄帝、炎帝、太皞、少皞、蚩尤、颛顼、帝喾、帝尧、帝舜等。他们皆是黄河流域的部族领袖。这些传说构成中华民族形成发展的完整序列，记载了中华民族光辉的成长历程。

五帝时期，在黄河流域已经出现了早期国家的雏形。这些部族首领皆拥有号令征伐、收取贡赋、征发劳役的权力，而且这个时期，地域关系已经形成，有了非常明确的政治选举制度。这些部族首领已经拥有了马克思主义理论所认为的凌驾于社会之上的公共权力。这些现象说明黄河流域的部族自五帝时期就具备了早期国家的特征。

1. 号令征伐的权力

号令征伐是公共权力形成的典型表现形式。《史记·五帝本纪》云："轩辕之时，神农氏世衰。……于是轩辕乃习用干戈，以征不享，诸侯咸来宾从。""天下有不顺者，黄帝从而征之，平者去之，披山通道，未尝宁居。"这里很明显，黄帝轩辕氏对不顺从者，"征之"、"去之"，使"诸侯咸来宾从"。号令征伐，使诸侯"宾从"，就是一种凌驾于社会之上的公共权力。正因为拥有这种公共权力，黄帝才能与炎帝战于阪泉之野，与蚩尤战于涿鹿之野，最后消灭了敌对势力，使自己的权力得以巩固。

黄帝与炎帝、黄帝与蚩尤、颛顼氏与少皞氏都曾有过激烈的部落冲突。

① 张绪球．1994．屈家岭文化古城的发现和初步研究．考古，(7)：634

帝尧时期，曾进行过征伐三苗的战争。《国语·楚语下》曰："其后三苗复九黎之德，尧复育重、黎之后，不忘旧者，使复典之。"韦昭注："其后，高辛氏之季年。三苗，九黎之后。高辛氏衰，三苗为乱，行其凶德，如九黎之为也。尧兴而诛之。"

《史记·五帝本纪》记载，帝尧时期，天降大雨，黄河泛滥。尧于是召四岳（四个部族酋长）商议治水事宜。四岳推荐鲧，但鲧治水九年而无功。《史记·夏本纪》记载："舜登用，摄行天子之政，巡狩。行视鲧之治水无状，乃殛鲧于羽山以死。天下皆以舜之诛为是。于是舜举鲧子禹，而使续鲧之业。"舜可以殛鲧以死，并有权令鲧的儿子禹接替治水。舜还任用"八元"、"八恺"，"使主后土，以揆百事……乃流四凶族，迁于四裔"[1]。《尚书·虞书·舜典》云：帝舜"流共工于幽州，放驩兜于崇山，窜三苗于三危"。舜作为一个部族领袖可以流放或杀掉一个下级部族的首领，表明公共权力的形成。黄帝、颛顼、高辛、尧、舜等皆有号令征伐的权力。依靠这种权力，他们才能在战争中打败敌方，从而攫取更高的权力。

2. 收取贡赋

《史记·夏本纪》记载："自虞、夏时，贡赋备矣。"又云："众土交正，致慎财赋，咸则三壤成赋。"由此可知，虞舜时期已经开始向百姓征收贡赋，并有了完备的贡赋制度。收取贡赋是公共权力形成的典型特征。黄帝、颛顼、高辛、尧、舜已经具有国君（或国王）的权力了。

3. 征发劳役

《史记·五帝本纪》记载，帝舜杀了鲧之后，又任用鲧的儿子禹治水。大禹治水时，"唯禹之功为大，披九山，通九泽，决九河，定九州，各以其职来贡，不失厥宜"。尧、舜、鲧、禹等人的治水，当然需要征发很多人去服劳役。征发劳役亦是公共权力形成的特征。

4. 地域关系的形成

黄帝时期，曾东征西伐，打败了炎帝、蚩尤，颛顼氏与太皞氏、少皞氏等都发生过激烈的战争和冲突。被打败的部族则皆迁徙他处，其部族支裔四散，迁至偏远地区。如少皞氏在失败之后，其主要力量迁徙汾水流域，仍有一部分还在东夷地区，那些留下的居民则只能服从于胜利者的管辖。毫无疑问，黄帝、颛顼、尧、舜时期，其国民已按地区划分。地域关系已经形成。《史记·五帝本纪》载：黄帝"置左右大监，监于万国"。这里所说的"万国"，当是黄帝治下的各个地区的小邦国。

---

① 司马迁. 1982. 史记·五帝本纪. 北京：中华书局

5. 禅让制度与世袭制度

尧、舜、禹等部族领袖在权力的承继方面实行禅让制度，部族首领是通过禅让选举而产生的。《论语·尧曰》载，尧曰："咨！尔舜，天之历数在尔躬，允执其中，四海困穷，天禄永终。"舜在传位给禹的时候也说了同样的话。《论语·颜渊》云："舜有天下，选于众，举皋陶。""汤有天下，选于众，举伊尹。"《尚书·尧典序》曰："昔在帝尧，聪明文思，光宅天下，将逊于位，让于虞舜，作尧典。"但是禅让制度曾遭到战国学者的质疑，不相信古代实行过禅让制度。《孟子·万章》记载，"万章曰：'尧以天下为舜，有诸？'孟子曰：'否，天子不能以天下与人。'"《韩非子·说疑》云："舜逼尧，禹逼舜，汤放桀，武王伐纣，此四王者，人臣弑其君者也。"

我们且不说尧舜禹时期的帝位是"让"，还是"逼"，但五帝之前，包括五帝时期的部族首领肯定曾经实行过禅让制度，这是不容置疑的。尧舜禹时期的禅让现象是中国远古时代禅让制度的继承和继续。禅让制度确实是中国早期国家的一个重要特征。夏代开始了传子制的世袭制度，很多人认为传子制才是国家形成的标志，并在此基础上认为夏代才形成了国家。

如果说传子制是国家形成的特征标志，那么希腊的国家首脑从来就没有传子制，其首席执政官和其他执政官皆是由选举而产生的。而谁又能说古代希腊不是国家呢?!

马克思主义的国家学说认为，国家产生的标志是凌驾于社会之上的公共权力的建立和地域关系的出现。传子制不是国家产生的标志。

我国古史传说中的黄帝、太皞、少皞、颛顼、帝喾、尧、舜等，具有号令征伐、收取贡赋、征发劳役等凌驾于社会之上的权力。他们拥有的辖地上，不仅有本部族成员，而且已经按地区划分其国民。他们是活动在黄河流域的国家领袖，即国王。是时，黄河流域最早出现了青铜文化、文字，较早出现了城堡。古史传说中，华夏民族的领袖也多活动在黄河流域，华夏文明最早在黄河流域形成。

三、黄河文明的特质

黄河文明的主要特征之一就是农耕文明。黄河文明是以农业为经济基础而发展起来的。"农业是整个古代世界的决定性的生产部门。"① 研究黄河流域农耕文明的形成及特征，对深入了解文明进程、文化兴衰以及这个文明体系中人民的精神世界都有重要的意义。

① 马克思，恩格斯. 1972. 马克思恩格斯选集. 北京：人民出版社. 145

黄河流域发现了大量的古文化遗址，如磁山、裴李岗文化、仰韶文化、大汶口文化、龙山文化、马家窑文化、齐家文化等。农业是这些远古文化的主要内涵。自新石器时期开始，华夏民族已经成为农业定居的民族。黄河流域是世界上最早也是最重要的农业发源地之一。

在长期艰苦的劳动中，黄河流域的人民发明了农业，在野草中培育了五谷等各类农作物；发明了农业生产工具，并使之不断地改进，将其从木、石质改进为金属工具；创造了历法，制定了二十四节气，认识了天象与农业的关系；发明了丝绸，中国是世界闻名的丝绸之国；华夏民族有自己的农神崇拜。在黄河流域这块热土上，华夏民族辛勤勇敢地劳动，用他们的智慧和汗水，建造了自己的家园。

由于凌驾于社会之上的公共权力的出现和形成，封建国家制定了各种农业政策和赋税制度。黄河流域产生的农业思想，特别是中国封建王朝推行重农抑商的政策和思想，对中国古代社会有重要的影响。商业被限制，客观上也束缚了农业的发展。重农抑商的政策和思想，其目的在于巩固加强其专制统治，实际上则阻碍了中国社会的发展和进步，是中国封建社会长期停滞不前的重要原因之一。

儒学是中国文化的主流，也是黄河文明的重要特质。儒学是封建专制国家赖以统治的理论基础，与中国政治有着非常密切的关系。

儒家学说的核心是礼和仁的思想。儒家所说的礼，是一种标志尊卑贵贱等级的制度。《礼记·坊记》曰：“子云，夫礼者，所以章疑别微，以为民坊者也。故贵贱有等，衣服有别，朝廷有位，则民有所让。子云，天无二日，土无二王，家无二主，尊无二上，示民有君臣之别也。”

所谓仁，就是以仁德之心对待人民。儒家主张仁政，反对苛政。儒家学说要求帝王和国家的大小官员勤政爱民、奉公守法，要求人们严格约束自己的行为，做人做事要有廉耻之心，维护做官的清德，不欺暗室，有强烈的忧患意识，认为这样的人才能治理好国家。儒学从政治上讲，确实是为帝王统治服务的学说。然而，儒学能够在中国延续两千余年而不衰，除了封建帝王的推崇和提倡之外，能够被广大群众所接受也是重要的原因。

儒家提倡的道德观，如忠、孝、仁、义、廉、耻、宽、恕等，是我国人民两千年来恪守的道德伦理基础。儒学的伦理道德、重义轻利、敬老爱幼、乐于进取、强烈的忧患意识和参与意识，铸就了中华民族的共同心态和理想人格，也激励着中国的志士仁人去建功立业、英勇奋斗，使中华民族具有强大的凝聚力。

儒家学说提倡的“礼”保证了封建国家的等级制，维护了皇帝和各级贵族的利益；而“仁”又能使平民百姓们认可接受。这样封建国家的秩序就得以稳定。儒家学说是适用于中国封建社会的政治学说，对中国封建社会的政治发展起着积极的作用。

四、黄河文明的历史变迁

夏、商、周三代之后，早期国家逐渐成熟，进入了发展时期。春秋战国以后，中国的专制制度逐渐形成，随着秦汉王朝的统一，黄河文明进入了大发展时期。

秦汉魏晋南北朝是黄河文化发展的重要时期，也是黄河文化与胡文化交流、融合的重要时期。本课题通过秦汉魏晋南北朝时期不同时段少数民族与黄河流域的社会交往，论述了秦汉时期少数民族文化与黄河文化的融合过程。张骞通西域之后，一条以洛阳、长安为起点，直达安息、大秦的交通线形成，这就是历史上有名的丝绸之路。西域的葡萄、西瓜、乐器、胡马，传入黄河流域；黄河流域的铁器、丝绸、医药、造纸、印刷术、农业技术传入西域，大大丰富了黄河文化和世界文化的宝库。根据《汉书·西域传》的记载，新疆地区的罽宾国“地平温和：有目宿、杂草；奇木：檀、櫰、梓、竹、漆；种五谷、蒲陶诸果；粪治园田，地下湿，生稻；冬食生菜。其民巧，雕文刻镂，治宫室，织罽，刺文绣，好治食。有金、银、铜、锡，以为器。市列以金银为钱，文为骑马，幕为人面。出封牛、水牛、象、大狗、沐猴、孔爵、珠玑、珊瑚、虎魄、璧、流离”。大秦国即罗马古国。《后汉书·大秦传》记载，大秦国物产丰富，“多金银奇宝：夜光璧、明月珠、骇鸡犀、珊瑚、琥珀、琉璃、琅玕、九色玉石、朱丹、青碧。刺金缕绣织成金缕罽、杂色绫，作黄金涂、火浣布。又有水羊毳，野蚕茧所作细布。合诸香煎其汁，谓之苏合。以金银为钱：银钱十，当金钱一；与安息、天竺交市，海中获利十倍。其人质直，市无二价。谷食常贱，国用富饶”。黄河流域的许多地方开始响起了来自草原地区的“胡声”。

魏晋时期，特别是十六国时期，匈奴、鲜卑、羯、氐、羌等少数民族进入黄河流域，使黄河文化在这一特殊形式下复苏，对黄河文化的繁荣有重要的影响；而到北朝时期，鲜卑族入主黄河流域，给黄河文化注入了新鲜的血液。少数民族地区的所谓“胡桌”、“胡椅”、“胡床”、“胡服”，传入黄河流域，大大丰富了黄河流域人民的生活。这些最终揭示出黄河文化是在这一特殊历史时期融合少数民族文化而形成的多层次文明。

唐宋时代是黄河文化发展和成熟的重要时期。是时，突厥、铁勒等游牧民族、朝鲜半岛移民、西域以及西亚、中亚胡人等外来移民相继进入黄河流域。外来文明在黄河文化的演进历程中非常重要。唐宋时期，黄河文化与外来文明有强烈的互动作用，不仅使黄河流域出现了多种宗教信仰，如景教、摩尼教、袄教、犹太教传入中国，佛教也出现了不同的宗派，如唯识宗、密宗等，更重要的是黄河流域的科学技术得到进一步的发展，如天文学、医学、药物、植物、动物、香料、玻璃器、玛瑙、玉器、纺织品、货币、音乐、舞蹈、雕塑、绘画、建筑艺术等外来文明促进了黄河流域社会生活诸方面的发展，同时对黄河流域的饮食、服饰、体育、社会风俗、农业生产、交通运输、城市繁荣、经济作物的种植等都产生巨大的影响。唐宋时期黄河流域的政治、经济、文化与外来文明的交流往来，对黄河流域社会文化的发展产生了极大的影响。

明清时期，西方传教士在黄河流域的宗教和科学传播活动，为古老的黄河文化注入了西方近代科学文化的内容。明清时期，西方的宗教、天文学、数学、地理学、机械学、建筑学、物理学、医学、文学艺术、矿业技术、邮电、铁路交通、军事科学、教育思想、教育体制、社会风尚、近代农业科技等相继传入中国，美洲的农作物，如番薯、玉米、烟草等在黄河流域迅速传播、种植和推广，大大丰富了黄河流域农作物的种类，改变了黄河流域人民的饮食结构。更重要的是西方的民主思想也传入中国。鸦片战争之后，黄河文化开始了对西方文化的全方位吸收与融合，创建了新式学校、新式军队，产生和发展了一些近代工商业。新式的交通、通信工具等有了初步的发展，西方政治文化也得到一定程度的传播和实践，西式社会风尚开始在黄河流域出现并流行。

如今，古老的黄河文明与黄河文化在自身的基础上，通过对外来文明的合理吸收，不断地发展和变化，发生了强烈的历史变迁，出现了近代化的特质和内涵，黄河文化正在走向全面繁荣和昌盛。

李玉洁

2009 年 10 月 26 日

目　录

引　　言

综观中国古代社会发展史，黄河文化与草原文化的交流和融合是一个复杂的问题。两种文化交融的时间漫长而曲折，纵贯中国古代社会发展的主要历程。对黄河文化与草原文化的交流和融合进行研究，有助于我们从宏观上把握中国社会发展的基本脉络，具有重要的学术意义。

一、先秦时期黄河文化与草原文化的发展大势

黄河文化与草原文化作为中国古代北方黄河流域及草原地区的两种主流文化，在长期的发展过程中，形成各自的发展形态。因两种文化区的相互毗邻，彼此影响、交融，促进了中国古代北方地区多种文化现象的出现。为明了黄河文化与草原文化在中国社会发展中的作用，我们有必要对秦朝以前（因为本书主体研究秦汉魏晋南北朝时期）两种文化的发展大势作一简单的述评。

中国古代社会的发展历史可以说就是黄河文化进一步扩大的历史，也是黄河文化不断地融合周边地区文化并进一步丰富的历史。对于秦代以前黄河文化的发展大势，我们将其分为以下历史阶段加以介绍。

第一个历史阶段，从黄河流域有人类活动的时期开始到夏朝建立之前。这一历史阶段是黄河流域逐步开发和黄河文化初步形成的历史阶段。虽然说近年来关于中华民族起源的历史多源说颇为盛行，但不可否认黄河流域是中华文明起源中发挥过重要作用的地区。从旧石器时代开始，在黄河流域就有众多的居民点分布，至今可以认定的古人类文化遗址就呈现出星罗棋布的状态，谭其骧先生主编《中国历史地图集》（第一册）中的《原始社会遗址图》就向我们展示了黄河中下游地区分布广泛的原始遗址。谭先生的地图集出版于 1975 年，而近年来在黄河中下游地区所发现的原始遗址更加广泛。在新石器时代，黄河中游地区所出现的以仰韶文化为代表的文化现象，业已成为黄河流域社会发展的标志。仰韶文化主要分布在陕西的关中、晋南和河南的大部分地区。就原始的农业经济来看，考古所发现的石斧、石锄、石

铲、石刀以及石磨盘和石磨棒表明原始的农业经济已经开始起步，家畜饲养已经开始。原始的狩猎活动继续占据着人们生活的重要内容。进入父系氏族社会后，以龙山文化为代表的黑陶文化标志着黄河流域的社会经济达到较高的发展水平。龙山文化主要分布在河南、陕西、山东、河北等地。原始的农业普遍使用磨制石器，家畜的驯养品种在进一步增多，陶器制作达到较高的水平。这些在相关学术论著中已经多有论述。①由此可见，黄河流域作为中华民族最先发展的地区开启了黄河文化的先河。

第二个历史阶段，以夏商时期国家初步建立为标志，黄河文化加速发展。关于中国社会何时进入文明时代，学术界尽管争论不休，但是从尧舜禹开始，原始的禅让制逐步退出历史舞台，传贤逐步让位于传子。而夏商国家制度的建设则又是从黄河流域开始的，无论夏族起源于晋南或者后来建都于河洛地区，都是在黄河流域。《世本》云："夏禹都阳城，避商均也。又都平阳，或在安邑，或在晋阳。"②这表明夏人的活动地域在黄河中游地区。新中国成立后所发现的一系列考古遗存，如河南偃师二里头遗址等夏人的都城遗址都说明夏人的活动地区在黄河中游。夏代在黄河中游地区所建立的奴隶制政权虽然经历了曲折复杂的过程，但奴隶制作为新生的力量迅速站稳了脚跟。奴隶制的农业经济因为治水的成功而迅速得到发展，以青铜冶炼为主的手工业以及酿酒业都开始在社会生活中占据主导地位。③

殷人早期的八次迁都到后来定都于朝歌，都是在黄河流域的范围之内。《帝王世纪》云："殷汤都亳，在梁，又都偃师，至盘庚徙河北，又徙偃师也。周文、武都酆、鄗，至平王徙都河南。"④在这上千年的历史发展过程中，奴隶制的国家制度开始逐步完善，并实行父子相传和兄终弟及的王位传承制度，同时神权政治是商代政治的一大特色。奴隶制的经济也在这一时期快速发展，奴隶的集体劳作是这一时期农业经济发展的重要原因，手工业方面除了青铜冶铸业外，制陶业、纺织业、制骨器业、酿酒业都达到较高的水平，特别是商业经济发展迅速，并形成善于经商的传统。文化事业在黄河流域开始成熟，特别是以甲骨文为代表的文字成熟化趋势明显，标志着以黄河流域为代表的文化事业谱写了新的篇章。

第三个历史阶段，以周文化为代表的黄河文化快速发展。周人作为兴起于黄土高原的农耕民族，在黄河文化形成和发展过程中发挥过重大的作用。周人早期活动的地域主要在关中地区，这里是黄河的支流渭河的上游地区，

---

① 翦伯赞．1979．中国史纲要（第一册）．北京：人民出版社．4～7

② ④ 张守节．1982．正义．载：司马迁．史记．卷28．封禅书．北京：中华书局．1371

③ 薛瑞泽，许智银．2007．河洛文化研究．北京：民族出版社．149～155

从周人早期活动所建立的一系列居民点可以看出周人社会在逐渐进步。从周人的先祖公刘在豳开始农业生产，到古公亶父时因农业经济的发展，社会结构发生了重要变化，具备了国家的雏形。到周武王灭商以后，周人的势力扩展到了黄河中下游地区，并通过分封制建立起控制全国的网络机构。所谓的“溥天之下，莫非王土；率土之滨，莫非王臣”就反映了当时人们的普遍认识。西周时期，黄河流域的社会经济全面发展，特别是以洛阳为中心的城市商业经济在全国经济发展中发挥了核心和表率作用，这可以看做是黄河文化综合力形成的体现。

第四个阶段，是春秋战国时期，黄河文化渐趋成熟，对外影响也进一步扩大。自周平王迁都洛邑后，以周天子为代表的周政权沦为弱小的诸侯国地位。但是，在此环境下，周王朝原有的诸侯国则迅速发展，在黄河中下游地区出现了一系列强大的诸侯国，这些诸侯国有秦国、晋国、齐国等，到战国时期，晋国又分为韩、赵、魏三国。大国争霸局面的出现，一方面说明周天子大权旁落，从另一方面来看，各个诸侯国的出现与全国各地经济的快速发展是密不可分的。随着各地经济的发展，全国出现了一些大的经济区，这些大的经济区的发展又进一步增强了诸侯国之间的争战力量，使黄河中下游地区成为春秋战国时期经济发达的地区，同时又是诸侯国争战最为激烈的地区。而在战国时期出现了特殊的文化现象——百家争鸣，诸子百家活动的地域也以黄河流域为主。黄河流域社会经济的发展在全国也占据领先地位，如牛耕、铁器的大规模应用，商业经济快速发展，并形成了周的洛阳、魏的大梁、韩的阳翟、齐的临淄、赵的邯郸、宋的定陶、卫的濮阳等商业中心。①可以说战国时期是先秦时期黄河文化日趋成熟的重要历史阶段。

先秦时期草原文化的发展与黄河文化的对外拓展有一定的关系。夏代活动地域局限在黄河中游地区，与北方草原地区活动的少数民族没有接触，而到了商周时代，北方和西北地区的少数民族不断南下，与黄河流域的商人和周人发生了或多或少的联系。《史记》卷一《五帝本纪》记述黄帝部族“北逐荤粥”，唐司马贞《索隐》云：“匈奴别名也。唐虞已上曰山戎，亦曰熏粥，夏曰淳维，殷曰鬼方，周曰猃狁，汉曰匈奴。”《史记》卷一百一十《匈奴列传》云：“匈奴，其先祖夏后氏之苗裔也，曰淳维。唐虞以上有山戎、猃狁、荤粥，居于北蛮，随畜牧而转移。”这表明从先秦以来北方草原地区活动的少数民族已经引起了黄河流域民众的重视。商代活动于西北地区的少数民族有鬼方、土方、羌方等。《诗经·大雅·荡之什》：“文王曰咨，

① 翦伯赞．1979．中国史纲要（第一册）．北京：人民出版社．70

咨女殷商。如蜩如螗，如沸如羹。小大近丧，人尚乎由行。内奰于中国，覃及鬼方。”这表明在商王朝末年曾经发生过与鬼方（猃狁）的战争。周人的兴起与发展是在与西北地区的戎狄相互斗争中实现的。《史记》卷一百一十《匈奴列传》云：“夏道衰，而公刘失其稷官，变于西戎，邑于豳。其后三百有余岁，戎狄攻大王亶父，亶父亡走岐下，而豳人悉从亶父而邑焉，作周。其后百有余岁，周西伯昌伐畎夷氏。后十有余年，武王伐纣而营雒邑，复居于酆鄗，放逐戎夷泾、洛之北，以时入贡，命曰‘荒服’。…… 周道衰，而穆王伐犬戎，得四白狼四白鹿以归。……周幽王用宠姬褒姒之故，与申侯有郤。申侯怒而与犬戎共攻杀周幽王于骊山之下，遂取周之焦穫，而居于泾渭之间，侵暴中国。”从上所引材料可以看出西周时期，西北地区以犬戎为代表的少数民族不断进入黄河流域，对黄河流域的商周政权构成威胁。这可以说是早期草原文化的发展态势。

周平王迁都洛阳后，关中地区在戎狄的控制之下。秦人的兴起就是在与戎狄的斗争中实现的。[①]晋国的发展也是在战胜戎狄的基础之上实现的，特别是晋悼公时魏绛和戎狄的策略为晋国赢取了大片土地。中原地区众多的以戎狄为代表的少数民族在华夏民族的强大融合下，也都先后消亡。[②]战国时期来自北方的少数民族有东胡、林胡、濊、貊、楼烦和匈奴，分布在黄河流域今河北北部和内蒙古自治区南部以及山西北部。[③]这些少数民族逐步被燕赵两国所征服，只有在战国时期强大的匈奴族开始成为此后影响中国历史的主要草原民族。

二、先秦时期黄河文化与草原文化的文化内涵差异

先秦时期黄河文化与草原文化的内涵是丰富的，由于两种文化所存在的地域不同，因此也导致了两种文化的内涵的差异。黄河文化的文化内涵与草原文化的文化内涵差异应当包含以下几个方面。

其一，黄河流域所创造的物质文化是带有农耕区域的文化，而少数民族地域所创造的草原文化带有草原地区游牧特色。从黄河流域农业文明的发展历程、新石器时代农业经济的萌芽和夏商两个朝代农业经济的发展可以看出，原始的农业经济发展到带有规模化的生产过程，体现出黄河文化是带有浓厚色彩的农耕经济。而早期的草原文化的发展虽然有被黄河流域民族的认

---

① 薛瑞泽．秦军事集团与秦文化．载：秦始皇兵马俑博物馆．1998．秦文化论丛（第六辑）．西安：西北大学出版社．103～114

② 薛瑞泽，董红光．2001．春秋时期河洛地区少数民族研究．史学月刊，（5）：32～36

③ 翦伯赞．1979．中国史纲要（第一册）．北京：人民出版社．83～84

知过程，但实际上草原民族的流动生活，使游牧经济从一开始就与黄河流域的农耕经济呈现出明显差别。畜牧经济是他们生活的重要方式，骑马射猎与肉食构成其生活习俗的主要内容。戎子驹支云："我诸戎饮食衣服，不与华同，贽币不通，言语不达。"①《吕氏春秋·孟夏纪·用众》："戎人生乎戎、长乎戎而戎言。"《礼记·王制》云："中国戎夷，五方之民，皆有性也，不可推移。……西方曰戎，被发衣皮，有不粒食者矣。"很明显早期居住在敦煌一带的陆浑戎与内地华夏族的生活习惯和语言等方面都有很大差异。经秦、晋两国的诱迁，才长途跋涉来到河洛地区的山地丘陵地区。而迁到黄河流域后迅速被同化，王夫之云："《春秋》所书戎狄，皆非塞外荒远控弦食肉之族也，其所据横亘交午于中国之溪山林谷，迁徙无恒，后世为流民、为山寇，皆是也。"②这就是古人对以陆浑戎为代表的西北民族迁居到黄河流域腹地被同化的认识。

其二，黄河文化与草原文化在文化内涵上的差异也很明显。黄河流域的农耕民族在数千年的发展过程中，经过长期的定居生活，社会逐渐稳定，从文字的应用到文化艺术创造都取得了巨大进步，这从黄河流域所出现的以甲骨文为代表的汉字的发明到春秋时期百家争鸣局面的出现，都表明黄河流域的农耕文明取得了很大的进步。而早期的草原文化因为长期的游牧生活和对外征战的原因，使得草原文化长期以来没有取得类似黄河文化的一系列进步，虽然说近来有学者认为草原地区的民族也有自己的文字，但毕竟没有像黄河流域的农耕民族所取得的巨大的成就。

其三，由于黄河流域的农耕民族的民族品格和草原地区的游牧民族的民族品格的不同，也衍生出两种文化的显著差异。黄河流域的农耕民族的长期定居生活，使其所产生的文化具有内敛思维，因而安土守成，对外呈现出一种守势，积极向外进攻的现象较少。而北方恶劣的地理环境，使活动在草原地区的游牧民族为了生存的需要，长期以来采取一种动态的生活方式，既有后来的逐水草而迁徙，也有对外表现出积极进攻的生活方式。从周人的先祖自公刘迁居豳，到古公亶父迁居周原，都是因为来自北方地区的戎狄的压迫，特别是周平王东迁洛阳，更体现出两种文化之间的差异。两种不同的文化表现形式在秦汉以后表现得更为明显，也引发了长达两千多年的文化冲突。

其四，黄河文化与草原文化因所处的自然环境不同，也导致了两种文化之间实力对比的差异。虽然将两种文化的实力进行对比有点牵强，但是，因

① 左传·襄公十四年. 1985. 载：四书五经. 北京：中国书店. 358

② 王夫之. 1975. 读通鉴论. 卷12. 惠帝. 北京：中华书局. 315

为黄河文化与草原文化的自然环境的差异，造成两种文化在长期的发展过程中所形成的总的实力的差异，在相当长的历史时期内黄河文化处于优势地位。这是因为黄河文化处于黄河流域优越的自然环境，在这里形成了颇具特色的农业经济和建立在农耕经济基础之上的农耕文化，而草原文明所处的大漠草原，虽然也有以游牧为特色的经济，但是这一经济形态在经济上长期处于不稳定的状态，在文化上也因种种限制而没有典籍的流传，造成今天人们了解草原文化仍然要借助黄河流域所流传的文化典籍来进行。

三、先秦时期黄河文化与草原文化的特点

先秦时期黄河文化与草原文化在各自的发展过程中也形成了各自的特点，对这些特点进行总结，有利于我们充分认识两种文化的内涵以及在后世的表现。

其一，两种文化在发展早期都具有原始性的特点。从黄河文化来看，在黄河文化的初始阶段，所经历的旧石器时代和新石器时代作为原始的经济形态，经过了漫长的历史时期，这一时期作为一个积累的过程，为后世黄河流域社会经济的发展奠定了基础。草原文化也同样如此，从先秦典籍所流传的夏商时期的少数民族，在后来北方草原地区的发展也证明这些少数民族的历史同样悠久。到夏商及其以后，黄河流域社会经济的发展走上较快的发展道路，草原地区的经济形态仍然落后。

其二，黄河文化与草原文化在先秦时期的发展都呈现出持续发展的特点。作为两种不同的文化现象，先秦时期作为中国社会各项事物萌生的一个时期，一切都呈现出蒸蒸日上的特点，虽然幼稚，但发展都较快。就国家制度来讲，奴隶制度取代原始社会制度虽然经历了曲折和反复，但很快在黄河中下游地区发展起来，并最终成为黄河流域的主流。就草原文化内涵来讲，因为黄河文化的影响和吸引力，虽然受到种种限制，但无论是迁移到黄河流域的少数民族，抑或是黄河流域北部沿边地区的少数民族依然不断地内迁，且与黄河流域的民族不断融合，开启了中国历史上民族融合的先河，这在周人早期的迁徙过程中表现得较为明显。

其三，黄河文化与草原文化的发展还具有各自独立性的特点。黄河文化作为黄河流域所产生的地域文化，具有独特的地理环境和人文环境，因而其发展过程与黄河流域的社会环境和自然环境紧密地联系在一起，使黄河文化的发展融入了更多的文化内涵，其内容更加丰富多彩。而草原文化因为北方草原地区独特的自然环境，使草原民族在自身生存的同时，也养成了草原文化豪放的性格。这两种迥异的文化特点，在发生交往以后必然产生文化上的

冲突，这也是导致秦汉以后黄河文化与草原文化不断冲突的文化根源。

从先秦时期黄河文化与草原文化的相关论述可以看出，两种文化在东亚地区出现以后，经过数千年的发展成为东方地区两种主流文化，并在此后数千年中影响着东亚地区的历史，可以这样认为：中国历史的发展如果离开黄河文化和草原文化的融合和交往将不会有后期那样丰富多彩。正因为两种文化的交融构成了中华文明的主流，所以从先秦以来黄河文化与草原文化的交流和融合在中国社会的发展过程中就具有重要的历史价值，也就值得人们去关注。

第一章
秦时的初步交流

秦汉时期对黄河文化产生最大影响的少数民族是匈奴族。在这一历史时期，黄河流域的汉族与来自北方草原地区的匈奴族为了保有并进而开拓各自的生活空间，展开了旷日持久的武力角逐。两种文明之间的碰撞与交融，在一定程度上丰富和发展了黄河文化的文化内涵，使黄河文化的地域范围日趋广阔，内涵更加丰富，影响进一步扩大。

匈奴族作为兴起于漠北草原的一个少数民族，关于其起源学术界的认识并不相同。有的认为是中国古代北方地区少数民族的延续，其中比较权威的说法以王国维、吕思勉、林幹为代表。王国维先生《鬼方昆夷玁狁考》云：

> 我国古时有一强梁之外族，其族西自汧、陇，环中国而北，东及太行、常山间，中间或分或合，时入侵暴中国，其俗尚武力，而文化之度不及诸夏远甚，又本无文字，或虽有而不与中国同。是以中国之称之也，随世异名，因地殊号。至于后世，或且以丑名加之。其见于商、周间者，曰鬼方、曰混夷、曰獯鬻。其在宗周之季，则曰玁狁，入春秋后，则谓之戎，继号曰狄。战国以降，又称之曰胡，曰匈奴。①

很显然，在王国维先生的心目中，匈奴族就是这些不同时代不同名称的少数民族的后裔。吕思勉先生认为："此族在古代，盖与汉族杂居大河流域，其名称：或曰猃狁，或曰獯鬻，或曰匈奴，皆一音之异译。又称昆夷、畎夷、串夷，则胡字之音转耳。"② 如果说吕思勉先生的看法尚嫌隐晦的话，那么林幹先生则更为直接地说明这些先秦时代的各族就是匈奴族的祖先："其族源应包括荤粥、鬼方、猃狁、'戎'、'狄'在内的所有原先活动于大漠南北的各族。"③ 另一种观点则否认上述说法，认为匈奴族不是上述诸古老民族的后裔，而是一个新的民族。陈序经先生认为：匈奴人不是夏后氏的苗裔，

① 王国维．1959．观堂集林．卷13．鬼方昆夷玁狁考．北京：中华书局．583

② 吕思勉．1987．中国民族史．上海：东方出版中心．30

③ 林幹．2007．匈奴史．呼和浩特：内蒙古人民出版社．2

不是华夏族。这个民族不是唐虞以上的犬戎、荤粥，不是殷、周时的鬼方、昆夷、獯鬻、猃狁。只是从同音或同地来说明他们是同一族未必可靠。匈奴人是黄种人，是蒙古种族。[①] 考察陈序经先生的前后文之意，可以看出先秦时期其他少数民族都先后融合进了匈奴族。方汉文先生认为，匈奴族是甲骨文中的“亚凶”。“简略地说，亚凶，就是猃狁，也即严狁，这是匈奴的一个重要古代部族”[②]。通过对这些不同学术观点的分析，我们可以看出匈奴族的起源问题虽然学术界歧义颇多，但在战国时期匈奴族已经活动于北部边域则是事实。《逸周书·王会解第五十九》记载周成王成周之会各国的贡献时，有“匈戎狡犬”的贡品。此书后附《伊尹朝献·商书》记述，伊尹令包括匈奴在内的北方少数民族，“以橐驼、白玉、野马、騊駼、駃騠、良弓为献”。《山海经》卷十《海内南经》云：“匈奴、开题之国、列人之国并在西北。”虽然学术界有人认为这些早期匈奴族活动的材料多为后人附益而成，但至少说明先秦早期匈奴活动的基本情况。战国时，“当是之时，冠带战国七，而三国边于匈奴”[③] 的客观形势，表明匈奴族已经成为中国北部边疆势力最为强大的少数民族。正因为秦国、赵国与燕国处在与匈奴直接临界的前沿，所以战国后期诸国在参与黄河流域腹地的诸侯国交战的同时，还要以相当的军事力量来对付匈奴族。

燕、赵两国处在与匈奴交战的最前线，在相关史书中即有反映。燕昭王曾经对郭隗谈及燕国面临“寡人地狭人寡，齐人削取八城，匈奴驱驰楼烦（今山西省宁武县）之下”的严峻形势。[④] 此后，燕将秦开“为质于胡，胡甚信之。归而袭破走东胡，东胡却千余里。……燕亦筑长城，自造阳至襄平。置上谷、渔阳、右北平、辽西、辽东郡以拒胡”[⑤]。此处的“胡”可能也包括匈奴人在内，故而有“三国边于匈奴”之说。与燕国毗邻的赵国在与匈奴族的交往过程中，开始接受匈奴族的社会传统，特别是赵武灵王时的改革就借鉴了匈奴族的胡服骑射，“赵武灵王亦变俗胡服，习骑射，北破林胡、楼烦。筑长城，自代并阴山下，至高阙为塞。而置云中、雁门、代郡”[⑥]。赵国也直接与匈奴发生了联系，陈序经先生认为，这里所说的胡服骑射也是指匈奴的胡服与骑射。赵孝成王初年，赵国大将李牧驻扎雁门“备匈奴”，他采取“厚遇战士”、坚壁清野的做法，示敌以弱，麻痹匈奴。在最后的一次

---

① 陈序经．2007．匈奴史稿．北京：中国人民大学出版社．139～148

② 方汉文．2004．匈族（Huns）西迁与罗马帝国的崩溃．寻根，(6)：16～23

③ 司马迁．1982．史记．卷110．匈奴列传．北京：中华书局．2886

④ 刘向．说苑．卷1．君道．载：卢元骏．1977．说苑今注今译．台北：台湾商务印书馆．19

⑤ 司马迁．1982．史记．卷110．匈奴列传．北京：中华书局．2886

⑥ 班固．1962．汉书．卷94上．匈奴传上．北京：中华书局．3747

战斗中，李牧投入战车三百乘，战马一万三千匹，战士十五万人。李牧出奇兵，“大破杀匈奴十余万骑”。经过此次战役，“其后十余岁，匈奴不敢近赵边城”①。燕国末年，秦将樊於期因得罪秦王，逃往燕国依附于太子丹。鞠武劝谏太子丹说：“愿太子疾遣樊将军入匈奴以灭口。请西约三晋，南连齐、楚，北购于单于，其后乃可图也。”但为太子丹所拒绝。② 上述楼烦、雁门都是北部沿边的战略要地，楼烦就在雁门郡内，其地当晋西北地区。这说明燕、赵两国都面临与匈奴交战的战略地缘。

秦与匈奴交战的状况在秦惠文王七年开始，“韩、赵、魏、燕、齐帅匈奴共攻秦。秦使庶长疾与战修鱼，虏其将申差，败赵公子渴、韩太子奂，斩首八万二千”③。《正义》：“修鱼，韩邑也。”修鱼地在今河南省原阳县西南。这说明此时匈奴族已经进入黄河流域的腹地。匈奴族参与了诸侯国之间对秦国的讨伐战争，但是没有取得战争的胜利。《史记》卷一百一十《匈奴列传》云：“秦昭王时，义渠戎王与宣太后乱，有二子。宣太后诈而杀义渠戎王于甘泉，遂起兵伐残义渠。于是秦有陇西、北地、上郡，筑长城以拒胡。”这里所说的“胡”，据陈序经先生的推论应为匈奴族，因为秦灭义渠戎之后，秦才与“胡”发生直接的接触，所以才有秦开始筑长城以拒胡。④

战国时期草原文化与黄河文化的交流与融合是在血与火中实现的。以匈奴族为代表的北方少数民族因社会发展的阶段性限制和对中原地区先进物质文明的向往，多次入侵黄河流域，对黄河文化造成了很大的破坏。但是，匈奴族的入侵也改变了黄河流域的社会风俗。《史记》卷一百二十九《货殖列传》云：“杨、平阳陈西贾秦、翟，北贾种、代。种、代，石北也，地边胡，数被寇。人民矜懻忮，好气，任侠为奸，不事农商。然迫近北夷，师旅亟往，中国委输时有奇羡。其民羯羠不均，自全晋之时固已患其慓悍，而武灵王益厉之，其谣俗犹有赵之风也。故杨、平阳陈掾其间，得所欲。”杨与平阳两地的民众因为地理位置接近胡人，“数被寇”，因而形成了“懻忮”“慓悍”的风骨。再如，“夫燕亦勃、碣之间一都会也。南通齐、赵，东北边胡。上谷至辽东，地踔远，人民希，数被寇，大与赵、代俗相类，而民雕捍少虑，有鱼盐枣栗之饶”。从这段记载也可以看出燕国所控制的广大地区也因为“数被寇”，形成了“雕捍少虑”的民风。黄河流域的腹地野王也出现了“好气任侠”的风貌。沿北部边境地区的“好侠任气”和“雕捍少虑”的风

① 司马迁. 1982. 史记. 卷81. 廉颇蔺相如列传. 北京：中华书局. 2450
② 司马迁. 1982. 史记. 卷86. 刺客列传. 北京：中华书局. 2529
③ 司马迁. 1982. 史记. 卷5. 秦本纪. 北京：中华书局. 207
④ 陈序经. 2007. 匈奴史稿. 北京：中国人民大学出版社. 179

俗是这一地区的边民长期受来自北部边境的少数民族侵扰而逐步形成的，以至于社会上出现了能征善战之人受尊敬的现象。

秦王朝建立以后，秦始皇乘吞并天下的威望，“务胜不休，欲攻匈奴”，对匈奴族采取了积极进攻的策略。丞相李斯不同意秦始皇此举。他认为：“夫匈奴无城郭之居，委积之守，迁徙鸟举，难得而制。轻兵深入，粮食必绝；运粮以行，重不及事。得其地，不足以为利；得其民，不可调而守也。胜必弃之，非民父母。靡敝中国，甘心匈奴，非完计也。”① 从李斯的分析可以看出，以农耕文化为特色的黄河文化与以游牧为主的草原文化实际上反映了两个民族之间文化背景的差异。在与匈奴作战并且占领匈奴所有的地方以后，黄河流域的农耕民族很难长久地占有这一地区，即使占有这一地区也将付出较大代价。但是秦始皇没有采纳李斯的建议，继续执行向北进攻匈奴的战略，从而引发了数十年的抵抗匈奴的战争。

关于秦始皇进攻匈奴的原因，虽然史书上有“亡秦者胡也”的谶言而引起秦始皇积极推进进攻匈奴策略的记载，但根本的原因还是为了抵抗匈奴族的持续南下，以保卫黄河流域的农耕文明不受破坏。秦始皇三十二年，“始皇乃使将军蒙恬发兵三十万人北击胡，略取河南地”。三十三年，“西北斥逐匈奴。自榆中并河以东，属之阴山，以为四十四县，城河上为塞。又使蒙恬渡河取高阙、阳山、北假中，筑亭障以逐戎人。徙谪，实之初县”。秦始皇夺取匈奴占领的河南地后，在这里设置郡县，将内地的居民迁往这一地区，实现了黄河文化地域范围的进一步扩大。秦始皇的这一战略性胜利赢得了朝内大臣的广泛赞誉。秦始皇三十四年，仆射周青臣称颂秦始皇此举为“平定海内，放逐蛮夷，日月所照，莫不宾服”。为了抵抗匈奴族继续南进，秦始皇在咸阳坑杀儒生后，“益发谪徙边”②。《史记》表云：“徙于北河、榆中，耐徙三处。拜爵一级。”三十六年，秦始皇又“迁北河、榆中三万家”。通过迁徙人口到边疆地区，加强对边疆地区的建设。秦始皇时期，正是黄河文化与以匈奴族为代表的草原文化相互冲突的历史时期，虽然说居于黄河流域的农耕文化占据着统治地位，但是，胡汉之间的冲突，其实是文化在特殊背景下交流的表现形态。这种武力排斥匈奴族的文化进入黄河流域，是先进的农业文明拒绝与落后的草原文化交流的表现。因为在当时的历史情势下，农业文明很明显较之于草原文化要先进得多，草原文化以武力进入黄河流域，只能使农业文明遭到破坏。对于秦始皇时期对待匈奴的政策，贾谊评价曰：“乃使蒙恬北筑长城而守藩篱，却匈奴七百余里，胡人不敢南下而牧马，士

---

① 班固．1962．汉书．卷64上．主父偃传．北京：中华书局．2800

② 司马迁．1982．史记．卷6．秦始皇本纪．北京：中华书局．254

不敢贯弓而报怨。”[①] 如此而论，秦始皇时期对匈奴族所采取的抵抗措施，保证了黄河流域的社会稳定，使黄河文化在较为安定的状态之下得以发展。但是，秦始皇这一积极进攻的策略给黄河流域也带来了不可估量的损失。主父偃评价说，蒙恬占据这一地区后，“地固泽卤，不生五谷，然后发天下丁男以守北河。暴兵露师十有余年，死者不可胜数，终不能逾河而北。是岂人众之不足，兵革之不备哉？其势不可也。又使天下飞刍挽粟，起于黄、腄、琅邪负海之郡，转输北河，率三十钟而致一石。男子疾耕不足于粮饷，女子纺绩不足于帷幕。百姓靡敝，孤寡老弱不能相养，道死者相望，盖天下始叛也”[②]。秦始皇为了维护黄河文化的稳定，花费十余年的时间，动用全国的力量大规模地扩大黄河文化的影响，但因不恤民力，结果导致民怨沸腾，出现天下混乱的局面。

特别值得一提的是秦始皇时所修筑的长城。这是为了防止匈奴族入侵、抵抗草原文化对黄河文化侵蚀的一次带有政治色彩的全民行动。《史记》卷八十八《蒙恬列传》云：“秦已并天下，乃使蒙恬将三十万众北逐戎狄，收河南。筑长城，因地形，用制险塞，起临洮，至辽东，延袤万余里。于是渡河，据阳山，逶蛇而北。”“蒙恬常居上郡统治之，威振匈奴。”秦始皇倾全国之力重用蒙恬修筑长城，从表面上隔断了黄河流域农耕民族与草原地区匈奴族的往来，再加上秦朝在沿长城地区驻扎了大量的军队，暂时保障了黄河流域的安全，也使黄河文化不至于因为匈奴族的入侵而遭到破坏。司马迁就曾称颂蒙恬说：“为秦开地益众，北靡匈奴，据河为塞，因山为固，建榆中。”[③] 在秦朝强大的军事压力下，匈奴单于头曼，因“不胜秦，北徙”。司马迁在考察秦长城以后说：“吾适北边，自直道归，行观蒙恬所为秦筑长城亭障，堑山堙谷，通直道，固轻百姓力矣。夫秦之初灭诸侯，天下之心未定，痍伤者未瘳，而恬为名将，不以此时强谏，振百姓之急，养老存孤，务修众庶之和，而阿意兴功，此其兄弟遇诛，不亦宜乎！何乃罪地脉哉？”[④] 在民众经历了战国末年的兵燹之灾，需要休养生息、恢复社会经济的历史时期，秦始皇不恤民力，使本已岌岌可危的封建政权基础动摇，可见汉朝人对秦王朝修建长城的评价是很中肯的。

为了进一步加强对河套沿线的军事支持，秦始皇还动用民力修建了从咸

① 贾谊．新书·过秦上．载：王洲明，徐超．1996．贾谊集校注．甲编．北京：人民文学出版社．5

② 班固．1962．汉书．卷64上．主父偃传．北京：中华书局．2800

③ 司马迁．1982．史记．卷130．太史公自序．北京：中华书局．3315

④ 司马迁．1982．史记．卷88．蒙恬列传．北京：中华书局．2570

阳直通九原的直道。秦始皇三十五年，“除道，道九原抵云阳，堑山堙谷，直通之”[①]。《史记》卷八十八《蒙恬列传》：“始皇欲游天下，道九原，直抵甘泉，乃使蒙恬通道，自九原抵甘泉，堑山堙谷，千八百里。道未就。”这一贯通南北的直道的修建便利了从关中地区快速运粮至九原前线，便利了军队的快速调动，同时也加强了秦朝对新进占领地区的经济控制，有利于黄河文化的传播。然而这一宏大的战略举措并没有持续多久，“十余年而蒙恬死，诸侯畔秦，中国扰乱，诸秦所徙适戍边者皆复去，于是匈奴得宽，复稍度河南与中国界于故塞”[②]。秦朝经过艰苦努力所取得的成绩，随着秦末朝廷内部的混乱而土崩瓦解。到了秦二世时，“宿军无用之地，连兵于边陲，力非弱也。结怨匈奴，絓祸于越，势非寡也”。《正义》：“谓三十万备北边。”秦朝动用了数目庞大的军队镇守北部边陲，对国力是极大的损伤，从而为匈奴族卷土重来提供了可乘之机。并且秦朝在边疆地区驻扎大批军队，给黄河流域的人民也造成了巨大的经济负担，影响了黄河文化内涵的进一步发展。主父偃说：“秦常积众暴兵数十万人，虽有覆军杀将系虏单于之功，亦适足以结怨深仇，不足以偿天下之费。夫上虚府库，下敝百姓，甘心于外国，非完事也。”[③] 主父偃可以说一针见血地指出了秦王朝为了维护黄河文化不至于被破坏所付出的代价。

秦朝在黄河流域也进行了大规模的开发性移民，使黄河文化对少数民族文化造成了进一步压迫之势。《册府元龟》卷一百五《帝王部·惠民第二》云：“秦始皇遣蒙恬攘郤匈奴，得其河南造阳之北千里地甚好。于是为筑城郭徙民居之，名曰新秦。四方杂错奢俭不同，今俗名新富贵者为新，秦繇是名也。”薛瓒曰：“秦逐匈奴以收河南地，徙民以实之，谓之新秦。”这就开启了汉代大规模移民以充实边疆的先河。虽然秦代在新秦中实施移民和驻扎军队等措施来巩固边疆，但匈奴族仍然不时地侵扰。唐代贾至《出塞曲》云：“万里平沙一聚尘，南飞羽檄北来人。传道五原烽火急，单于昨夜寇新秦。”这大概就是对秦汉时期匈奴屡次侵扰这一地区的追述。关于新秦中的地望，《正义》服虔云：“地名，在北地，广六七百里，长安北，朔方南。”即今内蒙古以南、宁夏清水河流域、甘肃环县、陕西吴旗县以北地。秦末，黄河中游地区陷于战乱，匈奴单于头曼北迁以后，“十余年至秦乱，诸秦所徙谪戍边者皆复去，于是复稍渡河，与中国界于故塞”[④]。新秦中的移民大多

① 司马迁．1982．史记．卷6．秦始皇本纪．北京：中华书局．256

② 司马迁．1982．史记．卷110．匈奴列传．北京：中华书局．2887

③ 司马迁．1982．史记．卷112．平津侯主父列传．北京：中华书局．2955

④ 杜佑．1988．通典．卷194．边防十·匈奴上．北京：中华书局．5303

逃离，这里成为空旷的待开发之地，匈奴族又重新占据了这一地区，这就使西汉时期继续开始对这一地区实施占领，并在这里进行移民和开发。秦朝还在朔方一带进行移民开发。汉武帝时，主父偃“盛言朔方地肥饶，外阻河，蒙恬城之以逐匈奴，内省转输戍漕，广中国，灭胡之本也”。公孙弘反驳曰：“秦时常发三十万众筑北河，终不可就，已而弃之。”① 虽然汉武帝最终采纳了主父偃的建议，但从这一争论中我们也可以看出秦朝在朔方一带曾经进行过农业开发，结果无功而返。对于秦朝在新秦中所作的贡献，开发西北地区沿黄河之地的行为，汉代盐铁会议时文学之士批评说：“秦任战胜以并天下，小海内而贪胡、越之地，使蒙恬击胡，取河南以为新秦，而忘其故秦，筑长城以守胡，而亡其所守。”② 唐代也有“昔置新秦，以实塞下”③ 的说法。这就是说秦朝过分关注黄河文化的对外扩张，而忽视了黄河文化的腹心地带的发展，导致了秦王朝的覆亡，使黄河中下游地区遭受到了战争的破坏。

秦代黄河文化在与草原文化交往过程中，因为战争的原因，也培养了黄河流域民族坚强不屈的性格。这就是面对外敌的入侵，能够齐心协力、抵御外患的民族气节。如果秦始皇派遣蒙恬抵抗匈奴尚属于政府行为的话，那么，黄河流域的民众虽然是在政府的逼迫之下开赴前线的，但仍然表现出了英勇不屈的民族精神。陈胜、吴广所领导的农民起义虽然反抗了秦的暴政，但更多的黄河流域的民众是赴北方前线抵抗匈奴的。正是他们的这种牺牲精神，造就了这一阶段黄河文化的继续发展。因此，对于秦时黄河文化与草原文化的交往历史，我们应当辩证地看待，弄清战争对黄河文化的影响。

① 司马迁 . 1982. 史记 . 卷 112. 平津侯主父列传 . 北京：中华书局 . 2961

② 桓宽 . 盐铁论 . 卷 8. 诛秦 . 载：王贞珉 . 1995. 盐铁论注译 . 长春：吉林文史出版社 . 392

③ 卢俌 . 论突厥疏 . 载：董诰 . 1990. 全唐文 . 卷 267. 上海：上海古籍出版社 . 1198

第二章

西汉时期黄河文化与草原文化的交融

秦王朝灭亡以后，黄河中下游地区陷于数年战乱，秦王朝在北部沿边地区所建立的一系列防护措施都随之遭到破坏，匈奴族的骑兵长驱直入，占领了原来秦朝在黄河流域所拓展的地区，并且不断南下，侵扰刚刚建立的汉王朝。汉朝同匈奴族的战争成为西汉初年黄河文化与草原文化碰撞和交融的一种表现形式。

第一节　西汉初年对匈奴的战争

秦汉之际汉王朝与匈奴之间的冲突，其实可以看做黄河文化与草原文化的一次武力交锋。在这次交锋中，黄河流域的农业文明暂时处于劣势。这从汉朝初年与匈奴族在黄河流域的武力角逐中即可反映出来。

秦王朝对匈奴族的强力进攻，使匈奴族北迁而不敢继续南下。“十余年而蒙恬死，诸侯畔秦，中国扰乱，诸秦所徙适戍边者皆复去，于是匈奴得宽，复稍度河南与中国界于故塞。”在这一阶段，匈奴族内部也发生了内讧。匈奴族单于头曼宠信后妻阏氏，生少子，“而单于欲废冒顿而立少子，乃使冒顿质于月氏。冒顿既质于月氏，而头曼急击月氏。月氏欲杀冒顿，冒顿盗其善马，骑之亡归。头曼以为壮，令将万骑”。太子冒顿逃回后，“从其父单于头曼猎，以鸣镝射头曼，其左右亦皆随鸣镝而射杀单于头曼，遂尽诛其后母与弟及大臣不听从者。冒顿自立为单于”。时为公元前209年。冒顿自立为单于后，首先解决屡次侵扰匈奴的东胡族，“大破灭东胡王，而虏其民人及畜产”。解决东胡问题后，冒顿单于又进一步扫清匈奴族南下的多重障碍，“西击走月氏，南并楼烦、白羊河南王。悉复收秦所使蒙恬所夺匈奴地者，与汉关故河南塞，至朝那、肤施，遂侵燕、代”。这时刘邦正率领军队与项羽相抗拒，“中国罢于兵革，以故冒顿得自强，控弦之士三十余万”。据陈序经先生研究，此时匈奴的人口有150万左右，其力量迅速强盛起来。[①] 匈奴族利用秦汉之际黄河中下游地区内乱的有利时机，迅速扩充实力，“尽服从北夷，而南与中国为敌国”[②]。由此可以看出，秦末汉初黄河中下游地区的社会动荡为以匈奴族为代表的草原文化的发展提供了有利时机，使草原文化迅速向南扩展。

这一时期匈奴族的社会发展大概还处在部落联盟制阶段。单于之下“置左右贤王，左右谷蠡王，左右大将，左右大都尉，左右大当户，左右骨都侯”。其太子为“左屠耆王”，“自如左右贤王以下至当户，大者万骑，小者数千，凡二十四长，立号曰‘万骑’。诸大臣皆世官。呼衍氏，兰氏，其后有须卜氏，此三姓其贵种也”。匈奴族的左右方王将分管不同方位的事情，“诸左方王将居东方，直上谷以往者，东接秽貉、朝鲜。右方王将居西方，直上郡以西，接月氏、氐、羌”。单于本人“直代、云中：各有分地，逐水草移徙”。“而左右贤王、左右谷蠡王最为大，左右骨都侯辅政。诸二十四长亦各自置千长、百长、什长、裨小王、相封、都、尉当户、且渠之属”。[③] 从匈奴族的官僚结构我们可以看出，匈奴族社会的等级性是很明显的。匈奴族社会发展的阶段性，使这一民族具有更多的对外进攻性。这就导致了西汉初年以汉朝为代表的黄河文化与以匈奴族为代表的草原文化冲突的局面。

西汉初年，全国刚刚统一，所面临的问题既有黄河中游地区社会经济全面恢复的问题，也有匈奴族南下侵扰的问题。汉高祖五年正月，刘邦称帝后，立原韩王信为韩王，都阳翟（今河南禹县）。六年春，汉高祖“乃以太原郡三十一县为韩国，徙韩王信王太原以北，备御胡，都晋阳”。十二月，“徙韩王信太原”。刘邦是想利用韩王信的力量抵抗南下匈奴的骚扰，同时利用匈奴消除汉王朝内部的异己力量。韩王信到北边以后，看到当时的严峻形势，上书曰：“国被边，匈奴数入寇；晋阳去塞远，请治马邑。”刘邦同意将韩的国都迁往马邑（今山西省朔州市）。将国都迁往距匈奴更近的马邑，其目的是便于有效地抵抗匈奴的南下。是年“秋，匈奴冒顿大围信，信数使使胡求和解。汉发兵救之，疑信数间使，有二心，使人责让信。信恐诛，因与匈奴约共攻汉，反，以马邑降胡，击太原”[④]。韩王信投降匈奴使汉朝北部边境门户洞开，太原直接受到威胁。太原一带的守将或叛逃匈奴，或临阵脱逃，在此情况下，为了遏制匈奴族继续南下侵扰黄河流域，刘邦“闻匈奴聚

---

① 陈序经．2007．匈奴史稿．北京：中国人民大学出版社．190

② 司马迁．1982．史记．卷110．匈奴列传．北京：中华书局．2890

③ 司马迁．1982．史记．卷110．匈奴列传．北京：中华书局．2891

④ 司马迁．1982．史记．卷93．韩信卢绾列传．北京：中华书局．2633

于代谷之外而欲击之”，御史成进劝谏说：“不可。夫匈奴之性，兽聚而鸟散，从之如搏影。今以陛下盛德攻匈奴，臣窃危之。”① 刘敬也劝说刘邦不要贸然出兵，但是刘邦不听，仍然率领军队前往讨伐匈奴。《史记》卷八《高祖本纪》云：

七年，匈奴攻韩王信马邑，信因与谋反太原。白土曼丘臣、王黄立故赵将赵利为王以反，高祖自往击之。会天寒，士卒堕指者什二三，遂至平城。匈奴围我平城，七日而后罢去。令樊哙止定代地。立兄刘仲为代王。

汉高祖七年的这次汉朝与匈奴冲突，实际上可以看做汉代黄河文化与草原文化首次激烈的碰撞。汉高祖刘邦被匈奴围困平城（今山西大同）七日，最后得以脱身是因为“高帝用陈平奇计，使单于阏氏，围以得开”。关于陈平所用之计，史书向来为尊者讳，“其计秘，世莫得闻”。而桓谭在《新论·述策第十四》云：“此策乃反薄陋恶，故隐而不泄。高帝见围七日，而陈平往说阏氏，阏氏言于单于而出之，以是知其所用说之事矣。彼陈平必言汉有好丽美女，为道其容貌天下无有，今困急，已驰使归迎取，欲进与单于，单于见此人，必大好爱之；爱之，则阏氏日以远疏，不如及其未到，令汉得脱去，去，亦不持女来矣。阏氏妇女，有妒之性，必憎恶而事去之。此说简而要，及得其用，则欲使神怪，故隐匿不泄也。”《资治通鉴》卷十一《汉纪三·太祖高皇帝中》注引应劭曰：“陈平使画工图美女，间遗阏氏曰：‘汉有美女如此；今皇帝困急，欲献之。’阏氏畏其夺己宠，言于冒顿，令解围。余谓秘计者，以其失中国之体，故秘而不传。”桓谭、应劭作为东汉时期的人，在其著作中提及的内容相类似，至少说明在两汉时期民间所流传的汉高祖是借此而脱身的。之所以难以在正史中记载，颜师古云：“莫得而言，谓自免之计，其事丑恶，故不传。”② 正因为以陈平为代表的群臣努力，刘邦方才脱险。《史记》卷九十三《韩信卢绾列传》记载，阏氏乃说冒顿曰：“今得汉地，犹不能居；且两主不相戹。”同书卷一百十《匈奴列传》则云：“阏氏乃谓冒顿曰：‘两主不相困。今得汉地，而单于终非能居之也。且汉王亦有神，单于察之。’冒顿与韩王信之将王黄、赵利期，而黄、利兵又不来，疑其与汉有谋，亦取阏氏之言，乃解围之一角。”汉高祖乘机退兵。如果说桓谭的看法正确的话，则说明在汉族的影响下，匈奴族女性也有了汉族女性的性格，也进一步说明了汉朝与匈奴两族之间的交往和影响。两种说法相较，笔者认为后一种看法较为切合历史实际。因为匈奴族作为草原民族，即

① 司马迁．1982．史记．卷112．平津侯主父列传．北京：中华书局．2955

② 班固．1962．汉书．卷94下．匈奴传下．北京：中华书局．3813

使占据了汉朝所控制的广大地区，也因生产方式的差异，无法在黄河流域站稳脚跟，文化的差异可以说是冒顿单于撤军的根本原因。

平城之围解除后，匈奴族仍然不时威胁汉朝北部边境的安全，“冒顿为单于，兵强，控弦三十万，数苦北边”。为了进一步加强北部边境抵抗匈奴的力量，刘邦在樊哙平定代地后，将自己的兄长刘仲封为代王。汉高祖八年，刘邦率军东征韩王信的残余武装于东垣（今河北石家庄市），因赵国相贯高谋弑刘邦，刘邦快速离去。而代王刘仲慑于匈奴攻代的威势，内心恐惧，“刘仲不能坚守，弃国亡，间行走雒阳，自归天子”①。刘邦废刘仲为郃阳侯。面对匈奴族强大的军事威慑，汉高祖刘邦深感凭借黄河流域所提供的财政力量很难在短时期内与深受草原文化浸润的匈奴族抗衡，如果强行与匈奴交战，只能使黄河流域在遭受兵燹之灾之后，再次陷入战争的旋涡，不仅人民生活困苦，而且也将影响到新生的汉政权的稳固。所以，他接受了刘敬所提出的与匈奴和亲的政策。刘敬说：“陛下诚能以适长公主妻之，厚奉遗之，彼知汉适女送厚，蛮夷必慕以为阏氏，生子必为太子，代单于。何者？贪汉重币。陛下以岁时汉所余，彼所鲜数问遗，因使辩士风谕以礼节。冒顿在，固为子婿；死，则外孙为单于。岂尝闻外孙敢与大父抗礼者哉？兵可无战以渐臣也。若陛下不能遣长公主，而令宗室及后宫诈称公主，彼亦知，不肯贵近，无益也。”因为吕后不愿将公主送给匈奴为妻，“日夜泣”，刘邦“竟不能遣长公主，而取家人子名为长公主，妻单于。使刘敬往结和亲约”②。通过此次婚姻关系的缔结，汉朝与匈奴之间暂时保持了相对的安定。《史记》卷一百十《匈奴列传》云：“高帝乃使刘敬奉宗室女公主为单于阏氏，岁奉匈奴絮缯酒米食物各有数，约为昆弟以和亲，冒顿乃少止。”缔结婚姻关系并且将絮缯酒米食物送与匈奴，还与匈奴“约为昆弟以和亲”。虽然说在历史上人们对刘邦与匈奴和亲诟病很多，但因为这次和亲为黄河流域赢得了暂时的安定，使黄河流域的社会经济得到了一个相对稳定的发展环境，所以亦受到了人们的称赞。司马迁称颂刘敬说：“徙强族，都关中，和约匈奴。”③ 所以在特殊的历史条件下的能屈能伸对国家和民族的发展都是有益的。汉政府通过结亲、送物资和相约为兄弟等方式逐步将汉文化影响到匈奴族，以汉文化为代表的黄河文化继续对草原文化产生影响。

刘敬出使匈奴，使汉族对匈奴族也有了进一步的了解。他在归来之后，向刘邦进一步分析了汉匈实力的对比以及匈奴族骑兵的优势：“匈奴河南白

① 司马迁. 1982. 史记. 卷 106. 吴王濞列传. 北京：中华书局. 2821
② 司马迁. 1982. 史记. 卷 99. 刘敬叔孙通列传. 北京：中华书局. 2719
③ 司马迁. 1982. 史记. 卷 130. 太史公自序. 北京：中华书局. 3316

羊、楼烦王，去长安近者七百里，轻骑一日一夜可以至秦中。”秦中即关中。在刘邦捕获谋反的韩信后，田肯曾向刘邦祝贺说：“陛下得韩信，又治秦中。秦，形胜之国，带河山之险，县隔千里，持戟百万，秦得百二焉。地埶便利，其以下兵于诸侯，譬犹居高屋之上建瓴水也。”①《集解》如淳曰：“时关东人谓关中为秦中。”关中之地的民众在秦末农民起义中损失惨重，出现了“秦中新破，少民，地肥饶，可益实”的状况。有鉴于此，刘敬建议：“今陛下虽都关中，实少人。北近胡寇，东有六国之族，宗强，一日有变，陛下亦未得高枕而卧也。臣愿陛下徙齐诸田，楚昭、屈、景，燕、赵、韩、魏后，及豪桀名家居关中。无事，可以备胡；诸侯有变，亦足率以东伐。此强本弱末之术也。”刘邦采纳了刘敬的建议，“乃使刘敬徙所言关中十余万口”②。经过此次人口迁移，关东地区的十余万人迁往关中，对关中地区经济的迅速恢复和发展起了重要的推动作用。

刘邦还对北部沿边各郡继续进行巩固，力图消除异己力量，以抵抗匈奴族的南下。汉十年八月，赵相国陈豨联合匈奴人王黄在代地反叛。而在此前陈豨因在汉五年平定燕王臧荼时立功，被封为阳夏侯。刘仲逃归后，刘邦使他“以赵相国将监赵、代边兵，边兵皆属焉”③。刘邦曾说：“代地吾所急也。”失去代地必然使匈奴族长驱直入，所以刘邦亲自带军前往征讨叛军。刘邦针对陈豨的叛军人员多出身于商人的情况，“乃多以金啖豨将，豨将多降者”。汉十一年初，太尉周勃从太原进入代郡境内，平定代地，攻残马邑。④ 针对代地的复杂情况，刘邦回到雒阳后下诏：“代地居常山之北，与夷狄边，赵乃从山南有之，远，数有胡寇，难以为国。颇取山南太原之地益属代，代之云中以西为云中郡，则代受边寇益少矣。”并让群臣推选代王。随后，刘邦在大臣的推举下立其子刘恒为代王，都晋阳（今山西太原市）。⑤刘邦通过这一系列措施巩固了北部边疆，构筑起抵抗匈奴的战略屏障。

然而，在对抗匈奴的过程中，西汉初年的战略形势对汉朝并不有利。在汉朝与匈奴力量对比悬殊的情况下，汉朝的许多将士纷纷投降匈奴。汉六年韩王信投降匈奴后，多次入侵汉朝边境地区，汉十一年，汉朝柴将军与韩王信交战，韩王信被杀。汉高祖五年，臧荼被俘后，刘邦立同乡卢绾为燕王。陈豨反叛时，卢绾“使人之豨所，与阴谋”。当陈豨之叛被平息后，“卢绾

① 司马迁．1982．史记．卷8．高祖本纪．北京：中华书局．382
② 司马迁．1982．史记．卷99．刘敬叔孙通列传．北京：中华书局．2720
③ 司马迁．1982．史记．卷93．韩信卢绾列传．北京：中华书局．2639
④ 司马迁．1982．史记．卷8．高祖本纪．北京：中华书局．388
⑤ 班固．1962．汉书．卷1下．高帝纪．北京：中华书局．70

与数千骑居塞下候伺，幸上病愈自入谢”。汉十二年四月，刘邦死后，卢绾在朝廷的猜疑下，“遂将其众亡入匈奴”①。卢绾最终成为汉朝初年的心腹之患。

从西汉初年汉政权与匈奴族的交往与和战关系来看，经过秦末农民战争和长达四年的楚汉战争，黄河文化受到极大的摧残，社会经济百废待举。如当时洛阳仅剩五千口人，将相出门只能坐牛车。而当时以匈奴族为代表的草原文化在这长达八年的时间内养精蓄锐，所以能在西汉初年屡次出兵骚扰汉王朝的北部边境。西汉政府对待匈奴的政策也有变化。从前期的积极进攻到平城之围后的和亲，说明刘邦充分认识到了黄河文化所处的弱势。刘邦采取的灵活机动的和亲方略加速了黄河文化的恢复和发展，从这一点来看，刘邦的做法还是明智的。

第二节　以和亲为特色的交融

汉高祖死后，黄河文化与草原文化的融合进入了一个新的历史时期。不论后世史学家是如何评价的，但从汉惠帝开始到汉武帝初年继承汉高祖时期对匈奴族的和亲政策的推行，使汉王朝赢得了相对安定的发展环境却是不争的事实。这一阶段因汉朝社会相对平稳，黄河文化得到了很大的发展，无论是社会经济的恢复，还是文化事业的发展，都逐步达到或超过以前的水平。

汉惠帝时期，西汉王朝内部权力之争加剧，中央政府根本无暇顾及匈奴族的继续南侵。为了保障北部边境的安全，西汉王朝延续了刘邦时期对待匈奴的政策，维持与匈奴族的关系。汉惠帝三年春天，汉朝廷“以宗室女为公主，嫁匈奴单于”②。在这种情况下，匈奴族欺侮汉朝无人，向吕太后发送了一封在汉族人看来措辞极为傲慢的侮辱信。信中说：“孤偾之君，生于沮泽之中，长于平野牛马之域，数至边境，愿游中国。陛下独立，孤偾独居。两主不乐，无以自虞，愿以所有，易其所无。”吕太后心中非常恼怒，召集群臣讨论对策，欲斩其来使，樊哙甚至请命讨伐。中郎将季布分析了当时的形势，认为“于今创痍未瘳”，谈论讨伐匈奴，将会“摇动天下”。他还认为，“且夷狄譬如禽兽，得其善言不足喜，恶言不足怒也”。因为汉朝与匈奴之间实力对比差距过大，吕太后不得不鄙词求和：“单于不忘弊邑，赐之以书，弊邑恐惧。退而自图，年老气衰，发齿堕落，行步失度，单于过听，不足以

① 司马迁 . 1982. 史记 . 卷 93. 韩信卢绾列传 . 北京：中华书局 . 2639

② 班固 . 1962. 汉书 . 卷 2. 惠帝纪 . 北京：中华书局 . 89

自污。弊邑无罪，宜在见赦。窃有御车二乘，马二驷，以奉常驾。”冒顿单于得到吕太后回信后，也感到“未尝闻中国礼义”，希望吕太后“幸而赦之”，并且“因献马，遂和亲”①。究其实，这是因为匈奴对汉的社会风俗不了解所致，也可能没有侮辱吕太后之意，但在汉人看来这是一个严重的事件。后世史学家也多认为汉朝是委曲求全。吕太后当政时期，匈奴族继续对汉朝发动进攻。吕后六年六月，“匈奴寇狄道，攻阿阳”。“七年冬十二月，匈奴寇狄道，略二千余人”。师古曰：“狄道属陇西。阿阳，天水之县也。”②可见匈奴族已经深入汉朝腹地，对汉朝国都长安构成了威胁。匈奴族虽然继续在黄河流域对汉朝发动进攻，但因为汉军的强力抵抗，并未造成大的破坏。

汉文帝即位以后，继续执行对匈奴族的怀柔政策，以安抚为上。将军陈武建议汉文帝“征讨逆党，以一封疆”。汉文帝认为：“今匈奴内侵，军吏无功，边民父子荷兵日久，朕常为动心伤痛，无日忘之。今未能销距，愿且坚边设候，结和通使，休宁北陲，为功多矣。且无议军。”③ 在这一思想的指导下，汉文帝时期对待匈奴族的屡次骚扰多采取战略防御的措施，往往在迫不得已的情况下才对匈奴采取军事行动。符合汉文帝执政思想的云中太守孟舒在汉高祖时因“坐虏大入塞盗劫”被免职，汉文帝则让他官复原职。④ 但是，匈奴族仍然不时地进攻汉朝。汉文帝前元三年五月，“匈奴右贤王入居河南地，侵盗上郡葆塞蛮夷，杀略人民”。面对匈奴的进攻，汉文帝首先检讨了汉代初年对待匈奴的政策。他认为：“汉与匈奴约为昆弟，毋使害边境，所以输遗匈奴甚厚。”但是匈奴族仍然不时地侵扰黄河流域的汉朝，“今右贤王离其国，将众居河南降地，非常故，往来近塞，捕杀吏卒，驱保塞蛮夷，令不得居其故，陵轹边吏，入盗，甚敖无道，非约也”。从汉文帝所说的话可以看出，西汉初年对匈奴所采取的安抚政策是建立在黄河流域普通民众的痛苦之上的。在汉初社会物质财富尚缺的情况下，将大批物资供给匈奴，对于西汉政府和普通民众都是沉重的负担。然而，由于两种文化的价值观念差异，这种供给匈奴大批物资的做法并没有为汉政府赢得相对安全的周边环境，匈奴族的屡次入侵，特别是迁居内地的南匈奴的入侵，更使汉政府和沿黄河地区的民众不堪其重。这就迫使汉政府开始采取措施对匈奴族进行反击。故汉文帝打算“其发边吏骑八万五千诣高奴，遣丞相颍阴侯灌婴击匈

---

① 班固．1962．汉书．卷94上．匈奴传上．北京：中华书局．3755

② 班固．1962．汉书．卷3．高后纪．北京：中华书局．99

③ 司马迁．1982．史记．卷25．律书．北京：中华书局．1242

④ 司马迁．1982．史记．卷104．田叔列传．北京：中华书局．2776

奴”。汉文帝借此机会，“发中尉材官属卫将军军长安”，以防备匈奴南下。此后不久，“右贤王走出塞”①。这表明汉朝的国力在逐步增强，开始具备抵抗匈奴的军事力量。

前元四年，冒顿单于致信汉文帝，首先表达了“前时皇帝言和亲事，称书意，合欢”之意。他将匈奴右贤王进入河南地的原因，归结为“汉边吏侵侮右贤王，右贤王不请，听后义卢侯难氏等计，与汉吏相距”，并说这次交战导致“绝二主之约，离兄弟之亲”。为了表示对汉王朝的友善，他虽然以“罚右贤王”向汉朝示好，但又以右贤王灭大月氏，“定楼兰、乌孙、呼揭及其旁二十六国，皆以为匈奴。诸引弓之民，并为一家”相威胁。但他同时表达了与汉和好的意向，“愿寝兵休士卒养马，除前事，复故约，以安边民，以应始古，使少者得成其长，老者安其处，世世平乐”。他写这封信实际上是为了试探汉朝政府的态度，并让使者“献橐他一匹，骑马二匹，驾二驷”。他进一步表示“皇帝即不欲匈奴近塞，则且诏吏民远舍”。汉朝接到单于这封信后进行了讨论，“汉议击与和亲孰便”，最后经过商议认为，匈奴刚刚取得了对大月氏的胜利，应避其锋芒，“和亲甚便”。至汉文帝前元六年，汉文帝回复了匈奴冒顿单于的来信。在信中，汉文帝对冒顿单于的友好态度大加赞赏，并指出：“汉与匈奴约为兄弟，所以遗单于甚厚。倍约离兄弟之亲者，常在匈奴。”汉文帝还要求冒顿单于“明告诸吏，使无负约，有信，敬如单于书”。为了进一步融洽与匈奴的关系，汉文帝还让使者带去了大量物资，“服绣夹绮衣、绣夹长襦、锦夹袍各一，比余一，黄金饰具带一，黄金胥纰一，绣十匹，锦三十匹，赤绨、绿缯各四十匹，使中大夫意、谒者令肩遗单于”。然而不久，冒顿单于死，其子稽粥继立，号曰老上单于。② 由此可见，随着汉朝社会经济的恢复和国力的逐步强大，黄河文化得到了长足的发展，在处理与匈奴关系问题上汉朝开始处于优势，虽然说以匈奴族为代表的草原文化仍然具有强大的军事力量，但也不能不考虑日渐崛起的黄河文化对他们的威胁，其在处理与汉朝的关系问题上也一改前期的无理方式，接受了汉朝所提出的和亲政策。

匈奴族作为北方边地的军事势力，也为汉政府内部的异已力量所利用。淮南王刘长为了与汉政府对抗，在汉文帝前元六年，就曾派人到匈奴，欲使冒顿单于“发其兵，欲以危宗庙社稷”。王国势力与匈奴族结盟，威胁到了汉王朝的国家安全，所以群臣都认为刘长“当弃市”。汉文帝因为考虑到宗室的关系，“不忍致法于王，赦其罪，废勿王。群臣请处王蜀严道、邛都，

① 司马迁.1982.史记.卷110.匈奴列传.北京：中华书局.2895

② 司马迁.1982.史记.卷110.匈奴列传.北京：中华书局.2897

帝许之”。后来刘长在路上病死。[①] 这是汉王朝内部的异己力量欲利用匈奴的力量颠覆汉政权。而淮南王刘长的门客平原君朱建因为鼓动刘长杀辟阳侯审食其，汉文帝欲治罪，朱建为了保全家族自杀，汉文帝深感惋惜，“乃召其子，拜为中大夫。使匈奴，单于无礼，乃骂单于，遂死匈奴中”[②]，其表现出刚强的民族气节。

老上单于即位后，汉文帝为了与匈奴族保持良好的关系，继续实行与匈奴的和亲政策，并将宗室女嫁于单于，“孝文皇帝复遣宗室女公主为单于阏氏，使宦者燕人中行说傅公主”。然而，中行说不愿意出使匈奴，但是汉文帝强行派他前往，中行说一到匈奴，就投降匈奴，且处处与汉为敌。匈奴人“好汉缯絮食物”，中行说教匈奴人“得汉缯絮，以驰草棘中，衣袴皆裂敝，以示不如旃裘之完善也。得汉食物皆去之，以示不如湩酪之便美也”，以免匈奴人因喜好汉物，而“匈奴尽归于汉矣”。中行说在这里扮演了汉匈文化融合的阻隔者，他这种公报私仇的做法显示了他人格的低下。中行说还对汉朝使者多次刁难，要求汉朝“所输匈奴缯絮米糵，令其量中，必善美而已矣，何以为言乎？且所给备善则已；不备，苦恶，则候秋孰，以骑驰蹂而稼穑耳”，并且“日夜教单于候利害处”。在中行说的鼓动下，老上单于开始与汉朝为敌，汉文帝前元十一年六月，“匈奴寇狄道”，成为北部边疆最大的祸患。[③] 晁错分析了汉朝与匈奴之间的军事实力对比，认为“匈奴之长技三，中国之长技五。陛下又兴数十万之众，以诛数万之匈奴，众寡之计，以一击十之术也”。他建议汉文帝利用归附汉朝的少数民族抵抗匈奴，“今降胡义渠蛮夷之属来归谊者，其众数千，饮食长技与匈奴同，可赐之坚甲絮衣，劲弓利矢，益以边郡之良骑。令明将能知其习俗和辑其心者，以陛下之明约将之。即有险阻，以此当之”。与此同时，在平坦之处，“则以轻车材官制之”。汉军与其他少数民族的军队相互联合，“两军相为表里，各用其长技，衡加之以众，此万全之术也”。晁错又向汉文帝建议“守边备塞”。他分析了秦人防备匈奴的弊病，又剖析了匈奴的特性，提出了“选常居者，家室田作，且以备之”的策略，庶几达到“徙民实边，使远方亡屯戍之事，塞下之民父子相保，亡系虏之患，利施后世”[④] 的结果。晁错实际上是分析了黄河文化与草原文化的异同，建议汉文帝发扬汉民族的长处，徙民实边以减轻内地民众屯戍之苦，并与边疆地区的其他少数民族联合起来以攻击匈奴族的短

① 司马迁．1982．史记．卷10．孝文本纪．北京：中华书局．426

② 司马迁．1982．史记．卷97．郦生陆贾列传．北京：中华书局．2703

③ 司马迁．1982．史记．卷110．匈奴列传．北京：中华书局．2901

④ 班固．1962．汉书．卷49．晁错传．北京：中华书局．2281～2286

处，实现黄河文化的持续发展。

在中行说的辅佐下，匈奴老上单于逐步熟悉汉朝的情况，开始了对汉朝所控制的地区的多次入侵，甚而威胁到关中地区的安全。汉文帝前元十四年冬天，老上单于率领14万骑兵进攻朝那（宁夏朝那县城西16公里处的古城镇）、萧关（今宁夏固原东南），杀死北地都尉孙卬，“虏人民畜产甚多，遂至彭阳（今宁夏庆阳）。使奇兵入烧回中宫，候骑至雍甘泉”，直接威胁到长安的安全。面对匈奴族军队的咄咄逼人之势，汉文帝深感如果不采取反击措施，就将毁掉黄河文化历经数十年所创造的一切成果，也将威胁到政权的稳固，所以，他调兵遣将，以武力回击匈奴的进攻。他“以中尉周舍、郎中令张武为将军，发车千乘，骑十万，军长安旁以备胡寇”。在加强长安守防的同时，汉文帝又对长安周边的郡县进行了布防，“拜昌侯卢卿为上郡将军，宁侯魏遬为北地将军，隆虑侯周灶为陇西将军，东阳侯张相如为大将军，成侯董赤为前将军，大发车骑往击胡”。他甚至准备到抵抗匈奴的前线指挥军队，因皇太后的坚决制止，才没有前往。因为在此时，汉朝既送汉宗女于单于以求和亲，每年还将大批物品送给匈奴，黄河流域民众的忍饥挨饿却换来了匈奴族的武装进攻，所以他心中的郁闷和痛恨难以排解，故有亲自到前线以血仇耻的想法。汉文帝在以长安为核心的北部沿边地区设置了扇面形的抵抗阵势，这种布阵方式保障了长安的安全。在汉朝军队的有力反击下，匈奴族自知难以持久，“单于留塞内月余乃去，汉逐出塞即还，不能有所杀”。这个时候，匈奴族的老上单于日益骄横，“岁入边，杀略人民畜产甚多，云中、辽东最甚，至代郡万余人”。虽然匈奴族的入侵对黄河流域的腹地没有造成太大的损伤，但对河套地区的沿黄河流域则造成了很大的破坏。为求得相对稳定的发展环境，汉文帝不得不再次向匈奴求和亲，“乃使使遗匈奴书。单于亦使当户报谢，复言和亲事”①。

后元元年六月，汉朝与匈奴开始和亲。汉文帝在发布的和亲诏书中，回顾了汉朝与匈奴之间的关系，“间者累年，匈奴并暴边境，多杀吏民”。他认为这一现象的出现，是因为“边臣兵吏又不能谕吾内志，以重吾不德也”。而长期的兵连祸结，“中外之国将何以自宁？”汉文帝表明为了解决匈奴对汉朝边境的骚扰问题，“故遣使者冠盖相望，结轶于道，以谕朕志于单于”。正因为汉文帝极力倡导和亲政策，“今单于反古之道，计社稷之安，便万民之利，亲与朕俱弃细过，偕之大道，结兄弟之义，以全天下元元之民。和亲已定，始于今年”。汉文帝是想通过与匈奴的和亲为黄河流域赢得相对安定的

① 司马迁. 1982. 史记. 卷110. 匈奴列传. 北京：中华书局. 2901

外部环境，以利于黄河流域社会经济的恢复与发展。后元二年，汉文帝又派使者给老上单于一封信，信中回顾了汉朝与匈奴交往的历史，将汉朝与匈奴交恶的原因归结为“渫恶民贪降其进取之利，倍义绝约，忘万民之命，离两主之欢”。为了表示与匈奴的和好之意，他接受了单于馈赠的“马二匹”，并愿意“遗单于秫蘖金帛丝絮佗物岁有数”。汉文帝还声言“朕释逃虏民，单于无言章尼（师古曰：‘背单于降汉者。’）等”不快之事，并保证“和亲之后，汉过不先”，表示汉政府恪守与匈奴之间的和亲约定。汉朝与匈奴相约和亲之后，汉文帝诏告天下，“匈奴无入塞，汉无出塞，犯今约者杀之，可以久亲，后无咎，俱便”，使天下人周知。① 汉文帝此举实际上仍然是以汉朝的忍让来赢得相对稳定的周边环境。

后元四年，老上稽粥单于死，其子军臣继位为单于。汉文帝为了巩固与匈奴之间的关系，“复与匈奴和亲”。但是，因为匈奴族的本性所决定，再加之后元六年春，“天下大旱”，北方地区天旱少雨，又发生螟灾，这对于逐水草生活的游牧民族匈奴更是雪上加霜，于是更加频繁地进入黄河流域掳掠，“匈奴三万人入上郡，三万人入云中”掠夺财物。《汉书》卷二十七上《五行志上》云：“是时，比再遣公主配单于，赂遗甚厚，匈奴愈骄，侵犯北边，杀略多至万余人。”为了抵抗匈奴，汉文帝“以中大夫令勉为车骑将军，军飞狐（今河北蔚县东南恒山峡谷口之北口）；故楚相苏意为将军，军句注（今山西代县北）；将军张武屯北地（今甘肃庆阳西北）；河内守周亚夫为将军，居细柳（今陕西西安市）；宗正刘礼为将军，居霸上；祝兹侯军棘门：以备胡”。为了鼓舞士气，汉文帝亲自前往周亚夫所驻扎的细柳军营慰问，留下了千古流传的佳话。在汉军的严密防备下，“数月，胡人去，亦罢”。这个时候，因为汉朝国力尚弱，汉文帝采取了保守抵抗的政策，没有积极进攻。班固曾经评价汉文帝对待匈奴的政策：“与匈奴和亲，匈奴背约入盗，然令边备守，不发兵深入，恶烦苦百姓。”② 匈奴族的入侵，迫使汉文帝采取各种措施来应付，以至于汉代社会出现了输粟拜爵的现象，“匈奴数侵盗北边，屯戍者多，边粟不足给食当食者。于是募民能输及转粟于边者拜爵，爵得至大庶长”③。匈奴族的频繁骚扰，严重影响了黄河流域社会经济的发展。从汉文帝对匈奴所采取的忍让和武力抗击交错使用的策略来看，汉朝基本处于劣势。草原文化与黄河文化处于敌对的状态，对双方都产生了不良影响，特别是以汉政权为代表的黄河文化的发展受到严重制约。

---

① 司马迁．1982．史记．卷110．匈奴列传．北京：中华书局．2903
② 司马迁．1982．史记．卷10．孝文本纪．北京：中华书局．433
③ 司马迁．1982．史记．卷30．平准书．北京：中华书局．1419

汉景帝即位后，汉朝国力仍然没有强大到足以与匈奴抗衡的地步，所以汉景帝延续了汉文帝对匈奴和亲的政策。汉景帝前元元年四月，汉景帝派遣御史大夫陶青至代与匈奴和亲，“匈奴入代，与约和亲”。到前元二年秋天“与匈奴和亲”完成。前元五年正月，“遣公主嫁匈奴单于”。中元二年二月，“匈奴入燕，遂不和亲”。中元三年春天，“匈奴王二人率其徒来降，皆封为列侯”①。“匈奴王唯徐卢等五人降”，虽然有丞相周亚夫的反对，但汉景帝没有采纳其意见，“乃悉封唯徐卢等为列侯”。周亚夫认为如果对二人封侯，将“何以责人臣不守节者乎”？汉景帝之所以对匈奴投降的二王给予封侯的待遇，是为了“欲侯之以劝后”，吸引更多的匈奴人投降汉朝。② 关于汉景帝时匈奴二王投降汉朝接受封号之事，《水经注》卷十一《易水》云：“汉景帝中二年，封匈奴降王代为侯国，王莽之顺阴（今河北省定兴县固城镇）也。”“景帝中三年，以封匈奴降王唯徐卢于容城（今河北省容城县），皆为侯国。”“汉景帝中三年，封匈奴降王仆（黕）为侯国也。”《水经注》卷十二《圣水》云：“汉景帝中三年，封匈奴降王赐为侯国，王莽之垣翰亭（今河北省肃宁县）矣。”同卷《巨马水》云：“汉景帝中三年，以封匈奴降王隆疆为侯国，王莽更名遒屏也。”中元六年三月，因为雨雪自然灾害，匈奴受到很大损失，“六月，匈奴入雁门，至武泉，入上郡，取苑马。吏卒战死者二千人”。后元二年春，“匈奴入雁门，太守冯敬与战死。发车骑材官屯”③。汉景帝时期，虽然汉朝与匈奴之间不时有交战的现象，但多是小规模的冲突。《史记》卷一百一十《匈奴列传》云：“孝景帝立，而赵王遂乃阴使人于匈奴。吴楚反，欲与赵合谋入边。汉围破赵，匈奴亦止。自是之后，孝景帝复与匈奴和亲，通关市，给遗匈奴，遣公主，如故约。终孝景时，时小入盗边，无大寇。”后世史家在评论汉景帝对待匈奴的策略时也说，汉景帝“纳晁错说，召人实塞下，终景帝时，不为大患”④。这表明虽有一些地方异己势力利用匈奴的力量与中央政府抗衡，但最终都遭到失败的命运。如孝文帝前元三年六月，济北王刘兴居闻听孝文帝到太原，“欲往击胡，乃反，发兵欲袭荥阳”。孝文帝迅速回师长安，派遣棘蒲侯陈武为大将军，“将十万往击之”，并以祁侯刘贺为将军，“军荥阳”，以防备刘兴居的进攻。八月，汉军大败济北王刘兴居的军队，并且俘获了刘兴居，致使刘兴居最后自杀。⑤

---

① 司马迁．1982．史记．卷11．孝景本纪．北京：中华书局．445

② 司马迁．1982．史记．卷57．绛侯周勃世家．北京：中华书局．2078

③ 班固．1962．汉书．卷5．景帝纪．北京：中华书局．151

④ 杜佑．1988．通典．卷194．边防十．北京：中华书局．5300

⑤ 司马迁．1982．史记．卷10．孝文本纪．北京：中华书局．425

再如吴楚七国之乱时，赵王遂因汉削其常山郡，也响应起兵，并且派人“北使匈奴，与连和攻汉”。因曲周侯郦寄的进攻，赵王遂退守邯郸。吴楚叛军失败后，“匈奴闻之，亦止，不肯入汉边”，赵王遂最后自杀。[①] 总的来看，汉景帝时期，汉朝与匈奴的关系相对稳定，为黄河文化的发展创造了一个相对安定的外部环境。深为后世史学家称道的“文景之治”的实现，与汉景帝所推行的对匈奴的忍让政策也有很大关系。汉景帝的主导思想实际上是利用和亲政策维持与匈奴的相安无事，而着力发展黄河流域的经济，为民众创造相对安定的生存环境而努力。正是从汉文帝到汉景帝所采取的对待匈奴的和亲政策，才为汉朝赢得了相对稳定的北部边境安全，使黄河流域的百姓能够摆脱战争所带来的损伤，促使社会经济全面发展，也为此后汉武帝时期实现黄河文化的强力扩张奠定了坚实的物质基础。这也正展现出黄河文化在形成之后所具备的韬光养晦的文化风貌。

汉武帝即位之初，继续实行对匈奴和亲的政策。“武帝即位，明和亲约束，厚遇关市，饶给之。匈奴自单于以下皆亲汉，往来长城下”[②]。依此可见，汉文景二帝所推行的与匈奴和亲的政策，已经发挥了应有的作用，同时，和亲、关市往来已经构建起以匈奴为代表的草原文化对以汉朝为代表的黄河文化的依赖关系。建元元年，刚刚即位的汉武帝以贤良文学之士公孙弘为博士，“使匈奴，还报，不合上意，上怒，以为不能，弘乃病免归”[③]。汉武帝主要是为了通过信使往来与匈奴建立起良好的关系，但是公孙弘并没有完成使命。建元六年，“匈奴来请和亲”，汉武帝让群臣讨论此事。燕人王恢“数为边吏，习知胡事”，他认为：“汉与匈奴和亲，率不过数岁即复倍约。不如勿许，兴兵击之。”孔安国则认为：“今匈奴负戎马之足，怀禽兽之心，迁徙鸟举，难得而制也。得其地不足以为广，有其众不足以为强，自上古不属为人。汉数千里争利，则人马罢，虏以全制其敝。……击之不便，不如和亲。”在群臣的坚持下，“群臣议者多附安国，于是上许和亲”[④]。史书中关于汉武帝早期对待匈奴的政策基本以和亲为主，这与汉武帝初年中央政府的内部环境有关。因为在这一阶段，窦太后还把持着政权，黄老政治的内敛思维，使中央政府在对待匈奴的问题上继续执行文景时期的和亲政策。汉武帝建元六年窦太后驾崩，汉武帝完全掌握了政权，于是改变对待匈奴的和亲政策，开始对匈奴全面反击，开启了汉代抗击匈奴的历史。

① 司马迁．1982．史记．卷50．楚元王世家．北京：中华书局．1990
② 班固．1962．汉书．卷94上．匈奴传上．北京：中华书局．3765
③ 司马迁．1982．史记．卷112．平津侯主父列传．北京：中华书局．2949
④ 司马迁．1982．史记．卷108．韩长孺列传．北京：中华书局．2861

综观西汉前期对待匈奴的和亲政策，虽然学术界评价颇多，但多就汉朝社会经济处于弱势地位而言。从黄河流域民族融合的角度来分析，这一时期是汉代北方地区民族融合的一个和平时期。虽然从宏观层面来看汉朝在这一时期处于弱势，但长期推行的民族和亲政策，使汉朝赢得了相对安定的政治环境，黄河流域的社会经济得到了迅速发展。黄河文化也因为汉朝与匈奴关系的融洽而在先秦的基础之上得到了进一步的发展，开始融入了北方草原民族的文化内涵。西汉初年黄河文化与草原文化所进行的文化交流也与汉朝统治者的思维有很大的关系。西汉前期的统治者总结亡秦的教训，对百姓采取休养生息的政策，黄老政治统治西汉上层建筑领域长达数十年，在这一思想的指导下，以自身发展为首要任务，黄河流域在短短数十年间即迅速得到恢复与发展。对外表处于强势的草原文化基本上是以怀柔的态度为主，是西汉前期和亲盛行的重要原因。

第三节　战争环境下的交融

汉武帝即位之初，其祖母窦太后仍然掌握政权，汉武帝在政治上难以有大的作为。“窦太后好黄帝、老子言，帝及太子诸窦不得不读《黄帝》、《老子》，尊其术”。黄老之术大兴，在政治上的表现就是清静无为，所以，建元年间汉武帝继续执行了自汉文帝以来对匈奴的和亲政策。建元六年，“及窦太后崩，武安侯田蚡为丞相，绌黄老、刑名百家之言，延文学儒者数百人，而公孙弘以《春秋》白衣为天子三公，封以平津侯。天下之学士靡然乡风矣”①。儒家的入世精神，深深影响了汉武帝。再加上经过西汉文景二帝的长达40年的积累，物质财富逐渐丰富起来，出现了国库丰盈的景象。《史记》卷三十《平准书》云：“至今上即位数岁，汉兴七十余年之间，国家无事，非遇水旱之灾，民则人给家足，都鄙廪庾皆满，而府库余货财。京师之钱累巨万，贯朽而不可校。太仓之粟陈陈相因，充溢露积于外，至腐败不可食。众庶街巷有马，阡陌之间成群，而乘字牝者傧而不得聚会。”物质财富的充足，为汉武帝抗击匈奴奠定了物质基础。元光元年（前134年）之后，汉武帝真正掌握了政权，开始实施对匈奴入侵打击的战略转变。

随着汉朝国力的日趋增强，在对待匈奴南下入侵的问题上，汉政府不再延续已往的和亲政策，而是开始对匈奴采取进攻的策略。元光元年春天，汉

① 司马迁. 1982. 史记. 卷121. 儒林列传. 北京：中华书局. 3118

武帝询问公卿大臣："朕饰子女以配单于，金币文绣赂之甚厚，单于待命加嫚，侵盗亡已。边境被害，朕甚闵之。今欲举兵攻之，何如？"① 透露了进攻匈奴的思想，大行②王恢建议汉武帝抗击匈奴。与汉武帝的思想相适应，雁门郡马邑城的豪绅聂翁壹通过大行王恢告诉汉武帝："匈奴初和亲，亲信边，可诱以利。"聂翁壹设计暗中逃往匈奴，对军臣单于曰："吾能斩马邑令丞吏，以城降，财物可尽得。"单于听信聂翁壹的话。聂翁壹回到马邑杀死一个死罪囚，"悬其头马邑城，示单于使者为信"，诱骗匈奴单于，"于是单于穿塞将十余万骑，入武州塞"。后来匈奴单于识破聂翁壹的计谋，率领军队出塞。③ 于此汉朝与匈奴交恶继续加剧。《史记》卷三十《平准书》云："及王恢设谋马邑，匈奴绝和亲，侵扰北边，兵连而不解，天下苦其劳，而干戈日滋。行者赍，居者送，中外骚扰而相奉，百姓抏獘以巧法，财赂衰秏而不赡。入物者补官，出货者除罪，选举陵迟，廉耻相冒，武力进用，法严令具。兴利之臣自此始也。"由此可见，汉朝因国力逐渐增强，已经不愿继续实行在当时人看来是屈辱的"和亲"政策，不再需要以本民族的委曲求全来赢得暂时的安定。虽然汉朝与匈奴之间交恶，但是，两个民族之间并没有断绝往来，"自是之后，匈奴绝和亲，攻当路塞，往往入盗于汉边，不可胜数。然匈奴贪，尚乐关市，嗜汉财物，汉亦尚关市不绝以中之"④。以此可明，汉朝与匈奴两个民族还在通过"关市"交往。由之可以看出，汉匈之间所开始的武力交锋，实际上是黄河文化在日趋发展之后，不愿再遭受草原文化的打压而出现的文化观念上的冲突表现在民族之间的对抗。黄河流域先进的农耕文明在经历汉初数十年的恢复后迅速走向强盛，而草原文化在这里仍然延续原有的生活方式，这势必造成两种文化观念上的对抗，并在最后以武装冲突来解决。这种现象甚至表现在汉民族的个体行为上，如元光五年，"匈奴大入汉为贼，(江都易王刘) 非上书愿击匈奴，上不许"⑤。虽然汉武帝没有最终答应江都易王刘非边疆立功的请求，但无疑从这件事上可以折射出以汉民族为代表的黄河文化与草原文化间的冲突。

---

① 班固．1962. 汉书．卷6. 武帝纪．北京：中华书局．162

② 司马贞．1982. 索隐．韦昭云："大行，官名，秦时云典客，景帝初改云大行，后更名大鸿胪，武帝因而不改，故《汉书·景纪》有大鸿胪。《百官表》又云武帝改名大鸿胪。鸿，声也。胪，附皮。以言其掌四夷宾客，若皮胪之在外附于身也。复有大行令，故诸侯薨，大鸿胪奏谥，列侯薨，则大行奏诔。"按：此大行令即鸿胪之属官也。载：司马迁．史记．卷11. 第2版．北京：中华书局．446

③ 司马迁．1982. 史记．卷108. 韩长孺列传．北京：中华书局．2861

④ 司马迁．1982. 史记．卷110. 匈奴列传．北京：中华书局．2905

⑤ 班固．1962. 汉书．卷53. 景十三王·江都易王传．北京：中华书局．2414

汉武帝时代是中国历史上抗击匈奴的时代。以元朔二年（前127年）、元狩二年（前121年）和元狩四年霍去病、卫青的三次抗击匈奴为标志，表明以汉朝为代表的黄河文化与以匈奴为代表的草原文化实力对比的根本变化。因而史书有元光、元狩年间，“其后京师师四出，诛夷狄者数十年，而伐胡尤甚”的说法。① 甚而当时有博士狄山因为反对汉武帝的积极进攻政策，而主张和亲，被汉武帝派往前线，遭匈奴割头事件的发生。② 汉朝通过这三次战役，彻底地战胜了匈奴，改变了匈奴对汉朝骚扰的状况，两种文化的差异与优劣再次得到体现。

在这一历史阶段，汉朝以武力抗击匈奴的进攻、汉朝与匈奴交恶的历史状况已经为学术界所共识，但是，汉朝与匈奴之间的往来仍然不时见诸史书的记载。

元朔二年冬天，匈奴军臣单于死，其弟左谷蠡王伊稚斜自立为单于，攻破军臣单于太子於单，“於单亡降汉，汉封於单为涉安侯，数月而死”③。军臣单于的太子於单投降汉朝，汉武帝以礼待之，表明汉武帝海纳百川的雄心。特别是匈奴浑邪王投降汉朝是当时汉朝与匈奴交往和融合的典型事件。元狩二年，“其秋，单于怒昆邪王、休屠王居西方为汉所杀虏数万人，欲召诛之。昆邪、休屠王恐，谋降汉，汉使票骑将军迎之。昆邪王杀休屠王，并将其众降汉，凡四万余人，号十万。于是汉已得昆邪，则陇西、北地、河西益少胡寇，徙关东贫民处所夺匈奴河南地新秦中以实之，而减北地以西戍卒半”④。昆邪王率领四万之众投降汉朝，使汉朝减轻了来自匈奴的军事压力，至少匈奴所占领的陇西、北地、河西等地开始为汉朝所控制，新秦中的肥美之地又回到汉朝统治之下，汉朝开始向这一地区移民垦荒。《晋书》卷十四《地理志上》“凉州”云：“秦兴美阳甘泉宫，本匈奴铸金人祭天之处。匈奴既失甘泉，又使休屠、浑邪王等居凉州之地。二王后以地降汉，汉置张掖、酒泉、敦煌、武威郡。其后又置金城郡，谓之河西五郡。汉改周之雍州为凉州，盖以地处西方，常寒凉也。地势西北邪出，在南山之间，南隔西羌，西通西域，于时号为断匈奴右臂。”河西五郡的设立开辟了汉通西域的道路，使汉免除了来自西北边陲的骚扰。汉朝西北边境的扩大具有重要的战略意义，不仅使汉朝的实力大增，而且通过贯通中外文化交流的渠道，使黄河文化呈现出进一步扩大的趋势。汉武帝元狩二年秋，作为汉朝与匈奴关系史上

① 司马迁．1982．史记．卷27．天官书．北京：中华书局．1349

② 班固．1962．汉书．卷59．张汤传．北京：中华书局．2642

③ 司马迁．1982．史记．卷110 匈奴列传．北京：中华书局．2907

④ 班固．1962．汉书．卷94上．匈奴传上．北京：中华书局．3769

的重大事件，匈奴昆邪王投降汉朝表明了匈奴族内部并非全部与汉朝作对，而是存在倾心于汉朝的势力的。昆邪王等人“既至长安，天子所以赏赐数十巨万。封浑邪王万户，为漯阴侯。封其裨王呼毒尼为下摩侯，雁疪为辉渠侯，禽黎为河綦侯，大当户调虽为常乐侯”。随后汉朝将这些投降汉朝的匈奴族人置于边域地区，“乃分处降者于边五郡故塞外，而皆在河南，因其故俗为属国”①。为了安抚归顺的匈奴族，汉武帝还给予了他们许多便利。首先，赊买民间的车马二万乘，然后令“徐以县次传之”，使这些匈奴人到达长安。当浑邪王到达长安后，“贾人与市者，坐当死者五百余人”，因为“浑邪帅数万之众来降，虚府库赏赐，发良民侍养，譬若奉骄子”，而普通的民众“市买长安中物而文吏绳以为阑出财物于边关”，结果被治罪。②《集解》应劭曰：“阑，妄也。律，胡市，吏民不得持兵器出关。虽于京师市买，其法一也。”瓒曰：“无符传出入为阑。”可见汉武帝此举是为了继续树立汉朝的威望，以达到收拢匈奴的目的。

休屠王被昆邪王杀害时，其子金日磾年仅 14 岁，“以父不降见杀，与母阏氏、弟伦俱没入官，输黄门养马”。金日磾家族后来在汉王朝的经历，颇具传奇色彩。透过金日磾家族在西汉王朝兴衰的历史，我们也可以看出黄河文化与草原文化融合的历史痕迹。金日磾被俘后，在宫中养马，“马又肥好”，受到汉武帝的重视，“即日赐汤沐衣冠，拜为马监，迁侍中、驸马都尉、光禄大夫”。因为在亲近汉武帝时，金日磾“未尝有过失，上甚信爱之，赏赐累千金，出则骖乘，入侍左右”，结果引起了“贵戚多窃怨”，甚而说：“陛下妄得一胡儿，反贵重之！”汉武帝不仅没有因此疏远金日磾，反而待之“愈厚焉”。金日磾归汉之后，他的家庭深受汉文化的影响。他的母亲因“教诲两子，甚有法度”，汉武帝“闻而嘉之”。其母病死后，汉武帝“诏图画于甘泉宫，署曰‘休屠王阏氏’”。他的儿子作为汉武帝的“弄儿”，因为行为不谨，被金日磾杀死。虽然汉武帝感到惋惜，但对金日磾表示“心敬”。后元元年六月，侍中仆射莽何罗与其弟重合侯马通因参与诛杀戾太子，担心汉武帝报复而谋反。当时身为侍中驸马都尉的金日磾与奉车都尉霍光、骑都尉上官桀率军讨伐。金日磾身先士卒，与莽何罗搏斗，最后生擒莽何罗。金日磾也“由是著忠孝节”。汉武帝在临死前“遗诏以讨莽何罗功封日磾为秺侯”，并享受“二千二百一十八户”的食封。金日磾侍奉汉武帝数十年，深受汉文化的浸润，居高位而知进退，“赐出宫女，不敢近。上欲内其女后宫，不肯”。正因为他“笃慎如此”，深受汉武帝的信赖，“上尤奇异之”。汉武

① 班固．1962．汉书．卷 55．卫青传．北京：中华书局．2483

② 司马迁．1982．史记．卷 120．汲郑列传．北京：中华书局．3109

帝病重期间，他与霍光共同辅佐汉昭帝，“光让日磾”。金日磾从国家利益考虑，认为“臣外国人”，如果遵从霍光所说，“且使匈奴轻汉”，“于是遂为光副”。金日磾病死后，他的两个儿子金赏、金建因长期生活在长安，深受黄河文化的影响，已经完全汉化，他们也参与了汉王朝内部的政治活动。金赏与霍光的女儿结婚。到汉宣帝时，身为太仆的金赏，因“霍氏有事萌牙，上书去妻”。虽然汉宣帝也感到遗憾，但当霍氏家族谋反事发，金赏“独得不坐”。班固在评价金日磾时说：“金日磾夷狄亡国，羁虏汉庭，而以笃敬寤主，忠信自著，勒功上将，传国后嗣，世名忠孝，七世内侍，何其盛也！”①

与金日磾同时归汉的弟弟金伦，为黄门郎。金伦的儿子金安上年幼时为侍中，深受汉宣帝的喜爱，因揭发楚王刘延寿的谋反和平定霍氏家族谋反立功，先被“赐爵关内侯，食邑三百户”，后又被“封为都成侯，至建章卫尉”②。金安上的四个儿子在汉王朝继续受到重用。金安上之孙金涉“明经俭节，诸儒称之”，先后担任“侍中骑都尉”，“领三辅胡、越骑”，最后官至“长信少府”。金涉之弟金参，因“使匈奴”，先后担任“匈奴中郎将、越骑校尉、关内都尉，安定、东海太守”。他们的后代在西汉末年都显赫一时。③ 从金日磾家族在汉代的兴盛情况我们可以看到，虽然汉武帝对匈奴族采取了积极进攻的策略，但对于归附汉朝的匈奴人还是礼遇有加。金氏家族在汉朝的境况，可以看做西汉中期以匈奴族为代表的草原文化和黄河文化融合与交往的历史缩影。

不仅有匈奴族迁居黄河流域的情况，还有汉人与匈奴族结婚生子的现象。东汉初年活跃在政坛上的卢芳，其“曾祖母匈奴谷蠡浑邪王之姊为武帝皇后，生三子”④，可见匈奴谷蠡浑邪王的两个姐姐都先后嫁入内地，其一为汉武帝皇后，一为卢芳曾祖母。巫蛊之乱时，汉武帝的匈奴皇后所生“太子诛，皇后坐死，中子次卿亡之长陵，小子回卿逃于左谷”，左谷是卢芳的故乡，在三水县（今宁夏回族自治区同心县东），逃往左谷的回卿因卢芳的庇护方才免难。由此是可以看出匈奴族的上层与汉朝内部错综复杂的关系。再如，苏武“杖汉节牧羊，卧起操持，节旄尽落”，其痴心不改历来为人们称颂。虽然当时人的感觉是匈奴族对汉族的侮辱，但是如果我们换一个视角来

---

① 班固．1962．汉书．卷68．金日磾传附子安上传．北京：中华书局．2967

② 关于金安上所封的食邑史书记载不同，《史记》卷二十《建元以来侯者年表》云：“金安上，先故匈奴。以发觉故大将军霍光子禹等谋反事有功，封侯，二千八百户。”《汉书》卷十七《景武昭宣元成功臣表》云：“以侍中中郎将受杨恽言霍禹等反谋，传言止内霍氏禁闼，侯，千七百七十一户。”

③ 班固．1962．汉书．卷68．金日磾传附子伦传．北京：中华书局．2964

④ 范晔．1965．后汉书．卷12．卢芳传．北京：中华书局．505

看待这一问题会发现，苏武在匈奴人的控制之下，一方面以崇高的民族气节影响着匈奴人，另一方面苏武也开始对于匈奴人的民族习惯也有所了解，可以说，通过苏武，汉朝与匈奴两种文化得到交流。苏武出使匈奴 19 年，在匈奴结婚生子，回到长安后，他的大儿子因为犯法被诛。汉武帝怜悯他，询问近臣："武在匈奴久，岂有子乎？"苏武通过近臣告知汉武帝："前发匈奴时，胡妇适产一子通国，有声问来，愿因使者致金帛赎之。"当苏武的儿子苏通国到达长安后，"上以为郎"。[①] 可以说苏武了解了匈奴文化，也使其与匈奴族妻子所生之子回到汉朝受汉文化的教育。在后人眼中常常与苏武相比的李陵在被逼无奈的情况下，天汉二年投降匈奴。李陵在匈奴一年多，后来汉朝派遣公孙敖率军迎接李陵，当时捕获的俘虏传言"李陵教单于为兵以备汉军"。汉武帝闻听大怒，杀李陵全家，"自是之后，李氏名败，而陇西之士居门下者皆用为耻焉"。当后来汉朝使节出使匈奴，李陵询问汉朝为何杀其全家时，使者告诉他"汉闻李少卿教匈奴为兵"。李陵告知使者是李绪而非自己，并且派人刺杀李绪。"李绪本汉塞外都尉，居奚侯城，匈奴攻之，绪降，而单于客遇绪，常坐陵上。陵痛其家以李绪而诛，使人刺杀绪。大阏氏欲杀陵，单于匿之北方，大阏氏死乃还"。李陵深得匈奴单于的喜爱，"单于壮陵，以女妻之，立为右校王"。虽然至汉昭帝即位后，霍光、上官桀等派人到匈奴召还李陵，李陵担心"不能再辱"，拒绝回汉。[②]

匈奴族人在汉朝军队和朝中担任职务和活动的人也频频见诸史书记载。元朔三年春天，大将军卫青率领军队出定襄，翕侯赵信为前将军，"故胡人"，"赵信者，故胡小王，降汉，汉封为翕侯"[③]。《汉书》卷十七《景武昭宣元成功臣表》云："（翕侯赵信）以匈奴相国降侯，元朔二年击匈奴功益封，千六百八十户。""元光四年十月壬午封，六年，元朔六年，为右将军击匈奴，兵败，降匈奴。"在与匈奴交战时，右将军苏建与单于不期而遇，双方交战了一天，"见急，匈奴诱之（指赵信），遂将其余骑可八百，奔降单于"。苏建只身逃回。[④] 赵信能够官至前将军，说明汉朝并没有因此歧视他。又如卫律，"父本长水胡人"，卫律生长于汉朝，"善协律都尉李延年，延年荐言律使匈奴。使还，会延年家收，律惧并诛，亡还降匈奴"[⑤]。卫律生长于汉地，又作为汉使节出使匈奴，最后因为害怕株连及祸，方才逃往匈奴。而

---

① 班固 . 1962. 汉书 . 卷 54. 苏建传附子武传 . 北京：中华书局 . 2468

② 班固 . 1962. 汉书 . 卷 54. 李广传附孙陵传 . 北京：中华书局 . 2458

③ 班固 . 1962. 汉书 . 卷 94. 匈奴传上 . 北京：中华书局 . 3768

④ 班固 . 1962. 汉书 . 卷 55. 卫青传 . 北京：中华书局 . 2476

⑤ 班固 . 1962. 汉书 . 卷 54. 李广传附孙陵传 . 北京：中华书局 . 2457

逃往匈奴的卫律，因为对汉民族的深刻了解，所以为匈奴单于所出的对付汉军的计谋，有许多就是汉人计谋的翻版。始元四年，匈奴壶衍鞮单于在位时，“母阏氏不正，国内乖离，常恐汉兵袭之”。于是卫律就为壶衍鞮单于出谋：“穿井筑城，治楼以藏谷，与秦人守之。汉兵至，无奈我何。”随后“即穿井数百，伐材数千”①。当时又有人说“胡人不能守城，是遗汉粮也”，卫律乃停止筑城。“乃更谋归汉使不降者苏武、马宏等”，壶衍鞮单于听从了卫律的建议，“故匈奴归此二人，欲以通善意”②。可见深受汉文化影响的卫律虽然从血统上讲仍然是一个匈奴人，但他已经深谙汉文化的精髓，所以才能有此决策。而且在汉武帝时期，长安地区就生活着许多“胡人”。汉武帝曾经在长安“上将大夸胡人以多禽兽”，命百姓将长安附近的野兽捕获放在长杨射熊馆③中，“以罔为周阹，纵禽兽其中，令胡人手搏之，自取其获，上亲临观焉”。汉武帝为了向长安地区的“胡人”夸示黄河流域多野兽，不惜动用民力捕捉野兽，结果使“农民不得收敛”。扬雄曾作《长杨赋》予以讽谏。④ 虽然汉武帝此举有劳民伤财之嫌，但从另一个方面说明黄河流域活动着数量颇多的少数民族，在与汉民族的交往过程中，他们更多地接受了汉文化的影响。再如，跟随张骞出使西域的随从人员中，“堂邑父胡人，善射，穷急射禽兽给食。初，骞行时百余人，去十三岁，唯二人得还”⑤。关于堂邑父的情况，《史记》卷一百二十三《大宛列传》云：“骞以郎应募，使月氏，与堂邑氏胡奴甘父俱出陇西。”《集解》:《汉书音义》曰：“堂邑氏，姓。胡奴甘父，字。”《索隐》案：“谓堂邑县人家胡奴名甘父也。下云‘堂邑父’者，盖后史家从省，唯称‘堂邑父’而略‘甘’字。甘，或其姓号。”作为少数民族的堂邑父以奴仆的身份生活在堂邑县汉族人的家中，必然长期受汉文化的浸润。堂邑父对少数民族的熟知，使他借张骞出使的机会改变自己奴仆的命运。这说明堂邑父深受汉文化的熏陶，否则他不可能冒着危险护送张骞出使西域。

从汉武帝时期开始，在汉朝军队构成中值得一提的还有利用匈奴族的降

---

① 班固.1962. 汉书. 卷94. 匈奴传上. 北京：中华书局.3782。这里所说的“秦人”，师古曰：“秦时有人亡入匈奴者，今其子孙尚号秦人。”陈序经先生认为：“卫律所指的秦人除这些‘子孙’外，可能有一部分是汉时入匈奴者，而其中有些是被俘者，故秦人亦即汉人。”载：陈序经.2007. 匈奴史稿. 北京：中国人民大学出版社.161

② 班固.1962. 汉书. 卷94. 匈奴传上. 北京：中华书局.3782

③ 师古曰：“长杨，宫名也，在盩厔县，其中有射熊馆。”载：班固.1962. 汉书. 北京：中华书局. 3557

④ 班固.1962. 汉书. 卷87下. 扬雄传. 北京：中华书局.3557

⑤ 班固.1962. 汉书. 卷61. 张骞传. 北京：中华书局.2689

人组成胡骑的骑兵队伍。《汉书》卷八《宣帝纪》记载，神爵元年三月，西羌反叛，汉宣帝征召包括胡、越骑、羌骑在内的军队六万人诣金城予以镇压。《汉书》卷十九上《百官公卿表上》记载，汉武帝初年所设置的八校尉中有“长水校尉掌长水宣曲胡骑。又有胡骑校尉，掌池阳胡骑，不常置”。关于“长水宣曲胡骑”，师古曰：“长水，胡名也。宣曲，观名，胡骑之屯于宣曲者。”关于“池阳胡骑”，师古曰：“胡骑之屯池阳者也。”汉武帝晚年所发生的“巫蛊之祸”，戾太子杀死江充后，声言汉武帝在甘泉宫病危，“疑有变，奸臣欲作乱”。汉武帝迅速调集军队，“三辅近县兵，部中二千石以下，丞相兼将”，而戾太子则“亦遣使者挢制赦长安中都官囚徒，发武库兵，命少傅石德及宾客张光等分将，使长安囚如侯持节发长水及宣曲胡骑，皆以装会”。面对太子调发胡人参与政变的举动，汉武帝派遣“侍郎莽通使长安，因追捕如侯”，并且告诉胡人：“节有诈，勿听也。”因为胡人最终没有听从戾太子的“挢制”，戾太子兵败。[①] 此亦反映了少数民族曾经参与了朝廷内部的政治斗争。这些少数民族之所以能够听从戾太子的调遣，说明他们深受汉文化的影响，已经成为汉政治集团的重要组成部分。当时不仅在长安附近驻扎有以少数民族为主的骑兵，而且在汉朝的属国也有“胡骑”的存在。汉宣帝剔除霍光势力后，“诸领胡越骑、羽林及两宫卫将屯兵，悉易以所亲信许、史子弟代之”[②]，掌握了军队的指挥权。神爵年间，在征讨羌人叛乱时，赵充国建议实行军事屯田，积蓄力量，“至四月草生，发郡骑及属国胡骑伉健各千，倅马什二，就草，为田者游兵”[③]。金涉“成帝时为侍中、骑都尉，领三辅胡、越骑”[④]。王莽夺权之前，胡骑校尉箕闳曾与长乐少府戴崇、侍中金涉、上谷都尉杨并、中郎陈汤等当世名士为王莽美言，使王莽受到汉成帝的重用。[⑤]

从上述诸多事例中可以看出，以匈奴族为代表的草原文化在与汉族为代表的黄河文化交往过程中，黄河文化已经深深影响到了草原文化，这些进入黄河流域的匈奴族人无论在行为模式，或是在思想方式和方法等方面，均已接受了黄河文化的影响。他们有的参与中央政府的政治活动，并且涉足政治核心，有的代政府出使完成对外交往的重任，所有这一切都说明黄河文化对草原文化的影响深远。

---

① 班固．1962．汉书．卷66．刘屈氂传．北京：中华书局．2881

② 班固．1962．汉书．卷68．霍光传．北京：中华书局．2952～2953

③ 班固．1962．汉书．卷69．赵充国传．北京：中华书局．2986

④ 班固．1962．汉书．卷68．金日磾传附子安上传．北京：中华书局．2964

⑤ 班固．1962．汉书．卷99上．王莽传上．北京：中华书局．4040

在汉朝与匈奴交往过程中，还存在一种相互扣留对方使节的现象。元狩四年（前119年），匈奴伊稚斜单于则利用与汉朝和亲的策略，行缓兵之计。“单于用赵信计，遣使好辞请和亲。天子下其议，或言和亲，或言遂臣之”。丞相长史任敞建议：“匈奴新困，宜使为外臣，朝请于边。”汉武帝随即派遣任敞作为使者出使匈奴。“单于闻敞计，大怒，留之不遣。”因为在此前，“先是汉亦有所降匈奴使者”，所以“单于亦辄留汉使相当”。伊稚斜单于元鼎三年死，其子乌维单于立。元封元年（前110年）冬十月，汉武帝北巡至朔方，以18万骑兵向匈奴示威，并派郭吉作为使节出使匈奴。郭吉因在乌维单于面前劝降，单于大怒，“而留郭吉不归，迁辱之北海上。而单于终不肯为寇于汉边，休养士马，习射猎，数使使好辞甘言求和亲”。然而这种和亲根本没有诚信可言。元封四年，汉武帝派遣王乌窥探匈奴虚实，因为单于喜爱王乌，假装答应：“吾为遣其太子入质于汉，以求和亲。”汉武帝随即又派遣杨信出使匈奴，杨信劝说单于：“即欲和亲，以单于太子为质于汉。”单于说：“非故约。故约，汉常遣翁主，给缯絮食物有品，以和亲，而匈奴亦不复扰边。今乃欲反古，令吾太子为质，无几矣。”拒绝以太子为人质。杨信返回汉朝后，汉武帝再次派遣王乌率使臣出使匈奴，匈奴单于为了得到汉朝的财物供给，欺骗王乌说：“吾欲入汉见天子，面相结为兄弟。”王乌回报汉武帝，“汉为单于筑邸于长安”。单于实际上不愿到汉朝，即派遣贵人到长安。然而贵人不幸得病而死，“汉使路充国佩二千石印绶，使送其丧，厚币直数千金。单于以为汉杀吾贵使者，乃留路充国不归”。因而，班固评价曰：“诸所言者，单于特空绐王乌，殊无意入汉，遣太子来质。”这揭示了匈奴类似和亲的本质。元封六年，乌维单于死，其子詹师庐继位，因年幼，被称作“儿单于”。“儿单于立，汉使两使，一人吊单于，一人吊右贤王，欲以乖其国。使者入匈奴，匈奴悉将致单于。单于怒而悉留汉使。汉使留匈奴者前后十余辈，而匈奴使来汉，亦辄留之相当”①。是后，汉朝与匈奴之间长期处于敌对状态。从汉匈双方互相扣押对方使节来看，虽然一些匈奴使节是自愿留在汉朝，但对不明就里甚或想以此为借口的匈奴单于来说，乘机扣留汉朝使节而不让其回返的举动，则说明了在双方交往过程中，匈奴一方没有诚信可言。由此我们也可以看出，汉匈双方在交往过程中，匈奴并没有学到汉民族的诚信思想和理念。

从上述诸多事例中我们可以看出，汉武帝时代虽然是汉朝与匈奴关系紧张的历史时期，但是，在军事对抗的状态之下，民族之间的融合仍然存在。

① 班固.1962.汉书.卷94上.匈奴传上.北京：中华书局.3774

汉武帝对民族融合采取的积极措施，表现在他对待投降的匈奴人的态度以及他在朝中任用匈奴人的后裔为官等方面。虽然匈奴族多次欺骗汉武帝，但汉武帝仍以诚心欲与匈奴建立和亲关系。以此可见，汉朝在这一历史时期采取了独特的方式与匈奴进行民族融合与交往。汉朝与匈奴交往的继续扩大，使黄河文化对以匈奴族为代表的草原文化产生了深刻影响。从匈奴族人进入汉朝内部担任职务、接受汉文化，到借用汉朝的生活与生产方式，乃至用军策略等方面，都说明黄河文化的强大影响力。

第四节　回归和亲状态的黄河文化与草原文化的融合

经过汉武帝时期的强力进攻，匈奴族受到重创，汉朝也元气大伤，双方都需要一个相对稳定的环境以进一步恢复和发展，所以到了汉武帝末年，汉朝与匈奴之间重开和亲的历史。和亲成为西汉王朝中后期黄河文化与草原文化融合的主要方式。

汉武帝晚年，匈奴族在汉朝强大军事力量的打击下，开始向汉朝寻求和亲。“汉兵深入穷追二十余年，匈奴孕㱩殰，罢极苦之。自单于以下常有欲和亲计”。由此可以看出，匈奴与汉和亲是在逼迫无奈的情况下进行的。因而史书称：“自是之后，匈奴震怖，益求和亲，然而未肯称臣也。”① 这时候，匈奴虽然没有向汉朝称臣，但和亲的主动权已经发生了改变，汉朝开始居于主动地位。汉昭帝始元二年（前 85 年），狐鹿姑单于“欲求和亲”，但不久病死。其子壶衍鞮单于继位后，“风谓汉使者，言欲和亲”。左贤王、右谷蠡王“以不得立怨望，率其众欲南归汉”，被告发后，不再到龙城祭天。卫律在世时，“常言和亲之利，匈奴不信，及死后，兵数困，国益贫”。左谷蠡王常常思考卫律所言，认为其言很有道理，“欲和亲而恐汉不听，故不肯先言，常使左右风汉使者。然其侵盗益希，遇汉使愈厚，欲以渐致和亲，汉亦羁縻之”。从匈奴两代单于到左贤王、右谷蠡王乃至逃往匈奴的卫律都认为和亲可以为匈奴族的发展带来不可估量的好处。所以，他们对汉朝使节的态度有了很大的转变，也不再频繁地骚扰汉朝的北部边境，使汉朝暂时赢得了边境的安全。此后，匈奴进攻汉朝的事件虽然时有发生，但在战争的间歇仍有两个民族之间交往的记载。汉军打败匈奴后，“兹欲乡和亲，而边境少

① 班固. 1962. 汉书. 卷 94 下. 匈奴传下. 北京：中华书局. 3813

事矣”① 说的也就是这样的情况。班固在赞美汉昭帝对待匈奴的政策时说：“至始元、元凤之间，匈奴和亲，百姓充实。”②

然而，匈奴族的积极和亲思路常常受到来自本民族内部的阻挠。汉宣帝地节二年（前68年），匈奴族壶衍鞮单于死，其弟左贤王继立，是为虚闾权渠单于。虚闾权渠单于“以右大将女为大阏氏，而黜前单于所幸颛渠阏氏”，结果引起颛渠阏氏的父亲左大且渠的“怨望”。这时，汉朝与匈奴之间没有战事，虚闾权渠单于与贵人商量，“欲与汉和亲”。但是，左大且渠因为女儿被废，“心害其事”，建议先派使者入汉，并自请和呼卢訾王率领军队进行武力侦察。恰巧此时有三个匈奴人逃往汉朝，“言匈奴欲为寇”，汉朝因此严加防备，导致此次和亲无果而终。这一年秋天，匈奴族的一支“西嗕居左地者”，“君长以下数千人皆驱畜产行，与瓯脱战，所战杀伤甚众，遂南降汉”。到了神爵二年（前60年），与汉交战九年的虚闾权渠单于病危，“乃使题王都犁胡次等入汉，请和亲”，汉朝尚未答复，虚闾权渠单于病死。颛渠阏氏与其弟左大且渠都隆奇商量后，立右贤王屠耆堂为握衍朐鞮单于。握衍朐鞮单于继位后，“复修和亲，遣弟伊酋若王胜之入汉献见。”神爵二年，“匈奴单于遣名王奉献，贺正月，始和亲”③。而此时匈奴族内部权力之争加剧，日逐王因为与握衍朐鞮单于有矛盾，“即率其众数万骑归汉，汉封日逐王为归德侯”，当时跟随日逐王归汉的有一万二千人。“单于更立其从兄薄胥堂为日逐王”。神爵四年，匈奴内部分裂，稽侯狦被立为呼韩邪单于，握衍朐鞮单于兵败自杀。④ 呼韩邪单于继位后，“五月，匈奴单于遣弟呼留若王胜之来朝”⑤。呼韩邪单于被立数月，匈奴族内部的矛盾更加尖锐，“都隆奇与右贤王共立日逐王薄胥堂为屠耆单于，发兵数万人东袭呼韩邪单于”。呼韩邪单于败走。西方的呼揭王则自立为呼揭单于，右奥鞬王自立为车犁单于，乌藉都尉亦自立为乌藉单于。⑥ 匈奴内部出现了五单于共存的局面。是后，匈奴族内部进一步分裂，屠耆单于从弟休旬王自立为闰振单于，呼韩邪单于兄左贤王呼屠吾斯亦自立为郅支骨都侯单于。

五单于共存期间，相互攻伐。在这种情况下，匈奴族内部一些人为了避免被消灭的危险，纷纷南逃归汉。五凤二年（前56年）八月，“都隆奇乃与屠耆少子右谷蠡王姑瞀楼头亡归汉”。十一月，“呼韩邪单于左大将乌厉屈与

① 班固.1962.汉书.卷94上.匈奴传上.北京：中华书局.3787

② 班固.1962.汉书.卷7.昭帝纪.北京：中华书局.233

③ 班固.1962.汉书.卷8.宣帝纪.北京：中华书局.262

④ 班固.1962.汉书.卷94上.匈奴传上.北京：中华书局.3791

⑤ 班固.1962.汉书.卷8.宣帝纪.北京：中华书局.264

⑥ 班固.1962.汉书.卷94下.匈奴传下.北京：中华书局.3795

父呼遬累乌厉温敦皆见匈奴乱，率其数万人南降汉”，被封为列侯。[①] 五凤四年正月，“匈奴单于称臣，遣弟谷蠡王入侍”[②]。甘露元年（前53年），呼韩邪单于在其他单于的进攻下，开始萌发了归附汉朝的想法。“呼韩邪之败也，左伊秩訾王为呼韩邪计，劝令称臣入朝事汉，从汉求助，如此匈奴乃定”。呼韩邪单于的大臣在是否归汉的问题上争论不休，最后呼韩邪单于听从了左伊秩訾的建议，“引众南近塞，遣子右贤王铢娄渠堂入侍”。“郅支单于亦遣子右大将驹于利受入侍”。甘露二年，“呼韩邪单于款五原塞，愿朝三年正月”[③]。汉朝廷内部在对待呼韩邪单于的礼仪问题上争论不休，汉宣帝最后下诏说：“盖闻五帝三王，礼所不施，不及以政。今匈奴单于称北藩臣，朝正月，朕之不逮，德不能弘覆。其以客礼待之，位在诸侯王上。”[④] 至此总算解决了这一问题。对甘露三年（前51年）的呼韩邪单于朝贡，《汉书》卷九十四下《匈奴传下》记载的颇为详细：

汉遣车骑都尉韩昌迎，发过所七郡郡二千骑，为陈道上。单于正月朝天子于甘泉宫，汉宠以殊礼，位在诸侯王上，赞谒称臣而不名。赐以冠带衣裳、黄金玺戾绶、玉具剑、佩刀、弓一张、矢四发、棨戟十、安车一乘、鞍勒一具、马十五匹、黄金二十斤、钱二十万、衣被七十七袭、锦绣绮縠杂帛八千匹、絮六千斤。礼毕，使使者道单于先行，宿长平。上自甘泉宿池阳宫。上登长平，诏单于毋谒，其左右当户之群臣皆得列观，及诸蛮夷君长王侯数万，咸迎于渭桥下，夹道陈。上登渭桥，咸称万岁。单于就邸，留月余，遣归国。单于自请愿留居光禄塞下，有急保汉受降城。汉遣长乐卫尉高昌侯董忠、车骑都尉韩昌将骑万六千，又发边郡士马以千数，送单于出朔方鸡鹿塞。诏忠等留卫单于，助诛不服，又转边谷米精，前后三万四千斛，给赡其食。

在呼韩邪单于朝贡的鼓舞下，“是岁，郅支单于亦遣使奉献，汉遇之甚厚”。到了第二年，“两单于俱遣使朝献，汉待呼韩邪使有加。明年，呼韩邪单于复入朝，礼赐如初，加衣百一十袭，锦帛九千匹，絮八千斤”。对于这一段历史，萧望之评价曰：“前单于慕化乡善称弟，遣使请求和亲，海内欣然，夷狄莫不闻。未终奉约，不幸为贼臣所杀，今而伐之，是乘乱而幸灾

---

① 班固．1962．汉书．卷94下．北京：中华书局．匈奴传下．3796。《汉书》卷八《宣帝纪》云：“单于阏氏子孙、昆弟及呼遬累单于、名王、右伊秩訾、且渠、当户以下将众五万余人来降归义。”载：班固．1962．汉书．北京：中华书局．266

② 班固．1962．汉书．卷8．宣帝纪．北京：中华书局．268

③ 班固．1962．汉书．卷94下．匈奴传下．北京：中华书局．3798

④ 班固．1962．汉书．卷8．宣帝纪．北京：中华书局．270

也，彼必奔走远遁。不以义动兵，恐劳而无功。宜遣使者吊问，辅其微弱，救其灾患，四夷闻之，咸贵中国之仁义。如遂蒙恩得复其位，必称臣服从，此德之盛也。”汉宣帝听从其建议，“后竟遣兵护辅呼韩邪单于定其国”①。正因为汉政府对待呼韩邪单于的积极态度，到汉宣帝晚年的黄龙元年春正月，“匈奴呼韩邪单于来朝，礼赐如初。二月，单于归国”。频繁的朝贡表明汉与匈奴关系进入了稳定期。呼韩邪单于和郅支单于相继与汉朝建立起朝贡关系，一方面是因为本民族内部内讧迭起，与汉建立起朝贡关系可以以汉朝为依托，保证本部落的发展；另一方面是想通过与汉朝建立朝贡关系，以较小的贡献，换取非常丰厚的物质财富，享受黄河文化所带来的种种好处。

此时，郅支单于乘呼韩邪单于朝贡之机，抄了他的后路，占据了他的右地。汉元帝即位后，“呼韩邪单于复上书，言民众困乏。汉诏云中、五原郡转谷二万斛以给焉”。汉元帝对待呼韩邪单于的态度，引起了郅支单于的怨怒，要求汉归还他的侍子。汉朝派郑吉护送郅支单于的侍子，却被郅支单于杀害。② 汉朝政府在处理郅支单于与呼韩邪单于的关系问题上因为明显偏袒呼韩邪单于，所以招致了使臣被杀的结果。在汉匈关系复杂微妙的阶段，初元元年（前48年）八月，“上郡属国降胡万余人亡入匈奴”③。初元五年（前44年），汉朝派车骑都尉韩昌、光禄大夫张猛护送呼韩邪单于侍子回国。二人到呼韩邪单于国后，看到呼韩邪单于实力强大，听到其大臣多劝呼韩邪单于北归，担心呼韩邪单于北归后难以约束，于是就与其盟约。盟约的誓词为：“自今以来，汉与匈奴合为一家，世世毋得相诈相攻。有窃盗者，相报，行其诛，偿其物；有寇，发兵相助。汉与匈奴敢先背约者，受天不祥。令其世世子孙尽如盟。”二人随即与呼韩邪单于举行了结盟仪式，“昌、猛与单于及大臣俱登匈奴诺水东山，刑白马，单于以径路刀金留犁挠酒，以老上单于所破月氏王头为饮器者共饮血盟”。二人回到长安后，朝廷公卿大臣群起而攻之，认为：“昌、猛擅以汉国世世子孙与夷狄诅盟，令单于得以恶言上告于天，羞国家，伤威重，不可得行。”公卿大臣们还建议朝廷解除盟约，惩治韩昌和张猛。④ 虽然朝廷没有解除盟约，但仍然对二人处以“以赎论”的刑罚。韩昌与张猛在汉匈关系可能出现危机的情况下，临时决定代表汉政府与呼韩邪单于签订盟约，其实是站在汉政府的立场上处理事情的，但因为汉朝内部一些人感觉到不应“令单于得以恶言上告于天，羞国家，伤威重”而

① 班固．1962．汉书．卷78．萧望之传．北京：中华书局．3280
② 班固．1962．汉书．卷94下．匈奴传．北京：中华书局．3800
③ 班固．1962．汉书．卷9．元帝纪．北京：中华书局．280
④ 班固．1962．汉书．卷94下．匈奴传．北京：中华书局．3801

使国家蒙羞，所以二人受到处罚。而这一年，“卫司马谷吉使匈奴，不还”。这是汉政府派遣谷吉出使郅支单于部而被杀。而郅支单于则在建昭三年（前36年）冬被西域都护甘延寿与副都护陈汤率军消灭。①

郅支单于被杀后，呼韩邪单于既高兴又恐惧，立即向汉朝上书表达了愿意朝见的意思。竟宁元年（前33年），呼韩邪单于再次入长安朝贡，朝廷给予他很高的待遇，“礼赐如初，加衣服锦帛絮，皆倍于黄龙时”。呼韩邪单于向汉元帝表达了“愿婿汉氏以自亲”，即愿意做汉朝的女婿。“元帝以后宫良家子王嫱字昭君赐单于。单于欢喜，上书愿保塞上谷以西至敦煌，传之无穷，请罢边备塞吏卒，以休天子人民”。汉元帝让群臣商议，最后没有接受这一建议。但汉元帝在所下诏书中仍然对呼韩邪单于褒扬有加：“匈奴郅支单于背叛礼义，既伏其辜，呼韩邪单于不忘恩德，乡慕礼义，复修朝贺之礼，愿保塞传之无穷，边垂长无兵革之事。其改元为竟宁，赐单于待诏掖庭王嫱为阏氏。”② 王昭君到达匈奴后，被立为宁胡阏氏，是呼韩邪单于多个阏氏之一。王昭君生一男伊屠智牙师，为右日逐王。关于汉元帝时期王昭君被选嫁匈奴的情况，《后汉书》卷八十九《南匈奴传》云：

> 初，元帝时，以良家子选入掖庭。时呼韩邪来朝，帝敕以宫女五人赐之。昭君入宫数岁，不得见御，积悲怨，乃请掖庭令求行。呼韩邪临辞大会，帝召五女以示之。昭君丰容靓饰，光明汉宫，顾景裴回，竦动左右。帝见大惊，意欲留之，而难于失信，遂与匈奴。生二子。及呼韩邪死，其前阏氏子代立，欲妻之，昭君上书求归，成帝敕令从胡俗，遂复为后单于阏氏焉。

王昭君远嫁匈奴，对黄河流域民众的心理产生了很大的影响，即使到后代人们仍然常常提及此事，较为有名的如石崇《王昭君辞一首》云：“我本汉家子，将适单于庭。辞诀未及终，前驱已抗旌。仆御涕流离，辕马为悲鸣。哀郁伤五内，泣泪沾珠缨。行行日已远，乃造匈奴城。延我于穹庐，加我阏氏名。殊类非所安，虽贵非所荣。父子见凌辱，对之惭且惊。杀身良未易，默默以苟生。苟生亦何聊，积思常愤盈。愿假飞鸿翼，弃之以遐征。”③ 石崇的诗将汉民族受此屈辱的心理表露无遗，也将王昭君无奈的心情描述得入木三分。

呼韩邪单于在长安还遇到了过去的左伊秩訾。左伊秩訾在甘露元年劝说呼韩邪单于归附于汉，保障了匈奴族内部的安定，然而，呼韩邪单于近臣有

---

① 班固 . 1962. 汉书 . 卷 9. 元帝纪 . 北京：中华书局 . 3801

② 班固 . 1962. 汉书 . 卷 9. 元帝纪 . 北京：中华书局 . 297

③ 徐陵 . 1999. 玉台新咏 . 卷 2. 长春：吉林人民出版社 . 80

人进谗言说“伊秩訾自伐其功，常鞅鞅”。呼韩邪单于也怀疑伊秩訾，“左伊秩訾惧诛，将其众千余人降汉，汉以为关内侯，食邑三百户，令佩其王印绶”。所以，当竟宁元年呼韩邪在长安与左伊秩訾相见并请求其回到匈奴时，被左伊秩訾严词拒绝。左伊秩訾认为：“单于赖天命，自归于汉，得以安宁，单于神灵，天子之佑也，我安得力！既已降汉，又复归匈奴，是两心也。愿为单于侍使于汉，不敢听命。”① 到了汉成帝建始二年（前31年），呼韩邪单于死，其长子雕陶莫皋继位，是为复株累若鞮单于。对于汉宣帝到汉元帝时期汉朝廷与匈奴的关系，《晋书》卷九十七《四夷·北狄·匈奴传》云：“前汉末，匈奴大乱，五单于争立，而呼韩邪单于失其国，携率部落，入臣于汉。汉嘉其意，割并州并界以安之。于是匈奴五千余落入居朔方诸郡，与汉人杂处。呼韩邪感汉恩，来朝，汉因留之，赐其邸舍，犹因本号，听称单于，岁给绵绢钱谷，有如列侯。子孙传袭，历代不绝。其部落随所居郡县，使宰牧之，与编户大同，而不输贡赋。”由此可以看出，汉朝廷对于归附的南单于及其部落厚待有加，从而解除了西汉北部边境的危急。这些归附的匈奴人还享受到汉朝廷的种种优惠，既有朝廷的赏赐，也不用服役、纳赋。

复株累若鞮单于继位后，继续维持与汉的关系，“遣子右致卢儿王醯谐屠奴侯入侍”。他还按照匈奴的婚俗，“复妻王昭君，生二女，长女云为须卜居次，小女为当于居次”。在河平元年（前28年），复株累若鞮单于派遣使者右皋林王伊邪莫演等“奉献朝正月”。正月朝贺的仪式结束后，伊邪莫演在返回途中，向使者表达了欲投降汉朝的意思。汉朝廷经过讨论，出于从汉朝与匈奴关系的大局考虑拒绝了这一要求。到了第二年，“单于上书愿朝”。及至河平四年，“遂入朝，加赐锦绣缯帛二万匹，絮二万斤，它如竟宁时”。汉朝与匈奴关系又恢复到原来的状态。鸿嘉元年（前20年）正月，复株累若鞮单于死，其弟且糜胥立，是为搜谐若鞮单于。五月甲午，汉成帝“遣中郎将杨兴使吊”②。搜谐若鞮单于在位时“遣子左祝都韩王朐留斯侯入侍”。他还打算在“元延元年，为朝二年发行”，结果，“未入塞，病死”。是后，其弟且莫车继位，为车牙若鞮单于。绥和元年，车牙若鞮单于死，其弟囊知牙斯继位，为乌珠留若鞮单于。乌珠留单于继位后，继续与汉朝保持友好关系，“遣子右股奴王乌鞮牙斯入侍”。汉朝也“遣中郎将夏侯藩、副校尉韩容使匈奴”，作为回报。到了第二年，“明年，侍子死，归葬。复遣子左於驰

① 班固．1962．汉书．卷94下．匈奴传下．北京：中华书局．3806

② 班固．1962．汉书．卷26．天文志．北京：中华书局．1311

仇掸王稽留昆入侍”①。

汉哀帝时，汉朝与匈奴的关系基本维持在原来的水平。建平四年（前3年），“单于上书愿朝五年”，因汉哀帝染病，“或言匈奴从上游来厌人，自黄龙、竟宁时，单于朝中国辄有大故”，公卿大臣“亦以为虚费府帑，可且勿许”。在扬雄的建议下，汉哀帝“召还匈奴使者，更报单于书而许之”。因为乌珠留单于有病耽误了一年，决定在元寿二年朝贡。根据以往的成规，匈奴单于朝贡，“从名王以下及从者二百余人”。乌珠留单于请求此次朝贡“愿从五百人入朝，以明天子盛德”，汉哀帝答应了这一请求。元寿二年（前1年）乌珠留单于率领庞大的使团到长安，汉哀帝安排他们居住在上林苑蒲陶宫，“加赐衣三百七十袭，锦绣缯帛三万匹，絮三万斤，它如河平时”。朝拜结束后，汉哀帝派遣中郎将韩况护送回国。韩况在回还途中，因为缺粮，“单于乃给其粮”。乌珠留单于在回国时，“上遣稽留昆随单于去，到国，复遣稽留昆同母兄右大且方与妇入侍。还归，复遣且方同母兄左日逐王都与妇入侍”。这表明乌珠留单于对与汉匈之间友好关系的重视。这一年的六月，汉哀帝病死。

汉哀帝死后，年仅九岁的汉平帝即位，太皇太后临朝听政，王莽掌权，百官听从王莽。为了树立权威，王莽“乃风单于令遣王昭君女须卜居次云入侍太后，所以赏赐之甚厚”。王莽摄政和改制时，对维持了数十年的汉朝与匈奴的关系随意破坏，汉朝与匈奴的关系经历了由紧张到最终破坏的过程。“莽奏令中国不得有二名，因使使者以风单于，宜上书慕化，为一名，汉必加厚赏”。乌珠留若鞮单于为了赢得王莽的高兴，上书将名字改为知，“莽大说，白太后，遣使者答谕，厚赏赐焉”。

王莽篡位后，随意更改印信和称呼，引起匈奴人的反感，维持了数十年的汉朝与匈奴的关系，至此破裂。“建国元年，遣五威将王骏率甄阜、王飒、陈饶、帛敞、丁业六人，多赍金帛，重遗单于，谕晓以受命代汉状，因易单于故印”。将“匈奴单于玺”改为“新匈奴单于章”。史书记载单于“以印文改易，故怨恨”，因而派遣“十余人将兵众万骑，以护送乌桓为名，勒兵朔方塞下”。汉朝与匈奴关系剑拔弩张。到了第二年，西域戊己校尉史陈良、终带、司马丞韩玄、右曲侯任商等人看到匈奴力量强大，害怕被匈奴所杀，率众投降匈奴。王莽为了瓦解匈奴，“莽于是大分匈奴为十五单于，遣中郎将蔺苞、副校尉戴级将兵万骑，多赍珍宝至云中塞下，招诱呼韩邪单于诸子，欲以次拜之。使译出塞诱呼右犁汗王咸、咸子登、助三人，至则胁拜咸

① 班固.1962. 汉书．卷94下．匈奴传下．北京：中华书局.3810

为孝单于，赐安车鼓车各一，黄金千斤，杂缯千匹，戈戟十；拜助为顺单于，赐黄金五百斤；传送助、登长安。莽封苞为宣威公，拜为虎牙将军；封级为扬威公，拜为虎贲将军”。王莽的这种举动必然导致匈奴内部的分裂，乌珠留若鞮单于闻听大怒，派军进攻云中益寿塞（今内蒙古萨拉齐县），大杀吏民。此后，匈奴大规模入侵，“大辈万余，中辈数千，少者数百，杀雁门、朔方太守、都尉，略吏民畜产不可胜数，缘边虚耗”。而王莽则借助汉朝所遗留下来的强势国力，“乃拜十二部将率，发郡国勇士，武库精兵，各有所屯守，转委输于边。议满三十万众，赍三百日粮，同时十道并出，穷追匈奴，内之于丁令，因分其地，立呼韩邪十五子”。在战争的侵扰下，沿黄河地区遭受到重大损失。汉朝“北边自宣帝以来，数世不见烟火之警，人民炽盛，牛马布野”的境况被改变。王莽篡位后，恶化了汉朝与匈奴之间的关系，“边民死亡系获，又十二部兵久屯而不出，吏士罢弊，数年之间，北边虚空，野有暴骨矣”。由于外部环境受到很大破坏，黄河文化的发展再次陷入艰难的境地。

新莽始建国五年（13 年），乌珠留若鞮单于死，在王昭君女伊墨居次云的女婿须卜当的支持下，“立咸为乌累若鞮单于”。因为伊墨居次云“常欲与中国和亲”，所以乌累若鞮单于一即位，“遂劝咸和亲”。天凤元年，须卜当和伊墨居次云派人至西河郡虎猛县制虏塞，告知守塞的边吏欲见和亲侯王歙（此乃王昭君兄之子），王莽闻听后，即刻派遣王歙、王飒出使匈奴，“贺单于初立，赐黄金衣被缯帛”。王歙、王飒又骗取单于的信任，将陈良、终带二人押回长安，二人被王莽杀掉。当单于得知侍子登已死，遂“怨恨”新莽政权，多次入侵。天凤二年（15 年）五月，王莽再次派遣王歙和武威将王咸率领伏黯、丁业等六人出使匈奴，“使送右厨唯姑夕王，因奉归前所斩侍子登及诸贵人从者丧，皆载以常车”。这些人到匈奴后，“单于遣云、当子男大且渠奢等至塞迎”。王咸等人到匈奴后，“多遗单于金珍，因谕说改其号”，号匈奴曰“恭奴”，单于曰“善于”，赐印绶。封骨都侯须卜当为后安公，须卜当的儿子奢为后安侯。单于“贪莽金币，故曲听之，然寇盗如故”。王咸、王歙“又以陈良等购金付云、当，令自差与之”。是年十二月，六人归还后，王莽大喜过望，“赐歙钱二百万，悉封黯等”。天凤五年，乌累若鞮单于死，其弟左贤王舆继位，是为呼都而尸道皋若鞮单于。因为受汉文化的长期影响，匈奴谓“孝”曰“若鞮”。自呼韩邪单于以后，与汉朝关系亲密，见汉谥帝为“孝”，因羡慕，故都称为“若鞮”。呼都而尸单于继位后，“贪利赏赐，遣大且渠奢与云女弟当于居次子醯椟王俱奉献至长安”。王莽派遣和亲侯王歙与大且渠奢等一同至制虏塞下，并与伊墨居次云、须卜当会聚，“因以兵迫胁，将至长安”。“当至长安，莽拜为须卜单于，欲出大兵以辅立之”。因为兵力调度不合，而匈奴单于更加恼怒，“并入北边，北边由是坏败”。适逢须卜当病死，王莽以其庶女陆逯任嫁于后安公奢，以示尊宠，最终欲出兵立他为单于。不久，汉兵诛王莽，伊墨居次云、奢也死去。到了更始二年（24 年）冬，汉派遣归德侯飒和大司马护军陈遵出使匈奴，“授单于汉旧制玺绶，王侯以下印绶，因送云、当余亲属贵人从者”。[①] 王莽后期，匈奴与汉的关系更加紧张，匈奴控制了北部沿黄河地区，沿边地区的移民相继逃离，使这里日渐恢复的农业经济又回到原来的状态。

从汉昭帝开始的以和亲为主流的汉匈文化交流与民族融合，显现出以汉文化为代表的黄河文化已经走在草原文化的前面。黄河文化更多地是以自己先进的社会政治制度影响匈奴族为代表的草原文化，具体说来，就是以先进的农耕文明影响相对落后的游牧经济。汉族的定居生活所带来的社会稳定与发展，已经深深影响着与汉族频繁接触的匈奴人，这就是我们在前文中看到的有些匈奴使节愿意归附汉朝而不愿意再回到草原去的重要原因。另外，汉朝所控制的黄河流域的农业文明所带来的相对充足的物质财富也影响着匈奴人，使他们不愿意再回到生存条件相对恶劣的草原上去。

第五节　黄河文化与草原文化融合的经济因素

在黄河文化与草原文化融合过程中，边疆地区的经济也得到迅速的恢复与发展，特别是沿黄河地区的农业经济更是呈现出代替畜牧业经济的趋势。

随着汉朝与匈奴关系的变化，汉朝的军事力量急剧向北推进，过去大片被匈奴占领的土地，开始被汉人所占领，而这些土地特别是沿黄河流域的土地，过去是匈奴作为牧场来使用的，汉朝占领以后，充分利用黄河灌溉的便利，对其进行开发，使其成为当时汉朝的又一个重要产粮区。同时在这里从事农业生产免去了长途运粮到北方前线的艰难，减轻了黄河中游地区民众的负担。

黄河从临戎以下进入河套平原以后，河流冲积泥沙沉积，形成了广袤的冲积平原，为汉代农业屯田提供了便利条件。现今这一带以亚砂土、亚黏土与中细沙互层为主的地层，正是代表黄河冲积相和冲积—湖积层的表层的沉积物。早在秦始皇时，朔方郡一带土壤的肥美已经被认识。《正义》服虔云：

① 班固．1962．汉书．卷 94 下．匈奴传下．北京：中华书局．3829

"秦始皇遣蒙恬斥逐北胡，得肥饶之地七百里，徙内郡人民皆往充实之，号曰新秦中也。"[①] 应劭曰："秦始皇遣蒙恬攘却匈奴，得其河南造阳之北千里地甚好，于是为筑城郭，徙民充之，名曰新秦。"[②] 这一地区肥美的土壤条件加之丰富的水资源使这里成为仅次于关中的又一个产粮区。《汉书》卷六十四上《主父偃传》记载，主父偃"盛言朔方地肥饶，外阻河"。刘歆曾赞美汉武帝"北攘匈奴，降昆邪十万之众，置五属国，起朔方，以夺其肥饶之地"[③]。汉武帝时代完成了对这一地区的占领，使汉政府获得了丰厚的土壤资源，有利于在这一地区从事农业生产。赵让曾经说五原、北假一带的土地属于"膏壤"[④]。颜师古云："膏壤，言其土肥美也。"从秦始皇以来到西汉末年，朔方郡一带的土壤始终被认为是肥美的，有利于农业生产。

秦汉时期开始的屯田都是在当时水资源丰富的沿黄河两岸冲积平原进行的，秦始皇时期开始了对河套地区的经营。《史记》卷一百一十《匈奴列传》云：

> 秦灭六国，而始皇帝使蒙恬将十万之众北击胡，悉收河南地。因河为塞，筑四十四县城临河，徙适戍以充之。而通直道，自九原至云阳，因边山险堑溪谷可缮者治之，起临洮至辽东万余里。又度河据阳山北假中。

关于北假，《史记》诸家注释颇为详细。《集解》："北假，北方田官。主以田假与贫人，故云北假。"《索隐》："应劭云：'北假在北地阳山北。'韦昭云：'北假，地名。'又按：《汉书·元纪》云'北假，田官'。苏林以为北方田官也。主以田假与贫人，故曰北假也。"《正义》："《括地志》云：'汉五原郡河目县故城在北假中。北假，地名也，在河北，今属胜州银城县。'"《汉书·王莽传》云："五原北假，膏壤殖谷。"综合诸家解释，"北假"作为地名较为妥当。由之可知，秦始皇时代已经开始了在北假（今黄河河套平原后套一带）利用黄河水利资源的便利从事农业生产。蒙恬死后，中原地区的农民战争和四年之久的楚汉战争，使边疆守土之士如鸟兽散，"诸秦所徙适戍边者皆复去，于是匈奴得宽，复稍度河南与中国界于故塞"。这里刚刚兴起的农业经济区变为匈奴族的牧场。

西汉初年，汉朝与匈奴关系交恶，汉朝处于弱势。汉武帝时，开始对匈奴发动战争。元朔二年，"卫青复出云中以西至陇西，击胡之楼烦、白

---

① 司马迁. 1982. 史记. 卷110 匈奴列传. 北京：中华书局. 2910
② 班固. 1962. 汉书. 卷24 下. 食货志下. 北京：中华书局. 1162
③ 班固. 1962. 汉书. 卷73. 韦贤传附子玄成传. 北京：中华书局. 3126
④ 班固. 1962. 汉书. 卷99 中. 王莽传中. 北京：中华书局. 4125

羊王于河南，得胡首虏数千，牛羊百余万。于是汉遂取河南地，筑朔方，复缮故秦时蒙恬所为塞，因河为固”[①]。汉朝在这里设置了朔方郡、五原郡，并在是年夏，“募民徙朔方十万口”，从事农业屯田。但是，匈奴族的铁骑仍然不时地骚扰。元朔四年夏，匈奴族又入河南地，侵扰朔方郡。次年春，卫青率领十万人出兵朔方，俘虏匈奴一万五千人。元狩二年，匈奴浑邪王降汉。汉朝“徙关东贫民处所夺匈奴河南、新秦中以实之”。随着匈奴远遁，“汉度河自朔方以西至令居，往往通渠置田，官吏卒五六万人，稍蚕食，地接匈奴以北”。汉朝政府从关中迁徙贫民到河套地区从事屯田活动，这种特殊条件下的农业经营方式是一种带有半军事性质的生产方式，对于农业经济的发展起了有力的推动作用，而在此中发挥重要作用的是政府，因为在边疆相对落后的地区从事农田水利建设是需要政府组织的。

《匈奴传》所述的朔方一带“通渠置田”现象在史书中有颇多记载。黄河流过旧朔方郡治，有支渠东出，流过沃野县故城南，“东注以溉田”，流经稒阳县故城南，“河水决其西南隅，又东南，枝津注焉。水上承大河于临沃县，东流七十里，北溉田，南北二十里”。在定襄县的白渠，流经当时屯田集中的地区，使其成为重要的农田水利灌溉地区。西部都尉治、成乐城北、云中故城南、沙陵县故城南等地都是当时著名的屯田地点。[②] 汉武帝时期开始的全国范围的大规模农田水利建设对于北部边疆地区也产生了积极的影响。《史记》卷二十九《河渠书》云：“自是之后，用事者争言水利。朔方、西河、河西、酒泉皆引河及川谷以溉田。”然而，因为当时没有充分的论证，农田水利建设对水资源的利用收效甚微，“朔方亦穿渠，作者数万人：各历二三期，功未就，费亦各巨万十数”[③]。师古曰：“谓十万万也。”足见对水资源利用耗费之大。后人曾称颂汉武帝在河套地区从事大规模的农业开垦时说：“《禹贡》雍州之域，厥田惟上。且沃野千里，谷稼殷积，又有龟兹盐池以为民利。水草丰美，土宜产牧，牛马衔尾，群羊塞道。北阻山河，乘陒据险。因渠以溉，水舂河漕。用功省少，而军粮饶足。故孝武皇帝及光武筑朔方，开西河，置上郡，皆为此也。”[④] 经过东汉和帝以后长达20余年的内讧，朝廷已经无暇顾及这一带的农田水利建设。汉顺帝永建四年，尚书仆射虞诩上疏建议加强这一地区的农业生产，并“使谒者郭璜督促徙者，各归旧

① 司马迁．1982．史记．卷110．匈奴列传．北京：中华书局．2906

② 郦道元．水经注．卷3．河水三．陈桥驿注释．2001．杭州．浙江古籍出版社．40

③ 司马迁．1982．史记．卷30．平准书．北京：中华书局．1424

④ 范晔．1965．后汉书．卷87．西羌传．北京：中华书局．2893

县，缮城郭，置候驿。既而激河浚渠为屯田，省内郡费岁一亿计。遂令安定、北地、上郡及陇西、金城常储谷粟，令周数年”①。

汉代在河套地区所进行的政权建设对水资源的利用也颇有特色。从秦王朝进入河套地区以后，汉武帝开始在河套地区进行了大规模的政权建设，以加强对这一地区的控制。汉代所设立的郡县大都位于水资源便利之处。朔方郡的西部都尉治窳浑在申屠泽的西部，其所辖的10县县治多位于有水利之便的黄河及其支流沿岸。从谭其骧先生《中国历史地图集》（第二册）之《并州、朔方刺史部》所标注的县治方位来看，临戎、沃野、临河、渠搜、呼遒、朔方等县都濒临黄河及其支流。五原郡下辖的16县，沿黄河所设立的有九原、五原、临沃、河阴、宜梁、成宜、稒阳、西安阳、河目、南兴等。云中郡10县中沿黄河及其支流所设立的有云中、咸阳、陶林、沙陵、桢陵、沙南、原阳、阳寿、北舆、武泉等县。定襄郡的桐过、武城、武进、定陶、武要、武皋等县也濒临黄河及其支流。政府机构之所以设在沿河地区，一方面是为了便于庞大的管理队伍对水资源的使用；另一方面，沿黄河地区是当时屯田密集的地区，也便于调解有关水资源利用的纠纷和政府宏观调控水资源。

汉代河套地区肥美的土壤也是汉政府广为屯田的基础，从汉武帝时期开始在这一地区所进行的屯田建设就是利用了这里的肥美的土壤条件和便利的水资源条件。汉代在河套地区的屯田分为民屯和军屯，屯田地点都分布在水资源丰富和土壤肥厚的地区。民屯主要凭借从内地迁来的民众来完成。霍去病招降浑邪王后，“爰及河塞，庶几亡患”，朝廷乃“减陇西、北地、上郡戍卒之半，以宽天下徭役”，并且“分处降者于边五郡故塞外，而皆在河南，因其故俗为属国”②。元朔二年“夏，募民徙朔方十万口”③。元狩二年秋，在瓦解匈奴后，“陇西、北地、河西益少胡寇，徙关东贫民处所夺匈奴河南地新秦中以实之，而减北地以西戍卒半”④。元狩“四年冬，有司言关东贫民徙陇西、北地、西河、上郡、会稽凡七十二万五千口，县官衣食振业，用度不足，请收银锡造白金及皮币以足用”⑤。太初元年，汉武帝设置张掖、酒泉二郡后，又在“上郡、朔方、西河、河西开田官，斥塞卒六十万人戍田之”⑥。这些移民到来后，多居住在水资源便利的黄河沿岸，从事农业屯田。

---

① 范晔.1965. 后汉书. 卷87. 东羌传. 北京：中华书局.2893

② 班固.1962. 汉书. 卷55. 霍去病传. 北京：中华书局.2483

③ 班固.1962. 汉书. 卷6. 武帝纪. 北京：中华书局.170

④ 班固.1962. 汉书. 卷94上. 匈奴传上. 北京：中华书局.3769

⑤ 班固.1962. 汉书. 卷6. 武帝纪. 北京：中华书局.178

⑥ 班固.1962. 汉书. 卷24下. 食货志下. 北京：中华书局.1173

军屯主要是以这一带防止匈奴的兵士利用空闲时间来屯田的。

河套地区农业经济的发展，标志着以农业文明为特色的黄河文化的扩大。原来局限在黄河中下游地区的农业经济，因为西汉政府的强力推进，也扩展到了原来被匈奴族所占领的河套地区。黄河文化在农业经济上的表现就是开始与草原文化相互交叉、融合。

第三章

东汉时期的融合与发展

东汉定都于黄河流域的中心城市洛阳，使黄河文化在更加广阔的层面上进行，从而有力地促进了黄河文化的发展。综观东汉历史我们可以发现，虽然说东汉时期的国力没有西汉时期的强盛，但因东汉王朝采取了一系列发展经济的措施，加强了对东方广大地区的控制，所以东汉王朝的社会经济、文化艺术呈现出了繁荣的局面，并对周边地区的少数民族产生了一定程度的影响。特别是活动在东汉王朝北部和西部的匈奴族深受黄河文化的浸润，加速了黄河文化与草原文化的融合。这种新的历史性的融合与发展谱写了新时期文化融合的新篇章。所以，东汉时期是汉朝与匈奴之间交往的重要历史时期，也是黄河文化发展的重要历史时期，更是黄河文化与草原文化融合与发展的重要历史时期。

第一节　东汉初年黄河文化与草原文化的碰撞

东汉初年，经过西汉末年的战乱，黄河流域的社会动荡摧毁了西汉时期社会经济发展所带来的种种繁荣，黄河文化的发展受到严重的阻碍。以农业经济为代表的黄河文化因西汉末期的战乱，毁坏严重，所以东汉时期黄河文化的发展是建立在黄河流域社会经济再度复兴的基础之上的。关于黄河流域社会经济的恢复与发展学术界论述颇多，我们在这里主要对东汉初年黄河流域农业经济的恢复、发展与草原文化的融合作一论述。

东汉初年黄河流域陷于战乱之中，北方地区以匈奴族为代表的草原文化迅速发展，并对黄河文化的发展产生了重要影响。东汉时期，黄河文化经历了逐步恢复的过程，至汉光武帝中后期社会经济已经得到初步恢复，以匈奴族为代表的草原文化与以汉王朝为代表的黄河文化开始了较为频繁的交往。

光武帝初年，“方平诸夏，未遑外事”，黄河中下游地区的社会稳定问题是东汉初年亟须解决的关键问题，使东汉政府几乎无暇顾及与草原文化的交流。这一时期，草原地区的匈奴族内部也产生了分化，匈奴呼都而尸道皋若鞮单于舆以其侄子比“右薁鞬日逐王，部领南边及乌桓”，直接威胁到黄河流域的社会稳定。东汉政府在黄河流域腹地尚未安定的情况下，对匈奴采取了羁縻的政策。建武六年，光武帝“始令归德侯刘飒使匈奴，匈奴亦遣使来献，汉复令中郎将韩统报命，赂遗金币，以通旧好”①。这是东汉时期与匈奴交往的最早记录。虽然在双方的交往过程中，匈奴的单于态度蛮横，“对使者辞语悖慢”，但是，因为黄河流域的腹地尚不安宁，光武帝对匈奴族“待之如初”。然而，匈奴族则凭借其强大的军事力量，对新生的东汉政权采取了武力进攻的策略，严重影响到黄河文化的复兴与发展。此后黄河流域政局所出现的动荡对黄河文化的发展产生了不小的影响。

匈奴族首先利用黄河流域的异己力量与东汉政权对抗，但都被东汉政府所弹压。为了研究的方便我们分不同的地区进行论述。

对代郡地区（辖境包括今河北的蔚县、怀安，山西的阳高、灵丘等）的占领是在消灭勾结匈奴割据势力的情况下而实现的。王莽末年，苏竟为代郡中尉，“时匈奴扰乱，北边多罹其祸，竟终完辑一郡”②。在西汉末年战乱的情况下，苏竟凭借自己所掌握的地方军事力量保护了代郡免遭匈奴更大的破坏。更始二年（24 年），更始帝征召代郡太守赵永，刘秀的大将军耿况劝赵永归附刘秀。赵永归附刘秀后，刘秀随即派遣赵永回到郡中，而代县令张晔据城反叛，“乃招迎匈奴、乌桓以为援助”，张晔欲借助匈奴的力量实现割据。张晔的倒行逆施使刘秀非常警觉，刘秀乃以耿况之子耿舒“为复胡将军，使击晔，破之。永乃得复郡”。当时，“五校贼二十余万北寇上谷，况与舒连击破之，贼皆退走”，代郡、上谷一带趋于稳定。③ 刘秀即位后，随即又任命苏竟为代郡太守，“使固塞以拒匈奴”④。建武五年，卢芳掳掠北部沿边诸郡，“帝使偏将军随弟屯代郡”，以防备卢芳的骚扰。东汉初年，代郡地区的形势错综复杂，但光武帝刘秀依靠当地归附于汉朝的势力终于占据了这一地区。

对渔阳地区的占领也经历了一个复杂的过程。王莽末年，彭宠在风云际会的斗争旋涡中控制了渔阳，更始帝时期彭宠归附刘秀。彭宠是刘秀之同“邑人”，本应与刘秀同心同德，然而，建武初年，彭宠因与幽州刺史朱浮交恶，光武帝征召彭宠，彭宠因此起兵反叛，派军进攻广阳（今北京西南城

---

① 范晔. 1965. 后汉书. 卷 89. 南匈奴传. 北京：中华书局. 2940

② 范晔. 1965. 后汉书. 卷 30 上. 苏竟传. 北京：中华书局. 1041

③ 范晔. 1965. 后汉书. 卷 19. 耿弇列传. 北京：中华书局. 705

④ 范晔. 1965. 后汉书. 卷 30 上. 苏竟传. 北京：中华书局. 1041

区）、上谷（今河北怀来小南辛堡镇大古城）、右北平（今内蒙古宁城），并打败了刘秀派去支援朱浮的军队。建武二年春，“（彭）宠遂拔右北平、上谷数县”。为了巩固已经占据的地盘，求得匈奴的支持，彭宠“遣使以美女缯彩赂遗匈奴，要结和亲。单于使左南将军七八千骑，往来为游兵以助宠。又南结张步及富平获索诸豪杰，皆与交质连衡。遂攻拔蓟城，自立为燕王”①，从而控制了黄河流域北部的战略要地。彭宠既通过婚姻联络匈奴，又与当地的地方豪杰勾结，企图实现自己称霸一方的战略目的。而这自然不能为怀有统一天下志向的刘秀所容忍。建武四年，光武帝刘秀命令耿弇进攻渔阳（今北京怀柔统军庄），并与建义大将军朱祐、汉忠将军王常等进攻望都、故安等地的西山武装十余个营地，“皆破之”。当时，征虏将军祭遵驻扎在良乡，骁骑将军刘喜驻扎在阳乡，“以拒彭宠”，“（彭）宠遣弟纯将匈奴二千余骑，宠自引兵数万，分为两道以击（祭）遵、（刘）喜。胡骑经军都，（耿）舒袭破其众，斩匈奴两王，宠乃退走。（耿）况复与（耿）舒攻宠，取军都”②。随着彭宠的主要力量被消灭，到建武五年，彭宠被苍头杀死，后来其子虽然投降刘秀，但仍被灭宗族。彭宠是为了结匈奴以自重，而匈奴则利用彭宠与东汉政权对抗，这种为了自身利益而不惜牺牲民族利益的做法无疑不能得逞。彭宠灭亡后，建武五年，郭伋为渔阳太守，“时匈奴数抄郡界，边境苦之”，郭伋“整勒士马，设攻守之略，匈奴畏惮远迹，不敢复入塞，民得安业”③。是后，张堪为渔阳太守，“匈奴尝以万骑入渔阳，堪率数千骑奔击，大破之，郡界以静”。为了保持边疆地区的安定，“乃于狐奴开稻田八千余顷，劝民耕种，以致殷富”。百姓歌颂他说：“桑无附枝，麦穗两岐。张君为政，乐不可支。”在他担任太守的八年间，“匈奴不敢犯塞”④。郭伋和张堪在任渔阳太守时，都是通过抗击匈奴的进攻，稳定民心，并进而通过发展经济以实现这一地区的发展。黄河流域东北部边疆的稳定，解除了东汉政府的后顾之忧，有力地促进了黄河中下游地区社会经济的恢复与发展。

另外，引人注目的是卢芳势力占据河套地区，也成为东汉政府巩固北部边境的隐患。卢芳，安定郡三水县（今宁夏同心县东北下马关镇北红城水古城）人，王莽末年起兵，更始帝进入长安，征卢芳为骑都尉，使其镇抚安定以西。更始帝失败后，在三水县豪强的拥戴下，卢芳自立为上将军、西平王，并派人与匈奴和亲。匈奴单于派遣句林王率领数千骑兵迎接卢芳和其兄

---

① 范晔．1965．后汉书．卷12．彭宠传．北京：中华书局．504
② 范晔．1965．后汉书．卷19．耿弇列传．北京：中华书局．708
③ 范晔．1965．后汉书．卷31．郭伋传．北京：中华书局．1091
④ 范晔．1965．后汉书．卷31．张堪传．北京：中华书局．1100

卢禽、弟卢程一起入匈奴，并立卢芳为汉帝。以卢程为中郎将，率领匈奴兵进入安定郡。在此之前，沿黄河的五原、朔方、代郡等地均有地方武装趁中原战乱无暇顾及边地的时机，拥地方武装以自重。五原人李兴、随昱，朔方人田飒，代郡人石鲔、闵堪，各起兵自称将军。建武四年，单于派遣无楼且渠王进入五原塞，与李兴等人和亲，并将欲立卢芳还汉地为帝之事告知李兴等人。建武五年，李兴、闵堪率兵至单于王庭迎接卢芳，"与俱入塞，都九原县"。他们随即占领了五原、朔方、云中、定襄、雁门等五郡，并设置郡守和县令等地方官，"与胡通兵，侵苦北边"①。两汉之际，卢芳等人为了割据一方，不惜依附于匈奴，欲凭借异族的力量实现自己的政治野心。卢芳与匈奴彼此之间还试图通过和亲建立起牢固的关系，与黄河中游地区已经建立起来的东汉王朝抗衡，干扰国家的统一。这种为了一己之私利不惜出卖民族利益的举动，引起了当时人们的愤慨。

依附于匈奴的卢芳处处与汉为敌。建武六年六月，卢芳的将军贾览率领匈奴族的胡骑"击杀代郡太守刘兴"。此后，建武七年，卢芳又清除其政权内的异己力量，"芳后以事诛其五原太守李兴兄弟"，结果引起内部混乱，这一年的冬天，卢芳的朔方太守田飒、云中太守桥扈因恐惧投降东汉，光武帝"令领职如故"。卢芳清除异己的行动，促使田飒和桥扈归附东汉，朔方郡和云中郡也因此归东汉所有，匈奴族控制的地域在逐步缩小。② 同年，冯异率领军队进攻卢芳将领贾览、匈奴薁鞬日逐王，并将其打败，"上郡、安定皆降"。朔方、云中、上郡、安定等郡相继被东汉王朝占领，东汉政府基本控制了沿黄河上游地区的主要战略要地，为消灭卢芳和清除匈奴势力奠定了基础。为了巩固已有的战果，光武帝让冯异"复领安定太守事"，防备匈奴族的继续入侵。建武九年，光武帝派遣大司马吴汉率将军王霸、王常、朱祐、侯进等五万余人在高柳攻击卢芳将贾览，因为"匈奴遣骑助（卢）芳，汉军遇雨，战不利"。建武十年，吴汉、王霸等又率领六万人出高柳进攻贾览，"匈奴左南将军将数千骑救览，霸等连战于平城下，破之，追出塞，斩首数百级"。王霸随即与诸将回师进入雁门，与骠骑大将军杜茂合力进攻卢芳将尹由所占领的崞、繁畤等地，没有取胜。③ 建武十二年，卢芳与大将贾览共同进攻云中，久攻不下。在后方留守九原的随昱欲胁迫卢芳投降汉朝，卢芳看大势已去，逃往匈奴。卢芳的残部尽归随昱，"昱乃随使者程恂诣阙"。光武帝随即"拜昱为五原太守，封镌胡侯，昱弟宪武进侯"。至此，黄河中游

① 范晔．1965．后汉书．卷12．卢芳传．北京：中华书局．506
② 范晔．1965．后汉书．卷12．卢芳传．北京：中华书局．507
③ 范晔．1965．后汉书．卷20．王霸传．北京：中华书局．737

地区的割据势力基本消除，东汉政府实现了对黄河流域的控制。

卢芳的势力虽然消灭了，但是，匈奴族仍然是东汉政府北部沿黄河流域的威胁。建武十三年五月，“匈奴寇河东”①，“州郡不能禁”，沿边地区深受其害。汉政府为了减少边地的损失，“于是渐徙幽、并边人于常山关、居庸关已东”。东汉政府的退让策略并未赢得边疆的安定，匈奴族乘机进入汉朝腾空之地，“匈奴左部遂复转居塞内”，继续成为汉的心腹之患。为了应对匈奴族的进攻，“朝廷患之，增缘边兵郡数千人，大筑亭候，修烽火”②。在匈奴族咄咄逼人的进攻态势下，东汉政府对与匈奴和亲非常重视。匈奴因“闻汉购求卢芳，贪得财帛，乃遣芳还降，望得其赏”。而卢芳则“以自归为功，不称匈奴所遣，单于复耻言其计，故赏遂不行”。匈奴看到阴谋没有得逞，加紧了对东汉王朝边地的进攻，“由是大恨，入寇尤深”。建武十五年十二月，卢芳自匈奴入居高柳。建武十六年九月，卢芳遣使乞降，十二月甲辰，封卢芳为代王，“赐缯二万匹，因使和集匈奴”。光武帝之所以有此举，是因为当时卢芳仍然留在高柳，可以成为汉匈之间的缓冲。为了表达对汉王朝的忠心，卢芳上书表达了自己的心愿：“无以报塞重责，冀必欲和辑匈奴，不敢遗余力，负恩贷。”并希望将天子的玉玺奉还。光武帝诏令卢芳明年正月入朝。这一年的冬天，卢芳南行至昌平县，光武帝又让他次年正月入朝，卢芳在回还高柳后，心中仍然担心归汉以后受到迫害，于是再次反叛。建武十八年五月，匈奴骑兵数百人迎接卢芳出塞。卢芳滞留匈奴十余年，病死。③ 至此，威胁北部边境的割据势力被清除，东汉政府能够全力对付匈奴。

因为东汉政府全力对付匈奴，所以，汉匈关系出现了新的转型，即匈奴族由光武帝前期的依赖汉族地区的割据势力与东汉政府对抗，到这一阶段直接与东汉政府抗衡。东汉政府内部的一些大臣敏锐地观察到这一变化，并请求东汉政府加以关注。王霸就曾“数上书言宜与匈奴结和亲”，以减轻匈奴族武力进攻的压力。④ 建武十四年正月，“匈奴遣使奉献，使中郎将报命”，足以显示汉政府对汉朝与匈奴关系的重视。卢芳逃往匈奴后，匈奴继续对东汉北部沿边地区采取骚扰的政策。建武十五年正月，“匈奴寇钞日盛，州郡不能禁。二月，遣吴汉率马成、马武等北击匈奴，徙雁门、代郡、上谷吏民六万余口置居庸、常山关以东，以避胡寇。匈奴左部遂复转居塞内，朝廷患

---

① 范晔. 1965. 后汉书. 卷1下. 光武帝纪下. 北京：中华书局. 62
② 范晔. 1965. 后汉书. 卷89. 匈奴传. 北京：中华书局. 2940
③ 范晔. 1965. 后汉书. 卷12. 卢芳传. 北京：中华书局. 507
④ 范晔. 1965. 后汉书. 卷20. 王霸传. 北京：中华书局. 737

之，增缘边兵，部数千人”①。建武二十年五月，“匈奴寇上党、天水，遂至扶风”。十二月，匈奴再次进攻天水、扶风、上党。为了使沿边地区居民避免遭受匈奴的侵扰，“是岁，省五原郡，徙其吏人置河东”②。次年十月，匈奴继续进攻上谷、中山，“杀略抄掠甚众，北边无复宁岁”③。边患问题已经成为巩固东汉政权的首要问题，巩固边疆也是东汉政府前期重要的战略任务。从东汉政府多次采取措施迁移北部黄河沿边地区的居民到内地来看，东汉政府已经无力控制这一地区。这就使得西汉时期在这一地区所取得的一切社会经济发展成果化为乌有。东汉政府的这种退让策略导致黄河文化的发展受到了一定的影响，而草原文化的发展也因东汉政府的退让无法更积极地吸取黄河文化的优长之处而呈现出缓慢的发展状态。

到光武帝建武二十年以后，匈奴族内部也发生了分裂，为东汉政府制定新的对待匈奴策略提出了要求，这就是联络南匈奴，孤立和打击北匈奴的策略。建武二十二年前后，“匈奴中连年旱蝗，赤地数千里，草木尽枯，人畜饥疫，死耗太半”④。自然灾害的威胁使匈奴族面临生存的困难，为了延续本民族的生存权利，“匈奴薁鞬日逐王比遣使诣渔阳请和亲”，光武帝“使中郎将李茂报命”，双方开始往来。这一年，乌桓打败匈奴，匈奴北迁，“幕南地空”。在此情况下，薁鞬日逐王比秘密派遣汉人郭衡向汉朝廷进奉匈奴地图，又在建武二十三年，“遣使诣西河内附”，“遣使款五原塞，求扞御北虏”，并在建武二十四年十月，“自立为南单于”，导致匈奴分为南北两部。⑤当薁鞬日逐王比的想法在汉朝廷讨论时，“议者皆以为天下初定，中国空虚，夷狄情伪难知，不可许”。唯有耿国认为：“宜如孝宣故事受之，令东扞鲜卑，北拒匈奴，率厉四夷，完复边郡，使塞下无晏开之警，万世安宁之策也。”光武帝刘秀采纳了他的建议，“遂立比为南单于”。结果“由是乌桓、鲜卑保塞自守，北虏远遁，中国少事”⑥。耿国的建议实际上反映了东汉政府内部有部分人欲利用南匈奴抵抗北部边境其他少数民族进攻的想法。实际上这个时候，以匈奴为代表的草原文化已经呈现出颓势。

建武二十五年正月，“南单于遣使诣阙贡献，奉蕃称臣；又遣其左贤王击破北匈奴，却地千余里。三月，南单于遣子入侍”。在南匈奴与东汉王朝

---

① 司马光. 1956. 资治通鉴. 卷43. 汉纪三十五・世祖光武皇帝中之下. 北京：中华书局. 1385

② 范晔. 1965. 后汉书. 卷1下. 光武帝纪下. 北京：中华书局. 73

③ 范晔. 1965. 后汉书. 卷89. 南匈奴传. 北京：中华书局. 2940

④ 范晔. 1965. 后汉书. 卷89. 南匈奴传. 北京：中华书局. 2942

⑤ 范晔. 1965. 后汉书. 卷1下. 光武帝纪下. 北京：中华书局. 76

⑥ 范晔. 1965. 后汉书. 卷19. 耿弇列传. 北京：中华书局. 716

建立起良好的关系且又派兵进攻的态势下，匈奴北部薁鞬骨都侯与右骨都侯率众三万余人归附南单于，“南单于复遣使诣阙，奉藩称臣，献国珍宝，求使者监护，遣侍子，修旧约”。建武二十六年正月，“遣中郎将段郴授南单于玺绶，令入居云中，始置使匈奴中郎将，将兵卫护之。南单于遣子入侍，奉奏诣阙。于是云中、五原、朔方、北地、定襄、雁门、上谷、代八郡民归于本土。遣谒者分将施刑补理城郭。发遣边民在中国者，布还诸县，皆赐以装钱，转输给食”①。东汉政府一方面将沿边八郡原有的移民迁回本土，另一方面将已经定居内地的边民迁回八郡，这固然是为了巩固边疆，但这项政策的实施无疑要耗费大量财物。《后汉书》卷八十九《南匈奴传》记载，段彬等人出使南匈奴，南单于入居云中后，“遣使上书，献骆驼二头，文马十匹”。这一年的秋天，“南单于遣子入侍，奉奏诣阙”。为了进一步笼络南匈奴，汉光武帝“诏赐单于冠带、衣裳、黄金玺、盭緺绶，安车羽盖，华藻驾驷，宝剑弓箭，黑节三，驸马二，黄金、锦绣、缯布万匹，絮万斤，乐器鼓车，棨戟甲兵，饮食什器。又转河东米糒二万五千斛。牛、羊三万六千头，以赡给之”。虽然送给了南匈奴丰厚的物资，但是，光武帝对南单于并不放心，他还“令中郎将置安集掾史将弛刑五十人，持兵弩随单于所处，参辞讼，察动静”。每年南单于在东汉的侍子要交换派遣，以利于控制，同时也有利于匈奴单于未来的继承人能够接受汉文化的熏陶，将来不再与汉为敌。汉朝每年还要将大批物资赏赐给南单于，在每年正月朝贺结束后，“汉乃遣单于使，令谒者将送，赐彩缯千匹，锦四端，金十斤，太宫御食酱及橙、橘、龙眼、荔支；赐单于母及诸阏氏、单于子及左右贤王、左右谷蠡王、骨都侯有功善有，缯彩合万匹。岁以为常”。这一年冬天，南单于因为抵抗北匈奴失利，东汉朝廷为了安抚南匈奴，“于是复诏单于徙居西河美稷（今内蒙古准格尔旗西北），因使中郎将段郴及副校尉王郁留西河拥护之，为设官府、从事、掾史。令西河长史岁将骑二千、弛刑五百人，助中郎将卫护单于，冬屯夏罢。自后以为常，及悉复缘边八郡”。到建武二十七年，因为乌桓、鲜卑相继来朝，光武帝令太尉赵憙“典边事，思为久长规”。赵憙“上复缘边诸郡，幽、并二州由是而定”②。李贤注：“谓建武六年徙云中、五原人于常山、居庸间，至二十六年复令还云中、五原。《东观记》曰：‘草创苟合，未有还人，盖憙至此，请徙之令尽也。’”进一步将原来迁移到内地的居民全部迁回原处。南单于既居西河，为了起到藩屏作用，“使韩氏骨都侯屯北地，右贤王屯朔方，当于骨都侯屯五原，呼衍骨都侯屯云中，郎氏骨都侯屯定

① 范晔．1965．后汉书．卷1下．光武帝纪下．北京：中华书局．78
② 范晔．1965．后汉书．卷26．赵憙传．北京：中华书局．914

襄，左南将军屯雁门，栗籍骨都侯屯代郡，皆领部众为郡县侦罗耳目”。由南匈奴所占据的地方可以看出，这些在西汉时期都是归汉中央政府所控制下的郡县所有，这样一来，使得北单于的势力更加弱小。在东汉与南匈奴和亲的强大威势压迫下，建武二十七年、二十八年、三十一年，北匈奴连续遣使求和亲。[①] 建武二十七年，北匈奴派遣使者至武威求和亲被拒。臧宫乃与杨虚侯马武上书请求趁匈奴“人畜疫死，旱蝗赤地，疫困之力”之机，发动对匈奴的进攻，被光武帝以“北狄尚强，而屯田警备传闻之事，恒多失实”拒绝，“自是诸将莫敢复言兵事者”[②]。建武二十八年，北匈奴再次遣使，“贡马及裘，更乞和亲，并请音乐，又求率西域诸国胡客与俱献见”。光武帝采纳了司徒掾班彪的建议，“今赍杂缯五百匹，弓鞬韇丸一，矢四发，遣遗单于。又赐献马左骨都侯、右谷蠡王杂缯各四百匹，斩马剑各一”。至建武三十一年，当北匈奴再次遣使入汉时，汉朝仅“乃玺书报答，赐以彩缯，不遣使者”。这一年南单于比死，汉朝依然派遣中郎将段彬率兵前去吊唁，在汉政府的干预下，立比弟左贤王莫为单于，随后又派遣使者“赍玺书镇慰，拜授玺绶，遗冠帻，绛单衣三袭，童子佩刀、绲带各一，又赐缯彩四千匹，令赏赐诸王、骨都侯已下。其后单于薨，吊祭慰赐，以此为常”。此后，南匈奴单于频繁死亡，因而史书有“自是匈奴衰弱，边无寇警，鲜卑、乌桓并入朝贡”的记载。[③] 从汉光武帝后期对待匈奴的策略可以看出，光武帝通过给予南匈奴大量赏赐物品试图与南匈奴建立起良好的关系，以孤立北匈奴。从实际效果来看，也起到了对北匈奴的警示作用。从后来北匈奴也频繁朝贡可以看出来，光武帝借助南匈奴实现了北部边境的安全，有利于黄河文化内部的发展，这可以说是汉光武帝的高明之处。

在东汉政府的强力影响下，匈奴族开始接受黄河文化中的一些内容。匈奴族的社会习俗是每年在正月、三月、九月戊日有三次祭天神的活动，南单于归附汉朝以后，“兼祠汉帝，因会诸部议国事，走马及骆驼为乐”。这说明黄河中游地区的社会文化已经影响到匈奴。再如，建武二十八年，北匈奴在请和亲的过程中，有“并请音乐”的举动，“单于前言先帝时所赐呼韩邪竽、瑟、空侯皆败，愿复裁赐”。虽然汉朝以“念单于国尚未安，方厉武节，以战攻为务，竽、瑟之用，不如良弓利剑，故未以赍”拒绝了北匈奴的请求，[④] 但是，北匈奴请求乐器未尝不是真心。这也从一个方面反映了黄河文

① 范晔. 1965. 后汉书. 卷1下. 光武帝纪下. 北京：中华书局. 79 ~ 81
② 范晔. 1965. 后汉书. 卷18. 臧宫传. 北京：中华书局. 696
③ 范晔. 1965. 后汉书. 卷20. 祭遵传. 北京：中华书局. 745
④ 范晔. 1965. 后汉书. 卷89. 南匈奴列传. 北京：中华书局. 2947

化对草原文化的影响。

综观东汉初年以匈奴族为代表的草原文化与以东汉政府为代表的黄河文化的和、战历史可以看出，黄河流域的社会动荡是引起北方地区边患的重要原因，也是东汉政府应当解决的一揽子问题。社会动荡之时，也是各种分裂势力蠢蠢欲动的重要时期，而当黄河中下游地区逐渐安定以后，各种异己力量被逐步消灭或者归附东汉王朝的时候，那种一意孤行的人物最终会被历史所抛弃，卢芳就是一个典型的代表。而东汉王朝边疆地区匈奴族入侵问题的最终解决，除了东汉王朝国力逐步强大外，乌桓族打败匈奴族也为东汉政府最后解决边疆问题提供了充分的条件。而汉光武帝在晚年所采取的一系列优容南匈奴的措施，一方面是为了利用南匈奴实现北方边境的安全，另一方面通过和平的方式解决胡汉冲突也有利于黄河文化在新的形势下继续发展。

第二节　匈奴族的内附及其与汉族的交融

汉明帝以后，东汉社会进入了稳定的发展时期，表现为政权结构稳定、社会经济全面恢复与发展。汉政府也因此积累起相对雄厚的财力，黄河文化得到快速发展。而这一时期代表草原文化的匈奴族因为内部分裂，南匈奴归附汉朝，从而成为东汉北部边疆的强有力保护。对于北匈奴，汉政府除采取羁縻政策外，更多的是依靠南匈奴来孤立和消灭它。南匈奴的归附从表面上来看是一个简单的历史事件，但如果放在中国历史长河中予以观察，则可以看成是黄河文化迅速发展并融合草原文化的过程。南匈奴的归附改变了汉匈关系的力量对比，使东汉王朝赢得了相对稳定的发展环境。

汉明帝时期是汉匈关系较为微妙的历史时期，汉明帝对北匈奴采取了和、战并用的措施，以求维护汉匈之间关系的稳定。汉明帝永平二年（59年），北匈奴护于丘率领千余人投降汉朝。永平五年十一月到十二月，北匈奴六七千骑兵进攻五原塞，并从云中抢掠至原阳，先后被南匈奴击退，西河长史马襄率军前去救援，北匈奴才退去。为了抵抗北匈奴的进攻，汉政府“发遣边人在内郡者，赐装钱人二万”，其目的是为了充实边疆人口，扩大以汉文化为代表的黄河文化的影响。东汉政府在此后对匈奴采取了和、战交错使用的方略。永平七年，北匈奴派遣使臣寻求和亲，“时北匈奴犹盛，数寇边，朝廷以为忧。会北单于欲合市，遣使求和亲，显宗冀其交通，不复为寇。乃许之"[1]。汉明帝也是欲通过与匈奴的和亲来赢得相对稳定的边境安全。然而，东汉王朝的这一举动，引起南匈奴的不安。永平八年三月，汉明帝派遣越骑校尉郑众出使匈奴，郑众出塞以后，发现南部匈奴"须卜骨都侯等知汉与北虏交使，怀嫌怨欲畔"，郑众洞察南匈奴的这一动向后，"乃上言宜更置大将，以防二虏交通"。为了防止南匈奴与北匈奴的联合进攻，汉朝"由是始置度辽营，以中郎将吴棠行度辽将军事，副校尉来苗、左校尉阎章、右校尉张国将黎阳虎牙营士屯五原曼柏。又遣骑都尉秦彭将兵屯美稷"。关于度辽营的设置，早在建武二十七年，耿国曾上言："宜置度辽将军、左右校尉，屯五原以防逃亡。"所以，到永平元年耿国死后，汉明帝追思耿国，终于在永平八年"置度辽将军、左右校尉，如其议焉"[2]。度辽将军的设立，使东汉政府得以有效地控制这一地区，"明帝初置度辽将军，以卫南单于众新降有二心者，后数有不安，遂为常守"[3]，较为准确地反映了东汉设置度辽将军的意图。

郑众到匈奴后，面对北匈奴单于强令他跪拜的要求，"拔刀自誓，单于恐而止"，单于乃"更发使随众还京师"。在朝廷讨论是否再派使节出使匈奴的时候，刚刚出使北匈奴归来的郑众极力反对。他认为："臣伏闻北单于所以要致汉使者，欲以离南单于之众，坚三十六国之心也。又当扬汉和亲，夸示邻敌，令西域欲归化者局促狐疑，怀土之人绝望中国耳。汉使既到，便偃蹇自信。若复遣之，虏必自谓得谋，其群臣驳议者不敢复言。如是，南庭动摇，乌桓有离心矣。南单于久居汉地，具知形势，万分离析，旋为边害。今幸有度辽之众扬威北垂，虽勿报答，不敢为患。"但是汉明帝并没有听从他的意见，反而"复遣众"。虽然郑众反复陈述出使匈奴的弊端，但是，汉明帝仍旧派遣他出使匈奴。在出使的途中，他又反复强调不宜出使匈奴，结果汉明帝大怒，将其关押。后来汉明帝从匈奴使者的口中听说了郑众出使匈奴的表现，"皆言匈奴中传众意气壮勇，虽苏武不过"，才重新任命他为军司马。[4] 郑众在匈奴的表现和他回到汉朝廷后对北匈奴谋略的分析，表明了他对匈奴的战略谋划的分析是正确的。北匈奴正是想借助汉使出使的机会，离间南匈奴和汉朝的关系，同时使西域依附于它。如果汉朝继续派遣使臣出使北匈奴，则必然导致南匈奴动摇不定，而且南匈奴对汉朝形势非常了解，一旦出现离心离德的现象，只能给汉朝带来危害。

---

① 范晔．1965．后汉书．卷89．南匈奴传．北京：中华书局．2949
② 范晔．1965．后汉书．卷19．耿弇列传．北京：中华书局．716
③ 司马彪．1965．续后汉书．卷24．百官志一．北京：中华书局．3565
④ 范晔．1965．后汉书．卷36．郑兴传附郑众传．北京：中华书局．1225

北匈奴看到离间汉朝与南匈奴的计谋没有得逞，永平八年十月，“北匈奴寇西河诸郡”。为了保持北部边境的安全，汉明帝“诏三公募郡国中都官死罪系囚，减罪一等，勿笞，诣度辽将军营，屯朔方、五原之边县；妻子自随，便占著边县；父母同产欲相代者，恣听之……凡徙者，赐弓弩衣粮”。将内地的罪犯及其家属迁往北部边境，有利于边境地区人口数量的增加，对于黄河中游地区黄河文化的传播起了很大的促进作用。汉明帝不仅将内地人口迁移至五原一带，而且采取了一些措施来稳定迁居的人口。永平九年三月，“诏郡国死罪囚减罪，与妻子诣五原、朔方占著，所在死者皆赐妻父若男同产一人复终身；其妻无父兄独有母者，赐其母钱六万，又复其口算”①。汉明帝通过免除迁居人口的赋税徭役以稳定人心。因为东汉王朝加强了对边疆地区的巩固，此后五六年间，匈奴没有采取大规模南侵的行动。永平十六年春二月，朝廷派遣太仆祭彤率兵出高阙，奉车都尉窦固率兵出酒泉，驸马都尉耿秉率兵出居延，骑都尉来苗率兵出平城，讨伐北匈奴。窦固打败呼衍王于天山，留兵驻扎伊吾庐城。耿秉、来苗、祭彤并无功而还。当时，跟随窦固出击匈奴的苏章因战功被封为中陵乡侯。② 这一年东汉北部守将还打退了匈奴其他方向的进攻。北匈奴进攻云中，在匈奴兵强马壮、汉军力量弱小的情况下，云中太守廉范面对匈奴大规模进攻，设奇计，“击破之”③，消灭匈奴千余人，匈奴“由此不敢复向云中”④。这一年，北匈奴的使者要求拜见“名播匈奴”的承宫，承宫认为自己“状丑，不可以示远”，建议汉明帝“宜选有威容者”，于是“帝乃以大鸿胪魏应代之”⑤。汉明帝时期对匈奴的战争主要是针对北匈奴，北匈奴因为南匈奴的归附，多次入侵东汉的北部边疆，而东汉王朝因为国力逐步强大，所以采取主动出击的方略，以求得北部边疆的稳定，保障黄河流域不再遭受匈奴族的骚扰。

汉明帝时期，东汉的国力已经逐步强大，在对待匈奴的问题上，汉明帝既采取了分化瓦解的策略，又采取了武力进攻、各个击破的战略，如汉光武帝末年，耿秉“常以中国虚费，边陲不宁，其患专在匈奴。以战去战，盛王之道。显宗既有志北伐，阴然其言”⑥。和、战并用的策略解决了匈奴南北二部的问题，有利于增加黄河文化对草原文化的影响。

汉章帝时期继续采取拉拢南匈奴打击北匈奴的策略，使黄河文化在河套

---

① 范晔. 1965. 后汉书. 卷2. 显宗孝明帝纪. 北京：中华书局. 112
② 范晔. 1965. 后汉书. 卷31. 苏章传. 北京：中华书局. 1106
③ 范晔. 1965. 后汉书. 卷2. 显宗孝明帝纪. 北京：中华书局. 121
④ 范晔. 1965. 后汉书. 卷31. 廉范传. 北京：中华书局. 1103
⑤ 范晔. 1965. 后汉书. 卷27. 承宫传. 北京：中华书局. 945
⑥ 范晔. 1965. 后汉书. 卷19. 耿弇列传. 北京：中华书局. 716

地区得以稳步发展。早在汉明帝永平十六年，南单于派遣左贤王信跟随太仆祭肜及吴棠出兵朔方高阙（今内蒙古巴彦淖尔市境内），进攻皋林温禺犊王于涿邪山（又名涿涂山，今蒙古满达勒戈壁一带）。北匈奴闻知汉朝军队进攻后，全部越过荒漠逃去。因为没有消灭匈奴的主力，祭肜和吴棠被免职。至汉章帝建初元年，皋林温禺犊王再次率领部众还居涿邪山，南单于闻知后，派遣轻骑与沿边诸郡的军队以及乌桓兵出塞攻击，斩首数百级，投降者三四千人。这一年，南匈奴遭受蝗灾，饥馑不断，汉章帝闻知后，“禀给其贫人三万余口”，以稳定南匈奴。在东汉与南匈奴联合的强大军事压力下，建初八年六月，“北匈奴三木楼訾大人稽留斯等率三万八千人、马二万匹、牛羊十余万，款五原塞降”。北匈奴单于的实力更加衰弱，元和元年（84年），武威太守孟云向朝廷上言，“北单于复愿与吏人合市”，汉章帝乃下诏“听云遣驿使迎呼慰纳之”。北匈奴单于于是派遣大且渠伊莫訾王等，“驱牛马万余头来与汉贾客交易。诸王大人或前至，所在郡县为设官邸，赏赐待遇之”。南匈奴听到东汉朝廷对北匈奴采取了优容的态度，害怕北匈奴壮大而威胁自己的生存，“乃遣轻骑出上郡，遮略生口，抄掠牛马，驱还入塞”。至元和二年，北匈奴的大人车利、涿兵等人逃入塞内，前后共73人次。当时，北匈奴内部衰耗，部众离散，面临着被四面夹击的危险，南匈奴在南部、丁零在北部、鲜卑在其左、西域少数民族在其右轮番进攻它，恶劣的生存环境使其难以自立，于是北单于率众向西逃走。①

元和二年，刚刚继位的南匈奴伊屠於闾鞮单于宣派兵千余人到北匈奴占据的涿邪山狩猎，与北匈奴的温禺犊王相遇，经过激战，斩杀温禺犊王而还。这时北匈奴对于东汉政府偏袒南匈奴很不满，于是准备进攻东汉，“谓宜还南所掠生口，以慰安其意”。当时太仆袁安独曰：“北虏遣使奉献和亲，有得边生口者，辄以归汉，此明其畏威，而非先违约也。云以大臣典边，不宜负信于戎狄，还之足示中国优贷，而使边人得安，诚便。”② 汉章帝最终采纳了袁安的建议，并且下诏：“今与匈奴君臣分定，辞顺约明，贡献累至，岂宜违信，自受其曲。其敕度辽及领中郎将庞奋倍雇南部所得生口，以还北虏。其南部斩首获生，计功受赏如常科。”东汉政府既要照顾北匈奴归附的愿望，又要安抚南匈奴人使其对汉朝死心塌地，所下诏书既要归还俘虏的北匈奴人，还要对南匈奴俘虏北匈奴的战功有所奖赏。在汉政府这种模棱两可的政策下，南单于再次命令薁鞬日逐王师子率领轻骑数千出塞袭击北匈奴，“复斩获千人。北虏众以南部为汉所厚，又闻取降者岁数千人”。北匈奴更加

① 范晔．1965．后汉书．卷89．南匈奴列传．北京：中华书局．2950

② 范晔．1965．后汉书．卷45．袁安传．北京：中华书局．1518

衰弱。至章和元年（87 年），鲜卑进入左地攻击北匈奴，“大破之，斩优留单于，取其匈奴皮而还”。在鲜卑族的军事进攻下，“北庭大乱”，北匈奴已经难以支撑，各部落纷纷投降汉朝，“屈兰、储卑、胡都须等五十八部，口二十万，胜兵八千人，诣云中、五原、朔方、北地降”[①]。章和元年十月，“北匈奴屋兰储等率众降”[②]。到汉章帝临死前，北部边境出现了“北虏大乱，加以饥蝗，降者前后而至。南单于将并北庭”的境况。[③] 章和二年年初，南匈奴休兰尸逐侯鞮单于屯屠何继位；二月，汉章帝驾崩，窦太后临朝听政；七月，南匈奴单于屯屠何向汉朝上言消灭北匈奴的策略，从而开始了汉和帝时期对匈奴的战争。

班固曾经对东汉初年汉朝与匈奴之间的关系进行评价曰：“汉兴已来，旷世历年，兵缠夷狄，尤事匈奴。绥御之方，其涂不一，或修文以和之，或用武以征之，或卑下以就之，或臣服而致之。虽屈申无常，所因时异，然未有拒绝弃放，不与交接者也。故自建武之世，复修旧典，数出重使，前后相继，至于其末，始乃暂绝。永平八年，复议通之。而廷争连日，异同纷回，多执其难，少言其易。先帝圣德远览，瞻前顾后，遂复出使，事同前世。以此而推，未有一世阙而不修者也。”[④] 这一评价较为准确地反映了东汉初年汉光武帝、汉明帝和汉章帝对待匈奴的策略及其成败。由此可以看出，东汉初年黄河文化已经日趋成熟，具体表现在对待匈奴的问题上，对不同的对象采取不同的策略，即对北匈奴采取进攻的策略，而对南匈奴则以和亲为主。

在汉章帝时期，随着东汉王朝的向北扩张，河套地区的沿黄河一带已经逐步感受到了黄河文化所带来的种种信息，并对匈奴族产生了影响。建初元年，耿秉官拜度辽将军。在位七年间，他善于处理与匈奴的关系，“匈奴怀其恩信”。所以，当他于永元二年死后，“匈奴闻秉卒，举国号哭，或至梨面流血”[⑤]。耿秉在任度辽将军七年间，深得匈奴人的敬重。匈奴人“怀其恩信”，甚而在他死后以匈奴的礼节悼念他。可以这样认为，黄河文化在耿秉之类官员的传播下，已经深深影响到匈奴这一草原民族。再如贾复之子贾宗，“建初中为朔方太守。旧内郡徙人在边者，率多贫弱，为居人所仆役，不得为吏。宗擢用其任职者，与边吏参选，转相监司，以擿发其奸，或以功次补长吏，故各愿尽死。匈奴畏之，不敢入塞”[⑥]。贾宗在任朔方太守期间，

① 范晔.1965. 后汉书. 卷 89. 南匈奴列传. 北京：中华书局.2951
② 范晔.1965. 后汉书. 卷 3. 肃宗孝章帝纪. 北京：中华书局.158
③ 范晔.1965. 后汉书. 卷 89. 南匈奴列传. 北京：中华书局.2952
④ 范晔.1965. 后汉书. 卷 40 下. 班彪列传附固传. 北京：中华书局.1374
⑤ 范晔.1965. 后汉书. 卷 19. 耿弇列传. 北京：中华书局.718
⑥ 范晔.1965. 后汉书. 卷 17. 贾复传附宗传. 北京：中华书局.667

通过改变移居边地的内地人口的命运，赢得了他们的敬重，同时扩大了黄河文化的影响，使黄河文化在边地迅速传播。

综观汉明帝和汉章帝时期汉匈关系的发展我们可以看出，汉匈之间实力的对比是其关系融洽的前提。当黄河流域社会经济全面发展、黄河文化呈现出迅速发展的景象时，北部匈奴族甚至愿意抛弃非常熟悉的游牧生活方式，而接受黄河流域农耕民族的农业生活方式。这从南匈奴的归附即可得到反映。而拒绝接受黄河流域文明所带来的种种好处的北匈奴则不可避免地要面临被淘汰出局的命运。

第三节　东汉中期的汉匈战争

如果说东汉初年的光武帝、明帝和章帝采取了灵活机动的方式处理与匈奴关系的话，那么在汉和帝即位后，因为朝廷政治斗争的需要，再加上北匈奴的势力又逐步恢复，不时南下骚扰东汉政权和依附于东汉政权的南匈奴，破坏了黄河文化的进一步繁荣。东汉政府开始采取强力的措施，对北匈奴采取了数次大规模的军事行动，以武力维护中央集权的权威。

汉和帝即位后，窦太后临朝听政，南匈奴单于在上书中表达了要求汉朝出兵的意思："愿发国中及诸部故胡新降精兵，遣左谷蠡王师子、左呼衍日逐王须訾将万骑出朔方，左贤王安国、右大且渠王交勒苏将万骑出居延，期十二月同会虏地。臣将余兵万人屯五原、朔方塞，以为拒守。臣素愚浅，又兵众单少，不足以防内外。愿遣执金吾耿秉、度辽将军邓鸿及西河、云中、五原、朔方、上郡太守并力而北，令北地、安定太守各屯要害，冀因圣帝威神，一举平定。臣国成败，要在今年。已敕诸部严兵马，讫九月龙祠，悉集河上。唯陛下裁哀省察。"① 南匈奴的建议传到东汉朝廷后，针对是否出兵东汉朝廷内部有两种不同的意见。宋意认为："今鲜卑奉顺，斩获万数，中国坐享大功，而百姓不知其劳，汉兴功烈，于斯为盛。所以然者，夷虏相攻，无损汉兵者也。臣察鲜卑侵伐匈奴，正是利其抄掠，及归功圣朝，实由贪得重赏。今若听南虏还都北庭，则不得不禁制鲜卑。鲜卑外失暴掠之愿，内无功劳之赏，豺狼贪婪，必为边患。今北虏西遁，请求和亲，宜因其归附，以为外扞，巍巍之业，无以过此。若引兵费赋，以顺南虏，则坐失上略，去安即危矣。诚不可许。"② 当窦太后将南匈奴单于的奏章给耿秉看后，耿秉则表

① 范晔. 1965. 后汉书. 卷89. 南匈奴列传. 北京：中华书局. 2952

② 范晔. 1965. 后汉书. 卷41. 宋均传附意传. 北京：中华书局. 1416

示："今幸遭天授，北虏分争，以夷伐夷，国家之利，宜可听许。"并且愿意"分当出命效用"①。在这种环境下，南匈奴"南单于竟不北徙"。从以后的历史发展来看，东汉政府最后遵从了耿秉的建议，出兵帮助南单于讨伐北匈奴。

在帮助南匈奴的思想指导下，汉和帝时期开始对北匈奴大规模地讨伐。章和二年（87 年）二月，汉和帝即位，朝廷商议派遣车骑将军窦宪与征西将军耿秉共同进攻北匈奴，鲁恭上疏反对。他认为，"数年以来，秋稼不熟，人食不足，仓库空虚，国无畜积"，再加上"以盛春之月，兴发军役，扰动天下，以事戎夷，诚非所以垂恩中国"，而且当时的形势已经没有必要继续进攻北匈奴，"今匈奴为鲜卑所杀，远臧于史侯河西，去塞数千里，而欲乘其虚耗，利其微弱，是非义之所出也"。如果强行出塞寻找北匈奴，只能徒添军民的负担。他的奏章上奏后，并没有被采纳。② 四月，窦太后下诏云："昔孝武皇帝致诛胡、越，故权收盐铁之利，以奉师旅之费。自中兴以来，匈奴未宾，永平末年，复修征伐。先帝即位，务休力役，然犹深思远虑，安不忘危，探观旧典，复收盐铁，欲以防备不虞，宁安边境。而吏多不良，动失其便，以违上意。先帝恨之，故遗戒郡国罢盐铁之禁，纵民煮铸，入税县官如故事。其申敕刺史、二千石，奉顺圣旨，勉弘德化，布告天下，使明知朕意。"③ 这一年的十月，东汉政府派遣侍中窦宪为车骑将军，讨伐北匈奴。在当时的情况下，窦氏家族亟须通过战争来树立威望，而讨伐北匈奴则为他们赢得了契机，因而借帮助南匈奴讨伐北匈奴之机，开始了长达数年的战争。这也使东汉初年维持了数十年相对稳定的汉匈关系被打破，黄河文化与草原文化面临血与火的考验。

永元元年（89 年）六月，车骑将军窦宪和耿秉各统帅四千骑兵，与南匈奴左谷蠡王师子率领的一万骑兵出兵朔方郡的鸡鹿塞（今内蒙古磴口县狼山西段的哈隆格乃沟口西侧的阶地上），度辽将军邓鸿及沿边羌人的八千骑兵，与左贤王安国所率领的一万骑出兵稒阳塞（今内蒙古土默右旗西），南单于屯屠河率领一万余骑兵出兵满夷谷（内蒙古固阳北），各路大军相约在涿邪山（蒙古戈壁阿尔泰山）会师。窦宪派遣副校尉阎盘、司马耿夔、耿谭统领左谷蠡王师子、右呼衍王须訾等，率领精骑兵一万余人，与北单于战于稽落山，"大破之，虏众崩溃，单于遁走，追击诸部，遂临私渠比鞮海（今蒙古境内乌布苏诺尔湖）。斩名王已下万三千级，获生口马牛羊橐驼百余万

① 范晔.1965.后汉书.卷89.南匈奴列传.北京：中华书局.2953
② 范晔.1965.后汉书.卷25.鲁恭传.北京：中华书局.877
③ 范晔.1965.后汉书.卷4.孝和帝纪.北京：中华书局.167

头”。在东汉与南匈奴联军的打击下，迫于强大的军事压力，北匈奴的温犊须、日逐、温吾、夫渠王柳鞮等81部率众投降的前后有20余万人。取得胜利的窦宪、耿秉登上燕然山（今蒙古杭爱山），“去塞三千余里，刻石勒功，纪汉威德，令班固作铭”①。在军事失败和汉朝与南匈奴军队的强大压力下，“北单于遣弟右温禺鞮王奉奏贡献”②。对窦宪率领的军队取得的一系列胜利，汉和帝在秋七月闰月丙子，诏曰：“匈奴背叛，为害久远。赖祖宗之灵，师克有捷，丑虏破碎，遂扫厥庭，役不再籍，万里清荡，非朕小子眇身所能克堪。有司其案旧典，告类荐功，以章休烈”③，予以褒奖。

窦宪率军凯旋后，汉朝又派遣军司马吴汜、梁讽携带金帛送给北匈奴单于，其目的是“宣明国威”，并且以大军随后。当时正是北匈奴遭受重创之后，所以，二人到匈奴后，先后招降一万余人。在西海（今青海湖）二人赶上北匈奴单于，“宣国威信，致以诏赐，单于稽首拜受”。二人劝说北匈奴单于效法呼韩邪故事，“保国安人之福”。北匈奴单于打算与二人一起到汉朝，当听说汉军已经撤进塞内，于是，他派遣其弟右温禺鞮王奉贡入洛阳为侍子，跟随梁讽诣阙。窦宪以北匈奴单于不亲自到为借口，“奏还其侍弟”④。北单于因汉朝廷遣还侍弟，又派遣车谐储王等款居延塞，“欲入朝见，愿请大使”。窦宪随即派遣大将军中护军班固以中郎将的身份，与司马梁讽迎接北匈奴的车谐储王。恰逢北匈奴单于被南匈奴打败，受伤逃走，班固至私渠海（今杭爱山南）返回。窦宪认为北匈奴已经非常衰弱，打算趁机消灭北匈奴。第二年夏天，朝廷又派遣右校尉耿夔、司马任尚、赵博等率兵出击北匈奴于金微山（今阿尔泰山），“大破之，克获甚众。北单于逃走，不知所在”⑤。

窦宪征匈奴，耗费大量财物，因而史书有“海内供其役费”之说。⑥ 许多人反对窦宪征讨匈奴：“窦宪北征匈奴，（朱）晖复上疏谏。”⑦ “会车骑将军窦宪出征匈奴，（乐）恢数上书谏争，朝廷称其忠。”⑧ 袁安与太尉宋由、司空任隗及九卿到朝堂上书劝谏：“以为匈奴不犯边塞，而无故劳师远涉，损费国用，徼功万里，非社稷之计。”他们虽然多次上奏章反对向匈奴出兵，

---

① 范晔．1965．后汉书．卷23．窦融传附宪传．北京：中华书局．814
② 范晔．1965．后汉书．卷4．孝和帝纪．北京：中华书局．168
③ 范晔．1965．后汉书．卷4．孝和帝纪．北京：中华书局．169
④ 范晔．1965．后汉书．卷23．窦融传附宪传．北京：中华书局．817
⑤ 范晔．1965．后汉书．卷23．窦融传附宪传．北京：中华书局．818
⑥ 范晔．1965．后汉书．卷29．郅恽传．北京：中华书局．1033
⑦ 范晔．1965．后汉书．卷43．朱晖传．北京：中华书局．1461
⑧ 范晔．1965．后汉书．卷43．乐恢传．北京：中华书局．1478

但朝廷不予理睬。太尉宋由害怕因此遭受迫害，“遂不敢复署议，而诸卿稍自引止”。只有袁安与任隗“守正不移”，甚至“免冠朝堂固争者十上。太后不听”。当时朝廷大臣都为袁安感到“危惧”，而袁安则“正色自若”①。袁安与任隗对于东汉朝廷在窦氏家族的控制下无故出兵北匈奴而挑起战争深感不满，但因为窦氏控制了决策权，他们虽然极力反对，也无功而果。而此时窦宪家族则乘机大发战争财，窦宪“弟笃、景并起邸第，兴造劳役，百姓愁苦”。何敞上书曰：“臣闻匈奴之为桀逆久矣。平城之围，嫚书之耻，此二辱者，臣子所为捐躯而必死，高祖、吕后忍怒还忿，舍而不诛。伏惟皇太后秉文母之操，陛下履晏晏之姿，匈奴无逆节之罪，汉朝无可惭之耻，而盛春东作，兴动大役，元元怨恨，咸怀不悦。而猥复为卫尉笃、奉车都尉景缮修馆第，弥街绝里，臣虽斗筲之人，诚窃怀怪，以为笃、景亲近贵臣，当为百僚表仪。今众军在道，朝廷焦唇，百姓愁若，县官无用，而遽起大第，崇饰玩好，非所以垂令德，示无穷也。宜且罢工匠，专忧北边，恤人之困。”窦太后对何敞的指斥，又采取了“书奏不省”的对策。②

永元三年，北匈奴单于再次被右校尉耿夔所击破，远逃乌孙，“塞北地空，余部不知所属”。窦宪“欲结恩北虏，乃上立降者左鹿蠡王阿佟为北单于，置中郎将领护，如南单于故事”。当朝廷在讨论窦宪的建议时，太尉宋由、太常丁鸿、光禄勋耿秉等十人慑于窦宪的威势同意他的建议，只有袁安与任隗二人再次提出反对。他们认为“光武招怀南虏，非谓可永安内地，正以权时之算，可得扞御北狄故也。今朔漠既定，宜令南单于反其北庭，并领降众，无缘复更立阿佟，以增国费”。宗正刘方、大司农尹睦也附和袁安的建议。虽然袁安上书反对，但“宪竟立匈奴降者右鹿蠡王於除鞬为单于”③。永元四年，汉朝廷派遣耿夔授予於除鞬单于玺绶，赐玉剑四具，羽盖一驷，朝廷还派遣中郎将任尚持节守卫军屯伊吾，“如南单于故事”。窦宪是欲借与北匈奴联系的机会来树立自己的权威，“方欲辅归北庭”，却在朝廷政变中，“窦宪被诛”。永元五年，於除鞬叛逃北方，汉和帝派遣将兵长史王辅以千余骑与任尚共同追击，“诱将还斩之，破灭其众”④。以此可见，袁安的建议是正确的。窦氏家族为了自己的利益，在北匈奴尚无犯塞之举的情况下，挑起了战争，耗费了大量财力和物力，也使东汉初年业已形成的汉匈之间的友好局面遭到破坏，对黄河文化和草原文化的发展都带来不利的影响。

---

① 范晔．1965．后汉书．卷45．袁安传．北京：中华书局．1519
② 范晔．1965．后汉书．卷43．何敞传．北京：中华书局．1484
③ 范晔．1965．后汉书．卷45．袁安传．北京：中华书局．1521
④ 范晔．1965．后汉书．卷89．南匈奴列传．北京：中华书局．2954

北匈奴的主要势力被消灭后，南匈奴内部也不断发生争权夺利的斗争。永元五年，单于安国即位以后，因为左谷蠡王师子足智多谋，且战功显赫，南匈奴“国中尽敬师子，而不附安国”，引起单于安国的嫉恨，准备杀掉师子。安国利用新投降的北匈奴人对师子的怨恨，与其谋划除掉师子的计划。安国单于继位后，师子也因此转任左贤王，他发觉到单于的阴谋，于是居住在五原界内，不参与单于的议事。当时，东汉政府派往控制匈奴的度辽将军皇甫棱也支持师子，安国单于“怀愤益甚”。永元六年，皇甫棱被免去度辽将军，朝廷以朱徽代行度辽将军之职。当时，安国单于与中郎将杜崇不和，上书控告杜崇，杜崇则通过西河太守截留了单于的奏章，又通过朱徽上奏朝廷，历数安国单于的罪状，主要有两条：其一为“疏远故胡，亲近新降”，其二为“欲杀左贤王师子及左台且渠刘利等”。他还正告朝廷：“右部降者谋共迫胁安国，起兵背畔，诸西河、上郡、安定为之儆备。”汉和帝让朝廷讨论此事，大臣们都认为应当派遣使者到南单于的王庭，“与杜崇、朱徽及西河太守并力，观其动静。如无它变，可令崇等就安国会其左右大臣，责其部众横暴为边害者，共平罪诛。若不从命，令为权时方略，事毕之后，裁行客赐，亦足以威示百蛮”。朱徽、杜崇则乘机发兵入单于安国王庭。安国逃离王庭，联合新近投降的北匈奴，打算除掉师子。师子屯聚曼柏城（今内蒙古达拉特旗东南）。安国单于没有达到目的，率军驻扎在五原。在杜崇和朱徽等人所率领的骑兵包围下，安国单于最后被部下所杀。①

永元六年，亭独尸逐侯鞮单于师子继位后，匈奴族内部的争斗仍然不断。北匈奴投降的五六百人夜袭师子，安集掾王恬率领卫护士打败叛军，“于是新降胡遂相惊动，十五部二十余万人皆反畔，胁立前单于屯屠何子薁鞬日逐王逢侯为单于，遂杀略吏人，燔烧邮亭庐帐，将车重向朔方，欲度漠北”。朝廷调集车骑将军邓鸿、越骑校尉冯柱、代行度辽将军朱徽率领左右羽林、北军五校士及郡国积射、缘边兵，以及乌桓校尉任尚率领乌桓、鲜卑，合四万人合力讨伐。是年冬天，南单于派遣其子率领一万骑兵以及杜崇所率领的四千骑兵，与邓鸿等追击逢侯，斩首三千，俘获一万余人。冯柱又分兵追击逢侯别部，斩首四千余人，任尚率领乌桓、鲜卑八千骑兵，追击逢侯，又大败之。前后共斩敌七千余人。逢侯带领残部逃出塞。

为了巩固抗击北匈奴残余势力反叛的成果，永元七年正月，汉朝虽然大军撤退，但仍然留下冯柱率领虎牙营驻扎在五原，并且令鲜卑、乌桓、羌人的军队回到各自的营地。封鲜卑大人苏拔廆为率众王，并赏赐金帛。后来，

① 范晔. 1965. 后汉书. 卷 89. 南匈奴列传. 北京：中华书局. 2955

汉和帝得知朱徽、杜崇等人与匈奴关系紧张导致了这次汉匈交恶的事件，将这些人逮捕，按军法处死。以雁门太守庞奋代行度辽将军。

逃出塞外的逢侯所率领的匈奴人不久分为两部，他自领右部驻扎在涿邪山，左部驻扎在朔方郡西北。到了永元八年冬，左部匈奴因为内讧，纷纷进入朔方塞（今内蒙古巴彦淖尔市西南部），被庞奋收纳。左部匈奴军队四千人和民众万余口分别被安置在沿边诸郡。而此前南单于因为逢侯的右温禺犊王乌居战开始与安国同谋，准备穷究此事。结果乌居战率领数千人再次反叛，逃出塞外山谷间，被吏民所害不计其数。永元八年秋天，庞奋、冯柱与诸郡兵合击乌居战，冯柱捕斩乌居战，其民众纷纷投降，于是徙乌居战部众及投降者二万余人于安定、北地。逢侯的部众饥困交加，又为鲜卑族所攻击，无所归依，窜逃入塞者骆驿不绝。

永元十年，万氏尸逐鞮单于檀在其父师子死后继立。永元十二年，朔方太守王彪代行度辽将军。此后，南部单于多次出兵进攻逢侯，并俘获了大量人口，逢侯处境日趋艰难。永元十六年，北单于派遣使节“诣阙贡献，愿和亲，修呼韩邪故约”。汉和帝“以其旧礼不备，未许之，而厚加赏赐，不答其使”。到汉安帝元初四年，逢侯被鲜卑族的军队打败，“部众分散，皆归北虏”。元初五年春，“逢侯将百余骑亡还，诣朔方塞降，邓遵奏徙逢侯于颍川郡”。李贤注云：“逢侯本是前单于屯屠何子，右薁鞬日逐王诸降胡余万人，胁立为单于。既被鲜卑所破，部众分散，若留在匈奴，或恐更相招引，故徙于颍川郡也。”[①] 至此，北匈奴的势力被消灭殆尽。

综观东汉前中期对待匈奴的策略我们可以看出，东汉政府在汉和帝时期基本解决了匈奴族南下入侵的问题。北匈奴的频繁入侵，干扰了黄河文化的持续发展，而占据河套地区，对于黄河文化在这一地区的发展起到了重要的作用。黄河文化在这一地区的日趋成熟，对于加深与草原文化的交流与融合起了有力的促进作用，有利于黄河文化的扩大和发展。

第四节　南匈奴的衰落与黄河文化的发展

汉安帝以后，随着北匈奴的势力被消灭，南匈奴所控制的力量因为南迁进入黄河流域的腹地，更多地接受了黄河文化的影响，这主要表现在以南匈奴为代表的草原文化受黄河流域东汉政权的影响和控制方面。从单于的废立

① 范晔. 1965. 后汉书. 卷89. 南匈奴列传. 北京：中华书局. 2940～2971

到向东汉政权的朝贡，都表现出与以前大不一样的态势，汉政府完全掌握了主动权，黄河文化在某种程度上开始出现了融合北方草原地区文化的势头。

东汉政府在对待南匈奴问题上，首先采取以武力征服使其归附的策略。汉安帝初年，南匈奴并不是真心归附汉朝，而是表面归附，待机而起。汉安帝永初三年夏，汉人韩琮跟随南单于入洛阳朝贡，在返回故地后，劝说南单于云："关东水潦，人民饥饿死尽，可击也。"南单于听信了他的话，于是起兵反叛，进攻驻扎在美稷（今内蒙古准格尔旗西北）的中郎将耿种。是年冬，朝廷派遣兼任车骑将军何熙、副中郎将庞雄率军攻打南单于的军队。永初四年春，南单于檀又派遣千余骑兵侵犯常山、中山等地，汉政府以西域校尉梁慬兼任度辽将军，与辽东太守耿夔打败了南匈奴的军队。南单于见汉朝大军齐头并进，非常害怕，便指责韩琮说："汝言汉人死尽，今是何等人也?"在汉朝大军的围攻下，南单于最后投降，朝廷赦免了他的罪过，"遇待如初"。南单于为了向汉朝示好，"乃还所抄汉民男女及羌所略转卖入匈奴中者合万余人"。可见南匈奴单于因为听信谗言起兵叛汉，最后被汉政府武力压服。此后，因为鲜卑兴起，匈奴族没有大的动作。至汉安帝建光元年，耿夔代替邓遵为度辽将军，联合匈奴温禺犊王呼尤徽率领新降的匈奴人连年出塞讨伐鲜卑。因为耿夔"征发烦剧，新降者皆悉恨谋畔"。延光三年，南单于檀死，其弟乌稽侯尸逐鞮单于拔继位。是年夏，新投降的一部大人阿族等率众反叛，胁迫呼尤徽欲与其共同离去。呼尤徽曰："我老矣，受汉家恩，宁死不能相随!"于是叛军准备杀死呼尤徽，后来被救得免。阿族等率领妻、子及其辎重逃去，中郎将马翼派遣军队与胡骑追击，叛军被斩首和投河而死者人数颇多，几乎全军覆没，汉军缴获马、牛、羊万余头。①

此后，南匈奴内部的不稳定势力仍然谋求叛乱，影响了汉匈之间关系的正常发展。乌稽侯尸逐鞮南单于拔在永建三年死，其弟去特若尸逐就单于休利继位。永和五年，南匈奴左部句龙王吾斯、车纽等背叛，率领三千余骑兵侵犯西河郡（今内蒙古鄂尔多斯市东部及山西省西部），并趁机招诱右贤王，共七八千骑兵围攻美稷，杀朔方、代郡长史②。在此情况下，度辽将军马续与中郎将梁并、乌桓校尉王元，征发沿边地区的汉朝军队及乌桓、鲜卑、羌等少数民族的军队共二万余人，突袭击溃吾斯等人的叛军。吾斯等人再次屯聚，攻占城邑。汉顺帝派遣使臣责备南单于，"开以恩义，令相招降。单于本不豫谋，乃脱帽避帐，诣并谢罪"。南单于带病出征叛军，而从五原太守

① 范晔.1965.后汉书.卷89.南匈奴列传.北京：中华书局.2955

② 司马彪.1965.后汉书.卷28.百官志五·州郡.云："每郡置太守一人，二千石，丞一人。郡当边戍者，丞为长史。"北京：中华书局.3619

兼摄中郎将的陈龟以南单于不能控制属下，“逼迫之，单于及其弟左贤王皆自杀”。然而，陈龟“又欲徙单于近亲于内郡，而降者遂更狐疑”。陈龟的举动根本无法解决问题，朝廷将其免职。大将军梁商提出了招降的策略，被汉顺帝采纳，并让度辽将军马续及沿边各郡执行，结果“右贤王部抑鞮等万三千口诣续降”。这一年秋天，句龙吾斯等人另立句龙王车纽为单于，并联合乌桓、羌戎及其他少数民族等数万人，攻破京兆虎牙营，杀上郡都尉及军司马，劫掠并、凉、幽、冀四州。鉴于句龙吾斯势力强大，朝廷将西河郡迁到离石，上郡迁到夏阳，朔方迁到五原。是年冬，朝廷派遣中郎将张耽率领幽州乌桓诸郡营兵，进攻车纽单于等，战于马邑，斩首三千级，俘获车纽单于的众多兵士及得到大量的兵器、牛、羊。车纽等率领豪帅骨都侯乞降，而句龙吾斯仍然率领其部曲与乌桓到处抢掠。永和六年春，马续率鲜卑五千骑到穀城进攻句龙吾斯的军队，斩首数百级。汉安元年秋，句龙吾斯与薁鞮台耆、且渠伯德等再次抢掠并州刺史部。①

因句龙吾斯与东汉为敌，东汉政府又另立单于。汉安二年，汉顺帝在京师洛阳立兜楼储为呼兰若尸逐就单于。这次立单于的仪式非常壮观，“天子临轩，大鸿胪持节拜授玺绶，引上殿。赐青盖驾驷、鼓车、安车、驸马骑、玉具刀剑、什物，给彩布二千匹。赐单于阏氏以下金锦错杂具，軿车马二乘”。这一仪式是汉代有记载的唯一一次立单于的仪式，表明了东汉朝廷已经具备控制匈奴的能力。随后，汉顺帝又举行了盛大的欢送仪式，送南单于回归南庭。“遣行中郎将持节护送单于归南庭。诏太常、大鸿胪与诸国侍子于广阳城门外祖会，飨赐作乐，角抵百戏。顺帝幸胡桃宫临观之。”从送行仪式可以看出东汉政府对与南匈奴搞好关系寄予厚望。到这一年冬天，中郎将马寔雇杀手刺杀句龙吾斯，传首洛阳。建康元年（144 年），又派军队扫除残余势力，斩首千二百级。在汉朝强大的威势之下，“乌桓七十万余口皆诣寔降，车重牛羊不可胜数”。兜楼储单于在位五年，汉桓帝建和元年，伊陵尸逐就单于居车儿继位。匈奴族内部的大人仍然不时叛乱，影响汉匈关系的发展。永寿元年，匈奴左薁鞬台耆、且渠伯德等再次叛乱，抢掠美稷、安定，最终被属国都尉张奂平息了这次叛乱。延熹元年，南单于所统领诸部全部反叛，并与乌桓、鲜卑寇掠沿边九郡，朝廷以张奂为北中郎将率兵讨伐，南单于所属诸部又全部投降。张奂认为南单于不能统理国事，将其拘押，上书朝廷立左谷蠡王为单于。汉桓帝下诏曰：“居车儿一心向化，何罪而黜！其遣还庭。”② 南匈奴在东汉朝廷内忧外患加剧的情况下，反复无常，使本已

① 范晔. 1965. 后汉书. 卷 89. 南匈奴列传. 北京：中华书局. 2961
② 范晔. 1965. 后汉书. 卷 89. 南匈奴列传. 北京：中华书局. 2964

脆弱的双方关系难以继续维持。由此可以看出匈奴南单于这时已经不能控制其所属诸部。

而沿边地区的官员在处理与匈奴关系时擅自主张、居高临下的态度使汉匈之间的关系更加复杂。单于居车儿之孙单于呼徵，光和元年立。因不与中郎将张脩亲善，光和二年，张脩擅自斩之，更立右贤王羌渠为单于。朝廷因为张脩未先请示而擅自诛杀单于呼徵，槛车将张脩押送廷尉抵罪。由此可见朝廷对与匈奴关系的重视。同年，单于羌渠立，中平四年，前中山太守张纯反叛，勾结鲜卑抢掠边郡。汉灵帝下诏征发南匈奴的军队，配给幽州牧刘虞讨伐张纯叛军。羌渠单于派遣左贤王率领骑兵到幽州前线。南匈奴的民众担心羌渠单于无休止地征兵，中平五年，右部醯落与休著各胡白马铜等十余万人反叛，攻杀呼徵单于。呼徵单于死后，其子右贤王於扶罗立。而杀其父的国人则乘机叛乱，并立须卜骨都侯为单于。於扶罗虽有单于之名而无单于之实，因此他“诣阙自讼”。而此时适逢汉灵帝驾崩，天下大乱，於扶罗单于率领数千骑兵与白波起义军合兵进攻河内诸郡。“时民皆保聚，抄掠无利，而兵遂挫伤。复欲归国，国人不受，乃止河东”①。停留在河东的於扶罗与白波起义军联合后，“破太原、河内，抄略诸郡为寇”。曹操曾经在内黄大败於扶罗的军队。② 须卜骨都侯为单于一年而死，南单于的王庭出现了无单于的现象，乃以老王代行国事。兴平二年，单于於扶罗死，其弟呼厨泉立，南单于因势单力薄屡次被鲜卑所抢掠。建安元年汉献帝回到洛阳，又迁都许后，呼厨泉才归国。建安二十一年，呼厨泉单于来朝，曹操因留于邺，而释放右贤王去卑回归监其国。

综观东汉后期与南匈奴的关系我们可以看出，东汉政权内部因为内讧迭起，基本无暇顾及匈奴问题。中央政府所派遣的往前线的大臣，有的甚至自行其是，没有从大局出发导致了汉匈之间时有摩擦发生。而南匈奴方面，因为北匈奴的威胁逐渐丧失，所以其内部也发生了分裂，一些部落没有将单于放在眼中，而是借机生事，或篡夺单于之位，或相互攻杀。这就导致了东汉后期北部边境地区战事连绵，一些作为东汉前中期战略要地的边境中心城市如五原、美稷、朔方、西河等地变成了战争的前沿阵地。东汉后期汉匈关系紧张局面的出现，不仅对于日趋成熟的黄河文化的发展带来了不利影响，迟滞了黄河文化的发展进程，而且也给依赖黄河文化而逐步发展的草原文化带来了不可估量的损失。正因为汉匈之间的交往主要以战争的形式出现，前中期的使臣往来、合市等现象被刀光剑影所代替，所以和平状态下的文化交流

---

① 范晔. 1965. 后汉书. 卷89. 南匈奴列传. 北京：中华书局. 2965

② 陈寿. 1982. 三国志. 卷1. 魏书·武帝纪. 第2版. 北京：中华书局. 9

和融合已经不多见了。

第五节　乌桓的兴起与草原文化的新生

乌桓是东胡的一支，兴起于战国时期。《史记》卷一百二十九《货殖列传》云：“夫燕亦勃、碣之间一都会也。……北邻乌桓、夫余，东绾秽貉、朝鲜、真番之利。”这是见诸史书较早的记载。西汉初年，匈奴冒顿单于灭其国。乌桓的余部占据乌桓山（又曰乌丸山，今辽河上游西喇木伦河以北），活动在辽东一带，隶属于匈奴。汉武帝元狩四年（前 119 年），霍去病打败匈奴左地，“因徙乌桓于上谷、渔阳、右北平、辽西、辽东五郡塞外，为汉侦察匈奴动静。其大人岁一朝见，于是始置护乌桓校尉，秩二千石，拥节监领之，使不得与匈奴交通”①。及至此时，乌桓才与黄河流域的汉朝建立起往来关系。

汉昭帝初年，乌桓族的势力逐步强大，为了报匈奴冒顿灭国之仇，乌桓人挖掘匈奴单于的墓地，壶衍鞮单于闻知大怒，再次出兵打败乌桓。元凤三年（前 78 年）冬，掌控西汉政权的霍光闻听此事后，准备发兵截击匈奴，并向护军都尉赵充国询问。赵充国认为：“乌桓间数犯塞，今匈奴击之，于汉便。又匈奴希寇盗，北边幸无事，蛮夷自相攻击，而发兵要之，招寇生事，非计也。”赵充国的分析是基于汉昭帝时期北部边境的形势而得出的，其目的是为了维护边境的安全，不希望出现因汉政府的参与而激化业已平息的民族矛盾。然而中郎将范明友则认为汉朝应当出兵帮助乌桓。于是，西汉朝廷任命范明友为度辽将军，“将北边七郡郡二千骑击之”。范明友到辽东以后，匈奴军队已经撤退，范明友乃乘乌桓刚刚被匈奴打败势力衰弱之际，进攻乌桓，“斩首六千余级，获其三王首而还”。本是前去救援乌桓的军队，反而乘乱破灭乌桓。汉昭帝不明就里，元凤四年四月下诏对范明友予以嘉奖：“今破乌桓，斩虏获生，有功。其封明友为平陵侯。”范明友这种乘人之危的举动引起了乌桓的不满。元凤六年正月，“乌桓复犯塞”，朝廷不得不“遣度辽将军范明友击之”②。双方敌对的状态一直延续到汉宣帝时，乌桓“乃稍保塞降附”。对于汉昭帝时期北部边疆的这一现象，赵充国曾警示西汉朝廷“恐兵复从东方起”。他认为“匈奴不可不备，乌桓不可不忧”③。西汉朝廷

① 范晔 . 1965. 后汉书 . 卷 90. 乌桓鲜卑列传 . 北京：中华书局 . 2981
② 班固 . 1962. 汉书 . 卷 7. 昭帝纪 . 北京：中华书局 . 232
③ 班固 . 1962. 汉书 . 卷 96. 赵充国传 . 北京：中华书局 . 2990

自挑战事，在夙敌衰弱之际，又树立起新的敌人，实为不明智之举。

汉哀帝元寿二年（前1年），主政的王莽曾经颁布处理北方少数民族关系的四条。其中规定："中国人亡入匈奴者，乌孙亡降匈奴者，西域诸国佩中国印绶降匈奴者，乌桓降匈奴者，皆不得受。"结果乌桓按照四条执行，造成了乌桓和匈奴关系的紧张。《汉书》卷九十四下《匈奴传下》云：

> 汉既班四条，后护乌桓使者告乌桓民，毋得复与匈奴皮布税。匈奴以故事遣使者责乌桓税，匈奴人民妇女欲贾贩者皆随往焉。乌桓距曰："奉天子诏条，不当予匈奴税。"匈奴使怒，收乌桓酋豪，缚到悬之。酋豪昆弟怒，共杀匈奴使及其官属，收略妇女马牛。单于闻之，遣使发左贤王兵入乌桓责杀使者，因攻击之。乌桓分散，或走上山，或东保塞。匈奴颇杀人民，驱妇女弱小且千人去，置左地，告乌桓曰："持马畜皮布来赎之。"乌桓见略者亲属二千余人持财畜往赎，匈奴受，留不遣。

王莽所颁行的四条在民族关系复杂的地区实行后，引起了匈奴与乌桓关系的紧张，因为当时乌桓人的力量较之于匈奴弱小，常常成为匈奴掠夺的对象。王莽颁行的四条不仅没有约束匈奴，反而给乌桓人带来了更大的麻烦。王莽篡汉后，令塞外的乌桓人"从塞外还之"，匈奴单于则借机"乃遣右大且渠蒲呼卢訾等十余人将兵众万骑，以送乌桓为名，勒兵朔方塞下"①。当时王莽还令东域将严尤统领乌桓和丁令兵驻扎在代郡，以其妻、子作为人质。乌桓人因为远离故土，思念故乡，还"惧久屯不休，数求谒去"，纷纷逃走，王莽杀其妻、子，而匈奴则乘机"因诱其豪帅以为吏，余者皆羁縻属之"②，使原本相对稳定的汉与乌桓关系受到破坏。从上面所引材料可以看出，西汉时期，乌桓人主要居住在辽东地区，与汉朝发生联系则以使节为主，汉朝主要是想利用乌桓来牵制匈奴，以实现北部边疆的安定。但是，从霍光开始到王莽当政，乌桓虽然部分迁居内地，但处在汉匈夹缝中生存颇为困难。

东汉初年，乌桓与东汉王朝的关系由初期的侵扰变为归附，这与黄河流域逐渐稳定及黄河文化的影响逐步扩大有着密切的关系。光武帝即位后，参与平定各地农民起义的刘秀队伍中就有乌桓人所率领的骑兵。建武三年，吴汉率军镇压广乐（今河南商丘境内）的苏茂农民军，吴汉军中有"乌桓突骑三千余人"③。这说明在西汉末年黄河流域动荡不定时，乌桓人已经进入黄河流域的腹地，并为各地的武装所利用。在北方边境，乌桓与匈奴联合频繁

① 班固．1962．汉书．卷94下．匈奴传下．北京：中华书局．3822

② 范晔．1965．后汉书．卷90．乌桓鲜卑列传．北京：中华书局．2981

③ 范晔．1965．后汉书．卷18．吴汉传．北京：中华书局．679

进攻汉朝边地，成为东汉王朝初年的祸患。因为乌桓人“居止近塞”，“代郡以东尤被其害”，所以骚扰幽州刺史所辖郡县非常方便，往往是“朝发穹庐，暮至城郭”。在乌桓的频繁骚扰下，“五郡民庶，家受其辜，至于郡县损坏，百姓流亡”。令东汉朝廷更为忧虑的是“匈奴、鲜卑及赤山乌桓连和强盛，数入塞杀略吏人”，其中上谷郡塞外的乌桓最为强大。面对此种情况，“朝廷以为忧，益增缘边兵，郡有数千人，又遣诸将分屯障塞”①。建武十三年，逃往塞外的卢芳与匈奴和乌桓联合，“寇盗尤数，缘边愁苦”。为了保障边境地区的安全，光武帝“诏（王）霸将弛刑徒六千余人，与杜茂治飞狐道，堆石布土，筑起亭障，自代至平城三百余里”。这一道路的开通为运粮边境抗击乌桓提供了便利，王霸因与匈奴和乌桓“大小数十百战，颇识边事”②，为巩固北部边防立下汗马功劳。

光武帝中期，乌桓的势力逐步强大，甚至深入到了关中地区。建武二十年十月，“匈奴、乌桓寇扶风”，“三辅侵扰，园陵危逼”，匈奴、乌桓的军队已经深入关中腹地，形势非常危急，刚从镇压二征起义的前线回到洛阳的马援再次出征，形势转危为安。为了防备乌桓从其他地域继续进攻东汉北部边境，朝廷再次派遣马援驻扎襄国（今河北邢台）。③ 建武二十一年十月，光武帝令马援率领三千骑兵从代郡五阮关出塞袭击乌桓人，乌桓人预先得知后逃走，马援的军队紧紧追随其后，“追斩百级而还”。在撤退过程中，乌桓人则乘机追击马援的军队，结果马援的军队损失惨重，仅马匹就死了千余匹。随后，匈奴与乌桓的形势发生了变化。建武二十二年，“乌桓击破匈奴，匈奴北徙，幕南地空”，乌桓又成为东汉北部边疆的威胁。有鉴于此，光武帝观察到以武力对付乌桓人难以奏效，“乃以币帛赂乌桓”。在东汉政府政策的感召下，建武二十五年正月，“乌桓大人来朝”。“辽西乌桓大人郝旦等九百二十二人率众向化，诣阙朝贡，献奴婢牛马及弓虎豹貂皮”。当时，向化的乌桓人“或愿留宿卫，于是封其渠帅为侯王君长者八十一人，皆居塞内，布于缘边诸郡，令招来种人，给其衣食，遂为汉侦候，助击匈奴、鲜卑”。光武帝还采纳班彪的建议在上谷宁城设立乌桓校尉，负责对乌桓的管理。乌桓人向汉朝送质子，“岁时互市焉”。因此史书称：“由是乌桓、鲜卑保塞自守，北虏远遁，中国少事。”④ 东汉光武帝时期，乌桓人由早期的入侵到光武帝晚年的朝贡，既反映了东汉政府灵活的民族政策，又说明了东汉王朝国力逐

① 范晔.1965.后汉书.卷20.祭遵附彤传.北京：中华书局.744

② 范晔.1965.后汉书.卷20.王霸传.北京：中华书局.737

③ 范晔.1965.后汉书.卷24.马援列传.北京：中华书局.842

④ 范晔.1965.后汉书.卷19.耿弇列传.北京：中华书局.716

步强大已经影响到了乌桓人。黄河文化经过东汉光武帝 30 余年的复苏，已经重现昔日的辉煌，并对草原文化的新生力量——乌桓族产生了强大的吸引力。

汉明帝、汉章帝和汉和帝时期，乌桓与中央政府的关系较为融洽。《后汉书》卷九十《乌桓鲜卑列传》记载："及明、章、和三世，皆保塞无事。"在汉明帝初年，乌桓的赤山部落没有归附，并多次进攻上谷等地。永平元年，"辽东太守祭肜使鲜卑击赤山乌桓，大破之，斩其渠帅"。《后汉书》卷二十《祭遵附肜传》记载："赤山乌恒数犯上谷，为边害，诏书设购赏，切责州郡，不能禁。肜乃率励偏何，遣往讨之。永平元年，偏何击破赤山，斩其魁帅，持首诣肜，塞外震詟。"祭肜联合鲜卑平灭了赤山部落，震慑了塞外少数民族。祭肜任辽东太守近 30 年，"抚夷狄以恩信，皆畏而爱之，故得其死力"，"肜之威声，畅于北方，西自武威，东尽玄菟及乐浪，胡夷皆来内附，野无风尘。乃悉罢缘边屯兵"，对东汉北部边疆的稳定起了积极的作用，出现了"边无寇警，鲜卑、乌桓并入朝贡"的景象。祭肜因深得乌桓等少数民族的人心，故其死后，"乌桓、鲜卑追思肜无已，每朝贺京师，常过冢拜谒，仰天号泣乃去。辽东吏人为立祠，四时奉祭焉"。可以这样认为，祭肜以自己的实际行动感化了包括乌桓在内的少数民族，也从一个侧面反映了黄河文化对代表草原文化新生力量的乌桓人的影响。

此后，乌桓人多次参与东汉政府的重要政治活动。永平二年（59 年）正月，汉明帝在明堂祭祀光武帝时，"百蛮贡职，乌桓、濊貊咸来助祭，单于侍子、骨都侯亦皆陪位"①。这说明乌桓也参与了东汉政府的重大活动。永平十六年，在进攻北匈奴的队伍中，"太仆祭肜、度辽将军吴棠将河东北地、西河羌胡及南单于兵万一千骑出高阙塞，骑都尉来苗、护乌桓校尉文穆将太原、雁门、代郡、上谷、渔阳、右北平、定襄郡兵及乌桓、鲜卑万一千骑出平城塞"②。可见乌桓兵也参与了东汉的军事行动。汉章帝建初三年（78 年），上谷郡太守任兴"欲诛赤沙乌桓，乌桓怨恨谋反"。任兴作为边境地区的地方官不是安抚乌桓人，反而杀乌桓族人，结果引起乌桓人的怨恨和谋反。在此情况下，汉章帝令邓训"将黎阳营兵屯狐奴，以防其变"。邓训到任后，"抚接边民，为幽部所归"。正因为邓训训导有方，保有了幽州刺史部的平安。至建初六年，邓训"迁护乌桓校尉，黎阳故人多携将老幼，乐随训徙边"。邓训在任两年间，边疆少数民族"闻其威恩，皆不敢南近塞下"③。邓训也发挥了类似祭肜感化少数民族的作用。汉和帝永元六年，乌桓人还参

① 范晔．1965．后汉书．卷 2．显宗孝明帝纪．北京：中华书局．100

② 范晔．1965．后汉书．卷 23．窦融列传附固传．北京：中华书局．810

③ 范晔．1965．后汉书．卷 16．邓禹传附训传．北京：中华书局．608

与了东汉政府进攻叛逃的匈奴人的军事行动。这一年的八月，匈奴南单于安国从弟之子逢侯率领部分匈奴人逃出塞外，东汉派遣大军追击，十一月，护乌桓校尉任尚率领乌桓、鲜卑等族所组成的军队，"大破逢侯"，越骑校尉冯柱"遣兵追击，复破之"[①]。乌桓作为新生的草原文化的代表民族，在与东汉的交往过程中充分注意参与到东汉政府的一系列活动中去，对于吸收和融合两种文化起了积极的作用。

汉安帝以后，乌桓族有的部落利用逐步内迁以后与汉朝接触而进攻汉朝，而有的部落则与汉朝联合平定反叛的部落。汉安帝永初三年（109年）六月，迁居渔阳郡的乌桓与右北平郡的其他少数民族一千余人入侵代郡、上谷、涿郡等地。九月，雁门乌桓率众王无何及鲜卑和南匈奴共七千余骑兵，"败五原郡兵于高渠谷"[②]。朝廷派遣车骑将军何熙与度辽将军梁慬进击，大败乌桓联军。"是后乌桓稍复亲附，拜其大人戎朱廆为亲汉都尉"。之所以会出现反叛和支持汉朝的部落，可能与亲附汉朝的情况不同有关。元初四年（117年）四月，鲜卑进攻辽西，"辽西郡兵与乌桓击破之"。建光元年九月，"鲜卑围乌桓校尉于马城，度辽将军耿夔救之"[③]。"是岁，虔人种羌与上郡胡反，攻穀罗城。度辽将军耿夔将诸郡兵及乌桓骑赴击破之"[④]。汉顺帝初年，鲜卑族骚扰沿边诸郡，并杀代郡太守，乌桓校尉耿晔"率乌桓及诸郡卒出塞讨击，大破之。鲜卑震怖，数万人诣辽东降"[⑤]。乌桓与汉朝之间由兵戎相见到后来建立起相互支援的融洽关系，与东汉王朝灵活的民族政策紧密相关。

汉顺帝阳嘉以后，乌桓开始频繁进攻汉朝北部边境。阳嘉四年（135年）十月，乌桓进攻云中郡，"遮截道上商贾车牛千余两"，度辽将军耿晔率领二千余人追击，在沙南斩首五百级。乌桓则将耿晔包围于兰池城，朝廷派遣三千人前去营救，乌桓撤退。[⑥] 永和五年（140年）九月，乌桓大人阿坚、羌渠等联合南匈奴左部句龙吾斯反叛。朝廷派遣匈奴中郎将张耽"击破斩之，余众悉降"。永和六年五月，朝廷所派遣的匈奴中郎将张耽又打败乌桓、羌等少数民族的入侵。建康元年四月，匈奴中郎将马寔打败南匈奴左

① 范晔.1965. 后汉书. 卷4. 孝和帝纪. 北京：中华书局.179

② 李贤注："《东观记》曰：'战九原高梁谷。'渠梁相类，必有误也。"载：范晔.1965. 后汉书. 卷5. 孝安帝纪. 北京：中华书局.213

③ 范晔.1965. 后汉书. 卷5. 孝安帝纪. 北京：中华书局.233

④ 范晔.1965. 后汉书. 卷87. 西羌传. 北京：中华书局.2892

⑤ 范晔.1965. 后汉书. 卷19. 耿弇列传附晔传. 北京：中华书局.724

⑥ 范晔.1965. 后汉书. 卷90. 乌桓鲜卑列传. 北京：中华书局.2983

部，乌桓等少数民族“悉诣寔降”[①]。

汉桓帝永寿年间（155～158 年），“朔方乌桓与休著屠各并畔，中郎将张奂击平之”。辽东乌桓反叛，朝廷命匈奴中郎将种暠转任辽东太守，因为种暠“化行羌胡，禁止侵掠”，所以，乌桓人对他非常尊敬，“乌桓望风率服，迎拜于界上”[②]。种暠作为河南洛阳人，长期受黄河文化的熏陶，其行事风格深得少数民族的喜爱。一些乌桓人归附东汉王朝后还参与了朝廷的平叛战争。延熹八年（165 年），发生了荆州兵士朱盖等人因“征戍役久，财赏不赡，忿恚，复作乱”，并与桂阳胡兰率众三千人进攻桂阳的事件，桂阳太守任胤弃城逃走，叛军达到数万之多，又转攻零陵，零陵太守陈球固守待援。“于是以（度）尚为中郎将，将幽、冀、黎阳、乌桓步骑二万六千人救球，又与长沙太守抗徐等发诸郡兵，并势讨击，大破之，斩兰等首三千五百级”[③]。乌桓的数万军队参与了东汉朝廷的平叛战争，且取得了胜利。延熹九年六月，乌桓与南匈奴、鲜卑联合“寇缘边九郡”。七月，朝廷派遣匈奴中郎将张奂进攻南匈奴、乌桓、鲜卑。到十二月，“南匈奴、乌桓率众诣张奂降”[④]，当时投降的少数民族“凡二十万口。奂但诛其首恶，余皆慰纳之”，余部“皆出塞去”。乌桓等少数民族之所以投降张奂，是因为从延熹二年至九年，张奂在担任度辽将军期间，“数载间，幽、并清静”，深得边疆地区少数民族的人心。[⑤] 汉灵帝末年，黄河流域爆发的黄巾农民起义，使东汉朝廷无暇顾及北部边疆，活动在上谷、辽西、辽东、右北平等郡的乌桓部落逐步强大。中平四年，原中山郡太守张纯叛逃辽西丘力居部落，自称“弥天将军安定王”，统率诸郡乌桓，“寇掠青、徐、幽、冀四州”，“燔烧城郭，虏略百姓”。中平五年十一月，张纯率领乌桓丘力居的军队进攻蓟中，被公孙瓒打败。[⑥] 中平六年，朝廷又任命刘虞为幽州牧，“虞购募斩纯首”[⑦]。刘虞到任后，派人到乌桓“告以利害，责使送纯首”，丘力居等人听说刘虞到任，都很高兴，“各遣译自归”。而公孙瓒因嫉妒刘虞的功劳，派人劫杀胡使，“胡知其情，间行诣虞”。刘虞随即罢除了沿边诸屯驻军，仅留下公孙瓒所统领的步骑万人屯右北平。张纯逃往鲜卑，被其门客所杀，北部边境暂时安定。此后，“属国乌丸贪至王率种人诣（公孙）瓒降”，公孙瓒在此与乌桓

① 范晔 . 1965. 后汉书 . 卷 6. 孝顺帝纪 . 北京：中华书局 . 274
② 范晔 . 1965. 后汉书 . 卷 56. 种暠传 . 北京：中华书局 . 1828
③ 范晔 . 1965. 后汉书 . 卷 38. 度尚传 . 北京：中华书局 . 1286
④ 范晔 . 1965. 后汉书 . 卷 7. 孝桓帝纪 . 北京：中华书局 . 318
⑤ 范晔 . 1965. 后汉书 . 卷 56. 张奂传 . 北京：中华书局 . 2139
⑥ 范晔 . 1965. 后汉书 . 卷 73. 刘虞传 . 北京：中华书局 . 2353
⑦ 范晔 . 1965. 后汉书 . 卷 90. 乌桓鲜卑列传 . 北京：中华书局 . 2984

进行了长达五六年的作战，随着黄河流域逐步陷于战乱，乌桓的势力开始侵入黄河流域腹地，“丘力居等钞略青、徐、幽、冀，四州被其害，瓒不能御”①。乌桓深入到黄河流域的腹地，为害甚巨。

综观东汉时期乌桓所代表的新生的草原文化，在与建都洛阳的东汉王朝交往过程中，也出现了和、战共存的现象。以东汉王朝为代表的黄河文化，经过东汉光武帝时期的发展已经开始复苏，经历汉明帝、汉章帝以及汉和帝时期，因为东汉政府对兴起于东北地区的乌桓人采取了一系列的安抚措施，从总的方面来看，两种文化之间的交流是平和的。而到东汉安帝以后，由于东汉政府内部争权夺利斗争的加剧，当北部边境匈奴的侵扰衰弱以后，乌桓人开始频繁地进入内地危害边疆地区的百姓，汉政府也不得不派遣有关官员进行抵抗。而在与乌桓人交战和融合过程中，也涌现出一些深受乌桓人喜爱的官员，他们以自己的实际行动传播黄河文化于代表部分草原文化的乌桓人中间，进一步扩大了黄河文化的影响。

第六节　鲜卑的兴起与草原文化的新生

鲜卑族作为兴起于东北地区的一个少数民族，与黄河文化发生联系大约是在东汉时期。光武帝初年，随着匈奴势力的强盛，鲜卑人也依附于匈奴人骚扰中国北部边境，“杀略吏人，无有宁岁”。建武二十一年秋，鲜卑侵犯辽东，辽东太守祭彤率数千人迎击，大败鲜卑。此次战斗相当激烈，《后汉书》卷二十《祭遵传附彤传》云：“（祭彤）自披甲陷陈，虏大奔，投水死者过半，遂穷追出塞，虏急，皆弃兵裸身散走，斩首三千余级，获马数千匹。”“斩获殆尽……由是震怖”。因为祭彤率领大军对鲜卑族的重创，“自是后鲜卑震怖，畏彤不敢复窥塞”。在武力压服后，建武二十五年，祭彤又对鲜卑采取了怀柔的政策，派人“示以财利”，鲜卑大都护偏何“遣使奉献，愿得归化”，祭彤对其“慰纳赏赐，稍复亲附”。然后又激励偏何进攻匈奴，加速了匈奴的急剧衰弱，使北部边疆出现了“边无寇警”的喜人局面。建武三十年正月，“鲜卑大人於仇贲、满头等率种人诣阙朝贺，慕义内属。帝封於仇贲为王，满头为侯”。从建武三十年到永平元年，偏何消灭了赤山乌桓歆志贲（《三国志》作“钦志贲”）后，引起鲜卑其他部落的震动，“于是鲜卑大人皆来归附，并诣辽东受赏赐”。因为鲜卑人纷纷归附，朝廷赏赐财物数

① 陈寿. 1982. 三国志. 卷8. 魏书·公孙瓒传. 第2版. 北京：中华书局. 240

量巨大，使“青、徐二州给钱岁二亿七千万为常”。汉明帝和汉章帝时期，鲜卑人“保塞无事”，并帮助东汉政府抗击乌桓和匈奴，如永平元年受辽东太守祭肜的差遣，进攻赤山乌桓，“大破之，斩其渠帅”。章和元年七月，“鲜卑击破北单于，斩之”①。由之可见，东汉前期鲜卑族与东汉王朝保持了友好的关系，暂时保障了北部边境的安定，但对鲜卑族人赠送财物的过量，给黄河流域的民众带来了沉重的负担。

汉和帝即位后，窦宪打败北匈奴，北匈奴失败逃走。“鲜卑因此转徙据其地”，这就是说，原来北匈奴所占领的地区又先后被鲜卑所占据，没有逃走的匈奴人也融入鲜卑族中，“自号鲜卑，鲜卑由此渐盛”。鲜卑大都护校尉廆率领部众跟从乌丸校尉任尚进攻反叛的人，朝廷封廆为率众王。② 鲜卑人先后在永元九年、十三年和汉殇帝延平元年进攻肥如县和渔阳，渔阳太守张显战死疆场。③

汉安帝时期，鲜卑人或归附汉朝，或借汉朝内忧之机进攻汉朝。汉安帝初年，“鲜卑大人燕荔阳入朝，汉赐鲜卑王印绶，赤车参驾，止乌丸校尉所治宁下。通胡市，筑南北两部质宫，受邑落质者百二十部”④。面对逐步强大的鲜卑族，东汉政府采取了安抚的政策，或赐鲜卑王印绶，或通胡市，使归附的鲜卑部落达到120个。但因鲜卑族受社会发展的限制，鲜卑人的一些部落对东汉边境的骚扰仍然非常频繁。据统计，汉安帝时鲜卑进攻汉朝共16次，其中骚扰黄河中游地区的有六次之多。永初三年九月，活动在雁门郡的鲜卑族联合乌桓在高渠谷打败东汉驻扎在五原郡的军队。元初五年八月，鲜卑进攻代郡，杀死地方官员。十月，鲜卑又进攻上谷。次年七月，鲜卑出兵马城。建光元年八月，鲜卑进攻居庸关。九月，云中太守成严率军抗击，战死疆场。鲜卑趁机将乌桓校尉包围于马城，因度辽将军耿夔营救而获免。延光元年十月，鲜卑则出兵雁门、定襄。十一月，鲜卑深入太原，“掠杀百姓”。延光三年七月，鲜卑又寇掠高柳。⑤ 鲜卑前后六次进攻黄河流域表明其势力迅速膨胀。对于鲜卑的进攻，东汉王朝先后派兵予以抵抗，有时甚至动用了大量的兵力。如元初五年秋、冬，鲜卑进攻代郡和上谷，朝廷先后征发沿边地区的州郡、黎阳营的兵士，驻扎在战略要地以防备鲜卑。后来鲜卑八九千骑兵突破代郡和马城塞的防线，杀害地方官员，汉安帝派遣度辽将军邓

① 范晔. 1965. 后汉书. 卷3. 肃宗孝章帝纪. 北京：中华书局. 157

② 陈寿. 1982. 三国志. 卷30. 魏书·乌丸鲜卑东夷传. 裴注引. 魏书. 第2版. 北京：中华书局. 837

③ 范晔. 1965. 后汉书. 卷4. 孝殇帝纪. 北京：中华书局. 196

④ 陈寿. 1982. 三国志. 卷30. 魏书·乌丸鲜卑东夷传. 裴注引. 魏书. 北京：中华书局. 837

⑤ 范晔. 1965. 后汉书. 卷90. 鲜卑传. 北京：中华书局. 2988

遵、中郎将马续出塞追赶并打败鲜卑人。到永宁元年，鲜卑大人乌伦、其至鞬迫于东汉军队的威势向邓遵投降，受到东汉朝廷的封侯和赏赐彩缯的礼遇。然而，邓遵的军队撤退后，其至鞬又在次年反叛，将乌丸校尉包围于马城。虽然度辽将军耿夔和幽州刺史全力营救，并在最后解除了鲜卑的包围，但是，鲜卑势力也因此强大起来，“鲜卑既累杀郡守，胆意转盛，控弦数万骑”。这种现象一直延续到汉顺帝时期。①

汉顺帝在位期间，东汉政府与鲜卑族的关系较为紧张。鲜卑族多次骚扰东汉北部边境，都被边疆守军击退。永建元年八月，鲜卑其至鞬率众进攻代郡，太守李超战死。十月，鲜卑进攻边塞。面对鲜卑军队的频繁进攻，东汉朝廷“遣黎阳营兵出屯中山北界。告幽州刺史，其令缘边郡增置步兵，列屯塞下。调五营弩师，郡举五人，令教习战射”。由此可见，东汉王朝是举全国之力来对付鲜卑人的武装骚扰，以保卫黄河文化所取得的成果。到第二年春天，中郎将张国派遣从事率领南单于军队步骑万余人出塞，主动出击，击破鲜卑军队，“获其资重二千余种”②，解除了北部边境的危机。

与此同时，辽东地区进攻玄菟郡的鲜卑人也被乌桓校尉打败。永建三年九月，鲜卑进攻渔阳郡。次年十月，鲜卑又进攻朔方郡，严重干扰了边民的生活。为了赶走鲜卑人，永建六年九月，乌桓校尉耿晔派遣司马率领归附于汉朝的少数民族军队数千人，出塞打败鲜卑人。这一年的冬天，渔阳太守又派遣乌桓军队进攻鲜卑人，“斩首八百级，获牛、马、生口”。阳嘉元年冬，耿晔利用乌桓人袭击匈奴，斩获颇丰。次年三月，“匈奴中郎将王稠（《鲜卑传》作‘赵稠’）率左骨都侯等击鲜卑，破之”。是年秋，鲜卑入塞攻占马城，代郡太守率军争夺没有成功。后来其至鞬死，“鲜卑抄盗差稀”。经过耿晔的打击，“于是鲜卑三万余落，诣辽东降”。匈奴北单于西逃后，其残部十余万落到辽东与鲜卑人杂居，“皆自号鲜卑兵”③。

到汉桓帝时，鲜卑族的一支檀石槐部势力壮大，“东西部大人皆归焉”，形成了“因南抄缘边，北拒丁零，东却夫余，西击乌孙，尽据匈奴故地，东西万四千余里，南北七千余里，网罗山川水泽盐池”的态势，并对东汉王朝展开了全方位的进攻。从汉桓帝永寿二年七月，鲜卑檀石槐率领三四千骑兵进攻云中郡开始，到延熹元年十二月，二年正月、六月，六年五月，九年六月先后七次进攻汉朝的边郡。延熹九年六月的规模最为庞大，鲜卑人的数万骑兵侵入沿边九郡，杀人掠货，但当汉朝派遣匈奴中郎将张奂反击时，鲜卑

---

① 范晔．1965．后汉书．卷90．乌桓鲜卑列传．北京：中华书局．2988

② 范晔．1965．后汉书．卷90．乌桓鲜卑列传．北京：中华书局．2988

③ 陈寿．1982．三国志．卷30．魏书·乌丸鲜卑东夷传．裴注引魏书．北京：中华书局．837

人则逃出塞外，“朝廷积患之，而不能制”。朝廷派遣使节授檀石槐为王，“欲与和亲”，但檀石槐拒绝汉朝的封王，“寇抄滋甚”。檀石槐还将鲜卑人分为三部，“从右北平以东至辽东，接夫余、濊貊二十余邑为东部，从右北平以西至上谷十余邑为中部，从上谷以西至敦煌、乌孙二十余邑为西部”。每部“各置大人主领之，皆属檀石槐”。到汉灵帝时，鲜卑人的进攻更加频繁。据《后汉书》卷八《孝灵帝纪》统计，仅汉灵帝在位时，鲜卑人的进攻就达 18 次之多，因而有“幽、并、凉三州缘边诸郡无岁不被鲜卑寇抄，杀略不可胜数”之说。汉灵帝光和年间，檀石槐死，其子和连继位，“亦数为寇抄”。后来和连在进攻北地时，被廉县人射杀。和连死时其子骞曼年幼，其兄之子魁头代立。骞曼长大后与魁头争国，部众因此离散。魁头死后，其弟步度根代立。①

虽然东汉政府与鲜卑族的关系处在较为紧张的阶段，但在与鲜卑人的交往过程中，黄河流域的社会文化还是逐步对鲜卑族的行为方式产生了影响。这主要表现在东汉时期沿边地方官的功绩潜移默化地影响到了新兴的鲜卑族。建初六年，邓训迁护乌桓校尉，“黎阳（今河南浚县）故人多携将老幼，乐随训徙边。鲜卑闻其威恩，皆不敢南近塞下”②。这说明邓训的威望也影响到了鲜卑人。汉桓帝以陈龟为度辽将军，并对周边地区的官员进行了重新遴选，“乃更选幽、并刺史，自营郡太守都尉以下，多所革易”。这些主张对鲜卑族进行抵抗的官员到位后，在陈龟的统一调度下，出现了“州郡重足震栗，鲜卑不敢近塞，省息经用，岁以亿计”的新气象。③ 永寿二年，鲜卑进攻云中郡，桓帝任命李膺为度辽将军。“自膺到边，皆望风惧服，先所掠男女，悉送还塞下。自是之后，声振远域”④。李膺的声望让鲜卑畏服，所以出现了鲜卑不再骚扰的新局面。汉桓帝末年，刘虞任幽州刺史，“民夷感其德化，自鲜卑、乌桓、夫余、秽貊之辈，皆随时朝贡，无敢扰边者，百姓歌悦之”⑤。对鲜卑族在此时期的朝贡现象，应劭认为是鲜卑人贪占中国的财物。《汉名臣奏》曰：“太尉属应劭等议，以为鲜卑隔在漠北，犬羊为群，无君长帅，庐落之居。又其天性，贪而无信，故自汉兴于兹，数犯障塞，且无宁岁，吏民创禁，不与交关，唯至胡市，乃成靡服，非畏威怀德，实玩中国珍异之故耳。”⑥ 可见黄河流域的物质文明影响了鲜卑人，使其对黄河流域

① 范晔．1965．后汉书．卷 90．乌桓鲜卑列传．北京：中华书局．2994
② 范晔．1965．后汉书．卷 16．邓禹传附训传．北京：中华书局．608
③ 范晔．1965．后汉书．卷 51．陈龟传．北京：中华书局．1693
④ 范晔．1965．后汉书．卷 67．党锢列传·李膺传．北京：中华书局．2192
⑤ 范晔．1965．后汉书．卷 73．刘虞传．北京：中华书局．2353
⑥ 欧阳询．1982．艺文类聚．卷 65．产业部上·市．新 1 版．上海：上海古籍出版社．1170

产生了向往。可以说正是东汉诸多官员以自己的正直感化了鲜卑族人，使其对汉文化重视有加。黄河文化以其独特的方式对少数民族产生了影响。

综观鲜卑族的兴起及其与东汉王朝的关系我们可以看出，作为一个新兴的民族，鲜卑族因为社会发展阶段的限制，对外攻击性较强。东汉初年，因为汉光武帝采取了一系列的羁縻政策，汉朝与鲜卑族尚能够保持较为和谐的关系。而到汉和帝以后，随着北部边疆形势的变化，原来汉朝的劲敌北匈奴趋于衰弱，漠北之地旷然无主，为鲜卑族的发展壮大提供了充分的条件。在此情势下，鲜卑人纷繁南下，抢掠汉朝的北部边境九镇，使东汉王朝在解决了匈奴问题后又面临新的边患。特别是檀石槐强大以后，几乎每年都入侵汉朝北部边境，使东汉政府试图采取的和亲政策不能奏效。但无论如何，黄河文化仍然以其强有力的活力，间接影响着这一新生的草原民族。如汉族地区行之已久的文化观念和价值观念在不少良吏的个人魅力的影响下，也为鲜卑族所折服，出现了鲜卑族因为某位官员在位而频繁朝贡的现象。

第四章

黄河文化对西部草原文化的影响

黄河文化在发展过程中不仅对与黄河流域紧邻的北方草原地区文化产生了广泛而深刻的影响，而且对周边地区的其他文化也产生了深刻的影响。特别是汉武帝时期，张骞出使西域以后，随着汉朝对西域地区了解的加深，为了开拓西域，汉朝屡屡派遣使节出使西域，使节往来、物品流通等方面的交流日趋频繁。

第一节　西汉时期的交融

秦汉时期是黄河文化迅速扩张的历史时期，秦始皇将疆域向北拓展到河套地区，汉武帝时期，在保持北部边疆原有的基础上，向西经过河西走廊，设立了西域都护府，控制了今天新疆的绝大多数地域乃至中亚的部分领土，建立起雄踞东方的大帝国。黄河文化在融合了多方文化的基础上，内涵日趋丰富，范围逐步扩大。

一、西部草原文化的概况

西部草原地区的文化是与北方地区以匈奴族为代表的草原文化既相互区别而又相互联系的。它们的共性主要体现在：两种文化都属于草原文化，两个地区的民族都具有游牧民族的个性特色。它们的差异主要表现在：北方草原文化的主体——匈奴族的生活方式是纯粹意义上的游牧经济，虽然说其农业经济有所发展，但不占主导地位；西部草原文化的主体是众多小国家，它们已经不完全是游牧经济，而是有较大比重的农业经济，过着半定居的生活。这就使得西部草原文化与黄河文化的交往方式不再是北方草原地区文化与黄河文化交往的那种方式。

在秦王朝和西汉前期，黄河文化的范围局限在黄河中下游地区，西部草原地区处在城邦国家阶段，这与西部地区特殊的地理环境有很大关系。因为西北地区地处内陆，这些城邦国家多处在沙漠边缘的绿洲上。

关于西部草原地区的自然概况，《汉书》卷九十六上《西域传上》云：

西域以孝武时始通，本三十六国，其后稍分至五十余，皆在匈奴之西，乌孙之南。南北有大山，中央有河，东西六千余里，南北千余里。东则接汉，阸以玉门、阳关，西则限以葱岭。其南山，东出金城，与汉南山属焉。其河有两原：一出葱岭山，一出于阗。于阗在南山下，其河北流，与葱岭河合，东注蒲昌海。

从《西域传》所描述的西域的状况可知，汉代人已经知道了西域地区从汉武帝时期的36国到后来分裂为50余国；其地理状况为南北有昆仑山和天山，中间为塔里木盆地和塔里木河等。

西汉初年，西域以小城邦为主，“西域诸国大率土著，有城郭田畜，与匈奴、乌孙异俗，故皆役属匈奴。匈奴西边日逐王置僮仆都尉，使领西域，常居焉耆、危须、尉黎间，赋税诸国，取富给焉”。这些西域地区的土著民族所建立的国家势力相对弱小，面对自战国以来就已经强大起来的匈奴族只得臣服。匈奴族的日逐王还在这里设置了“僮仆都尉”向诸国征收赋税。

根据《汉书》卷九十六《西域传》的记载，我们可以知道西域诸国不同的经济文化概况。以下我们从阳关开始对各个国家的经济文化内涵作一介绍。

婼羌国 “随畜逐水草，不田作，仰鄯善、且末谷。山有铁，自作兵，兵有弓、矛、服刀、剑、甲。西北至鄯善，乃当道云。”

鄯善国 “地沙卤，少田，寄田仰谷旁国。国出玉，多葭苇、柽柳、胡桐、白草。民随畜牧逐水草，有驴马，多橐它。能作兵，与婼羌同。”“自且末以往皆种五谷，土地草木，畜产作兵，略与汉同，有异乃记云。”

且末国 “有蒲陶诸果。”

小宛国、精绝国、戎卢国、扜弥国、渠勒国、皮山国物产与以上诸国所产相同。

于阗国 “多玉石。”

乌秅国 “山居，田石间。有白草。累石为室。民接手饮。出小步马，有驴无牛。”

西夜国 “其种类羌氐行国，随畜逐水草往来。而子合土地出玉石。”

蒲犁国 “寄田莎车。种俗与子合同。”

依耐国 “南与子合接，俗相与同。少谷，寄田疏勒、莎车。”

无雷国 “衣服类乌孙，俗与子合同。”

难兜国 “种五谷、蒲陶诸果。有银、铜、铁，作兵与诸国同，属罽宾。”

罽宾国　“罽宾地平，温和，有目宿，杂草奇木，檀、槐、梓、竹、漆。种五谷、蒲陶诸果，粪治园田。地下湿，生稻，冬食生菜。其民巧，雕文刻镂，治宫室，织罽，刺文绣，好治食。有金银铜锡，以为器。市列。以金银为钱，文为骑马，幕为人面。出封牛、水牛、象、大狗、沐猴、孔爵、珠玑、珊瑚、虎魄、璧流离。它畜与诸国同。”

乌弋山离国　“乌戈地暑热莽平，其草木、畜产、五谷、果菜、食饮、宫室、市列、钱货、兵器、金珠之属皆与罽宾同，而有桃拔、师子、犀子。俗重妄杀。其钱独文为人头，幕为骑马。以金银饰杖。绝远，汉使希至。”

安息国　“土地风气，物类所有，民俗与乌弋、罽宾同。亦以银为钱，文独为王面，幕为夫人面。王死辄更铸钱。有大马爵。其属小大数百城，地方数千里，最大国也。临妫水，商贾车船行旁国。书革，旁行为书记。”

大月氏国　“土地风气，物类所有，民俗钱货，与安息同。出一封橐驼。”

康居国　物产没有特色。

奄蔡国　“与康居同俗。临大泽，无崖，盖北海云。”

大宛国　“土地风气物类民俗与大月氏、安息同。大宛左右以蒲陶为酒，富人藏酒至万余石，久者至数十岁不败。俗耆酒，马耆目宿。宛别邑七十余城，多善马。马汗血，言其先天马子也。”“自宛以西至安息国，虽颇异言，然大同，自相晓知也。其人皆深目，多须髯。善贾市，争分铢。贵女子；女子所言，丈夫乃决正。其地无丝漆，不知铸铁器。及汉使亡卒降，教铸作它兵器。得汉黄白金，辄以为器，不用为币。”

桃槐国　物产没有特色。

休循国　“民俗衣服类乌孙，因畜随水草，本故塞种也。”

捐毒国　“衣服类乌孙，随水草，依葱领，本塞种也。”

莎车国　“有铁山，出青玉。”

疏勒国　“有市列，西当大月氏、大宛、康居道也。”

尉头国　“田畜随水草，衣服类乌孙。”

乌孙国　“地莽平。多雨，寒。山多松樠。不田作种树，随畜逐水草，与匈奴同俗。国多马，富人至四五千匹。民刚恶，贪狼无信，多寇盗，最为强国。”

姑墨国　“出铜、铁、雌黄。”

温宿国　“土地物类所有与鄯善诸国同。”

龟兹国　“能铸冶，有铅。”

焉耆国 “近海水多鱼。”

山　国 “山出铁，民山居，寄田籴谷于焉耆、危须。”

除了上述史书有记载外，乌垒、渠梨、尉犁国、危须国、乌贪訾离国、卑陆国、卑陆后国、郁立师国、单桓国、蒲类国、蒲类后国、西且弥国、东且弥国、劫国、狐胡国、车师前国、车师后国、车师都尉国、车师后城长国等史书没有记载其物产与环境状况。

从上述所记述的西域诸国物产及社会风俗的内容可知，西域地区物产并不丰富，只有一些内地所没有的特产，个别国家物产尚可，有的甚至要寄居他国种田。这里既有农业经济占主导地位的国家，也有游牧经济为主的国家。西部草原文化的小国寡民状况为匈奴族控制西域地区的地方政权提供了便利条件。西汉前期因为中央政权刚刚建立，还没有能力在西域地区建立起自己的势力范围，这就为西汉武帝时期派遣张骞出使西域乃至以后的汉宣帝等经营西域提出了时代的要求。

二、张骞在沟通黄河文化与西部草原文化中的贡献

张骞出使西域问题是学术界已经深入研究过的一个问题，在这里为了前后文的衔接，我们也略作论述并提出一些个人的看法。

张骞是汉中人，汉武帝建元年间以郎的身份应招募涉足政坛。汉武帝开始讨伐匈奴以后，随着与匈奴交战的深入进行，汉朝军队取得了节节胜利，致使匈奴人纷纷投降汉朝。汉武帝在询问匈奴降人时得知，匈奴在西域地区曾经灭大月氏。大月氏也是一个游牧民族所建立的国家，“随畜移徙，与匈奴同俗”。汉初，大月氏有军队十万人，所以很轻视匈奴，居住在敦煌和祁连山之间。匈奴冒顿单于攻破大月氏，老上单于又杀死大月氏王，以其头为饮器。大月氏为了躲避匈奴的侵扰举部西迁，经过大宛，向西进攻大夏，使其臣服。大月氏虽然西迁，但心中仍然怨恨匈奴灭其国辱其王，常常想报仇雪恨。但随着时间的推移，这种想法也渐渐淡了下去。汉武帝在进攻匈奴的关键时刻，想联合大月氏共同作战。

在这种情况下，汉朝需要派遣使者出使大月氏。因为从汉朝所占领的黄河中游地区到大月氏要经过匈奴控制的地区，所以汉武帝招募能够出使大月氏的人，张骞以郎的身份应招募。汉武帝随即令张骞与堂邑氏奴甘父率队从陇西出发出使大月氏，在经过匈奴人所占据的地方时，张骞被匈奴人抓获。匈奴人扣留张骞十余年，给他配了匈奴女子为妻，并生了儿子，但张骞没有忘记自己的使命，“持汉节不失”，表现出强烈的民族气节。当时，匈奴人将张骞关押在匈奴族所控制的西部地区，张骞乘机与跟随的人员逃出，至大

宛。“大宛闻汉之饶财，欲通不得，见骞，喜”，询问张骞到达此地的缘由，张骞利用大宛王喜爱汉朝财物的机缘，乃以“唯王使人导送我。诚得至，反汉，汉之赂遗王财物不可胜言”相诱，随即大宛将张骞送往康居。张骞到达大月氏时，大月氏的情况已经发生了很大变化，“大月氏王已为胡所杀，立其太子为王，既臣大夏而居，地肥饶，少寇，志安乐，又自以远汉，殊无报胡之心。骞从月氏至大夏，竟不能得月氏要领”①。大月氏已经适应了新环境的优越条件，向匈奴报仇的想法已经没有了。在大月氏停留了一年多，张骞看到联合大月氏的目的难以达到，准备从南道返回汉朝，但又被匈奴人抓获。他再次停留了一年多，乘匈奴军臣单于死，其弟左谷蠡王伊稚斜自立为单于，攻破军臣单于太子于单的内乱时机，“骞与胡妻及堂邑父俱亡归汉”。汉武帝“拜骞太中大夫，堂邑父为奉使君”。张骞出使西域前后经历了 13 年之久，出发时带去的一百余人，回来时仅剩下他和堂邑父二人。虽然因形势变化他没有完成使命，但此行使汉朝了解了西域的形势，“骞身所至者，大宛、大月氏、大夏、康居，而传闻其旁大国五六，具为天子言其地形所有”，为汉武帝进一步实现对西域的占领和控制提供了非常有用的信息。特别是他所提供的通过蜀地联系大夏的建议深得汉武帝的赞同，“天子既闻大宛及大夏、安息之属皆大国，多奇物，土著，颇与中国同俗，而兵弱，贵汉财物；其北则大月氏、康居之属，兵强，可以赂遗设利朝也”②。于是汉武帝从犍为“发间使，四道并出”。虽然因西南地区形势复杂，通过这里到达西域的道路没有最后打通，但汉武帝更加坚定了通西域的决心。

汉武帝对西北地区陆路交通线的畅通非常重视，并付诸实施了一系列开拓举动。元朔六年（前 123 年），汉武帝派遣大将军卫青进击匈奴，张骞因熟悉西北地区的情况，以校尉的身份跟随卫青出战，被封为博望侯。元狩二年（前 121 年）夏，匈奴进攻雁门，汉武帝派遣张骞以卫尉的身份率领一万军队与郎中令李广从右北平郡出发攻击匈奴，结果张骞因失期到达，“汉法，博望侯后期，当死，赎为庶人”，张骞因此失去了侯位。这时汉匈之间的实力对比发生了重大变化。“汉遣骠骑破匈奴西域数万人，至祁连山。其明年，浑邪王率其民降汉，而金城、河西西并南山至盐泽空无匈奴。匈奴时有候者到，而希矣。其后二年，汉击走单于于幕北”③。这就是说，汉通西域的道路因匈奴人的北迁已经畅通无阻。

---

① 司马迁. 1982. 卷 123. 大宛列传. 北京：中华书局. 3158；《汉书》卷 61《张骞传》云：“大月氏王已为胡所杀，立其夫人为王。”与《史记》记载有异

② 班固. 1962. 汉书. 卷 61. 张骞传. 北京：中华书局. 2690

③ 司马迁. 1982. 史记. 卷 123. 大宛列传. 北京：中华书局. 3167

张骞为了再立功以取得爵位，所以当汉武帝向他询问大夏的情况时，他向汉武帝建议联合乌孙，抗击匈奴。乌孙本为与大月氏共同居住在祁连山和敦煌间的小国，后被大月氏所灭，人民逃奔匈奴，再后来乌孙昆莫王强大，进攻逃往塞王的大月氏。大月氏西逃，占据大夏。乌孙王昆莫强大后，与匈奴为敌。张骞向汉武帝提出“今单于新困于汉，而昆莫地空。蛮夷恋故地，又贪汉物，诚以此时厚赂乌孙，招以东居故地，汉遣公主为夫人，结昆弟，其势宜听，则是断匈奴右臂也。既连乌孙，自其西大夏之属皆可招来而为外臣”的建议。汉武帝采纳了他的建议，并且“拜骞为中郎将，将三百人，马各二匹，牛羊以万数，赍金币帛直数千巨万，多持节副使，道可使，使遗之他旁国”。张骞到达乌孙后，将汉朝丰厚的礼品送给乌孙王，使乌孙王对其另眼相看。张骞利用乌孙王对他的友好态度，“因分遣副使使大宛、康居、大月氏、大夏、安息、身毒、于窴、扜罙及诸旁国”。张骞完成了出使任务后，“乌孙发导译送骞还，骞与乌孙遣使数十人，马数十匹报谢，因令窥汉，知其广大”①。张骞回国后，被封为大行（韦昭云：“大行人掌宾客之礼，今谓之鸿胪也。”），一年后病故。

张骞所开创的沟通东西的丝绸之路，为黄河文化与草原文化的交流提供了一个重要通道。乌孙等国使者到达黄河流域的腹地长安考察后，“乌孙使既见汉人众富厚，归报其国，其国乃益重汉。其后岁余，骞所遣使通大夏之属者皆颇与其人俱来，于是西北国始通于汉矣”。在张骞之后，“然张骞凿空，其后使往者皆称博望侯，以为质于外国，外国由此信之”。而匈奴听说西域诸国与汉通好的消息后，准备进攻乌孙。为了联结汉朝抗击匈奴，乌孙国王昆莫“使使献马，愿得尚汉女翁主为昆弟”。汉武帝问计于群臣，群臣都认为“必先纳聘，然后乃遣女”。在这种情况下，“乌孙以千匹马聘汉女，汉遣宗室女江都翁主，往妻乌孙，乌孙王昆莫以为右夫人”。匈奴族得知汉朝与乌孙联姻，“匈奴亦遣女妻昆莫，昆莫以为左夫人”。虽然匈奴遣女，但乌孙仍然非常重视汉朝的右夫人，昆莫说“我老”，“乃令其孙岑娶妻翁主”②。通过联姻，汉朝与乌孙建立起良好的关系，保证了与西域各国的友好往来。

张骞开通西域道路后，使西域地区通过汉朝使节或者到内地朝贡的使臣了解了西汉的情况，促使西域地区的国家接纳了以汉文化为代表的黄河文化。将西域地区纳入西汉中央集权的控制之下，对于两种文化之间的融合、交流都起了重要的作用。

---

① 司马迁．1982．史记．卷123．大宛列传．北京：中华书局．3169

② 司马迁．1982．史记．卷123．大宛列传．北京：中华书局．3172

三、汉武帝后黄河流域的汉政权与西域各国的和、战关系

汉武帝时期，随着张骞开凿西域道路的成功，汉朝的势力进入西域，汉朝首先在原大月氏和大宛人的故地设立河西四郡。骠骑将军霍去病打败匈奴人后，匈奴的浑邪王、休屠王投降，汉朝在其原有的土地上开始设立酒泉郡，“后稍发徙民充实之，分置武威、张掖、敦煌，列四郡，据两关焉”①。虽然与西域各国产生了或大或小的矛盾和冲突，但汉武帝则凭借汉朝强大的威势，迅速在西域各国建立起汉朝的权威，巩固了丝绸之路的畅通。

为了叙述的方便，我们以《汉书》卷九十六《西域传》所记述的次序，对西汉王朝与西域诸国的关系作一介绍与评述。

（1）鄯善国。鄯善国本名楼兰，国都扜泥城（今新疆若羌），是丝绸之路出阳关后的第一个西域国家，所以，要打通西域通道首先面临的是征服楼兰问题。汉武帝一直想与西域的大国大宛建立联系，以获取其所产的汗血马，故所派遣的使者“相望于道，一岁中多至十余辈”。然而，这些使者的往来受到楼兰、姑师等国的严重阻碍。这些国家“攻劫汉使王恢等，又数为匈奴耳目，令其兵遮汉使”，严重阻碍了丝绸之路的畅通。有鉴于此，汉武帝派遣从票侯赵破奴率领依附于汉的西域属国骑兵，以及西部郡的军队数万人进攻姑师。赵破奴俘虏了楼兰王，打败了姑师，并且“因暴兵威以动乌孙、大宛之属”。经过此次军事行动，“于是汉列亭障至玉门矣”。楼兰虽然归附汉朝，但处在汉朝与匈奴夹缝中左右为难，“于是楼兰遣一子质匈奴，一子质汉”。而且在后来贰师将军李广利进攻大宛时，匈奴人又通过楼兰对来往的汉使，“欲绝勿通”。汉武帝闻知大怒，令汉军正任文抓捕楼兰王，将其押解到长安问罪，楼兰王据实相告：“小国在大国间，不两属无以自安。愿徙国入居汉地。”汉武帝既无法将楼兰国迁到内地，也难以保证楼兰的安全，只好将楼兰王放回。征和元年（前92年），楼兰王死。楼兰国人请求在汉为质子者回国为王，因楼兰质子在汉犯法被处以宫刑，汉朝留而不遣。楼兰另立新王，“汉复责其质子，亦遣一子质匈奴”。不久，新王又死，匈奴则乘机遣质子归国，被立为楼兰王。新立的楼兰王因为亲近匈奴，再加上汉朝使节往来，“常主发导，负水儋粮，送迎汉使，又数为吏卒所寇，惩艾不便与汉通”，到最后居然“数遮杀汉使”，楼兰王的弟弟尉屠耆投降汉朝，向汉朝廷“具言状”。汉昭帝元凤四年（前77年），大将军霍光建议派遣平乐监傅介子刺杀楼兰王，立尉屠耆为王，并将楼兰国名改为鄯善。为了进一步

① 班固．1962．汉书．卷96下．西域传．北京：中华书局．3873

加强对鄯善国的控制，“为刻印章，赐以宫女为夫人，备车骑辎重，丞相将军率百官送至横门外，祖而遣之”。因为原楼兰王的太子尚在，尉屠耆王请求汉朝屯田伊循城，“令臣得依其威重”。汉朝于是派遣司马一人、吏士四十人，“田伊循以填抚之，其后更置都尉，伊循官置始此矣”。[①] 而且，鄯善因为地理位置重要，处于东西交通的要冲，所以也成为丝绸之路上的一个重镇，商业贸易非常发达。[②] 汉政府通过经济的往来进一步控制了鄯善地区，以汉文化为代表的黄河文化也逐步影响到这一地区。

（2）罽宾国。罽宾国国都为循鲜城（今印控克什米尔斯利加那城）。汉武帝时期罽宾国开始与汉朝发生联系。罽宾国王乌头劳认为与汉朝距离远，所以“数剽杀汉使”，乌头劳死后，其子代立，“遣使奉献”。汉朝派遣关都尉文忠送其使节回国，罽宾国王又想杀害文忠，文忠发觉后，“乃与容屈王子阴末赴共合谋，攻罽宾，杀其王，立阴末赴为罽宾王，授印绶”。后来汉朝军侯赵德出使罽宾国，与阴末赴产生矛盾，被阴末赴关押，“杀副已下七十余人，遣使者上书谢”。汉元帝“以绝域不录，放其使者于县度，绝而不通”。汉成帝时，罽宾国王又派使者上书奉献。汉成帝本欲派遣使者护送罽宾国使者回国，后经杜钦劝说，送使者到皮山而还。因为罽宾国“实利赏赐贾市，其使数年而壹至”。由此可以看出罽宾国与汉朝的关系基本上维持在物质需求方面，汉政府对罽宾国关系仅仅局限于经济往来。

（3）安息国。安息国国都为番兜城（今达姆干）。汉武帝时期安息国开始与汉朝发生联系。张骞出使西域时开始获得安息国的信息，知道安息国是西域的一个大国，非常喜爱汉朝的财物。为了加强与安息的交往，汉武帝多次派遣使者出使安息。《史记》卷一百二十三《大宛列传》云：“初，汉使至安息，安息王令将二万骑迎于东界。东界去王都数千里。行比至，过数十城，人民相属甚多。汉使还，而后发使随汉使来观汉广大，以大鸟卵及黎轩善眩人献于汉。……天子大悦。”汉昭帝元凤四年，傅介子刺杀楼兰王后，汉昭帝指责楼兰王说：“楼兰王安归常为匈奴间，候庶汉使者，发兵杀略卫司马安乐、光禄大夫忠、期门郎遂成等三辈，及安息、大宛使，盗取节印献物，甚逆天理。”这就是说，当时楼兰因处在丝绸之路的交通要冲，汉朝和安息的信使往来以及赏赐和贡献的财物常常被楼兰所劫留，这引起汉昭帝的愤怒，故而派遣傅介子刺杀楼兰王。当时包括安息国在内的康居、大月氏、

---

① 薛瑞泽．1993．从《楼兰尼雅出土文书》看汉魏晋在鄯善地区的农业生产．中国农史，（3）：14～19

② 薛瑞泽．1993．从《楼兰尼雅出土文书》看汉晋时期鄯善地区商业贸易．简牍学报，（年刊）：85～95

罽宾、乌弋等国，“皆以绝远不在数中，其来贡献则相与报，不督录总领也”。由此可见，当时安息等国与汉朝之间的交往多是经济方面的。

（4）康居国。汉代对康居的了解仍然来自张骞。张骞出使西域时，经大宛、康居而到达大月氏。康居在大宛西北，有“控弦者八九万人”，因为国家弱小，“南羁事月氏，东羁事匈奴”①。张骞曾经派遣使节出使康居。汉宣帝时，匈奴出现了五单于并立的局面，呼韩邪单于和郅支单于“俱遣子入侍”。后来呼韩邪单于入汉称臣，引起郅支单于的怨恨，“困辱汉使者江乃始等”。初元四年（前45年），郅支单于遣使奉献，因求侍子，愿为内附。汉朝派遣卫司马谷吉为使节护送侍子，结果谷吉被郅支单于所杀。郅支单于“自知负汉，又闻呼韩邪益强，遂西奔康居”。逃到康居的郅支单于深受康居王的信赖，“康居王以女妻郅支，郅支亦以女予康居王。康居甚尊敬郅支，欲倚其威以胁诸国”。郅支单于借康居王的军队多次进攻乌孙等国，也根本没有将康居王放在眼中，“不为康居王礼，怒杀康居王女及贵人、人民数百，或支解投都赖水中。发民作城，日作五百人，二岁乃已”。汉朝派去求谷吉等人的尸体的使者，受尽了郅支单于的羞辱。建昭三年（前36年），西域都护甘延寿和西域附校尉陈汤与出兵西域，诛灭郅支单于。汉成帝时，康居国遣子入侍，并贡献财物。“然自以绝远，独骄嫚，不肯与诸国相望”。虽然西域都护郭舜上书指出康居对待汉朝使节无礼，且其遣子入侍是“欲贾市为好”，以获取汉地的财物，因而他建议“宜归其侍子，绝勿复使，以章汉家不通无礼之国”，但是汉朝“为其新通，重致远人，终羁縻而未绝”。康居作为丝绸之路上的重要国家，因为地处偏远，与汉朝的交往也仅限于商贸往来。

（5）乌孙国。乌孙是逐渐为汉朝所认识的。张骞第一次出使西域时，闻知西域有小国乌孙，并得知其原来居住在祁连山和敦煌之间，被大月氏驱赶，逃往西部。这时汉匈之间力量的对比已经发生了很大变化，张骞建议汉武帝诱召乌孙，联合对付匈奴。汉武帝元封年间，为了进一步笼络乌孙，汉武帝以江都王刘建女细君为公主，嫁于乌孙王昆莫为妻，昆莫以细君为右夫人。细君到乌孙后，因为昆莫年老，且语言不通，心中悲愁，她曾作诗：“吾家嫁我兮天一方，远托异国兮乌孙王。穹庐为室兮旃为墙，以肉为食兮酪为浆。居常思土兮心内伤，愿为黄鹄兮归故乡。”汉武帝闻听后心中不忍，每隔一年都要派人送给细君公主帷帐锦绣以示安慰。昆莫在年老之后，按照乌孙的习俗，打算让其孙岑陬与细君公主结婚，然而细君并不愿意，上书汉

① 司马迁．1982．史记．卷123．大宛列传．北京：中华书局．3161

武帝，汉武帝回信说："从其国俗，欲与乌孙共灭胡。"岑陬于是与细君公主结婚，并生一女。细君公主死后，汉朝又以楚王刘戊的孙女解忧为公主嫁于岑陬为妻。岑陬在临死前将王位传给其侄子翁归靡。翁归靡继位后，按照习俗又与解忧公主结婚，生下三男两女：长子曰元贵靡；次子万年，为莎车王；三子大乐，为左大将；长女弟史为龟兹王绛宾妻；小女素光为若呼翕侯妻。汉昭帝时，匈奴与车师联合进攻乌孙，汉宣帝即位后，解忧公主与翁归靡多次上书求救。本始三年（前71年），汉朝派出十五万骑兵，与乌孙兵联合打败匈奴。元康二年（前64年），乌孙国王翁归靡上书："愿以汉外孙元贵靡为嗣，得令复尚汉公主，结婚重亲，畔绝匈奴，愿聘马、骡各千匹。"汉宣帝为了继续与乌孙的友好关系，派遣使者至乌孙取回了乌孙迎聘的礼物，乌孙随即派出三百人的使团，"入汉迎取少主"。为了保证此次和亲的成功，汉宣帝又选取解忧公主的侄女相夫为公主，组织一百余人在上林苑中学习乌孙语。汉宣帝为了显示对和亲的重视，在平乐观组织匈奴使者、外国君长举行了盛大的欢送仪式，并派遣光禄大夫常惠等四人护送相夫公主出塞。这些人到敦煌以后，适逢翁归靡死，原岑陬与匈奴女子所生的泥靡在乌孙贵人的扶持下继承王位，是为狂王。汉宣帝只得令相夫公主回还。狂王又与解忧公主结婚，并生子鸱靡。解忧公主与汉朝送还侍子的卫司马魏和意、副侯任昌发动兵变，结果狂王逃走。后来汉朝平息了这次叛乱，狂王也被其弟乌就屠（此为翁归靡与匈奴妇所生）所袭杀，乌就屠自立为昆弥。解忧公主的一个侍者冯嫽曾经代表公主巡行西域诸城邦国家，深得当地人的信赖，被称为冯夫人。她与乌孙右大将结婚，而右大将又与乌就屠关系亲密。西域都护郑吉就通过冯夫人劝说乌就屠归附，否则将大兵征讨。汉宣帝也亲自召见冯夫人，并令冯夫人"锦车持节，诏乌就屠诣长罗侯赤谷城，立元贵靡为大昆弥，乌就屠为小昆弥，皆赐印绶"。由于汉政府直接干预乌孙内部的事务，乌孙形成了"大昆弥户六万余，小昆弥户四万余，然众心皆附小昆弥"的格局。甘露三年，元贵靡、鸱靡相继病逝后，解忧公主上书汉宣帝请求回到汉朝，"天子闵而迎之，公主与乌孙男女三人俱来至京师"，汉宣帝"赐以公主田宅奴婢，奉养甚厚，朝见仪比公主"。解忧公主两年后死去，"三孙因留守坟墓"。解忧公主为了维持汉朝与乌孙之间的关系在乌孙长达数十年的生活中，以国家和民族利益为重，牺牲了自己的幸福。元贵靡死后，其子星靡代为大昆弥，因星靡年尚幼弱，冯夫人上书汉宣帝"愿使乌孙镇抚星靡"。"汉遣之，卒百人送焉"。西域都护韩宣上书劝朝廷对"乌孙大吏、大禄、大监皆可以赐金印紫绶，以尊辅大昆弥"，"汉许之"。是后，乌孙的大小昆弥之间争斗不休，一直持续到西汉末年，因而史书称："自乌孙分立两昆弥后，汉用忧劳，且无宁岁。”因为联姻的关系，乌孙国成为西汉政府在西域的强有力支持者，黄河文化与草原文化的融合在乌孙国的发展过程中得到了真正的体现。

（6）莎车国。莎车国都为莎车城（今新疆莎车）。莎车地处丝绸之路南道的西部终点，位置非常重要。莎车国与汉朝发生联系是在汉武帝时期。解忧公主所生次子万年为莎车国王所喜爱。莎车国王死时，万年在汉朝，“莎车国人计欲自托于汉，又欲得乌孙心，即上书请万年为莎车王。汉许之，遣使者奚充国送万年”。万年继位后，为政暴虐，引起莎车国人的反感。元康元年，莎车国王的弟弟呼屠徵杀死万年及汉朝使者，自立为王，并“约诸国背汉”。此时适逢卫侯冯奉世出使大宛，他便趁机征发西域诸国的军队平息了呼屠徵的叛乱。莎车国因解忧公主的原因愿意与汉朝保持亲密的交往关系，但与汉朝关系亲密的万年的暴虐行政，引起了国内人的反对，最后身败而死，也使汉朝与莎车国的关系受到影响。

（7）龟兹国。龟兹国国都为延城（今新疆库车）。汉武帝时，贰师将军李广利进攻大宛时，回师途中经过杆弥国，当时，杆弥遣太子赖丹在龟兹为人质。李广利将杆弥国太子带到长安。汉昭帝采纳了桑弘羊的建议，以赖丹为校尉，率领军队在轮台屯田。龟兹国贵人姑翼劝其王杀赖丹，然后向汉朝谢罪。对于龟兹的这一举动汉朝并没有征讨。汉宣帝时，常惠在出使乌孙回国时，集合五万人进攻龟兹，并斩姑翼。当时，乌孙公主让女儿弟史到京师长安学习鼓琴，汉朝派遣侍郎乐奉送乌孙公主女儿回国，在经过龟兹时被留下。因为在此前龟兹王曾派人求乌孙公主女为妻，所以当龟兹王派使者报告乌孙公主时，乌孙公主便答应了这一婚事。后来，乌孙公主上书请求汉朝廷比照宗室女入朝的先例准许其入朝，龟兹王绛宾也爱其夫人，“上书言得尚汉外孙为昆弟，愿与公主女俱入朝”。汉宣帝元康元年，龟兹王与乌孙公主女弟史夫妻共同到长安朝贺。“王及夫人皆赐印绶。夫人号称公主，赐以车骑旗鼓，歌吹数十人，绮绣杂缯琦珍凡数千万。留且一年，厚赠送之。后数来朝贺，乐汉衣服制度，归其国，治宫室，作徼道周卫，出入传呼，撞钟鼓，如汉家仪”。绛宾死后，他的儿子承德自称汉家外孙，汉成帝和哀帝时期“往来尤数，汉遇之亦甚亲密”。龟兹国王学习汉朝礼仪也引起了周边国家的嘲笑，外国人皆曰：“驴非驴，马非马。若龟兹王所谓骡也。”① 这其实是嘲笑龟兹王所学仅仅是皮毛而已。这种通过婚姻建立起来的和睦关系，是汉王朝处理与西域地区民族关系的典范。

---

① 顾炎武．1997．日知录．卷29．驴骡．周苏平，陈国庆，点注．兰州：甘肃民族出版社．1257

（8）车师国。车师国地区分为车师前国、车师后国、车师都尉国和车师后城长国等，主要分布在今新疆吐鲁番、奇台和乌鲁木齐三角地区。汉武帝时，车师开始与汉朝发生联系。天汉二年，汉武帝以匈奴降者介和王为开陵侯，率领楼兰等国军队进攻车师，因匈奴军队的营救，汉朝军队退去。征和四年汉朝派马通率军队四万人进攻匈奴，路过车师北时，为了防止车师军队的截击，汉朝再次命令开陵侯率领楼兰等西域六国军队进攻车师，车师王投降汉朝。汉昭帝时，车师又被匈奴占领。汉宣帝时，车师再次归附于汉。乌贵为车师王时，“与匈奴结婚姻，教匈奴遮汉道通乌孙者”。地节二年，汉朝派遣侍郎郑吉、校尉司马憙讨伐车师，车师王投降汉朝。车师王害怕匈奴报复，“乃轻骑奔乌孙”。为了保障车师的安全，郑吉将车师王的妻子安置在自己的驻扎地渠犁，并且“传送车师王妻子诣长安，赏赐甚厚，每朝会四夷，常尊显以示之”。车师王投奔乌孙后，汉朝立车师王太子军宿为车师王，“尽徙车师国民令居渠犁”，“车师王得近汉田官，与匈奴绝，亦安乐亲汉”。后来汉朝又向乌孙求前车师王乌贵，“将诣阙，赐第与其妻子居”。车师国归附汉朝后，汉朝也对车师王的妻子控制使其接受汉文化的熏陶，建立起在西北边疆的新的支持力量。

西汉时期，黄河流域的汉朝在与代表西部草原文化的西域诸国在长期的交往过程中，以其强大的辐射力将汉文化传播到西域地区；而西域地区在抵抗匈奴的过程中，也深感只有依赖汉文化的力量的保护才能赢得生存，所以它们或与汉朝联姻，或成为汉朝的附属国。这些国家的存在，作为汉朝的卫星国，保证了汉朝对西域的交通享有权，使连接东西方交通的丝绸之路能够畅通无阻，扩大了汉朝在世界范围的影响。

第二节　东汉时期的交融

东汉时期黄河文化与西部草原文化的交往关系较为复杂。《汉书》卷九十六下《西域传》云：“自建武以来，西域思汉威德，咸乐内属。唯其小邑鄯善、车师，界迫匈奴，尚为所拘。而其大国莎车、于阗之属，数遣使置质于汉，愿请属都护。圣上远览古今，因时之宜，羁縻不绝，辞而未许。”这可以说较准确地概括了东汉初年黄河文化与西域草原文化的关系。

一、光武帝时期草原文化的形势

汉哀帝与汉平帝时，西汉中央政府对西域的控制开始减弱，西域地区原有的36国开始分化，“自相分割为五十五国”。王莽篡汉以后，对西域诸国的王号进行了改易，结果引起西域诸国的不满，纷纷与新莽王朝断绝联系，并依附于匈奴。然而，归附匈奴后的西域诸国并没有得到什么好处，“匈奴敛税重刻，诸国不堪命”。所以当东汉王朝建立后，西域诸国都愿意继续西汉时期与汉朝所建立的关系。

东汉初年，因为黄河流域刚刚统一，社会经济尚处在全面恢复和发展时期，汉光武帝根本无暇顾及西域地区。西域地区处在群龙无首的状态，彼此征战、相互吞并的事件层出不穷，致使西汉时期在这里取得的文化交融的成果被破坏殆尽。

建武初年，莎车王康率领西域诸国抗拒匈奴的进攻，并保护原西域都护的属员及家属千余人，“檄书河西，问中国动静，自陈思慕汉家”。建武五年，河西大将军窦融乃承制立康为汉莎车建功怀德王、西域大都尉，西域地区55国开始隶属于汉。① 建武十四年，“莎车国、鄯善国遣使奉献”。这是东汉时期西域国家第一次朝贡，也是西域与黄河流域新生的东汉封建政权的正式来往。建武十七年，“莎车国遣使贡献”，并请求东汉政府再派西域都护，光武帝询问大司空窦融，窦融“以为贤父子兄弟相约事汉，款诚又至，宜加号位以镇安之”。光武帝于是借莎车使节赐贤西域都护印绶，及车旗黄金锦绣。敦煌太守裴遵认为不应赏赐莎车王贤西域都护的封号，并从莎车使者手中将印绶夺回。莎车王贤在深感遗憾的同时，对西域诸国则自称西域都护。“贤浸以骄横，重求赋税，数攻龟兹诸国，诸国愁惧”。建武二十一年冬天，“鄯善王、车师王等十六国皆遣子入侍奉献，愿请都护。帝以中国初定，未遑外事，乃还其侍子，厚加赏赐”②。当时，莎车国的实力开始强大起来。因为光武帝对西域采取了放弃的政策，所以，莎车王贤凭借其实力在西域开始吞并各个小国，“诸国闻都护不出，而侍子皆还，大忧恐，乃与敦煌太守檄，愿留侍子以示莎车，言侍子见留，都护寻出，冀且息其兵。裴遵以状闻，天子许之”。建武二十二年冬，莎车王贤见汉朝不再派遣都护，就令鄯善王安“绝通汉道”。安不听从莎车王贤的命令，而且杀死莎车王所派来的使者。莎车王贤发兵进攻鄯善，鄯善王安逃走。是年冬天，莎车王贤又吞并龟兹。面对莎车王贤的频繁进攻，西域诸国非常想让东汉政府派遣都护。鄯善王再次上书朝廷，“愿复遣子入侍，更请都护”。由于匈奴的威慑，“于是鄯善、车师复附匈奴，而贤益横”。待莎车王贤死后，各个国家相互攻战，“小宛、精绝、戎庐、且末为鄯善所并。渠勒、皮山为于窴所统，悉有其地。

① 范晔．1965．后汉书．卷88．西域传．北京：中华书局．3161

② 范晔．1965．后汉书．卷1下．光武帝纪．北京：中华书局．73

郁立、单桓、孤胡、乌贪訾离为车师所灭”。西域地区开始出现了鄯善、于阗（又作于窴、于寘)、车师等大国。

综观光武帝对西域的政策和西域形势的发展，我们认为东汉政府在黄河流域尚未安定的情况下，面对错综复杂的形势放弃对西域的经营，只是暂时的策略。而这种放弃对西域的经营，给后来的东汉王朝经营西域造成很大困难。这恐怕是东汉政府所没有想到的。而且，作为敦煌太守的裴遵地处与西域交往的桥头堡的战略位置，没有深刻认识到笼络莎车王的重要性，吝惜西域都护的名位，将光武帝已经给予莎车王的印绶收回，从而造成新的矛盾，使汉政府在西域诸国中的威望大大降低，并将汉政府拖入与西域强国对立的境地。而光武帝在对待西域的战略决策上的失误更减弱了西域对黄河流域的依赖。

关于东汉时期西域地区的地理形势，《后汉书》卷八十八《西域传》云：

> 西域内属诸国，东西六千余里，南北千余里，东极玉门、阳关，西至葱领。其东北与匈奴、乌孙相接。南北有大山，中央有河。其南山东出金城，与汉南山属焉。其河有两源，一出葱领东流，一出于寘南山下北流，与葱领河合，东注蒲昌海。蒲昌海一名盐泽，去玉门三百余里。

这种特殊的地理形势所孕育出的西部草原文化与黄河文化有着截然不同的文化内涵，黄河文化有着恢宏大气的文化风貌，而西部草原文化则因特殊的生态环境，而呈现出繁星点点、多重特色的文化景象。

二、班超出使西域与黄河文化的西传

班超出使西域与东汉时期黄河流域社会经济的全面恢复有着很大的关系。我们知道，经过东汉初年光武帝采取的一系列措施，社会经济开始全面复苏，主要表现在随着犁耕农业的进一步改进，土地得到大面积的开垦，农田水利建设在黄河流域全面展开，特别是永平十二年黄河治理的成功，消除了黄河中下游的水患。黄河文化在东汉初年的再度复兴，为东汉政府继续对西域的开拓提供了便利条件。

班超出使西域与他本人的人生阅历也有很大关系。《后汉书》卷四十七《班超传》记述，永平五年，班超跟随兄长班固到洛阳为官府“佣书”以养老母。他曾对周围的人说：“大丈夫无它志略，犹当效傅介子、张骞立功异域，以取封侯，安能久事笔研间乎?”表达了他想效法傅介子、张骞的远大志向。

永平十六年，班超跟随窦固出击匈奴，窦固任命班超为代理司马，率领军队进攻伊吾。在蒲类海（今巴里坤湖）一带，他“多斩首虏而还”。班超首次出兵之所以进攻伊吾，是因为伊吾具有重要的战略地位。《后汉书》卷八十八《西域传》云：“自敦煌西出玉门、阳关，涉鄯善，北通伊吾千余里，自伊吾北通车师前部高昌壁千二百里，自高昌壁北通后部金满城五百里。此其西域之门户也，故戊己校尉更互屯焉。伊吾地宜五谷、桑麻、蒲萄。其北又有柳中，皆膏腴之地。”正因为伊吾处于黄河文化与西部草原文化交流的战略桥头堡位置，“故汉常与匈奴争车师、伊吾，以制西域焉”。可见控制了伊吾也就控制了占领西域的关键，所以，汉匈多次争夺这一战略要地。取得伊吾之战的胜利后，窦固随即派遣班固“与从事郭恂俱使西域”，由此开始了班超长达31年的开拓西域。所谓的开拓西域，主要是打通丝绸之路的南北两道。我们知道，丝绸之路是沟通黄河文化与西部草原文化的重要文化通道，张骞通西域以后，将西部草原文化的物质文明带到中原，而黄河文化也以其强大的辐射力影响着西部草原文化。所以，东汉时期，丝绸之路的开通与否直接影响到黄河文化与草原文化之间的交流。虽然东汉时期由于中央政府力量强弱变化对西域的经营时断时续，如从汉光武帝到汉安帝时期，“自建武至于延光，西域三绝三通”，但从总的战略构想上来看，东汉政府仍然想开通通往西域的道路。东汉时期，从鄯善到葱岭共有两条道路，“傍南山北，陂河西行至莎车，为南道。南道西逾葱领（岭），则出大月氏、安息之国也。自车师前王庭随北山，陂河西行至疏勒，为北道。北道西逾葱领（岭），出大宛、康居、奄蔡焉”①。班超乃至以后对西域的经营，主要就是与匈奴族争夺对西域南北通道的控制权。

班超在西域的开拓分为前后两个时期。

第一个时期是汉明帝时期。这一时期主要是在西域站稳脚跟。班超与郭恂到达鄯善后，首先消灭了匈奴派往鄯善的使团，使鄯善归附东汉。班超率领的36人使团到达鄯善后，鄯善王起初对他们非常礼遇，但后来态度突然转变，班超估计有匈奴使节到来，于是召集所带来的36人，趁夜火攻，消灭了匈奴使团的130余人，使鄯善“一国震怖”。班超随后“晓告抚慰，遂纳子为质”。汉明帝闻听此消息后，任命班超为军司马，继续经营西域。

班超再次出使西域，沿丝绸之路南道到达于阗。早在建武末年，莎车王贤强盛时，曾经攻灭于阗，将其王俞林改称骊归王。永平年间，于阗的将领休莫霸反抗莎车的统治，自立为于阗王。休莫霸死后，其侄子广德继位，于阗国势转盛，于阗王广德攻破莎车，称雄南道。从精绝西北至疏勒13国皆

---

① 范晔．1965．后汉书．卷88．西域传．北京：中华书局．2914

服从于阗。这时，东部的鄯善也开始强盛起来，丝绸之路南道以莎车和鄯善最为强大。于阗强大以后依附于匈奴，匈奴派遣使者监国。所以，班超到达于阗后，广德对待班超所率领的使团“礼意甚疏”。班超用计斩杀了广德所宠信的巫。广德“大惶恐”，随即“攻杀匈奴使者而降超”。班超重重赏赐于阗王广德，“因镇抚焉”。至此，丝绸之路南道的畅通得到保证。

在丝绸之路北道的龟兹逐步强大起来以后，因龟兹王建是匈奴所立，于是凭借匈奴的威势，攻破疏勒，杀其王，并立龟兹人兜题为疏勒王。永平十七年春，班超从近路到达疏勒。班超派人抓获兜题后，“悉召疏勒将吏，说以龟兹无道之状，因立其故王兄子忠为王，国人大悦”。虽然班超最后释放了兜题，但“疏勒由是与龟兹结怨”。至此，西域的部分国家开始倾向于汉朝，为此后汉朝进一步扩大在西域的影响奠定了基础。这一年的十一月，东汉还“初置西域都护、戊己校尉”，对西域事务进行管理。

正当班超在西域继续联络诸国，打通丝绸之路的紧要关头，汉明帝死去。这对东汉经营西域带来了不利的影响。班超在西域的经营进入第二个阶段。

汉明帝死去的信息传到西域后，丝绸之路北道国家焉耆闻听后，联合龟兹共同攻没西域都护陈睦、戊己校尉关宠，杀吏士二千余人。班超在西域孤立无援，龟兹、姑墨等国多次发兵进攻疏勒。班超与疏勒王忠坚守一年多，情势危急。汉章帝担心班超难以坚守，下诏令班超回国。班超后撤至于阗，在于阗王的苦苦相留下，班超“欲遂本志”，再次回到疏勒。班超随即平定了投降龟兹的反叛者，“疏勒复安”。

建初三年三月闰月，班超率领疏勒、康居、于阗、居弥兵一万人攻占姑墨石城，斩首七百级。班超欲因此荡平诸国，于是上疏请求汉章帝派兵。建初五年五月，汉章帝派遣与班超有共同志向的徐幹为假司马，率领一千人前往支援班超。班超与徐幹打败了疏勒反叛的都尉番辰，并准备进攻龟兹。当时，西域大国乌孙兵强马壮。为了联合乌孙，班超建议汉章帝“遣使招慰，与共合力”。建初八年，汉章帝拜班超为将兵长史，以徐幹为军司马，另外派遣李邑护送乌孙使者，赐乌孙大小昆弥以下锦帛。虽然李邑因害怕在西域遭受不测而上书诋毁班超，但班超为了表明自己的心迹，“去其妻”，并派李邑“将乌孙侍子还京师”。为了壮大班超的势力，元和元年（84 年）十二月，汉章帝“复遣假司马和恭等四人将兵八百诣超”。随着军事力量的增强，元和三年九月，班超先后平定了联合莎车、龟兹的疏勒王忠，使丝绸之路“南道于是遂通”。

然而，此时西域南北两道交汇点的莎车仍然是丝绸之路上的隐患。章和元年（87 年），班超征发于阗诸国军队共二万五千人进攻莎车。龟兹王征发温宿、姑墨、尉头等国军队共五万人前来救援莎车。面对强势的兵力，班超用计大破龟兹军，莎车因此投降，班超所率领的军队“自是威震西域”。

虽然班超在西域建立起了强势权威，大月氏也在“是岁贡奉珍宝、符拔、师子，因求汉公主”，但班超“拒还其使”，引起大月氏“由是怨恨”。这时，汉章帝死，汉和帝即位，窦太后临朝听政。永元二年（90 年）五月，“月氏遣其副王谢将兵七万攻超”，班超采取固守疲敌的策略，使不远千里越葱岭而来的大月氏的后勤供应发生恐慌，最终迫使副王谢投降。“月氏由是大震，岁奉贡献”。随着班超在西域所取得的一系列胜利，永元三年，龟兹、姑墨、温宿相继投降。十二月，东汉政府任命班超为西域都护、徐幹为西域长史。班超废掉与汉作对的龟兹王尤利多，另立白霸为龟兹王，并派人将尤利多送往京师洛阳。至此，除对汉朝怀有二心的焉耆、危须、尉犁等国外，“其余悉定”。为了从根本上保证丝绸之路的畅通，永元六年七月，班超率领龟兹、鄯善等八国七万余人征讨焉耆。班超诱斩焉耆王广、尉犁王泛等，更立焉耆左侯元孟为焉耆王。随后，班超驻扎焉耆半年，以安抚焉耆国人。经过此次胜利，“于是五十余国悉纳质内属，其条支、安息诸国至于海濒，四万里外，皆重译贡献”。因为班超对安定西域做出了重大贡献，所以汉和帝在永元七年下诏褒扬，并封班超为定远侯，食邑千户。为了进一步了解西域以远地区，永元九年，班超派遣甘英出使大秦。甘英抵达条支后，准备渡海西行，因安息人劝阻而止。虽然甘英没有继续西行，但汉朝对西方地区的了解开始进一步增加，“皆前世所不至，《山经》所未详，莫不备其风土，传其珍怪焉。于是远国蒙奇、兜勒皆来归服，遣使贡献”。①

晚年的班超在永元十二年上疏请求回归中原，他的妹妹班昭也上书请求班超回还，汉和帝受到感动，将班超召回。永元十四年八月，班超回到洛阳，九月病死。班超在西域经营 31 年，对东汉政府在西域建立起统治提供了有力的保证。经过班超的努力，经西域的丝绸之路南北两道得以畅通。东汉政府与西域和与西亚、欧洲的联系得到了保障，使黄河文化的对外影响进一步扩大。

三、东汉中后期对西域的经营与黄河文化的西传

班超离任后，戊己校尉任尚接任西域都护。班超告诫任尚应当宽以待下，但任尚不听，结果使班超在西域所取得的成果丧失殆尽。

---

① 范晔 . 1965. 后汉书 . 卷 88. 西域传 . 北京：中华书局 . 2910

延平元年（106 年）九月，西域诸国反叛，进攻西域都护任尚。年仅 13 岁的汉安帝刚即位，邓太后临朝称制，朝廷派遣副校尉梁慬救援任尚，击退西域反叛诸国。朝廷征还任尚，“以骑都尉段禧为都护，西域长史赵博为骑都尉”。段禧和赵博劝说龟兹王白霸共同保卫它乾城，结果引起龟兹国人的反叛。叛军与温宿、姑墨数万军队，包围了它乾城，梁慬率军出战。经过数月的交战，“胡众败走，乘胜追击，凡斩首万余级，获生口数千人，骆驼畜产数万头，龟兹乃定”。因为“道路尚隔，檄书不通”，东汉朝廷感到如再坚守西域则耗费巨大，大臣们都建议罢去西域都护。[①] 永初元年（107 年）六月，“朝廷以其险远，难相应赴，诏罢都护。自此遂弃西域”。东汉朝廷将伊吾庐（今新疆今伊吾县）、柳中（今新疆吐鲁番一带）屯田的吏士迎还。

东汉王朝放弃西域后，匈奴“即复收属诸国，共为边寇十余岁”。这样一来，西部边陲深受其害，特别是“敦煌太守曹宗患其暴害”。有鉴于此，汉安帝在元初六年派遣兼长史索班率领千余人的军队驻扎在伊吾，以招抚西域诸国，“于是车师前王及鄯善王来降”。但是，匈奴对此极为不满，再次率领车师后部王共同攻杀索班等人，赶走车师前王。“鄯善逼急，求救于曹宗”。曹宗想趁此机会再次“进取西域”，但是，当时掌握政权的邓太后不许，“但令置护西域副校尉，居敦煌，复部营兵三百人，羁縻而已”[②]。此后，匈奴与车师多次入侵，“河西大被其害”。

延光二年，敦煌太守张珰上书提出经营西域三策。朝廷经过讨论，汉安帝采纳了尚书陈忠和班勇的建议。这一年夏天，“乃以班勇为西域长史，将驰刑士五百人，西屯柳中”。延光三年春，班勇到达楼兰，鄯善归附。龟兹王白英也在班勇的感召下，“乃率姑墨、温宿自缚诣勇降”。班勇借此机会，征发龟兹等三国军队万余人到车师前王庭，赶走匈奴伊蠡王于伊和谷，收得前部五千余人，“于是前部始复开通”。延光四年秋天，班超又调集敦煌、张掖、酒泉等郡六千骑兵以及鄯善、疏勒、车师前部军队进攻车师后部王军就，捕斩军就。汉顺帝永建元年，班勇另立车师后部故王子加特奴为王，平定了车师六国，并在此年冬天赶走骚扰车师的匈奴人，“是后车师无复虏迹，城郭皆安”。永建二年，班勇又上书征讨焉耆，敦煌太守张朗极力进攻，并入焉耆受降，焉耆王“遣子诣阙贡献”[③]。

汉顺帝永建四年，于阗王放前向东进攻，杀拘弥王兴，立自己的儿子为拘弥王，并派遣使者向东汉朝廷贡献，敦煌太守徐由上书请求朝廷发兵征

① 范晔. 1965. 后汉书. 卷47. 班超传. 北京：中华书局. 1591
② 范晔. 1965. 后汉书. 卷88. 西域传. 北京：中华书局. 2911
③ 范晔. 1965. 后汉书. 卷88. 西域传. 北京：中华书局. 2928

讨。汉顺帝赦免于阗王放前擅自废立之罪，令其归还拘弥国，放前不肯答应。阳嘉元年（132 年），敦煌太守徐由差遣疏勒王槃调集二万人进攻于阗，斩首三百余级，放兵大掠，更立原拘弥王兴同宗人成国为拘弥王而还。阳嘉元年，西域长史赵评在于阗病死，赵评之子前往于阗迎丧，途经拘弥时，拘弥王成国因与于阗王建矛盾很深，借机诬陷说赵评是被于阗王建害死。赵评之子入塞后告诉敦煌太守马达。元嘉二年正月，新任西域长史王敬因为听信拘弥王成国的谗言，杀死于阗王建，结果矛盾激化，王敬被于阗国侯将输僰所杀。输僰欲自立为王，被国人所杀，于阗国推举建之子安国为于阗王。敦煌太守马达闻听王敬被杀后，准备率领军队出塞进攻于阗，被汉桓帝征还，另派宋亮为敦煌太守。宋亮后来虽然知道输僰被杀的一系列详情，但并没有出兵讨伐，结果"于窴恃此遂骄"。因为与拘弥国的矛盾甚深，到汉灵帝熹平四年，于阗王安国进攻拘弥，大破之，杀其王，死者甚众。戊己校尉、西域长史各发兵辅立拘弥侍子定兴为王，才使拘弥国转危为安。① 此后，东汉朝廷内乱不休，到汉献帝建安七年五月，曾有"于窴国献驯象"的记载。②

对于西域以远的国家，东汉王朝在丝绸之路开通以后也颇为关注。我们在前文曾经提及的安息，其实早在汉章帝章和元年，就曾派遣使者"献师子、符拔。符拔形似麟而无角"。到永元九年，班超派甘英出使大秦在条支被安息船夫所阻挡后，永元十三年，"冬十一月，安息国遣使献师子及条枝大爵"③。李贤注引郭义恭《广志》曰："大爵，颈及身膺蹄都似橐驼，举头高八九尺，张翅丈余，食大麦，其卵如瓮，即今之驼鸟也。"这就使黄河流域的民众首次见到的来自西方草原地区的鸵鸟。

虽然甘英出使大秦的任务没有完成，但关于大秦的信息源源不断地传到黄河流域的东汉王朝，而且大秦人也辗转到达东汉，传来大秦的相关信息。《后汉书》卷八十八《西域·大秦传》云："大秦国一名犁鞬，以在海西，亦云海西国。"大秦国即罗马古国。大秦国物产丰富，"土多金银奇宝，有夜光璧、明月珠、骇鸡犀、珊瑚、虎魄、琉璃、琅玕、朱丹、青碧。刺金缕绣，织成金缕罽、杂色绫。作黄金涂、火浣布。又有细布，或言水羊毳，野蚕茧所作也。合会诸香，煎其汁以为苏合。凡外国诸珍异皆出焉"。虽然《后汉书》所记载的有关大秦国的信息是辗转得来的，但由之可以看出，东汉时期对于大秦的了解还是较为详细的。在与安息、天竺的商业贸易中，虽然有安息人从中阻挡，但大秦还是与汉朝建立起了联系。据林梅村先生研

---

① 范晔.1965. 后汉书. 卷 88. 西域传. 北京：中华书局.2915

② 范晔.1965. 后汉书. 卷 9. 孝献帝纪. 北京：中华书局.382

③ 范晔.1965. 后汉书. 卷 4. 孝和帝纪. 北京：中华书局.189

究，在公元100年曾有一个罗马商团不远万里来到洛阳，惊动了东汉宫廷。《后汉书》卷四《孝和帝纪》“永元十二年”条云：“冬十一月，西域蒙奇、兜勒二国遣使内附，赐其王金印紫绶。”《后汉书》卷八十八《西域传·序》云：永元六年“其条支、安息诸国至于海濒四万里外，皆重译贡献。九年，班超遣甘英穷临西海而还。皆前世所不至，《山经》所未详，莫不备其风土，传其珍怪焉。于是远国蒙奇、兜勒皆来归服，遣使贡献”。据林梅村先生考证，东汉时期的这一使团，实际上是东罗马的商团，他们所开通的丝绸之路是中西经济文化交流史上最早的丝绸之路，具有重大的影响。这些在西方的学术著作中也有披露。[①] 汉安帝永宁元年，大秦人又通过掸国到达洛阳，向东汉宫廷献上魔术表演。到了东汉末年，“至桓帝延熹九年，大秦王安敦遣使自日南徼外献象牙、犀角、玳瑁，始乃一通焉。其所表贡，并无珍异，疑传者过焉”[②]。对于这一历史事实，《南史》卷七十八《夷貊传上》云：“汉桓帝延熹九年，大秦王安敦遣使自日南徼外来献，汉世唯一通焉。其国人行贾往往至扶南、日南、交阯。其南徼诸国人少有到大秦者。”唐代张柬之在评述这一地区时说：“其国西通大秦，南通交趾，奇珍异宝，进贡岁时不阙。”[③] 由此可以看出，大秦与黄河流域的东汉政权来往是出于积极的意义。虽然有人怀疑这些使节可能是商人所假扮，但也由此明了大秦国与东汉交往的信息不对称。因中天竺的居间贸易，大秦的物品常常流入河洛地区的市场。《梁书》卷五十四《诸夷传》记载，中天竺“西与大秦、安息交市海中。多大秦珍物，珊瑚、琥珀、金碧珠玑、琅玕、郁金、苏合。苏合是合诸香汁煎之，非自然之一物也，又云大秦人采苏合，先笮其汁以为香膏，乃卖其滓与诸国贾人，是以展转来达中国不大香也”。由此可知，当时中西贸易的数量是相当庞大的，且主要以奢侈品为主。

黄河流域与天竺的交往，也从东汉时期开始。天竺国即古印度。印度佛教传入中国的时间虽然众说纷纭，但较为可信的是汉哀帝元寿元年（前2年）。《三国志》卷三十《魏书·东夷传》裴注引《魏略·西戎传》云：“昔汉哀帝元寿元年，博士弟子景卢受大月氏王使伊存口受《浮屠经》曰复立者其人也。《浮屠》所载临蒲塞、桑门、伯闻、疏问、白疏间、比丘、晨门，皆弟子号也。”佛教至迟在东汉初年已经进入中原。光武帝之子楚王英，晚年“学为浮屠斋戒祭祀”，永平八年，楚王英曾经“遣郎中令奉黄缣白纨三十匹诣国相”赎罪，汉明帝曾说他“尚浮屠之仁祠”，并且还回他赎罪的黄

① 林梅村．1990．公元100年罗马商团的中国之行．中国社会科学，(4)：71～84
② 范晔．1965．后汉书．卷88．西域传．北京：中华书局．2920
③ 刘昫．1975．旧唐书．卷91．张柬之传．北京：中华书局．2939

缣白纨，令其“以助伊蒲塞桑门之盛馔”①。关于佛教传入洛阳的过程，虽然说对于汉明帝时摄摩腾和竺法兰到洛阳的说法，学术界有许多争议，但作为后人的记载还是有一定的道理的。《高僧传》卷一《译经上·汉雒阳白马寺摄摩腾》云：

帝以为然，即遣郎中蔡愔、博士弟子秦景等，使往天竺，寻访佛法。愔等于彼遇见摩腾，乃要还汉地。腾誓志弘通，不惮疲苦，冒涉流沙，至乎雒邑。明帝甚加赏接，于城西门外立精舍以处之，汉地有沙门之始也。但大法初传，未有归信，故蕴其深解，无所宣述，后少时卒于雒阳。有记云：腾译《四十二章经》一卷……

摄摩腾冒着道路艰险之苦，到洛阳传播佛教，是见诸记载进入黄河流域最早的印度僧人。与摄摩腾同来的还有中天竺僧人竺法兰。同上书《汉雒阳白马寺竺法兰》云：

（蔡）愔于西域获经，即为翻译《十地断结》、《佛本生》、《法海藏》、《佛本行》、《四十二章》等五部。……汉地见存诸经，唯此为始也。

愔又于西域得画释迦倚像，是优田王栴檀像师第四作也。既至雒阳，明帝即令画工图写，置清凉台中，及显节陵上，旧像今不复存焉。

《魏书》卷一百十四《释老志》记载此事云：

帝遣郎中蔡愔、博士弟子秦景等使于天竺，写浮屠遗范。愔仍与沙门摄摩腾、竺法兰东还洛阳。中国有沙门及跪拜之法，自此始也。愔又得佛经《四十二章》及释迦立像。明帝令画工图佛像，置清凉台及显节陵上，经缄于兰台石室。愔之还也，以白马负经而至，汉因立白马寺于洛城雍关西。摩腾、法兰咸卒于此寺。

《后汉书》卷八十八《西域传》中“帝于是遣使天竺问佛道法，遂于中国图画形像焉”，也是说的此事。到汉桓帝时因好神，“数祀浮图、老子，百姓稍有奉者，后遂转盛”。汉灵帝时天竺僧人竺佛朔“赍《道行经》来适雒阳”。竺佛朔在洛阳期间，“即转梵为汉。译人时滞，虽有失旨，然弃文存质，深得经意。朔又以光和二年于雒阳出《般舟三昧》。（支楼迦）谶为传言，河南雒阳孟福张莲笔受”②。除了佛教文化的传播外，天竺国与东汉的贡使往来也频频见诸史书，“和帝时，数遣使贡献，后西域反畔，乃绝。至桓

① 范晔．1965．后汉书．卷42．光武十王传·楚王英传．北京：中华书局．1428

② 释慧皎．1992．高僧传．卷1．译经上·汉雒阳支楼迦谶附竺佛朔．汤用彤（校注）．北京：中华书局．10

帝延熹二年、四年，频从日南徼外来献”①。其辗转的过程足见其交流的心切。

综观东汉时期黄河文化与西部草原文化的交流与融合，我们可以得出如下历史结论：首先，黄河文化与西部草原文化的差异是很明显的。当黄河流域已经是高度发达的封建社会时，西部各个小的国家的发展还处在相对落后的状态，因而，两种文化的交往是不对等的，主要是以东汉为代表的黄河文化对西部草原文化产生影响。其次，西部草原文化以小国寡民为特色，在与黄河文化交往过程中，除了与汉政权对抗外，大多是以依附的状态存在的。虽然东汉政府因国力的变化对西域地区的控制时强时弱，但西域小国更多地愿意依靠东汉政府的庇护而存在，这也是西域小国存在的方式，否则，它们则面临着被大国吞并的危险。其三，在黄河文化与西部草原文化交往过程中，匈奴族扮演着一个重要的角色。当东汉政府采取强力措施打通西域的交通通道时，匈奴族就退缩至北方草原地区，而当东汉政府国力衰弱，匈奴族则凭借其武力控制西域各国。所以，控制西域各国就成为黄河文化与西部草原文化交融的关键所在，也是东汉政府在国力尚可时积极推进的策略。这从班超出使西域 31 年，乃至后来的其他西域都护的设立都可以得到证明。其四，东汉时期，黄河文化的影响力较之于西汉时期更加广泛，除了西域的小国外，黄河文化还与欧亚等大国建立了联系，如东汉与大秦的交往、佛教传入黄河流域都反映了这一情况。其五，不仅黄河流域的文化影响西部草原地区，而且从文化交流的动态上来看，西部草原地区的文化也影响着黄河流域的文化发展，西域地区传入的马匹、植物品种以及其他物质财富大大丰富了黄河流域居民的物质生活内容，使黄河流域的饮食习惯和生活方式也发生了一系列的变化。我们将在下文论及。西部草原地区居民所创造的精神文化也对黄河流域的精神文化产生了一定的影响，东汉王朝所设立的有关管理西域的官僚机构，如西域都护、西域长史等都促使了西域精神文化的内传。其六，西部草原文化与黄河文化的交流与融合大致可以分为两种方式：一种是东汉政府通过武力征服不愿与汉朝建立良好关系的国家，而这种国家大多是西域的强国或者依附于匈奴的国家；另一种是西域地区的小国，它们多愿意与汉建立良好的关系，通过向汉朝进贡物品，以得到汉政府更多的赏赐。虽然学术界有人认为这种朝贡关系更多地可以看做贸易往来，但由此所建立的融洽关系则不是用简单的贸易就可以概括的，因为它毕竟蕴涵了深层的文化和政治意义，是东汉政府通过它扩大影响的重要举措。其七，东汉时期黄河

① 范晔. 1965. 后汉书. 卷 88. 西域传. 北京：中华书局. 2922

文化与西部草原文化的交往还有更深层次的原因。东汉通过与草原文化的交往，巩固与西域诸国的良好关系，无疑建立起了东汉政权的西部屏障。这除了保证丝绸之路的畅通外，还使东汉的西部边陲更加安全，从而有力地保障了黄河文化在相对稳定的环境下得以发展。嘉禾元年，陆瑁曾对孙权说："昔汉诸帝亦尝锐意以事外夷，驰使散货，充满西域，虽时有恭从，然其使人见害，财货并没，不可胜数。"① 这大概也反映了汉朝时出使西域的使者的艰辛和东汉政府的深远政治意图。

① 陈寿. 1982. 三国志. 卷 57. 吴书 · 陆瑁传. 北京：中华书局. 1337

第五章

文化视阈下的民族文化融合

通过对两汉时期黄河文化与草原文化的交流与融合过程的基本考察，我们可以看出在两汉时期两种文化之间的联系紧密。如果从不同层面审视两种文化的交流与融合问题，对于我们真正理解黄河文化与草原文化的交流与融合会更有帮助。下面我们从政治、经济、文化、社会风俗等方面对两种文化的融合作一论述。

第一节　思想和价值文化的相互影响

汉王朝的思想文化经历了长达数百年的发展，继承了传统儒家思想的精髓，在民族之间的交往中也有所表露，使黄河流域的思想文化对匈奴族也产生了影响。两汉政权在同匈奴族的思想文化交流时相互影响、彼此融合，构成了民族交往的重要内容。这种融合表现在多个方面。

从匈奴族与汉王朝和亲政策的推行来看，汉王朝既通过联姻来维持与匈奴族的睦邻友好关系，也利用联姻与匈奴族建立更加亲近的团结同盟。《史记》卷九十九《刘敬叔孙通列传》所记载的刘敬说的那番话就颇有意味。

> 陛下诚能以适长公主妻之，厚奉遗之，彼知汉适女送厚，蛮夷必慕以为阏氏，生子必为太子，代单于。何者？贪汉重币。陛下以岁时汉所余彼所鲜数问遗，因使辩士风谕以礼节。冒顿在，固为子婿；死，则外孙为单于。岂尝闻外孙敢与大父抗礼者哉？兵可无战以渐臣也。若陛下不能遣长公主，而令宗室及后宫诈称公主，彼亦知，不肯贵近，无益也。

刘敬的想法就是以汉女嫁于匈奴单于为妻，可能使匈奴不会与汉为敌。刘敬以汉族的社会心理揣测匈奴人也会接受汉人的价值观念。而且他还断言，如果汉朝廷用假公主来代替，只能使匈奴族更加远离汉朝。当然，这只是刘敬本人的想法，不一定符合实际，但我们也可以从中看出以汉文化为代表的黄河文化对以匈奴族为代表的草原文化的影响。

汉政府还从对匈奴的一些事件的处理上播扬黄河流域的汉文化，使黄河文化能够在更广的层面上影响到以匈奴族为代表的草原文化。汉宣帝五凤年间，匈奴内部大乱，朝廷大臣多认为匈奴为害日久，可趁机举兵灭之。萧望之认为："前单于慕化乡善称弟，遣使请求和亲，海内欣然，夷狄莫不闻。未终奉约，不幸为贼臣所杀，今而伐之，是乘乱而幸灾也，彼必奔走远遁。不以义动兵，恐劳而无功。宜遣使者吊问，辅其微弱，救其灾患，四夷闻之，咸贵中国之仁义。如遂蒙恩得复其位，必称臣服从，此德之盛也。"[①] 汉宣帝采纳了萧望之的建议，后来派兵帮助呼韩邪单于定其国。从萧望之的话中我们可以看出，匈奴族在处于弱势的情况下，汉朝以"义"字当先，"遣使者吊问，辅其微弱，救其灾患"，使"中国之仁义"影响及于边域四夷，必然使少数民族对汉政府心悦顺从，也能使黄河文化的影响进一步扩大。究其实，在当时的情况下，汉朝也无法将匈奴全部消灭，采纳萧望之的建议是明智之举。

在汉匈交往过程中，汉族孝的观念也影响到了匈奴人，匈奴人也效法汉人以孝为先。自呼韩邪单于归附汉朝后，后继的复株累若鞮单于以后，"匈奴谓孝曰'若鞮'。自呼韩邪后，与汉亲密，见汉谥帝为'孝'，慕之，故皆为'若鞮'。"如见诸史书的复株絫若鞮单于、搜谐若鞮单于、车牙若鞮单于、乌珠留若鞮单于、乌累若鞮莽单于、呼都而尸道皋若鞮莽单于等名号，都是从汉朝学来的。这说明汉族孝的观念对匈奴族这一草原民族的影响之深。而在此前，匈奴族的社会风俗则不是这样。《史记》卷一百十《匈奴列传》云："其俗，宽则随畜，因射猎禽兽为生业，急则人习战攻以侵伐，其天性也。其长兵则弓矢，短兵则刀铤。利则进，不利则退，不羞遁走。苟利所在，不知礼义。自君王以下，咸食畜肉，衣其皮革，被旃裘。壮者食肥美，老者食其余。贵壮健，贱老弱。父死，妻其后母；兄弟死，皆取其妻妻之。其俗有名不讳，而无姓字。"卑贱老人、轻视老人在匈奴族内是一种社会风俗，而且子妻其后母的落后婚俗在汉族人看来更加野蛮。虽然在汉代曾默认了匈奴族这一婚俗，但并不能认为这一婚俗对黄河流域有多大影响。在与汉人交往过程中，匈奴族逐步受黄河文化影响而学习汉民族的长处，接受了汉代孝的社会观念。汉宣帝本始二年五月下诏，称颂汉武帝"躬履仁义"，结果边疆地区少数民族"百蛮乡风，款塞来享"，接受黄河流域的社会风俗。[②] 就连王莽在位时也在始建国二年十二月称赞呼韩邪说："惟知先祖故呼

① 班固. 1962. 汉书. 卷78. 萧望之传. 北京：中华书局. 3280

② 班固. 1962. 汉书. 卷8. 宣帝纪. 北京：中华书局. 243

韩邪单于稽侯狦累世忠孝，保塞守徼。”① 因而，当时朝廷官员都认为匈奴内附是“乡风慕义，举国同心，奉珍朝贺，自古未之有也”②。竟宁元年春正月，匈奴呼韩邪单于来朝时，汉元帝也称赞他：“呼韩邪单于不忘恩德，乡慕礼义，复修朝贺之礼。”③ 这种情况到东汉时期仍然如此。而且随着汉王朝与匈奴交往的加深，黄河流域的价值观念对于匈奴人影响甚深，如从建初元年至七年，耿秉任度辽将军，“匈奴怀其恩信”④。延熹六年，种暠死后，“匈奴闻暠卒，举国伤惜。单于每入朝贺，望见坟墓，辄哭泣祭祀”⑤。汉桓帝时，霍谞在任金城太守期间，“性明达笃厚，能以恩信化诱殊俗，甚为羌胡所敬服”⑥。再如，“匈奴俗，岁有三龙祠，常以正月、五月、九月戊日祭天神。南单于既内附，兼祠汉帝，因会诸部，议国事，走马及骆驼为乐”⑦。很显然，受黄河流域汉王朝的影响，匈奴族也开始把汉朝皇帝作为祭祀的对象。在教育方面，匈奴族也愿意以汉朝作为效法的榜样，甚至将子弟也送入东汉的太学学习。建武五年，东汉京师洛阳修起太学，“匈奴亦遣子入学。济济乎，洋洋乎，盛于永平矣！”⑧ “匈奴遣伊秩訾王大车且渠来入就学”等记载都说明了黄河文化的强大影响力，樊准就称颂说汉明帝时吸引匈奴子弟入学是“化自圣躬，流及蛮荒”⑨。汉族的服饰也为匈奴族所接受，“建武时，匈奴内属，世祖赐南单于衣服，以中常侍惠文冠，中黄门童子佩刀云”⑩。从婚姻习俗到社会风尚都显现出以汉文化为特色的黄河文化的强大影响力。

汉代的社会风俗受少数民族的影响也不时见诸史书的记载，特别是北方沿边地区更是如此。司马迁在《史记》卷一百二十九《货殖列传》中记述山西一带习俗中称河东：“种、代，石北也，地边胡，数被寇。人民矜懻忮，好气，任侠为奸，不事农商。然迫近北夷，师旅亟往，中国委输时有奇羡。其民羯羠不均，自全晋之时固已患其僄悍，而武灵王益厉之，其谣俗犹有赵之风也。”班固在《汉书》卷六十九《辛庆忌传》的赞语中说：“山西天水、陇西、安定、北地处势迫近羌胡，民俗修习战备，高上勇力鞍马骑射。故

① 班固 . 1962. 汉书 . 卷 99 中 . 王莽传中 . 北京：中华书局 . 4121
② 班固 . 1962. 汉书 . 卷 8. 宣帝纪 . 北京：中华书局 . 270
③ 班固 . 1962. 汉书 . 卷 9 元帝纪 . 北京：中华书局 . 297
④ 范晔 . 1965. 后汉书 . 卷 19. 耿弇列传 . 北京：中华书局 . 717
⑤ 范晔 . 1965. 后汉书 . 卷 56. 种暠传 . 北京：中华书局 . 1829
⑥ 范晔 . 1965. 后汉书 . 卷 48. 霍谞传 . 北京：中华书局 . 1617
⑦ 范晔 . 1965. 后汉书 . 卷 89. 南匈奴列传 . 北京：中华书局 . 2944
⑧ 范晔 . 1965. 后汉书 . 卷 79 上 . 儒林列传 . 北京：中华书局 . 2546
⑨ 范晔 . 1965. 后汉书 . 卷 32. 樊宏传附樊准传 . 北京：中华书局 . 1126
⑩ 司马彪 . 1965. 续后汉书 . 卷 31. 舆服志下・武冠条 . 北京：中华书局 . 3668

《秦诗》曰：‘王于兴师，修我甲兵，与子皆行。’其风声气俗自古而然，今之歌谣慷慨，风流犹存耳。”再比如燕地“北迫匈奴，其人民勇而少虑”。故而汉武帝在封刘旦为燕王时，告诫他这一带的荤粥氏“无有孝行而禽兽心，以窃盗侵犯边民”。虽然汉朝军队赶走了荤粥氏，但汉武帝仍然要求刘旦“悉若心，无作怨”，其目的“勿使从俗以怨望也”。汉武帝晚年太子不幸早亡，未立太子，刘旦派使者上书，“请身入宿卫于长安”。汉武帝见其书，大怒曰：“生子当置之齐鲁礼义之乡，乃置之燕赵，果有争心，不让之端见矣。”[①] 可见，长期生活在燕地，受这里的风气影响，刘旦也具备了这里民众的争强好胜之心。从上列北部沿边地区的状况我们可以看出，因受来自草原地区匈奴族的影响，这里的民众也以雄武的风气而示人。

秦汉时期，随着与匈奴族交往的加深，人们对匈奴的认识逐渐形成，即匈奴人狡诈、贪婪、不讲信义等。且匈奴长期以来与汉为敌，为祸甚久，黄河流域民众的心目中匈奴往往是恶的代名词。李斯曾经说：“夫匈奴无城郭之居，委积之守，迁徙鸟举，难得而制。”李斯从匈奴族的生活习惯对其习性作了概括。汉高祖时准备进击匈奴，御史成谏曰：“不可。夫匈奴，兽聚而鸟散，从之如搏景，今以陛下盛德攻匈奴，臣窃危之。”汉高祖没有采纳成的意见，因而有平城之围。主父偃也说：“夫匈奴行盗侵驱，所以为业，天性固然。”[②] 主父偃将匈奴反复入侵归于其民族“天性”。汉武帝即位之初，匈奴请求和亲，韩安国也曾上书指出：“今匈奴负戎马足，怀鸟兽心，迁徙鸟集，难得而制。得其地不足为广，有其众不足为强，自上古弗属。汉数千里争利，则人马罢，虏以全制其敝，势必危殆。臣故以为不如和亲。”[③] 韩安国指出匈奴“怀鸟兽心”足以看出汉民众对匈奴不断入侵的痛恨。元光六年（前 129 年）春，匈奴攻入上谷，杀掠吏民百姓，汉武帝下诏说匈奴“夷狄无义，所从来久”[④]。元朔二年（前 127 年），汉朝军队收复河南地设立朔方郡，并且修筑朔方城。汉武帝说：“匈奴逆天理，乱人伦，暴长虐老，以盗窃为务，行诈诸蛮夷，造谋藉兵，数为边害。”[⑤] 司马迁评价匈奴：“利则进，不利则退，不羞遁走。苟利所在，不知礼义。”[⑥] 汉宣帝曾经告诫边疆地区的守尉说：“匈奴大国，多变诈。交接得其情，则却敌折冲；应对入其数，则反为轻欺。”范晔对西汉末年匈奴实力迅速炽张评价曰：“自是匈奴得

---

① 司马迁 . 1982. 史记 . 卷 60. 三王世家 . 褚先生曰 . 北京：中华书局 . 2118
② 班固 . 1962. 汉书 . 卷 64 上 . 主父偃传 . 北京：中华书局 . 2801
③ 班固 . 1962. 汉书 . 卷 52. 韩安国传 . 北京：中华书局 . 2398
④ 班固 . 1962. 汉书 . 卷 6. 武帝纪 . 北京：中华书局 . 165
⑤ 司马迁 . 1982. 史记 . 卷 111. 卫将军骠骑列传 . 北京：中华书局 . 2923
⑥ 司马迁 . 1982. 史记 . 卷 110. 匈奴列传 . 北京：中华书局 . 2879

志，狼心复生，乘间侵佚，害流傍境。”① 汉元帝时，也有“周、秦以来，匈奴暴桀，寇侵边境”的说法。竟宁元年（前33年）郎中侯应对汉元帝上书言及匈奴的习性：“夫夷狄之情，困则卑顺，强则骄逆，天性然也。”② 建武二十七年（51年），臧宫与马武上书曰：“匈奴贪利，无有礼信，穷则稽首，安则侵盗，缘边被其毒痛，中国忧其抵突。”③ 也有“匈奴变诈之国”的说法。④ 章和二年（88年），梁太后临朝称制，永元元年七月闰月下诏说：“匈奴背叛，为害久远。”⑤ 这些认识虽然带有许多偏见，但却反映了黄河流域民众在匈奴族的频繁侵扰下对其所产生的厌烦心态。

因为长期与匈奴处于交战状态，黄河流域的民众对匈奴族产生了强烈的民族痛恨，也从一个侧面反映了黄河文化与草原文化在观念上的激烈冲突。见诸史书记载的汉族民众因痛恨匈奴，志愿立功边疆的连篇累牍。霍去病在汉武帝为他修建府第时，说：“匈奴不灭，无以家为也。”⑥ 这不仅成为他抗击匈奴的誓言，也成为后世国家面临外侮时仁人志士相互激励的名言。在汉武帝灭匈奴的紧要关头，战略物资紧缺，河南人卜式上书汉武帝，“愿输家财半助边”。当汉武帝派去的大臣询问他献家财的原因时，他说出的“天子诛匈奴，愚以为贤者宜死节，有财者宜输之，如此而匈奴可灭也”⑦，正表达了黄河流域普通民众的心态。吾丘寿王因犯罪被免官后，先后向汉武表示了“愿守塞扞寇难”、“愿击匈奴”的决心。⑧ 所有这一切都表现了黄河流域民众在思想方面对匈奴族的认识。

第二节　胡市（合市）与胡商

以汉文化为代表的黄河文化在与以匈奴族为代表的草原文化交流过程中，不仅黄河流域的思想文化对匈奴族产生影响，而且在经济领域，匈奴族也更多地依赖黄河流域的农业经济，依靠黄河流域的汉政权通过商品贸易来满足其对汉族物品的需求。

---

① 范晔．1965．后汉书．卷89．南匈奴列传．北京：中华书局．2966

② 班固．1962．汉书．卷94下．匈奴传．北京：中华书局．3803，3804

③ 范晔．1965．后汉书．卷18．臧宫传．北京：中华书局．695

④ 范晔．1965．后汉书．卷40下．班彪列传．北京：中华书局．1374

⑤ 范晔．1965．后汉书．卷4．孝和帝纪．北京：中华书局．169

⑥ 班固．1962．汉书．卷55．卫青霍去病传．北京：中华书局．2488

⑦ 班固．1962．汉书．卷58．卜式传．北京：中华书局．2625

⑧ 班固．1962．汉书．卷64上．吾丘寿王传．北京：中华书局．2794

秦汉时期，黄河流域与匈奴族的商品交易，主要依赖于“关市”贸易完成，因而“关市”成为黄河文化与草原文化交流的桥梁和重要方式。而“关市”之设从汉景帝时就已经开始。汉景帝即位后，赵王遂暗中派人联络匈奴图谋叛汉。所以，在七国之乱时，匈奴“欲与赵合谋入边”。随着赵被汉军攻破，匈奴也停止了利用边境异己势力进行分裂的活动。孝景帝出于维护边疆地区安定的考虑，“复与匈奴和亲，通关市，给遗匈奴，遣公主，如故约”。这种“关市”交易，实际上是汉朝通过“关市”贸易变相送给匈奴财物，以换取匈奴不再入侵汉朝的边郡。汉景帝从维护边境稳定的长远考虑继续汉初的这种交易实是不得已之举。汉武帝即位之初，仍然通过“关市”贸易维持对匈奴的货物输送，表现为“明和亲约束，厚遇，通关市，饶给之”。因为匈奴人喜欢汉朝所供给的财物，所以，“匈奴自单于以下皆亲汉，往来长城下”。然而，随着文景之治财富的日渐积累，汉朝的国力迅速强盛起来，汉武帝在掌权后，已经不甘继续不断地输送财物给匈奴，所以汉朝利用匈奴族贪占财物的欲望，制定了利用“关市”贸易讨伐匈奴的计谋。“汉使马邑下人聂翁壹奸兰出物与匈奴交，佯为卖马邑城以诱单于”。《集解》：“奸音干。干兰，犯禁私出物也。”《索隐》：“干兰谓犯禁私出物也。”单于因“贪马邑财物，乃以十万骑入武州塞”，几乎中了汉军的埋伏。匈奴逃过此劫后，开始与汉朝为敌，“匈奴绝和亲，攻当路塞，往往入盗于汉边，不可胜数”。但是，“关市”贸易又是匈奴族获取黄河流域精美物品的重要通道，所以，匈奴族虽然与汉朝为敌，但并没有因此断绝与汉的“关市”贸易。“然匈奴贪，尚乐关市，嗜汉财物，汉亦尚关市不绝以中之”。可见“关市”贸易在汉匈敌对状态下仍是连接双方的一个重要方式。到了元光六年秋，汉军利用“关市”贸易再次袭击匈奴人，“汉使四将军各万骑击胡关市下。将军卫青出上谷，至茏城，得胡首虏七百人”①。这可能是汉朝利用双方“关市”贸易的机会出兵而获取胜利的一个例子。

东汉时期，这种双方交易的“合市”也曾经风靡一时，成为黄河文化与草原文化交流的重要方式。建武八年，“时天下扰乱，唯河西独安，而姑臧称为富邑，通货羌胡，市日四合”②。李贤注：“古者为市，一日三合。《周礼》曰：‘大市日侧而市，百族为主。朝市朝时而市，商贾为主。夕市夕时而市，贩夫贩妇为主。’今既人货殷繁，故一日四合也。”姑臧（今甘肃武威）作为边疆地区与少数民族“合市”的地点因为交易的需要，已经突破传统的“一日三合”的交易方式，表明双方交易数量的增加与“合市”在

① 司马迁．1962．史记．卷110．匈奴列传．北京：中华书局．2905，2906

② 范晔．1965．后汉书．卷31．孔奋传．北京：中华书局．1098

文化融合中的作用。建武二十八年，“北匈奴复遣使诣阙，贡马及裘，更乞和亲，并请音乐，又求率西域诸国胡客与俱献见”。班彪指出：“今北匈奴见南单于来附，惧谋其国，故数乞和亲，又远驱牛马与汉合市，重遣名王，多所贡献。”① 由此可见，“合市”成为北匈奴与汉朝建立联系并且自我保护的重要手段。汉明帝永平七年，“北匈奴犹盛，数寇边，朝廷以为忧。会北单于欲合市，遣使求和亲，显宗冀其交通，不复为寇，乃许之”②。东汉政府也利用“合市”来保障边疆地区的安全。因此之故，汉明帝接受班彪的建议设立乌桓校尉于上谷宁城，“开营府，并领鲜卑，赏赐质子，岁时互市焉”③。《后汉书志》卷二十八《百官志五·护乌桓校尉条》云：“护乌桓校尉一人，比二千石。本注曰：主乌桓胡。”刘劭注补引应劭《汉官》曰：“拥节。长史一人，司马二人，皆六百石。并领鲜卑。客赐质子，岁时胡市焉。”可见从汉明帝开始东汉政府专设护乌桓校尉兼管北方地区的“胡市”。“胡市”贸易在胡汉文化交流中具有重要的地位。

汉章帝以后，两种不同文化继续通过“合市”的方式进行交流和融合。元和元年，“武威太守孟云上言北单于复愿与吏人合市，诏书听云遣驿使迎呼慰纳之。北单于乃遣大且渠伊莫訾王等，驱牛马万余头来与汉贾客交易。诸王大人或前至，所在郡县为设官邸，赏赐待遇之”。可见东汉政府对待与北匈奴的“合市”也非常重视，并命令郡县设立专门的官邸来安排前来负责交易的匈奴王或大人，且从其“驱牛马万余头来与汉贾客交易”来看，北匈奴用来交易的主要是牲畜，且交易数量庞大。然而，这件对于汉和北匈奴都有利的事情引起南匈奴的不满，“南单于闻，乃遣轻骑出上郡，遮略生口，抄掠牛马，驱还入塞”④。由此可见“合市”贸易过程中匈奴族不同的利益群体之间的争斗。与匈奴族一样生活在北方草原地区的鲜卑族也曾通过“合市”贸易与东汉朝建立起交流的关系。应劭曾经评价鲜卑族的民族个性以及与汉朝“合市”的情况时说：“鲜卑隔在漠北，犬羊为群，无君长之帅，庐落之居，而天性贪暴，不拘信义，故数犯障塞，且无宁岁。”他对鲜卑的民族个性的评价可谓一语中的。因为在东汉时期，鲜卑族的社会发展阶段还处在原始社会末期或刚刚进入阶级社会，原始民族的掠夺性使其多次对黄河流域的汉族展开进攻，以掠夺黄河流域丰美的物产，除此之外，“合市”也是他们获得黄河流域物产的重要渠道，“唯至互市，乃来靡服。苟欲中国珍货，

---

① 范晔. 1965. 后汉书. 卷89. 南匈奴传. 北京：中华书局. 2946

② 范晔. 1965. 后汉书. 卷89. 南匈奴传. 北京：中华书局. 2949

③ 范晔. 1965. 后汉书. 卷90. 乌桓传. 北京：中华书局. 2982

④ 范晔. 1965. 后汉书. 卷89. 南匈奴传. 北京：中华书局. 2950

非为畏威怀德”①。这足以说明鲜卑族是为了获得物产才与黄河流域进行“合市”的。汉安帝永初年间，鲜卑大人燕荔阳到京城洛阳朝贺，邓太后赏赐燕荔阳王印绶，赤车参驾，并且“令止乌桓校尉所居宁城下，通胡市，因筑南北两部质馆。鲜卑邑落百二十部，各遣入质”②。汉朝政府和鲜卑族大人对双方“胡市”贸易都很重视，特别是邓太后的举措更反映了东汉政府欲利用“胡市”密切双方关系的良好愿望。再如，幽州刺史所统辖的州郡，地处北部边境，维持地方军政运转需要“资费甚广”，东汉政府“岁常割青、冀赋调二亿有余，以给足之”。而到东汉末年董卓之乱爆发后，“时处处断绝，委输不至”，幽州地方军政运作面临很多问题。在此情况下，幽州刺史刘虞“务存宽政，劝督农植，开上谷胡市之利，通渔阳盐铁之饶，民悦年登，谷石三十”。刘虞通过发展农业生产以及与北方少数民族进行“胡市”贸易，解决了财政供应不足的问题。正因为刘虞维持了小环境的平安，原来支持刘虞的“青、徐士庶避黄巾之难归虞者百余万口，皆收视温恤，为安立生业，流民皆忘其迁徙”③。“胡市”解决了财政供应的不足，也使幽州成为黄河流域难民的避难所。

随着与草原文化的交流，少数民族地区的商人也纷纷进入黄河流域进行商品贸易，见诸记载的就有一些来自草原地区的商人在黄河流域活动的踪迹。光武帝时期已经出现了“西域贾胡，到一处辄止”的现象。④《太平御览》卷二百六十四《职官部六十二·功曹参军》引《东观汉记》记载：

> 杨正为京兆功曹。光武崩，京兆尹出，西域贾胡共起帷帐设祭。尹车过帐，胡牵车令拜，尹疑，止车，正在前导曰：“礼天子不食支庶，况夷狄乎!”敕坏祭，遂去。

从这条材料我们可以作出以下分析，首先，在光武帝末年，京兆尹所辖的长安地区有少数民族地区的商人活动，而且人数较多，否则，不可能有“共起帷帐设祭”的现象。其次，这些少数民族地区的商人来到黄河流域已经深受黄河文化的熏陶，对黄河文化的一些价值观念已经开始接受，特别是祭祀亡灵的观念。其三，因为少数民族对中国礼仪文化的了解尚处在初级阶段，所以不明白杨正所说的“礼天子不食支庶”。其四，之所以光武帝死后有少数民族地区的商人祭祀他，是因为光武帝所推行的少数民族政策得到了少数民族商人的赞同，从而真心祭祀他。随着黄河流域的逐渐安定，西域地

① 范晔．1965．后汉书．卷48．应奉传附子劭传．北京：中华书局．1609
② 范晔．1965．后汉书．卷90．鲜卑传．北京：中华书局．2986
③ 范晔．1965．后汉书．卷73．刘虞传．北京：中华书局．2354
④ 范晔．1965．后汉书．卷24．马援传．北京：中华书局．844

区的少数民族甚至深入到黄河流域的腹地。洛阳也有许多少数民族活动的迹象。汉和帝时期，梁冀当权，他大兴土木，建立起“西至弘农，东界荥阳，南极鲁阳，北达河、淇，包含山薮，远带丘荒，周旋封域，殆将千里”的私人园囿。他还在洛阳城花费数年的时间建起连绵数十里的菟苑。为了保证菟苑兔子的数量，“移檄所在，调发生菟，刻其毛以为识，人有犯者，罪至刑死”。当时曾有“西域贾胡，不知禁忌，误杀一兔，转相告言，坐死者十余人”①。我们姑且不论梁冀的残忍，来自西域草原地区的上述民族商人因为误杀梁冀菟苑中的一只兔子，就连带十余人受死，估计这十余人也是来自草原地区而进入洛阳经商的少数民族地区的商人。当时少数民族为了经商的方便，还有贿赂官员的事情发生。汉和帝时，李恂为西域副校尉，“西域殷富，多珍宝，诸国侍子及督使贾胡数遗恂奴婢、宛马、金银、香罽之属，一无所受”②。少数民族的商人送给李恂珍贵物品，是为了让李恂日后为他们提供方便，而李恂不接受则显示了他的高风亮节。汉和帝元兴元年，曾经先后担任过温县令和洛阳令的王涣亡故，因为他在担任二县令期间深得百姓之心，所以出现了“百姓痛哭，二县吊丧，行人商旅，莫不祭之”的现象，甚而有“贾胡左威，遭其清理，制服三年”。在内地经商的少数民族商人，虽然受到过王涣的处置，但仍然心中钦佩其为人，为之服丧三年。③

在商业领域更能显示黄河文化与草原文化交流与融合迹象的是商业活动日趋活跃。从西汉开始，黄河流域的封建政权就以开放的态度积极扩大对周边地区及海外的贸易。这从上述诸多事例即可得以多层面的反映。

第三节　胡马流入与黄河流域畜牧业的发展

在与草原地区少数民族的交往过程中，少数民族健壮的“胡马”也被引进黄河流域，对黄河流域畜牧业的发展起了很大的促进作用。“胡马”进入黄河流域看似一件小事，但是从黄河文化与草原文化交流的角度来看，则是草原文化对黄河文化进一步发展的重要贡献。胡马的流入使汉朝在对外作战过程中拥有了强大的骑兵，并改善了黄河流域原有的牲畜品种。

两汉因为对北方少数民族战争的需要，发展骑兵成为汉政府多年来既定的策略。汉武帝时，“天子为伐胡，盛养马，马之来食长安者数万匹，卒牵

---

① 范晔.1965.后汉书.卷34.梁统传附冀传.北京：中华书局.1182

② 范晔.1965.后汉书.卷51.李恂传.北京：中华书局.1683

③ 常璩.1984.华阳国志.卷10.先贤士女总赞中·广汉士女.成都：巴蜀书社.745

掌者关中不足，乃调旁近郡”①。战争需要的是良种马匹，而少数民族地区的马匹经过长期的改良，优质品种较多。如大家都熟知的汗血马就是从西域引进的良种马匹。来自草原地区的马匹较之于内地的马匹有着适应北方草原地区环境、长途奔袭、吃苦耐劳的品质，所以汉武帝非常想获得大量来自草原地区的马匹作为战马，来应对来自草原地区的各种武装力量的骚扰和侵袭。自张骞出使西域后，西域地区的消息不断地汇聚到西汉朝廷，特别是西域地区的优良马匹的信息源源不断地为汉朝所获悉，因而，汉武帝更加急于获得来自西域的马匹以装备汉朝的骑兵队伍。《史记》卷一百二十三《大宛列传》记载，张骞出使西域时，曾经两次经过大宛，他向汉武帝报告所见闻的情况中有大宛“多善马，马汗血，其先天马子也”。在返回汉朝时，张骞还带乌孙等国使者数十人，“马数十匹报谢，因令窥汉，知其广大”。汉武帝得到乌孙所献的好马，名曰“天马”。太初四年春，贰师将军李广利斩大宛王首，获汗血马，“及得大宛汗血马，益壮，更名乌孙马曰‘西极’，名大宛马曰‘天马’云”。汉武帝获得大宛的天马，名曰蒲梢。汉武帝为此还作《西极天马之歌》。诗云：“天马来兮从西极，经万里兮归有德。承灵威兮降外国，涉流沙兮四夷服。”② 关于汗血马，应劭曰：“大宛旧有天马种，蹋石汗血。汗从前肩髆出，如血。号一日千里。”师古曰：“蹋石者，谓蹋石而有迹，言其蹄坚利。”汗血马的获得使西汉得到了良种马匹。汗血马在战争中能够长途奔袭，对汉朝维护边疆地区的安定起了重要作用。

除了从西域地区获取良种马之外，秦汉时期黄河流域还从代北地区获取良种马匹。早在秦惠王时，苏秦曾经劝说惠王：“秦四塞之国，被山带渭，东有关河，西有汉中，南有巴蜀，北有代马，此天府也。以秦士民之众，兵法之教，可以吞天下，称帝而治。”③ 关于“代马”，《索隐》按：“谓代郡马邑也。《地理志》代郡又有马城县。一云代马，谓代郡兼有胡马之利。”这说明北方地区的代郡是少数民族地区的马匹进入黄河流域的重要通道。张良在谈及迁都长安的优越之处时有“北有胡苑之利”的说法。《索隐》崔浩云：“苑马牧外接胡地，马生于胡，故云胡苑之利。”《正义》：“《博物志》云‘北有胡苑之塞’。按：上郡、北地之北与胡接，可以牧养禽兽，又多致胡马，故谓胡苑之利也。”由此可以看出，少数民族地区的马匹也可以顺利运到关中，也为良种马匹繁衍提供了条件。《史记》卷一百二十九《货殖列传》云：“塞之斥也，唯桥姚已致马千匹，牛倍之，羊万头，粟以万钟计。”

① 司马迁．1982．史记．卷30．平准书．北京：中华书局．1425

② 司马迁．1982．史记．卷24．乐书．北京：中华书局．1178

③ 司马迁．1982．史记．卷69．苏秦列传．北京：中华书局．2242

桥姚利用在边塞主斥候卒的机会快速致富，也是利用来自少数民族地区的马匹。

秦汉时期在获取良种马匹以后，中央政府设立了专门的机构来管理这些良种马匹。《汉书》卷十九上《百官公卿表》“太仆”条云：“又边郡六牧师菀令，各三丞；又牧橐、昆蹄令丞皆属焉。”《后汉书志》卷二十五《百官志二》“太仆”条下记载，“又有牧师菀，皆令官，主养马，分在河西六郡界中，中兴皆省，唯汉阳有流马菀，但以羽林郎监领”。西汉时期在河西地区六郡所养之马，极有可能来自西部草原地区。汉景帝前元六年六月，“匈奴入雁门，至武泉，入上郡，取苑马。吏卒战死者二千人”①。如淳曰：“《汉仪注》太仆牧师诸苑三十六所，分布北边、西边。以郎为苑监，官奴婢三万人，养马三十万疋。”师古曰：“武泉，云中之县也。养鸟兽者通名为苑，故谓牧马处为苑。”为了保护上郡地区的战马，汉军战死了二千人。这些战马有可能是来自北部草原地区的良种马匹。《史记》卷三十《平准书》云：“孝景时，上郡以西旱，亦复修卖爵令，而贱其价以招民；及徒复作，得输粟县官以除罪。益造苑马以广用，而宫室列观舆马益增修矣。”《索隐》：“谓增益苑囿，造厩而养马以广用，则马是军国之用也。”由此可知汉景帝时，上郡曾有官方养马机构。《汉书》卷二十八下《地理志》记载，北地郡有“有河奇苑、号非苑”，“有堵苑、白马苑”，并“有牧师菀官”等专门养马的机构和官员。汉武帝在建元元年七月下诏：“卫士转置送迎二万人，其省万人。罢苑马，以赐贫民。”② 师古曰：“养马之苑，旧禁百姓不得刍牧采樵，今罢之。”司马迁在《史记》卷一百二十九《货殖列传》评价说：“天水、陇西、北地、上郡与关中同俗，然西有羌中之利，北有戎翟之畜，畜牧为天下饶。”这说明了汉朝沿边地区利用少数民族地区的畜牧业发展黄河流域畜牧业的事实。汉昭帝始元六年，在讨论盐铁政策时，桑弘羊作为御史大夫对汉匈之间物资交流有过精彩评价。他说：“今山泽之财，均输之藏，所以御轻重而役诸侯也。汝、汉之金，纤微之贡，所以诱外国而钓胡、羌之宝也。夫中国一端之缦，得匈奴累金之物，而损敌国之用。是以骡驴馲驼，衔尾入塞，驒騱騵马，尽为我畜，鼲貂狐貉，采旃文罽，充于内府，而璧玉珊瑚琉璃，咸为国之宝。是则外国之物内流而利不外泄也。异物内流则国用饶，利不外泄则民用给矣。”③ 这很明确地指出了来自匈奴的牲畜进入黄河流

① 班固.1962. 汉书. 卷5. 景帝纪. 北京：中华书局.150

② 班固.1962. 汉书. 卷6. 武帝纪. 北京：中华书局.157

③ 桓宽. 盐铁论. 卷1. 力耕第二. 载：王贞珉.1995. 盐铁论注译. 长春：吉林文史出版社. 19

域的社会经济范畴。元凤二年六月，汉昭帝下诏："朕闵百姓未赡，前年减漕三百万石。颇省乘舆马及苑马，以补边郡三辅传马。其令郡国毋敛今年马口钱，三辅、太常郡得以叔粟当赋。"[①] 京城长安的乘舆马及苑马不用于军事，而边郡地区的马匹是要用于军事行动的，所以汉昭帝下诏减少长安的乘舆马及苑马，以保证边郡地区的马匹数量。汉元帝也曾下诏减少苑马的数量。初元元年六月，"以民疾疫，令大官损膳，减乐府员，省苑马，以振困乏"[②]。只不过汉元帝减少苑马是为了减轻百姓的负担，在这里汉元帝没有提到边境地区的马匹饲养情况，可能关系国家安全的边境地区的战马不在减省的系列。汉宣帝时，霍光死后，杜延年作为霍氏旧人，深为丞相魏相所痛恨，上奏"延年素贵用事，官职多奸"，最后汉宣帝派人彻查，"但得苑马多死，官奴婢乏衣食"。因为苑马多死，最后，杜延年被免官。[③] 东汉伏波大将军马援的父亲在西汉末年"尝为牧师令"，其兄长马员"为护苑使者"。马援在少年时因长兄马况"出为河南太守，次两兄为吏京师，见家用不足，乃辞况欲就边郡畜牧"。后来因为马况卒而未成行。在任郡督邮时，因私放罪犯，逃亡北地郡，被赦免后，"因留牧畜，宾客多归附者，遂役属数百家"。因为父兄曾经管理朝廷的边境地区的畜牧业，所以"故人宾客皆依援"[④]。马援在北地郡所从事的是私营畜牧业，是规模较大的私营畜牧业主，这种养马业的发展也是依赖官营畜牧业而发展的。上述边疆地区的养马机构到汉和帝时开始减少，永元五年二月，"诏有司省减内外厩及凉州诸苑马"。李贤注引《汉官仪》曰："未央大厩，长乐、承华等厩令，皆秩六百石。"又云："牧师诸苑三十六所，分置西北边，分养马三十万头。"汉顺帝永和五年夏，"且冻、傅难种羌等遂反叛，攻金城，与西塞及湟中杂种羌胡大寇三辅，杀害长吏。……且冻分遣种人寇武都，烧陇关，掠苑马"[⑤]。两汉政府在沿边和关中地区设立专门的养马机构从事养马，有利于边地的马匹迅速适应内地的水土条件。

秦汉时期，黄河流域的牲畜还有一部分是来自从少数民族地区缴获的战利品，秦汉政府在获取这些牲畜，特别是马匹以后，往往将其用于作战。汉武帝元朔二年，匈奴人攻杀辽西太守，并且将渔阳郡二千余人掳掠走。为了

① 班固．1962．汉书．卷7．昭帝纪．北京：中华书局．228

② 班固．1962．汉书．卷8．元帝纪．北京：中华书局．280。《汉书》卷七十五《翼奉传》云："是岁，关东大水，郡国十一饥，疫尤甚。上乃下诏江海陂湖园池属少府者以假贫民，勿租税；损大官膳，减乐府员，省苑马，诸宫馆稀御幸者勿缮治；太仆少府减食谷马，水衡省食肉兽。"

③ 班固．1962．汉书．卷60．杜周传附延年传．北京：中华书局．2665

④ 范晔．1965．后汉书．卷24．马援传．北京：中华书局．828

⑤ 范晔．1965．后汉书．卷87．西羌传．北京：中华书局．2895

抵抗匈奴的进攻，汉武帝派遣将军李息从代郡出击，车骑将军卫青从云中郡到高阙之间全面出击，卫青“遂略河南地，至于陇西，捕首虏数千，畜数十万，走白羊、楼烦王”。正因为此次战争的胜利，汉朝开始设立朔方郡。[①] 汉昭帝时，赵充国进攻先灵羌，“卤马牛羊十万余头，车四千余两”[②]。元凤五年秋，“大鸿胪广明、军正王平击益州，斩首捕虏三万余人，获畜产五万余头”[③]。这些来自草原地区的牲畜进入黄河流域对这一地区马匹品种的改良起了重要作用。

东汉时期，随着对外战争的继续，俘获的牲畜数量也在增加。建武九年，在平定割据陇西隗嚣时，来歙“率盖延、刘尚及太中大夫马援等进击羌于金城，大破之，斩首虏数千人，获牛羊万余头，谷数十万斛”[④]。建武十一年，马援任陇西太守，率领三千骑兵，在临洮击败先灵羌，“获马牛羊万余头”[⑤]。汉章帝末年，护羌校尉张纡诱杀烧当种羌迷吾等人，引起羌人群情激奋。邓训代替张纡后，采取了一系列措施赢得了羌族的人心，所以在后来与迷吾之子迷唐在写谷作战时，“斩首虏六百余人，得马牛羊万余头”。这一年春天，邓训又派遣任尚率领湟中军队六千余人继续追击迷唐残部。当任尚在夜间被迷唐所进攻时，“于是义从羌胡并力破之，斩首前后一千八百余级，获生口二千人，马牛羊三万余头，一种殆尽”，迷唐率领残部远逃。[⑥] 两次战役缴获的牲畜共有四万余头。《后汉书》卷八十七《西羌传》中有许多关于边疆地区牲畜被缴获的记载。如永初七年夏，“骑都尉马贤与侯霸掩击零昌别部牢羌于安定，首虏千人，得驴骡骆驼马牛羊二万余头，以畀得者”。汉顺帝永建初年，陇西钟羌反叛，阳嘉四年，钟羌又进攻陇西，“马贤亦发陇西吏士及羌胡兵击杀良封，斩首千八百级，获马牛羊五万余头”。永和三年冬，“烧当种那离等三千余骑寇金城塞，马贤将兵赴击，斩首四百余级，获马千四百匹”。次年，“马贤将湟中义从兵及羌胡万余骑掩击那离等，斩之，获首虏千二百余级，得马骡羊十万余头”。永和五年，东西羌会合进攻陇西，“武威太守赵冲追击巩唐羌，斩首四百余级，得马牛羊驴万八千余头，羌二千余人降”。汉安三年夏，护羌校尉赵冲与汉阳太守张贡袭击烧何种羌人，“斩首千五百级，得牛羊驴十八万头”。建康元年春，护羌从事马玄被羌人所诱惑，“将羌众亡出塞”，兼任护羌校尉的卫瑶率军追击马玄等人，“得牛马

---

① 司马迁．1982．史记．卷111．卫将军骠骑列传．北京：中华书局．2923
② 班固．1962．汉书．卷69．赵充国传．北京：中华书局．2983
③ 班固．1962．汉书．卷7．昭帝纪．北京：中华书局．223
④ 范晔．1965．后汉书．卷15．来歙传．北京：中华书局．588
⑤ 范晔．1965．后汉书．卷24．马援列传．北京：中华书局．835
⑥ 范晔．1965．后汉书．卷16．邓禹传附子训传．北京：中华书局．610

羊二十余万头”。在与其他少数民族如匈奴族的作战中，汉朝军队虏获牲畜的记载也很多。建武二十一年，武威将军刘尚金攻占据益州的少数民族蚕栋，“凡首虏七千余人，得生口五千七百人，马三千匹，牛羊三万余头，诸夷悉平”①。延光四年秋天，在西域活动的班勇，调发敦煌、张掖、酒泉六千骑兵及鄯善、疏勒、车师前部的军队进攻车师后部，“首虏八千余人，马畜五万余头”②。

上述这些虏获自少数民族地区的牲畜，不可能被完全运入黄河流域进行饲养，但至少有部分精壮的牲畜被运了进来，成为黄河流域畜牧业发展的新的活力。可以这样认为，正因为有周边地区的牲畜不断地进入黄河流域，黄河流域的畜牧业才保持了不断发展的旺盛势头。

第四节　物种传入所反映的黄河文化融合周边文化的记载

秦汉时期，随着对外交往的扩大，周边地区的物种也传入黄河流域，并成为这一地区的重要物产。黄河文化以其优势的文化兼容性，加之黄河流域适宜的自然环境，使周边地区特别是西北草原地区的物种在移植到黄河流域后种植范围迅速扩大，并成为黄河流域的重要物产。

汉武帝时期，代表西域特殊地区的植物品种如葡萄、稗麦、苜蓿、胡麻等开始进入黄河流域，并进而得到广泛种植。这从物产层面表明黄河文化的巨大兼容性。关于西域产葡萄的记载，《史记》卷一百二十三《大宛列传》云：“宛左右以蒲陶为酒，富人藏酒至万余石，久者数十岁不败。俗嗜酒，马嗜苜蓿。”《汉书》卷九十六上《西域传上》记载，西域的且末国、难兜国、罽宾国、大宛国等皆有“蒲陶诸果”。葡萄的生长需要相对充足的阳光，西域地区干旱少雨的环境非常适合葡萄的生长。葡萄的生长也需要一定的灌溉，上述诸国大多位于天山南麓，有融化了的雪水灌溉。再加上这里深处内陆，昼夜温差大，使这里的葡萄含糖量很高，香甜可口，非常有名。随着汉朝使节的往来，葡萄种子被带回黄河流域种植，“汉使取其实来，于是天子始种苜蓿、蒲陶肥饶地。及天马多，外国使来众，则离宫别观旁尽种蒲萄、苜蓿极望”。关于葡萄传入内地有多种说法。其一为葡萄来自匈奴之说。杜恕《笃边论》曰：“汉征匈奴，取其胡麻、稗麦、苜蓿、蒲萄，示广地也。”

---

① 范晔.1965. 后汉书. 卷86. 南蛮西南夷列传. 北京：中华书局.2847

② 范晔.1965. 后汉书. 卷47. 班超传·附子勇传. 北京：中华书局.1590

其二为葡萄来自西域大宛、龟兹之说。“龟兹国胡人奢侈，家有至千斛蒲萄，汉使取实来，离宫别馆傍尽种。”可见葡萄刚传入内地是在京城长安开始种植的。“汉李广利为二师将军，破大宛，得蒲萄种归汉”①。《博物志》曰：“西域蒲萄酒，传云可至十年。又曰：张骞使西域还，得蒲萄。”《齐民要术》卷四《种桃柰附蒲萄》云：“汉武帝使张骞至大宛，取蒲萄实，于离宫别馆旁尽种之。西域有蒲萄，蔓延，实并似蘡。”这是葡萄来自大宛、龟兹等地的说法。上述文献的几种说法都有一定的道理，可能是葡萄来自西北地区的不同国家，由不同的人带入黄河流域。其三，葡萄黄河流域古已产之，从西域引进的是不同品种。《神农本草经》卷一《上经·葡萄》云：“《周礼》场人云：树之果蓏，珍异之物。郑元云：珍异，葡萄、枇杷之属，则古中国本有此，大宛种类殊常，故汉特取来植之。”《西京杂记》卷三曰：“尉陀献高祖鲛鱼、荔枝，高祖报以蒲桃锦四匹。”刘邦时期，黄河流域已经可以织出葡萄花纹的锦，可见内地也无疑有葡萄。正因为传自西域地区的葡萄质地较之于内地原有的葡萄质量较高，所以有许多书籍记载了当时内传葡萄的情况。《汉武帝内传》曰：“西王母尝下，帝设蒲萄酒。”虽然《汉武帝内传》的史料性相对较差，但可以佐证葡萄传入黄河流域的事实。司马相如《上林赋》中有“樱桃蒲陶，隐夫薁棣，荅遝离支，罗乎后宫，列乎北园，貤丘陵，下平原，扬翠叶，扤紫茎，发红华，垂朱荣，煌煌扈扈，照曜钜野”的精彩描写。傅玄《蒲萄赋》曰：“逾龙堆之险，越悬度之阻，涉乎三光之阪，历乎身热之野。”②《蒲萄赋》对葡萄经历千难万险传入黄河流域并适应黄河流域的气候而得以广泛种植的经过记述得非常详细。因为葡萄的广泛种植，汉代甚至有“上林苑蒲陶宫”建筑。

随着与西域地区交往的日益加深，胡麻也自西域传入。除了前文杜恕的《笃边论》提及外，《五符经》曰：“胡麻本生大宛，又名巨胜，服之不息，与世长存。五穀之长也，服之可以知万物，通神明。”③胡麻传入内地后，很快得以推广，《氾胜之书》卷上《区种法篇》中有“区种荏，令相去三尺，胡麻相去一尺”的记载，表明胡麻很快就适应了内地环境并得以种植，人们还总结出胡麻种植的经验。崔寔《四民月令》“二月可种胡麻，谓之上时也”所总结的种植时令颇为恰当。此外，三月、四月和五月都“可种胡麻”④《东观汉记》云：“李珣为兖州刺史。所种小麦、胡麻悉付从事，一无

---

① 欧阳询．1982．艺文类聚．卷87．果部下·蒲萄．新1版．上海：上海古籍出版社．1495
② 李昉．1960．太平御览．卷972．果部九·蒲萄．北京：中华书局．4309
③ 李昉．1960．太平御览．卷669．道部十一·服饵上．北京：中华书局．2984
④ 崔寔．四民月令．载：严可均（校补）．1958．全后汉文．卷47．北京：中华书局．729～732

所留，清约率下，常席羊皮布被。”① 胡麻在这里成为廉洁官员的象征。《抱朴子·内篇》卷十一《仙药》云：“巨胜一名胡麻，饵服之不老，耐风湿，补衰老也。桃胶以桑灰汁渍服之，百病愈。久服之，身轻有光明，在晦夜之地，如月出也。多服之则可以断榖。”《汉武内传》亦曰：“鲁女生，长乐人。初饵胡麻及术，绝谷八十余年，日少壮，色如桃花，日能行三百里，走及麞鹿。”② 这表明胡麻已经成为一种极好的减肥食品。

苜蓿作为牲畜饲料，也是随着黄河流域的汉政府与西域交往的加深而被汉朝使节带入内地的。《汉书》卷九十六《西域传上·大宛国传》记载，张骞出使西域后，汉政府又派遣李广利前后率军十万征讨大宛，终于获得三千余匹汗血马。是后，汉政府“又发使十余辈，抵宛西诸国求奇物，因风谕以伐宛之威。宛王蝉封与汉约，岁献天马二匹。汉使采蒲陶、目宿种归。天子以天马多，又外国使来众，益种蒲陶、目宿离宫馆旁，极望焉”。师古曰：“今北道诸州旧安定、北地之境往往有目宿者，皆汉时所种也。”《正部》曰：“张骞使还，始得大蒜、苜蓿。”③《王逸子》曰：“或问：‘张骞可谓名使者欤?’曰：‘周流绝域，东西数万里，其中胡貊皆知其习俗；得始大蒜、葡萄、苜蓿等。’”④《博物志》曰：“张骞使西域，所得蒲桃、胡葱、苜蓿。”苜蓿进入内地后，开始在黄河流域广泛种植，首先在皇帝的离宫别馆的旁边空地上种植。《西京杂记》卷一曰：“乐游苑自生玫瑰树，树下多苜蓿。”两汉中央政府内部有专门管理皇宫苜蓿种植的官员。东汉长乐厩丞二人，其属员在《汉官》中有所描述：“员吏十五人，卒驺二十人。苜蓿菀官田所一人守之。”这种大规模的苜蓿园在后来的史书中也有记载。《述异记》曰：“张骞苜蓿园，在今洛中，苜蓿，本胡中菜，骞始于西国得之。”⑤ 陆机《与弟书》曰：“张骞使外国十八年，得苜蓿归。”⑥ 西晋武帝时，华廙因为坚持为父亲服丧，激怒了晋武帝，被免官，华廙在家十年，除教育子孙、讲诵经典外，还养猪种植苜蓿，“帝后又登陵云台，望见廙苜蓿园，阡陌甚整，依然感旧”⑦。《洛阳伽蓝记》卷五《城北》曰：“中朝时宣武场在大夏门东北，今为光风园，苜蓿生焉。”可见苜蓿自传入内地后被广泛种植用于牲畜饲料。

除了上述几个典型品种外，还有一些品种来自域外。《神农本草经》卷

---

① 李昉 . 1960. 太平御览 . 卷 256. 职官部五十四·良刺史上 . 北京：中华书局 . 1201
② 范晔 . 1965. 后汉书 . 卷 82. 方术传下·华佗传 . 李贤注引 . 北京：中华书局 . 2741
③ 李昉 . 1960. 太平御览 . 卷 977. 菜茹部二·蒜 . 北京：中华书局 . 4329
④ 李昉 . 1960. 太平御览 . 卷 779. 奉使部三·奉使下 . 北京：中华书局 . 3453
⑤ 李昉 . 1960. 太平御览 . 卷 996 百卉部三·苜蓿 . 北京：中华书局 . 4408
⑥ 贾思勰 . 2006. 齐民要术 . 卷 3. 种苜蓿 . 上海：上海古籍出版社 . 220
⑦ 房玄龄 . 1974. 晋书 . 卷 44. 华表传附子廙传 . 北京：中华书局 . 1261

二《中经·当归》吴普曰："当归，神农黄帝桐君扁鹊甘无毒，岐伯雷公辛无毒，李氏小温，或生羌胡地。"这说明来自少数民族地区的当归质地优良。石榴也是由张骞从西域传入内地的。陆机《与弟云书》曰："张骞为汉使外国十八年，得涂林安熟榴也。"[①] 大豆也是从西域传入黄河流域的。《本草经》曰："生大豆，张骞使外国，得胡麻豆，或曰戎菽。"[②]《博物志》曰："外国得胡麻豆，或曰戎菽。"[③] 与上述品种同时传入的还有大蒜。《齐民要术》卷三《种蒜》云："王逸曰：张骞周流绝域，始得大蒜、葡萄、苜蓿。《博物志》：张骞使西域，得大蒜、胡荽。延笃曰：张骞大宛之蒜。潘尼曰：西域之蒜。"从东汉时期的王逸、延笃到西晋时期的张华、潘尼都指出大蒜是张骞从西域带回的物种，虽然说后人颇为怀疑这种说法的准确性，但随着西域道路的开辟，西域地区的物种不断传入内地当属事实。

西域和北方草原地区的物种流传至黄河流域，并经过本地区改良成为当地的特产，说明黄河流域的自然环境适合种植来自域外的植物品种。众多植物品种在汉代传入黄河流域并得以成功种植，表明黄河文化具有很强的融合能力，这里的人民能够广泛吸收来自异邦他族的物质文明并为己所用。

第五节　社会生活领域的交融

秦汉时期，黄河文化的日趋成熟表现在多方面。随着对外交往的扩大，黄河文化开始融合周边地区各种异族文化，从而扩大了黄河文化的内涵。黄河文化也影响到周边地区少数民族的生活习惯，使在这一时期两种文化的交流呈现出异彩纷呈的局面。

关于黄河文化与草原文化之间的影响较为典型的例子是汉灵帝喜好来自少数民族地区的多种物品。《后汉书志》卷十三《五行志一·服妖条》云："灵帝好胡服、胡帐、胡床、胡坐、胡饭、胡空侯、胡笛、胡舞，京都贵戚皆竞为之。"《太平御览》卷八百六十《饮食部十八·饼》引《续汉书》曰：

---

① 欧阳询．1982．艺文类聚．卷 86．果部上·石榴．新 1 版．上海：上海古籍出版社．1480。《太平御览》卷九百七十《果部七·石榴》引《博物志》曰："张骞使西域还，得安石榴。"引陆机《与弟云书》曰："张骞为汉使外国十八年，得途林安石榴也。"《齐民要术》卷四《安石榴》云："陆机曰：张骞为汉使外国十八年，得涂林。涂林，安石榴也。"《本草纲目》卷三十引《博物志》云："汉张骞使西域得涂林安石国榴种以归，故名安石榴。"

② 李昉．1960．太平御览．卷 841．百谷部五·豆．北京：中华书局．3760。《齐民要术》卷二《大豆》云："《本草经》云：张骞使外国，得胡豆。"

③ 欧阳询．1982．艺文类聚．卷 94．兽部中·羊．新 1 版．上海：上海古籍出版社．1633

“灵帝好胡饼，京师皆食胡饼，后董卓拥胡兵破京师之应。”《续汉书》亦曰：“灵帝好胡服，作胡箜篌。”①《风俗通》曰：“灵帝好胡服帐，京师皆竞为之。”② 汉灵帝喜爱来自少数民族地区的众多物品，说明在东汉时期黄河文化与草原文化的交流非常频繁和深入。其实，众多物品的传入所反映的文化之间的融合早已见诸史书的记载。赵武灵王时所推行的“胡服骑射”就是将少数民族的服饰引入中原，通过改革服饰并进而进行社会变革，使赵国走向富强的道路。因而史书有“赵武灵王亦变俗胡服，习骑射，北破林胡、楼烦”之说。胡广说曰：“赵武灵王效胡服，以金珰饰首，前插貂尾，为贵职。秦灭赵，以其君冠赐近臣。建武时，匈奴内属，世祖赐南单于衣服，以中常侍惠文冠。”可见冠饰的变化也源自少数民族。《中华古今注》卷上《舆服·貂蝉》云：“胡服也。貂者，取其文而不炳焕，外柔易而内刚劲也。蝉，取其清虚识变也。在位者有文而不自耀，有武而不示人，清虚自牧，识时而动也。”同书卷中《搭耳帽》云：“本胡服，以韦为之，以羔毛络缝。赵武灵王更以绫绢，皂色为之，始并立。其名爪牙帽子，盖军戎之服也。又隐太子常以花搭耳帽子，以畋猎、游宴，后赐武臣及内侍从。”这种帽子本来自少数民族地区，经过改变成为军队的帽子。到后赵石勒时，对来自少数民族物品的名称进行了改换。《邺中记》曰：“石勒讳胡，胡物皆改名，胡饼曰麻饼，胡绥曰香绥，胡豆曰国豆。”③ 随着双方交往的加深，胡汉民族之间的服饰交流也开始频繁起来。在对方阵营生活的人都开始适应其生活方式，穿上当地的服饰。西汉初年，燕人卫满“为胡服，东度浿水”，依附朝鲜王箕准，为其守西界，最后夺取其政权。④ 如李陵投降匈奴后遇汉昭帝大赦，汉朝使者任立政等三人出使匈奴后，见李陵“胡服椎结”。⑤

箜篌传入黄河流域后，开始在社会上广为流传。汉武帝灭南越后，“作二十五弦及箜篌瑟自此起”⑥。《古诗为焦仲卿妻作》中有“十五弹箜篌”之说。箜篌传入黄河流域后，又传入朝鲜半岛。西晋崔豹《中华古今注》卷中《音乐》云：“《箜篌引》者，朝鲜津卒霍里子高妻丽玉所作也。子高晨起刺船而櫂，有一白首狂夫，被发提壶，乱流而渡。其妻随而止之，不及，遂堕河而死。于是援箜篌而歌曰：‘公无渡河，公竟渡河，堕河而死，将奈公何！’声甚凄怆，曲终亦投河而死。子高还，以语丽玉。丽玉伤之，乃

① 欧阳询.1982. 艺文类聚. 卷44. 乐部四·箜篌. 新1版. 上海：上海古籍出版社.787
② 李昉.1960. 太平御览. 卷699. 服用部一·帐. 北京：中华书局.3120
③ 欧阳询.1982. 艺文类聚. 卷85. 百穀部·豆. 新1版. 上海：上海古籍出版社.1453
④ 陈寿.1982. 三国志. 卷30. 魏书·东夷传附韩传. 第2版. 北京：中华书局.850
⑤ 班固.1962. 汉书. 卷54. 李广传附孙陵传. 北京：中华书局.2458
⑥ 司马迁.1982. 史记. 卷12. 孝武本纪. 北京：中华书局.472

引箜篌而写其声，闻者莫不堕泪饮泣。丽玉以其曲传邻女丽容，名曰《箜篌引》。又有《箜篌谣》，不详所起，大略言结交当有终始，与此异也。”既然朝鲜半岛有用箜篌伴奏唱歌的现象，那么，箜篌传播的地区之广泛显而易见。

除了箜篌外，角这种乐器也来自少数民族。徐广《车服仪制》曰：“角，前世书记所不载。或云本出羌胡，吹以惊中国之马，或云本出吴越。”①《宋书》卷十九《乐志一》：“角，书记所不载。或云出羌胡，以惊中国马。或云出吴越。”《通礼义纂》曰：“长鸣，角也。按：蚩尤师魍魉与黄帝战于涿鹿。帝命吹角为龙鸣以御之。魏武帝征乌桓，军士思归，乃减角为中鸣，其声尤悲，以应胡笳。晋、宋以降，沿袭用之，有长鸣。唐礼大驾陈一百二十具，是承晋、魏之制也。”② 《晋书》卷二十三《乐志下》有“胡角”的记述，也说明“胡角”传自西域。“胡角者，本以应胡笳之声，后渐用之横吹，有双角，即胡乐也。张博望入西域，传其法于西京，惟得《摩诃兜勒》一曲。李延年因胡曲更造新声二十八解，乘舆以为武乐。后汉以给边将，和帝时，万人将军得用之。魏晋以来，二十八解不复具存，用者有《黄鹄》、《陇头》、《出关》、《入关》、《出塞》、《入塞》、《折杨柳》、《黄覃子》、《赤之杨》、《望行人》十曲”。可见“胡角”传入内地以后经过改造作为军队使用的乐器。

此外，胡笳也是从匈奴传入。晋《先蚕仪注》曰：“胡笳，汉旧录有其曲，不记所出本末。笳者，胡人卷芦叶吹之以作乐也，故谓曰胡笳。”胡笳声调悠长而呜咽，听后往往令人思乡。李陵被匈奴人所俘，曾给出使匈奴的苏武写信，信中有“凉秋九月，塞外草衰，夜不能寐，侧耳远听，胡笳互动，牧马悲鸣，吟啸成群，听之不觉泪下”的描写。③ 蔡文姬被匈奴左贤王所虏，春月夜登楼闻听胡笳之声，作《悲愤诗》云：“胡笳动兮边马鸣，孤雁归兮声嘤嘤。”西晋末年，刘琨被匈奴族包围在晋阳，“琨乃乘月登楼清啸，贼闻之，皆凄然长叹。中夜奏胡笳，贼又流涕歔欷，有怀土之切。向晓复吹之，贼并弃围而走”④。由此可见民族音乐之间所弹奏的乐调的相通之处。

另外，琵琶则从匈奴族传入黄河流域又传至西域以远。《释名》曰：

---

① 李昉．1960．太平御览．卷338．兵部六十九·角．北京：中华书局．1550

② 李昉．1960．太平御览．卷584．乐部二十二·角．北京：中华书局．2633

③ 欧阳询．1982．艺文类聚．卷30．人部十四·别下·怨．新1版．上海：上海古籍出版社．533

④ 房玄龄．1974．晋书．卷62．刘琨传．北京：中华书局．1690

"琵琶，本胡中马上所鼓。推手前曰琵，引手却曰琶，因以为名。"① 很显然，琵琶是从少数民族地区传入黄河流域，并经过改造后传入西域的。《风俗通》曰："谨按，琵琶近世乐家所作，不知所起，长三尺五寸，法天地人与五行也。又四弦象四时也。以手琵琶之，因以为名。"② 傅玄《琵琶赋》曰："汉遣乌孙公主嫁昆弥，念其行道思慕，故使工人裁筝、筑，为马上之乐。欲从方俗语，故名曰琵琶，取其易传于外国也。"晋石崇《明君辞》曰："王明君者，本为王昭君，以触文帝讳改之，匈奴盛，请婚于汉，元帝以明君配焉，昔公主嫁乌孙，令琵琶马上作乐，以慰其道路之思，其送明君，亦必尔也。"杜挚云："长城之役，百姓弦鼗而鼓之。"③ 并未详孰是。从上述所列的诸条史料可以看出，琵琶传入黄河流域并由此传到西域地区是很复杂的一件事。

笛也是从边疆地区传入黄河流域的。《宋书》卷十九《乐志》记述了有关笛的起源的三种说法，"笛，案马融《长笛赋》，此器起近世，出于羌中，京房备其五音。又称丘仲工其事，不言仲所造。《风俗通》则曰：'丘仲造笛，武帝时人。'其后更有羌笛尔。三说不同，未详孰实"。沈约备列三种说法，但至少有一种说法是源于羌人。《风俗通义》卷六《笛》："谨按《礼乐记》，武帝时丘仲之所作也。笛者，涤也，所以荡涤邪秽，纳之于雅正也。长一尺四寸，七孔，其后又有羌笛。"马融《笛赋》亦云："近世双笛从羌起，羌人伐竹未及已。龙鸣水中不见已，截竹吹之音相似。剡其上孔通洞之，材以当榹便易持。京君明贤识音律，故本四孔加一。君明所加孔后出，是渭商声五音毕。批把，谨按此近世乐家所作，不知谁也。以手批把，因以为名。长三尺五寸，法天地人与五行，四弦象四时。"《梦溪笔谈》卷五《乐律一》云："笛有雅笛，有羌笛。其形制所始，旧说皆不同。《周礼》：'笙师掌教篪笛。'或云：'汉武帝时，丘仲始作笛。'又云：'起于羌人。'"明人徐准《卢龙塞》云："燕呼黑水作卢龙，塞北风沙泣断蓬。汉将已随羌笛老，秦人莫恨久从戎。"由此可知，传入黄河流域的羌笛已经经过改造，成为流行的乐器。

随着少数民族使节频繁地进入黄河流域，汉政府在对外交往中也频频从游乐活动中展示黄河文化的博大精深。《史记》卷一百二十三《大宛列传》记载汉武帝时期向外国展示汉朝的富庶和兴盛。

是时上方数巡狩海上，乃悉从外国客，大都多人则过之，散财

① 李昉.1960.太平御览.卷583.乐部二十一·琵琶.北京：中华书局.2627

② 李昉.1960.太平御览.卷583.乐部二十一·琵琶.北京：中华书局.2627～2628

③ 李昉.1960.太平御览.卷583.乐部二十一·琵琶.北京：中华书局.2628

帛以赏赐，厚具以饶给之，以览示汉富厚焉。于是大觳抵，出奇戏诸怪物，多聚观者，行赏赐，酒池肉林，令外国客遍观各仓库府藏之积，见汉之广大，倾骇之。及加其眩者之工，而觳抵奇戏岁增变，甚盛益兴，自此始。

《汉书》卷九十六《西域传》也云："设酒池肉林以飨四夷之客，作《巴俞》都卢、海中《砀极》、漫衍鱼龙、角抵之戏以观视之。及赂遗赠送，万里相奉，师旅之费，不可胜计。"汉武帝通过这种方式令海外来客备感汉朝的富强，从而一心一意地与汉朝融洽关系。西域地区的蹴鞠、弹棋也自汉武帝以后在宫廷内部流行并散布民间。《弹棋经序》曰：

弹棋者，仙家之戏也。昔汉武帝平西域，得胡人善蹴鞠者，盖炫其便捷跳跃，帝好而为之。群臣不能谏，侍臣东方朔因以此艺进之，帝就舍蹴鞠，而上弹棋焉。习之者多在宫禁中，故时人莫得而传。至王莽末，赤眉凌乱，西京倾覆，此艺因宫人所传，故散落人间。及章帝御宇，好诸伎艺，此戏乃盛于当时。①

由此可以看出西域地区流传至黄河流域的娱乐活动首先在社会上层流行，因西汉末年的战乱方才普及到民间，并且因汉章帝的喜爱在社会上大为流行。东汉时期随着与西域地区的交往日渐频繁，西域地区的娱乐活动也传入黄河流域的中心城市洛阳。《晋书》卷二十三《乐志》云：

后汉正旦，天子临德阳殿受朝贺，舍利从西方来，戏于殿前，激水化成比目鱼，跳跃嗽水，作雾翳日。毕，又化成黄龙，长八九丈，出水游戏，炫耀日光。以两大丝绳系两柱头，相去数丈，两倡女对舞，行于绳上，相逢切肩而不倾。

从这条材料可以看到类似今天的魔术活动从西域地区传入洛阳的表演过程，也可以看出黄河流域在接受来自西域的文化方面的惊异色彩。

第六节　星象变化反映的文化交流

司马迁在《报任安书》中叙述著《史记》的目的："亦欲以究天人之际，通古今之变，成一家之言。"能够直接反映司马迁天道德政思想的《史记》卷二十七《天官书》，所提出的天象预测人事观念，这在以汉文化为代表的黄河文化与草原文化的交流也多有反映。如"星变结和"就是强调要和

① 李昉．1960．太平御览．卷755．工艺部十二・弹棋．北京：中华书局．3350

邻邦建立良好的关系。

而且当时人认为胡汉形势也从星象上反映出来。秦统一天下后，“及秦并吞三晋、燕、代，自河山以南者中国。中国于四海内则在东南，为阳；……其西北则胡、貉、月氏诸衣旃裘引弓之民，为阴；阴则月、太白、辰星；占于街北，昴主之。故中国山川东北流，其维，首在陇、蜀，尾没于勃、碣。是以秦、晋好用兵，复占太白，太白主中国；而胡、貉数侵掠，独占辰星，辰星出入躁疾，常主夷狄：其大经也”①。《集解》韦昭曰：“秦晋西南维之北为阴，犹与胡、貉引弓之民同，故好用兵。”司马迁通过阴阳、星象的分布所折射的民族特色虽然带有迷信的成分，但仍然可以看作当时人对胡汉地理分布的思考。

这一阶段人们开始探索星象的变化与少数民族的关系。《史记》卷二十七《天官书》云：“东井为水事。其西曲星曰钺。钺北，北河；南，南河。”《正义》：“南河三星，北河三星，分夹东井南北，置而为戒。南河南戒，一曰阳门，亦曰越门；北河北戒，一曰阴门，亦为胡门。两戒间，三光之常道也。占以南星不见则南道不通，北亦如之；动摇及火守，中国兵起也。又云动则胡、越为变，或连近臣以结之。”通过张守节的解释我们可以看出，当时人们认为北河三星的变动必将引起少数民族的入侵，甚而勾结朝中大臣而为内应。这也反映了人们对胡汉关系的重视。

在汉代人看来，少数民族的军队的入侵也可以从星象上反映出来。《史记》卷二十七《天官书》：“昴曰髦头。”《正义》：“昴七星为髦头，胡星，亦为狱事。明，天下狱讼平；暗为刑罚滥。六星明与大星等，大水且至，其兵大起；摇动若跳跃者，胡兵大起；一星不见，皆兵之忧也。”时人认为七星摇动或跳跃必将是少数民族军队入侵黄河流域的时候，可以从天象上观察出来，以便及早防备。《史记》卷二十七《天官书》还说：“昴、毕间为天街。”《正义》：“天街二星，在毕、昴间，主国界也。街南为华夏之国，街北为夷狄之国。土、金守，胡兵入也。”昴宿、毕宿之间的二颗星是天街。街北，象征夷狄人的国家；街南，象征华夏建立的国家。如果土星和金星相对，那么将会出现少数民族入侵黄河流域。这种看法也说明以司马迁为代表的汉人也试图从天象上找出对付匈奴族入侵黄河流域的迹象来。

对于何时可以发动对少数民族的战争，汉人也通过天象加以观察。《史记》卷二十七《天官书》：“奎曰封豕，为沟渎。”《正义》云：“太白守奎，

① 司马迁．1982．史记．卷27．天官书．北京：中华书局．1347

胡、貊之忧，可以伐之。荧惑星守之，则有水之忧，连以三年。填星、岁星守之，中国之利，外国不利，可以兴师动众，斩断无道。”当太白星围绕奎时对于黄河流域是有利的，可以发动军队进攻无道的少数民族。汉武帝元光、元狩年间，“蚩尤之旗再见，长则半天”。这一天象变化使“其后京师师四出，诛夷狄者数十年，而伐胡尤甚”①。可见汉代已经将天象变化用在对匈奴族的军事战略方面。

① 司马迁．1982．史记．卷27．天官书．北京：中华书局．1349

第六章

曹魏时期的再交融

东汉末年的黄巾农民起义敲响了东汉政权的丧钟，而东汉王朝内部的权力之争，又为董卓等心怀叵测者覆亡东汉政权提供了借口。董卓进入东汉京城洛阳以后，杀害汉少帝，立汉献帝，加速了东汉政权的灭亡。虽然建安元年曹操挟持汉献帝于许，历史上仍然称作东汉，但实际上东汉政权已经控制在曹操手中，所以我们这里在叙述的过程中将建安年间开始的历史作为曹魏历史的组成部分。我们探讨曹魏时期黄河文化与草原文化的交流与融合也是从此开始的。

第一节　曹操时期的交融

曹操时期，黄河文化与草原文化的交流与融合是在曹操的一系列军事行动中实现的。东汉末年的战乱摧毁了东汉政权所建立的一切统治秩序，包括与北方草原民族所建立的联系也在社会动荡中荡然无存。曹操掌权以后，开始恢复和重建与少数民族的关系，而这一切是在战争的基础之上实现的。以下对曹操时期与北部边境诸少数民族的关系分别加以叙述。

（一）匈奴族

东汉末年，匈奴族势力趋于衰落，但仍然有一定的规模，所以，匈奴族也参与了东汉末年的军阀争斗。中平年间，为了平定中山太守张纯的叛乱，汉灵帝征发匈奴兵士，於夫罗率领匈奴的军队帮助汉朝平叛。其父呼徵单于被杀后，“於夫罗遂将其众留中国。因天下挠乱，与西河白波贼合，破太原、河内，抄略诸郡为寇”。初平三年（192 年）春，曹操“击匈奴於夫罗于内黄，皆大破之”。此次失败后，於夫罗依附于袁术，次年，又被曹操打败。①

---

① 陈寿.1982. 三国志. 卷1. 魏书·武帝纪. 第2版. 北京：中华书局.9

董卓之乱爆发后，袁绍逃出洛阳，自立为冀州刺史。他的从事沮授劝说袁绍凭借其威望，“震胁戎狄，则匈奴必从”①。可见在当时人的心目中，匈奴仍然具有较强的军事力量，是争夺天下应当争取的主要力量。董卓挟持汉献帝西迁长安后，关东地区的袁绍、韩馥等人谋立宗室刘虞为帝，刘虞“以国有正统，非人臣所宜言，固辞不许”。刘虞为了表明自己的心迹，甚至“乃欲图奔匈奴以自绝，绍等乃止”②。关东地区的军阀以袁绍为首准备进攻董卓。袁绍至河内，与何进派往并州的张杨联合，“复与匈奴单于於夫罗屯漳水”。於夫罗单于欲背叛袁绍，张杨不从。於夫罗单于胁迫张杨往北逃去，袁绍派遣麴义追击於夫罗于邺城之南，大败於夫罗的军队。於夫罗单于挟持张杨至黎阳，“攻破度辽将军耿祉军，众复振”③。由此可见，在东汉末年的军阀混战中，深入黄河流域的匈奴族人於夫罗不仅参与了军阀之间的角逐，而且发挥了一定的作用。

兴平元年（194 年），“南单于於扶罗死，弟呼厨泉立，居于平阳”。兴平二年十月，汉献帝逃出长安，驻扎在曹阳（今河南灵宝东），李傕率兵追赶。护送汉献帝的杨奉、董承假装与李傕连和，派人招白波起义军将领和匈奴右贤王去卑。他们各自率领数千人，打败李傕，然后依靠“匈奴右贤王于后为拒”逃往安邑。官渡之战中，建安七年（202 年）九月，“匈奴单于作乱平阳”，袁绍“遣所置河东太守郭援、并州刺史高幹及匈奴单于取平阳，发使西与关中诸将合从”。在这紧要关头，曹操派往都督关中诸军的钟繇取得马腾等人的支持。马腾派遣其子马超率领一万多人前去支援，将匈奴包围在平阳，袁尚的河东太守郭援到河东营救，钟繇趁其渡汾水之机，大败郭援的军队，斩郭援，“幹及单于皆降”。④ 曹操平定袁绍后，任命袁绍的外甥高幹为并州刺史。建安十年，高幹借曹操征讨乌丸之机，据并州叛乱。次年春，曹操征伐高幹。“幹闻之，乃留其别将守城，走入匈奴，求救于单于，单于不受。公围壶关三月，拔之”。高幹在逃往荆州途中被杀。⑤ 可见此时匈奴族已经认识到曹操的威势，他们不愿因救高幹而得罪曹操。

高幹在并州的势力被消灭后，曹操任命梁习以别部司马的身份兼领并州刺史，对南匈奴加速融入黄河文化起了有力的推动作用。《三国志》卷十五《梁习传》云：

---

① 陈寿 . 1982. 三国志 . 卷 6. 魏书 · 袁绍传 . 第 2 版 . 北京：中华书局 . 192

② 陈寿 . 1982. 三国志 . 卷 8. 魏书 · 公孙瓒传 . 裴注引 . 吴书 . 北京：中华书局 . 242

③ 陈寿 . 1982. 三国志 . 卷 8. 魏书 · 张杨传 . 第 2 版 . 北京：中华书局 . 251

④ 陈寿 . 1982. 三国志 . 卷 15. 魏书 · 张既传 . 第 2 版 . 北京：中华书局 . 472

⑤ 陈寿 . 1982. 三国志 . 卷 1 魏书 · 武帝纪 . 第 2 版 . 北京：中华书局 . 28

时承高幹荒乱之余，胡狄在界，张雄跋扈，吏民亡叛，入其部落；兵家拥众，作为寇害，更相扇动，往往棋跱。习到官，诱谕招纳，皆礼召其豪右，稍稍荐举，使诣幕府；豪右已尽，乃次发诸丁强以为义从；又因大军出征，分请以为勇力。吏兵已去之后，稍移其家，前后送邺，凡数万口；其不从命者，兴兵致讨，斩首千数，降附者万计。单于恭顺，名王稽颡，部曲服事供职，同于编户。边境肃清，百姓布野，勤劝农桑，令行禁止。

梁习对匈奴族各社会阶层采取不同的策略，将归附者控制起来，不从者予以镇压，使并州的匈奴族安定下来。因此史书称："后单于入侍，西北无虞，习之绩也。"

南匈奴长期居住在塞内，与汉族的交往日益加深，他们虽然"与编户大同而不输贡赋"。这样一种特殊的待遇，使南匈奴的人口迅速增加。当时官员"恐其户口滋蔓，浸难禁制"，建议曹操"宜豫为之防"。建安二十一年七月，曹操趁"匈奴南单于呼厨泉将其名王来朝，待以客礼，遂留魏，使右贤王去卑监其国"①。曹操将呼厨泉单于留在邺城，以"客礼"对待他，并且采取种种优待措施，"单于岁给绵、绢、钱、谷如列侯，子孙传袭其号"。曹操实际上是将匈奴单于扣留在邺城作为人质，然后，曹操对南匈奴进行了分离，"分其众为五部，各立其贵人为帅，选汉人为司马以监督之"②。"魏武分其众为五部，以豹为左部帅，其余部帅皆以刘氏为之"，於夫罗（《晋书》作"於扶罗"）之子刘豹为左部帅。③ 正因为曹操采取了这样的分裂南匈奴的措施，史书有"魏世匈奴遂衰"的说法。

当时汉匈的交往，还留下有趣的史话。《世说新语》卷下《容止篇》云：

魏武将见匈奴使，自以形陋，不足雄远国，使崔季珪代，帝自捉刀立床头。既毕，令间谍问曰："魏王何如？"匈奴使答曰："魏王雅望非常；然床头捉刀人，此乃英雄也。"魏武闻之，追杀此使。

透过这件有趣的事我们可以看到，匈奴使者已经对黄河文化有了深深的了解，他可以从一个人的行为举止看出此人所具有的文化修养，否则他不会看出曹操所扮作的捉刀人的气势。

① 陈寿 . 1982. 三国志 . 卷 1. 魏书 · 武帝纪 . 第 2 版 . 北京：中华书局 . 47

② 司马光 . 1956. 资治通鉴 . 卷 67. 汉纪五十九 · 孝献皇帝 . 北京：中华书局 . 2147

③ 房玄龄 . 1974. 晋书 . 卷 101. 刘元海载记 . 第 2 版 . 北京：中华书局 . 2645

(二) 乌丸(乌桓)族

汉末战乱，北部边境无军防守，给少数民族进入黄河流域提供了良机，见诸史书记载的乌丸就频繁参与了这一时期的军事活动。

关于东汉末年乌丸的情况，《三国志》卷三十《魏书·乌丸传》云：

> 汉末，辽西乌丸大人丘力居，众五千余落，上谷乌丸大人难楼，众九千余落，各称王，而辽东属国乌丸大人苏仆延，众千余落，自称峭王，右北平乌丸大人乌延，众八百余落，自称汗鲁王，皆有计策勇健。中山太守张纯叛入丘力居众中，自号弥天安定王，为三郡乌丸元帅，寇略青、徐、幽、冀四州，杀略吏民。

东汉末年，辽西郡的丘力居、辽东郡的苏仆延和右北平的乌延等三郡的乌丸趁天下大乱，“破幽州，略有汉民合十余万户”。散布于北部边境的乌桓部落也在黄河流域大乱的时候参与到军阀混战中来，使当时的战争愈发惨烈。初平四年六月，袁绍与雁门乌桓战于常山，长达十余天之久，后双方各自退兵。十月，公孙瓒杀与己不相和睦的刘虞。刘虞的从事鲜于辅等人为了给刘虞报仇，联合燕国人阎柔，并推举他为乌桓司马，因为阎柔“素有恩信”。阎柔“招诱乌丸、鲜卑，得胡、汉数万人，与瓒所置渔阳太守邹丹战于潞北，大破之，斩丹。袁绍又遣麹义及虞子和，将兵与辅合击瓒。瓒军数败，乃走还易京固守”①。乌桓峭王苏仆延也率领种人以及鲜卑七千余骑兵，随鲜于辅南迎刘虞子刘和与袁绍将麹义，合兵十万共攻公孙瓒，在鲍丘大败公孙瓒，斩首二万余级。于是代郡、广阳、上谷、右北平各杀公孙瓒所设置长吏，再次与鲜于辅、刘和兵会合，公孙瓒的军队屡屡失败。在袁绍与公孙瓒交战正酣时，总摄乌丸三王部的丘力居（时丘力居已死，其子楼班年幼，蹋顿有武略，代立）从子蹋顿“遣使诣绍求和亲，助绍击瓒，破之”。因为乌丸助其进攻公孙瓒，袁绍“赐蹋顿、峭王、汗鲁王印绶，皆以为单于”②。袁绍又与乌丸大人和亲，“以家人子为己女，妻焉”③。乌丸与袁绍建立起密切的关系。袁绍统一河北后，“乃抚有三郡乌丸，宠其名王而收其精骑”。后来随着楼班的长大，峭王苏仆延率其部众推举楼班为单于，蹋顿降为王。“然蹋顿多画计策”，实际掌握着乌丸的权力。

官渡之战时，袁绍军队中就有少数民族的军队，袁绍曾经对曹操说：

---

① 陈寿.1982. 三国志. 卷8. 魏书·公孙瓒传. 第2版. 北京：中华书局.243
② 陈寿.1982. 三国志. 卷30. 魏书·乌丸传. 第2版. 北京：中华书局.834
③ 陈寿.1982. 三国志. 卷1. 魏书·武帝纪. 第2版. 北京：中华书局.28

“吾南据河，北阻燕、代，兼戎狄之众，南向以争天下，庶可以济乎？”① 特别是乌丸的军队准备参加袁绍与曹操的战争，最后赖牵招的说服才得以不参加袁绍的作战。《资治通鉴》卷六十四《汉纪五十六·孝献皇帝己》“建安九年”条云：“操以牵招尝为袁氏领乌桓，遣诣柳城，抚慰乌桓。值峭王严五千骑欲助袁谭，又，公孙康遣使韩忠假峭王单于印绶。峭王大会群长，忠亦在坐。……（牵招挫败了韩忠的阴谋）为峭王等说成败之效，祸福所归；皆下席跪伏，敬受敕教，便辞辽东之使，罢所严骑。”因为没有乌丸骑兵的参与，曹操在官渡之战中减少了许多阻力，迅速战胜了袁绍。

官渡之战结束后，建安十年正月，“袁熙大将焦触、张南等叛攻熙、尚，熙、尚奔三郡乌丸”。四月，“三郡乌丸攻鲜于辅于犷平（今北京市密云县东北古北口内)”。秋八月，曹操“乃渡潞河救犷平，乌丸奔走出塞”。因为乌丸长期受袁绍的恩惠，所以蹋顿不仅收留了袁熙、袁尚兄弟，而且袁氏借助于乌丸的力量，“数入塞为害”②。随着黄河流域的逐渐稳定，乌丸族在北部边境的长期存在，且联合袁氏割据势力的残余，不时地骚扰黄河流域的局面显然不能再继续存在下去，曹操在建安十一年八月，即决定征讨三郡乌丸。为了保证战争后勤供应的畅通，他下令开凿运渠，“自呼沱入泒水，名平虏渠；又从沟河口凿入潞河，名泉州渠，以通海”③。而汉末聚族居住在徐无山中的田畴也痛恨乌丸“昔多贼杀其郡冠盖，有欲讨之意而力未能”④。所以，建安十二年五月，曹操率领大军北征三郡乌丸。时值七月，天下大雨，在田畴的引导下，曹操大军出卢龙塞（今河北喜峰口），“堑山堙谷五百余里，经白檀，历平冈，涉鲜卑庭，东指柳城”，与袁熙、袁尚和蹋顿、辽西单于楼班、右北平单于率领的数万骑兵作战，“虏众大崩，斩蹋顿及名王已下，胡、汉降者二十余万口”⑤。袁熙、袁尚等人率领数千骑兵逃奔辽东公孙康。九月，公孙康斩袁熙、袁尚之首。平定三郡乌丸后，曹操将原阎柔所统领的万余部落，“悉徙其族居中国，帅从其侯王大人种众与征伐。由是三郡乌丸为天下名骑”⑥。随着平定三郡乌丸的胜利，东北边境趋于稳定。

建安十二年十一月，曹操至易水，迫于曹操收复三郡乌丸的威势，“代郡乌丸行单于普富卢、上郡乌丸行单于那楼将其名王来贺”。是后，长达八年间代郡乌丸安定无事。到建安二十一年五月，“代郡乌丸行单于普富卢与

① 陈寿. 1982. 三国志. 卷1. 魏书·武帝纪. 第2版. 北京：中华书局. 26

② 陈寿. 1982. 三国志. 卷1. 魏书·武帝纪. 第2版. 北京：中华书局. 28

③ 陈寿. 1982. 三国志. 卷1 魏书·武帝纪. 第2版. 北京：中华书局. 28

④ 陈寿. 1982. 三国志. 卷11. 魏书·田畴传. 第2版. 北京：中华书局. 342

⑤ 陈寿. 1982. 三国志. 卷1 魏书·武帝纪. 第2版. 北京：中华书局. 29

⑥ 陈寿. 1982. 三国志. 卷30. 魏书·乌丸鲜卑东夷传. 第2版. 北京：中华书局. 835

其侯王来朝。天子命王女为公主，食汤沐邑"①。不久，代郡大乱，"乌丸王及其大人，凡三人，各自称单于，专制郡事"，边境地区再次出现危机。曹操任命裴潜为代郡太守，裴潜只身到任，采取安抚的政策，使"单于以下脱帽稽颡，悉还前后所掠妇女、器械、财物"。在稳定乌丸后，裴潜开始清除官员队伍中与乌丸暗中有来往的人，"案诛郡中大吏与单于为表里者郝温、郭端等十余人"，结果使"北边大震，百姓归心"。在代郡的三年期间，裴潜对百姓实行宽政，"于诸胡为峻"。因为代郡地区形势复杂，在离任时，他感到三单于还有可能作乱，果然在他离任数十天后，三单于又举兵造反。②在建安二十三年四月，代郡、上谷乌丸无臣氐等举兵再叛，朝廷派遣鄢陵侯曹彰为骁骑将军北征乌丸。曹彰率军经过涿郡、桑乾等一系列激战，"大破之，斩首获生以千数"，使"将数万骑观望强弱"的鲜卑大人轲比能也深感震惊，"乃请服"。经过此次战斗，"北方悉平"。③ 在这次战斗中，当时田豫身为相，利用自己熟悉地形的长处，出谋划策，"遂前平代，皆豫策也"④。在建安二十年，曹操攻占汉中时，太原地区的乌丸王鲁昔就曾率军参战，战斗结束后，曹操回到长安，令鲁昔驻扎在池阳（今陕西泾阳），防备泸水胡。鲁昔因为思念留在晋阳的爱妻，"又恐遂不得归，乃以其部五百骑叛还并州"，盗取其妻出城。并州刺史梁习令人"募鲜卑使逐昔"，鲜卑使者射杀鲁昔。曹操闻听鲁昔叛逃，"恐其为乱于北边"，非常紧张，当闻听此消息后，大喜，并封梁习为关内侯。⑤ 乌桓在汉末参与到黄河流域的封建政权内争之中，使当时的战争更加惨烈，而曹操采取了一系列的措施平定了沿边地区乌桓族的入侵，使乌桓族归附于曹魏政权，加速了民族的融合。

（三）鲜卑族

鲜卑族作为草原文化的新生力量，在东汉末年军阀混战期间迅速发展起来。"然乌丸、鲜卑稍更强盛，亦因汉末之乱，中国多事，不遑外讨，故得擅漠南之地，寇暴城邑，杀略人民，北边仍受其困"。根据学术界研究，建安初年，鲜卑族分为三大部落集团：其一，以步度根为首的鲜卑集团，居住在并州五原、云中、雁门及幽州的代郡。其二，以轲比能为首的鲜卑集团，居住在代郡以东的上谷、渔阳边塞一带。其三，以素利、弥加、厥机为首的

---

① 陈寿．1982．三国志．卷1．魏书·武帝纪．第2版．北京：中华书局．47
② 陈寿．1982．三国志．卷23．魏书·裴潜传．第2版．北京：中华书局．672
③ 陈寿．1982．三国志．卷19．魏书·任城威王彰传．第2版．北京：中华书局．556
④ 陈寿．1982．三国志．卷26．魏书·田豫传．第2版．北京：中华书局．726
⑤ 陈寿．1982．三国志．卷15．魏书·梁习传．裴注引．魏略．第2版．北京：中华书局．469

鲜卑集团，居住在辽西、右北平、渔阳塞外。① 鲜卑族的诸部落之间虽有来往，但多有吞并之举。曹操平定幽州后，"步度根与轲比能等因乌丸校尉阎柔上贡献"。步度根中兄扶罗韩"亦别拥众数万为大人"。后来，代郡乌丸能臣氐准备归于扶罗韩，扶罗韩率领万余骑兵迎接，能臣氐又想归属轲比能，轲比能也率领万余骑兵迎接，"当共盟誓"。在三方相会的盟会上，轲比能杀扶罗韩，扶罗韩之子泄归泥及部众全归轲比能，轲比能因杀扶罗韩，所以善待泄归泥。步度根则因此怨恨轲比能。轲比能为小种鲜卑部落首领，因为部落近塞，自从袁绍占据河北以后，黄河流域的民众多逃往轲比能所控制的地区，"教作兵器铠盾，颇学文字。故其勒御部众，拟则中国，出入弋猎，建立旌麾，以鼓节为进退"。很显然，轲比能的部落已经受到黄河文化的影响，开始接受黄河文化。居住在辽西、右北平、渔阳塞外以素利、弥加、厥机为首的鲜卑集团，在建安年间，也通过阎柔"上贡献，通市"，曹操都以汉政府的名义立其为王。厥机死后，曹操又立其子沙漠汗为亲汉王。曹操死后，诸部落又派遣使者献马匹。②

在汉末军阀混战期间，鲜卑族也参与了不同的军事集团，使统一战争更加残酷。阎柔曾以乌丸司马的身份，"招诱乌丸、鲜卑，得胡、汉数万人，与（公孙）瓒所置渔阳太守邹丹战于潞北，大破之，斩丹"。袁绍曾给公孙瓒写信说，"东西鲜卑，举踵来附。此非孤德所能招，乃足下驱而致之也"。由此可见二人不同的民族政策所导致的不同的结果。曹操攻占南皮后，阎柔"将部曲及鲜卑献名马以奉军，从征三郡乌丸，以功封关内侯"③。田畴率领宗族保居徐无山中，"北边翕然服其威信，乌丸、鲜卑并各遣译使致贡遗，畴悉抚纳，令不为寇"。袁绍曾经多次招抚田畴，都被拒绝。④ 这些材料都说明鲜卑族曾参与了汉末黄河流域的战争。

曹操在建安十二年北征三郡乌丸时，曾"涉鲜卑庭，东指柳城"。这说明此时鲜卑人可能给曹操让开了道路。曹操平定幽州后，建安十八年五月，汉献帝在册封曹操为魏公时，言及他的功绩中有"鲜卑、丁零，重译而至，箄于、白屋，请吏率职，此又君之功也"⑤。这说明曹操时期较好地处理了与鲜卑的关系。《三国志》卷十五《魏书·梁习传》裴注引《魏略》也曾记述了鲜卑族与汉族商业贸易的情况。

---

① 马长寿．2006．乌桓与鲜卑．桂林：广西师范大学出版社．176～177

② 陈寿．1982．三国志．卷 30．魏书·乌丸鲜卑东夷传．第 2 版．北京：中华书局．840

③ 陈寿．1982．三国志．卷 8．魏书·公孙瓒传．第 2 版．北京：中华书局．247

④ 陈寿．1982．三国志．卷 11．魏书·田畴传．第 2 版．北京：中华书局．341

⑤ 陈寿．1982．三国志．卷 1．魏书·武帝纪．第 2 版．北京：中华书局．38

鲜卑大人育延，常为州所畏，而一旦将其部落五千余骑诣习，求互市。习念不听则恐其怨，若听到州下，又恐为所略，于是乃许之往与会空城中交市。遂敕郡县，自将治中以下军往就之。市易未毕，市吏收缚一胡。延骑皆惊，上马弯弓围习数重，吏民惶怖不知所施。习乃徐呼市吏，问缚胡意，而胡实侵犯人。习乃使译呼延，延到，习责延曰："汝胡自犯法，吏不侵汝，汝何为使诸骑惊骇邪？"遂斩之，余胡破胆不敢动。是后无寇虏。

这是一桩汉族与鲜卑族贸易的事例，说明鲜卑族与汉族贸易的存在，双方在交易过程中发生了争执，并因梁习的处理而使鲜卑族信服，由此可见，良好的民族关系必将有利于黄河文化的进一步传播。

(四) 氐族

氐族是一个古老的民族，从先秦以来就活动在西北地区，并与黄河流域的各政权发生联系。《史记》卷一《五帝本纪》提到大舜时期有"氐"族的活动，虽然颇可令人怀疑，但无疑透露了一个这样的信息，即氐族很早即与黄河流域发生联系。《古本竹书纪年》记载，商汤十九年，"氐羌来宾"。王国维校补引《诗经·商颂》"昔有成汤，自彼氐羌，莫敢不来享，莫敢不来王"，应当是比较可信的氐族与黄河流域商王朝来往的记载。汉元帝初元元年（48年）贾捐之在答复王商的诘问时曾说商代"西不过氐、羌"[①]。可见氐人很早就活动在西北地区。汉初，冒顿单于所设立的右方王，"直上郡以西，接月氏、氐、羌"[②]。另外，在西南夷东北，"自冉駹以东北，君长以什数，白马最大，皆氐类也"[③]。《大宛列传》也记载，在冉駹"其北方闭氐、筰"。司马迁也曾说："蛮夷氐羌虽无君臣之序，亦有决疑之卜。"[④] 这反映了汉代人对氐族的认识。而且汉武帝以后开始与氐人有所联系。汉武帝元光元年五月，在诏贤良书中有"氐羌徕服"的说法，说明氐人在汉武帝时期曾经派人朝贡。元封三年七月，发生了"武都（今甘肃西和县）氐人反"的事件，最后氐人被镇压，"分徙酒泉郡"[⑤]。汉宣帝即位后的本始二年五月，对其祖父汉武帝平定氐人的叛乱大加赞赏。[⑥] 汉昭帝元凤元年再次发生了"武都氐人反"的叛乱，汉昭帝"遣执金吾马适建、龙额侯韩增、大鸿胪广

---

① 班固．1962．汉书．卷64下．贾捐之传．北京：中华书局．2831
② 司马迁．1982．史记．卷110．匈奴列传．北京：中华书局．2891
③ 司马迁．1982．史记．卷116．西南夷列传．北京：中华书局．2991
④ 司马迁．1982．史记．卷128．龟策列传．北京：中华书局．3223
⑤ 班固．1962．汉书．卷6．武帝纪．北京：中华书局．194
⑥ 班固．1962．汉书．卷8．宣帝纪．北京：中华书局．243

明将三辅、太常徒，皆免刑击之”①。赵充国也曾“以大将军护军都尉将兵击定之”②。为了平息氐人的叛乱，汉昭帝甚至动用了三辅和太常所管理的刑徒来参加平叛。《汉书》卷九十六上《西域传》在记述西夜国时言其“其种类羌氐行国，随畜逐水草往来”，说明氐人的社会发展阶段也处于游牧经济阶段。从西汉时期氐人的活动情况，我们可以看出氐人从汉武帝初年的归附到后来的反叛的过程，但最终都被汉政府镇压。

东汉光武帝建武五年，平定河西后，原姑臧郡守孔奋被任命为武都郡丞，陇西发生了隗茂等人的叛乱，攻杀郡守，孔奋利用“郡多氐人，便习山谷，其大豪齐钟留者，为群氐所信向。奋乃率厉钟留等令要遮抄击，共为表里”，最终平定了叛乱。③ 建武十一年在进攻公孙述时，“武都氐人背公孙述来降者”，马援建议光武帝“复其侯王君长，赐印绶，帝悉从之”④。此后，氐人与黄河流域的关系未见史书记载。《魏略·西戎传》在记述汉代以来的氐人时也说：“氐人有王，所从来久矣。自汉开益州，置武都郡，排其种人，分窜山谷间，或在福禄，或在汧、陇左右。其种非一，称槃瓠之后，或号青氐，或号白氐，或号蚺氐，此盖虫之类而处中国，人即其服色而名之也。其自相号曰盍稚，各有王侯，多受中国封拜。”⑤ 这说明东汉时期氐人与黄河流域的东汉王朝处于“多受中国封拜”的关系密切时期。但到东汉末年史书仍为我们透露出氐人叛乱的信息。《三国志》卷十《魏书·贾诩传》记载：

> （汉灵帝时）察孝廉为郎，疾病去官，西还至汧，道遇叛氐，同行数十人皆为所执。诩曰：“我段公外孙也，汝别埋我，我家必厚赎之。”时太尉段颎，昔久为边将，威震西土，故诩假以惧氐。氐果不敢害，与盟而送之，其余悉死。

究其实，贾诩根本不是段颎的外孙，但由此可以看出东汉末年氐人在黄河流域动荡不定时也起来反抗。

曹操在位的东汉末期，活动在西北地区的氐族与黄河流域新生的曹魏政权之间也发生了或多或少的联系。氐人继续与曹操所控制的汉政权为敌，频繁地发动叛乱。所以曹操对氐人采取了镇压的措施。初平年间，庞德跟随马腾进攻反叛的氐人。建安十六年，夏侯渊曾督朱灵、徐晃平定隃麋、汧（今陕西省陇县南）氐的叛乱。次年，汧氐再次反叛，夏侯渊率军返回。⑥ 到了

① 班固．1962．汉书．卷7．昭帝纪．北京：中华书局．225
② 班固．1962．汉书．卷69．赵充国传．北京：中华书局．2972
③ 范晔．1965．后汉书．卷31．孔奋传．北京：中华书局．1099
④ 范晔．1965．后汉书．卷24．马援列传．北京：中华书局．836
⑤ 陈寿．1982．三国志．卷30 魏书·乌丸鲜卑东夷传．第2版．北京：中华书局．858
⑥ 陈寿．1982．三国志．卷9．魏书·夏侯渊传．第2版．北京：中华书局．271

建安十八年，马超占据汉阳，又利用边域的羌人和氐人骚扰曹操的地方政权，“氐王千万叛应超，屯兴国”，曹操再次派遣夏侯渊进行征讨。次年正月，韩遂占领金城（今甘肃兰州市），进入氐王千万部的领地，“率羌、胡万余骑与夏侯渊战”，夏侯渊打败韩遂所率领的羌、氐人军队。① 然而氐人并没有真心归附，到张郃率领五千骑兵进攻逃往汉中的马超时，马超又率领“氐羌数千逆郃”。结果马超战败逃走。夏侯渊随后又进攻兴国的氐人，“氐王千万逃奔马超，余众降”②。所以到曹操在建安二十年三月西征张鲁时，沿途受到氐人的多次抵抗和骚扰。曹操到陈仓（今陕西宝鸡）后，将从武都（今甘肃成县）入氐，“氐人塞道”，曹操先遣张郃、朱灵等攻破氐人的防线。四月，曹操自陈仓出散关，至河池（今甘肃天水市徽县）。氐王窦茂众万余人，恃险不服，使曹操的进攻受阻。五月，曹操派遣张郃率领的先头部队平灭了窦茂所率领的氐人。③ 张既曾跟随曹操讨伐张鲁，他率军从散关攻入，“收其麦以给军食”。平定汉中后，曹操又接受张既的建议将武都的氐人迁出，“徙氐五万余落出居扶风、天水界”④。在具体实施过程中，武都太守杨阜起了很大的作用。当时武都地处与蜀汉交战的前沿，刘备攻取汉中以后直逼武都郡治下辩（今甘肃成县西北），曹操“以武都孤远，欲移之”，但又担心民众依恋故土，引起骚动。因为杨阜在任期间深得民心，所以迁徙民众的任务进行得很顺利，“前后徙民、氐，使居京兆、扶风、天水界者万余户，徙郡小槐里，百姓襁负而随之”⑤。曹操还命苏则“绥定下辩诸氐，通河西道”⑥。为了防止其他地区的氐人前来救援，曹操又“别遣（徐）晃讨攻椟、仇夷诸山氐，皆降之”⑦。建安二十一年，夏侯渊又“还击武都氐羌下辩，收氐谷十余万斛”。正因为夏侯渊在抵抗少数民族进攻中的作用，所以，曹操常常以夏侯渊来威胁少数民族的首领，“太祖每引见羌、胡，以渊畏之”⑧。对于曹操平定氐人的叛乱的历史，《三国志》卷三十《魏书·乌丸鲜卑东夷传》裴注引《魏略·西戎传》云：

近去建安中，兴国氐王阿贵、白项氐王千万各有部落万余，至

① 陈寿. 1982. 三国志. 卷1. 魏书·武帝纪. 第2版. 北京：中华书局. 42

② 陈寿. 1982. 三国志. 卷9. 魏书·夏侯渊传. 第2版. 北京：中华书局. 271

③ 陈寿. 1982. 三国志. 卷1. 魏书·武帝纪. 第2版. 北京：中华书局. 52。陈寿. 1982. 三国志. 卷17. 魏书·张郃传. 第2版. 北京：中华书局. 525

④ 陈寿. 1982. 三国志. 卷15. 魏书·张既传. 第2版. 北京：中华书局. 472

⑤ 陈寿. 1982. 三国志. 卷25. 魏书·杨阜传. 第2版. 北京：中华书局. 704

⑥ 陈寿. 1982. 三国志. 卷16. 魏书·苏则传. 第2版. 北京：中华书局. 491

⑦ 陈寿. 1982. 三国志. 卷17. 魏书·徐晃传. 第2版. 北京：中华书局. 528

⑧ 陈寿. 1982. 三国志. 卷9. 魏书·夏侯渊传. 第2版. 北京：中华书局. 272

十六年，从马超为乱。超破之后，阿贵为夏侯渊所攻灭，千万西南入蜀，其部落不能去，皆降。国家分徙其前后两端者，置扶风、美阳，今之安夷、抚夷二部护军所典是也。其本守善，分留天水、南安界，今之广魏郡所守是也。

通过这段史料可以看出，经过建安年间曹操的一系列军事进攻，原来活动在甘南一带的氐人在被镇压以后，其残余被迁徙到陕西、甘肃境内，与当地的汉人杂居、融合，扩大了黄河文化的文化内涵。

在与黄河流域汉族的长期交往过程中，氐族既保留了本民族的风俗习惯，也因黄河文化的长期影响而在社会生活中吸收了黄河流域的文化精髓。《三国志》卷三十《魏书·乌丸鲜卑东夷传》裴注引《魏略·西戎传》云：

其俗，语不与中国同，及羌杂胡同，各自有姓，姓如中国之姓矣。其衣服尚青绛。俗能织布，善田种，畜养豕牛马驴骡。其妇人嫁时著衽露，其缘饰之制有似羌，衽露有似中国袍。皆编发。多知中国语，由与中国错居故也。其自还种落间，则自氐语。其嫁娶有似于羌，此盖乃昔所谓西戎在于街、冀、豲道者也。今虽都统于郡国，然故自有王侯在其虚落间。又故武都地阴平街左右，亦有万余落。

从这段材料可以看出，氐人虽然言语与黄河流域的汉族有所差异，但其姓氏“如中国之姓”，可能是受汉族影响的结果。氐人还种地、养牲畜，与黄河流域汉族的生产方式没有区别。氐人女性服饰边缘的花饰也“似中国袍”。特别是在与汉族的长期融合、交流中，氐人“多知中国语”，鱼豢明确指出是“由与中国错居故也”。由此可见，氐人与黄河流域民众交往与融合的结果使本民族吸收了更多黄河文化的成果。

（五）羌族

曹操时期黄河文化与羌族的文化交流也占据很大比重。关于东汉羌族的发展状况在前文没有涉及，这里予以简单的补述。《晋书》卷五十六《江统传》云：

建武中，以马援领陇西太守，讨叛羌，徙其余种于关中，居冯翊、河东空地，而与华人杂处。数岁之后，族类蕃息，既恃其肥强，且苦汉人侵之。永初之元，骑都尉王弘使西域，发调羌、氐，以为行卫。于是群羌奔骇，互相扇动，二州之戎，一时俱发，覆没将守，屠破城邑。邓骘之征，弃甲委兵，舆尸丧师，前后相继，诸戎遂炽，至于南入蜀汉，东掠赵、魏，唐突轵关，侵及河内。及遣北军中候朱宠将五营士于孟津距羌，十年之中，夷夏俱毙，任尚、马贤仅乃克之。此所以为害深重、累年不定者，虽由御者之无方，将非其才，亦岂不以寇发心腹，害起肘腋，疢笃难疗，疮大迟愈之故哉！自此之后，余烬不尽，小有际会，辄复侵叛。马贤忸忲，终于覆败；段颎临冲，自西徂东。雍州之戎，常为国患，中世之寇，惟此为大。汉末之乱，关中残灭。

此段材料将羌族在东汉时期迁居黄河流域腹地关中、河东等地的历史作了阐述，并且对迁居内地的羌人与东汉政府的抗争作了详尽的描述，基本反映了东汉时期羌族文化与黄河文化的冲突和交融过程。

羌人在东汉末年迅速强大起来，联合西北边陲的少数民族与黄河流域的汉政权展开了角逐。从汉顺帝到汉灵帝初年，“西羌反叛，二十余年兵连师老，军旅之费三百二十余亿，府帑空虚，延及内郡”①。汉灵帝末年，“羌胡大扰，定襄、云中、五原、朔方、上郡等五郡并流徙分散”②。董卓在西北曾与羌族数万人展开作战，“为羌、胡数万人所围，粮食乏绝”，后用计逃脱。董卓之乱后，刘虞负责朝廷的供奉，“诸外国羌、胡有所贡献，道路不通，皆为传送，致之京师”③，说明此时羌人与朝廷的关系开始紧密。董卓死后，李傕与郭汜在长安决战，为了赢得胜利，李傕召羌人参战。《献帝纪》云：“傕时召羌、胡数千人，先以御物缯采与之，又许以宫人妇女，欲令攻郭汜。”结果导致“羌、胡数来窥省门”。后来因贾诩的劝说，羌人才离去。④马超在西北时，“甚得羌、胡心”⑤。所以，曹操军队与马超的战斗主要是与羌人之间的战斗。建安十七年，夏侯渊在与韩遂、马超作战时，羌人曾经参与了与夏侯渊的作战。酒泉苏衡曾裹挟羌人“邻戴及丁令胡万余骑攻边县”，张既与夏侯儒打败苏衡与羌人的联军，苏衡和邻戴相继投降。张既与夏侯儒又加强边防，“筑鄣塞，置烽侯、邸阁以备胡”。面对汉军的强大威慑力，“西羌恐，率众二万余落降”。后来西平（今青海西宁市）人麹光等杀郡守谋反，张既“乃檄告谕诸羌，为光等所诖误者原之”，结果不费一兵一卒麹光部党斩送麹光首级。所以，在黄初四年张既死后，魏文帝称赞他“故凉州刺史张既，能容民畜众，使群羌归土，可谓国之良臣”⑥。曹操平定张鲁后，任命苏则为金城太守，当时百姓流亡，户口大量减少，苏则“抚循之甚谨。

① 房玄龄．1974．晋书．卷26．食货志．北京：中华书局．781
② 房玄龄．1974．晋书．卷14．地理志上．北京：中华书局．428
③ 陈寿．1982．三国志．卷8．魏书·公孙瓒传．裴注引．吴书．第2版．北京：中华书局．241
④ 陈寿．1982．三国志．卷10．魏书·贾诩传．裴注引．第2版．北京：中华书局．327
⑤ 陈寿．1982．三国志．卷25．魏书·杨阜传．第2版．北京：中华书局．701
⑥ 陈寿．1982．三国志．卷15．魏书·张既传．第2版．北京：中华书局．477

外招怀羌胡，得其牛羊，以养贫老。与民分粮而食，旬月之间，流民皆归，得数千家。乃明为禁令，有干犯者辄戮，其从教者必赏。亲自教民耕种，其岁大丰收，由是归附者日多”。苏则在汉末特殊的历史环境下，收拢包括羌族在内的流民回归故土，并用汉族的“禁令”教化百姓，还教他们从事农业生产，使金城的人口迅速增加，为曹魏政权保有了西北地区的一方安定。后来，陇西人李越造反，苏则“率羌胡围越，越即请服”[①]。这表明了他教化少数民族已经取得了一定的成效。张既曾向魏文帝称赞苏则在任金城郡太守期间，“内抚雕残，外鸠离散，今见户千余。又梁烧杂种羌，昔与遂同恶，遂毙之后，越出障塞。则前后招怀，归就郡者三千余落，皆恤以威恩，为官效用……则既有恤民之效，又能和戎狄，尽忠效节”。魏文帝因此加封苏则为护羌校尉。[②] 曹操赶走韩遂、马超后，任命赵俨为关中护军，统率诸军，“羌虏数来寇害，俨率署等追到新平，大破之”[③]。建安十九年正月，毌丘兴将赴任安定太守，曹操告诫他曰：“羌、胡欲与中国通，自当遣人来，慎勿遣人往。善人难得，必将教羌、胡妄有所请求，因欲以自利；不从便为失异俗意，从之则无益事。”毌丘兴到任后，不听曹操的劝告，派遣校尉范陵到羌人中间，“陵果教羌，使自请为属国都尉”。曹操后悔地说道：“吾预知当尔，非圣也，但更事多耳。”[④] 可见羌人对黄河文化采取了积极学习的态度。因为羌人与黄河流域的关系较为复杂，所以，从曹操时期开始的战斗并没有结束，而是一直延续到魏文帝时期，并对黄河流域的社会经济发展产生了很大的影响。

综合曹操时期黄河文化与草原文化的交流，我们认为这一时期基本上处于历史的过渡阶段。从黄河流域的社会经济状况来分析，我们可以看出在这一历史阶段草原地区的少数民族文化在东汉末年因为黄河流域社会的动荡不定而得到了较好的发展机会，其实力迅速发展起来，并且对以曹操为首的封建政权产生了或大或小的影响。曹操以武力平定周边各地少数民族的骚扰，为黄河文化的发展奠定了良好的基础，也为曹丕建魏以后两种文化之间的交流提供了种种便利。此后，虽然黄河流域的曹魏政权与周边地区的少数民族之间仍有战争的存在，但总的说来文化交流的内容逐渐丰富起来。

---

① 陈寿．1982．三国志．卷16．魏书·苏则传．第2版．北京：中华书局．491
② 陈寿．1982．三国志．卷16．魏书·苏则传．裴注引．第2版．北京：中华书局．492
③ 陈寿．1982．三国志．卷23．魏书·赵俨传．第2版．北京：中华书局．669
④ 陈寿．1982．三国志．卷1．魏书·武帝纪．第2版．北京：中华书局．43

第二节　曹魏时期的交融

建安二十五年，曹操病故后，其子曹丕继承其父的王位，改元延康元年。即王位后，曹丕很快得到北部草原地区少数民族的认同。三月，焉耆、于阗王都派遣使者奉献。七月，“武都氐王杨仆率种人内附，居汉阳郡”。到十月，汉献帝将帝位禅让给曹丕时，周边少数民族也派人参加帝位禅让仪式，“匈奴单于、四夷朝者数万人陪位”。所以，曹丕对于归附的少数民族重视有加，在王位交接仪式后的次月，“更授匈奴南单于呼厨泉魏玺绶，赐青盖车、乘舆、宝剑、玉玦”①。黄河文化与草原文化的交往出现了一个新的局面。以下我们还是分别加以阐述。

（一）匈奴

随着魏初匈奴的归附，曹魏政权对待匈奴的政策与以前相比发生了很大变化，已经不再采取剿灭的措施，而是以安抚为主。呼厨泉单于入朝后，魏明帝于太和五年（231年）四月，“复置护匈奴中郎将”，加强对迁居内地的匈奴人的管理。但对于叛乱的匈奴人，曹魏政权仍然予以镇压。青龙元年（233年）九月，安定（今甘肃镇原东南）保塞匈奴大人胡薄居姿职等叛乱，司马懿派遣将军胡遵等追讨胡薄居姿职，“破降之”。正始初年，田豫以护匈奴中郎将的身份兼任并州刺史，“外胡闻其威名，相率来献。州界宁肃，百姓怀之”。在与匈奴族交往过程中，“每胡、狄私遗，悉簿藏官，不入家”，显示出他的高风亮节。② 因为匈奴人迁居内地，长期受汉文化的影响，所以到后来甚至出现了朝廷官员购买匈奴人为奴的事件。正始年间，陈泰以并州刺史的身份“护匈奴中郎将”，他在任期间，“怀柔夷民，甚有威惠”，然而，“京邑贵人多寄宝货，因泰市奴婢，泰皆挂之于壁，不发其封，及徵为尚书，悉以还之”。从匈奴人可以被作为奴婢买卖，说明此时匈奴人的社会地位不高。③ 奴婢买卖现象的出现与曹魏朝廷的允许官员蓄养“客户”政策有关。《晋书》卷九十三《王恂传》记载：“魏氏给公卿已下租牛客户数各有差，自后小人惮役，多乐为之，贵势之门动有百数。”地处黄河流域腹地的朝廷官员可以奴役“惮役”的民众，甚而要并州的官员替他们购买奴婢，

---

① 陈寿．1982．三国志．卷2．魏书·文帝纪．第2版．北京：中华书局．76

② 陈寿．1982．三国志．卷26．魏书·田豫传．第2版．北京：中华书局．729

③ 陈寿．1982．三国志．卷22．魏书·陈群传附泰传．第2版．北京：中华书局．638

而并州一带的官员则更加有过之而无不及，“太原诸部亦以匈奴胡人为田客，多者数千”，这种现象到晋武帝即位后被禁止。然而，随着匈奴的归附，北方边域的形势更加危急，当时，散居在并州的匈奴右贤王刘豹将匈奴族民众合并为一部，势力逐渐强大起来。嘉平元年（249 年），邓艾曾经对司马懿说：“自单于在外，莫能牵制长卑。诱而致之，使来入侍。由是羌夷失统，合散无主。以单于在内，万里顺轨。今单于之尊日疏，外土之威浸重，则胡虏不可不深备也。闻刘豹部有叛胡，可因叛割为二国，以分其势。去卑功显前朝，而子不继业，宜加其子显号，使居雁门。离国弱寇，追录旧勋，此御边长计也。”邓艾的建议实际上是要利用匈奴族内部的异己力量，使匈奴分裂而削弱其势力，以便于曹魏政权的控制。他还说：“羌胡与民同处者，宜以渐出之，使居民表崇廉耻之教，塞奸宄之路。”① 究其实邓艾的建议根本无法实现，少数民族迁居内地以后与汉民族长期杂居，民族融合日益加强，在此时要想在胡汉杂居之地将少数民族分出，是不现实的，也不可能实现。到曹魏末年，曹魏朝廷又对匈奴的管理体制进行了改革，“复改帅为都尉”，其五部都尉分别居住在沿边诸县，“其左部都尉所统可万余落，居于太原故兹氏县（今山西汾阳县）；右部都尉可六千余落，居祁县（今山西祁县）；南部都尉可三千余落，居蒲子县（县境包括今隰县、蒲县及交口县南境）；北部都尉可四千余落，居新兴县（今山西忻州市）；中部都尉可六千余落，居大陵县（今山西文水县）”②。而刘豹的左部帅“然皆居于晋阳汾涧之滨”。随着与黄河流域汉族融合的加深，匈奴族人在更广的层面接受黄河文化的熏陶。对于魏晋时期匈奴的政治地位，晋惠帝时匈奴左贤王刘宣评曰：“自汉亡以来，魏晋代兴，我单于虽有虚号，无复尺土之业，自诸王侯，降同编户。”③ 这一方面说明了匈奴族已经在与汉族的融合中逐步汉化，另一方面反映了魏晋王朝对匈奴的控制逐步严格起来，亦显露出匈奴贵族对于这一现象的不满。

（二）乌丸（乌桓）

经过建安末年的一系列打击，乌桓的实力受到重创。魏文帝初年，继续对不归附的乌桓人予以打击。《三国志》卷二十六《田豫传》云：“乌丸王骨进桀黠不恭，豫因出塞案行，单将麾下百余骑入进部。进逆拜，遂使左右斩进，显其罪恶以令众。众皆怖慑不敢动，便以进弟代进。自是胡人破胆，

① 陈寿 . 1982. 三国志 . 卷 28. 魏书・邓艾传 . 第 2 版 . 北京：中华书局 . 776
② 房玄龄 . 1974. 晋书 . 卷 97. 四夷・北狄・匈奴传 . 北京：中华书局 . 2548
③ 房玄龄 . 1974. 晋书 . 卷 101. 刘元海载记 . 北京：中华书局 . 2647

威震沙漠。”经过此次打击，乌桓在相当长时间内没有与黄河流域的魏国为敌。黄初四年十月，牵招由护鲜卑校尉转任雁门太守，在到任后，不仅教民众战阵等防卫之法，而且“又表复乌丸五百余家租调，使备鞍马，远遣侦候。虏每犯塞，勒兵逆击，来辄摧破，于是吏民胆气日锐，荒野无虞。又构间离散，使虏更相猜疑”①。从牵招的所作所为可以看出雁门郡的乌桓已经转变为农业民族，并且参与了雁门郡的军事防御。魏明帝景初元年七月，幽州刺史毌丘俭率军讨伐公孙渊时，乌桓人也率军队参加了战斗。在天下大雨、辽河泛滥、毌丘俭撤军时，参加战斗的“右北平乌丸单于寇娄敦、辽西乌丸都督王护留等居辽东，率部众随俭内附”。当时归附的乌桓人有五千人，“寇娄敦遣弟阿罗槃等诣阙朝贡，封其渠率二十余人为侯、王，赐舆马缯彩各有差”。到第二年司马懿和毌丘俭讨伐公孙渊的队伍中就有不少乌丸人。② 乌桓人在曹魏政权逐步强大以后归附曹魏政权，成为曹魏北部边境的重要依附力量，黄河文化的影响愈来愈大。

（三）鲜卑

曹魏政权建立后，鲜卑族作为草原地区兴起的一个民族迅速壮大起来，与曹魏政权的关系是时战时和。随着与曹魏时期黄河流域王朝交往的加深，双方的了解愈来愈深。史书关于鲜卑族与曹魏政权的往来不时见诸记载。对于与曹魏政权关系融洽的鲜卑部落，曹魏政权对其厚待有加，并利用他们来攻打不服从的鲜卑部落。

魏文帝初年，鲜卑迅速强盛起来，占据了北部边境的大片土地，形成“自高柳以东，濊貊以西，鲜卑数十部，比能、弥加、素利割地统御，各有分界”的局面。这些鲜卑部落团结起来，“乃共要誓，皆不得以马与中国市”，企图断绝曹魏王朝的良马供应，与曹魏朝廷为敌。虽然魏文帝黄初初年曾立轲比能为附义王，立素利、弥加为归义王，但以轲比能为首的鲜卑诸部落仍然与魏为敌。有鉴于此，当时任护乌丸校尉的田豫与牵招、解俊共同监视鲜卑，田豫认为鲜卑诸部落联合，势必难以对付，应当离间他们的关系，使其自相攻伐，结果“素利违盟，出马千匹与官，为比能所攻，求救于豫”，田豫“恐遂相兼并，为害滋深，宜救善讨恶，示信众狄”，乃深入轲比能的营地，并在马城打败轲比能，使鲜卑素利部落归附。③ 而且田豫的人格魅力也使鲜卑的素利折服。《三国志》卷二十六《魏书·田豫传》裴松之

① 陈寿．1982．三国志．卷28．魏书·牵招传．第2版．北京：中华书局．731
② 陈寿．1982．三国志．卷28．魏书·毌丘俭传．第2版．北京：中华书局．762
③ 陈寿．1982．三国志．卷26．魏书·田豫传．第2版．北京：中华书局．727

注引《魏略》云：

> 鲜卑素利等数来客见，多以牛马遗豫。豫转送官。胡以为前所与豫物显露，不如持金。乃密怀金三十斤，谓豫曰："愿避左右，我欲有所道。"豫从之，胡因跪曰："我见公贫，故前后遗公牛马，公辄送官，今密以此上公，可以为家资。"豫张袖受之，答其厚意。胡去之后，皆悉付外，具以状闻。于是诏褒之曰："昔魏绛开怀以纳戎赂，今卿举袖以受狄金，朕甚嘉焉。"乃即赐绢五百匹。豫得赐，分以其半藏小府，后胡复来，以半与之。

田豫在任乌丸校尉九年间，"其御夷狄，恒摧抑兼并，乖散强猾。凡逋亡奸宄，为胡作计不利官者，豫皆构刺搅离，使凶邪之谋不遂，聚居之类不安"，保障了北部边疆的安定。[①] 田豫为乌丸校尉伊始，鲜卑的部落大人步度根也"遣使献马，帝拜为王"。黄初二年，牵招任护鲜卑校尉，他"广布恩信，招诱降附"，使鲜卑的一些部落也逐步归附，"又怀来鲜卑素利、弥加等十余万落，皆令款塞"。然而，轲比能部落仍然"出诸魏人在鲜卑者五百余家，还居代郡"。黄初三年，轲比能"帅部落大人小子代郡乌丸修武卢等三千余骑，驱牛马七万余口交市，遣魏人千余家居上谷"[②]。轲比能一方面想通过与曹魏的交市获取黄河流域精美的物品，另一方面则驱赶生活在其活动地域内的魏人。不久，牵招转任雁门（今山西代县）太守，到任伊始，他就着手解决鲜卑轲比能部落的不断骚扰问题。在此时，鲜卑族各部落之间内讧不断，"鲜卑大人步度根、泄归泥等与轲比能为隙，将部落三万余家诣郡附塞。敕令还击比能，杀比能弟苴罗侯，及叛乌丸归义侯王同、王寄等，大结怨仇"。牵招就利用这些部落间的矛盾对轲比能实施进攻，他率领泄归泥等部落在故云中郡（今山西崞县）打败轲比能。经过此次战斗，牵招"通河西鲜卑附头等十余万家，缮治陉北故上馆城，置屯戍以镇内外，夷虏大小，莫不归心，诸叛亡虽亲戚不敢藏匿，咸悉收送。于是野居晏间，寇贼静息"[③]。至黄初五年，"步度根诣阙贡献，厚加赏赐，是后一心守边，不为寇害，而轲比能众遂强盛"。黄初六年三月，"并州刺史梁习讨鲜卑轲比能，大破之"[④]。此间值得言表的是黄初年间任幽州刺史的崔林。崔林在黄初初年任幽州刺史，他认为："此州与胡虏接，宜镇之以静，扰之则动其逆心，特为国家生北顾忧，以此为寄。"所以在他任职期间，对沿边的少数民族采取安抚

---

① 陈寿．1982．三国志．卷26．魏书・田豫传．第2版．北京：中华书局．727

② 陈寿．1982．三国志．卷30 魏书・乌丸鲜卑东夷传．第2版．北京：中华书局．838

③ 陈寿．1982．三国志．卷26．魏书・牵招传．第2版．北京：中华书局．732

④ 陈寿．1982．三国志．卷2．魏书・文帝纪．第2版．北京：中华书局．84

之策，“在官一期，寇窃寝息”①。

太和二年，乌丸校尉田豫率领西部鲜卑泄归尼等出塞，讨伐轲比能、智郁筑鞬等鲜卑部落，大败两个部落的军队，回师途中，田豫在马邑被轲比能所率领的三万骑兵包围，情势十分危急，魏明帝无计可施，后来得知上谷太守阎志“为比能素所归信”，于是派遣阎志前往劝说轲比能，“比能果释豫而还”②。与此同时，牵招也接到田豫的求救。牵招在排兵布阵的同时，认为“当西北掩取虏家，然后东行，会诛虏身”。他随即派军队向西北进攻到平城，鲜卑部落“便皆溃走”。轲比能又迅速调集骑兵，到故平州塞北。牵招“潜行扑讨，大斩首级”，轲比能逃往漠南。③ 后来，曹魏朝廷以幽州刺史王雄“并领校尉，抚以恩信”，轲比能也“数款塞，诣州奉贡献”。如太和五年四月，轲比能率其部落民众以及丁零大人儿禅“诣幽州贡名马”。青龙元年六月，保卫边塞的鲜卑部落大人步度根与叛逃的鲜卑部落大人轲比能暗中勾结，并州刺史毕轨上表魏明帝，建议“辄出军以外威比能，内镇步度根”。魏明帝省表后认为，此时出军“适使二部惊合为一，何所威镇乎？”并且诏令毕轨，“以出军者慎勿越塞过句注（句注山，又名陉山、雁门山，在今山西省代县西北12.5公里）也”。而此时毕轨所率领的追击步度根的军队已经到达阴馆（在今山西省朔州市东南22.5公里夏关城村），并派遣将军苏尚、董弼追击步度根，轲比能派遣其子率领千余骑兵迎接步度根部落，与苏尚、董弼率领的军队相遇，“战于楼烦，二将败没”。结果“步度根部落皆叛出塞，与比能合寇边”。因为毕轨决策失误，造成原来为魏保卫边塞的鲜卑部落变成曹魏朝廷的劲敌，“于是步度根将泄归泥及部众悉保比能，寇钞并州，杀略吏民”。在此情况下，魏明帝“遣骁骑将军秦朗将中军讨之，虏乃走漠北”。至十月，“步度根部落大人戴胡阿狼泥等诣并州降，朗引军还”④。不久，泄归泥背离轲比能，“将其部众降，拜归义王，赐幢麾、曲盖、鼓吹，居并州如故”，而步度根则被轲比能所杀。⑤ 此次与鲜卑的交战，曹魏的并州刺史毕轨失当的决策是主要原因。毕轨之所以造成此次失误，与他不懂军事有关。史称：“轨以才能，少有名声。明帝在东宫时，轨在文学中。”凭借文学出身而借其子娶公主至并州刺史，所以他在并州刺史任上，“名为骄豪”，

---

① 陈寿 . 1982. 三国志 . 卷 24. 魏书 · 崔林传 . 第 2 版 . 北京：中华书局 . 679

② 陈寿 . 1982. 三国志 . 卷 14. 魏书 · 刘放传 . 裴注引 . 魏氏春秋 . 北京：中华书局 . 457

③ 陈寿 . 1982. 三国志 . 卷 26. 魏书 · 牵招传 . 第 2 版 . 北京：中华书局 . 732

④ 陈寿 . 1982. 三国志 . 卷 3. 魏书 · 明帝纪 . 第 2 版 . 北京：中华书局 . 100

⑤ 陈寿 . 1982. 三国志 . 卷 30. 魏书 · 乌丸鲜卑东夷传 . 第 2 版 . 北京：中华书局 . 836

面对“时杂虏数为暴，害吏民”，毕轨“辄出军击鲜卑轲比能，失利”①。后虽未受到处罚，但曹魏政权在明帝时期任人失察则是导致这一失误的根本原因。到青龙三年，王雄感到轲比能桀骜不驯难以制服，就派遣勇士刺杀轲比能，另立其弟为部落首领。魏明帝末年，随着鲜卑族势力的增强，割据辽东地区的公孙渊也迅速膨胀起来，到景初元年，曹魏朝廷派遣毌丘俭征公孙渊到洛阳，公孙渊借机造反，自立为燕王，设置百官，而且还派使者持节，“假鲜卑单于玺，封拜边民，诱呼鲜卑，侵扰北方”。公孙渊公然联络少数民族的举动，当然引起了曹魏政权的警惕，因为公孙渊的举动无疑将引起鲜卑族对曹魏政权的威胁。次年六月，司马懿率领大军东征，消灭了公孙渊，原公孙渊所控制的“辽东、带方、乐浪、玄菟悉平”②。在此次平叛战争中，魏初迁居辽西的鲜卑族一支的首领莫护跋（后世形成规模的慕容廆的曾祖），“从宣帝伐公孙氏有功，拜率义王，始建国于棘城（今辽宁义县西北）之北”③。到齐王曹芳正始元年正月，出现了“东倭重译纳贡，焉耆、危须诸国，弱水以南，鲜卑名王，皆遣使来献”的景象。④ 在西北边地，正始二年六月，“鲜卑阿妙儿等寇西方，敦煌太守王延破之，斩二万余级。三年，又斩鲜卑大师及千余级”⑤。敦煌太守王延对敢于侵犯的鲜卑部落严加打击，维护了西北地区的稳定。在东北地区，正始五年九月，“鲜卑内附，置辽东属国，立昌黎县以居之”，可见曹魏末年因为司马懿当政，对于日渐强大的鲜卑人采取了收拢的政策。嘉平元年（249 年），幽州刺史杜恕“护乌丸校尉”，当时“有鲜卑大人儿，不由关塞，径将数十骑诣州，州斩所从来小子一人，无表言上”，杜恕被征北将军程喜所劾奏，“下廷尉，当死”，后被免为庶人。⑥ 由此可见，曹魏政府对于无端挑起与鲜卑争端的官员处理之严格。

由上述曹魏政权与鲜卑族以轲比能为首的部落之间的交战我们可以看出，新生的草原文化力量对黄河流域的社会经济发展带来了不小的影响，使曹魏政权不得不以相当的力量来对付鲜卑族的进攻。如魏文帝时，王观任涿郡太守，“涿北接鲜卑，数有寇盗，观令边民十家已上，屯居，筑京候。时或有不愿者，观乃假遣朝吏，使归助子弟，不与期会，但敕事讫各还。于是

---

① 陈寿.1982. 三国志. 卷9. 魏书·曹真传附爽传. 裴注引. 魏略. 第2版. 北京：中华书局. 288

② 陈寿.1982. 三国志. 卷16. 魏书·公孙度传附渊传. 第2版. 北京：中华书局.254

③ 房玄龄.1974. 晋书. 卷108. 慕容廆载记. 北京：中华书局.2803

④ 房玄龄.1974. 晋书. 卷1. 宣帝纪. 北京：中华书局.13

⑤ 房玄龄.1974. 晋书. 卷13. 天文志下. 北京：中华书局.364

⑥ 陈寿.1982. 三国志. 卷16. 魏书·杜畿传附恕传. 第2版. 北京：中华书局.505

吏民相率不督自劝，旬日之中，一时俱成。守御有备，寇钞以息”①。因为王观处理有方，使涿郡保有了一时的平安，同时在魏明帝时提升了涿郡的警备规格，升为外剧郡。可以这样认为，黄河文化与草原文化是在碰撞与交融中相互影响、彼此融合的。

随着与黄河文化交往的加深，草原地区的少数民族越来越多地接受了黄河文化的影响，这从鲜卑慕容氏的来由即可看出。莫护跋迁居辽西后，“时燕代多冠步摇冠，莫护跋见而好之，乃敛发袭冠，诸部因呼之为步摇，其后音讹，遂为慕容焉。或云慕二仪之德，继三光之容，遂以慕容为氏”。无论慕容氏的称呼来源于哪一个，都是受黄河文化影响的结果，特别是“慕二仪之德，继三光之容”更明显表明慕容鲜卑受黄河文化的影响。到慕容廆的父亲涉归时，“以全柳城之功，进拜鲜卑单于，迁邑于辽东北，于是渐慕诸夏之风矣”。慕容廆“雄杰有大度”，在年轻时就得到曹魏士大夫的青睐。张华认为他“命世之器，匡难济时者也”，并以“所服簪帻遗廆，结殷勤而别”②。鲜卑族的另一个部落拓跋氏，在拓跋力微时代，也与曹魏政权建立起友好往来的关系。甘露四年（拓跋力微三十九年，263 年），作为始祖的拓跋力微告诫诸部大人：“我历观前世匈奴、蹋顿之徒，苟贪财利，抄掠边民，虽有所得，而其死伤不足相补，更招寇雠，百姓涂炭，非长计也。”虽然根据鲜卑族社会发展阶段的情况综合分析，拓跋力微在当时不可能提出来这种战略认识，但鲜卑族拓跋部的弱势状况，也有可能采取这种内敛的措施，以求得拓跋部暂时的外部发展环境，“于是与魏和亲”。到景元二年，拓跋力微“遣子文帝如魏，且观风土”。文帝沙漠汗以太子的身份留质洛阳，“为魏宾之冠”。沙漠汗为曹魏政权与拓跋氏的交流做出了很大贡献，“聘问交市，往来不绝，魏人奉遗金帛缯絮，岁以万计”。魏晋禅代以后，仍然继续这种交往。③

（四）氐族

曹魏时期与氐人的关系呈现出迁徙与融合的态势。魏明帝青龙三年，“武都氐王苻双、强端帅其属六千余人来降”④。正始元年，蜀汉大将姜维出兵陇西。郭淮率军抵抗，并追赶姜维，在姜维退兵后，郭淮“按抚柔氐三千

① 陈寿 . 1982. 三国志 . 卷 24. 魏书 · 王观传 . 第 2 版 . 北京：中华书局 . 693
② 房玄龄 . 1974. 晋书 . 卷 108. 慕容廆载记 . 北京：中华书局 . 2804
③ 魏收 . 1974. 魏书 . 卷 1. 序纪 . 北京：中华书局 . 4
④ 房玄龄 . 1974. 晋书 . 卷 1. 宣帝纪 . 北京：中华书局 . 9

余落，拔徙以实关中”①。郭淮将靠近蜀汉地区的氐人迁往关中，在充实关中地区人口的同时，也加强了与氐人的友好关系。正始五年，曹爽为了树立个人的威望，指挥六七万人的军队从骆谷（关中与汉中交通要道之一。北口骆谷在今陕西周至西南，南口傥谷在今洋县北，长 200 百公里）进攻蜀汉。当时，军队的后勤供应非常紧张，曹爽动员大批民众参与后勤运输，“关中及氐、羌转输不能供，牛马骡驴多死，民夷号泣道路”。正因为曹爽此次出兵“所发牛马运转者，死失略尽”，引起了“羌、胡怨叹，而关右悉虚耗矣”的后果。② 后因大军被蜀汉军队借助骆谷的险要地形节节抵抗，曹爽不得不撤军。氐人参与了支援前线的后勤供应，说明关中地区已经有氐人的活动。景元四年，钟会在发布的讨伐蜀汉的檄文中曾有“姜伯约屡出陇右，劳动我边境，侵扰我氐、羌”③ 的说法，大约也是指蜀汉末年多次以进为守的策略，亦说明活动在蜀汉交界地区的氐人受曹魏政权的节制。

(五) 羌族

羌族在曹魏政权建立以后，与其保持了相对稳定的关系。魏文帝即位后，曾经派张郃和曹真一道讨伐安定卢水胡及东羌。④ 虽然毌丘兴在安定太守任上因为派遣范陵教羌人，引起曹操的不满，但在魏文帝即位后，又派他代理武威太守。他针对“民夷杂处，数有兵难”的特殊情况，仍然采取了怀柔措施，“内抚吏民，外怀羌、胡，卒使柔附，为官效用”。虽然后来黄华、张进等人利用羌人发动叛乱，但在毌丘兴的感召下，“张掖番和、骊靬二县吏民及郡杂胡弃恶诣兴，兴皆安恤，使尽力田”。毌丘兴也因此赢得了雍州刺史张既的上表称赞。⑤ 在此次平叛战争中，苏则也发挥了重要的作用。当毌丘兴将领麴演勾结张掖、酒泉等异己势力叛乱后，武威“三种胡并寇钞，道路断绝”，武威太守毌丘兴向苏则告急，“时雍、凉诸豪皆驱略羌胡以从进等，郡人咸以为进不可当”。苏则与归附的羌人豪帅合谋，“乃发兵救武威，降其三种胡”，并打败麴演，使河西平定。⑥ 魏文帝随即任命郭淮为雍州刺史。郭淮在雍州刺史任上，对羌人颇为关照，“每羌、胡来降，淮辄先使人

---

① 陈寿 . 1982. 三国志 . 卷 26. 魏书 · 郭淮传 . 第 2 版 . 北京：中华书局 . 735

② 陈寿 . 1982. 三国志 . 卷 9. 魏书 · 曹真传附子爽传 . 裴注引 . 汉晋春秋 . 北京：中华书局. 284

③ 陈寿 . 1982. 三国志 . 卷 28. 魏书 · 钟会传 . 第 2 版 . 北京：中华书局 . 788

④ 陈寿 . 1982. 三国志 . 卷 17. 魏书 · 张郃传 . 第 2 版 . 北京：中华书局 . 526

⑤ 陈寿 . 1982. 三国志 . 卷 28. 魏书 · 毌丘俭传 . 裴注引 . 魏明臣奏 . 第 2 版 . 北京：中华书局. 761

⑥ 陈寿 . 1982. 三国志 . 卷 16. 魏书 · 苏则传 . 第 2 版 . 北京：中华书局 . 492

推问其亲理，男女多少，年岁长幼；及见，一二知其款曲，讯问周至，咸称神明”。至魏明帝太和二年，街亭之战结束后，郭淮“又破陇西名羌唐蹄于枹罕”。太和五年，蜀汉军队在诸葛亮的率领下出兵卤城（今甘肃礼县盐官镇)。当时军粮供应紧张，朝廷准备从关中调运粮食，郭淮“以威恩抚循羌、胡，家使出谷，平其输调，军食用足”，因妥善处理了与羌族的关系，所以，郭淮借此解决了曹魏大军的军粮问题。① 由此显示出处理好民族之间的关系对黄河流域封建王朝的重要性。

到曹魏末年因为与蜀汉相争，羌人也参与其间，使民族关系更加复杂。景初二年八月，“烧当羌王芒中、注诣等叛，凉州刺史率诸郡攻讨，斩注诣首”②。正始元年，郭淮在追讨姜维后，“遂讨羌迷当等，按抚柔氐三千余落，拔徙以实关中”。正始八年，陇西、南安、金城、西平等地的羌人饿何、烧戈、伐同、蛾遮塞等“相结叛乱，攻围城邑”。这些叛羌还外招蜀汉的姜维为外援，当时随从的人员都认为应当“先讨定枹罕，内平恶羌，外折贼谋”，而郭淮则先打退姜维的军队，然后，“进讨叛羌，斩饿何、烧戈，降服者万余落”。次年，郭淮又打败姜维与羌人的联军。③ 正因为羌人生活在曹魏与蜀汉的交界处，所以，蜀汉政权也利用羌人与曹魏政权对抗。齐王曹芳嘉平初年，姜维曾在麴山修筑两座城池，并使牙门将句安、李歆等守之，二人“聚羌胡质任等寇逼诸郡”。这种扣押人质以胁迫羌人为其守城的做法，引起羌人的反感，所以征西将军郭淮与雍州刺史陈泰就利用“羌夷患维劳役，必未肯附”的心态，打退姜维的援军，迫使句安等人投降。④ 郭淮因为长期在西北地区经营，深得羌人的民心，所以，当王凌因为反对司马懿专政被杀后，司马懿派御史前去逮捕郭淮的妻子，因为郭淮的妻子为王凌之妹，“督将及羌、胡渠帅数千人叩头请淮表留妻”⑤。从这件事情上我们可以看出，郭淮因为长期在西北地区与羌人结下了深厚的情谊，他的军队中就有许多羌人。在融洽与羌人的关系中，除了郭淮等人外，从太和二年任凉州刺史的徐邈，在其长达15 年的任职期间，也为融洽与羌人的关系做出了很大贡献。徐邈以凉州刺史的身份“领护羌校尉”，他在广修水利，满足居民衣食需求的同时，又以剩余之财，“以市金帛犬马，通供中国之费”。在他的努力下，“西域流通，荒戎入贡”；在平定叛羌柯吾后，他尽力弥合与羌人的隔阂，

① 陈寿 . 1982. 三国志 . 卷 26. 魏书・郭淮传 . 第 2 版 . 北京：中华书局 . 734
② 陈寿 . 1982. 三国志 . 卷 3. 魏书・明帝纪 . 第 2 版 . 北京：中华书局 . 112
③ 陈寿 . 1982. 三国志 . 卷 26. 魏书・郭淮传 . 第 2 版 . 北京：中华书局 . 735
④ 陈寿 . 1982. 三国志 . 卷 22. 魏书・陈群传附子泰传 . 第 2 版 . 北京：中华书局 . 638
⑤ 陈寿 . 1982. 三国志 . 卷 26. 魏书・郭淮传 . 裴注引 . 世语 . 第 2 版 . 北京：中华书局 . 736

“邈与羌、胡从事，不问小过。若犯大罪，先告部帅，使知，应死者乃斩以徇，是以信服畏威”①。嘉平三年，司马师辅政期间，邓艾曾经建议：“羌胡与民同处者，宜以渐出之，使居民表崇廉耻之教，塞奸宄之路。”因为司马师刚刚辅政，所以对邓艾的话“多纳用焉”②。也是在此期间，李憙以凉州刺史的身份领护羌校尉，“绥御华夷，甚有声绩。羌虏犯塞，憙因其隙会，不及启闻，辄以便宜出军深入，遂大克获”③。在曹魏政权灭蜀汉过程中也有不少羌人参加了战斗。段灼曾经说：“昔伐蜀，募取凉州兵马、羌胡健儿，许以重报，五千余人，随艾讨贼，功皆第一。”④ 参加讨伐蜀汉的羌人有五千多人，说明关中地区的羌人已经归附曹魏政权，成为曹魏的一支重要力量。

（六）其他少数民族

曹魏时期随着政权的逐步稳固，对西北地区的其他少数民族也开始了友好交往的历史过程。

早在曹操时期，西北地区的“胡人”也与黄河流域的新生政权发生或多或少的联系，有时甚至是兵戎相见。建安十六年九月，曹操与韩遂、马超等在渭水沿岸交战，因为曹操在胡人中影响颇大，出现了“贼将见公，悉于马上拜，秦、胡观者，前后重沓……胡前后大观”的现象。⑤ 韩遂和马超的军队中有大量少数民族军队的参加，并利用胡人成为曹操的威胁。马超在汉阳利用胡人为害，韩遂在金城，曾经率领胡人的骑兵一万余人与夏侯渊作战。曹丕掌握政权之初，针对西北地区少数民族的状况，调整了区划设置。在东汉末年，“不置凉州，自三辅拒西域，皆属雍州”，曹丕即位后，“初置凉州，以安定太守邹岐为刺史”。延康元年五月，活动在冯翊郡的卢水胡迫于曹魏政权的威势而投降。曹丕曾经自豪地说：“前欲有令吾讨鲜卑者，吾不从而降；又有欲使吾及今秋讨卢水胡者，吾不听，今又降。……吾今说此，非自是也，徒以为坐而降之，其功大于动兵革也。”但是各少数民族仍然纷纷起来反对邹岐，出现了“凉州卢水胡伊健妓妾、治元多等反，河西大扰”的现象。魏文帝随即任命张既为刺史。黄初二年十一月，胡人“决水灌显美”，又放火烧张既的军营。镇西将军曹真命令诸将以及州郡联合“讨破叛胡治元多、卢水、封赏等，斩首五万余级，获生口十万，羊一百一十一万

① 陈寿 . 1982. 三国志 . 卷 27. 魏书・徐邈传 . 第 2 版 . 北京：中华书局 . 740

② 陈寿 . 1982. 三国志 . 卷 28. 魏书・邓艾传 . 第 2 版 . 北京：中华书局 . 776

③ 房玄龄 . 1974. 晋书 . 卷 41. 李憙传 . 北京：中华书局 . 1189

④ 房玄龄 . 1974. 晋书 . 卷 48. 段灼传 . 北京：中华书局 . 1340

⑤ 陈寿 . 1982. 三国志 . 卷 1. 魏书・武帝纪 . 裴注引 . 魏书 . 第 2 版 . 北京：中华书局 . 35

口，牛八万，河西遂平"[1]。黄初三年二月，鄯善、龟兹、于阗王纷纷遣使奉献。魏文帝下诏："顷者西域外夷并款塞内附，其遣使者抚劳之。"是后西域遂通，置戊己校尉。[2] 因而史书有"魏兴，西域虽不能尽至，其大国龟兹、于寘、康居、乌孙、疏勒、月氏、鄯善、车师之属，无岁不奉朝贡，略如汉氏故事"的说法。[3] 但是曹丕对于私下与西域各国来往的官员则处理非常严格。黄初元年，孔桂被拜为驸马都尉，"而桂私受西域货赂，许为人事。事发，有诏收问，遂杀之"[4]。对于魏文帝时期周边地区少数民族内附的情况，曹植在曹丕死后所作的诔文曰："肃慎纳贡，越裳效珍，条支绝域，侍子内宾。"[5] 而肃慎作为极远地方的少数民族，其内附往往成为政权影响力的标志，这在此后的年代里仍有记载。魏明帝青龙四年五月，"肃慎氏献楛矢"。齐王曹芳正始六年，毌丘俭派遣玄菟太守王颀追赶北逃的高句骊宫，"过沃沮千有余里，至肃慎氏南界，刻石纪功，刊丸都之山，铭不耐之城"[6]。《三国志》卷三十《魏书·乌丸鲜卑东夷传》亦称："其后高句丽背叛，又遣偏师致讨，穷追极远，逾乌丸、骨都，过沃沮，践肃慎之庭，东临大海。"可见玄菟太守王颀的这次行动所达地域之远。陈留王曹奂景元三年四月，"辽东郡言肃慎国遣使重译入贡，献其国弓三十张，长三尺五寸，楛矢长一尺八寸，石弩三百枚，皮骨铁杂铠二十领，貂皮四百枚"[7]。因而，钟会在景元四年秋，在向蜀汉军民所发布的檄文中称："今主上圣德钦明，绍隆前绪，宰辅忠肃明允，劬劳王室，布政垂惠而万邦协和，施德百蛮而肃慎致贡。"[8] 肃慎作为东北边域极远之地的少数民族，向黄河流域的封建王朝朝贡成为国威远播的一个标志，因此历来备受重视。

随着曹魏政权的逐步稳固，西域与内地的来往也逐渐频繁起来。魏文帝与苏则的一段对话颇能说明问题。《三国志》卷十六《魏书·苏则传》云：

> 文帝问则曰："前破酒泉、张掖，西域通使，敦煌献径寸大珠，可复求市益得不?"则对曰："若陛下化洽中国，德流沙漠，即不求自至；求而得之，不足贵也。"帝默然。

这段对话是为了说明苏则的忠心与耿直，但从这段对话中我们可以看出

---

① 陈寿 . 1982. 三国志 . 卷 2. 魏书 · 文帝纪 . 裴注引 . 魏书 . 第 2 版 . 北京：中华书局 . 78
② 陈寿 . 1982. 三国志 . 卷 2. 魏书 · 文帝纪 . 第 2 版 . 北京：中华书局 . 79
③ 陈寿 . 1982. 三国志 . 卷 30. 魏书 · 乌丸鲜卑东夷传 . 第 2 版 . 北京：中华书局 . 840
④ 陈寿 . 1982. 三国志 . 卷 3. 魏书 · 明帝纪 . 裴注引 . 魏略 . 第 2 版 . 北京：中华书局 . 101
⑤ 陈寿 . 1982. 三国志 . 卷 3. 魏书 · 文帝纪 . 裴注引 . 第 2 版 . 北京：中华书局 . 88
⑥ 陈寿 . 1982. 三国志 . 卷 28. 魏书 · 毌丘俭传 . 第 2 版 . 北京：中华书局 . 762
⑦ 陈寿 . 1982. 三国志 . 卷 4. 魏书 · 三少帝纪 . 第 2 版 . 北京：中华书局 . 149
⑧ 陈寿 . 1982. 三国志 . 卷 28. 魏书 · 钟会传 . 第 2 版 . 北京：中华书局 . 788

魏文帝欲与西域往来的迫切心情。随着曹魏朝廷与少数民族交往的加深，一些少数民族特别是西域地区偏远的国家的一些商人纷纷利用曹魏朝廷急于吸引西域国家到黄河流域朝贡的心态，代替政府行使朝贡的职能。魏文帝时期，龟兹王派遣使节到洛阳朝贡，“朝廷嘉其远至，褒赏其王甚厚”。在龟兹国的影响下，其他西域国家纷纷派遣侍子到洛阳朝贡，以至于出现了“间使连属”的现象。而作为主管沿边地区少数民族事务的大鸿胪崔林，“恐所遣或非真的，权取疏属贾胡，因通使命，利得印绶，而道路护送，所损滋多。劳所养之民，资无益之事，为夷狄所笑，此曩时之所患也。乃移书敦煌喻指，并录前世待遇诸国丰约故事，使有恒常”，制止了边疆地区少数民族借朝贡的机会大发贸易财的现象。[①] 到魏明帝时期，西域与内地的往来更加密切，其中在黄河流域与西域的交往过程中起过重要作用的人物有仓慈、徐邈等人。《三国志》卷十六《魏书・仓慈传》记述的仓慈事迹颇有代表性。仓慈在太和年间接替尹奉任敦煌太守，他“抑挫权右，抚恤贫羸，甚得其理”，将豪右大族的土地分给平民百姓，减轻刑罚，对往来的少数民族商旅更是关照有加，“又常日西域杂胡欲来贡献，而诸豪族多逆断绝；既与贸迁，欺诈侮易，多不得分明。胡常怨望，慈皆劳之。欲诣洛者，为封过所，欲从郡还者，官为平取，辄以府见物与共交市，使吏民护送道路，由是民夷翕然称其德惠”。仓慈通过保护少数民族商旅赢得了他们的爱戴。仓慈死后，“及西域诸胡闻慈死，悉共会聚于戊己校尉及长吏治下发哀，或有以刀画面，以明血诚，又为立祠，遥共祠之”。太和三年十二月，“大月氏王波调遣使奉献，以调为亲魏大月氏王”。齐王芳即位的景初三年二月，“西域重译献火浣布”。咸熙二年九月闰月，“康居、大宛献名马，归于相国府，以显怀万国致远之勋”[②]。上述种种迹象表明曹魏时期与西域地区往来的关系之密切。

曹魏时期是中国历史上的一个重要的过渡时期，在此期间曹魏中央政府以灵活多变的民族政策赢得了周边地区的少数民族的支持，从而为黄河文化与草原文化的交流与融合提供了相对宽松的政治环境，也正是在此指导思想之下，在经过战乱之后逐步恢复的黄河文化能够快速地与草原文化达成相互融合与默契，从而开启了黄河文化发展的新时代，并为西晋时期两种文化的发展奠定了坚实的基础。

① 陈寿 . 1982. 三国志 . 卷 24. 魏书・崔林传 . 第 2 版 . 北京：中华书局 . 680

② 陈寿 . 1982. 三国志 . 卷 4. 魏书・三少帝纪 . 第 2 版 . 北京：中华书局 . 154

第三节　物质与生活方式的交流

曹魏时期，随着黄河流域的逐渐稳定与太平，以曹魏为代表的黄河文化开始以积极的姿态与草原文化展开多方位的交流，表现在政治经济文化等多个方面。

曹魏时期草原文化与黄河流域的物质交流随着社会的发展继续进行，表现在草原民族的器物在黄河流域得到汉族民众的使用。因为这一时期时间较短，我们将相关问题一并论述。从汉末开始出现在史书记载的胡床，也为曹魏时期的人们所喜爱和重视。建安十六年七月，曹操在西征过程中，在自潼关北渡黄河时，面对后面马超的追兵，曹操镇定自若，《曹瞒传》曰："公将过河，前队适渡，（马）超等奄至，公犹坐胡床不起。张郃等见事急，共引公入船。"① 曹操坐在胡床上不起是为了稳定军心。魏文帝在日常生活中也喜爱胡床，甚至在外出涉猎时也携带胡床作为歇息之用。《三国志》卷十六《魏书·苏则传》记载，苏则"从行猎，槎桎拔，失鹿，帝大怒，踞胡床拔刀，悉收督吏，将斩之"。因苏则的劝解魏文帝才赦免了跟随的督吏。普通的民众也以胡床作为日常生活用具。裴潜在任兖州刺史时，"尝作一胡床，及其去也，留以挂柱"②。裴潜的做法显示了其为官廉洁。少数民族的舞蹈也为曹魏的社会上层所接受，如曹植会跳胡舞，《魏略》记载，曹植在会见邯郸淳时，"植初得淳甚喜，延入坐，不先与谈。时天暑热，植因呼常从取水自澡讫，傅粉。遂科头拍袒，胡舞五椎锻，跳丸击剑，诵俳优小说数千言讫"，然后才接见邯郸淳。③ 可见随着与周边地区少数民族的接触，草原民族的生活方式也为曹魏政权的社会上层所接受。曹植在《辩道论》中甚至遗憾自己"诸梁时，西域胡来献香罽、腰带、割玉刀，时悔不取也"④。曹丕《典论·自叙》云："建安十年，始定冀州，濊、貊贡良弓，燕、代献名马。"⑤ 太和五年四月，"鲜卑附义王轲比能率其种人及丁零大人儿禅诣幽州

① 陈寿. 1982. 三国志. 卷1. 魏书·武帝纪. 裴注引. 第2版. 北京：中华书局. 34

② 陈寿. 1982. 三国志. 卷23. 魏书·裴潜传. 裴注引. 魏略. 第2版. 北京：中华书局. 673

③ 陈寿. 1982. 三国志. 卷21. 魏书·王粲传附邯郸淳传. 裴注引. 魏略. 第2版. 北京：中华书局. 602

④ 陈寿. 1982. 三国志. 卷29. 魏书·方技·华佗传. 裴注引. 魏略. 第2版. 北京：中华书局. 805

⑤ 陈寿. 1982. 三国志. 卷2. 魏书·文帝纪. 裴注引. 第2版. 北京：中华书局. 89

贡名马”①。即使到曹魏末年的陈留王曹奂时期，景元二年“秋七月，乐浪外夷韩、濊貊各率其属来朝贡”。因为貊人所做的弓在当时是很有名的。② 到了次年四月，“辽东郡言肃慎国遣使重译入贡，献其国弓三十张，长三尺五寸，楛矢长一尺八寸，石砮三百枚，皮骨铁杂铠二十领，貂皮四百枚”③。东北边域的少数民族纷纷将其所产的名弓进献于曹魏朝廷。这些物品进入黄河流域的渠道是多方面的，有的是通过商贸活动进入黄河流域的。《傅子》曰：“河南尹内掌帝都，外统京畿，兼古六乡六遂之士。其民异方杂居，多豪门大族，商贾胡貊，天下四会，利之所聚，而奸之所生。”④ 虽然傅嘏所言并不是指周边地区的刷品进入黄河流域的渠道，但从他的话中我们可以看出商贸活动无疑是周边地区物品进入的渠道之一。再如，太和年间，仓慈为敦煌太守，“又常日西域杂胡欲来贡献，而诸豪族多逆断绝；既与贸迁，欺诈侮易，多不得分明。胡常怨望，慈皆劳之。欲诣洛者，为封过所，欲从郡还者，官为平取，辄以府见物与共交市，使吏民护送道路，由是民夷翕然称其德惠”⑤。为了保证西域地区的物品能通过贸易顺利进入黄河流域，敦煌太守仓慈采取了公平买卖的策略，甚至动用力量加以护送。周边地区的少数民族进入中原的物品多以其土特产为主，如景初三年二月，“西域重译献火浣布，诏大将军、太尉临试以示百寮”⑥。这种从西域传入内地的火浣布因极其珍贵，受到皇帝的重视，究其实在东汉末年此布就曾传入洛阳。《傅子》曰：“长老说汉桓时，梁冀作火浣布单衣，会宾客，行酒公卿朝臣前，佯争酒失杯而污之，冀伪怒，解衣而烧之，布得火，爆然而炽，如烧凡布，垢尽火灭，粲然洁白，如水浣。”⑦ 火浣布实际是传自大秦（罗马）的石棉布，这其实只是大秦数十种布匹中的一种。再如皮货也随着周边地区的少数民族向曹魏王朝的进贡而传入。《三国志》卷四《魏书·陈留王奂纪》记载，景元三年夏四月，“辽东郡言肃慎国遣使重译入贡，献其国弓三十张，长三尺五寸，楛矢长一尺八寸，石砮三百枚，皮骨铁杂铠二十领，貂皮四百枚”。《魏书》记载鲜卑的特产时说：“有貂、豽、鼲子，皮毛柔蠕，故天下以为名

① 陈寿.1982. 三国志. 卷3. 魏书·明帝纪. 第2版. 北京：中华书局.98

② 《三国志》卷30《魏书·东夷传附高句丽传》云：“又有小水貊。句丽作国，依大水而居，西安平县北有小水，南流入海，句丽别种依小水作国，因名之为小水貊，出好弓，所谓貊弓是也。”曹魏时期已经知道小水貊的弓很有名，其可能已经传入内地

③ 陈寿.1982. 三国志. 卷4. 魏书·陈留王奂纪. 第2版. 北京：中华书局.149

④ 陈寿.1982. 三国志. 卷21. 魏书·傅嘏传. 裴注引. 第2版. 北京：中华书局.624

⑤ 陈寿.1982. 三国志. 卷16. 魏书·仓慈传. 第2版. 北京：中华书局.512

⑥ 陈寿.1982. 三国志. 卷4. 魏书·齐王芳纪. 第2版. 北京：中华书局.117

⑦ 范晔.1965. 后汉书. 卷86. 西南夷传. 李贤注引. 北京：中华书局.2860

裘。"[①] 高句丽王高宫曾经在嘉禾二年派遣使节向孙权"贡貂皮千枚，鹖鸡皮十具"等东北的特产[②]。这些周边地区的物产能够进入黄河流域的腹地，并为汉族人所知悉，与文化的交流的频繁是密不可分的。

黄河流域的物品传入周边地区的少数民族也以传统的物品为主，如丝绸。董卓之乱时，少数民族的军队参与其间的目的也就是为了获取这些物品。《献帝纪》曰："傕时召羌、胡数千人，先以御物缯彩与之，又许以宫人妇女，欲令攻郭汜。羌、胡数来窥省门，曰：'天子在中邪！李将军许我宫人美女，今皆安在？'帝患之，使诩为之方计。诩乃密呼羌、胡大帅饮食之，许以封爵重宝，于是皆引去。傕由此衰弱。"[③] 以羌族为代表的少数民族首领先是受李傕的"缯彩"诱惑，后又受贾诩的"重宝"的吸引，方才退兵，虽然说这些承诺没有兑现，但说明黄河流域的这些物品对少数民族有很大的吸引力。黄初元年十一月，魏文帝即位后，"更授匈奴南单于呼厨泉魏玺绶，赐青盖车、乘舆、宝剑、玉玦"[④]。青龙年间，乌丸右北平乌丸单于遣弟阿罗槃等诣阙朝贡，魏明帝"封其渠率二十余人为侯、王，赐舆马缯彩各有差"[⑤]。青龙元年，轲比能与步度根联合进攻并州，魏明帝派遣骁骑将军秦朗征讨，步度根的将令泄归泥"将其部众降，拜归义王，赐幢麾、曲盖、鼓吹，居并州如故"[⑥]。

黄河流域的生活方式对周边的少数民族聚居地区也产生了影响。《先贤行状》云："（王烈）会董卓作乱，避地辽东，躬秉农器，编于四民，布衣蔬食，不改其乐。东域之人，奉之若君。时衰世弊，识真者少，朋党之人，互相谗谤。自避世在东国者，多为人所害，烈居之历年，未尝有患。使辽东强不凌弱，众不暴寡，商贾之人，市不二价。太祖累征召，辽东为解而不遣。以建安二十三年寝疾，年七十八而终。"[⑦] 王烈以自己高尚的品质影响了辽东地区的社会风俗。又如嘉平年间皇甫隆任敦煌太守，"初，敦煌不甚晓田，常灌溉滀水，使极濡洽，然后乃耕。又不晓作耧犁，用水，及种，人牛功力既费，而收谷更少。隆到，教作耧犁，又教衍溉，岁终率计，其所省庸

① 陈寿. 1982. 三国志. 卷30. 魏书·鲜卑传. 第2版. 北京：中华书局. 836

② 陈寿. 1982. 三国志. 卷47. 吴书·吴主传. 裴注引. 吴书. 第2版. 北京：中华书局. 1140

③ 陈寿. 1982. 三国志. 卷10. 魏书·荀彧传附子恽、孙甝、霬传. 裴注引. 第2版. 北京：中华书局. 328

④ 陈寿. 1982. 三国志. 卷2. 魏书·文帝纪. 第2版. 北京：中华书局. 76

⑤ 陈寿. 1982. 三国志. 卷28. 魏书·毌丘俭传. 第2版. 北京：中华书局. 762

⑥ 陈寿. 1982. 三国志. 卷30. 魏书·鲜卑传. 第2版. 北京：中华书局. 836

⑦ 陈寿. 1982. 三国志. 卷11. 魏书·管宁传附王烈传. 裴注引. 第2版. 北京：中华书局. 356

力过半，得谷加五。又敦煌俗，妇人作裙，挛缩如羊肠，用布一匹。隆又禁改之，所省复不訾”①。

曹魏时期黄河文化与草原文化的融合在物质层面表现得丰富多彩，两种文化之间并没有因为特质的差异而拒绝往来，反而呈现出日趋兴盛的局面。这些现象的出现固然与曹魏政府的政策有关，但在更广泛的层面上则显示出黄河文化海纳百川的气魄，就是这容纳各种层面的文化，使黄河文化拥有更加深厚的文化基石。

① 陈寿．1982．三国志．卷16．仓慈传．裴注引．魏略．第2版．北京：中华书局．513。《晋书》卷二十六《食货志》云：“魏明帝世徐邈为凉州，土地少雨，常苦乏谷。邈上修武威、酒泉盐池，以收虏谷。又广开水田，募贫民佃之，家家丰足，仓库盈溢。及度支州界军用之余，以市金锦犬马，通供中国之费。西域人入贡，财货流通，皆邈之功也。其后皇甫隆为敦煌太守，敦煌俗不作耧犁，及不知用水，人牛功力既费，而收谷更少。隆到，乃教作耧犁，又教使灌溉。岁终率计，所省庸力过半，得谷加五，西方以丰。”可见从徐邈以来敦煌地区农业经济的发展与贤明的郡太守是分不开的。正因为皇甫隆的积极作用，贾思勰的《齐民要术序》也将其事迹加以介绍

第七章

西晋时期的深入交融

曹魏末年，司马氏逐步掌握了政权。嘉平元年（249 年）正月，司马懿通过高平陵政变，消灭了曹爽的势力集团，铲除了夺权道路上的障碍。司马懿于嘉平三年死后，其子司马师在嘉平六年九月，又废掉齐王曹芳，另立高贵乡公曹髦。正元二年（255 年）正月，司马师死后，司马昭接替其兄长之位，继续掌控曹魏政权。司马昭当政期间，灭蜀汉，进一步巩固了自己的地位。咸熙二年（265 年）八月，司马昭死，十二月，其子司马炎迫使曹奂传位，建立西晋王朝。西晋王朝因为继承了曹魏王朝的政权，所以，政权的更替并未对黄河流域的社会经济产生太大的影响，以西晋政权为代表的黄河文化与北方地区草原文化的交流仍在持续进行。

第一节　西晋武帝时期诸少数民族与西晋之间的和、战关系

西晋代替曹魏政权后，与边疆地区少数民族的关系依然呈现出时好时坏的状况，当西晋中央政府力量强大之时，北部边疆的少数民族都能服从于西晋政府，双方尚能维持相对稳定的关系。而当中央政府力量衰弱之时，少数民族则趁机在北部边疆燃起战火，与中央政府的关系陷于僵化。下面我们还是分不同的民族加以探讨。

（一）匈奴

西晋中央政府与匈奴族的关系非常微妙。泰始元年（265 年）十二月丙寅，曹奂禅位于晋武帝司马炎时，“百僚在位及匈奴南单于四夷会者数万人”①。这说明在晋武帝初年，匈奴族对西晋政府还是采取了较为友好的态

① 房玄龄．1974．晋书．卷 3．武帝纪．北京：中华书局．50

度，而且晋武帝以南匈奴单于作为代表是为了说明他代曹奂之位是获得包括少数民族在内的众多少数民族支持的。不仅禅位活动要求南匈奴单于参加，而且每年新春的朝拜活动南匈奴单于也享有很高的待遇。根据《晋书》卷二十一《礼志下》记载，晋武帝即位后所制定的《咸宁礼》，对于正月朝贺做了详细的规定，其中南匈奴的单于位列王公之中，“于是公、特进、匈奴南单于、金紫将军当大鸿胪西，中二千石、二千石、千石、六百石当大行令西，皆北面伏”。由此可见西晋朝廷给予南匈奴单于地位之高。

晋武帝虽然给予南匈奴的单于以很高的政治待遇，但并未笼络住匈奴族的其他部落首领，一些匈奴部落就与晋朝为敌。泰始七年正月，匈奴中部帅刘猛叛逃出塞，驻扎在孔邪城。而随着刘猛的叛逃，“自并州西及河东、平阳”都开始骚动起来，朝廷使杜预“定计省闼”。泰始八年春正月，晋武帝派遣监军娄侯何桢讨伐刘猛，屡次打败刘猛，因为刘猛所率领的匈奴军队非常凶悍，何桢就暗中引诱刘猛的左部帅李恪杀刘猛而降。经过此次打击，“于是匈奴震服，积年不敢复反”①。《晋书》卷五十七《胡奋传》亦载：“匈奴中部帅刘猛叛，使骁骑路蕃讨之，以奋为监军、假节，顿军硁北，为蕃后继。击猛，破之，猛帐下将李恪斩猛而降。”可见朝廷是动用了大量的军力来平息此次叛乱的。此次刘猛被斩对匈奴族产生了很大震动，即使到后来刘渊准备起兵时，刘宣仍然耿耿于怀：“晋为无道，奴隶御我，是以右贤王猛不胜其忿。属晋纲未驰，大事不遂，右贤涂地，单于之耻也。”在这次压服匈奴右贤王刘猛部落后，匈奴暂时不再与晋朝为敌。然而，随着时间的推移，迁居内地的匈奴人又“稍因忿恨，杀害长史，渐为边患”②。针对匈奴日益强大的态势，侍御史郭钦上疏分析了当时的情势。他认为：“戎狄强犷，历古为患。魏初人寡，西北诸郡皆为戎居。今虽服从，若百年之后有风尘之警，胡骑自平阳、上党不三日而至孟津，北地、西河、太原、冯翊、安定、上郡尽为狄庭矣。”他认为应当利用晋灭吴之威势，“谋臣猛将之略，出北地、西河、安定，复上郡，实冯翊，于平阳已北诸县募取死罪，徙三河、三魏见士四万家以充之”。为了防止迁居内地的匈奴人再次发动叛乱，保证“裔不乱华”，应当“渐徙平阳、弘农、魏郡、京兆、上党杂胡”于塞外，随后“峻四夷出入之防”③。郭钦的建议是想将已经进入塞内的匈奴人重新迁居塞外，使夷夏之别更加明显，从而从根本上杜绝少数民族的叛乱对黄河流域的影响。但是，郭钦的建议显然是行不通的。迁居内地的匈奴族在与汉

① 房玄龄.1974. 晋书. 卷97. 四夷·北狄·匈奴传. 北京：中华书局.2549
② 房玄龄.1974. 晋书. 卷97. 四夷·北狄·匈奴传. 北京：中华书局.2549
③ 房玄龄.1974. 晋书. 卷97. 四夷·北狄·匈奴传. 北京：中华书局.2549

族的交往过程中已经逐步吸收了农耕文化的内涵，无论从生活习俗还是生产方式都与原来的游牧生活发生了根本的改变。而且，在当时的情况下，农耕生活较之于游牧生活要稳定得多，让适应农耕生活的匈奴族人重新回到游牧生活中去显然是不符合历史实际的，所以，晋武帝没有采纳他的建议。

在西晋政府宽松的移民政策下，更多的匈奴族开始迁居内地。晋武帝即位之初，塞外匈奴所居地发洪水，“塞泥、黑难等二万余落归化，帝复纳之，使居河西故宜阳城下”。后来，迁居内地的匈奴人，“复与晋人杂居，由是平阳、西河、太原、新兴、上党、乐平诸郡靡不有焉”。“至太康五年，复有匈奴胡太阿厚率其部落二万九千三百人归化。七年，又有匈奴胡都大博及萎莎胡等各率种类大小凡十万余口，诣雍州刺史扶风王骏降附。明年，匈奴都督大豆得一育鞠等复率种落大小万一千五百口，牛二万二千头，羊十万五千口，车庐什物不可胜纪，来降，并贡其方物，帝并抚纳之”[①]。从太康五年至八年间，匈奴前后共有 15 万余人归附西晋王朝，迁居黄河流域。是后，匈奴迁居内地的仍然络绎不绝。咸宁三年（277 年），“西北杂虏及鲜卑、匈奴、五溪蛮夷、东夷三国前后十余辈，各帅种人部落内附”。咸宁五年，“三月，匈奴都督拔弈虚帅部落归化”。“冬十月戊寅，匈奴余渠都督独雍等帅部落归化”[②]。这些归附的匈奴都是匈奴族内部的一些部落。这些迁居黄河流域的匈奴族在与黄河流域汉族的接触过程中，不可避免地接受了汉族的生产与生活方式，呈现出民族融合日益紧密的趋势。

据《晋书》卷九十七《四夷・北狄・匈奴传》记载，当时迁居内地的匈奴人数量相当庞大，且分为不同的种群。“北狄以部落为类，其入居塞者有屠各种、鲜支种、寇头种、乌谭种、赤勒种、捍蛭种、黑狼种、赤沙种、郁鞞种、萎莎种、秃童种、勃蔑种、羌渠种、贺赖种、钟跂种、大楼种、雍屈种、真树种、力羯种，凡十九种，皆有部落，不相杂错。屠各最豪贵，故得为单于，统领诸种”。而且匈奴的国之间还有等级，“其国号有左贤王、右贤王、左奕蠡王、右奕蠡王、左于陆王、右于陆王、左渐尚王、右渐尚王、左朔方王、右朔方王、左独鹿王、右独鹿王、左显禄王、右显禄王、左安乐王、右安乐王，凡十六等，皆用单于亲子弟也”。由于受汉族的影响，匈奴族内部的等级观念开始加强，“其左贤王最贵，唯太子得居之。其四姓，有呼延氏、卜氏、兰氏、乔氏。而呼延氏最贵，则有左日逐、右日逐，世为辅相；卜氏则有左沮渠、右沮渠；兰氏则有左当户、右当户；乔氏则有左都侯、右都侯。又有车阳、沮渠、余地诸杂号，犹中国百官也”。当时匈奴族

---

① 房玄龄.1974. 晋书. 卷97. 四夷・北狄・匈奴传. 北京：中华书局.2549
② 房玄龄.1974. 晋书. 卷3. 武帝纪. 北京：中华书局.70

内部的“綦毋氏、勒氏、皆勇健，好反叛”。在晋武帝灭吴时，“有骑督綦毋伣邪伐吴有功，迁赤沙都尉”。

随着匈奴族与黄河流域的汉民族杂居，汉文化对匈奴族的影响越来越深，一些匈奴人受汉文化的浸润逐步接受汉文化的传统经典。如匈奴后部人卜珝“少好读《易》”，当时的硕儒郭璞见而叹曰：“吾所弗如也，奈何不免兵厄!”[①] 再如刘渊，在曹魏末年逐渐成人，“幼好学，师事上党崔游，习《毛诗》、《京氏易》、《马氏尚书》，尤好《春秋左氏传》、《孙吴兵法》，略皆诵之，《史》、《汉》、诸子，无不综览”。刘渊在自己成长过程中拜汉人崔游为师，学习儒家的经典著作。而且刘渊在学习中也颇有见地，他曾向同门谈及读史体会，认为：“吾每观书传，常鄙随、陆无武，绛、灌无文。道由人弘，一物之不知者，固君子之所耻也。二生遇高皇而不能建封侯之业，两公属太宗而不能开庠序之美，惜哉!”在此思想的指导下，在学文的同时，他又兼学武事，并表现出“妙绝于众，猿臂善射，膂力过人”的精强武艺。[②] 明人张大龄《晋五胡指掌》卷上《匈奴刘氏》云：“当晋全盛时，渊以壮年游京师，与诸名士遨游成均，持论上下，固彬彬隽爽才也，不过谓由余、金日磾之俦耳。焉知窃伏辇毂，睥睨宫阙。”这大概就反映了后人对刘渊潜心学习儒家经典和读史书的认识。当时善于相面的崔懿之、公师彧等人对刘渊“深相崇敬，推分结恩”。就连太原的大族王浑也“虚襟友之，命子济拜焉”。咸熙年间，刘渊在洛阳作为任子也得到了司马昭的重视。西晋建立以后，王浑又多次向晋武帝举荐刘渊，晋武帝亲自召见，非常欣赏他的才干，王济甚至向晋武帝建议任用刘渊以平孙吴，晋武帝也有此意，但因为大臣孔恂、杨珧的反对，方才作罢。后来，西北凉州一带因为氐羌的叛乱，晋武帝在挑选能够前往镇压的将士时，李憙推荐了刘渊。孔恂认为：“元海若能平凉州，斩树机能，恐凉州方有难耳。”孔恂的意思很清楚，一旦刘渊平定了树机能，必将代之成为西晋西北地区最大的祸患，晋武帝听从了孔恂的建议，没有派刘渊前往凉州。后来，刘渊知道此事后，在饯送王弥从洛阳东归时，对王弥说：“王浑、李憙以乡曲见知，每相称达，谗间因之而进，深非吾愿，适足为害。吾本无宦情，惟足下明之。恐死洛阳，永与子别。”齐王攸曾建议晋武帝除掉刘渊，害怕他成为后患，因王浑的劝谏，方才作罢。刘豹死后，以刘渊代为左部帅。太康末年，朝廷任命他为北部都尉。在任期间，刘渊“明刑法，禁奸邪，轻财好施，推诚接物，五部俊杰无不至者。幽冀名儒，后门秀士，不远千里，亦皆游焉”。这些都说明刘渊在晋武帝时期

① 房玄龄．1974．晋书．卷95．艺术·卜珝传．北京：中华书局．2481

② 房玄龄．1974．晋书．卷101．刘元海载记．北京：中华书局．2646

对于北部边疆的稳定起了很大作用。从他广纳“幽冀名儒，后门秀士”并与其交游来看，也说明刘渊在黄河文化的影响下对黄河文化中的儒家精神的钦佩。① 刘渊的家门之中喜好儒家文化的也大有人在，刘渊的从祖刘宣，“好学修洁”，曾经“师事乐安孙炎，沈精积思，不舍昼夜，好《毛诗》、《左氏传》”。孙炎认为如果刘宣遇到如同汉武帝那样的君主，将“逾于金日磾也”。他学成回到故乡后，数年不问政事，潜心苦读，“每读《汉书》，至《萧何》、《邓禹传》，未曾不反覆咏之”，并表达了自己的史学观：“大丈夫若遭二祖，终不令二公独擅美于前矣。”并州刺史王广将刘宣推荐给晋武帝，深受晋武帝器重，“乃以宣为右部都督，特给赤幢曲盖”。在此期间，他“莅官清恪，所部怀之”②。作为一个少数民族的首领，刘宣的为官表现与黄河流域的汉族士人何其相似，足以显现出黄河文化对他影响之深。继承刘渊为帝的儿子刘和“好学夙成，习《毛诗》、《左氏春秋》、《郑氏易》”③。刘渊的儿子刘聪也深受汉文的影响，年轻时即养成文武双全的气势，“幼而聪悟好学，博士朱纪大奇之。年十四，究通经史，兼综百家之言，《孙吴兵法》靡不诵之。工草隶，善属文，著述怀诗百余篇、赋颂五十余篇。十五习击刺，猿臂善射，弯弓三百斤，膂力骁捷，冠绝一时”。以至于太原人王浑赞叹说：“此儿吾所不能测也。”他曾经“弱冠游于京师，名士莫不交结，乐广、张华尤异之也。新兴太守郭颐辟为主簿，举良将，入为骁骑别部司马，累迁右部都尉，善于抚接，五部豪右无不归之”。刘聪俘虏晋怀帝后封其为会稽郡公，在与晋怀帝宴饮时，刘聪回忆起在洛阳与晋怀帝的交往过程。晋惠帝初年，刘聪曾经与王济前往造访身为豫章郡王的晋怀帝，王济将刘聪介绍给晋怀帝，晋怀帝说“闻其名久矣”，并且以自己“所制乐府歌示(之)”，还对刘聪说：“闻君善为辞赋，试为看之。”刘聪与王济共同作《盛德颂》，受到晋怀帝的称赞。三人又相与“射于皇堂”，结果刘聪得十二筹，晋怀帝与王济俱得九筹。晋怀帝因此赠刘聪柘弓、银研。刘聪询问晋怀帝是否记得此事，身处屈辱地位的晋怀帝只得以“臣安敢忘之，但恨尔日不早识龙颜”相答。④ 从这件事情我们可以看出，在西晋武帝末年，刘聪作为匈奴单于的太子，不仅与大臣相交，而且贵为王子的晋怀帝也极力与之结交。再如刘曜“读书志于广览，不精思章句，善属文，工草隶……尤好兵书，略皆暗诵。常轻侮吴、邓，而自比乐毅、萧、曹”。后来又隐居管涔山（今吕梁

---

① 房玄龄.1974. 晋书. 卷101. 刘元海载记. 北京：中华书局.2647

② 房玄龄.1974. 晋书. 卷101. 刘元海载记附刘宣载记. 北京：中华书局.2654

③ 房玄龄.1974. 晋书. 卷101. 刘元海载记附刘和载记. 北京：中华书局.2652

④ 房玄龄.1974. 晋书. 卷102. 刘聪载记. 北京：中华书局.2660

山脉的一支），“以琴书为事”①。如果没有后来的八王之乱，刘曜可能就是一个世外高人。清人赵翼《廿二史劄记》卷八《僭伪诸君有文学》云：

晋载记诸僭伪之君，虽非中国人，亦多有文学。刘渊少好学，习《毛诗》、京氏《易》、马氏《尚书》，尤好《左氏春秋》、孙、吴兵法，《史》、《汉》、诸子，无不综览。尝鄙隋、陆无武，绛、灌无文。一物不知，以为君子所耻。其子刘和亦好学，习《毛诗》、《左氏春秋》、郑氏《易》。和弟宣，师事孙炎，沈精积思，不舍昼夜。尝读《汉书》，至《萧何》、《邓禹传》，未尝不反覆咏之。刘聪幼而聪悟，博士朱纪大奇之，年十四，究通经史，兼综百家之言。工草隶，善属文，著述怀诗百余篇，赋颂五十余篇。……此皆生于戎羌，以用武为急，而仍兼文学如此，人亦何可轻量哉。

这可以说准确地概括出当时黄河文化对来自草原地区少数民族的影响之深远，也表明草原民族虚心向学的精神。我们在这里从匈奴刘氏家族诸人受黄河文化影响的角度剖析了汉化较深的匈奴族的状况，表明黄河文化的强大影响力。

（二）鲜卑

鲜卑族在魏晋之际迅速发展起来。鲜卑分为多个部落，活动在中国北方广大的地域，并在魏末晋初迅速强大起来。其中在西晋初年影响最大的有两个部落，即鲜卑慕容氏和鲜卑拓跋氏。

晋武帝即位之初，泰始四年，傅玄上书五条，其中第五条分析了鲜卑族将成为西晋王朝最大祸患的情况。他认为：“胡夷兽心，不与华同，鲜卑最甚。”其灾祸来源是因为“邓艾苟欲取一时之利，不虑后患，使鲜卑数万散居人间，此必为害之势也”。可见从魏晋之际已有不少少数民族迁居黄河流域的腹地，傅玄担心这些迁居内地的少数民族会成为黄河流域的祸乱之源。虽然秦州刺史胡烈在西部诸郡有较大的影响，且因胡烈的原因，“诸胡虽已无恶，必且消弭”，但是鲜卑族“兽心难保，不必其可久安也”。傅玄担心的是虽然胡烈能够制服鲜卑，但因北部沿边战线太长，西晋政府必然面临防线过长的困境，“惟恐胡虏适困于讨击，便能东入安定，西赴武威，外名为降，可动复动”。再加上安定、武威两郡非胡烈所控制，一旦“恶胡东西有窟穴浮游之地，故复为患，无以禁之也”。因此傅玄建议“宜更置一郡于高平川，因安定西州都尉募乐徙民，重其复除以充之，以通北道，渐以实边”。

① 房玄龄．1974．晋书．卷103．刘曜载记．北京：中华书局．2683

这两郡及新设之郡后，将其归于秦州管辖，使胡烈“得专御边之宜”。晋武帝阅览傅玄的奏章后，对傅玄大加赞扬，称其“安边御胡政事宽猛之宜，申省周备，一二具之，此诚为国大本，当今急务也”，认为其“所论皆善”。但是晋武帝并没有按照傅玄的奏章设立新的郡来防备鲜卑族。[①] 从傅玄的奏章可以看出，在西晋初年，鲜卑族已经开始取代匈奴族成为西晋王朝北部边境的重大隐患，维持双方关系成为西晋政府的重要任务。

虽然傅玄洞察入微的分析为西晋后来的历史所证明，但在西晋武帝时期，鲜卑族还是北部边境相对弱小的一个民族，鲜卑拓跋部继承了与曹魏政权友好往来的历史传统，与西晋王朝基本相安无事。因而史书记载：“魏晋禅代，和好仍密”，所以到拓跋力微年老之时，在洛阳为质子的沙漠汗求归，“晋武帝具礼护送”。拓跋力微四十八年（晋武帝泰始三年，267 年）沙漠汗回国。拓跋力微五十六年（晋武帝咸宁元年）时，沙漠汗再次到晋都洛阳，同年冬回国，“晋遗帝锦、罽、缯、彩、绵、绢诸物，咸出丰厚，车牛百乘”。沙漠汗在洛阳数十年，深受黄河文化的影响，“在晋之日，朝士英俊多与亲善，雅为人物归仰”。当时西晋征北将军卫瓘担心沙漠汗回国后成为晋王朝的祸患，劝晋武帝留沙漠汗而不遣。晋武帝因害怕失信于拓跋部，没有采纳卫瓘的建议。卫瓘“复请以金锦赂国之大人，令致间隙，使相危害”。晋武帝采纳了卫瓘的这一建议，使沙漠汗滞留洛阳达两年之久，而借此机会，卫瓘大肆贿赂拓跋部的部落大人，“于是国之执事及外部大人，皆受瓘货”。到拓跋力微五十八年方才将沙漠汗遣送回国。拓跋力微非常高兴，派遣诸部大人到阴馆（今山西朔州市南）迎接。因为这些鲜卑大人都接受了卫瓘的贿赂，所以当沙漠汗用弹弓射落飞鸟后，认为：“太子风彩被服，同于南夏，兼奇术绝世，若继国统，变易旧俗，吾等必不得志，不若在国诸子，习本淳朴。”这些人就用计害之，向拓跋力微进谗言：“太子才艺非常，引空弓而落飞鸟，是似得晋人异法怪术，乱国害民之兆，惟愿察之。”拓跋力微听信了诸部落大人的话，这些人“乃驰诣塞南，矫害帝”。这说明鲜卑拓跋部内部在此时的部落势力还很强大，他们对相对先进的黄河文化采取了敌视的态度。[②] 而收受卫瓘贿赂的乌桓大人库贤则借机宣扬拓跋力微要杀诸部大人的长子，结果诸部大人各自散走，拓跋力微随即病死。借此机会，咸宁三年正月，晋武帝“使征北大将军卫瓘讨鲜卑力微”[③]。对于卫瓘的举动，史书评价曰：“于时幽并东有务桓（匈奴刘虎之子），西有力微，并为边害。

① 房玄龄 . 1974. 晋书 . 卷 47. 傅玄传 . 北京：中华书局 . 1322
② 魏收 . 1974. 魏书 . 卷 1. 序纪 . 北京：中华书局 . 5
③ 房玄龄 . 1974. 晋书 . 卷 3. 武帝纪 . 北京：中华书局 . 67

瓘离间二虏，遂致嫌隙，于是务桓降而力微以忧死。”[①] 但从沙漠汗在洛阳滞留数年的经历可以看出，他与西晋朝中的士大夫多有接触，特别是其“风彩被服，同于南夏”，明显地表明他受黄河文化影响之深，所以沙漠汗的作为因为与部落大人的传统习俗格格不入，最终被杀，这也可以看做是草原文化对以黄河文化为代表的农耕文明的一种抵抗。

鲜卑族的另一支慕容部落在西晋初年与西晋王朝处于战争状态。西晋初年，慕容廆继承其父涉归之位，因为鲜卑宇文部曾经引起涉归的痛恨，慕容廆请求晋武帝同意他讨伐宇文部，晋武帝没有答应，所以，慕容廆就大举进入西晋，“廆怒，入寇辽西，杀略甚众。帝遣幽州诸军讨廆，战于肥如（今河北卢龙县），廆众大败”。此后慕容廆频繁地进攻昌黎。太康二年，“冬十月，鲜卑慕容廆寇昌黎”。十一月，“鲜卑寇辽西，平州刺史鲜于婴讨破之”。太康三年“三月，安北将军严询败鲜卑慕容廆于昌黎，杀伤数万人”。太康七年五月，“鲜卑慕容廆寇辽东”。随着与西晋交战的频繁，慕容廆看到与西晋交战并不能给本民族带来什么好处，于是，他对部众说：“吾先公以来世奉中国，且华裔理殊，强弱固别，岂能与晋竞乎？何为不和以害吾百姓邪！”于是派遣使节向西晋王朝投降。太康十年“五月，鲜卑慕容廆来降，东夷十一国内附”[②]。而且，他对汉民族的礼节非常了解，在他朝贺礼节问题上即可体现出来。《晋书》卷一百八《慕容廆载记》云：

廆致敬于东夷府，巾衣诣门，抗士大夫之礼。何龛严兵引见，廆乃改服戎衣而入。人问其故，廆曰：“主人不以礼，宾复何为哉！”龛闻而惭之，弥加敬惮。

如果没有对汉族礼节文化的了解，他不可能有此举动。太康十年，慕容廆迁居徒河青山（今辽宁省义县东北），元康四年乃移居大棘城（今辽宁锦州）。“教以农桑，法制同于上国”，开始接受黄河流域的汉文化。永宁中，“燕垂大水，廆开仓振给，幽方获济。天子闻而嘉之，褒赐命服”。而且随着与汉族交往的频繁，有的鲜卑人已经进入汉人的家庭，并成为家庭的重要成员。《世说新语·任诞篇》云：

阮仲容先幸姑家鲜卑婢。及居母丧，姑当远移，初云当留婢，既发，定将去。仲容借客驴，着重服，自追之，累骑而返，曰：“人种不可失！”即遥集之母也。

阮咸不顾当时世俗的偏见，将怀孕的鲜卑婢追回，可见进入汉人家庭的鲜卑女性地位不高，没有主宰命运的权利。阮咸与鲜卑婢所生子曰阮孚。阮

① 房玄龄．1974．晋书．卷36．卫瓘传．北京：中华书局．1057

② 房玄龄．1974．晋书．卷3．武帝纪．北京：中华书局．79

孚字遥集，“其母，即胡婢也。孚之初生，其姑取王延寿《鲁灵光殿赋》曰‘胡人遥集于上楹’而以字焉”①。这是典型的鲜卑慕容氏进入到黄河流域的社会生活的例证，说明两个民族的交往深入和民族融合的密切。

晋武帝末年，唐彬监幽州诸军事并兼任护乌丸校尉。他到任后，在训练士兵、重视农业的同时，对于沿边的少数民族“宣喻国命，示以恩信”。在他的诱导下，“于是鲜卑二部大莫廆、擿何等并遣侍子入贡”。为了边境地区的稳定发展，他又兴修学校，“诲诱无倦，仁惠广被”，并将北部边境拓展到秦长城塞，“自汉魏征镇莫之比焉”，在这一强大压力下，“鲜卑诸种畏惧，遂杀大莫廆”。唐彬本欲继续征讨，并且“发幽冀车牛”，后被人告发没有上报而擅自行动，被朝廷征还。②

在河西地区秃发鲜卑部落也盛极一时。秃发部落与鲜卑拓跋部同出东北，其八世祖匹孤率其部落自塞北迁于河西，占据了东至麦田、牵屯，西至湿罗，南至浇河，北接大漠的广大地区。因匹孤之子寿阗是其母胡掖氏因寝卧而产于被中，鲜卑人称被为“秃发”，因而以“秃发”为姓氏。到寿阗之孙树机能在位时开始与西晋王朝为敌。泰始六年六月，秦州刺史胡烈在万斛堆与树机能作战时战败被杀，树机能又在金山战败凉州刺史苏愉，完全占有凉州之地。咸宁初年，晋武帝派军征讨树机能，“斩三千余级”，又任命扶风武王司马骏为征西大将军，令司马骏“遣七千人代凉州守兵”，“树机能、侯弹勃等欲先劫佃兵，骏命平虏护军文俶督凉、秦、雍诸军各进屯以威之”。面对晋朝大军的威势，咸宁元年二月，“机能乃遣所领二十部及弹勃面缚军门，各遣入质子”。在树机能送质请降的影响下，“安定、北地、金城诸胡吉轲罗、侯金多及北虏热冏等二十万口又来降”③。到咸宁三年三月，“平虏护军文淑讨叛虏树机能等，破之”。咸宁四年六月，凉州刺史杨欣与鲜卑若罗拔能等战于武威，战败而死。咸宁五年正月，树机能攻陷凉州，“河西断绝”，马隆向晋武帝自请西征，晋武帝任命马隆为武威太守，马隆挑选三千五百人，带着三年的军资，西渡温水与树机能作战，“虏树机能等以众万计，或乘险以遏隆前，或设伏以截隆后。隆依八阵图作偏箱车，地广则鹿角车营，路狭则为木屋施于车上，且战且前，弓矢所及，应弦而倒。奇谋间发，出敌不意。或夹道累磁石，贼负铁铠，行不得前，隆卒悉被犀甲，无所留碍，贼咸以为神。转战千里，杀伤以千数”。到这一年十二月，马隆进军到武威后，“虏大人猝跋韩，且万能等率万余落归降，前后诛杀及降附者以万

① 房玄龄．1974．晋书．卷49．阮籍传附阮孚传．北京：中华书局．1364

② 房玄龄．1974．晋书．卷42．唐彬传．北京：中华书局．1219

③ 房玄龄．1974．晋书．卷38．扶风王骏传．北京：中华书局．1125

计。又率善戎没骨能等与树机能大战，斩之，凉州遂平”①。在树机能被平定之后，奠定了西北边境的安全。

除了上述两个部落外，鲜卑的其他部落也不时入侵西晋边境。泰始九年七月，“鲜卑寇广宁，杀略五千人”。咸宁二年七月，“鲜卑阿罗多等寇边，西域戊己校尉马循讨之，斩首四千余级，获生九千余人，于是来降”。咸宁三年，“是岁，西北杂虏及鲜卑、匈奴、五溪蛮夷、东夷三国前后十余辈，各帅种人部落内附”②。在西晋武帝时期，鲜卑族迅速发展起来，成为西晋北部边境的强大民族，除了一些与西晋王朝接触较多的部落和西晋王朝保持了较为密切的关系外，鲜卑族的其他部落在这一阶段主要以入侵或骚扰北部和西部边境、掳掠财物为主，由此可见，文化的差异是两种不同生活方式存在的主要原因。

（三）羯

羯本是匈奴别部羌渠的后代，主要分布在上党郡武乡县境内，与汉族人长期杂居。以石勒为代表的羯人在晋武帝时期与汉人保持了较为密切的关系。石勒在 14 岁时，跟随同邑之人“行贩洛阳”。他曾“倚啸上东门”，王衍见而异之，对左右随从说：“向者胡雏，吾观其声视有奇志，恐将为天下之患。”随即派人“驰遣收之，会勒已去”。这虽然是石勒与同邑人到洛阳做生意，但由之可以看出，羯人与汉族人的交往已经很密切了。而且在他成人后，能够代替其父亲统帅胡人，“部胡爱信之”。与他杂居在一起的同乡父老都认为他的前途不可限量，“劝邑人厚遇之”。虽然同邑人多嗤笑他，但邬人郭敬、阳曲宁驱“以为信然，并加资赡”。“勒亦感其恩，为之力耕”③。这说明汉人与羯人之间已经形成了密切杂居的关系。因为与汉人杂居，羯人与汉人的生产与生活方式已经很接近。但从石勒为宁驱等人耕种说明其仍然要被汉族人所奴役，两种文化的差异在这里已经显现出来。在晋惠帝太安年间，并州地区动荡不安，石勒回到阳曲依附宁驱。因为此时北部边域战乱频仍，饥民颇多，石勒甚至给同乡人郭敬出主意：“今者大饿，不可守穷。诸胡饥甚，宜诱将冀州就谷，因执卖之，可以两济。”结果石勒也被同时卖到冀州为奴。由此可以说明，此时的羯人社会地位非常低，与黄河流域的汉族处在不同的文化层面，两种文化的交融不可能真正地实现，而是落后的羯人融入汉族的经济社会发展之中，作为黄河文化的一部分而存在。

---

① 房玄龄 . 1974. 晋书 . 卷 57. 马隆传 . 北京：中华书局 . 1555

② 房玄龄 . 1974. 晋书 . 卷 3. 武帝纪 . 北京：中华书局 . 68

③ 房玄龄 . 1974. 晋书 . 卷 104. 石勒载记上 . 北京：中华书局 . 2707

（四）羌族

羌族作为一个古老的民族，在西晋武帝时期与黄河流域的汉族交往呈现出相对稳定的态势。泰始五年，天下连年干旱，西北边境的“羌胡扰边”，晋武帝召集公卿讨论对策，傅玄曾经提出应对方案，但没有被采纳。[①] 泰始六年六月，秦州刺史胡烈进攻羌与鲜卑的联军于万斛堆（今宁夏中卫与甘肃靖远交界地区黄河北岸腾格里沙漠南缘），力战而死。晋武帝又派遣尚书石鉴代行安西将军、都督秦州诸军事，与奋威护军田章讨伐叛军。[②] 汝南王司马亮派遣将军刘旂、骑督敬琰前往赴救，因停止不进，被贬为平西将军。[③] 段灼曾经提及晋武帝的《己未诏书》：“羌胡道远，其但募取乐行，不乐勿强。”因而说自己在任西郡太守时，“至于羌胡，非恩意告谕，则无欲度金城、河西者也”。而当时刺史郭绥在任时，也“劝帅有方，深加奖厉，要许重报。是以所募感恩利赏，遂立绩效，功在第一。今州郡督将，并已受封，羌胡健儿，或王或侯，不蒙论叙也”[④]。可见羌人在边域立功者也受到封侯的奖赏。咸宁初年，牵弘自扬州刺史转任凉州刺史，因“失羌戎之和，皆被寇丧没，征讨连岁，仅而得定”[⑤]。周处在任新平（今陕西彬县）太守时，“抚和戎狄，叛羌归附，雍土美之”[⑥]。太康年间，华谭在答晋武帝策问时曾有“干戈西征，羌蛮慕化”之说，这就说明羌族在晋武帝时期已经部分归化，因仍有一些少数民族部落，“虽匈奴未羁，羌、氐骄黠，将修文德以绥之，舞干戚以来之，故兵戈载戢”，亦即要求晋武帝修德政以来远方。[⑦] 更有甚者，江统曾在《徙戎论》中提出将关中地区的羌族迁往边域的建议。他认为：“当今之宜，宜及兵威方盛，众事未罢，徙冯翊、北地、新平、安定界内诸羌，著先零、罕幵、析支之地；徙扶风、始平、京兆之氐，出还陇右，著阴平、武都之界。廪其道路之粮，令足自致，各附本种，反其旧土，使属国、抚夷就安集之。戎晋不杂，并得其所，上合往古即叙之义，下为盛世永久之规。纵有猾夏之心，风尘之警，则绝远中国，隔阂山河，虽为寇暴，所害不广。”当有人提出迁移羌族可能会造成百姓的负担加重，江充认为应当趁羌族衰弱之机将其迁出关中，这样一来，就会使“戎狄居半”的现象得到

① 房玄龄.1974. 晋书. 卷47. 傅玄传. 北京：中华书局.1322
② 房玄龄.1974. 晋书. 卷3. 武帝纪. 北京：中华书局.59
③ 房玄龄.1974. 晋书. 卷59. 汝南王亮传. 北京：中华书局.1591
④ 房玄龄.1974. 晋书. 卷48. 段灼传. 北京：中华书局.1348
⑤ 房玄龄.1974. 晋书. 卷35. 陈骞传. 北京：中华书局.1036
⑥ 房玄龄.1974. 晋书. 卷58. 周处传. 北京：中华书局.1570
⑦ 房玄龄.1974. 晋书. 卷52. 华谭传. 北京：中华书局.1450

改观，消弭关中地区动乱的因素。[①] 从这一点来看，经历两汉的发展，关中地区已经成为民族融合的聚居之地。江统的建议并未为晋武帝所采纳，因为在当时的情况下是不能实现的。明人张大龄在《晋五胡指掌》卷上《匈奴刘氏》中曾感叹曰："世儒睹郭钦、江统之说不行，深为司马氏惜，不知此曹渐染华夏之风者，百来年其文雅博洽既与中国士大夫埒，而骁悍魁桀，拔山贯铁之勇，非华人可得而仿佛也。"较为典型的事例当属南安人朱冲与羌人的融洽关系。朱冲所在的南安，"居近夷俗，羌戎奉之若君，冲亦以礼让为训，邑里化之，路不拾遗，村无凶人"[②]。这说明他以自己的人格魅力影响了羌族的民众，使他们与汉族相安无事。

(五) 氐族

氐族在西晋初年也在逐步迁居内地并与西晋政府发生了颇多的联系。泰始五年冬，早已居住在内地新平郡（今陕西彬县）的氐羌族起兵叛乱。[③] 赵王司马伦为镇西将军，任用孙秀，扰乱关中，引起氐、羌反叛，北地太守战死，"郡县吏士少有全者"，北地都尉张光率领将士驻守马兰山北，坚守百余日，打退氐羌的进攻，恰逢晋武帝以梁王司马肜取代赵王司马伦，张光的军队才返回长安。[④] 咸宁元年，司马骏徙封扶风王，晋武帝"以氐户在国界者增封"，这说明扶风一带有许多氐族存在且已经成为编户齐民。[⑤] 江统《徙戎论》中有"徙扶风、始平、京兆之氐，出还陇右，著阴平、武都之界。廪其道路之粮，令足自致，各附本种，反其旧土，使属国、抚夷就安集之"之句，说明关中地区氐人分布之广。在西晋武帝时期，中央政权相对稳固，氐人与其他少数民族一样，虽然与汉族杂居生活，占据了关中大片地区，但随着西晋社会在末年的动荡不定，这些少数民族又再次起来制造了许多社会混乱。这从西晋末年到十六国的历史发展就已经得到证明。

第二节　晋惠帝以后黄河文化与草原文化的冲突与交融

晋武帝死后，晋惠帝因为智能低下而尸位皇帝宝座，以皇后贾南风为代

① 房玄龄. 1974. 晋书. 卷 56. 江统传. 北京：中华书局. 1533

② 房玄龄. 1974. 晋书. 卷 94. 隐逸·朱冲传. 北京：中华书局. 2430

③ 房玄龄. 1974. 晋书. 卷 29. 五行志下. 北京：中华书局. 894

④ 房玄龄. 1974. 晋书. 卷 57. 张光传. 北京：中华书局. 1563

⑤ 房玄龄. 1974. 晋书. 卷 38. 扶风王骏传. 北京：中华书局. 1125

表的外戚集团和以八王为首的帝室集团，为了争权夺利，导致朝廷内部斗争进一步升级，最终演化成黄河流域长达16年的“八王之乱”。八王之乱摧毁了魏晋长达数十年在黄河流域的物质与文化的积累，并敲响了西晋政权覆亡的丧钟。而且这一阶段是民族关系复杂的一个历史时期，在西晋武帝时期相对和缓的民族关系在这一时期开始日趋紧张，少数民族所具有的扩张性在这一时期得到了最大限度的放大，就连过去长期生活在内地，并日渐接受汉族生活习俗的少数民族后裔也参与到西晋末年的混战中去，使这一时期的民族关系更加复杂。

(一) 匈奴

江统《徙戎论》云：“并州之胡，本实匈奴桀恶之寇也。……咸熙之际，以一部太强，分为三率。泰始之初，又增为四。于是刘猛内叛，连结外虏。近者郝散之变，发于谷远。今五部之众，户至数万，人口之盛，过于西戎。然其天性骁勇，弓马便利，倍于氐、羌。若有不虞风尘之虑，则并州之域可为寒心。”也许历史有其偶然性，但事实也不幸为他所言中，此后，不及十年，匈奴族就再次成为北部边疆的祸患。

到晋惠帝时，散居内地匈奴族的部分势力开始利用八王之乱的机会发动叛乱。元康四年五月，“匈奴郝散反，攻上党，杀长吏”，进入内地。八月，“郝散帅众降，冯翊都尉杀之”。元康六年，郝散弟度元又率冯翊、北地马兰羌、卢水胡攻破北地，北地太守张损战死，冯翊太守欧阳建与度元作战又失败。为了遏制度元的进攻，朝廷以赵王司马伦、梁王司马肜都督雍梁二州诸军事，镇守关中。八月，雍州刺史解系又被度元打败。秦雍两州的氐、羌全部反叛，推举氐帅齐万年称帝，围攻泾阳。十一月，西晋朝廷派遣安西将军夏侯骏、建威将军周处等讨伐齐万年。元康七年正月，周处与齐万年在六陌（今陕西乾县东）交战，周处战败而死。① 匈奴族人的这次叛乱又被看做是北方边境战乱开始的一个标志，从此以后，“北狄渐盛，中原乱矣”②。

匈奴族在后来对黄河文化影响较大的还是刘渊父子。刘渊任五部大都督十余年时间，在晋惠帝元康末年因所统领的部落民逃出塞外被免官。成都王司马颖上表请刘渊代行宁朔将军、监五部军事。八王之乱发生后，晋惠帝逐步失去权力，刘宣与左右人员商议认为，应当趁晋朝混乱之机，“兴邦复业”，因而私下推举刘渊为大单于，并派呼延攸至邺城告知刘渊。刘渊请求返回部落，被司马颖拒绝，“乃令攸先归，告宣等招集五部，引会宜阳诸胡，

① 房玄龄. 1974. 晋书. 卷4. 惠帝纪. 北京：中华书局. 94

② 房玄龄. 1974. 晋书. 卷97. 北狄·匈奴传. 北京：中华书局. 2550

声言应颖，实背之也”。晋惠帝在讨伐司马颖时失败，并州刺史司马腾和安北将军王浚起兵讨伐司马颖，刘渊借此机会脱离司马颖并迫使司马颖封他为北单于。建武元年（304 年）八月，刘渊到达左国城（今山西离石东北）后，在刘宣等人的鼓动下称大单于，二旬之间，部众已经汇聚五万人，并建都离石。刘渊称大单于后，在是否营救司马颖问题上，刘宣所说的话就显现出黄河流域的汉文化对匈奴影响至深。刘宣认为晋朝皇室的内乱是“天厌晋德，授之于我”。“今天假手于我，不可违也。违天不祥，逆众不济；天与不取，反受其咎”。刘渊在随从的鼓动下，也认为应当借助汉朝的威势，“汉有天下世长，恩德结于人心，是以昭烈崎岖于一州之地，而能抗衡于天下。吾又汉氏之甥，约为兄弟，兄亡弟绍，不亦可乎？且可称汉，追尊后主，以怀人望”。试想如果没有黄河文化的长期影响，长期居住在草原地区的民族怎么会有如此想法。正因为与汉族长期杂居，刘渊为首的匈奴族才产生了利用汉朝在民族心理上的影响而起兵反晋的想法。于是，刘渊迁都左国城（今山西离石东北），由于黄河流域战乱不休，“远人归附者数万”。永兴元年，刘渊设坛于南郊，即汉王位，设置百官，年号元熙。在发布的即位令中，刘渊对汉朝的兴衰演变进行了回顾，颇有见地。《晋书》卷一百一《刘元海载记》记载刘渊云：

> 昔我太祖高皇帝以神武应期，廓开大业。太宗孝文皇帝重以明德，升平汉道。世宗孝武皇帝拓土攘夷，地过唐日。中宗孝宣皇帝搜扬俊乂，多士盈朝。是我祖宗道迈三王，功高五帝，故卜年倍于夏商，卜世过于姬氏。而元成多僻，哀平短祚，贼臣王莽，滔天篡逆。我世祖光武皇帝诞资圣武，恢复鸿基，祀汉配天，不失旧物，俾三光晦而复明，神器幽而复显。显宗孝明皇帝、肃宗孝章皇帝累叶重晖，炎光再阐。自和安已后，皇纲渐颓，天步艰难，国统频绝。黄巾海沸于九州，群阉毒流于四海，董卓因之肆其猖勃，曹操父子凶逆相寻。故孝愍委弃万国，昭烈播越岷蜀，冀否终有泰，旋轸旧京。何图天未悔祸，后帝窘辱。自社稷沦丧，宗庙之不血食四十年于兹矣。

刘渊对汉朝历史的回顾是为自己举兵反晋寻找历史根源。他随即提出自己要利用“今天诱其衷，悔祸皇汉，使司马氏父子兄弟迭相残灭。黎庶涂炭，靡所控告”的机会，“绍修三祖之业。顾兹尪暗，战惶靡厝。但以大耻未雪，社稷无主，衔胆栖冰，勉从群议”，继承皇位，以血汉亡之耻。① 刘曜

① 房玄龄.1974.晋书.卷101.刘元海载记.北京：中华书局.2649

在《下令议除汉宗庙改国号》中说："盖闻王者之兴，必禘始祖。我皇家之先，出自夏后，居于北夷，世跨燕朔。光文（刘渊谥号光文。——引者注）以汉有天下岁久，恩德结于庶民。故立汉祖宗之庙，以怀民望，昭武（刘聪谥号昭武。——引者注）因循，遂未悛革。"① 这大概也反映了刘渊父子借汉以起事的心态，可见他们对黄河流域社会之了解。

并州刺史司马腾讨伐刘渊失败后，率领并州二万余户民众下山东，成为流寇。刘渊的军队相继攻占了太原、泫氏、屯留、长子、中都，永兴（元熙）二年，因离石饥荒，刘渊迁都黎亭。刘渊随即派军进攻新任并州刺史刘琨，被刘琨打败。刘琨占据晋阳。刘渊听从其侍中刘殷、王育的建议，定下了灭刘琨、"克长安而都之，以关中之众席卷洛阳"的战略构想。刘渊的军队随即"进据河东，攻寇蒲坂、平阳，皆陷之"。刘渊随后建都蒲子。在刘渊军队的进攻下，"河东、平阳属县垒壁尽降"。而对于其他少数民族趁机起兵的，如"上郡四部鲜卑陆逐延、氐酋大单于征、东莱王弥及石勒等并相次降之，元海悉署其官爵"②。从刘渊一步一步走向帝王的过程我们可以看出，由于受黄河流域汉文化的影响，他所采取的措施已经融入了许多黄河文化的内容。

永嘉二年，刘渊即位称帝。正因为他长期受黄河文化的影响，所以他不仅以汉朝的后裔自居，而且如同中原王朝那样进行了改元和封王等中原王朝帝王的举动。《晋书》卷一百一《刘元海载记》云：

> 永嘉二年，元海僭即皇帝位，大赦境内，改元永凤。以其大将军刘和为大司马，封梁王，尚书令刘欢乐为大司徒，封陈留王，御史大夫呼延翼为大司空，封雁州郡公，宗室以亲疏为等，悉封郡县王，异姓以勋谋为差，皆封郡县公侯。

刘渊的这一举动和中原封建王朝皇帝即位之后的举措何其相似乃尔，这只能解释为是长期受黄河文化影响的结果。而且他对于黄河流域封建政权所流行的阴阳紫气等说法颇为赞同，当太史令宣于修之向他分析了"蒲子崎岖，非可久安"的现状，并且指出"平阳势有紫气，兼陶唐旧都，愿陛下上迎乾象，下协坤祥"后，他随即迁都平阳。后来又有人在汾水中发现玉玺，并在"有新保之"后面加上"泉海光"三字，他便认为是自己的祥瑞，于是"大赦境内，改年河瑞"。而在这一年，刘渊曾前后两次派军队进攻洛阳，但都失败而归。此后他又"以刘欢乐为太傅，刘聪为大司徒，刘延年为大司空，刘洋为大司马，赦其境内。立其妻单氏为皇后，子和为皇太子，封子乂

① 崔鸿．十六国春秋别传．卷1．前赵录・刘曜．载：1985．丛书集成初编．北京：中华书局．6

② 房玄龄．1974．晋书．卷101．刘元海载记．北京：中华书局．2650

为北海王”。他在永嘉四年临死之前用托孤之计，“以欢乐为太宰，洋为太傅，延年为太保，聪为大司马、大单于，并录尚书事，置单于台于平阳西，以其子裕为大司徒”①。无论刘渊在前期所任命的官员，还是在临终时的托孤之计，其官员所采用的官号都是从先秦以来乃至汉魏王朝所用的官号，从这一方面来讲，他所受汉文化影响是非常深的。不仅如此，刘渊因为长期受黄河文化的影响，也深为汉人所认知，明人张大龄《晋五胡指掌》卷上《匈奴刘氏》云：“然渊每闻诸将屠杀之惨，则深戒谕之，用贤纳谏，恭俭勤劳，卓有中国君人之度。”可见慎杀、纳谏和勤劳等习惯的形成都与黄河文化的影响紧密相关。

刘渊死后，其子刘和继位，刘聪后来杀其兄刘和，即皇帝位。正因为受黄河流域汉文化影响至深，所以刘聪在即位前曾说过自己将“今便欲远遵鲁隐，待乂年长，复子明辟”。这里即包含着一个历史典故，即身为庶出的鲁隐公在其嫡出的弟弟年幼时暂行国君的权力，待其年长之后再将王位传给他。刘聪深知自己作为庶出的儿子继承王位，可能会引起别人的不满，所以才引用典故表明自己的想法，究其实这只是刘聪的一个托词。不过从刘聪的想法和所引用的典故来看，他对黄河文化是深知其中的内蕴的。他即位之后也对境内进行了大赦，并改元光兴，还效法以前黄河流域封建王朝的做法，“尊元海妻单氏曰皇太后，其母张氏为帝太后，乂为皇太弟，领大单于、大司徒，立其妻呼延氏为皇后，封其子粲为河内王，署使持节、抚军大将军、都督中外诸军事，易河间王，翼彭城王，悝高平王……以其司空刘景为大司马，左光禄刘殷为大司徒，右光禄王育为大司空”。刘聪在此后的一些行为也显然受到黄河文化的濡染，使他颇顾及影响。刘聪军队攻占洛阳后，在进军关中时，南阳王司马模在下邽（今陕西渭南）投降刘聪的平西将军赵染，赵染杀害司马模和其子司马黎，刘聪闻知后非常恼怒。虽然赵染以“臣杀模本不以其晚识天命之故，但以其晋氏肺腑，洛阳之难不能死节，天下之恶一也，故诛之”作为托词，但刘聪认为他诛杀降将，“恐汝不免诛降之殃也”。因为在刘聪的心目中，“夫天道至神，理无不报”的观念影响至深。这依然可以看做是黄河文化在匈奴人心目中的地位。再如，他在皇后呼延氏死后，准备纳太保刘殷之女，因刘殷与他同姓，其弟刘乂也劝谏，使他不知所从。当他询问其太宰刘延年和太傅刘景时，二人摸透了刘聪的心思，都进谗言说：“臣常闻太保自云周刘康公之后，与圣氏本源既殊，纳之为允。”刘聪非常高兴，随即纳刘殷二女为左右贵嫔，其孙女四人为贵人。他对大鸿胪李弘

① 房玄龄 . 1974. 晋书 . 卷 101. 刘元海载记 . 北京：中华书局 . 2652

说："此女辈皆姿色超世，女德冠时，且太保于朕实自不同，卿意安乎？"李弘对他说："太保胤自有周，与圣源实别，陛下正以姓同为恨耳。"为了打消刘聪娶同姓女为妻的顾虑，李弘甚至为他举例："魏司空东莱王基当世大儒，岂不达礼乎！为子纳司空太原王沈女，以其姓同而源异故也。"刘聪非常高兴，厚赐李弘，他还不放心，怕引起至亲的非议，又对李弘说："卿当以此意谕吾子弟辈。"① 究其实刘聪的顾虑完全是受黄河流域从孔子时代延续下来的"礼不娶同姓"主张的影响。

刘聪即位后，游猎无度，常常晨出夜归，观人在汾水捕鱼，"以烛继昼"。中军王彰劝说他应当谨慎，以免"白龙鱼服之祸"，因为当时"愚人系汉之心未专，而思晋之怀犹盛，刘琨去此咫尺之间，狂狷刺客息顷而至。帝王轻出，一夫敌耳"。但是刘聪不听王彰的建议，反而要将王彰杀掉，后经群臣的劝谏王彰方才免祸。这里王彰所说的"白龙鱼服之祸"典出刘向《说苑》卷九《正谏》，原指天帝之宠物白龙，化身为鱼，遭渔父豫且射中的故事。后喻帝王公卿微服私访，遭受困厄，身陷危境。刘聪既然能够听懂王彰所说的典故，也说明他对黄河文化了解至深，否则如此艰涩的典故含义他如何明白。不仅如此，刘聪的官员中也有熟悉黄河流域行之已久的典故。鲁徽因为劝谏赵染不要轻视索綝，赵染不听，结果失败且斩杀鲁徽，刘曜闻之后，说赵染是"蹄涔不容尺鲤"。这个典故来自《淮南子》卷二《俶真训》："夫牛蹄之涔，无尺之鲤。"又《淮南子》卷十三《氾论训》："夫牛蹄之涔，不能生鳝鲔。"高诱注："涔，雨水也，满牛蹄中，言其小也。"又据《广韵·二十侵》"涔"字注："蹄涔不容尺鲤。蹄，牛马迹。"试想一个少数民族的将领对于黄河流域所流传的典故知道得如此详细，绝非偶然，而是在对其典籍大量阅读的基础之上才能够实现的。又如，刘聪亲小人远贤臣，不受朝贺，"唯发中旨杀生除授"，特进綦毋达、太中大夫公师彧、尚书王琰、田歆、少府陈休、左卫卜崇、大司农朱诞等先后被杀，侍中卜幹因劝谏而被免为庶人。太宰刘易及大将军刘敷、御史大夫陈元达、金紫光禄大夫王延等诣阙再次进谏，也被刘聪驳回，刘易"忿恚而死"，陈元达"归而自杀"。不过从他们所上的表中我们也可以看到黄河流域的汉文化对他们影响很深。他们在奏章中引经据典，显现出雄厚的汉文化功底。如："臣闻善人者，乾坤之纪，政教之本也。邪佞者，宇宙之螟螣，王化之蟊贼也。故文王以多士基周，桓灵以群阉亡汉，国之兴亡，未有不由此也。自古明王之世，未尝有宦者与政，武、元、安、顺岂足为故事乎！""昔齐桓公任易牙而乱，

① 房玄龄．1974．晋书．卷102．刘聪载记．北京：中华书局．2660

孝怀委黄皓而灭，此皆覆车于前，殷鉴不远。”对黄河流域历史的了解使他们在所上的奏章中有扎实的理论根据。究其实，这些人中陈元达就是匈奴人，他在早年，“常躬耕兼诵书，乐道行咏，忻忻如也”，40 余岁方才进入刘渊的阵营，最后因忧愤而自杀。可以说是汉文化影响了他，使他在辅佐刘渊和刘聪时能够尽心竭力，但因遇到无道昏君，方才落得自杀的下场。①

从刘聪在位时官员设置的复杂和混乱也说明他对黄河流域的汉文化的接受是不全面的。即位之初，刘聪所立的官职有大司马、大司徒、大司空等。建兴元年（313 年），刘聪定百官，设置相国，位居上公，“有殊勋德者死乃赠之”，在这里相国之号是赠给死去有德行之人。其他有实职的官员是“于是大定百官，置太师、丞相，自大司马以上七公，位皆上公，绿綟绶，远游冠。置辅汉，都护，中军，上军，辅军，镇、卫京，前、后、左、右、上、下军，辅国，冠军，龙骧，武牙大将军，营各配兵二千，皆以诸子为之。置左右司隶，各领户二十余万，万户置一内史，凡内史四十三。单于左右辅，各主六夷十万落，万落置一都尉。省吏部，置左右选曹尚书。自司隶以下六官，皆位次仆射。置御史大夫及州牧，位皆亚公”②。由此可见其机构庞大，而且所有的官员是杂糅了前代官员名称而有所增补。

刘聪死后，其子刘粲继位，太兴元年（318 年），匈奴人靳准为了篡位，在刘粲面前进谗言：“如闻诸公将欲行伊尹、霍光之事，谋先诛太保及臣，以大司马统万机。陛下若不先之，臣恐祸之来也不晨则夕。”靳准作为匈奴人对汉文化的了解也甚深，他能够举出伊尹、霍光之事说明他对中国历史上王朝政治的了解。在靳准及其族女的鼓动下，刘粲大杀功臣，结果被靳准篡位，“数而杀之”③。靳准夺取刘粲政权后，刘曜在太兴元年建立新政权，改元光初，并且吞并了靳准的势力。他还继承了黄河流域封建政权行之已久的“五德”说，“以水承晋金行，国号曰赵。牲牡尚黑，旗帜尚玄”。而且刘曜还接受了五行学说，永兴二年在准备进攻西晋前，太史令弁广明对刘曜说：“昨夜妖星犯月，师不宜行。”刘曜于是推迟发兵。④ 五德或五行学说被匈奴族所接受表明黄河文化影响的广博。

在匈奴族前后所建立的刘聪汉政权和刘曜所建立的前赵政权时期，也是关中地区民族关系复杂和相互融合的历史时期，各种民族在这里交互融合，虽然在有些时候民族融合是在战争的胁迫状态之下进行的，但是，也正是战

① 房玄龄 . 1974. 晋书 . 卷 102. 刘聪载记附陈元达载记 . 北京：中华书局 . 2679
② 房玄龄 . 1974. 晋书 . 卷 102. 刘聪载记 . 北京：中华书局 . 2665
③ 房玄龄 . 1974. 晋书 . 卷 102. 刘聪载记附子粲载记 . 北京：中华书局 . 2678
④ 房玄龄 . 1974. 晋书 . 卷 103. 刘曜载记 . 北京：中华书局 . 2685

争的硝烟促成了民族大迁移和大融合，所以对这一时期的民族融合我们应当辩证地看待。

匈奴族强迫性移民虽然给黄河流域的民众带来了无穷的痛苦，但对于民族之间的融合还是具有重要影响的。刘聪嘉平元年（永嘉五年，311 年），刘曜攻陷池阳，驱掠万余人归于长安。刘曜在关中遭到来自麴特的围攻，并且连续失败，“乃驱掠士女八万余口退还平阳”，并趁机“攻司徒傅祗于三渚，使其右将军刘参攻郭默于怀城”，傅祗病亡后，三渚城陷，“迁祗孙纯、粹并其二万余户于平阳县”。建兴四年，刘聪所统治的地区发生大面积的灾荒，“北地饥甚，人相食啖……平阳大饥，流叛死亡十有五六”。“河东大蝗，唯不食黍豆……平阳饥甚，司隶部人奔于冀州二十万户，石越招之故也”，可能刘曜迁往平阳的民众多有饿死。[①] 这样大规模的移民虽然带有强迫性质，但无疑可以在移民的基础上促进文化的交流，特别是关中地区的汉族迁居少数民族聚居的平阳，民族之间的交往更加频繁，可以这样认为，西晋末年的民族交流与融合开启了十六国时期民族融合的先河，具有重要的历史意义。

（二）鲜卑

西晋惠帝时期，随着朝廷内部权力之争的加剧，鲜卑族与西晋朝廷的关系也由晋武帝时期的依附和顺从，演变为鲜卑族参与到黄河流域的八王争战当中，使这一时期的民族关系更加错综复杂，但从总的形势来看，鲜卑族在这一时期的民族融合中仍然发挥着重要的历史作用。永宁初年（301 年）正月，张轨出任护羌校尉、凉州刺史。凉州境内鲜卑势力强大，多次侵扰百姓，张轨到任后，“即讨破之，斩首万余级，遂威著西州，化行河右”。永兴二年六月，鲜卑的一支若罗拔能又为寇，张轨派遣司马宋配进击，“斩拔能，俘十余万口，威名大震”[②]。张轨对待入侵凉州的鲜卑族部落先是武力征服，然后是教化归附的鲜卑人，这样双管齐下收到较好的效果。晋惠帝时期的八王之乱使边境地区的官员也开始联络周边地区的少数民族为援。太安二年十二月，“安北将军、都督幽州诸军事王濬，以天下方乱，欲结援夷狄，乃以一女妻鲜卑段务勿尘，一女妻素怒延，又表以辽西郡封务勿尘为辽西公”[③]。因为王浚的原因，晋朝廷因此封鲜卑务勿尘为辽西公。太安三年，王浚起兵

① 房玄龄．1974．晋书．卷 102．刘聪载记．北京：中华书局．2673
② 房玄龄．1974．晋书．卷 86．张轨传．北京：中华书局．2222
③ 司马光．1956．资治通鉴．卷 85．晋纪七・孝惠皇帝中之下．北京：中华书局．2692

燕代，“引鲜卑攻掠邺中，百姓涂地”①。晋惠帝讨伐成都王司马颖，六军败绩。新蔡武王司马腾与安北将军王浚共杀司马颖所任命的幽州刺史和演，自任幽州刺史，并召鲜卑务勿尘，“率胡晋合二万人”，讨伐司马颖。司马颖派遣北中郎将王斌迎战。王浚率鲜卑骑进攻王斌，司马腾为后续，大败司马颖的军队。而王浚的军队乘大胜之机，“鲜卑大略妇女，浚命敢有挟藏者斩，于是沉于易水者八千人”②。司马颖则挟持晋惠帝逃回洛阳。光熙元年（306年）四月，河间王司马颙派遣弘农太守彭随、北地太守刁默在湖抵抗王浚的大将祁弘等。五月，祁弘等与刁默战，刁默大败，司马颙、司马颖逃奔南山，到达宛。祁弘等所率领的鲜卑军人大掠长安，杀二万余人。祁弘胁迫汉惠帝至洛阳。这一年的十一月，晋惠帝被害死。③ 鲜卑人参与到八王之乱的争夺之中，使军阀之间的混战更加惨烈。

晋怀帝永嘉元年，鲜卑慕容廆自称鲜卑大单于。西晋王朝的辽东太守庞本因为个人恩怨杀死东夷校尉李臻，而近塞的鲜卑族人素连、木津等假托为李臻报仇，攻占郡县，边境守将虽然多次与其交战，但都遭失败，导致边境地区的百姓纷纷逃往内地。在这种情况下，慕容廆之子慕容翰对他说：

> 求诸侯莫如勤王，自古有为之君靡不杖此以成事业者也。今连、津跋扈，王师覆败，苍生屠脍，岂甚此乎！竖子外以庞本为名，内实幸而为寇。封使君（指校尉封释——引者注）以诛本请和，而毒害滋深。辽东倾没，垂已二周，中原兵乱，州师屡败，勤王杖义，今其时也。单于宜明九伐之威，救倒悬之命，数连、津之罪，合义兵以诛之。上则兴复辽邦，下则并吞二部，忠义彰于本朝，私利归于我国，此则吾鸿渐之始也，终可以得志于诸侯。

慕容廆听从了其子的建议，率领骑兵讨伐素连、木津，并斩杀二人，将其部落迁到棘城（今辽宁义县西北），立辽东郡而归。从慕容翰对其父所谈话中可以看出，鲜卑慕容部也深受黄河文化的影响，他们懂得“勤王”在封建社会所具有的重要意义，不仅可以赢得忠义之名，而且对本民族来说亦可以赢得发展的机会，达到“得志于诸侯”的目的，可谓一举两得。试想如果没有长期受黄河文化的影响，活动在草原地区的慕容部落何能有如此切实的想法。正因为慕容廆部落深得西晋统治者的欢心，所以当晋怀帝被刘曜押解在平阳时，幽州刺史王浚“承制以廆为散骑常侍、冠军将军、前锋大都督、

---

① 房玄龄 . 1974. 晋书 . 卷 13. 天文志 . 北京：中华书局 . 397

② 房玄龄 . 1974. 晋书 . 卷 39. 王沈附浚传 . 北京：中华书局 . 1147

③ 房玄龄 . 1974. 晋书 . 卷 4. 惠帝纪 . 北京：中华书局 . 108

大单于”。晋愍帝建兴年间，又“遣使拜廆镇军将军、昌黎、辽东二国公”①。这说明慕容廆已经被西晋统治者看做自己的将领，两种文化的融合显示出应有的政治趋向。

鲜卑族拓跋部拓跋禄官死，其弟猗卢总摄三部，与慕容廆通好。永嘉二年七月，上郡鲜卑陆逐延投降刘渊。永嘉三年九月，石勒进攻常山，安北将军王浚派遣祁弘与鲜卑段务勿尘进攻石勒于飞龙山，大败石勒，死者万余人，石勒退屯黎阳。永嘉四年十月，石勒的军队进攻至宛城，“王浚遣鲜卑文鸯帅骑救之，勒退”②。而王浚之所以能够赢得鲜卑人的重视，是因为此前王浚“为自安之计，结好夷狄，以女妻鲜卑务勿尘”之故。王浚还任命邵续为绥集将军、乐陵太守，石勒既破王浚，邵续因孤立无援，只得依附于石勒。后来段匹磾在蓟，写信要求邵续一起归附晋元帝，邵续于是断绝与石勒的联系。邵续害怕石勒继续进攻，先求救于鲜卑族段匹磾，段匹磾派遣弟文鸯营救邵续。文鸯未至，石勒已率八千骑围攻邵续。石勒平常畏惧鲜卑，又闻听文鸯率领大军前来营救，于是抛弃军需辎重向东逃走。邵续与文鸯追石勒至安陵，没有赶上石勒的军队，但俘虏了石勒所任命的地方官，并且驱赶三千余家，又遣骑兵“入抄勒北边，掠常山，亦二千家而还”③。这种釜底抽薪的举动，使石勒受到重创。

永嘉四年十月，鲜卑白部大人叛逃入西河郡，匈奴刘虎率军在雁门郡接应白部大人，并进攻刘琨所统辖的新兴、雁门二郡。刘琨准备讨伐刘虎及白部鲜卑，派遣使臣劝说鲜卑拓跋猗卢共同出兵，并以其子刘遵为人质。猗卢让其弟弗之子郁律（平文皇帝）率领骑兵二万人前去援助，大败刘虎和白部鲜卑。刘琨与猗卢结为兄弟，并上表猗卢为大单于，以代郡封之为代公。当时代郡属幽州王浚所辖，王浚不答应此事，派兵攻击猗卢，猗卢攻破王浚。王浚因此与刘琨结仇。猗卢因为封邑与国距离很远，无法统治封邑的民众，于是率领部落万余家从云中进入雁门，向刘琨请求以句注、陉北之地为封邑。刘琨不能制约猗卢，并且还依靠猗卢为援，“乃徙楼烦、马邑、阴馆、繁畤、崞五县民于陉南，以其地与猗卢”。猗卢因此迅速强盛起来，形成“东接代郡，西连西河、朔方，方数百里”的势力范围，为了扩充所占地域的实力，“乃徙十万家以充之”。刘琨甚至打算联合猗卢共同讨伐刘聪、石勒，以解除洛阳之围，因司马越的反对只好作罢。④

---

① 房玄龄．1974．晋书．卷108．慕容廆载记．北京：中华书局．2805
② 房玄龄．1974．晋书．卷5．孝怀帝纪．北京：中华书局．121
③ 房玄龄．1974．晋书．卷63．邵续传．北京：中华书局．1704
④ 魏收．1974．魏书．卷1．序纪．北京：中华书局．7

然而，西晋朝廷又任命鲜卑段务勿尘为大单于。鲜卑族内部的争斗更加激烈。刘琨派遣其子刘遵向猗卢请求派遣军队，又派遣族人高阳内史刘希在中山召集民众，结果王浚所统辖的幽州的代郡、上谷、广宁的民众3万余人多归附。王浚大怒，联合段务勿尘之子辽西公段疾陆眷共攻杀刘希，驱略三郡民众而去。在此情况下，猗卢遣其子六修将兵帮助刘琨戍守新兴。然而，鲜卑六修的贪得无厌引发了刘琨内部的混乱。永嘉六年，刘琨的牙门将邢延以碧石献给刘琨，刘琨将其转赠给六修，六修又向邢延求碧石，结果邢延无法再弄到碧石，于是六修抓捕邢延的妻子，邢延大怒，以所统领的兵士进攻六修，六修逃走，邢延就以所辖的新兴郡归附于汉政权，并且向汉政权请兵攻打并州。十月，匈奴族刘聪派遣其子刘粲袭击晋阳，害死了刘琨的父母并且占据了晋阳城，刘琨无奈之下向猗卢请求派遣军队支援，猗卢派遣其子六修为前锋，猗卢亲自率领大军20万为后继，大败刘粲的军队。

永嘉五年六月，刘聪俘获晋怀帝。永嘉七年正月，刘聪杀晋怀帝于平阳。晋愍帝在此年四月即位，改元建兴。建兴二年五月，刘琨派遣参军张肇率领鲜卑五百余骑兵到长安，因道路阻碍无法到达，在撤退过程中，经过李矩军营，李矩劝说张肇，使张肇进攻汉的军队。汉军兵士望见鲜卑军队，不战而走，河内太守郭默因家人被刘曜所杀，于是率领部众归附李矩。汉主刘聪召刘曜还屯蒲坂。同年，刘琨还与猗卢相约，准备进攻刘聪占领的平阳，适逢石勒擒获王浚，猗卢所统治地区的石勒同种人欲趁此机会图谋叛乱，猗卢忙于镇压叛军，致使会攻平阳的计划搁浅。是年九月，猗卢派人向晋愍帝献马。次年，晋愍帝进封猗卢为代王，使其“食代、常山二郡”。建兴四年三月，猗卢因为与其子六修内讧而死，其部众全部归附刘琨。同年十月，晋愍帝投降刘曜，次年十二月被杀。而此后在北方坚持抗击石勒的刘琨面临内外交困的窘境。建兴四年十一月，石勒围攻乐平，刘琨遣兵救援，结果被石勒所败，乐平太守韩据出逃。司空长史李弘以并州叛降于勒。十二月己未，刘琨奔蓟，依附段匹磾。至此，鲜卑族因为晋愍帝已死，鲜卑平文皇帝郁律认为：“今中原无主，天其资我乎？”① 于是参与到角逐中原的战争，可见西晋末年的战乱为鲜卑族拓跋部的发展提供了良好的时机。

（三）氐

活动在西北地区的氐人继续成为晋惠帝时期社会动荡的重要根源之一。惠帝元康初年，赵王司马伦迁征西将军，镇守关中，在对待关中少数民族政

---

① 魏收. 1974. 魏书. 卷1. 序纪. 北京：中华书局. 9

策上采取高压政策，引起少数民族的叛乱。朝廷命令赵王司马伦和解系前往镇压，司马伦任用佞人孙秀，与解系争夺军队的指挥权，“更相表奏”。朝廷知解系守正不阿，将赵王伦召还。[①] 故而有赵王伦“刑赏失中，氐、羌反叛”之说。[②] 元康五年永平六年八月，占据秦、雍二州的氐、羌全部反叛，“推氐帅齐万年僭号称帝，围泾阳（今陕西泾阳县）”。十一月，朝廷派遣傅祗为代理安西军司率安西将军夏侯骏、建威将军周处、振威将军卢播等讨伐齐万年，并以梁王司马肜驻屯好畤（今陕西乾县）督战。司马肜因与周处有矛盾，急令周处进军而断绝其后路。元康七年（297 年）春正月，周处与齐万年战于六陌（今陕西乾县东北），结果大败，而卢播又见死不救，造成周处战死。[③] 至这一年的七月，秦、雍二州大旱，疾疫流行，“关中饥，米斛万钱”。因此氐羌继续反叛，雍州刺史解系镇压失败。加上饥疫并至，出现了“戎晋并困”的现象，西晋朝廷不能赈济百姓，下诏听民互相卖鬻。[④] 当时关中的形势非常严峻，齐万年的军队有数十万，前往镇压的“诸将覆败相继”，中书令陈准与张华“以赵、梁诸王在关中，雍容贵戚，进不贪功，退不惧罪，士卒虽众，不为之用，周处丧败，职此之由，上下离心，难以胜敌”。他们建议朝廷启用“有文武材用”的孟观。孟观所统领的宿卫兵在当时是勇猛无比的军队，“皆趫捷勇悍”，所以在元康九年春正月，“左积弩将军孟观伐氐，战于中亭，大破之，获齐万年”。史书记载，孟观在作战中，“身当矢石，大战十数，皆破之”[⑤]。这次战争的胜利使晋王朝在关中地区暂时赢得了相对的稳定。但是在当时人们的心中，常常担心关中地区的少数民族再次起来反叛，氐人作为西晋王朝西北地区的最大隐患，当时人们“常恐氐羌饮马于泾川，蚁众控弦于霸水”[⑥]。可见氐人对黄河流域的社会经济发展造成较为严重的影响。

（四）羌族

西晋惠帝时期，羌族作为西北地区相对弱小的一个少数民族，主要与其他少数民族一起对黄河文化构成威胁。范晷在晋惠帝初年任凉州刺史，“于时西土荒毁，氐羌蹈藉，田桑失收，百姓困弊，晷倾心化导，劝以农桑，所

---

① 房玄龄. 1974. 晋书. 卷60. 解系传. 北京：中华书局. 1631
② 房玄龄. 1974. 晋书. 卷59. 赵王伦传. 北京：中华书局. 1598
③ 房玄龄. 1974. 晋书. 卷4. 惠帝纪. 北京：中华书局. 94
④ 房玄龄. 1974. 晋书. 卷28. 五行中. 北京：中华书局. 839
⑤ 房玄龄. 1974. 晋书. 卷60. 孟观传. 北京：中华书局. 1634
⑥ 房玄龄. 1974. 晋书. 卷5. 孝怀帝纪. 北京：中华书局. 115

部甚赖之"①。凉州地区遭受氐羌等少数民族的不断骚扰，百姓深受其害，而范晷通过发展农业经济，使这里迅速得到恢复。元康五年四月，西羌反叛。次年五月，羌族与匈奴共同进攻北地，杀太守张损。八月，秦雍氐、羌全部反叛，推举氐帅齐万年称帝，围攻泾阳。关中地区陷于一片混乱，出现了"饥疫荐臻，戎晋并困"的现象。到了西晋末年，黄河流域因为战乱频仍，羌族作为西北地区活动频繁的一个少数民族也加入了西晋王朝内部的争斗，结果使黄河流域的社会更加动荡不定。

第三节 黄河流域的民族融合与社会发展

西晋时期，随着全国的统一，周边地区的少数民族与西晋王朝的融合更加频繁，无论是精神文化的交流，还是物质文化的交流，都呈现出繁荣的景象。

一、物质文化的交流

黄河流域特殊的地理位置和在东亚地区的核心作用，使黄河流域与周边地区的物质文化交流渐趋频繁，表现在既有黄河流域的物质文化向以草原文化为特色的少数民族流动，也有草原地区的物质文明对黄河流域产生影响。这种文化之间的双向交流，促进了黄河文化的进一步发展。为了更进一步地说明问题，我们以不同的门类分别加以考察。

（一）器物服饰

魏晋以来，随着黄河文化的影响日趋扩大，与周边地区的文化交流非常频繁，同时随着与草原民族交往的加深，草原民族的服饰器物也开始影响到黄河流域居民的日常生活。《晋书》卷二十七《五行志上》云："泰始之后，中国相尚用胡床貊盘，及为羌煮貊炙，贵人富室，必畜其器，吉享嘉会，皆以为先。太康中，又以毡为绡头及络带袴口。百姓相戏曰，中国必为胡所破。夫毡毳产于胡，而天下以为绡头、带身、袴口，胡既三制之矣，能无败乎！"《搜神记》卷七亦云："胡床、貊盘，翟之器也；羌煮、貊炙，翟之食也。自太始以来，中国尚之。贵人富室，必畜其器，吉享嘉宾，皆以为先。""太康中，天下以毡为绡头及络带、袴口，于是百姓咸相戏曰：'中国其必为

① 房玄龄. 1974. 晋书. 卷90. 良吏·范晷传. 北京：中华书局. 2336

胡所破也。’夫毡，胡之所产者也，而天下以为绡头、带身、袴口，胡既三制之矣，能无败乎！”从上述材料可以看出，从日常器物、饮食烹调方式乃至服饰都受到少数民族生活方式的影响，甚而官员也以穿胡服为时尚。朱熹《朱子语类》卷九十一《礼八·杂仪》曾经指出：“今世之服，大抵皆胡服，如上领衫靴鞋之类，先王冠服扫地尽矣！中国衣冠之乱，自晋五胡，后来遂相承袭。唐接隋，隋接周，周接元魏，大抵皆胡服。”“幅巾传于汉、魏，幂离起自齐、隋，幞头始于周朝，巾子创于武德，胡服靴衫，岂可辄施于古象。”① 此外，内地所流传的服饰样式如貂蝉也是来自少数民族的服饰。“貂蝉，胡服也。貂者，取其有文采而不炳焕，外柔易而内刚劲也。蝉，取其清虚识变也。在位者有文而不自耀，有武而不示人，清虚自牧，识时而动也”②。周边地区少数民族的皮货也引起了黄河流域居民的注意，《魏略》曰：“扶余国出貂豽。”《魏志》曰：“乌丸传，挹娄国出好貂，今所谓挹娄貂是也。”③ 虽然史书在这里的记载是为了说明黄河流域大量使用来自少数民族地区的胡床、貊盘是一种异常的现象，但从史书的记载中可以反映出，这些来自草原地区的生活用具很快为黄河流域社会生活所吸收并得到普及。另外，黄河流域居民服饰上所用的以毡作为绡头、带身、袴口，完全是吸收了少数民族服饰的装饰而成的，虽然史家认为是“服妖”的表现，必将导致黄河流域的社会动荡，但从实际上看表明少数民族服饰对黄河流域影响的深远。据学者考证，胡床是在汉章帝和汉和帝期间传入黄河流域的，是经过漫长岁月由古埃及、中东、西亚等地，经多个民族之手辗转传播而来。在西晋时期已经被黄河流域社会各个阶层所使用。晋武帝时，王济和王恺比富，王恺有牛名“八百里驳”，常莹其蹄角，王济“请以钱千万与牛对射而赌之。恺亦自恃其能，令济先射。一发破的，因据胡床，叱左右速探牛心来，须臾而至，一割便去”。王济贵为富豪，在与王恺打赌时坐胡床，说明胡床使用的广泛。甚或抢劫之人也使用胡床。陆机在赴洛阳途中带了大量财物，经由会稽郡时，戴若思坐在胡床上，“指麾同旅，皆得其宜”④。后来戴若思在陆机的感悟下，改邪归正。魏郡人王猛在洛阳贩卖畚箕，曾跟随买者至嵩高山，“猛利其贵而从之，行不觉远，忽至深山，见一父老，须发皓然，踞胡床而坐，左右十许人，有一人引猛进拜之”⑤。这一故事虽然有些荒诞不经，

① 张彦远．2000．历代名画记．卷2．叙师资传授南北时代．北京：京华出版社．20
② 崔豹．1956．中华古今注．卷上．舆服第一·貂蝉．北京：商务印书馆．7
③ 欧阳询．1982．艺文类聚．卷95．兽部下·貂．新1版．上海：上海古籍出版社．1655
④ 房玄龄．1974．晋书．卷69．戴若思传．北京：中华书局．1846
⑤ 房玄龄．1974．晋书．卷114．王猛载记．北京：中华书局．2929

但足以说明胡床使用的普遍。

(二) 乐器传入

除传统乐器之外，胡箜篌、琵琶等在魏晋时期也广为流传。因而后人有“东汉魏晋，乐则胡笛箜篌，御则胡床，食则羌炙、貊炙，器则蛮盘，祠则胡天”之说。[①] 有些士大夫还以擅长弹琵琶而知名。阮咸“妙解音律，善弹琵琶。虽处世不交人事，惟共亲知弦歌酣宴而已”，甚而出现了“荀勖每与咸论音律，自以为远不及也，疾之，出补始平太守”[②]。荀勖因自己的音乐见识不如阮咸而嫉妒他。因少数民族乐器在内地不断应用，所以出现了擅长吹奏的大家。“案魏晋之世，有孙氏善弘旧曲，宋识善击节唱和，陈左善清歌，列和善吹笛，郝索善弹筝，朱生善琵琶，尤发新声”[③]。传入内地的少数民族乐器在流传过程中也在不断地改进。“晋《先蚕仪注》曰：胡笳，汉旧录有其曲，不记所出本末。笳者，胡人卷芦叶吹之以作乐也，故谓曰胡笳”[④]。《晋书》卷二十三《乐志》云：“胡角者，本以应胡笳之声，后渐用之横吹，有双角，即胡乐也。张博望入西域，传其法于西京，惟得《摩诃兜勒》一曲。李延年因胡曲更造新声二十八解，乘舆以为武乐。后汉以给边将，和帝时，万人将军得用之。魏晋以来，二十八解不复具存，用者有《黄鹄》、《陇头》、《出关》、《入关》、《出塞》、《入塞》、《折杨柳》、《黄覃子》、《赤之杨》、《望行人》十曲。”而流传入内地的胡笳被边将使用后，收到了意想不到的效果。《晋书》卷六十二《刘琨传》云：“（刘琨）在晋阳，常为胡骑所围数重，城中窘迫无计，琨乃乘月登楼清啸，贼闻之，皆凄然长叹。中夜奏胡笳，贼又流涕歔欷，有怀土之切。向晓复吹之，贼并弃围而走。”刘琨以胡笳吹奏，引起了少数民族的思乡之情，起到了战争所不能起的作用。随着少数民族入侵黄河流域，因而史书有“遣豺狼之将，逐鹰犬之师，悬旌俯渭，分麾陷洛，铁马陵山，胡笳遵渚，粉忠贞于戎手，聚搢绅于京观”的说法。[⑤] 再如胡笛在西晋时期曾经被大规模地改造，以适应内地音乐演奏的需要，详见《晋书》卷十六《律历志上》。黄河流域善于吹笛者史书多有记载，石崇的家妓曰绿珠，“美而艳，善吹笛”[⑥]。向秀在《思旧赋》序文中称“邻人有吹笛者，发声寥亮”。在赋文中以“听鸣笛之慷慨兮，妙声绝而复

---

① 杜佑．1988．通典．卷200．边防·北狄．北京：中华书局．5502

② 房玄龄．1974．晋书．卷49．阮籍传附咸传．北京：中华书局．1363

③ 房玄龄．1974．晋书．卷23．乐志．北京：中华书局．716

④ 李昉．1960．太平御览．卷581．乐部十九·笳．北京：中华书局．2621

⑤ 房玄龄．1974．晋书．卷103．刘曜载记．北京：中华书局．2702

⑥ 房玄龄．1974．晋书．卷33．石苞传附石崇传．北京：中华书局．1008

寻”表达自己的心声。[①] 很显然，传入内地的少数民族乐器已经融入民众的生活之中，成为人们娱乐的重要器具。

(三) 植物品种

流传到黄河流域的少数民族地区的植物品种，经过内地的改良得到了大规模的推广。这些品种或为人们食用的物品，或为牲畜的食物。华廙被免官后在家养猪，晋武帝登凌云台，“望见廙苜蓿园，阡陌甚整，依然感旧”。苜蓿本是西域的物产，汉武帝太初三年，贰师将军李广利“遂采蒲陶、苜蓿种而归”。苜蓿经丝绸之路传入内地，到这时已经成为养猪的重要饲料。从华廙大规模种植苜蓿用于养猪既可证明此点。自张骞出使西域“所得蒲桃、胡葱、苜蓿”后，魏晋时期西域葡萄继续传入内地。王逸《荔枝赋》曰：“西旅献昆山之蒲桃，北燕荐朔滨之巨栗。”也是在魏晋时期，内地葡萄开始种植。李龙《德阳殿赋》曰：“蒲桃安若，曼延蒙笼。”潘岳《闲居赋》描述自己的园中“三桃表樱胡之别，二奈耀丹白之色，石榴蒲桃之珍，磊落蔓延乎其侧”。用葡萄酿酒也进入人们的生活之中，东汉末年，孟他“又以蒲桃酒一斛遗（张）让，即拜凉州刺史”[②]。《博物志》还记载：“西域有蒲桃酒，积年不败，彼俗传云，可至十年，欲饮之醉，弥日乃解。”[③] 这说明此时以葡萄酿酒已经较为普遍。不仅内地酿酒，而且西北少数民族地区葡萄酒也传入内地。石榴在内地的种植也更为普遍。曹植《弃妻诗》曰：“石榴植前庭，绿叶摇缥青。翠鸟飞来集，拊翼以悲鸣。”以至于当时出现了许多赞美石榴的赋作。潘尼《安石榴赋》云：“余迁旧宇，爰造新居，前临旷泽，却背清渠，实有斯树，植于堂隅，华实并丽，滋味亦殊，可以乐志，可以充虚。”张载《安石榴赋》曰：“有若榴之奇树，肇结根于西海。”张载书曰：“大谷石榴，木滋之最。肤如凝脂，汁如清濑。渴者所思，铭之裳带。”明确道出石榴自西域传入。张协、应贞、傅玄、范坚都有同题赋存世。潘岳《河阳庭前安石榴赋》中称河阳县庭前的安石榴为“嘉木”。夏侯湛、庾儵也有赞美石榴的赋。梁庾肩吾《长安有狭斜诗》曰：“少妇多妖艳，当钿篥石榴。”[④] 可见石榴这种果树已经在黄河流域普遍种植，而且是作为美化居住环境的果树而栽培的。即使到了后来，也因石榴自西域传入，而有“石榴自西而至者，乃西

---

① 房玄龄. 1974. 晋书. 卷49. 向秀传. 北京：中华书局. 1375

② 陈寿. 1982. 三国志. 卷3. 魏书 · 明帝纪. 裴注引. 三辅决录. 北京：中华书局. 94

③ 欧阳询. 1982. 艺文类聚. 卷72. 食物部 · 酒. 新1版. 上海：上海古籍出版社. 1247

④ 欧阳询. 1982. 艺文类聚. 卷41. 乐部一 · 论乐. 新1版. 上海：上海古籍出版社. 739

方木也”的说法。[①]

二、社会文化的融合

魏晋时期，黄河流域周边地区的少数民族在与汉族交往以后，其风俗习惯也影响到了黄河流域居民的社会生活，并且经黄河流域文化的融合，从而成为黄河文化的重要组成部分。

（一）音乐舞蹈的影响

黄河流域周边地区的少数民族舞蹈也融入汉族的生活。曹植在接见邯郸淳时，先是沐浴，然后“遂科头拍袒，胡舞五椎锻，跳丸击剑，诵俳优小说数千言讫”[②]。以跳“胡舞”来表明自己的心迹，说明“胡舞”已经为社会上层所接受。晋傅玄《猿猴赋》曰：“或低眩而择飒，或抵掌而胡舞。”此虽然是赞美猿猴的舞蹈姿势，但也可以看出至少傅玄看过胡舞。在黄河流域本土化的胡舞后来也流传到江南地区，梁元帝《春夜看妓诗》有“燕姬戏小堂，胡舞开春阁”之句。隋薛道衡《和许给事善心戏场转韵诗》描述洛阳一带新年伊始，“羌笛陇头吟，胡舞龟兹曲”，而且朝廷的乐舞舞曲也是由周边地区的少数民族延续下来，经过历代的修改，到西晋时期成为定制的。《晋书》卷二十二《乐志上》云：

> 汉高祖自蜀汉将定三秦，阆中范因率賨人以从帝，为前锋。及定秦中，封因为阆中侯，复賨人七姓。其俗喜舞，高祖乐其猛锐，数观其舞，后使乐人习之。阆中有渝水，因其所居，故名曰《巴渝舞》。舞曲有《矛渝本歌曲》、《安弩渝本歌曲》、《安台本歌曲》、《行辞本歌曲》，总四篇。其辞既古，莫能晓其句度。魏初，乃使军谋祭酒王粲改创其词。粲问巴渝帅李管、种玉歌曲意，试使歌，听之，以考校歌曲，而为之改为《矛渝新福歌曲》、《弩渝新福歌曲》、《安台新福歌曲》、《行辞新福歌曲》，《行辞》以述魏德。黄初三年，又改《巴渝舞》曰《昭武舞》。至景初元年，尚书奏，考览三代礼乐遗曲，据功象德，奏作《武始》、《咸熙》、《章斌》三舞，皆执羽龠。及晋又改《昭武舞》曰《宣武舞》，《羽龠舞》曰《宣文舞》。咸宁元年，诏定祖宗之号，而庙乐乃停《宣武》、《宣文》二舞，而同用荀勖所使郭夏、宋识等所造《正德》、《大豫》二舞云。

---

① 郎瑛．1958．七修类稿．卷1．天地类·六十甲子．上海：中华书局．29

② 陈寿．1982．三国志．卷21．魏书·王粲传．裴注引．魏略．北京：中华书局．602

我们在这里之所以不厌其烦地大段地引用史料，其目的是为了完整地展示从西汉初年直至晋武帝时期从西部少数民族引入朝廷的乐舞曲是如何经过改造，成为朝廷乐舞所用的舞曲的。由之也可以看出黄河文化融合草原文化的详细内容和变化过程。

至西晋末年，随着黄河流域的战乱，西晋政府原有的音乐机构受到毁灭性的打击，“永嘉之乱，伶官既减，曲台宣榭，咸变污莱”。乐人也因战乱而四散逃亡，有的逃往江南。八王之乱，“时总章太乐伶人，避乱多至荆州”①。“时刘聪入寇，京师危逼。……时乐府伶人避难，多奔沔汉”②。有的逃往西北少数民族聚居地，“永嘉之乱，海内分崩，伶官乐器，皆没于刘、石”③。虽然在此后“虽复《象舞》歌工，自胡归晋”，但也受到极大的损害，“至于孤竹之管，云和之瑟，空桑之琴，泗滨之磬，其能备者，百不一焉”④。这就是说西晋末年的战乱使黄河流域受到很大的破坏，原有的音乐机构及乐人不复存在。如果说逃往江南地区的乐人将黄河流域的音乐带往江南，扩大了黄河流域文化的影响，那么，逃往西北少数民族刘聪、石勒之处的乐人自然而然地将黄河流域的音乐传播给这些少数民族。从另一方面来讲，石勒和刘聪已经进入黄河流域，他们所收留的这些乐人实际上是利用他们吸收黄河流域的音乐文化，丰富本民族的音乐宝库。正如张华《大豫舞歌》中所云：“爰制《大豫》，宣德舞功。醇化既穆，王道协隆。仁及草木，惠加昆虫。亿兆夷人，悦仰皇风。”⑤ 西晋鼎盛时期的乐舞影响到了周边的少数民族，在西晋衰亡时期，这些原有的庙堂之乐更是少数民族借此机会吸纳黄河流域优秀音乐的精华，这也正应了“天子失官，学在四夷”，音乐也同样如此。

（二）生活习惯

随着与少数民族的接触，少数民族的生活习惯也逐渐融入黄河流域的居民生活中来，如饮用奶的习俗，在秦汉时期主要是北方少数民族所饮用。晁错在上汉文帝守边备塞、劝农力本时说：“夫胡貉之地，积阴之处也，木皮三寸，冰厚六尺，食肉而饮酪，其人密理，鸟兽毳毛，其性能寒。”⑥ 中行说

① 房玄龄.1974. 晋书. 卷66. 刘弘传. 北京：中华书局.1766

② 房玄龄.1974. 晋书. 卷43. 山涛传附简传. 北京：中华书局.1230

③ 房玄龄.1974. 晋书. 卷23. 乐志下. 北京：中华书局.697

④ 房玄龄.1974. 晋书. 卷22. 乐志上. 北京：中华书局.677

⑤ 郭茂倩.1979. 乐府诗集. 卷52. 舞曲歌辞一. 北京：中华书局.757

⑥ 班固.1962. 汉书. 卷49. 晁错传. 北京：中华书局.2284

对匈奴单于说："得汉食物皆去之，以视不如重酪之便美也。"[①] 汉公主嫁于乌孙王后，作歌曰"穹庐为室兮旃为墙，以肉为食兮酪为浆"[②]。而见诸记载的在三国时期的乌桓人也是"日弋猎禽兽，食肉饮酪，以毛毳为衣"[③]。而到西晋时期，黄河流域居民饮用奶已经出现在史书的记载当中，潘岳《闲居赋》中有"牧羊酤酪，俟伏腊之费"，说明羊奶已经供人饮用。到晋室南迁后，这一生活习俗也传到南方，如陆玩"尝诣（王）导食酪，因而得疾"[④]，反映了南方人不习惯北方地区饮奶的习惯。这说明在西晋时期黄河流域的汉族已经开始饮用奶了。再如服饰方面，黄河流域的服饰中吸收周边少数民族的服饰内容也颇多。武冠的样式中就融合有少数民族的装饰。武冠，"一名武弁，一名大冠，一名繁冠，一名建冠，一名笼冠，即古之惠文冠"。其中"侍中、常侍则加金珰，附蝉为饰，插以貂毛，黄金为竿，侍中插左，常侍插右"。以貂毛装饰就是来自北方少数民族。"或以为北土多寒，胡人常以貂皮温额，后世效此，遂以附冠。汉貂用赤黑色，王莽用黄貂，各附服色所尚也"[⑤]。以貂毛作为冠上的装饰是从北方少数民族以貂皮作为头部保温演变而来。随着与少数民族交往的加深，西晋的服饰中采用少数民族产品的越来越多。太康年间，"又以毡为绐头及络带衿口"。"夫毡毳产于胡，而天下以为绐头、带身、衿口"。因为当时人们对少数民族认识上的偏差，百姓就互相戏谑说："中国必为胡所破。"因为服饰的绐头、带身、衿口已为"胡既三制之矣，能无败乎！"[⑥]

（三）社会生活

在社交活动中，因为少数民族进入黄河流域也带来了他们的生活方式，受其影响，黄河流域居民的社交活动出现了胡化的色彩。特别是与少数民族的通婚在黄河流域极为普遍。太原王浚上表封段务勿尘为亲晋王，"嫁女与务勿尘，以结邻援"。段务勿尘为东部鲜卑人，王浚嫁女与他，就是想在西晋末年的混乱中得到少数民族的庇护。"浚为自安之计，结好夷狄，以女妻鲜卑务勿尘，又以一女妻苏恕延"。而王浚虽然父亲是太原名门望族，其母亲也是良家女，但因为是赵氏妇，"贫贱，出入沈家，遂生浚，沈初不齿

① 班固．1962．汉书．卷94．匈奴传．北京：中华书局．3759
② 班固．1962．汉书．卷96．西域传．北京：中华书局．3903
③ 陈寿．1982．三国志．卷30．魏书·乌丸传．裴注引．魏书．北京：中华书局．834
④ 房玄龄．1974．晋书．卷77．陆晔传附陆玩传．北京：中华书局．2024
⑤ 房玄龄．1974．晋书．卷25．舆服志．北京：中华书局．767，768
⑥ 房玄龄．1974．晋书．卷27．舆服志．北京：中华书局．823

之”①。在王沈死后，王浚被立为继嗣。所以在西晋末年王浚的表现是在战争的环境下的自保行为，与当时盛行的门第婚姻无关。

当时进入黄河流域的少数民族因与汉族杂居，也成为权势之家剥夺的对象，《晋书》卷九十三《王恂传》云：“魏氏给公卿已下租牛客户数各有差，自后小人惮役，多乐为之，贵势之门动有百数。又太原诸部亦以匈奴胡人为田客，多者数千。武帝践位，诏禁募客，恂明峻其防，所部莫敢犯者。”这说明在黄河流域的太原存在权贵剥削匈奴人的现象，既然匈奴人已经进入黄河流域，并成为黄河流域农业生产的重要力量，从太原一地人数即达数千人可以说明这里聚集了大量的匈奴人口，与汉族共同生活在这一地域。至西晋末年，黄河流域少数民族人口迅速增加，甚至西晋都城洛阳也有少数民族的人进入皇宫，《晋书》曰：“太安元年有胡人入云龙门，殿前再拜云：‘我当作中书监。’付都虞侯斩之。”② 少数民族居然能进入皇宫，一方面说明皇宫的保卫措施欠佳，另一方面显示了少数民族在黄河流域分布之普遍。

较为典型的是进入黄河流域的少数民族人有的还进入政权机构担任行政职务。鲜卑前部人乔智明，“以德行著称”，成都王司马颖征辟他为辅国将军。司马颖打败赵王伦后，以乔智明为殄寇将军、隆虑共二县令。因治理有方，“二县爱之”，百姓称他为“神君”。较为典型的事例是同部人张兑为父报仇而入狱，乔智明怜悯他有妻无子，并让他妻子入狱，后来终于有后。适逢朝廷大赦，张兑也得免死刑。当张兑被关押期间，有人劝说他逃走，张兑说：“有君如此，吾何忍累之！纵吾得免，作何面目视息世间！”这大概就反映了乔智明用儒家思想影响百姓的事实。乔智明后来又被任命为折冲将军、参丞相前锋军事。因司马颖不听从乔智明奉迎晋惠帝的建议，乔智明也无奈而止。永嘉之乱后，乔智明仕于刘曜。③

魏晋时期是中国社会发生巨变的一个历史时期，在黄河流域的社会经济经过短暂的复苏之后，因为统治阶级内部的内讧，引发了社会的巨大动荡。在这种社会巨变的历史环境下，北部沿边地区的少数民族，纷纷内迁黄河流域，与黄河流域原有的土著居民发生了频繁的交往。虽然说在当时的条件下这种交往有时是以残酷的战争形式来实现的，但民族之间的融合、文化之间的交往仍在进行着，并且较之于前代有了很大的进步。

① 房玄龄 . 1974. 晋书 . 卷 39. 王沈传附王浚传 . 北京：中华书局 . 1146
② 李昉 . 1960. 太平御览 . 卷 220. 职官部十八 · 中书监 . 北京：中华书局 . 1047
③ 房玄龄 . 1974. 晋书 . 卷 90. 良吏 · 乔智明传 . 北京：中华书局 . 2337

第八章

十六国时期血与火的碰撞

永嘉之乱后，黄河流域被来自北方草原地区的少数民族先后控制，这些少数民族在进入黄河流域以后建立起带有汉文化色彩的政权，但因社会发展的历史性限制，这些政权大多还处在奴隶制阶段，有的则处在由奴隶制向封建制转变的历史时期。因为他们控制了汉族长期占领的黄河流域，进入了黄河文化的核心地带，所以深深感受到黄河文化的种种优越性，虽然说有的民族因为不能适应黄河流域的文化而最终被淘汰，但仍有一些民族站稳了脚跟，并最后融入汉民族之中。

十六国时期黄河流域活动的少数民族相继建立起政权，但由于实力发展的强弱不同，控制的地域范围大小差异，再加上其民族政策、社会经济等因素的影响，这些政权或多或少都对黄河流域的民族融合做出了一定的贡献。为了叙述方便，我们这里按照控制黄河流域的先后次序，对相关政权存续期间民族融合的情况作一简单的回顾。

第一节　前赵时期黄河流域的文化融合

匈奴人刘渊所建立的汉政权对外虽然旨在恢复自刘邦以来的汉政权，“绍修三祖之业”，但实际上是借此为新建立的政权张目，是为了得到汉人对他所建立的政权的认同。他和他的继任者为了控制汉人采取了胡汉分治的办法，实际上是压迫和剥削汉人，结果引起了政权的不稳，汉人大量逃亡。刘粲汉昌元年（318年），靳准杀刘氏家族，“自号大将军、汉天王，置百官，遣使称藩于晋”①。靳准的目的仍然是为了借助于汉族民众以实现政权的稳定。次年，刘曜在长安称帝，改元光初，国号曰赵，是为前赵。

刘曜称帝后，对辖境内的少数民族采取软硬兼施的措施，促使其归附。

---

① 房玄龄.1974. 晋书. 卷102. 刘聪载记附子粲载记. 北京：中华书局.2679

光初二年，长水校尉尹车暗中联合巴地酋长徐库彭谋反，刘曜杀尹车，将徐库彭等五十余人全部杀死，然后抛尸于水中，结果引起巴氏叛乱，“推巴归善王句渠知为主，四山羌、氐、巴、羯应之者三十余万，关中大乱，城门昼闭”。在这种危急的情况下，刘曜采纳了大荔人游子远的意见，大赦境内，“子远次于雍城，降者十余万。进军安定，氐羌悉下，惟句氏宗党五千余家保于阴密，进攻平之”①。正因为刘曜采纳了汉族人游子远的建议，使关中地区30余万的氐羌人趋于平定，至少说不会对刚刚建立的赵政权构成威胁。

当时濒临黄河的上郡（今陕西遂德县）有氐羌十余万部落的少数民族，依仗险阻而拒绝投降，其酋长虚除权渠自称秦王，对刘曜政权的东部地区造成威胁。游子远率领军队经过五次战斗基本上消灭了权渠的有生力量，并在最后一次战斗中，生擒权渠的儿子伊余，全歼五万军队。“权渠大惧，被发割面而降”。刘曜又听从游子远的建议，“以权渠为征西将军、西戎公，分徙伊余兄弟及其部落二十余万口于长安”。因为当时权渠是氐羌部落中最强大的一支，其他弱小部落都听从权渠的指挥，所以“权渠既降，莫不归附”②。氐羌少数民族归附后，与关中地区的汉人杂居，加速了民族的融合。

在取得了暂时的稳定后，刘曜不仅在军事上实现了关中地区的稳定，而且在文化建设上大兴学校，表现出黄河文化与草原文化融合的迹象。《晋书》卷一百三《刘曜载记》云：

> 曜立太学于长乐宫东，小学于未央宫西，简百姓年二十五已下十三已上，神志可教者千五百人，选朝贤宿儒明经笃学以教之。以中书监刘均领国子祭酒。置崇文祭酒，秩次国子。散骑侍郎董景道以明经擢为崇文祭酒。

刘曜立太学、小学教育境内的年轻人，所选的教员为儒学大家，所用的教材自然也是儒家经典，说明他已经深知黄河流域所积累的儒家文化对于巩固政权的重要性，也反映了他认识到文化的融合较之于军事占领要重要得多。此后，他还亲临太学，“引试学生之上第者拜郎中”。直接从太学生中选拔成绩优异者担任官员，必然将儒家思想应用到管理中去，这也显示了刘曜对儒家经学学以致用精神的理解。刘曜重视学校建设与他个人早年所受到的汉文化教育是有很大的关系的。他本人早年“读书志于广览，不精思章句，善属文，工草隶”，有较高的文化修养，他在所下的诏书中还曾引用《诗经》“无言不酬，无德不报”以感谢侍中乔豫、和苞上疏劝谏不修寿陵的建议。清人赵翼《廿二史劄记》卷八《僭伪诸君有文学》云：“刘曜读书，志

① 房玄龄.1974.晋书.卷103.刘曜载记.北京：中华书局.2687
② 房玄龄.1974.晋书.卷103.刘曜载记.北京：中华书局.2687

于广览，不精思章句，亦善属文，工草隶。小时避难，从崔岳质通疑滞。既即位，立太学于长乐宫，立小学于未央宫，简民间俊秀千五百人，选朝廷宿儒教之。”可以说刘曜已经从学习儒家经典中体会到黄河文化的无穷魅力，这也是他能够兴办学校的重要原因。

刘曜为了扩大政权的势力范围，又向西进攻仇池。仇池的杨难敌率众抵抗，被刘曜打败。杨难敌退保仇池，而仇池的氐羌等少数民族纷纷投降。刘曜又进攻南安郡（今甘肃陇西）的杨韬，杨韬与陇西太守梁勋等投降刘曜。刘曜随即派人“迁（杨）韬等及陇右万余户于长安”，并劝降杨难敌，封杨难敌子弟为公侯列将二千石者十五人。[①] 关中地区特别是长安因氐羌人数迅速增加，成为一个多民族聚居的城市。

太兴二年四月，秦州刺史陈安投降刘曜。刘曜在西征氐羌时病重，陈安乘机反叛，袭占汧城，“西州氐羌悉从安”，关中以西地区再次陷于混乱。因陈安归而复叛，太宁元年七月，刘曜攻陈安于陇城，消灭了陈安。随后，刘曜又“徙秦州（今甘肃天水市）大姓杨、姜诸族二千余户于长安。氐羌悉下，并送质任”。刘曜又以大军进攻凉州刺史张茂，迫使张茂遣使称藩，“献马一千五百匹，牛三千头，羊十万口，黄金三百八十斤，银七百斤，女妓二十人，及诸珍宝珠玉、方域美货不可胜纪。曜大悦，使其大鸿胪田崧署茂使持节、假黄钺、侍中、都督凉南北秦梁益巴汉陇右西域杂夷匈奴诸军事、太师、领大司马、凉州牧、领西域大都护、护氐羌校尉、凉王”[②]。张茂的归附，使前赵政权来自西部的侵扰被扫除。

正在此时，来自东部后赵政权的石勒也与刘曜展开了人口争夺。石勒大将石他从雁门郡发兵上郡，袭击刘曜的北羌王盆句除，“俘三千余落，获牛马羊百余万而归”。刘曜闻听大怒，亲自率兵追击，杀石他，歼灭其6500余人，又夺回了被掳走的人。然而，在与石勒争夺洛阳的战斗中，刘曜损失惨重，刘岳被俘。为了抵挡来自石勒的威胁，刘曜“置单于台于渭城，拜大单于，置左右贤王已下，皆以胡、羯、鲜卑、氐、羌豪桀为之”。刘曜亲自指挥军队与石勒在洛阳交战，因为战前饮酒过量，被石勒军队俘虏，后被杀死。因前赵内部争权纷扰，结果石勒大军乘势进入关中，消灭了前赵的残余势力，并“徙其台省文武、关东流人、秦雍大族九千余人于襄国，又坑其王公等及五郡屠各五千余人于洛阳”[③]。前赵灭亡。

对于刘曜所建立的前赵国进入黄河流域腹地，建立国家的状况，《晋书》

---

① 房玄龄. 1974. 晋书. 卷103. 刘曜载记. 北京：中华书局. 2691

② 房玄龄. 1974. 晋书. 卷103. 刘曜载记. 北京：中华书局. 2695

③ 房玄龄. 1974. 晋书. 卷103. 刘曜载记. 北京：中华书局. 2702

唐代史臣评价曰："若乃习以华风，温乎雅度；兼其旧俗，则罕规模。虽复石勒称藩，王弥效款，终为夷狄之邦，未辩君臣之位。至于不远儒风，虚襟正直，则昔贤所谓并仁义而盗之者焉。"可见不同的民族政策在实施过程中，因为本民族社会发展的滞后性，导致刘曜的前赵政权虽然将数量可观的氐羌迁居关中腹地，但因为在战争的不稳定的状态之下，再加之刘曜对归附的少数民族采取歧视态度，这种民族融合是暂时的和不完善的。究其实，刘曜因为最终俘获晋怀、愍二帝，使其所统治地区的汉民族从内心深处对他持一种敌视的态度，他在统治地区内也难以获得汉民族的认同。这也是他难以取得最后胜利的重要原因。刘琨劝进元帝表曰："逆胡刘曜，纵逸西都，主上幽劫，复沉虏庭，神器流离，再辱荒逆，臣每览史籍，观之前载，厄运之极，古今未有。苟在食土之毛，含血之类，莫不叩心绝气，行号巷哭，况臣荷宠二世，位厕鼎司"，岂可袖手旁观。[①] 幽州刺史段匹磾，镇北将军刘翰，单于、广宁公段辰、辽西公段眷、冀州刺史、祝阿子劭续、青州刺史、广饶侯曹嶷、兖州刺史、定襄侯刘演、东夷校尉崔毖、鲜卑大都督慕容廆等一百八十人等都表达了同样的意思。[②] 如果说刘琨等人的话就代表西晋上层的心态的话，那么黄河流域的汉人宁死也不侍奉刘曜，即反映了黄河流域饱受战争之苦的民众对刘曜的痛恨。这从下面的事例即可得到进一步的证明。弘农人董景道永平年间隐居商洛山，"是以刘元海及聪屡征，皆碍而不达。至刘曜时出山，庐于渭汭。曜征为太子少傅、散骑常侍，并固辞"[③]。天水一带的文化名人杨轲，教授了无数弟子，在当地颇负盛名，刘曜称帝后，"征拜太常，轲固辞不起，曜亦敬而不逼，遂隐于陇山"[④]。他宁愿隐居也不愿服务于刘曜的前赵政权。当时张茂与马岌在谈论刘曜时，张茂曾有"天生胡以灭中国，殆不可以人事论也"[⑤] 的说法，反映出即使后来的汉族士人仍然对前赵政权覆灭西晋王朝耿耿于怀。而这正是两种文化融合过程中难以弥合的因素。再加上刘曜在称帝时，首先回顾了刘渊和刘聪借汉为名起事的做法，然后称"今欲除宗庙，改国号，御以大单于为太祖，其议以闻"[⑥]。很显然，他废除了刘渊父子仅有的以汉的名义的做法，改造匈奴族的政权，自然而然地引起汉人的反感，使民族之间的文化认同感荡然无存，也加速了其政权的灭亡。

---

① 欧阳询．1982．艺文类聚．卷13．帝王部三·晋元帝．新1版．上海：上海古籍出版社．249
② 房玄龄．1974．晋书．卷6．元帝纪．北京：中华书局．145
③ 房玄龄．1974．晋书．卷91．儒林·董景道传．北京：中华书局．2355
④ 房玄龄．1974．晋书．卷94．隐逸·杨轲传．北京：中华书局．2450
⑤ 李昉．1960．太平御览．卷446．人事部八十七·品藻中．北京：中华书局．2053
⑥ 崔鸿．十六国春秋别传．卷1．前赵录·刘曜．载：1985．丛书集成初编．北京：中华书局．6

第二节　后赵时期黄河流域的文化融合

当刘渊建立政权时，活动在今河北一带的石勒的军事力量也迅速强大起来，石勒通过吞并其他武装力量，开始建立起自己的队伍。石勒在其武装力量逐步发展阶段就注意融合草原文化与黄河文化，并极力利用黄河文化中的优秀内容，为自己力量的壮大提供多方面的支持。

首先，石勒通过吸纳各方面的人才进入自己的统治阶层，依靠他们熟悉黄河流域的社会风情，为政权的发展壮大提供智力和人力方面的支撑。永嘉三年四月，石勒攻占冀州郡县百余坞壁后，军队人数达到十余万人，“其衣冠人物集为君子营”。这些所谓的衣冠人物都是当地的社会名流，他随即组织了自己的核心集团，“乃引张宾为谋主，始署军功曹，以刁膺、张敬为股肱，夔安、孔苌为爪牙，支雄、呼延莫、王阳、桃豹、逯明、吴豫等为将率”①。这些核心集团成员中既有汉族人士，也有少数民族精英。从其集团组成也可以看出石勒在政权组建之初就关注对黄河流域社会上层的吸纳，也显示出他容纳汉族社会为政权效力的想法。石勒虽然来自少数民族，但对于黄河流域的汉人之德高望重者仍然非常重视。如裴宪在永嘉末年王浚被打败之时被俘获，当时裴宪与荀绰“恬然私室”，深得石勒的尊重。当石勒得知二人清贫有气节时，对其长史张宾曰：“名不虚也。吾不喜得幽州，喜获二子。”于是委任裴宪为从事中郎，后出任长乐太守。石勒称帝后，“未遑制度，（裴宪）与王波为之撰朝仪，于是宪章文物，拟于王者。勒大悦，署太中大夫，迁司徒”②。这些汉族士人进入政权的核心领域，为石勒所制定的朝仪制度必然是原来黄河流域封建政权的朝仪制度的翻版，其实行过程中也能够得到汉族士人的认可。再如邓攸，永嘉末年被石勒俘虏后，在张宾的推举下，受到石勒的重视，“以为参军，给车马。勒每东西，置攸车营中”。即使邓攸有犯禁的举动，如“勒夜禁火，犯之者死”。邓攸的胡人邻居因失火烧车，最后还诬陷邓攸，石勒却赦免了邓攸，“既而胡人深感，自缚诣勒以明攸，而阴遗攸马驴，诸胡莫不叹息宗敬之”③。特别是赵郡中丘人张宾被石勒“引为谋主。机不虚发，算无遗策，成勒之基业，皆宾之勋也”。到后来石勒又“封（张宾）濮阳侯，任遇优显，宠冠当时”，再加上他“谦虚敬慎，开

① 房玄龄.1974. 晋书. 卷104. 石勒载记上. 北京：中华书局.2711

② 房玄龄.1974. 晋书. 卷35. 裴秀传附宪传. 北京：中华书局.1051

③ 房玄龄.1974. 晋书. 卷90. 良吏传·邓攸传. 北京：中华书局.2339

襟下士，士无贤愚，造之者莫不得尽其情焉。肃清百僚，屏绝私昵，入则格言，出则归美”，使石勒“甚重之”，“每朝，常为之正容貌，简辞令，呼曰‘右侯’而不名之，勒朝莫与为比也”①。建兴元年，当石勒准备营建邺城为根据地时，因为邺城“既风俗殷杂，须贤望以绥之”，便询问谋士张宾，张宾向他推举了晋朝原东莱太守南阳人赵彭，因为赵彭“忠亮笃敏，有佐时良干”。石勒征召赵彭并任命他为魏郡太守，赵彭因不愿侍奉二主，石勒接受了张宾的建议，“于是赐安车驷马，养以卿禄，辟其子明为参军”②。石勒此举向天下士人发出了一个自己重视人才的信号，从而使更多的士人归附于他。作为一个汉化很深的羯人，石勒在政权建立之初，能够以黄河流域的汉人作为政权建设的基石，这样就赢得了黄河流域整体汉族士人的支持，也使其在行政过程中能够充分考虑到黄河文化内涵的融洽和接受问题。

其二，石勒还采取措施迁移各族人口到襄国（今河北邢台），加速了民族融合。随着河北地区逐渐平定，石勒不仅任命了魏郡等地的官吏，而且将人口大批迁往襄国。“逯明攻宁黑于茌平，降之，因破东燕酸枣而还，徙降人二万余户于襄国”。“徙平原乌丸展广、刘哆等部落三万余户于襄国”。石勒在打败刘琨的将军姬澹后，“勒迁阳曲、乐平户于襄国，置守宰而退”。在战乱不息的情况下，“时司、冀、并、兖州流人数万户在于辽西，迭相招引，人不安业”。石勒的军队在进攻辽西地区时，采纳了张宾的建议，辽西的“流人降者岁常数千”。靳准之乱时，石勒率军驻扎于襄陵（今山西省襄汾县）北原，“羌羯降者四万余落”。石勒进攻平阳小城，“平阳大尹周置等率杂户六千降于勒。巴帅及诸羌羯降者十余万落，徙之司州诸县”。石勒通过频繁的移民，将周边地区的民族或者汉族民众逃亡到边远地区者移居襄国，使这里也成为一个多民族汇聚的城市。多民族聚居必然促进了多种文化的碰撞与融合。石勒称王以后，石虎在河西进攻集木且羌，“俘获数万，秦、陇悉平”。当时凉州牧张骏非常恐惧，遣使称藩，贡方物于勒。石勒于是“徙氐羌十五万落于司、冀州”，使这里的民族成分更为复杂。石勒在东晋咸和四年灭前赵，咸和五年称帝后，改元建平，秦州休屠王羌背叛石勒，秦州刺史临深派遣司马管光率领州军讨伐，结果被王羌打败，陇右混乱，“氐羌悉叛”。石勒派遣石生进据陇城（今甘肃秦安陇城镇），打败王羌，“徙秦州夷豪五千余户于雍州”③。这对于关中人口的恢复起到了很大的作用，但同时也造成了关中地区的民族关系更加复杂。石勒死后，迁居内地的少数民族在动

---

① 房玄龄.1974. 晋书. 卷105. 石勒载记下. 北京：中华书局.2756
② 房玄龄.1974. 晋书. 卷104. 石勒载记上. 北京：中华书局.2720
③ 房玄龄.1974. 晋书. 卷105. 石勒载记下. 北京：中华书局.2724～2747

荡不安的社会环境下屡次叛乱，使业已混乱的社会环境更加恶劣。石虎控制石弘后，先灭石勒的近臣石堪，次灭镇守洛阳的石朗，然后派大军进攻镇守关中的石生。石生“遣将军郭权率鲜卑涉璝部众二万为前锋距之”。虽然石虎战败，但因“鲜卑密通于季龙，背生而击之”，石生逃回长安。后又逃往鸡头山，被部下杀死。石虎随后攻占长安，“徙雍、秦州华戎十余万户于关东”[①]。郭权在石生战败后归顺石虎，随即被任命为秦州刺史，“于是京兆、新平、扶风、冯翊、北地皆应之”。石弘所任命的镇西将军石广与郭权作战又失败，上邽（今甘肃天水）一带的豪族害死郭权后投降石虎。石虎鉴于关中叛乱频仍，“徙秦州三万余户于青、并二州诸郡”[②]。究其实，在石勒晚年，石虎攻占上邽后，南安赤亭羌人姚弋仲就曾针对陇上多豪杰难以管辖的状况向石虎建议：“宜徙陇上豪强，虚其心腹，以实畿甸。”当石虎掌权后，想起姚弋仲的建议，“遂徙秦、雍豪杰于关东”。这次迁移就连为石虎提建议的姚弋仲数万部众也被迁于清河（今山东省临清市东北）。[③] 占据长安的陈良夫逃奔黑羌后，招诱北羌四角王薄句大等扰北地、冯翊等地，与石虎的儿子石斌相对峙。石虎大将石韬抄袭薄句大的后路，并与石斌夹击薄句大，薄句大逃奔马兰山。[④] 民族大迁移在后赵政权的操纵下频繁地进行，但因为民族之间缺乏相互认同，一旦社会动荡不安则演变成为民族之间的相互厮杀，这是两种文化之间融合过程中的特殊环境下所呈现出的独有现象。

其三，在文化建设和制度建设方面，后赵政权广泛吸收黄河流域已经成熟的文化制度，使自己的政权更多地融合了黄河文化的优秀内容。特别在教育制度的建设方面表现得更为明显。石勒平定司州和冀州后，社会趋于太平。石勒也开始重视教育的发展，“立太学，简明经善书吏署为文学掾，选将佐子弟三百人教之”。这些被选为文学掾的人都是其辖境内具有一定儒学修养的人。在平定靳准之乱后，“勒增置宣文、宣教、崇儒、崇训十余小学于襄国四门，简将佐豪右子弟百余人以教之，且备击柝之卫”[⑤]。在称帝后他对学校建设仍然很重视，曾“亲临大小学，考诸学生经义，尤高者赏帛有差”。他又“以牙门将王波为记室参军，典定九流，始立秀、孝试经之制”，确立了考试选拔官员的制度。建平四年，石勒“命郡国立学官，每郡置博士祭酒二人，弟子百五十人，三考修成，显升台府。于是擢拜太学生五人为佐

① 房玄龄．1974．晋书．卷105．石勒载记下．北京：中华书局．2755

② 房玄龄．1974．晋书．卷105．石勒载记下．北京：中华书局．2755

③ 房玄龄．1974．晋书．卷116．姚弋仲载记．北京：中华书局．2960

④ 房玄龄．1974．晋书．卷105．石勒载记下附子弘载记．北京：中华书局．2755

⑤ 房玄龄．1974．晋书．卷104．石勒载记上．北京：中华书局．2720～2729

著作郎，录述时事”[1]。在战争的扰攘之际，石勒从京城到郡国都建立了一系列的学校，其目的是用儒家文化培养政权建设所需的人才，受教育的对象包括羯族子弟，也包括黄河流域士人的后代，表明了石勒试图融合两种文化之间的差异。

针对战乱之后律令废弛的状况，太兴元年，石勒下令重新修订法律。他认为：“今大乱之后，律令滋烦，其采集律令之要，为施行条制。”于是石勒“命法曹令史贯志造《辛亥制度》五千文，施行十余岁，乃用律令”[2]。这说明石勒从建立政权开始就效法黄河流域原有的封建政权制定最原始的法令，并在其日渐完善以后再继续推行。在此后推行过程中，石勒还采取了一些减免刑法的措施。石勒称帝后下诏：“自今诸有处法，悉依科令。吾所忿戮、怒发中旨者，若德位已高，不宜训罚，或服勤死事之孤，邂逅罹谴，门下皆各列奏之，吾当思择而行也。”在全境各地包括高句丽、肃慎乃至西域高昌、于阗、鄯善、大宛和东晋大臣贡献珍奇异宝后，“勒以休瑞并臻，遐方慕义，赦三岁刑已下，均百姓去年逋调；特赦凉州殊死”。在南郊祭天后，“有白气自坛属天，勒大悦，还宫，赦四岁刑”。在耕种藉田后，“还宫，赦五岁刑”。建平四年因天旱，石勒“亲临廷尉录囚徒，五岁刑已下皆轻决遣之，重者赐酒食，听沐浴，一须秋论”[3]。这些减免刑罚的举措与黄河流域的封建皇帝所采取的措施何其相似，这只能解释为受黄河文化影响的结果。

刘曜在关中地区建立前赵政权后，太兴二年，石勒也在襄国建立政权，史称后赵。石勒建立政权以后，以石勒为首的羯族政权进入全面接受黄河文化的重要历史时期。

从石勒称帝开始所颁行的一些政策即可反映出黄河文化的强大影响力。早在平定王浚后，石勒统治地区北达幽州，南抵司州，“始下州郡阅实人户，户赀二匹，租二斛”。在农业区域内开始征收赋税，也表明他对黄河流域社会经济是非常熟悉的。因此他在即位后，就“均百姓田租之半”[4]，对于社会的弱势群体，他又“赐孝悌力田死义之孤帛各有差，孤老鳏寡谷人三石，大酺七日”。这些举措完全是受黄河文化影响的结果。如果不论石勒的出身，我们可以看出他的这一举动与传统的汉族皇帝的施政措施是极为接近的。他还“以右常侍霍皓为劝课大夫，与典农使者朱表、典劝都尉陆充等循行州

① 房玄龄. 1974. 晋书. 卷105. 石勒载记下. 北京：中华书局. 2751
② 房玄龄. 1974. 晋书. 卷104. 石勒载记上. 北京：中华书局. 2730
③ 房玄龄. 1974. 晋书. 卷105. 石勒载记下. 北京：中华书局. 2747～2751
④ 房玄龄. 1974. 晋书. 卷104. 石勒载记上. 北京：中华书局. 2735

郡，核定户籍，劝课农桑。农桑最修者赐爵五大夫”①。重视农业经济的发展，并沿用黄河流域封建政权征收租赋的措施，奖励勤于农业者，都表明石勒政权汉化之深。

为了表明其政权在文化上对黄河流域的封建政治体制的认同，石勒“依春秋列国、汉初侯王每世称元，改称赵王元年。始建社稷，立宗庙，营东西宫”。在官员的任命上，一批汉族士人进入政权的核心。“署从事中郎裴宪、参军傅畅、杜嘏并领经学祭酒，参军续咸、庾景为律学祭酒，任播、崔濬为史学祭酒。中垒支雄、游击王阳并领门臣祭酒，专明胡人辞讼，以张离、张良、刘群、刘谟等为门生主书，司典胡人出内，重其禁法，不得侮易衣冠华族。号胡为国人。遣使循行州郡，劝课农桑。加张宾大执法，专总朝政，位冠僚首”。从石勒所推行的抬高胡人地位来看，其民族歧视的政策是明显的，但是他又重用汉人，并且明确规定了胡人“不得侮易衣冠华族”，对于汉人中的社会上层又进一步要求加以重视。石勒还仿照黄河流域封建王朝行之已久的史书编纂，“命记室佐明楷、程机撰《上党国记》，中大夫傅彪、贾蒲、江轨撰《大将军起居注》，参军石泰、石同、石谦、孔隆撰《大单于志》”。虽然石勒规定了胡人有较高的社会地位，但他对羯族中落后的社会习俗仍然予以禁止。“下书禁国人不听报嫂及在丧婚娶，其烧葬令如本俗”。② 可见他对本民族的落后习俗予以扬弃，而对黄河流域的进步习俗予以继承。

为了更好地对黄河文化予以继承和吸收，石勒效法黄河流域的封建王朝，“始制轩悬之乐，八佾之舞，为金根大辂，黄屋左纛，天子车旗，礼乐备矣”。对于黄河流域没有南迁的士族集中起来以便管理，“徙朝臣掾属已上士族者三百户于襄国崇仁里，置公族大夫以领之”。这也可以看做是对士族的尊崇。其官员选拔也杂糅了黄河流域封建王朝的选拔制度。“勒清定五品，以张宾领选。复续定九品。署张班为左执法郎，孟卓为右执法郎，典定士族，副选举之任。令群僚及州郡岁各举秀才、至孝、廉清、贤良、直言、武勇之士各一人。置署都部从事各一部一州，秩二千石，职准丞相司直”。由此看来，石勒政权在建立伊始即接受了黄河流域从魏晋以来所实行的士族制度，用九品中正制的选拔官员办法和汉代以来的征辟察举制度来进行官员选拔。在准备营建邺城时，“又下书令公卿百僚岁荐贤良、方正、直言、秀异、至孝、廉清各一人，答策上第者拜议郎，中第中郎，下第郎中。其举人得递相荐引，广招贤之路”③。这种举荐制度与两汉时期的察举制度是有紧密关系

① 房玄龄．1974．晋书．卷105．石勒载记下．北京：中华书局．2741

② 房玄龄．1974．晋书．卷105．石勒载记下．北京：中华书局．2735，2736

③ 房玄龄．1974．晋书．卷105．石勒载记下．北京：中华书局．2748

的，而且有些名称也是相似的。

虽然石勒制定了严格的民族分治政策，对汉人采取了歧视的态度，但有的政策在执行过程中并没有那样严格，而是融入了更多的人情化因素在内。《晋书》卷一百五《石勒载记下》云：

勒宫殿及诸门始就，制法令甚严，讳胡尤峻。有醉胡乘马突入止车门，勒大怒，谓宫门小执法冯翥曰："夫人君为令，尚望威行天下，况宫阙之间乎！向驰马入门为是何人，而不弹白邪？"翥惶惧忘讳，对曰："向有醉胡乘马驰入，甚呵御之，而不可与语。"勒笑曰："胡人正自难与言。"恕而不罪。

再如樊垣称羯人为羯贼，因为樊垣是德高望重的士人，石勒并未怪罪于他。

勒以参军樊坦清贫，擢授章武内史。既而入辞，勒见坦衣冠弊坏，大惊曰："樊参军何贫之甚也！"坦性诚朴，率然而对曰："顷遭羯贼无道，资财荡尽。"勒笑曰："羯贼乃尔暴掠邪！今当相偿耳。"坦大惧，叩头泣谢。勒曰："孤律自防俗士，不关卿辈老书生也。"赐车马衣服装钱三百万，以励贪俗。

即使宫城建筑石勒也效法洛阳的宫殿建筑来实施。大兴二年，因天降暴雨，中山郡、常山郡一带受灾非常严重，"滹沲泛溢，冲陷山谷，巨松僵拔，浮于滹沲，东至渤海，原隰间皆如山积"。山洪使山间的松树被冲毁，从滹沱河到渤海之间，到处都是松树的躯干。石勒认为被洪水冲毁的松树"将皇天欲孤缮修宫宇也"。因而他下令："其拟洛阳之太极起建德殿。"并派遣"从事中郎任汪帅使工匠五千采木以供之"。在修建建德殿过程中，"从事中郎刘奥坐营建德殿井木斜缩，斩于殿中"。为了表示对晋王朝的尊崇，石勒又"徙洛阳铜马、翁仲二于襄国，列之永丰门"。他还"命徙洛阳晷影于襄国，列之单于庭。铭佐命功臣三十九人于石函，置于建德前殿。立桑梓苑于襄国"。在准备营建邺城时，中山郡又发生洪水，"流漂巨木百余万根，集于堂阳"，石勒非常高兴，"于是令少府任汪、都水使者张渐等监营邺宫，勒亲授规模"。不久，石勒又认为"成周土中，汉晋旧京，复欲有移都之意，乃命洛阳为南都，置行台治书侍御史于洛阳"①，再次表明了他对黄河文化的深刻认识。

石勒对于黄河流域的民俗还采取了尊重的态度。并州地区自先秦以来即有寒食节以祭祀介子推的习俗，石勒曾经禁止寒食节祭祀介子推的习俗，徐

① 房玄龄．1974．晋书．卷105．石勒载记下．北京：中华书局．2748

光告诉石勒说："介推，帝乡之神也，历代所尊，或者以为未宜替也。"在其他群臣的劝说下，石勒令"并州复寒食如初"。

石勒所在的后赵时期，之所以对于黄河文化采取了吸收和融化进本民族的做法，是与他本人所受到的儒学教育有很大的关系的，史称石勒"雅好文学，虽在军旅，常令儒生读史书而听之，每以其意论古帝王善恶，朝贤儒士听者莫不归美焉"。他还喜欢中国古代的史书，并从中汲取历代王朝兴衰的经验教训，他"尝使人读《汉书》，闻郦食其劝立六国后，大惊曰：'此法当失，何得遂成天下！'至留侯谏，乃曰：'赖有此耳。'其天资英达如此"。在他的影响下，其次子石弘"幼有孝行，以恭谦自守，受经于杜嘏，诵律于续咸"，在被立为太子后，"虚襟爱士，好为文咏，其所亲昵，莫非儒素"。唐代史臣评价石勒曰："远嗤魏武，则风情慷慨；近答刘琨，则音词倜傥。"① 这足以看出黄河文化在石勒及其太子身上的影响。

石弘延熙二年（335 年），石虎废杀石弘，自称居摄赵天王，改年曰建武。石虎在位时荒淫奢侈无度，民不聊生，但在某些方面仍然广泛吸收黄河文化中的精华，构建带有汉文化特色的政权。

首先，石虎接受了黄河流域历代王朝的政治制度，其中较为典型的是封建政权的告庙制度。我们知道，中国古代天子如遇大事，必举行告宗庙的仪式，以示对祖宗的敬重。石虎即位后，欲迁都邺城，尚书请求太常告宗庙，石虎曰："古者将有大事，必告宗庙，而不列社稷。尚书可详议以闻。"公卿乃请石虎使太尉告社稷。建武二年（东晋咸康二年），石虎"使牙门将张弥徙洛阳钟虡、九龙、翁仲、铜驼、飞廉于邺"。虽然这次迁移耗费了巨额的财力物力，但石虎此举不外乎是在向人们表明他对黄河文化的继承态度。在建武三年石虎"于是依殷周之制，以咸康三年僭称大赵天王，即位于南郊"。这是仿效殷周时期的政治制度来称天王。而对于亲属的封赠又延续了以后的封建王朝的称谓，"追尊祖訇邪为武皇帝，父寇觅为太宗孝皇帝。立其郑氏为天王皇后，以子邃为天王皇太子"。对于大臣的封赠也如此，"亲王皆贬封郡公，藩王为县侯，百官封署各有差"。② 从告庙制度到郊祭制度乃至对亲属的封赠都显示出石虎继位后更进一步接近了黄河流域的封建政权。

其次，石虎继承了西晋的选拔官员制度，即推行经过改进的九品中正制。建武二年，石虎下令曰："三载考绩，黜陟幽明，斯则先王之令典，政道之通塞。魏始建九品之制，三年一清定之，虽未尽弘美，亦缙绅之清律，人伦之明镜。从尔以来，遵用无改。先帝创临天下，黄纸再定。至于选举，

---

① 房玄龄 . 1974. 晋书 . 卷 107. 石季龙载记下附冉闵载记 . 北京：中华书局 . 2798

② 房玄龄 . 1974. 晋书 . 卷 106. 石季龙载记上 . 北京：中华书局 . 2765

铨为首格。自不清定，三载于兹。主者其更铨论，务扬清激浊，使九流咸允也。吏部选举，可依晋氏九班选制，永为揆法。选毕，经中书、门下宣示三省，然后行之。其著此诏书于令。铨衡不奉行者，御史弹坐以闻。”从用九品中正制选拔官员到对官员的考核都继承了黄河流域业已推行的相关制度。石虎在行政过程中对黄河流域原有的名门望族也予以照顾。“镇远王擢表雍、秦二州望族，自东徙已来，遂在戍役之例，既衣冠华胄，宜蒙优免，从之。自是皇甫、胡、梁、韦、杜、牛、辛等十有七姓蠲其兵贯，一同旧族，随才铨叙，思欲分还桑梓者听之；其非此等，不得为例”[①]。这可能与这些士族支持他有关，也有可能是石虎为了获得这些高门士族的支持而采取的措施。

其三，石虎也通过大规模迁移人口以增加中心统治地区的人口数量。建武二年（336年），石虎讨平辽西鲜卑段辽后，“乃迁其户二万余于雍、司、兖、豫四州之地”。不久，他又“徙辽西、北平、渔阳万户于兖、豫、雍、洛四州之地”[②]。东晋永和二年，石虎派遣凉州刺史麻秋讨伐前凉张重华，河湟间氐羌十余万落与前凉守将张璩首尾相连，抵抗麻秋的进攻。石虎的将军王擢攻占晋兴武街，活捉张重华护军曹权、胡宣，“徙七千余户于雍州”[③]。石虎通过增加中央区域的人口使各民族在这里汇聚，其目的仍然是为了通过民族之间的融合，来实现中央集权的巩固。

其四，石虎对于黄河流域行之已久的教育制度也予以继承。石虎即位后，继续延续黄河流域的教育制度，“下书令诸郡国立《五经》博士。初，勒置大小学博士，至是复置国子博士、助教”。“季龙虽昏虐无道，而颇慕经学，遣国子博士诣洛阳写石经，校中经于秘书。国子祭酒聂熊注《谷梁春秋》，列于学官”。[④] 这一现象既可以看做是对石勒时期用儒家经典教化百姓政策的继续，也可以看做是对黄河流域传统教育制度的发展。

石虎晚年，暴戾恣睢，朝中争权夺利的事件层出不穷，再加上他不恤民力，后赵政权很快陷于混乱，民族之间的仇恨也日益加深，对周边少数民族的频繁进攻，更使这一政权失去民心。石虎死后，朝廷内部争权更是演化为战争。石世在位仅33天就被石遵所废杀，镇守蓟的石冲进攻石遵时战败被杀。镇守长安的石苞也图谋叛乱，被石遵派人劫持到邺城关押，后被石鉴杀死。石遵又被石鉴杀死，在位仅183天。石鉴随即即位称帝。镇守襄国的石祗谋诛石闵、李农，石鉴也派龙骧将军孙伏都进攻石闵、李农，结果被斩。

---

① 房玄龄.1974. 晋书. 卷106. 石季龙载记上. 北京：中华书局.2770

② 房玄龄.1974. 晋书. 卷106. 石季龙载记上. 北京：中华书局.2767～2770

③ 房玄龄.1974. 晋书. 卷107. 石季龙载记下. 北京：中华书局.2781

④ 房玄龄.1974. 晋书. 卷106. 石季龙载记上. 北京：中华书局.2774

在混战中，胡汉之间的民族矛盾趋于白热化，胡人纷纷逃离邺城，“于是赵人百里内悉入城，胡羯去者填门”。“（石）闵知胡之不为己用也，班令内外赵人，斩一胡首送凤阳门者，文官进位三等，武职悉拜牙门。一日之中，斩首数万。（石）闵躬率赵人诛诸胡羯，无贵贱男女少长皆斩之，死者二十余万，尸诸城外，悉为野犬豺狼所食。屯据四方者，所在承（石）闵书诛之，于时高鼻多须至有滥死者半”。即使在其他地区，少数民族因此被杀的也不在少数。王朗、麻秋二人自长安逃奔洛阳后，麻秋接到石闵的信，“诛（王）朗部胡千余”。而此时，石鉴又想杀石闵，结果被石闵所杀。石闵又将石勒家族 38 人全部杀死，灭其家族。① 黄河流域又一次陷于战争的泥潭。

石闵本姓冉，为石虎的养孙，杀死石鉴后，在邺城南郊即皇帝位，改元永兴，国号大魏，并改回冉姓。石祗闻听石鉴被石闵杀害后，也在襄国称帝，“诸六夷据州郡拥兵者皆应之”。石闵甚至向东晋王朝求助，希望能派军前来共同讨伐“胡逆”。东晋政府不予理睬。石祗派军进攻石闵，石闵汇集大军 20 万，与石祗作战，斩杀石祗军队 28 000 人，大获全胜。不久，石闵又与石祗作战，结果大败而还，死亡十余万人。经过数年的战争，河北地区破败不堪，“贼盗蜂起，司冀大饥，人相食”。虽然石闵散尽仓粮树立私恩，但是无尽的战争使原来迁居内地的少数民族纷纷逃离，“青、雍、幽、荆州徙户及诸氐、羌、胡、蛮数百余万，各还本土，道路交错，互相杀掠，且饥疫死亡，其能达者十有二三”。后赵政权迁居内地的少数民族本欲充实内地人口，并希望达到民族融合的目的，但是因战乱不息，这些少数民族只得离开黄河流域。而石祗又派刘显率军七万人进攻石闵，石闵欲招卫将军王泰商议退敌之策，王泰称病不从。石闵只得出战，打败石祗，刘显又杀掉石祗。而此时，“有告王泰招集秦人，将奔关中，闵怒，诛泰，夷其三族”。民族融合没有实现，结果变成了民族仇杀。刘显又率军进攻邺城，被石闵打败，刘显回到襄国后称帝。在此情况下，石闵的兖州刺史刘启、徐州刺史周成、兖州刺史魏统、豫州牧冉遇、荆州刺史乐弘相继归顺东晋。三河地区也归顺东晋王朝。石闵虽然后来打败了刘显，刘显逃奔枋头（今河南浚县）。此时，石闵所占领的地区已经很狭小了，幽州、蓟州相继被鲜卑慕容儁占领，石闵最后在与慕容恪作战时被俘，在东晋永和八年被杀。②

后赵政权存在了 32 年，加上石闵所建立的大魏政权 3 年时间，共计 35 年。在这三十余年间，石勒时期，虽然采取了胡汉分治的措施，试图提高少数民族的地位，但是，汉人的社会上层仍然有一定的政治地位。石勒通过迁

① 房玄龄 . 1974. 晋书 . 卷 107. 石季龙载记下附子鉴载记 . 北京：中华书局 . 2792

② 房玄龄 . 1974. 晋书 . 卷 107. 石季龙载记下附冉闵载记 . 北京：中华书局 . 2797

居边远地区的人口以充实京畿地区的做法，以期达到草原文化与黄河文化的融合。唐代史臣评价石勒说："杖奇材而窃徽号，拥旧都而抗王室，褫毡裘，袭冠带，释介胄，开庠序，邻敌惧威而献款，绝域承风而纳贡，则古之为国，曷以加诸！虽曰凶残，亦一时杰也。"[①] 这也是确切之言。但是因为客观的原因，石虎及其后来的继承者，因为荒淫无度、奢侈至极，致使民族矛盾不仅没有得到化解，反而更加激化。石虎死后，民族之间的仇杀最终加速了这一政权的衰亡。石（冉）闵统治时期，因为无日不战，使得原本脆弱的民族关系更加紧张。他通过大杀胡人以树立威望的做法，使更多的少数民族逃离司冀等地区，导致民族之间的积怨更为加深，将黄河流域再次推向更加深重的战争漩涡。

第三节　前燕时期黄河流域的文化融合

西晋王朝灭亡后，琅邪王司马睿在建康即位，建立东晋王朝。晋元帝即位之前曾"承制拜（慕容）廆假节、散骑常侍、都督辽左杂夷流人诸军事、龙骧将军、大单于、昌黎公"，但慕容廆不愿接受这一任命，后在征虏将军鲁昌劝说下接受了司马睿的任命。因为接受任命后，就可以"明公雄据海朔，跨总一方，而诸部犹怙众称兵，未遵道化者，盖以官非王命，又自以为强。今宜通使琅邪，劝承大统，然后敷宣帝命，以伐有罪，谁敢不从！"慕容廆"乃遣其长史王济浮海劝进"。晋元帝即位后，派人重申前命，授予慕容廆将军、单于的封号。[②] 这样一来，慕容廆就获得了东晋王朝的承认，具有"以伐有罪"的名正言顺的权力。

慕容廆部落所居地为今辽西地区，西晋灭亡以后，黄河流域的民众纷纷逃到慕容廆所控制的地区，"廆乃立郡以统流人，冀州人为冀阳郡，豫州人为成周郡，青州人为营丘郡，并州人为唐国郡"。由此可见，黄河流域民众的到来必然将黄河文化传播到辽西地区，使慕容部落也感受到黄河文化的无穷魅力。这种临时性的郡县名称到慕容皝晚年得到改变。慕容皝对原黄河流域流民所聚居地也改为县一级行政建制，"以勃海人为兴集县，河间人为宁集县，广平、魏郡人为兴平县，东莱、北海人为育黎县，吴人为吴县，悉隶燕国"[③]。在众多逃难来的群体中，慕容廆"于是推举贤才，委以庶政"。他

① 房玄龄．1974．晋书．卷107．石季龙载记下．北京：中华书局．2798

② 房玄龄．1974．晋书．卷108．慕容廆载记．北京：中华书局．2806

③ 房玄龄．1974．晋书．卷109．慕容皝载记．北京：中华书局．2826

选用大批黄河流域的士人进入统治群体，“以河东裴嶷、代郡鲁昌、北平阳耽为谋主，北海逄羡、广平游邃、北平西方虔、渤海封抽、西河宋奭、河东裴开为股肱，渤海封弈、平原宋该、安定皇甫岌、兰陵缪恺以文章才俊任居枢要，会稽朱左车、太山胡毋翼、鲁国孔纂以旧德清重引为宾友，平原刘赞儒学该通，引为东庠祭酒，其世子皝率国胄束修受业焉”。从他所任用的智力阶层来看，他有广泛吸纳人才的决心。不仅如此，慕容廆在“览政之暇，亲临听之，于是路有颂声，礼让兴矣”，可见黄河文化也影响到了地处边陲的鲜卑族。不愿归附的平州刺史、东夷校尉崔毖，虽然曾经联合高句丽及宇文、段国等图谋消灭慕容廆，被打败后逃往高句丽，但因为他是“南州士望”，慕容廆对于投降的崔毖侄子高瞻仍然“待以宾礼”。此后，到晋成帝之前，慕容廆多次接受东晋王朝的封赏。从他的言论中我们可以看出他的儒学修养之深。他曾说：“狱者，人命之所悬也，不可以不慎。贤人君子，国家之基也，不可以不敬。稼穑者，国之本也，不可以不急。酒色便佞，乱德之甚也，不可以不戒。”① 慕容廆关于狱政、人才、农业重要性的分析，表明他已经具备很高的儒学修养。他还曾两次上书东晋太尉陶侃论及时政，从其文采和对中国历史通晓程度来分析，黄河文化在他身上有着深刻的影响。

慕容廆死后，慕容皝嗣位。慕容廆诸子曾展开争权斗争，最后慕容皝逐步巩固了自己的地位。咸和九年（334 年），慕容皝又接受了晋成帝的封拜，“成帝遣谒者徐孟、闾丘幸等持节拜皝镇军大将军、平州刺史、大单于、辽东公，持节、都督、承制封拜，一如廆故事”。咸康二年，慕容皝即燕王位，一大批黄河流域的汉人在其政权中任职，“以封弈为国相，韩寿为司马，裴开、阳骛、王寓、李洪、杜群、宋该、刘瞻、石琮、皇甫真、阳协、宋晃、平熙、张泓等并为列卿将帅”。晋成帝又派遣使者进封慕容皝“为征北大将军、幽州牧，领平州刺史，加散骑常侍，增邑万户，持节、都督、单于、公如故”。慕容皝深感自己所称燕王没有得到晋朝廷的认同，乃上表晋成帝，同时又给庾冰写信。从《晋书》所载的表、信可以看出慕容皝对于中国历代王朝兴衰了解得非常透彻。庾冰收到信后非常恐惧，但又无法控制慕容皝，“遂与何充等奏听皝称燕王”②。慕容皝通过策略取得了东晋王朝的合法承认。东晋王朝虽然此时偏居江南，但作为西晋王朝的延续，无疑是北方人心目中黄河文化的代表，更何况此时尚在东晋前期，收复中原是南迁士人永久的追求，所以慕容皝深深抓住了东晋统治者的心态：承认慕容皝的地位，无疑可以使晋朝在北方地区有一种强大的势力，以便在收复中原中发挥作用。

---

① 房玄龄 . 1974. 晋书 . 卷 108. 慕容廆载记 . 北京：中华书局 . 2808

② 房玄龄 . 1974. 晋书 . 卷 109. 慕容皝载记 . 北京：中华书局 . 2821

这也是慕容皝取得成功的重要原因。

咸康六年（340 年），慕容皝率骑兵二万出蠮螉塞（居庸关的别名，又名军都关。在今北京市昌平区西北），长驱至于蓟城（今北京市西南一带），进渡武遂津（今河北徐水附近），因进攻石虎北方边境的高阳（今河北蠡县南），“掠徙幽冀三万余户”。晋成帝闻听此消息后派遣大鸿胪郭希持节“拜皝侍中、大都督河北诸军事、大将军、燕王，其余官皆如故。封诸功臣百余人”。咸康七年，慕容皝迁都龙城（今辽宁朝阳），开始“劝课农桑”。为了充实农业人口，他打败了宇文归部落，“开地千余里，徙其部人五万余落于昌黎”。至此，慕容部落已达到十万户人口。为了发展农业经济，他采取了曹操所实行的屯田分成之法，并又有所加重，“以牧牛给贫家，田于苑中，公收其八，二分入私。有牛而无地者，亦田苑中，公收其七，三分入私”。慕容皝的记室参军封裕认为农民负担太重，建议采取魏晋时期“持官牛田者官得六分，百姓得四分，私牛而官田者与官中分”的分成办法。慕容皝采纳了封裕的建议，并且下令：“苑囿悉可罢之，以给百姓无田业者。贫者全无资产，不能自存，各赐牧牛一头。若私有余力，乐取官牛垦官田者，其依魏晋旧法。沟洫溉灌，有益官私，主者量造，务尽水陆之势。”他还要求减少从事工商业的人数，“余者还农”①。由此可见，慕容皝已使鲜卑慕容部落接受了魏晋以来黄河流域的农业经营方式，以恢复北方地区的农业。

慕容皝对于学校的儒学教育也很重视。“赐其大臣子弟为官学生者号高门生，立东庠于旧宫，以行乡射之礼，每月临观，考试优劣。皝雅好文籍，勤于讲授，学徒甚盛，至千余人。亲造《太上章》以代《急就》，又著《典诫》十五篇，以教胄子”。他从中选拔成绩优异者进入政府的官僚机构，“皝亲临东庠考试学生，其经通秀异者，擢充近侍”。慕容皝之所以对学校教育很重视，是与他个人的文化修养密不可分的。他本人“尚经学，善天文”，洞悉中国历史的兴衰变化，这从他给晋成帝和庾冰的信中即可看出。②

晋穆帝永和四年，慕容皝死后，永和五年其次子慕容儁即燕王位，“依春秋列国故事称元年，赦于境内”。这足以证明慕容氏部落受黄河文化影响之深。晋穆帝又再次“使谒者陈沈拜儁为使持节、侍中、大都督、都督河北诸军事、幽冀并平四州牧、大将军、大单于、燕王，承制封拜一如廆、皝故事”。次年，慕容儁攻占石虎的幽州蓟，并迁都于此。永和八年，慕容恪消灭石（冉）闵后，慕容儁称帝，建元曰元玺，署置百官，并对晋穆帝所派来的使者说：“汝还白汝天子，我承人之乏，为中国所推，已为帝矣。”并改司

① 房玄龄 . 1974. 晋书 . 卷 109. 慕容皝载记 . 北京：中华书局 . 2825

② 房玄龄 . 1974. 晋书 . 卷 109. 慕容皝载记 . 北京：中华书局 . 2815

州为中州，置司隶校尉官。他还继承了黄河流域行之已久的五德终始说，“大燕受命，上承光纪黑精之君，运历传属，代金行之后，宜行夏之时，服周之冕，旗帜尚黑，牲牡尚玄”。慕容儁称帝以后，迅速向南推进，“以慕容评为都督秦、雍、益、梁、江、扬、荆、徐、兖、豫十州河南诸军事，权镇于洛水；慕容彊为前锋都督、都督荆徐二州缘淮诸军事，进据河南”①。可见这时慕容儁的实力已经深入到了黄河流域的腹地。

在河北地区渐渐平定后，慕容儁给事黄门侍郎申胤上言建议朝廷讨论太子的服饰和大臣的朝服。晋穆帝升平元年（357 年），慕容儁改元光寿，并从蓟迁都邺城。慕容儁还“立小学于显贤里以教胄子”。慕容儁本人也具有较高的文化修养，“雅好文籍，自初即位至末年，讲论不倦，览政之暇，唯与侍臣错综义理，凡所著述四十余篇”。所以升平元年，其太子慕容晔死后，慕容儁非常伤心。司徒左长史李绩言及慕容晔时，说他有八大美德，其中“好学爱贤，不耻下问……虚襟恭让，尊师重道”可以说继承了慕容儁重视学问的品德。慕容儁也重视黄河流域的士人，在讨论五德终始说时，最终听从了灌津人韩恒的建议，因为韩恒“博览经籍，无所不通”，以至于慕容儁的秘书监清河聂熊闻听韩恒的话，乃叹曰：“不有君子，国何以兴，其韩令君之谓乎！”再如对待范阳人李产，虽然他是自后赵政权投降而来的，但慕容儁仍然“敬其儒雅”。鲜卑慕容氏部落以其积极的姿态接受黄河文化，使慕容氏政权有了更多的汉族封建政权的迹象。

升平四年，慕容儁死，其子慕容暐即位。此时，前燕政权面临的既有内部的争斗，也有来自东晋王朝和前秦苻坚的威胁。东晋海西公太和元年，前燕政权的慕容恪病死，燕国受到重大损失。太和五年，东晋桓温进攻前燕失利。次年，前秦苻坚与王猛进攻燕国，并攻占邺城，俘虏慕容暐，前燕灭亡。苻坚“徙（慕容）暐及其王公已下并鲜卑四万余户于长安”②。

综观前燕时期黄河文化与草原文化的融合过程我们可以看出，这一阶段的鲜卑慕容部由于长期受黄河文化的浸润，具有较高的儒学修养，在其建国和国家发展过程中，能够广泛吸收黄河文化的方方面面。从慕容氏多次接受东晋王朝的封号，到最终称帝的过程，表明了慕容氏部落深刻认识到黄河流域所孕育的封建王朝正统性的魅力。在其政权的结构中，广泛吸收黄河流域的汉族士人进入统治群体，既增加了政权的文化优势，也平弭了汉族人对其政权的反抗，而且这些汉族士人进入政权以后，使这一少数民族所建立的政权能够采纳汉族的政治体制，从而加速了其所代表的草原文化向黄河流域的

---

① 房玄龄. 1974. 晋书. 卷 110. 慕容儁载记. 北京：中华书局. 2835

② 房玄龄. 1974. 晋书. 卷 111. 慕容暐载记. 北京：中华书局. 2858

农耕文化过渡。这从慕容氏政权所采取的一系列发展农业的措施即可反映出来。汉族士人进入政权机构，也促使了慕容氏发展教育事业，通过兴办学校，为国家培养了一批官员。这既可以看做是文化的深层次融合，也可以看做文化对政治的影响。

第四节　前秦时期黄河流域的文化融合

前秦是氐人所建立的政权，是氐人经过几代人努力的结果。氐人活动的态势显现出黄河文化与草原文化融合的迹象。

当刘曜在长安建立政权时，略阳临渭（今甘肃秦安县南）氐人苻洪率领宗族归附前赵。石虎进攻上邽时，苻洪又投降石虎。当石虎灭石生后，苻洪劝说石虎“宜徙关中豪杰及羌戎内实京师”①。石虎接受了他的建议，并任命他为龙骧将军、流人都督驻扎枋头（今河南浚县）。这其实是石虎时期的一次大移民。从苻洪部下赐爵关内侯者二千余人来看，这次移民的数量当不在少数。石（冉）闵灭后赵时，苻洪已有十万军队。石（冉）闵随即驱赶在黄河流域的少数民族回到故土，这时苻洪被麻秋害死，苻健率领部落民众自枋头入关。这又是一次大规模的移民，不过较此前从关中迁往河内一带的规模和破坏要大得多。

苻健率领军队进入关中，赶走占据长安的杜洪。永和七年（351 年），苻健称天王、大单于，赦免境内被关押的死罪囚，建元皇始，修缮宗庙社稷，在长安设置百官。永和八年，苻健在长安即帝位，国号秦，建都长安。苻健随后逐步扫除了关中地区的割据势力，并在永和十年打败了东晋桓温的进攻。永和十二年，苻健病重，其侄子苻菁图谋杀死太子苻生自立。苻健活捉苻菁并将其杀死，后数日苻健病死。苻生即位，改元寿光。苻生在位期间滥杀无辜，特别是杀死“鲠好直言”的南安羌族酋帅、丞相雷弱儿及其九子、二十七孙，引起了羌族的不满，“诸羌悉叛”。关中地区的民族关系更加复杂，根本谈不上民族之间的融合与发展，剩下的只是民族之间的仇杀。苻生因倒行逆施，在位二年期间，使得朝廷内部矛盾、民族之间的矛盾无法化解，最终在晋穆帝升平元年被苻坚杀死。②

苻坚继位后称大秦天王，改元永兴。苻坚在位期间采取多种措施以加速黄河文化与草原文化的融合。苻坚首先通过学校教育实现黄河流域的汉文化

① 房玄龄 . 1974. 晋书 . 卷 112. 苻洪载记 . 北京：中华书局 . 2867

② 房玄龄 . 1974. 晋书 . 卷 112. 苻生载记 . 北京：中华书局 . 2873

为少数民族所接受。苻坚“广修学官，召郡国学生通一经以上充之，公卿已下子孙并遣受业。其有学为通儒、才堪干事、清修廉直、孝悌力田者，皆旌表之。于是人思劝励，号称多士”。他曾经亲临太学，“考学生经义优劣，品而第之。问难五经，博士多不能对”。针对这种情况，他感叹说：“朕一月三临太学，黜陟幽明，躬亲奖励，罔敢倦违，庶几周、孔微言不由朕而坠，汉之二武其可追乎！”这表明他对于儒家经学的衰退忧心如焚，他欲效法汉武帝和光武帝振兴儒学的做法，亲自关注太学的兴办。此后，他“每月一临太学，诸生竞劝焉”。苻坚重视学校教育与他的成长有很大的关系。他八岁时，就“请师就家学”。其祖父苻洪曰：“汝戎狄异类，世知饮酒，今乃求学邪！”为此感到非常欣慰，“欣而许之”。史书记载他“博学多才艺”，即位之初，就“立学校”。他对于“笃学至孝、义烈力田者，皆令具条以闻”，说明他既重视学校教育，又重视农业生产。为了表示对文化的重视，尊崇孔子成为他重视教育的示范作用。平定前燕后，苻坚“行礼于辟雍，祀先师孔子，其太子及公侯卿大夫士之元子，皆束修释奠焉”。对中国古代文化圣人孔子的敬重，表明他对学校的重视。他灭前燕后，前秦的学校教育更为发达，“复魏晋士籍，使役有常闻，诸非正道，典学一皆禁之。坚临太学，考学生经义，上第擢叙者八十三人。自永嘉之乱，庠序无闻，及坚之僭，颇留心儒学，王猛整齐风俗，政理称举，学校渐兴”。他不仅重视对男子的教育，也很关注女子的教育，“禁《老》、《庄》、图谶之学。中外四禁、二卫、四军长上将士，皆令修学。课后宫，置典学，立内司，以授于掖庭，选阉人及女隶有聪识者署博士以授经”。平定凉州后，他又进攻代王涉翼犍（即什翼犍），涉翼犍之子翼圭缚父请降，“以翼犍荒俗，未参仁义，令入太学习礼”①。是后，苻坚曾亲自至太学考察涉翼犍的学业。从上述种种事例可以看出苻坚通过发展学校教育以实现氐族对黄河文化的接受。

苻坚在位时的大规模移民也有利于黄河文化与草原文化的融合。苻坚时期大规模的移民主要是以关中地区为核心而展开的。苻坚称帝后，他的大将张平凭借并州反叛，苻坚在打败张平后，张平投降，苻坚“徙其所部三千余户于长安”。把并州地区曾经参与反叛的人口迁往关中，既增加了都城的人口，又使曾经叛乱的人口便于控制。但是，苻坚并不是把所有的人都迁到长安。匈奴左贤王卫辰派遣使者请降于苻坚，“遂请田内地”，苻坚已经允许他这样做，但是，云中护军贾雍派遣其司马徐斌率骑兵袭击卫辰的部众，“因纵兵掠夺”，苻坚非常恼火，免去贾雍的官职，并“遣使修和，示之信义”。

① 房玄龄．1974．晋书．卷113．苻坚载记上．北京：中华书局．2883～2899

在这一政策的引导下，乌丸独孤、鲜卑没奕于率众数万又投降苻坚，苻坚本来打算把这些迁居内地的少数民族安置在塞内，后来听从苻融的建议，才把他们安置在塞外。果然，到了东晋兴宁三年（苻坚建元元年，365 年），匈奴右贤王曹毂、左贤王卫辰举兵反叛，率领二万人攻占杏城（今陕西黄陵西南故邑）以南郡县，鲜卑族乌延等也背叛苻坚相应，苻坚在逼降曹毂，擒杀卫辰后，“徙其酋豪六千余户于长安”以便控制。消灭前燕后，“赦慕容暐及其王公已下，皆徙于长安”。“徙关东豪杰及诸杂夷十万户于关中，处乌丸杂类于冯翊、北地，丁零翟斌于新安，徙陈留、东阿万户以实青州。诸因乱流移，避仇远徙，欲还旧业者，悉听之”，将各民族杂居在一起，有利于民族之间的融合，也有利于这些少数民族由游牧民族变成农业人口，从而促进所辖境内的农业发展。在消灭凉州姑臧张天赐后，“徙豪右七千余户于关中”的举动同样是如此。① 但是，苻坚的这种民族政策并未给他的政权带来安全。因为各个少数民族不与其同心，所以，在淝水之战前，苻融曾担心：“陛下宠育鲜卑、羌、羯，布诸畿甸，旧人族类，斥徙遐方……鲜卑、羌、羯攒聚如林，此皆国之贼也，我之仇也。”果然，到苻坚淝水之战失败后，各少数民族纷纷反叛。淝水之战后，苻坚也曾对权翼说：“吾不从卿言，鲜卑至是。关东之地，吾不复与之争。”②

苻坚在位时采取的又一个措施即重用汉族士人，加速了氐族社会政治体制的进步，提高了他的权威，并使汉人能够在政权建设中发挥应有的作用。这其中王猛发挥的作用很大。苻坚刚即位时，王猛为中书侍郎。始平（今陕西兴平）一带因为多是从枋头（今河南浚县）跟随苻健入关的氐人，出现了“豪右纵横，劫盗充斥”的现象，所以苻坚任命王猛为始平令。王猛到任后，“明法峻刑，澄察善恶，禁勒强豪”。为了严肃法纪，他甚至杀死奸吏。虽然有人告状，但苻坚最终原谅了他，并因此得到升迁。而对于“谮毁”王猛的尚书仇腾、丞相长史席宝等人，苻坚降其职务。王猛深受苻坚亲宠，“朝政莫不由之”。当时有氐族豪酋樊世，因有功于苻氏，“负气倨傲”，当众侮辱王猛，并且放言：“吾辈与先帝共兴事业，而不预时权；君无汗马之劳，何敢专管大任？是为我耕稼而君食之乎！”当王猛提出反驳时，樊世甚至说：“要当悬汝头于长安城门，不尔者，终不处于世也。”由此可以看出此时汉族士人与氐族社会上层的矛盾积怨之深。当王猛将此事告诉苻坚后，苻坚大怒说：“必须杀此老氐，然后百僚可整。”这足以说明当时有不少氐人敢于挑战苻坚的权威，这自然不利于苻坚建立自己的权威，果然当樊世与苻坚

① 房玄龄．1974．晋书．卷 113．苻坚载记上．北京：中华书局．2898
② 房玄龄．1974．晋书．卷 114．苻坚载记下．北京：中华书局．2913～2920

商谈政事时，苻坚借口要让杨璧与公主结婚，激怒了樊世，因为杨璧早已与樊世之女结婚。王猛则借机指责樊世，说："陛下帝有海内，而君敢竞婚，是为二天子，安有上下！"樊世听罢欲击打王猛，被制止后，他居然"丑言大骂"，结果苻坚大怒，杀掉了樊世。苻坚的举动使"诸氐纷纭，竞陈猛短，坚恚甚，慢骂，或有鞭挞于殿庭者"。经过权翼的劝说，苻坚承认了自己的错误，却因此树立起了自己的权威，"自是公卿以下无不惮猛焉"。为了进一步树立自己的威望，扫除政权体制变革的障碍，苻坚还杀掉了"昏酒豪横，为百姓之患"的苻健妻弟。在苻坚的支持下王猛又与中丞邓羌，"数旬之间，贵戚强豪诛死者二十有余人"。由于采取了如此强力的措施，"于是百僚震肃，豪右屏气，路不拾遗，风化大行"。采取的一系列的措施也使苻坚感受到"吾今始知天下之有法也，天子之为尊也！"① 这与汉刘邦在叔孙通帮他制定礼仪之后的感觉何其相似！正是王猛为首的汉族士人帮助他清除了由部落联盟向封建制过渡的障碍，才使氐族所建立的政权迅速走上了强大的道路。而这也可以看做是黄河文化对草原文化的影响，也说明进入内地的少数民族上层接受黄河文化之迅速。

接受汉族孝的观念，在全社会提倡忠孝是氐族接受黄河文化的又一个重大进步，与此同时，苻坚对于农业的重视也表明氐族社会已经进入农业时代。苻坚本"性至孝"，在即位之初，就下令"修废职，继绝世，礼神祇，课农桑，立学校，鳏寡孤独高年不自存者，赐谷帛有差，其殊才异行、孝友忠义、德业可称者，令在所以闻"②。史书也记载王猛辅佐苻坚时，实行"外修兵革，内崇儒学，劝课农桑，教以廉耻，无罪而不刑，无才而不任，庶绩咸熙，百揆时叙"。社会出现了升平的迹象。③ 在平定并州张平叛乱后，苻坚下令"赐为父后者爵一级，鳏寡高年谷帛有差"。在清除氐族豪强的旧势力后，"于是遣使巡察四方及戎夷种落，州郡有高年孤寡，不能自存，长史刑罚失中、为百姓所苦，清修疾恶、劝课农桑、有便于俗，笃学至孝、义烈力田者，皆令具条以闻"，继续强调轻刑、重农、至孝等观念。在平定凉州张天锡后，苻坚"以凉州新附，复租赋一年。为父后者赐爵一级，孝悌力田爵二级，孤寡高年谷帛有差，女子百户牛酒，大酺三日"。即位五年后，苻坚下令对"孝悌力田者"予以表彰，前秦境内出现了"田畴修辟，帑藏充盈"的可喜现象。与此同时，他还接受了黄河流域行之已久的重农抑商理念，对于商人采取了打击措施。事情缘起是这样的，当时赵掇、丁妃、邹瓮

① 房玄龄. 1974. 晋书. 卷113. 苻坚载记上. 北京：中华书局. 2887

② 房玄龄. 1974. 晋书. 卷113. 苻坚载记上. 北京：中华书局. 2885

③ 房玄龄. 1974. 晋书. 卷114. 苻坚载记下附王猛载记. 北京：中华书局. 2932

等人都是“家累千金，车服之盛，拟则王侯”的富商，苻坚的大臣多推荐这些人进入官僚队伍。黄门侍郎程宪对苻坚曰：“赵掇等皆商贩丑竖，市郭小人，车马衣服僭同王者，官齐君子，为藩国列卿，伤风败俗，有尘圣化，宜肃明典法，使清浊显分。”苻坚接受了程宪的建议，对推荐这些商人进入国卿序列的官员，“降其爵”。苻坚还因此下令：“非命士已上，不得乘车马于都城百里之内。金银锦绣，工商、皂隶、妇女不得服之，犯者弃市。”很显然这是受黄河流域自秦汉以来重农抑商政策的影响，对于氐族封建化起了强力的推动作用。另外，从苻坚灭慕容暐，进入邺城后，“阅其名籍，凡郡百五十七，县一千五百七十九，户二百四十五万八千九百六十九，口九百九十八万七千九百三十五”，收拢其户籍，查实人口来看，这与农业社会的发展也是密切相关的。为了发展农业生产，他还推行区田法和节俭的措施。“坚以境内旱，课百姓区种。惧岁不登，省节谷帛之费，太官、后宫减常度二等，百僚之秩以次降之”①。更为重要的是，苻坚在其境内特别是关中地区大兴农田水利建设，以解决农业生产发展过程中的用水问题。《晋书》卷一百十三《苻坚载记上》云：

> 坚以关中水旱不时，议依郑白故事，发其王侯已下及豪望富室僮隶三万人，开泾水上源，凿山起堤，通渠引渎，以溉冈卤之田。及春而成，百姓赖其利。

这一看似简单记载的事情，表明苻坚已经成为一个农业国度的皇帝，他所采取的兴修农田水利的措施，较之于十六国时期其他的割据政权的统治者要英明得多，即通过发展农业巩固根本。这也是深受黄河文化影响的结果。

综观前秦时期黄河文化与草原文化的融合过程，我们认为，源起于临渭一带的氐族，虽然曾经是一个草原民族，但是，因为长期处于黄河文化的包围之中，较早地接受了汉文化，虽然其早期发展还有许多部落制的残余，但是，从苻坚即位以后，大量使用汉人进入政权内部，对氐人落后的习俗进行了改进，使氐族很快地摆脱了过去部落联盟之下的一些社会习俗，作为最高统治者的苻坚也体会到了作为天子的尊严。苻坚即位后，发展学校教育使儒家思想迅速普及到氐族中间，并因此培养了大批的人才。将沿边地区的少数民族迁居黄河流域的腹地，使原来的游牧民族与汉民族杂居，使这些少数民族很快适应了农业生产，加速了草原文化与黄河文化的融合。他所采取的重视孝道、发展农业生产、兴修农田水利建设、打击商人等措施无疑都可以看做是黄河文化对草原文化影响的结果，在这一层面上来看表明草原文化已经

① 房玄龄．1974．晋书．卷113．苻坚载记上．北京：中华书局．2895

融入黄河文化中去。

第五节 后秦时期黄河流域的文化融合

淝水之战后，苻坚已经无力控制黄河流域的局面，黄河流域陷于各少数民族的仇杀泥潭。各个少数民族因为迁居黄河流域后，在前秦政权的高压政策之下，尚能相安无事，而苻坚淮南败讯传来后，各少数民族纷纷起来与前秦政权斗争，从而使民族矛盾更加尖锐。在鲜卑慕容氏、烧当羌族等进攻下，前秦迅速衰亡。太元十年，苻坚被羌人姚苌缢杀于新平佛寺。苻坚庶子苻丕在晋阳南称帝，当时，“慕容垂擅兵河北，泓、冲寇逼京师，丁零杂虏，跋扈关、洛”，长安又有“戎穴”之称。① 苻丕后被晋将冯该在陕斩杀，在位仅二年。苻丕被杀后，苻坚的族孙苻登在陇东称帝，以苻登为首的氐族与姚苌为首的羌族在关中地区混战多年。太元十八年，姚苌病死。次年，其子姚兴即位，灭苻登。苻登之子苻崇被乞伏乾归所驱赶，逃奔氐族仇池部陇西王杨定，二人联军攻西秦，西秦军击败联军，斩杨定及苻崇，前秦灭亡。西秦占据了陇西地区。黄河流域已经呈现出民族之间大混战的格局。

姚苌在太元九年称万年秦王，驻扎北地，而在此前被苻坚迁往敷陆（今陕西洛川东南）的数千户晋人投降姚苌后，北地、新平、安定羌胡十余万户也先后投降姚苌。太元十一年，姚苌在长安即位，改元曰建初，国号大秦。为了增加长安的人口，“徙安定五千余户于长安”。为了发展学校教育，姚苌即位后，“立太学，礼先贤之后”。在他的晚年，“下书令留台诸镇各置学官，勿有所废，考试优劣，随才擢叙”②，表现了他通过教育来广泛培养人才的观念。

姚兴即位灭苻登后，对关中地区进行了大规模的经营。在泾阳消灭了苻登的残余势力后，姚兴解散了苻登的部众，使其“归复农业”，将阴密（甘肃省灵台县）三万余户迁往长安，以充实京畿地区的人口。为了防止这些人骚乱，他又“分大营户为四，置四军以领之”。对活动在关中地区的其他少数民族，姚兴或采取镇压的措施，或采取收拢政策。鲜卑族的一支薛勃驻扎于贰城（今陕西省黄陵县西北），为鲜卑拓跋氏的军队所伐，薛勃派人向姚兴求救，姚兴派遣姚崇前往救援。然而当魏军返回后，“薛勃复叛，崇伐而执之，大收其士马而还”。到后来薛勃还是背叛了后秦。鲜卑族的另一支越

---

① 房玄龄. 1974. 晋书. 卷115. 苻丕载记. 北京：中华书局. 2942～2945

② 房玄龄. 1974. 晋书. 卷116. 姚苌载记. 北京：中华书局. 2967～2971

质诘归率户二万归附后秦，姚兴“处之于成纪（今甘肃天水市）”。在慕容氏河东太守柳恭投降后，姚兴“徙新平、安定新户六千于蒲坂”。这样大规模的迁徙人口是为了巩固对新占领地区的控制。不仅如此，后秦还从新占领的地区掳掠人口进入关中，姚兴派遣姚崇进攻洛阳，攻占柏谷，“徙流人西河严彦、河东裴岐、韩袭等二万余户而还”。在十六国时期，各个国家之间因为人口的大量减少，争夺人口就成为决定国家生死存亡的关键，所以才有姚崇掳掠二万户入关的现象出现。正因为这个原因，姚兴对于敢于与他争夺人口的其他弱小势力往往采取镇压的措施。武都氐人屠飞、啖铁等人杀陇东太守姚回，“略三千余家，据方山以叛”。虽然仅仅三千户人，姚兴却派遣姚绍等人前去讨伐，斩屠飞、啖铁。“遣狄伯支迎流人曹会、牛寿万余户于汉中”。后凉吕隆进攻姑臧（今甘肃武威），姚兴叔父姚硕德率军大败之，吕隆大将吕他率众二万五千人投降。“时硕德攻吕隆，抚纳夷夏，分置守宰，节粮积粟，为持久之计。隆惧，遂降。硕德军令齐整，秋毫无犯，祭先贤，礼儒哲，西土悦之”。吕隆投降后，河西逐渐平定，“兴徙河西豪右万余户于长安”。仇池部氐王杨盛投降后，汉中流民增多。姚硕德为了防止流民成为隐患，也曾经“徙汉中流人郭陶等三千余家于关中”①，以维护汉中的稳定。

姚兴所建立的后秦政权对有关社会风俗极为重视，接受了黄河流域行之已久的孝的观念。即位不久，姚兴就下令：“令郡国各岁贡清行孝廉一人。”他的母亲虵氏死后，姚兴“哀毁过礼，不亲庶政”，大臣们都感觉到应当依照汉魏以来的旧规矩，“既葬即吉”。他的尚书郎李嵩上疏曰：“既葬之后，应素服临朝，率先天下，仁孝之举也。”虽然有大臣反对，但他仍然采纳了李嵩的建议，从而在国人面前树立起了孝的形象。而对于教育的重视，也使后秦社会迅速走向兴盛，也因此赢得了知识群体的敬重。《晋书》卷一百十七《姚兴载记上》云：

> 天水姜龛、东平淳于岐、冯翊郭高等皆耆儒硕德，经明行修，各门徒数百，教授长安，诸生自远而至者万数千人。兴每于听政之暇，引龛等于东堂，讲论道艺，错综名理。凉州胡辩，苻坚之末，东徙洛阳，讲授弟子千有余人，关中后进多赴之请业。兴敕关尉曰：“诸生谘访道艺，修己厉身，往来出入，勿拘常限。”于是学者咸劝，儒风盛焉。

姚兴并没有因为胡辩不在长安城中而拒绝读书人出关求学，这种胸怀也是他赢得士人尊重的重要原因。姚兴到河东前线视察，“命百僚举殊才异行

① 房玄龄．1974．晋书．卷117．姚兴载记上．北京：中华书局．2985

之士，刑政有不便于时者，皆除之。兵部郎金城边熙上陈军令烦苛，宜遵简约。兴览而善之，乃依孙吴誓众之法以损益之。兴立律学于长安，召郡县散吏以授之。其通明者还之郡县，论决刑狱。若州郡县所不能决者，谳之廷尉。兴常临谘议堂听断疑狱，于时号无冤滞"。通过修改法律、培养法律人才，使黄河文化深深植根到羌族人的心中。姚兴重视人才，与他较深的儒学修养也是密不可分的。早在为太子镇守长安时，他就与其中舍人梁喜、洗马范勖等人"讲论经籍，不以兵难废业，时人咸化之"①。姚兴的儿子姚泓"博学善谈论，尤好诗咏"，在为太子时，因经常留守长安，在他的周围集聚了一大批文人雅士，"尚书王尚、黄门郎段章、尚书郎富允文以儒术侍讲，胡义周、夏侯稚以文章游集"。他还主张用教化熏陶百姓，反对用严刑峻法。他对老师的尊重，在当时的社会环境下树立起了一面旗帜。姚泓曾经跟随博士淳于岐学习经学，在淳于岐生病时，姚泓"亲诣省疾，拜于床下"。在他的影响下，"自是公侯见师傅皆拜焉"②，可见姚泓不仅学到了黄河流域汉族的尊师重教思想，而且对全社会特别是羌族产生了广泛的影响。

及至姚泓即位，后秦所面临的外部环境已经发生了很大变化，南有刘裕的进攻，东有鲜卑族拓跋魏的军事压力，西北两地各少数民族纷纷起来，或逃离被迁居之地，或与后秦政权对抗，即使在关中地区也有不少少数民族发动叛乱，民族关系极为复杂。由此可见，建立在军事征服之上的政权，虽然在强势之下能够暂时赢得社会的稳定和表面的民族融合，但是，一旦政权不稳，脆弱的民族融合的成果就会一扫而光，荡然无存。究其实，在这一时期民族之间的文化差异和长期的社会动荡所造成的民族之间的仇恨，不是哪一个统治者能够真正地解决的，这也是十六国时期民族战争频繁的重要原因。而代表草原文化的少数民族上层，因为长期受黄河文化的浸润，大多具有较高的文化修养。他们的目的是通过广泛地与汉人接触，带领本民族迅速走向封建化的繁荣道路，但又因为民族发展的复杂性，其良好的愿望并没有给本民族带来长治久安。这是研究这一时期文化融合应当注意的问题。

第六节　后燕、北燕、南燕、西燕时期黄河流域的文化融合

前燕慕容暐末年，慕容评嫉妒慕容垂，迫害慕容垂逃奔前秦苻坚。苻坚

① 房玄龄. 1974. 晋书. 卷117. 姚兴载记上. 北京：中华书局. 2975

② 房玄龄. 1974. 晋书. 卷119. 姚泓载记. 北京：中华书局. 3007

淝水之战失败后，慕容垂借口至邺城“以安戎狄”摆脱了苻坚的束缚，先后占据了河内、荥阳，并在太元八年于荥阳自称燕王，建元曰燕元。慕容垂随即进攻占据邺城的苻丕，因东晋刘牢之援助苻丕，慕容垂的进攻并不顺利。苻丕后来放弃邺城，逃奔并州。慕容垂定都中山，在太元十一年即位，是为后燕。

慕容垂在位期间，多数时间在东征西战，但民族之间、文化之间的融合仍然存在。如打败翟钊后，“徙徐州流人七千余户于黎阳”①。徐州所在的地区是农业已经很成熟的地区，将这一带七千余户居民迁往黎阳，促使了黄河流域的农业文化传播到相对偏远的落后地区。

太元二十一年，慕容垂死，其子慕容宝即位，改元永康。慕容宝在为太子时，“砥砺自修，敦崇儒学，工谈论，善属文”。这说明黄河流域的儒家文化对他影响很深。他遵从慕容垂的遗言，“校阅户口，罢诸军营分属郡县，定士族旧籍，明其官仪”。但是因为当时经过长期战乱之后，百姓急需休养生息，而慕容宝实行“法峻政严”，结果导致“上下离德，百姓思乱者十室而九焉”②。在北魏军队的进攻下，慕容宝丧失中原，逃往龙城。此后，慕容祥、慕容麟相继称帝，但随之溃败。慕容宝在隆安三年被兰汗所杀。慕容宝被杀后，其子慕容盛即位，在北魏的压迫下，后燕向东北地区发展。到隆安五年，慕容盛又被杀，慕容垂的少子慕容熙被拥立为帝。晋安帝义熙三年，慕容熙被高丽人高云所杀。高云随即被其幸臣所杀，冯跋在义熙五年自称燕天王，是为北燕。

冯跋在位期间，采取了一系列有利于社会振兴的措施。即位之初，他就“分遣使者巡行郡国，观察风俗”。针对“赋役系苦，百姓困穷”的现象，他下令“守宰当垂仁惠，无得侵害百姓，兰台都官明加澄察”。他还分别派遣使者“巡行郡国，孤老久疾不能自存者，振谷帛有差，孝悌力田闺门和顺者，皆褒显之”。因为他早年“勤于家产”③，《魏书》本传称其“恭慎勤稼墙”，深知农业的艰辛，所以他在任期间，“励意农桑，勤心政事，乃下书省徭薄赋，堕农者戮之，力田者褒赏，命尚书纪达为之条制”。他还下令广种桑树，以解决百姓的燃眉之急。他的诏书云：“今疆宇无虞，百姓宁业，而田亩荒秽，有司不随时督察，欲令家给人足，不亦难乎！桑柘之益，有生之本。此土少桑，人未见其利，可令百姓人殖桑一百根，柘二十根。”他还对社会上所流行的厚葬和改葬风气进行改革，“厚于送终，贵而改葬，皆无益

① 房玄龄.1974. 晋书. 卷123. 慕容垂载记. 北京：中华书局.3088

② 房玄龄.1974. 晋书. 卷124. 慕容宝载记. 北京：中华书局.3093

③ 房玄龄.1974. 晋书. 卷125. 冯跋载记. 北京：中华书局.3127

亡者，有损于生。是以祖考因旧立庙，皆不改营陵寝。申下境内，自今皆令奉之”。冯跋还重视通过教育来培养人才。冯跋下令曰：“武以平乱，文以经务，宁国济俗，实所凭焉。自顷丧难，礼崩乐坏，闾阎绝讽诵之音，后行无庠序之教，子衿之叹复兴于今，岂所以穆章风化，崇阐斯文！可营建太学，以长乐刘轩、营丘张炽、成周翟崇为博士郎中，简二千石已下子弟年十五已上教之。”针对地震给百姓造成的损害，冯跋“分遣使者巡行郡国，问所疾苦，孤老不能自存者，赐以谷帛有差”①。所有这一切都表明了冯跋深受黄河文化的影响，他以自己的实践融合了两种文化，并将黄河文化带到遥远的塞北龙城。因而《魏书》本传称其“抚纳契丹等诸落，颇来附之”。而这一切都得益于他早年的“既家昌黎，遂同夷俗”，即对少数民族社会文化了解的缘故。

冯跋至宋元嘉七年死。其弟冯弘杀冯跋子翼自立，后为北魏所伐，东奔高句丽，两年后，被高句丽所杀。北燕共存在了 28 年。

隆安二年（398 年），在北魏军队的追击下，慕容德在滑台（今河南滑县东）称帝，是为南燕。慕容德政权处在东晋和北魏之间，“地无十城，众不过数万”。后来他继续向东发展，逐步扩展到胶东半岛。隆安三年慕容德在广固（今山东青州市西北）即皇帝位，改元建平。慕容德即位后，也有一些效法黄河流域原有统治者的措施。他派遣其度支尚书封恺、中书侍郎封逞“观省风俗”。他又兴办学校，“建立学官，简公卿已下子弟及二品士门二百人为太学生”。他曾“大集诸生，亲临策试”，并对齐鲁多君子深为赞佩。②

义熙元年（405 年），慕容德死后，其子慕容超即位，改元太上。慕容超在位期间，“不恤政事，畋游是好，百姓苦之”。他甚至想恢复肉刑，以镇压民众的反抗。他与占据关中地区姚兴的矛盾也没有化解，更主要的是与东晋王朝交恶。在义熙六年正月他被刘裕俘虏，斩于建康。南燕灭亡。③

淝水之战苻坚失败后退回长安，慕容暐的弟弟慕容燕、苻坚的原北地长史慕容泓闻听慕容垂进攻邺城，也逃往关东。慕容暐收拢余下的马匹牧于鲜卑，部众至数千，还屯华阴。慕容暐暗中派人令诸弟起兵，太元九年三月慕容泓起兵于华阴，并打败了苻坚派去征讨的将军强永，慕容泓迅速发展起来，平阳太守慕容冲也起兵于河东。慕容泓自称使持节、大都督陕西诸军事、大将军、雍州牧、济北王，推叔父垂为丞相、都督陕东诸军事、领大司马、冀州牧、吴王。苻坚派其子苻叡前往征讨，结果被打败，苻叡也战死。

① 房玄龄．1974．晋书．卷 125．冯跋载记．北京：中华书局．3133

② 房玄龄．1974．晋书．卷 127．慕容德载记．北京：中华书局．3170

③ 房玄龄．1974．晋书．卷 128．慕容超载记．北京：中华书局．3184

慕容泓称帝，改元燕兴。六月，慕容泓因“持法苛峻”，被群臣杀死，慕容冲被立为皇太弟。闻听慕容冲距长安只有二百里，正在北地前线进攻姚苌的苻坚“引师而归，使抚军苻方戍骊山”。于是苻坚派苻晖率领五万人抵抗，又以苻琳为中军大将军，为苻晖后援。慕容冲在郑西打败苻晖，又在灞上击败了苻琳的三万军队。慕容冲于是占据阿房城，逼近长安城。不久，慕容冲在阿房城称帝，改元更始，[①] 也就是西燕。

太元十年，慕容冲包围长安城后，城内的苻坚无计可施，慕容時图谋联合在长安城内的鲜卑千余人发动政变杀死苻坚，结果消息败露，苻坚杀死慕容時及其宗族，“城内鲜卑无少长及妇女皆杀之”。虽然苻坚在与慕容冲的作战中多有胜利，但长期的困守孤城使苻坚非常害怕，于是与妻子逃出长安，至五将山（今陕西岐山县境内）被姚苌俘虏，缢死于新平佛寺中。慕容冲“入据长安，纵兵大掠，死者不可胜计”[②]。慕容冲取得了暂时的胜利，但是争权夺利的斗争随即出现，慕容冲贪图长安的富庶，又惧怕慕容垂的强大，不愿回到鲜卑慕容氏的故地河北去，而跟随他的鲜卑人多思念故乡，因而造成统治集团内部的厮杀。太元十一年正月，许木末、段木延、段随、韩延等人杀慕容冲于长安，随后拥立慕容永为首领，并对慕容垂称臣。几个月后，慕容永东行至河东，进占长子（今山西长子）称帝，改元中兴。在太元十五年、十六年，慕容永曾先后与东晋的朱序、杨佺期作战。从太元十八年开始，后燕大举进攻西燕。太元十九年（394 年）八月，慕容垂进攻长子，斩慕容永，灭西燕。慕容氏在关中地区起来反对苻坚的统治，既是少数民族对苻坚暴行的遏制，也是当时民族关系复杂的反映。

对于关东地区文化融合的状况，田余庆先生曾说：“关东是汉族人口密集、经济文化发达的地区，先后进入这一地区的乌桓人、匈奴人、羯人、鲜卑人、丁零人等，封建化较快，一般都过着和汉人一样的农业生活，所以这里的民族隔阂不算太深。南朝初年周朗把这里的居民称作‘山东杂汉’，谢灵运更认为‘河北悉是旧户，差无杂人’。淝水之战后在这里活动的主要是鲜卑慕容部，政治上变化虽多，但是动乱还不太大。”[③] 田余庆先生可以说准确地概括了进入黄河流域少数民族的状况，他们因为长期与汉人杂居，已经基本完成了汉化。可以这样认为，慕容氏所建立的政权因为吸收了黄河文化的许多精华，所以其政权有了更多的封建政权的性质。

---

① 房玄龄 . 1974. 晋书 . 卷 114. 苻坚载记下 . 北京：中华书局 . 2925
② 房玄龄 . 1974. 晋书 . 卷 114. 苻坚载记下 . 北京：中华书局 . 2928
③ 翦伯赞 . 1965. 中国史纲要（第二册）. 北京：人民出版社 . 41

第七节　河西走廊诸凉国的兴衰与黄河文化的散播

河西走廊地区自汉代以来就是东西文化交流的重要通道，魏晋时期东西文化在这里交融，使这里形成了黄河流域的又一个重要的文化中心。西晋末年，当中原地区陷入八王之乱的混战之时，河西地区社会较为安定，黄河文化在这里得到了完整的保存，特别是张轨祖孙几代人在这里的建设和发展，开创了黄河文化与草原文化交往的典范。

（一）前凉——张轨祖孙经营河西

张轨是安定乌氏（今宁夏固原东南）人，祖父张烈，曹魏外黄令，父亲张温，官至太官令。张轨“少明敏好学……与同郡皇甫谧善，隐于宜阳女几山”。八王之乱爆发后，张轨“以时方多难，阴图据河西”。永宁初年，张轨出任护羌校尉、凉州刺史，平定了鲜卑反叛后，“威著西州，化行河右”。在任期间，张轨“以宋配、阴充、氾瑗、阴澹为股肱谋主”，重视农业，“课农桑”；又大力选拔贤才，发展教育，“征九郡胄子五百人，立学校，始置崇文祭酒，位视别驾，春秋行乡射之礼”。张轨试图通过发展教育传播黄河流域的汉文化。永兴年间，鲜卑族若罗拔能为盗寇，张轨派遣司马宋配进攻击若罗拔能，斩拔能，俘虏十余万人，威名大震。张轨开始雄霸河西。西晋末年，洛阳失陷后，“中州避难来者日月相继”，张轨乃“分武威置武兴郡以居之”。中原士人的到来，将黄河流域成熟的文化也带到这一地区。张轨在河西的经营不仅平息了一些地方势力的叛乱，抵抗了北方少数民族的进攻，而且对当地经济的恢复和发展也起到了很大的作用。晋愍帝即位后，太府参军索辅言于张轨曰：“古以金贝皮币为货，息谷帛量度之秏。二汉制五铢钱，通易不滞。泰始中，河西荒废，遂不用钱。裂匹以为段数。缣布既坏，市易又难，徒坏女工，不任衣用，弊之甚也。今中州虽乱，此方主安全，宜复五铢以济通变之会。”张轨采纳了他的建议，“立制准布用钱，钱遂大行，人赖其利”。张轨在小范围内恢复钱币的流通，表明河西一带在他的治理下经济得到健康发展。

建兴二年五月，张轨卒，其子张寔继位。晋愍帝死后，南阳王司马保在颠沛流离中也死去，“其众散奔凉州者万余人”。太兴三年，张寔遇害后，其弟张茂为凉州牧。张茂在位五年，于大宁三年卒。张寔之子张骏继位。张骏在位期间，因在咸和初年（326 年）派人与刘曜军队作战失败。张骏于是向西发展，并赢得了西域诸国的敬重，“西域诸国献汗血马、火浣布、犎牛、孔雀、巨象及诸珍异二百余品”。此后，张骏借刘曜与石勒交战的机会，在河西地区大力发展，“勤修庶政，总御文武，咸得其用，远近嘉咏，号曰积贤君”，出现了“境内渐平”的盛况。在讨伐西域的龟兹、鄯善后，“于是西域并降”。石勒杀掉刘曜后，张骏趁长安混乱之机，收复河南地，至于狄道（今甘肃临洮），置武卫、石门、候和、漒川、甘松五屯护军，“与勒分境”。张骏死后，永和二年，张骏之子张重华自称假凉王。即位之初，张重华“轻赋敛，除关税，省园囿，以恤贫穷”，赢得了民众的支持。张重华死后，前凉国内争权夺利斗争加剧。太元元年，张天锡投降苻坚。淝水之战后，张天锡又投降东晋。①

（二）后凉——吕光父子经营河西

吕光是略阳（今陕西省汉中市略阳县）氐人，“世为氐酋”。苻坚初年任美阳令，先后参与了平定慕容暐的战斗、镇压苻重在洛阳的谋反。苻坚进攻东晋时，派遣吕光率领七万五千余人讨伐西域。吕光攻占了龟兹城，“王侯降者三十余国”。西域诸国因害怕吕光的威名，“贡款属路”。吕光平定西域后，在西域各国引起了巨大反响，“光抚宁西域，威恩甚著，桀黠胡王昔所未宾者，不远万里皆来归附”。从吕光上贡前秦朝廷的物品“以驼二万余头致外国珍宝及奇伎异戏、殊禽怪兽千有余品，骏马万余匹”可以看出，当时西域各国贡献颇丰。吕光平定西域后，在回师途中，被苻坚凉州刺史梁熙所拒绝，吕光打败梁熙后，“于是四山胡夷皆来款附”②。吕光自任凉州刺史。

太元九年十二月，吕光闻知苻坚被姚苌所杀后，乃改元太安，自称酒泉公。吕光“崇宽简之政”，对当地社会的恢复起了很大的作用。太元十四年，吕光即三河王位，置百官自丞郎以下，赦其境内，年号麟嘉，初步具备了独立政权的规模。太元二十一年，吕光又即天王位，改年飞龙。到吕光晚年，国内权臣内讧迭起。及至隆安三年吕绍即位，为了争夺帝位，吕纂逼吕绍自杀，隆安四年即天王位，改元咸宁。吕纂在平定了其弟吕弘的叛乱后，“游田无度，荒耽酒色”，结果被番禾太守吕超所杀。③ 吕光的侄子吕隆元兴元年即天王位，改元神鼎。吕隆即位后，“多杀豪望，以立威名，内外嚣然，人不自固”，“饥馑流亡，死者太半”。这种政治环境下，在后凉政权的东部，

① 房玄龄．1974．晋书．卷86．张轨传附靓叔天锡传．北京：中华书局．2251

② 房玄龄．1974．晋书．卷122．吕光载记．北京：中华书局．3056

③ 房玄龄．1974．晋书．卷122．吕纂载记．北京：中华书局．3068

吕隆面临来自姚兴将姚硕德的进攻。在西部，吕隆面临沮渠蒙逊的进攻，虽然沮渠蒙逊战败，但因为长年战争，姑臧的物价飞涨，“谷价踊贵，斗直钱五千文，人相食，饿死者十余万口”。当百姓出城求生时，吕隆害怕因此引起人心浮动，“尽坑之，于是积尸盈于衢路”①。在此情况下，秃发傉檀及蒙逊联合起来频繁进攻，吕隆无计可施，在元兴三年率文武百官投降姚兴。

吕氏所建立的后凉政权，所控制下的居民主要是以农业为主的定居民族，受黄河流域封建生产方式影响较深。虽然在吕光统治时期，后凉社会稳定发展，黄河文化在这里得到传播，但是吕光死后，诸子之间为了争权夺利所展开的厮杀，最终葬送了这一政权，也使平稳的河西地区丧失了安宁。

（三）南凉——秃发乌孤经营河西

河西鲜卑人秃发乌孤与鲜卑拓跋部同源，泰始六年（270 年），树机能杀秦州刺史胡烈于万斛堆（今宁夏中卫与甘肃靖远交界地区黄河北岸腾格里沙漠南缘），败凉州刺史苏愉于金山，完全占有凉州之地，后被马隆打败，部下杀他而降。到其孙秃发乌孤继位后，“务农桑，修邻好”，并接受了吕光的假节、冠军大将军、河西鲜卑大都统、广武县侯的封号。随后，吕光又先后封秃发乌孤为广武郡公、左贤王。

隆安元年，秃发乌孤自称大都督、大将军、大单于、西平王，赦其境内，年号太初。秃发乌孤从广武出发，攻占了金城郡（今甘肃兰州）和吕光的光乐都、湟河、浇河三郡，“岭南羌胡数万落皆附之”。吕光的大将杨轨、王乞基率领数千户投奔秃发乌孤。次年，秃发乌孤称武威王。隆安三年迁都乐都。在他的部下中聚拢了来自各方包括黄河流域的人才，“以杨轨为宾客。金石生、时连珍，四夷之豪隽；阴训、郭倖，西州之德望；杨统、杨贞、卫殷、麴丞明、郭黄、郭奋、史暠、鹿嵩，文武之秀杰；梁昶、韩疋、张昶、郭韶，中州之才令；金树、薛翘、赵振、王忠、赵晁、苏霸，秦雍之世门，皆内居显位，外宰郡县”②。可见在他的官僚群体中，既有来自少数民族的社会上层，也有来自中州地区和秦雍地区的才俊。群贤毕至，显示出他海纳百川的雄心，也昭示了南凉政权融合了各方文化，从而形成新的文化合力。

隆安三年，秃发乌孤因醉酒骑马摔伤而死，其弟秃发利鹿孤即位，迁都西平。从利鹿孤派遣使节麴梁明对北凉段业所说的话，也可以看出少数民族受黄河文化影响之深。段业询问麴梁明为何不立秃发乌孤之子羌奴为王时，麴梁明以“宋宣能以国让，《春秋》美之；孙伯符委事仲谋，终开有吴之

① 房玄龄 . 1974. 晋书 . 卷 122. 吕隆载记 . 北京：中华书局 . 3071

② 房玄龄 . 1974. 晋书 . 卷 126. 秃发乌孤载记 . 北京：中华书局 . 3143

业。且兄终弟及，殷汤之制也，亦圣人之格言，万代之通式，何必胤己为是，绍兄为非”作答，以至于汉文化修养颇深、儒生出身的段业也赞叹曰：“美哉！使乎之义也。”① 这也足以说明麹梁明对中国历史了解之透彻。

隆安五年，利鹿孤自称西河王，并接受了大将输勿崘的建议，对于归附的晋人，“置晋人于诸城，劝课农桑，以供军国之用”，而鲜卑族则“习战法以诛未宾”。这种胡汉分治的办法在当时的情况下确实起到了安定国家的作用。利鹿孤还让群臣“务进贤彦”，为国家的兴旺建言献策。祠部郎中史暠指出，国家过分重视从敌方迁徙人口，而“不以绥宁为先”，因为人们多安土重迁，所以往往导致人口逃亡，国土并没有增加。他还针对国家选拔人才上，“必先弓马，文章学艺为无用之条”的做法提出异议，认为这种做法“非所以来远人，垂不朽也”。因而他建议“宜建学校，开庠序，选耆德硕儒以训胄子”。对于史暠的建议，利鹿孤非常赞赏，“于是以田玄冲、赵诞为博士祭酒，以教胄子”。虽然在这里利鹿孤所设立的博士祭酒是为了教育皇室的后代，但对于长期骑马打仗的草原民族来说确实难能可贵，也表明黄河文化对这一落后民族的影响。而对于史暠另一有关勿过分迁徙人口的建议从利鹿孤及其弟秃发傉檀的做法来看，并未得到真正的执行。利鹿孤派遣其弟秃发傉檀进攻吕隆的昌松太守孟祎于显美，借战胜之机，“徙显美、丽靬二千余户而归”。沮渠蒙逊进攻吕隆，秃发傉檀虽然率军前往救援，但在沮渠蒙逊撤退以后，他又“徙凉泽、段冢五百余家而归”。即使他称王之后，也有徙民之举，他曾“伪游浇河，袭徙西平、湟河诸羌三万余户于武兴、番禾、武威、昌松四郡”。由此看来，争夺人口已经是当时环境下各少数民族的一个共性，并不能因为汉族士人史暠的建议而有所收敛。唐代史臣评价曰：“鹿孤从史暠之言，建学而延胄子。遂能开疆河右，抗衡强国。道由人弘，抑此之谓！”② 这可以说是较为准确地对利鹿孤兴建学校达到国家昌盛的评价。

利鹿孤在元兴元年死后，其弟秃发傉檀即位称凉王，迁都乐都，改元弘昌。傉檀在即位之初，尚能尊崇从内地传来的孝的观念，如乞伏乾归的世子炽磐作为人质在南凉，两次逃归，第一次傉檀认为炽磐“孝心可嘉”，赦免了炽磐，当第二次炽磐逃归后，“傉檀归其妻子”。傉檀的这种做法是为了显示自己的“海岳之量”，也由之显现出他受儒家文化影响。再如，因曾得到宗燮的赏识，宗燮将儿子宗敞兄弟托付傉檀。所以，当宗燮的儿子宗敞以姚兴凉州刺史王尚的使臣身份来使时，傉檀非常重视，与宗敞相谈甚欢，甚至

① 房玄龄．1974．晋书．卷126．秃发利鹿孤载记．北京：中华书局．3144

② 房玄龄．1974．晋书．卷126．秃发傉檀载记．北京：中华书局．3158

有“恨不与卿共成大业耳”的遗憾。傉檀为迷惑姚兴，“乃去其年号，罢尚书丞郎官，遣参军关尚聘于兴”。宗敞出使傉檀后做到凉州刺史，又因要送故凉州刺史王尚到长安，傉檀感慨万千：“吾得凉州三千余家，情之所寄，唯卿一人，奈何舍我去乎？”宗敞在临行前又为傉檀分析了形势：“凉土虽弊，形胜之地，道由人弘，实在殿下。段懿、孟祎、武威之宿望；辛晁、彭敏，秦、陇之冠冕；斐敏、马辅，中州之令族；张昶，凉国之旧胤；张穆、边宪、文齐、杨班、梁崧、赵昌，武同飞、羽。以大王之神略，抚之以威信，农战并修，文教兼设，可以从横于天下，河右岂足定乎！”这是要求傉檀充分利用各方的智力，通过“农战并修，文教兼设”，实现“从横于天下”的战略目的。这些建议的提出，亦仍然可以看做是儒家文化影响的结果。即使处于战略劣势，傉檀也能以自己的机智显现出临危不乱的政治家风采，而这一切则完全依赖于他对黄河文化的了解和熟稔。义熙三年十一月，傉檀与赫连勃勃战于阳武，为勃勃所败，将佐死者十余人。姚兴闻听此消息后，派遣尚书郎韦宗来观察傉檀的国内情况，傉檀与韦宗“论六国从横之规，三家战争之略，远言天命废兴，近陈人事成败，机变无穷，辞致清辩”。以至于韦宗感叹到：“命世大才、经纶名教者，不必华宗夏士；拨烦理乱、澄气济世者，亦未必《八索》、《九丘》。《五经》之外，冠冕之表，复自有人。车骑神机秀发，信一代之伟人，由余、日磾岂足为多也！”① 从韦宗所谈论的话中可以看出，傉檀受黄河文化影响之深，儒家文化在他的心中深深扎下了根。

义熙四年十一月，傉檀即凉王位，改元嘉平，设置百官。此后，傉檀屡次出兵与沮渠蒙逊作战，国力消耗很大。义熙六年三月，秃发傉檀与沮渠蒙逊战于穷泉，傉檀大败，被迫迁都乐都。在沮渠蒙逊强大的军事压力下，秃发傉檀以其子安周为人质。后来秃发傉檀又一次向沮渠蒙逊发动进攻，再次被打败，沮渠蒙逊包围乐都，秃发傉檀不得不再次以子染干为人质方才换得沮渠蒙逊的退兵。这种反复交战的结果使南凉处在灭亡的边缘。义熙十年六月，秃发傉檀又面临来自西秦乞伏的炽磐进攻，结果连乐都也失陷了。穷困之下，只得投降乞伏炽磐。一年后，被乞伏炽磐鸩杀。

从鲜卑族秃发氏所建立的南凉政权发展来看，秃发氏的社会上层受黄河文化的影响较深，已经吸收大量的儒家文化的精髓，这从秃发氏三个君主的言谈即可看出来。秃发氏的三个君主都非常注意人才的选拔和培养，在他们的周围都聚集了来自各个不同地域的人才。这在十六国时期确实是难能可贵

---

① 房玄龄．1974．晋书．卷126．秃发傉檀载记．北京：中华书局．3151

的。而且这三个君主都注意纳谏，善于听取属下的意见。南凉政权靠的是战争而兴盛的，但最终灭亡又是秃发傉檀穷兵黩武而造成的国力空虚导致的。《晋书》卷一百二十六《秃发傉檀载记》唐代史臣曰："傉檀承累捷之锐，藉二昆之资，摧吕氏算无遗策，取姑臧兵不血刃，武略雄图，比踪前烈。既而叨窃重位，盈满易期，穷兵以逞其心，纵慝自贻其弊，地夺于蒙逊，势衄于赫连，覆国丧身，犹为幸也。"这可以说是对秃发傉檀后期政治的恰当描写。唐代史臣还赞曰："傉檀杰出，腾驾时英。穷兵黩武，丧国颓声。"这也较为准确地总结了河西鲜卑最终灭亡的原因。

（四）北凉——段业、沮渠经营河西

北凉初始是由段业所建立的，后由沮渠蒙逊经营。段业是京兆人，原是后凉吕光部将杜进的属员，跟随杜进征西域。吕光杀杜进后，段业先后为参军、著作郎、尚书。太元二十一年吕光即天王位，段业为建康太守（今甘肃酒泉市）。隆安元年（397 年）三月，沮渠男成与从弟沮渠蒙逊叛后凉，推举段业为使持节、大都督、龙骧大将军、凉州牧、建康公，改吕光龙飞二年为神玺元年。段业以沮渠蒙逊为张掖太守，沮渠男成为辅国将军，委以军国重任。隆安三年二月，段业自称凉王，改元神玺。段业虽然是名义上的最高统治者，但"段业儒生，才非经世，权臣擅命，制不由已"，成为沮渠蒙逊兄弟玩弄于股掌上的傀儡。到了隆安五年三月，沮渠蒙逊诬陷从兄沮渠男成谋反，段业斩沮渠男成，蒙逊以此为借口攻击段业，段业兵败被杀，蒙逊继立为北凉君主。在风云际会的混乱之中，段业本无济世之才，他被推上凉王的位置纯属偶然。史书记载他："博涉史传，有尺牍之才，为杜进记室，从征塞表。儒素长者，无他权略，威禁不行，群下擅命，尤信卜筮、谶记、巫觋、征祥，故为奸佞所误。"① 可见他的被杀既是他人生的悲剧，也是时代的必然。

沮渠蒙逊是临松郡（今甘肃民乐南古一带）卢水胡人，受黄河文化影响较深，"博涉群史，颇晓天文，雄杰有英略，滑稽善权变"。因吕光杀其伯父罗仇、麹粥，沮渠蒙逊率部众数万人推举段业为主。夺取段业的政权后，沮渠蒙逊在部下的推举下，为使持节、大都督、大将军、凉州牧、张掖公，赦其境内，改元永安。当时，卢水胡人是以农业为主的民族，受黄河流域的封建生产方式影响较深。

沮渠蒙逊掌权后，"擢任贤才，文武咸悦"。元兴三年，吕隆投降姚兴

---

① 房玄龄 . 1974. 晋书 . 卷 129. 沮渠蒙逊载记 . 北京：中华书局 . 3192

后，沮渠蒙逊斩私下与姚兴将姚硕德相联系的张潜，并且指出因战乱频仍，导致“农失三时之业，百姓户不粒食”。因而他下令“可蠲省百徭，专功南亩，明设科条，务尽地利”，通过发展农业来解决粮食匮乏问题。为了笼络各方人才，他还下令：“内外群僚，其各搜扬贤隽，广进刍荛，以匡孤不逮。”对于侵害百姓的人，即使是他自己的亲属也毫不手软。他的伯父中田护军亲信、临松太守孔笃“并骄奢侵害，百姓苦之”。蒙逊认为二人扰乱国家，不惩治二人，“何以纲纪百姓乎！”迫使二人自杀。义熙六年三月，穷泉之战打败秃发傉檀后，沮渠蒙逊乘机占领姑臧（今甘肃武威）。后来魏安人焦朗又占据姑臧自立，沮渠蒙逊将其打败。在庆贺战争胜利的时候，他又“以敦煌张穆博通经史，才藻清赡，擢拜中书侍郎，委以机密之任”，不拘一格地任用人才。

义熙八年，沮渠蒙逊即河西王位，大赦境内，改元玄始，并开始设置官僚机构以及建设宫殿、城池。为了表示对东晋王朝的忠义态度，当东晋益州刺史朱龄石遣使通问时。蒙逊派遣舍人黄迅回访益州。他还向朱龄石表明自己的心迹：“臣之先人，世荷恩宠，虽历夷险，执义不回，倾首朝阳，乃心王室。去冬益州刺史朱龄石遣使诣臣，始具朝廷休问。承车骑将军刘裕秣马挥戈，以中原为事，可谓天赞大晋，笃生英辅。……陛下据全楚之地，拥荆扬之锐，而可垂拱晏然，弃二京以资戎虏！若六军北轸，克复有期，臣请率河西戎为晋右翼前驱。”① 虽然他的话中有许多冠冕堂皇之词，但他深受黄河文化的影响，对于中原王朝的倾心可能也是渊源有自。

而到了沮渠蒙逊的晚年，对外多次发动战争，国力损耗颇大。宋元嘉十年沮渠蒙逊死，此后六年北凉即被北魏灭亡。沮渠蒙逊对河西的经营前后共39年。在这39年中，除了受黄河文化的影响有发展农业的举措外，他还搜求各方面的人才，特别是儒学修养较深的人才。这也显示了黄河文化对他的影响。

（五）西凉——黄河文化的保存与传播

西凉是汉人李暠所建立。李暠是汉代李广的后人，高祖和曾祖都在西晋官至郡守，祖父在前凉张轨时期为武卫将军、安世亭侯。虽然李暠是遗腹子，但是家学的影响使他“少而好学，性沈敏宽和，美器度，通涉经史，尤善文义”。成年以后，李暠又“颇习武艺，诵孙吴兵法”。这为他日后称霸一方奠定了基础。后凉吕光末年，李暠被推举为敦煌太守。

① 房玄龄.1974. 晋书. 卷129. 沮渠蒙逊载记. 北京：中华书局.3196，3197

段业自称凉王后，隆安四年，晋昌太守唐瑶联合六郡推举李暠为大都督、大将军、凉公、领秦凉二州牧、护羌校尉。李暠建年为庚子，随即任命官府内部的官员和所辖九个郡的太守，“以招怀东夏”。李暠在政权建设中，对于儒家的价值观念非常重视，曾下令“图赞自古圣帝明王、忠臣孝子、烈士贞女，玄盛亲为序颂，以明鉴戒之义，当时文武群僚亦皆图焉”。为了培养人才，他“又立泮宫（郡县所设立的学校），增高门学生五百人”。李暠的这些举措在周边少数民族政权包围的状态下，对于保存黄河文化和加速黄河文化对周边地区的影响起了重要的作用。

义熙元年，李暠改元为建初，并派人奉表到东晋，表达自己对汉人朝廷的忠心。在所上表中，李暠对以汉文化为特色的黄河文化在河西地区的保存和传播作了回顾。他指出：“故太尉、西平武公（张）轨当元康之初，属扰攘之际，受命典方，出抚此州，威略所振，声盖海内。明（指张寔，张寔谥昭公而曰‘明’——参见《晋书》‘校勘记’）盛（当作‘成’，指张茂——参见《晋书》‘校勘记’）继统，不陨前志，长旌所指，仍辟三秦，义立兵强，拓境万里。文（张骏死后谥曰文公。——引者注）桓嗣位，奕叶载德，囊括关西，化被崐裔，遐迩款藩，世修职贡。晋德之远扬，繄此州是赖。大都督、大将军天锡以英挺之姿，承七世之业，志匡时难，克隆先勋，而中年降灾，兵寇侵境，皇威遐邈，同奖弗及，以一方之师抗七州之众，兵孤力屈，社稷以丧。”李暠通过追述前面几位割据河西地区的汉族人士的业绩，表明虽然西晋王朝灭亡了，但是，黄河文化并没有因此而中断，反而在河西地区得以保存。随后，李暠又对自己祖辈以来的努力做了称颂，认为“至如此州，世笃忠义”，至于自己虽然在臣僚的推举下，“迫臣以义”当上了大都督、大将军、凉公、领秦凉二州牧、护羌校尉。但并未忘记应负的职责，“臣虽名未结于天台，量未著于海内，然凭赖累祖宠光余烈，义不细辞，以稽大务，辄顺群议，亡身即事。辕弱任重，惧忝威命”。最后他向晋安帝表明了自己的决心，为了达到“使义诚著于所天，玄风扇于九壤”，甘愿“殉命灰身，陨越慷慨”。从李暠所上的表中可以看出，李暠正是利用了黄河流域士人匡复中原的决心，试图实现自己的政治抱负。

为了与沮渠蒙逊争夺逃居河西地区的人口，他认为“晋之遗黎虽为戎虏所制”，但对于黄河文化仍然心向往之，“向义思风”的心情可想而知，因而他决定迁都酒泉。他在诫敕自己的几个儿子时曾经谈到：“此郡世笃忠厚，人物敦雅，天下全盛时，海内犹称之，况复今日，实是名邦。正为五百年乡党婚亲相连。”可见因为酒泉一带没有遭受内地的战火侵扰，所以以汉文化为特色的黄河文化得到了较为完整的保留。而且据史书记载，从苻坚建元末年，这里曾经从中原迁居了大量的人口，如苻坚“徙江汉之人万余户于敦煌，中州之人有田畴不辟者，亦徙七千余户。郭麐之寇武威，武威、张掖已东人西奔敦煌、晋昌者数千户”。无论苻坚迁来的中原人口，或是武威、张掖为了躲避战乱而西迁的数千户人，这些人的到来，无疑将黄河文化传播到了这一地区。李暠迁都酒泉时，又将这些人口迁到了酒泉周围，“分南人五千户置会稽郡，中州人五千户置广夏郡，余万三千户分置武威、武兴、张掖三郡，筑城于敦煌南子亭，以威南虏”。李暠的这一举措，虽然对已经安定下来的人口是一种骚扰，但是，将促进黄河文化在这一地区继续发扬光大。

李暠迁都酒泉后，利用酒泉周围良好的水利环境，“敦劝稼穑”，“务农养士”，国家出现了“以年谷频登，百姓乐业”的新气象。虽然有西凉东部相邻的沮渠蒙逊多次骚扰，但李暠“志在以德抚其境内，但与通和立盟，弗之校也”。正因为在李暠周围聚居了大批汉族士人群体，所以在社会太平以后，李暠的大臣请求“请勒铭酒泉”，李暠答应了大臣的请求，并且“使儒林祭酒刘彦明为文，刻石颂德”。在闲暇之时，李暠还作诗赋以助雅兴，共著“诗赋数十篇”[①]。当时，西北地区不长楸、槐、柏、漆，前凉张骏时期，曾经从秦陇一带移植于此，但都没有成活，而李暠酒泉宫殿西北角有一棵槐树枝繁叶茂，李暠乃著《槐树赋》以寄托情感，他又让主簿梁中庸及刘彦明等一并作文。他还著《大酒容赋》以表达自己恬适豁达之情怀。

义熙十三年，李暠病亡，其子李歆即位，改元嘉兴。李歆即位后，一改其父亲的宽政策略，“用刑颇严，又缮筑不止”。当时大臣们纷纷劝谏，如从事中郎张显上疏向李歆分析了当时的形势，他认为“今区域三分，势不久并，并兼之本，实在农战，怀远之略，事归宽简”。而李歆所采取的“繁刑峻法，宫室是务”，必将导致“人力凋残，百姓愁悴”。主簿氾称也向李歆分析了当时的形势，并劝说他：“愿殿下亲仁善邻，养威观衅，罢宫室之务，止游畋之娱。后宫嫔妃、诸夷子女，躬受分田，身劝蚕绩，以清俭素德为荣，息兹奢靡之费，百姓租税，专拟军国。虚衿下士，广招英隽，修秦氏之术，以强国富俗。待国有数年之积，庭盈文武之士，然后命韩白为前驱，纳子房之妙算，一鼓而姑臧可平，长驱可以饮马泾渭，方东面而争天下，岂蒙逊之足忧！不然，臣恐宗庙之危必不出纪。”然而李歆并没有采纳他的建议，反而继续大兴土木，结果导致国内民怨沸腾。在刘宋禅位成功后，宋少帝景平元年（421 年），李歆出兵与沮渠蒙逊作战，结果兵败被杀。李歆的兄弟虽然在后来又与沮渠蒙逊作战，但最终败亡。[②]

---

① 房玄龄 . 1974. 晋书 . 卷 87. 凉武昭王李玄盛传 . 北京：中华书局 . 2268

② 房玄龄 . 1974. 晋书 . 卷 87. 凉武昭王李玄盛传附子士业传 . 北京：中华书局 . 2271

西凉政权作为以汉族士人李暠为代表所建立的地方政权，在当时纷繁扰攘的环境下，保障了黄河文化在河西地区的发展。他所采取的一些措施，对这一地区的黄河文化复兴起了很大的促进作用，并对周边地区的少数民族产生了影响。

第八节　西秦时期黄河流域的文化融合

西秦是陇西鲜卑所建立的政权。陇西鲜卑出自阴山，西晋泰始年间，先后迁居夏缘、高平川，其后迁居的地点有牵屯、苑川。石勒灭刘曜时，又迁居麦田无孤山、度坚山，乞伏国仁之父率众投降苻坚，被封为南单于，留在了长安。不久，鲜卑族的勃寒部落侵占陇右，苻坚任命司繁为使持节、都督讨西胡诸军事、镇西将军以讨伐勃寒部落。勃寒因害怕而投降，司繁于是镇守勇士川。司繁死后，乞伏国仁接替其父的位置。淝水之战时，苻坚任命乞伏国仁为前将军，领先锋骑。而正在此时，乞伏国仁的叔父步瓉趁机在陇西反叛，苻坚派遣乞伏国仁回师讨伐，结果叔侄二人合而为一。苻坚于淮南失败后，乞伏国仁的军队发展到十余万人。太元十年，苻坚被羌人姚苌缢杀于新平佛寺后，乞伏国仁自称大单于、秦河二州牧，建元建义，建都勇士城（今甘肃榆中），并设置了 12 个郡。

乞伏国仁在位时，主要是收服了邻近的鲜卑族及其他部落。太元十年（385 年），鲜卑族匹兰率部落民众五千投降。南安郡（今甘肃陇西）的秘宜率领羌人进攻乞伏国仁，被打败逃回南安，随后率领部众三万余户投降乞伏国仁。随后，乞伏国仁又率军袭击鲜卑大人密贵、裕苟、提伦等三部于六泉。而此时，高平（今宁夏清水河一带）鲜卑没奕于、东胡金熙联合偷袭乞伏国仁，乞伏国仁大败联军，密贵、裕苟、提伦等三部见状投降，乞伏国仁对他们都封为将军和侯。乞伏国仁又讨伐鲜卑族的越质叱黎部落于平襄，取得胜利。乞伏国仁在位期间，所采取的扫平各部落的举动，实际上是为了完成鲜卑族由游牧部落向农业民族的转变，其中重要的原因是因为以乞伏国仁为首的鲜卑族长期受汉文化的影响，而且，乞伏国仁部落所处的地区虽然在西北，但从汉代以来就是以农业而著称的。由此亦可以看出黄河文化对草原文化的影响，两种文化之间的融合已经成为一种趋势。

太元十三年夏六月，乞伏国仁死，其弟乞伏乾归即位，自称河南王，改元太初，并迁都金城（今兰州西）。乞伏乾归在位期间，主要还是为了本部落的生存而东征西讨，在鲜卑族内部主要仍然是扫平各个部落。太元十四年，前秦苻登派使节封乞伏乾归为大将军、大单于、金城王。南部的羌人独如率领部落民众七千人投降。鲜卑族的休官阿敦、侯年二部落各有五千余部落，占据牵屯山，不时地骚扰西秦的边域。乞伏乾归大败二部落，“悉降其众，于是声振边服”。在这种威势之下，吐谷浑大人视连遣使贡献方物。鲜卑豆留鞬、叱豆浑及南丘鹿结并休官曷呼奴、卢水尉地跋等鲜卑部落都相继降于乞伏乾归，乞伏乾归“皆署其官爵”。陇西太守鲜卑族越质诘归（越质叱黎之子）又以平襄反叛，自称建国将军、右贤王。乞伏乾归战败越质诘归后，越质诘归向东逃奔陇山。“既而拥众来降，乾归妻以宗女，署立义将军”。这种现象在乞伏乾归后来的发展过程中仍有出现。太元十七年后，鲜卑族的其他部落先后归附乞伏乾归，如“索虏秃发如苟，率户二万降之，乾归妻以宗女”；“秃发乌孤遣使来结和亲”；“鲜卑叠掘河内率户五千，自魏降乾归”。[①] 其他部落的归附，使鲜卑族乞伏部能够容纳鲜卑族不同的部落而形成合力，发展壮大。

太元十六年，前秦苻登请乞伏乾归讨伐鲜卑大兜国。乞伏乾归与没奕于攻大兜于安阳城（今甘肃张家川回族自治县境），大兜退而坚守鸣蝉堡，乞伏乾归攻陷鸣蝉堡后，退回金城。苻登在姚兴的进攻下，请求乞伏乾归出兵，并封乞伏乾归为梁王，并将其妹东平长公主送予乞伏乾归为梁王后，虽然乞伏乾归派军相救，但苻登仍然被姚兴杀死。乞伏乾归又打败了氐王杨定，“于是尽有陇西、巴西之地”[②]。

此后，乞伏乾归仍然处在到处征讨的漩涡之中。杨定死后，天水的姜乳占据上邽（今甘肃天水市），乞伏乾归派去讨伐的乞伏益州大败而归。与后凉吕光的战斗中，因吕光军事力量强大，不得不以其子敕勃为人质送往吕光营中。隆安元年三月，吕光派遣其子吕纂讨伐乞伏乾归，结果大败而归。隆安四年七月，姚兴讨伐乞伏乾归，收降其部众三万六千人，乞伏乾归穷急之下投奔秃发利鹿孤。为了迷惑利鹿孤，将其子炽磐兄弟作为人质送往利鹿孤营中，他自己逃奔姚兴。姚兴任命乞伏乾归为河州刺史，镇守苑川。

元兴元年，乞伏炽磐逃离利鹿孤的控制，到了长安，被姚兴任命为兴晋太守。乞伏乾归投降后秦时期，曾被派跟随齐难前往接受后凉天王吕隆的投降，进攻仇池部族氐王杨盛、破吐谷浑等。义熙三年（407 年）姚兴担心乞伏乾归的势力逐渐强大，难以控制，故将其留在长安任主客尚书。次年，后秦先后败于南凉、胡夏，国力大减。义熙五年（409 年）七月，乞伏乾归逃回苑川，再称秦王，改元更始，西秦复国。姚兴害怕乞伏乾归再次危害边

① 房玄龄 . 1974. 晋书 . 卷 125. 乞伏乾归载记 . 北京：中华书局 . 3119

② 房玄龄 . 1974. 晋书 . 卷 125. 乞伏乾归载记 . 北京：中华书局 . 3117

域，为了拉拢乞伏乾归，又任命他为使持节、散骑常侍、都督陇西岭北匈奴杂胡诸军事、征西大将军、河州牧、大单于、河南王。义熙八年五月，乞伏乾归侄子乞伏公府杀乞伏乾归，乞伏乾归子乞伏炽磐诛乞伏公府，即王位。

乞伏炽磐即位后，改元永康。乞伏炽磐在位期间，多次对外征讨。义熙九年，西秦军队在浇河讨伐吐谷浑树洛干，“虏三千余户而还”。乞伏炽磐又派遣其镇东将军昙达与松寿率骑兵一万人，讨破休官部落权小郎、吕破胡于白石川，俘虏万余人，进据白石城（甘肃清水县西北四十里），休官部落投降者万余人。乞伏炽磐又派遣安北将军乌地延、冠军将军翟绍讨伐吐谷浑另外一支句旁于泣勤川，俘获了很多人。炽磐亲自率领诸将讨伐吐谷浑另外一支支旁于长柳川，掘达于渴浑川，“前后俘获男女二万八千”。义熙十年六月，乞伏炽磐趁南凉秃发傉檀进攻乙弗之机，袭击秃发傉檀，迫使秃发傉檀投降。一年后，秃发傉檀被乞伏炽磐鸩杀。①

义熙十一年，在河西地区，乞伏炽磐与沮渠蒙逊在反复相攻后，终于“遂结和亲”，将北凉沮渠氏的势力赶出湟水流域。在东部地区，乞伏炽磐又派遣军队进攻占据上邽的姚艾，“徙五千余户于枹罕（今甘肃省临夏回族自治州临夏县韩集镇境内）”。在南部地区，乞伏炽磐派遣安东将军木奕于率领骑兵七千人讨伐吐谷浑树洛干于塞上，俘虏了五千余人，树洛干因此而死。其境内暂时安定下来。在此强大的压力之下，鲜卑乙弗部乌地延率领部众二万户投降乞伏炽磐。乌地延死后，其弟他子继位。他子从弟提孤反复无常，乞伏炽磐“税其部中戎马六万匹”，对其釜底抽薪，两年后，提孤逃走，他子率领五千余人入居西平郡（今西宁市）。上邽的姚艾也被部落民众驱赶逃走，姚艾的部落民众在姚艾叔父姚儁的率领下投降乞伏炽磐。乞伏炽磐还派军队征讨吐谷浑另一部落觅地，觅地率领部落民众六千人投降乞伏炽磐。乞伏炽磐派军队赶走占据漒川（今洮河流域）的彭利和，“徙羌豪三千户于枹罕，漒川羌三万余户皆安堵如故”②。

乞伏炽磐在位 17 年，宋元嘉四年死。其子乞伏慕末即位，改元永弘。乞伏慕末在位四年，为夏主赫连定所灭。赫连定杀乞伏慕末及其宗族 500 人，西秦亡。乞伏炽磐在位期间，笼络陇右汉、羌等，他在收拢各少数民族的武装以后，都给其首领一定的官职，显示了他宽宏的气量。他重用汉族豪门、俊杰之士，利用他们的才智巩固政权。他对外东征西讨，使西秦进入极盛时期。唐史臣云：“炽磐叱咤风云，见机而动，牢笼俊杰，决胜多奇，故能命将掩浇河之酋，临戎袭乐都之地，不盈数载，遂隆伪业。”盖非虚语。

---

① 房玄龄. 1974. 晋书. 卷 125. 乞伏炽磐载记. 北京：中华书局. 3124

② 房玄龄. 1974. 晋书. 卷 125. 乞伏炽磐载记. 北京：中华书局. 3125

西秦虽然仅存在了46年，但对陇右地区的社会发展以及各民族之间文化融合，都具有重要的历史意义。

第九节　夏的建立与黄河流域的文化融合

一、匈奴末期的历史与民族角逐

夏是匈奴族铁弗部（北人谓胡父鲜卑母为“铁弗”——引者注）赫连勃勃所建立的政权。赫连勃勃家世的发展经历了魏晋时期。其曾祖刘虎在西晋末年错综复杂的政治形势下开始渐露头角。刘虎是匈奴左贤王去卑之孙，北部帅刘猛之从子，居于新兴虑虒（今山西省五台县东北）之北。刘猛死后，刘虎的父亲诰升爰代领部落。诰升爰死后，刘虎代领部落。刘虎部落早期与鲜卑拓跋部关系尚好，当部众增多以后，与拓跋部脱离关系。[①] 在匈奴刘聪时期，因刘虎属于宗室被封为楼烦公，监鲜卑诸军事、丁零中郎将，驻扎在肆卢川（今山西北部忻州及五台山一带）。[②] 晋惠帝永嘉二年（308年），鲜卑白部大人叛逃入西河，“铁弗刘虎举众于雁门以应之，攻（刘）琨新兴、雁门二郡”。拓跋部先祖拓跋郁律帮助刘琨，先攻击白部，后进攻刘虎，“屠其营落。虎收其余烬，西走度河，窜居朔方”。晋元帝太兴元年，刘虎又进攻鲜卑拓跋部的西部，拓跋郁律率军大败刘虎，刘虎逃走，“其从弟路孤率部落内附，帝以女妻之”。北魏昭成皇帝拓跋什翼犍建国四年（341年）十月，刘虎又进攻拓跋部西境。什翼犍派军征伐，将其打得大败，刘虎仅只身逃走。刘虎死后，其子务桓继立，“始来归顺，帝以女妻之”[③]。务桓（一名豹子）依附拓跋部期间，“招集种落，为诸部雄”。但他又暗中与石虎相通，石虎授予他平北将军、左贤王、丁零单于。务桓死后，其弟阏陋头代立，后来务桓之子悉勿祈驱赶阏陋头而自立。悉勿祈死后，其弟卫辰代立，这就是赫连勃勃的父亲。

卫辰继位时，其部落实力还很弱小，所以，他对于当时较为强大的前秦苻坚和鲜卑拓跋部都不敢得罪，“既立之后，遣子朝献，昭成（拓跋禄官）以女妻卫辰。卫辰潜通苻坚，坚以为左贤王”。卫辰向苻坚请求率领部落进入内地，“求田内地，春来秋云，坚许之”。后来卫辰又掳掠苻边民五十余口

---

① 魏收.1974. 魏书. 卷95. 铁弗刘虎传. 北京：中华书局.2054

② 房玄龄.1974. 晋书. 卷130. 赫连勃勃载记. 北京：中华书局.3201

③ 魏收.1974. 魏书. 卷1. 序纪. 北京：中华书局.12

作为奴婢献给苻坚，受到苻坚的指责，卫辰又叛逃依附拓跋部，进攻苻坚，被苻坚俘虏。苻坚以卫辰为夏阳公，“统其部落”，卫辰对苻坚很感激，虽然表面上对拓跋部“贡使不绝，而诚敬有乖”。拓跋禄官率军讨伐卫辰，“收其部落十六七焉”。卫辰逃奔苻坚，苻坚将卫辰送回朔方郡，又派兵保护。卫辰又引导苻坚的军队进攻拓跋部，结果拓跋部大败。在首领什翼犍的率领下逃往漠北，后来回到盛乐。苻坚灭代国后，乘机将卫辰的领地一分为二，“自河以西属之卫辰，自河以东属之刘库仁”。后来苻坚以卫辰为西单于，兼管河西地区的少数民族，驻扎代来城（又称“悦跋城”，今内蒙古东胜市西大成梁古城）。卫辰在势力强大后逐步成为当时各方武装争夺的对象。“慕容永之据长子，拜卫辰使持节、都督河西诸军事、大将军、朔州牧，居朔方。姚苌亦遣使结好，拜卫辰使持节、都督北朔杂夷诸军事、大将军、大单于、河西王、幽州牧”①。苻坚淮南失败以后，国内逐步混乱，卫辰乘机而起，“遂有朔方之地，控弦之士三万八千”②。

这时，鲜卑拓跋部的力量迅速壮大，拓跋珪登国元年即代王位后，国力继续上升。登国五年六月，卫辰派遣其子直力鞮（《晋书》作“力俟提”）包围了贺兰部，贺兰部的首领贺讷等请求投降拓跋珪。七月，拓跋珪率军赶走直力鞮。登国六年十一月，卫辰再次派遣其子直力鞮进攻拓跋部的南部，拓跋珪再次出征，“大破直力鞮军于铁歧山南，获其器械辎重，牛羊二十余万”。拓跋珪乘胜从五原金津渡过黄河，攻占代来城（今内蒙古东胜）。卫辰父子逃走，被抓获杀死（时卫辰已死）。卫辰的少子屈丐（即赫连勃勃）逃奔薛干部（《晋书》作“叱干部”）。拓跋珪平灭了卫辰，“簿其珍宝畜产，名马三十余万匹，牛羊四百余万头……收卫辰子弟宗党无少长五千余人，尽杀之”。黄河以南诸部落全被扫平。③

从刘虎到卫辰祖孙三代兴起和发展的历史可以看出，在西晋灭亡以后，以匈奴族铁弗部为代表的匈奴势力在错综复杂的民族关系和民族矛盾中发展的过程。在这一发展过程中，既有民族之间的战争，也有民族之间的通婚、融合，可以这样认为，这种民族关系复杂的历史，正是这一阶段黄河文化发展的特色，也是黄河流域的农耕文明融合了以游牧和骑马打仗为特色的草原文化而形成新的文化类型。

---

① 魏收．1974．魏书．卷95．铁弗刘虎传．北京：中华书局．2055

② 房玄龄．1974．晋书．卷130．赫连勃勃载记．北京：中华书局．3201

③ 魏收．1974．魏书．卷2．太祖纪．北京：中华书局．24

二、赫连勃勃大夏国的建立与民族仇杀

赫连勃勃逃往薛干部以后，仍然是拓跋部的心腹之患。拓跋珪令薛干部送回赫连勃勃，被拒绝。薛干部的阿利将赫连勃勃送往姚兴高平公没奕于（《魏书》作“木易于”），没奕于“以女妻之”。登国八年八月，趁薛干部首领太悉佛进攻曹覆之际，拓跋珪袭击三城（今陕西延安），俘虏了太悉佛之子珍宝，“徙其民而还”，太悉佛逃奔姚兴。姚兴以赫连勃勃为安远将军，帮助没奕于镇守高平，“以三城、朔方杂夷及卫辰部众三万配之，使为伐魏侦候”。天兴五年二月，常山王拓跋遵进攻高平（今宁夏固原），迫使木易于率数千骑与屈丐弃国遁走，追至陇西瓦亭，不及而还。[①] 后来又“以勃勃为持节、安北将军、五原公，配以三交五部鲜卑及杂虏二万余落，镇朔方”。赫连勃勃后来又杀没奕于“而并其众，众至数万”[②]。

晋安帝义熙三年（拓跋珪天赐四年）六月，赫连勃勃自称天王、大单于，建元曰龙昇，国称大夏，定都统完城（又称大城）。赫连勃勃的大夏国刚建立就开始对外征战。赫连勃勃率军讨伐鲜卑族薛干等三部，“降众万数千”。又进讨姚兴三城以北诸戍，斩其将杨丕、姚石生等。赫连勃勃又向秃发傉檀求婚，秃发傉檀拒绝后，十一月，赫连勃勃大败秃发傉檀，杀伤万余人，驱掠二万七千口、牛马羊数十万而还，傉檀奔于南山。随后，赫连勃勃与后秦姚兴展开了旷日持久的作战。赫连勃勃与姚兴大将张佛生战于青石原（今陕西子长县），俘斩五千七百人。姚兴又派大将齐难与赫连勃勃作战，被俘虏二万余人。经过此次战役，“岭北夷夏降附者数万计，勃勃于是拜置守宰以抚之”。赫连勃勃又率骑二万入高冈、五井，“掠平凉杂胡七千余户以配后军，进屯依力川”。姚兴亲自率领大军来进攻，又大败而归。随后，赫连勃勃又先后攻占了姚兴的定阳、清水城、三城、安定、东乡等地，在攻占这些地方以后，赫连勃勃就大规模迁徙人口。如在攻占黄石固、我罗城后，“徙七千余家于大城，以其丞相右地代领幽州牧以镇之”。占领清水城后，“徙其人万六千家于大城”。占领东乡后，“徙其三千余户于贰城”[③]。赫连勃勃迁徙人口的目的依然是为了京畿地区的繁荣。

晋安帝义熙八年（北魏明元帝永兴五年，413 年），赫连勃勃改元为凤翔，以叱干阿利领将作大匠，征发岭北夷夏十万人，在朔方水北、黑水之南营建都城。这就是统万城（今陕西靖边东北白城子）。工程建设极为残酷，

---

① 魏收．1974．魏书．卷 2．太祖纪．北京：中华书局．39

② 房玄龄．1974．晋书．卷 130．赫连勃勃载记．北京：中华书局．3202

③ 房玄龄．1974．晋书．卷 130．赫连勃勃载记．北京：中华书局．3205

"阿利性尤工巧，然残忍刻暴，乃蒸土筑城，锥入一寸，即杀作者而并筑之。勃勃以为忠，故委以营缮之任"。随后，赫连勃勃又改姓氏。他认为胡父鲜卑母为铁弗甚无谓也，"帝王者，系天为子，是为徽赫实与天连，今改姓曰赫连氏，庶协皇天之意"①。改姓氏表明了赫连勃勃一方面在本民族内部树立威望，另一方面坚持与黄河流域的汉族为敌。

赫连勃勃又多次进攻姚兴在关中的战略要地。赫连勃勃攻姚兴将姚逵于杏城（今陕西黄陵西南故邑），俘虏了姚逵及其将姚大用、姚安和、姚利仆、尹敌等。他又以骑兵二万袭击上邽，杀姚泓秦州刺史姚平都及将士五千人，毁城而去。在进攻阴密（今甘肃灵台县西）时，赫连勃勃又杀姚兴将姚良子及将士万余人。赫连勃勃还攻占了安定，"姚泓岭北镇戍郡县悉降，勃勃于是尽有岭北之地"。刘裕灭姚泓后，进入长安。刘裕在义熙十八年退兵后，赫连勃勃攻取长安，作为南都，在灞上（今陕西蓝田）称帝，关中郡县都相继投降。当群臣劝他迁都长安时，他说："朕岂不知长安累帝旧都，有山河四塞之固！但荆吴僻远，势不能为人之患。东魏与我同壤境，去北京裁数百余里，若都长安，北京恐有不守之忧。朕在统万，彼终不敢济河，诸卿适未见此耳！"② 可见赫连勃勃是以拓跋部作为劲敌来看待的。赫连勃勃回到统万城后，因宫殿建成，于是赦其境内，又改元曰真兴。宋元嘉二年赫连勃勃死，其子赫连昌即位，随即被北魏所擒获，赫连定又在平凉称帝，三年后被北魏属国吐谷浑所灭。

赫连勃勃所建立的大夏国，因为当时还处在奴隶制的早期阶段，与黄河流域的汉族交往较少，每次战争的目的除了掳掠人口外，在史书中还有许多关于赫连勃勃掳掠财物的记载。更有甚者赫连勃勃军队攻占定阳后，"以女弱为军赏"。对于赫连勃勃时期黄河文化与草原文化的交往融合，人们多认为赫连勃勃嗜杀成性，对黄河流域的汉族来说是一场灾难。但如果从中国历史发展的大趋势来讲，社会发展形态相对落后的匈奴铁弗部因与黄河流域其他少数民族的交往使其迅速摆脱落后的局面，虽然说铁弗部所建立的政权被灭了，但这一民族从此融合进了黄河流域社会发展的主流之中，对这一民族的发展未尝不是一件好事。

综观十六国时期黄河文化与草原文化的融合过程我们可以看出，十六国时期是中国历史上民族关系的复杂时期，民族之间的融合和交流的方式是多样的，既有和风细雨式的交流与融合，也有战争状态下的血雨腥风式的交流与融合。不同的文化交往方式既有环境形势使然，也有民族社会经济发展的

① 房玄龄.1974. 晋书. 卷130. 赫连勃勃载记. 北京：中华书局.3206
② 房玄龄.1974. 晋书. 卷130. 赫连勃勃载记. 北京：中华书局.3210

局限性的原因。而统观十六国时期的两种文化交流与融合我们可以发现其所具有的历史特点。首先，十六国时期的少数民族作为草原文化的代表，无论其民族社会发展处在哪一个历史的阶段，都对黄河文化所创造的物质财富和精神财富表现出向往的态度。其次，每一个少数民族的有为的统治者在其所占领的地区内，都从不同的方面对黄河文化予以大力的吸收，这种吸收表现在各个方面，有的是通过兴办学校，传播儒家文化来实现本民族与黄河文化的接近；有的是通过官僚体制的改革来吸收黄河流域封建政权已经成熟的官僚体制；有的是通过经济体制的改革来吸收黄河流域曾经实行过的经济方式；还有的是将大量的汉族士人吸引进统治群体，通过他们来实现黄河文化与草原文化的进一步融合。无论采取哪一种方式都表明了一种态度，这就是少数民族作为草原文化的代表以博大的胸怀容纳和吸收黄河文化的气魄和勇气。这也是黄河文化在十六国时期血雨腥风的环境之下能够进一步发扬光大的重要原因。但是，对于十六国时期黄河文化与草原文化的交流和融合也应当辩证的看待，对于少数民族吸收黄河文化的评价也要切合历史实际，我们也应当看到有一些少数民族因为社会发展的阶段性的限制对黄河文化的吸收并不是全面的进行，有的仅仅是根据其自己的理解有所选择，这就导致了黄河文化的传播受到种种外部条件的限制，也从而制约了黄河文化内涵的进一步丰富。总而言之，黄河文化在十六国时期是处在一个缓慢的发展时期，而草原文化虽然因为社会的动荡不定受到种种约束，但相对黄河文化而言还是得到了较大的发展，两种不同的文化的交流与融合为北魏以后黄河文化与草原文化的全面融合与发展奠定了坚实的基础，甚至开启了隋唐时期黄河文化兴盛的先声。

第九章

北魏前期文化交流的初建

作为兴起于大漠草原的游牧民族，鲜卑族拓跋部经历了十几代人的努力，最终进入黄河流域，并以顽强不息的进取精神，在黄河流域站稳了脚跟，建立了自己的王朝。追溯鲜卑族拓跋部的历史轨迹，我们可以看到鲜卑族拓跋部是如何融入黄河文化之中，并且成为黄河文化发展过程中的新生力量的。这就要从鲜卑族拓跋部在西晋灭亡以后参与中原角逐的历史开始研究。

第一节　从郁律到什翼犍

西晋灭亡以后，中原无主，历史上演了多幕政权更替的历史正剧。在这场长达百余年的历史中，各个少数民族都先后进入黄河流域，建立政权。但由于这些政权大多没有坚实的经济基础，所以有一些政权仅仅存在了短短十几年。北魏作为从草原地区不断南迁的少数民族建立的政权，能够适应黄河流域社会经济的环境，经过几代人的努力，最终成为中原地区封建王朝的建立者。这从郁律到什翼建北魏的发展历史即可明了。

从拓跋猗卢被其子六修杀死，拓跋部内乱，后平文帝拓跋郁律统帅部落。拓跋郁律为沙漠汗之孙，思帝之子。早在拓跋猗卢三年（永嘉二年，308 年），鲜卑白部大人叛逃入西河，“铁弗刘虎举众于雁门以应之，攻（刘）琨新兴、雁门二郡”。拓跋郁律帮助刘琨，先攻击白部，后进攻刘虎，“屠其营落。虎收其余烬，西走度河，窜居朔方”。拓跋郁律掌控部落以后，继续对外扩大拓跋部的生存空间。拓跋郁律二年（东晋大兴元年，318 年），匈奴族铁弗部刘虎以朔方为根据地，侵扰拓跋部的西部边境，拓跋郁律率领部落民众抗击，刘虎单骑逃走。刘虎的从弟路孤率领部落民众依附拓跋郁律，“帝以女妻之”。这时，鲜卑拓跋部又振兴起来，成为“西兼乌孙故地，东吞勿吉以西，控弦上马将有百万”的强势部落。这样一支强大的武装力量成为正在黄河流域角逐的前赵和后赵争取的对象,“刘曜遣使请和，帝不纳”。次年石勒又“遣使乞和，请为兄弟。帝斩其使以绝之”。拓跋郁律五年（东晋大兴四年，321 年），司马睿“遣使韩畅加崇爵服，帝绝之”。拓跋郁律拒绝与各方政治势力建立联系，并不是他甘居北方大漠地区，他反而“治兵讲武，有平南夏之意”。正在其即将施展宏图之时，拓跋猗㐌之妻桓皇后祁氏（《北史》和《太平御览》作“惟氏”，其长子普根早死）因为害怕拓跋郁律深得部落民众之心，对自己的儿子拓跋贺傉不利，于是害死了拓跋郁律，部落大人因此而死者数十人。

拓跋郁律死后，桓皇后祁氏如愿以偿地使自己的儿子拓跋贺傉成为拓跋部的首领。桓皇后以太后的身份临朝，拓跋贺傉没有掌握政权。这种现象对于拓跋部的发展带来了许多不利的影响。因母后临朝听政，其他政权对拓跋部都持鄙视的态度。如拓跋部遣使到后赵，后赵人称其使者为“女国使”。拓跋贺傉即位四年（东晋太宁二年，324 年）后，开始亲政，但是“以诸部人情未悉款顺，乃筑城于东木根山（河西有木根山，在五原郡东北。此木根山在河东，故曰东木根山。在今河北张北县境内），徙都之”。拓跋贺傉立五年即死。其弟拓跋纥那即位。拓跋纥那三年（东晋咸和二年，327 年），后赵石勒派遣中山公石虎率领五千骑兵进攻拓跋部的边境，拓跋纥那在句注陉（今山西雁门关）北设防抵抗，兵败后逃往大宁（今河北张家口）。这时拓跋郁律之子拓跋翳槐居住在其舅家鲜卑贺兰部。拓跋纥那“遣使求之”，贺兰部的首领蔼头扣押拓跋翳槐而不让其回到本部落。拓跋纥那联合鲜卑宇文部进攻蔼头，也大败而归。在此情况下，贺兰部大人共立拓跋翳槐为部落首领，拓跋纥那依附于宇文部落。拓跋翳槐即位后，鲜卑拓跋部的弱势局面并未改变，拓跋翳槐元年（东晋咸和四年，329 年），拓跋翳槐让其弟拓跋什翼犍到后赵石勒的国都襄国为人质，当时部落民众有五千人随行。拓跋翳槐七年（咸康元年，335 年），拓跋翳槐在局势未稳的情况下，以贺兰部首领蔼头“不修臣职”，将他杀掉，导致“国人复贰”。趁此乱势，拓跋纥那从宇文部回到本部落，“诸部大人复奉之”，众叛亲离的拓跋翳槐仓皇逃往邺城。作为拓跋部的异己力量，拓跋翳槐受到石虎厚待，“奉第宅、伎妾、奴婢、什物”。拓跋纥那重新复位，但他在位三年并没有大的起色，石虎则趁机派遣大将李穆率领五千骑兵护送拓跋翳槐回到大宁，拓跋部的六千余人又背叛拓跋纥那，拓跋纥那逃奔燕国慕容氏。拓跋翳槐复位后，修建新的都城盛乐城，初步奠定了国家的基础，然而他在位仅一年即死去。拓跋翳槐死后，拓跋部内部曾经展开了权力之争，按照拓跋翳槐临死前的意思，“必迎立什翼犍，社稷可安”，而此时什翼犍还在后赵为人质，按照部落大人梁盖等人的意见，“什翼犍在远，来未可必；比其至，恐有变乱，谋更立君”。他们杀掉“刚猛多诈”的拓跋屈，立“仁厚”的拓跋孤（二人皆为拓跋翳槐之弟）。拓跋孤没有听从部落大人的意见，亲自从邺城迎回其弟什翼犍。十一月，什翼犍即代王位于繁畤北，改元曰建国（咸康四年，338 年），分国之半以与拓跋孤。①

什翼犍即位后，立即采取措施加速国家的建立。《资治通鉴》卷九十六《晋纪十八 · 显宗成皇帝中之下》“咸康四年”条云：

> 初，代王猗卢既卒，国多内难，部落离散，拓跋氏浸衰。及什翼犍立，雄勇有智略，能修祖业，国人附之；始置百官，分掌众务。以代人燕凤为长史，许谦为郎中令。始制反逆、杀人、奸盗之法，号令明白，政事清简，无系讯连逮之烦，百姓安之。

正因为什翼犍吸收了黄河文化中的精华，从而促使了鲜卑拓跋部迅速发展。《魏书》卷一百一十三《官氏志》向我们描述了拓跋部在什翼犍时期吸收黄河流域官僚政治体制并杂糅原有部落体制而形成独特的官僚机构情况。

> 魏氏世君玄朔，远统□臣，掌事立司，各有号秩。及交好南夏，颇亦改创。昭成之即王位，已命燕凤为右长史，许谦为郎中令矣。余官杂号，多同于晋朝。建国二年，初置左右近侍之职，无常员，或至百数，侍直禁中，传宣诏命。皆取诸部大人及豪族良家子弟仪貌端严，机辩才干者应选。又置内侍长四人，主顾问，拾遗应对，若今之侍中、散骑常侍也。其诸方杂人来附者，总谓之“乌丸”，各以多少称酋、庶长，分为南北部，复置二部大人以统摄之。

我们在这里不厌其烦地引用史书中的材料，其目的就是为了完整地展示什翼犍时期如何通过吸纳黄河文化而构建自己的政权框架的，也由之可以看出两种文化之间的融合迹象。什翼犍所采用的官号有右长史、郎中令，特别是“余官杂号，多同于晋朝”表明他以晋朝为学习的榜样。什翼犍在许谦、燕凤的帮助下还制定了“反逆、杀人、奸盗之法”等最初的成文法。我们在所引的两段文字中均提到的燕凤和许谦都不是鲜卑族人，而是代郡的汉人。燕凤“好学，博综经史，明习阴阳谶纬”，什翼犍“素闻其名，使人以礼迎致之。凤不应聘”。什翼犍乃以武力迎聘燕凤。燕凤在什翼犍的阵营中受到很高的重视，“参决国事”，在拓跋珪、拓跋嗣和拓跋焘时期都受到重用。②许谦“少有文才，善天文图谶之学”。什翼犍建国初年即归附，“与燕凤俱

① 魏收 . 1974. 魏书 . 卷 1. 序纪 . 北京：中华书局 . 12

② 魏收 . 1974. 魏书 . 卷 24. 燕凤传 . 北京：中华书局 . 609

授献明帝经”①。即使在许谦犯了盗窃之罪后什翼犍也没有进行处罚。当时代国缺少缯帛，许谦盗窃了二匹绢，被看守的人告发，什翼犍说：“吾不忍视谦之面，卿勿泄言。谦或惭而自杀，为财辱士，非也。”② 从许谦后来在拓跋珪初年仍活跃于代国的政治舞台之上，说明他并未治许谦之罪。汉族地区士人进入代国统治上层，对什翼犍参照黄河流域封建政权的官僚体制构建代国的官僚体制很有帮助。

什翼犍在位的另一个举措对拓跋部迅速接受黄河流域的先进汉文化起了重要的促进作用。我们在前文已经证实鲜卑族慕容部是受汉化很深的鲜卑族的一支，前燕慕容皝（字元真）在位期间与拓跋部保持了长久的婚姻关系。《魏书》卷一《序纪》记载，建国二年，“娉慕容元真妹为皇后”。建国四年九月，“皇后慕容氏崩”。十二月，“慕容元真遣使朝贡，并荐其宗女”。建国六年八月，“慕容元真遣使请荐女”。建国七年二月，“遣大人长孙秩迎后慕容氏元真之女于境。夏六月，皇后至自和龙。秋七月，慕容元真遣使奉聘，求交婚。帝许之。九月，以烈帝女妻之。……八年，慕容元真遣使朝贡”。建国十一年（晋穆帝永和四年，公元348年），慕容皝死，次年，其子慕容儁即燕王位，继续与拓跋部保持着婚姻关系。建国十九年冬天，“慕容儁来请婚，许之”。第二年五月，“慕容儁奉纳礼币”。建国二十三年（东晋升平四年，360年），慕容儁死，其子慕容暐即位。建国二十五年十一月，“慕容暐荐女备后宫”，因为在建国二十三年，“皇后慕容氏崩”，故而慕容暐要继续这种婚姻关系来维持鲜卑族两个部落之间的婚姻关系。这种婚姻关系一直维持到建国三十三年苻坚灭前燕为止。如果我们仅仅将什翼犍与慕容氏之间的婚姻关系看做两个鲜卑族部落之间的婚姻关系，显然是有其历史局限的，因为慕容氏在当时已经在与黄河流域汉族的交往过程中充分吸收了黄河文化的精华，社会制度和文明程度较高，拓跋部落与其交往，只能看做是拓跋部落通过婚姻关系接受先进文明的一个渠道，另一方面，两个鲜卑部落也可以通过婚姻关系建立起较为稳定的同盟，不至于在错综复杂的环境中迅速衰亡。

十六国角逐中的北魏早期政权发展可谓一波三折。在拓跋郁律时期拓跋部似乎迎来了大发展，以至于黄河流域的其他少数民族政权多愿意与其建立联系。然而好景不长，桓皇后祁氏出于一己之私利，杀死拓跋郁律，结果引起部落内部的纷争，使拓跋部在十几年之中受制于其他少数民族所建立的政权。到什翼犍时期，通过与汉族的交往和与汉族交往较深的鲜卑慕容氏部落

① 魏收．1974．魏书．卷24．许谦传．北京：中华书局．610

② 魏收．1974．魏书．卷1．序纪．北京：中华书局．16

的通婚，开始积极吸纳黄河文化中的优秀内涵，建立了一套杂糅汉族政治文化又符合本民族的政治体制，使拓跋部落迅速走向强大。可以说什翼犍通过自己的努力广纳八方英才，奠定了北魏政权的社会基础。魏收曾有言曰："昭成以雄杰之姿，包君子之量，征伐四克，威被荒遐，乃立号改都，恢隆大业。终于百六十载，光宅区中。其原固有由矣。"① 这可以说准确地概括了北魏政权在什翼犍时期的历史地位。

第二节　拓跋珪建魏

如果说什翼犍是北魏历史上黄河文化与草原文化融合的开启者，那么其后继者道武帝拓跋珪则以实际行动开始了两种文化融合的进程。拓跋珪是什翼犍的嫡孙，其父亲拓跋寔在建国三十四年春长孙斤谋反时，与长孙斤搏斗中受伤而死。是年七月七日，拓跋珪出生。

什翼犍晚年，鲜卑拓跋部面临着严重的危机。建国三十九年，前秦苻坚派遣苻洛率领 20 万军队进攻拓跋氏部落的南部边境。十一月，什翼犍派遣白部、独孤部抵抗，结果大败。南部大人刘库仁逃往云中（今内蒙古和林格尔西北）。什翼犍再次派遣刘库仁在石子岭抵抗，又没有获胜。什翼犍病危，"乃率国人避于阴山之北"，而此时原来归附拓跋部的高车等少数民族全部背叛，"四面寇钞，不得刍牧"。在此情况下，什翼犍率领部落逃往漠北避难，到苻坚军队撤回后才回到漠南，不久病死。②

什翼犍虽然病死，但是此时苻坚仍然没有放过拓跋氏部落，他要求年仅六岁的拓跋珪到长安为人质，后经燕凤的请求，才作罢。经过九年多的动乱，拓跋珪才在登国元年正月即代王位。四月改称魏王。在登国十年的时间内，拓跋珪主要是在巩固政权，离散鲜卑族的其他部落，如贺兰部、独孤部落等，所以见诸史书记载的拓跋珪行踪多是其东征西战。

以拓跋部为代表的草原文化与黄河文化开始产生融合是在皇始元年以后的事情。具体体现在以下三个方面：首先，采用汉族地区的国家政权框架，构建北魏政权的最初模式，既带有原有部落模式的痕迹，又有中原王朝政权国家形态的特色。其次，改变政权人员的基本构成，广泛吸收汉族士人进入统治阶级内部，形成少数民族与汉族士人共同支撑政权的格局。再次，大力发展农业经济，推进鲜卑族由游牧民族转向农耕民族。

① 魏收．1974．魏书．卷 1．序纪．北京：中华书局．17
② 魏收．1974．魏书．卷 1．序纪．北京：中华书局．16

拓跋珪在登国元年至十年间，吸收汉族地区的国家政权框架，构建北魏政权的最初模式，既带有原有部落模式的痕迹，又有中原王朝政权国家形态的特色。皇始元年七月，“右司马许谦上书劝进尊号，帝始建天子旌旗，出入警跸，于是改元”。这是拓跋珪称帝的开始。在消灭了慕容垂后，九月，拓跋珪平定了并州。拓跋珪“初建台省，置百官，封拜公侯、将军、刺史、太守，尚书郎已下悉用文人”。这是拓跋珪即位以来的重大举措，表明他已有带领拓跋部落走向汉化道路的意向。皇始三年（本年十二月改元天兴）六月以后是拓跋珪大规模吸收黄河流域封建王朝的政治体制而加速政权建设的重要时期，国家政权的基本框架在这一年设立起来。是年六月，在商讨国号时，拓跋珪遵从黄门侍郎崔宏的建议，以“魏”为国号。七月，迁都平城以后，“始营宫室，建宗庙，立社稷”。八月，“诏有司正封畿，制郊甸，端径术，标道里，平五权，较五量，定五度”。“冬十月，起天文殿。十有一月辛亥，诏尚书吏部郎中邓渊典官制，立爵品，定律吕，协音乐；仪曹郎中董谧撰郊庙、社稷、朝觐、飨宴之仪；三公郎中王德定律令，申科禁；太史令晁崇造浑仪，考天象；吏部尚书崔玄伯总而裁之”。十二月改元以后，“追尊成帝已下及后号谥。乐用《皇始》之舞。诏百司议定行次。尚书崔玄伯等奏从土德，服色尚黄，数用五，未祖辰腊，牺牲用白。五郊立气，宣赞时令，敬授民时，行夏之正”①。对原来的官制进一步改革，“置八部大夫、散骑常侍、待诏管官。其八部大夫于皇城四方四维面置一人，以拟八座，谓之八国。常侍、待诏侍直左右，出入王命”②。拓跋珪效法黄河流域原来封建王朝的政体设立了北魏王朝的国家政权机构，可以说基本完成了向黄河文化学习的过程。在此后，拓跋珪仍然对已经设立的政权机构进行完善。天兴二年正月，拓跋珪“初祠上帝于南郊，以始祖神元皇帝配，降坛视燎，成礼而反”。这一举措在今天看来近乎迷信，但在当时来讲，在南郊祭祀上帝是中原地区封建王朝行之已久的礼仪活动，以表明国家政权得到上天的承认，因而具有重要的政治意义，所以拓跋珪对此非常重视。随即制定了“三驾之法”③。同年三月，拓跋珪“分尚书三十六曹及诸外署，凡置三百六十曹，令大夫主

---

① 魏收．1974．魏书．卷2．太祖纪．北京：中华书局．34

② 魏收．1974．魏书．卷113．官氏志．北京：中华书局．2972

③《通典》卷六十六《礼二十六·嘉礼十一》释“三驾之法”云：“后魏道武帝天兴二年，命礼官采古法，制三驾卤簿。一曰大驾，设五辂，建太常，属车八十一乘。平城令、代尹、司隶校尉、丞相奉引，太尉陪乘，太仆御从。轻车介士，千乘万骑，鱼丽雁行。前驱皮轩、阘戟、芝盖、云罕、指南；后殿豹尾。鸣笳唱，上下作鼓吹。军戎、大祠则设之。二曰法驾，属车三十六乘。平城令、代尹、太尉奉引，侍中陪乘，奉车都尉御。巡狩、小祠则设之。三曰小驾，属车十二乘。平城令、太仆奉引，常侍陪乘，奉车郎御。游宴离宫则设之”

之。大夫各有属官，其有文簿，当曹敷奏，欲以省弹驳之烦”。八月，拓跋珪“诏礼官备撰众仪，著于新令”。十月，太庙建成，“迁神元、平文、昭成、献明皇帝神主于太庙”。天兴三年二月丁亥，“诏有司祀日于东郊。始耕籍田”。四月，趁东巡涿鹿之际，拓跋珪“遣使者以太牢祠帝尧、帝舜庙”。拓跋珪所采取的一系列改革鲜卑拓跋部旧的部落制度，推行黄河流域已经成熟的政治制度，在鲜卑族内部也引起了一些旧势力的不满。当时有些大臣借天文错乱，“多云改王易政，故数革官号”。拓跋珪为了防止守旧势力对改革的阻挠，“一欲防塞凶狡，二欲消灾应变。已而虑群下疑惑，心谤腹非”，下诏论述了推行汉族政治体制的重要性。至天赐元年九月，拓跋珪亲临昭阳殿，“分置众职，引朝臣文武，亲自简择，量能叙用；制爵四等，曰王、公、侯、子，除伯、男之号；追录旧臣，加以封爵，各有差”。然而此次赏赐爵位因多而混乱，至十一月，拓跋珪在西宫铨选朝臣，“令各辨宗党，保举才行，诸部子孙失业赐爵者二千余人”①。正是通过大规模吸纳汉族地区推行已久的政治制度，拓跋珪引导长期在草原地区活动的鲜卑族进入黄河流域，以其善于适应已经变化了的环境而使这一民族生存下来，并且站稳了脚跟。可见文化之间的融合对于草原民族融入农业民族所发挥的重要作用。然而，在当时鲜卑族守旧势力还很强大的情况之下，拓跋珪在官僚体制方面效法黄河流域的中原王朝并不彻底，许多官员名称的设置仍然考虑到鲜卑族的习惯。“帝欲法古纯质，每于制定官号，多不依周汉旧名，或取诸身，或取诸物，或以民事，皆拟远古云鸟之义。诸曹走使谓之凫鸭，取飞之迅疾；以伺察者为候官，谓之白鹭，取其延颈远望。自余之官，义皆类此，咸有比况”②。这可以说是特殊情况下的灵活处理方式。

拓跋珪政权中大量使用汉人，使汉人在国家政治生活中发挥越来越重要的作用，昭示了他已经认识到汉族士人在政权建设中的重要作用。在登国十年十一月的参合陂之战中，拓跋珪率领军队打败慕容垂，“生擒其陈留王绍、鲁阳王倭奴、桂林王道成、济阴公尹国、北地王世子钟葵、安定王世子羊儿以下文武将吏数千人，器甲辎重、军资杂财十余万计”。拓跋珪不仅俘虏了慕容垂政权的王公大臣，而且更为重要的是从所俘虏的“文武将吏数千人”中选拔了一些汉族士人进入自己的政权内部。“于俘虏之中擢其才识者贾彝、贾闺、晁崇等与参谋议，宪章故实”。③ 这一举动对一个少数民族的首领来讲确实难能可贵。贾彝弱冠之年即为慕容垂骠骑大将军、辽西王农记室参军，

① 魏收．1974．魏书．卷2．太祖纪．北京：中华书局．41，42

② 魏收．1974．魏书．卷113．官氏志．北京：中华书局．2973，2974

③ 魏收．1974．魏书．卷2．太祖纪．北京：中华书局．27

拓跋珪“先闻其名，尝遣使者求（贾）彝于（慕容）垂”。贾彝被俘后立即受到拓跋珪的重用，“拜尚书左丞，参预国政，加给事中。于邺置行台，与尚书和跋镇邺，招携初附”①。再如晁崇本为慕容垂太史郎，被俘以后，“太祖爱其伎术，甚见亲待”。后来他跟随拓跋珪“从平中原，拜太史令，诏崇造浑仪，历象日月星辰”，后官至中书侍郎。②《魏书》卷二《太祖纪》云：“帝初拓中原，留心慰纳，诸士大夫诣军门者，无少长，皆引入赐见，存问周悉，人得自尽，苟有微能，咸蒙叙用。”从后来的历史中也可以看出拓跋珪收降其他武装中的士人的现象。皇始二年二月，在与慕容宝的作战中，慕容宝战败逃走，“宝尚书闵亮、秘书监崔逞、太常孙沂、殿中侍御史孟辅等并降。降者相属，赐拜职爵各有差”。这些原为慕容宝政权中的重要人物，投降以后都受到重用。如清河东武城人崔宏是曹魏司空崔林的六世孙，其祖父在后赵石虎时期，官至司徒左长史、关内侯，其父亲崔潜在慕容暐朝中为黄门侍郎，其祖父辈“并有才学之称”。他本人有“冀州神童”之称号，并先后在苻坚和慕容垂朝中任职，拓跋珪征伐慕容宝时，军队到达常山，崔宏向海滨逃去，后来被抓回。拓跋珪与他谈话后非常高兴，“以为黄门侍郎，与张衮对总机要，草创制度”。他帮助拓跋珪“制官爵，撰朝仪，协音乐，定律令，申科禁”③。又如崔逞的祖辈父辈均为魏晋以来的名流，他先后在慕容暐、苻坚、慕容垂政权中任职，归附拓跋珪后，“张兖先称美逞，及见，礼遇甚重。拜为尚书，任以政事，录三十六曹，别给吏属，居门下省，寻除御史中丞”。然而因为后来崔逞侮辱他，他就将崔逞杀了，从而引起了不良的连锁反应。晋安帝元兴二年（402 年），东晋荆州刺史司马休之等数十人为桓玄所迫害，准备逃往北魏，但听说此事后，“至陈留南，分为二辈，一奔长安，一归广固”。拓跋珪听说司马休之要投奔他，心中很高兴，但因杀了崔逞所以令士人寒心，当他知道这一原因后，“深悔之”。所以后来“自是士人有过者，多见优容”④。可见拓跋珪也在与汉族的接触中逐步认识到士人的重要性的。再如高湖，其祖、父都先后在慕容垂政权中分别担任司空和尚书，他本人担任散骑常侍，北魏占领中山后，高湖率领三千户投降拓跋珪，拓跋珪“赐爵东阿侯，加右将军，总代东诸部”⑤。还有勃海蓚人封懿，其曾祖封释，在晋朝官至东夷校尉，其父封放，在慕容暐政权中官任吏部尚

---

① 魏收．1974．魏书．卷 33．贾彝传．北京：中华书局．792

② 魏收．1974．魏书．卷 91．术艺・晁崇传．北京：中华书局．1943

③ 魏收．1974．魏书．卷 24．崔玄伯传．北京：中华书局．620，621

④ 魏收．1974．魏书．卷 32．崔逞传．北京：中华书局．758

⑤ 魏收．1974．魏书．卷 32．高湖传．北京：中华书局．751

书。其兄封孚，在慕容超政权中官至太尉。他本人在慕容宝时期，官至中书令、民部尚书。慕容宝失败后，他投奔拓跋珪，被授予给事黄门侍郎、都坐大官、宁朔将军、章安子。拓跋珪曾数次向他询问慕容宝过去的旧事，虽然因为“应对疏慢，废还家”，但也未见被迫害的记载，到明元帝初年，“复征拜都坐大官，进爵为侯”①。这些汉族士人在拓跋珪政权中所受到的礼遇，都说明拓跋珪重视利用汉族士人为其政权服务，也说明在黄河流域日益成熟的文化已经深深吸引了草原游牧民族的首领。到了晚年，拓跋珪即使对于投降之人不予以重用，也不加以迫害。皇始二年十月，拓跋珪消灭慕容宝之弟慕容贺麟后，“共所署公卿、尚书、将吏、士卒降者二万余人”，拓跋珪皆赦而不问。

拓跋珪不仅从俘虏中选拔人才，而且从所占领地广为搜罗汉族士人进入政权内部。如上谷沮阳人张衮，其祖、父都曾先后官至太守，他本人“纯厚笃实，好学，有文才”。拓跋珪在为代王时，张衮被选为左长史。在拓跋珪的谋士群体中，他“常参大谋，决策帏幄，太祖器之，礼遇优厚”。皇始二年三月，拓跋珪攻占中山后，“拜衮奋武将军、幽州刺史，赐爵临渭侯。衮清俭寡欲，劝课农桑，百姓安之”，因而有“衮遇创业之始，以有才谟见任”之说。② 张衮后来虽然被疏远，但拓跋珪在北魏初年重用汉族士人则显示了其融入黄河文化的用意。正因为拓跋珪在所占领的地区广泛搜求汉族士人，使进入统治集团的汉族士人越来越多，也使他在与鲜卑贵族的较量中有了坚强的后盾。皇始二年八月，在进攻中山时，因为疫病流行，“群下咸思还北”。拓跋珪看出这些鲜卑勋贵们的心思，他说：“斯固天命，将若之何！四海之人，皆可与为国，在吾所以抚之耳，何恤乎无民！”③ 拓跋珪的意思很清楚，即你们不要用北还来威胁我，没有鲜卑贵族，我还有许多汉族士人可以利用，这说明在他的心目中汉族士人已经具有很重要的地位。

拓跋珪在位期间的兴办学校、重视教育等行为也为鲜卑族接受黄河流域的文化提供了便利条件。《魏书》卷八十四《儒林列传》云：“太祖初定中原，虽日不暇给，始建都邑，便以经术为先，立太学，置五经博士生员千有余人。天兴二年春，增国子太学生员至三千。岂不以天下可马上取之，不可以马上治之，为国之道，文武兼用，毓才成务，意在兹乎？圣达经猷，盖为远矣。四年春，命乐师入学习舞，释菜于先圣、先师。”天兴二年三月，拓跋珪“初令《五经》群书各置博士，增国子太学生员三千人”。天兴四年十二月，拓跋珪

① 魏收.1974.魏书.卷32.封懿传.北京：中华书局.760
② 魏收.1974.魏书.卷24.张衮传.北京：中华书局.614
③ 魏收.1974.魏书.卷2.太祖纪.北京：中华书局.30

又“集博士儒生，比众经文字，义类相从，凡四万余字，号曰《众文经》”[1]。新兴人梁越，“少而好学，博综经传，无所不通。性纯和笃信，行无择善”，北魏初年为《礼经》博士，拓跋珪“以其谨厚，举动可则，拜上大夫，命授诸皇子经书”。明元帝即位后对师傅之恩很感激，给予他很高的待遇。[2] 张恂在任常山太守时，“开建学校，优显儒士。吏民歌咏之”，拓跋珪“闻而嘉叹”[3]。这也显示了地方官发展教育融合各方文化的做法。拓跋珪从进入黄河流域就开始重视用儒家经典教育鲜卑族的子孙，这从太学人数的逐步增加即可看出。他试图利用黄河流域日益成熟的儒家经典来教育鲜卑族，使本民族能够尽快走上封建化的道路，改变本民族在文化上的落后状况。

拓跋珪在位期间，大力发展农业生产，其目的是为了促使本民族迅速走上农业民族的轨道，摆脱游牧经济给鲜卑族发展带来的种种限制。登国元年正月即代王位后，二月，拓跋珪即“幸定襄之盛乐。息众课农”。所谓的“息众课农”也就是拓跋部落由游牧经济向农业经济转变的过程，其间为发展农业生产必然要进行农田水利建设。登国九年，拓跋珪“使东平公元仪屯田于河北五原，至于棝杨塞外”[4]。拓跋珪“命（元仪）督屯田于河北，自五原至棝杨塞外，分农稼，大得人心”[5]。从五原沿黄河到棝杨塞遍布屯田者，可以想见这里必然会引用黄河之水来灌溉农田。《水经注》卷三《河水注》记载这一带的黄河时云：“河水又东迳稒阳城南。”“又东过临沃县南。……河水又东，枝津出焉。河水又东流，石门水南注之。”“河水又东迳稒阳县故城南。”这一带是今天的河套地区，黄河的支流密布，有石门水流过，又有枝津水，“水上承大河于临沃县，东流七十里，北溉田南北二十里，注于河”。蛛网式的河流使农田水利建设能够迅速而普遍地开展起来。水利灌溉事业的发展，使农业生产喜获丰收，以至于鲜卑族的另一个部落首领慕容垂在登国十年“秋七月，慕容垂遣其子宝来寇五原，造舟收谷”，后被打败。这一带也因此成为北魏的粮仓。皇始二年四月，拓跋珪在与慕容宝交战时，“帝以军粮未继，乃诏征东大将军东平公元仪罢邺围，徙屯巨鹿，积租杨城”。可见杨城周围地区是北魏重要的产粮区，也是农田水利建设比较发达的地区。拓跋珪鼓励部落民众迁徙到水利便利处从事农业生产，促使了北魏历史的重大转变。从时人的言谈中也可以看出人们寻求水利便利之处从事

① 魏收. 1974. 魏书. 卷2. 太祖纪. 北京：中华书局. 39
② 魏收. 1974. 魏书. 卷84. 儒林·梁越传. 北京：中华书局. 1843
③ 魏收. 1974. 魏书. 卷88. 良吏·张恂传. 北京：中华书局. 1900
④ 魏收. 1974. 魏书. 卷2. 太祖纪. 北京：中华书局. 26
⑤ 魏收. 1974. 魏书. 卷15. 昭成子孙列传·元仪传. 北京：中华书局. 371

农业生产的想法。拓跋珪因和跋“性尤奢淫”，收其而杀之。和跋在临刑前，对诸弟说：“灅北地瘠，可居水南，就耕良田，广为产业，各相勉励，务自纂修。”① 观和跋之意，表面是要求其弟选择灌溉便利之处作为生存的居处，实际上是要其诸弟逃离拓跋珪的阵营，但也从侧面反映了灅水之南是发达的水利灌溉地区。灅水即今天的桑干河，发源于朔州一带，是当时便于灌溉的河流之一。② 至天兴元年二月，平定中山后，拓跋珪又“诏给内徙新民耕牛，计口受田”③。天兴初年，规定了京畿的范围为：“制定京邑，东至代郡，西及善无，南极阴馆，北尽参合，为畿内之田。”京畿之外，“其外四方四维置八部帅以监之，劝课农耕，量校收入，以为殿最。又躬耕籍田，率先百姓”。虽然拓跋珪重视农业经济，但是，因为当时战事频仍，“虽频有年，犹未足以久赡矣”④。虽然我们从上述相关史料无法确定北魏的农田水利建设和发展农业的相关措施是否促使了鲜卑族人从事农业生产，但作为一个草原民族在进入黄河流域以后，就能够很快接受这里的农业生产方式并采取多种措施来发展农业生产无疑体现出最高统治者对农业经济在国民经济发展过程中的重要性的认识。

另外，拓跋珪在对外征战过程中，虽然所经之地不是自己的占领区，但仍然对当地农业有所关注，这也反映了他注意利用黄河流域的农业经济来为自己的政权服务。如皇始元年十一月，在征慕容宝时，他向进攻邺城、信都的将军们发布诏令：“军之所行，不得伤民桑枣。”这既可以看做是他重视农业，也可以看做是他为了不引起所经过地区汉族民众的反感而做出的姿态，但无论如何，在他的心目中农业已经提到了一定的高度。这反映了黄河文化对这一来自草原地区的部落首领的影响。至少可以这样认为，拓跋珪在这一时期已经逐步开始摆脱原有的不重视农业的思想。

对于拓跋珪在鲜卑族拓跋部接收黄河文化中所起的积极作用，以及鲜卑族为代表的草原文化与黄河文化交往的历史，后世史学家多有中肯的评价。魏收说：“（拓跋珪）克剪方难，遂启中原，朝拱人神，显登皇极。虽冠履不暇，栖遑外土，而制作经谟，咸存长世。所谓大人利见，百姓与能，抑不世之神武也。”⑤ 拓跋珪采取的多种措施促使鲜卑族在政治体制上、人才使用上、文化教育上全方位地接受黄河流域已经成熟的文化，显示出他在鲜卑族

① 魏收．1974．魏书．卷28．和跋传．北京：中华书局．682

② 薛瑞泽．2002．北魏的农田水利建设．安徽史学，(3)：15～18

③ 魏收．1974．魏书．卷2．太祖纪．北京：中华书局．32

④ 魏收．1974．魏书．卷110．食货志．北京：中华书局．2850

⑤ 魏收．1974．魏书．卷2．太祖纪．北京：中华书局．45

拓跋部的发展史上的重要作用，拓跋珪以积极的态度促进鲜卑族走向黄河流域、适应黄河文化的发展趋势，加速本民族快速融入黄河文化发展的潮流之中。虽然说拓跋珪时代仍然在许多方面保留了鲜卑族旧的传统，但毕竟开启了一个新的向黄河文化学习的时代，这是应当肯定的。

第三节　从明元帝到献文帝

如果说道武帝拓跋珪开启了黄河文化与草原文化融合的先河，那么从明元帝以后，北魏王朝的统治者则继续了拓跋珪所开启的融合两种文化的事业，从更加广阔的层面积极推进了两种文化的交流与融合，并最终迎来了孝文帝时期更大规模的文化交融。

一、明元帝时期文化融合的现象

天赐六年（409 年）十月，拓跋珪被其子清河王拓跋绍杀死。拓跋嗣在北新侯安同的帮助下平息了宫廷政变，杀死拓跋绍，随即即位，改元永兴，即明元帝。明元帝即位以后，鲜卑族对黄河文化的认识更加深刻。从重视农业经济到体察民情再到关注民众的社会生活等更广范围内的行政措施，都体现出类似于黄河流域历代封建王朝统治者的为政方略。

北魏统治者体察民情从道武帝时期已经开始。天兴三年（400 年）正月，拓跋珪“分命诸官循行州郡，观民风俗，察举不法”，这是北魏历史上最早的体察民俗的记载，也是北魏实行黄河流域州郡县政治体制以后体恤百姓的表现。天兴四年二月，拓跋珪“分命使者循行州郡，听察辞讼，纠劾不法”①，再次表明了他对地方官在维护政权中的重要性的认识。拓跋珪所开启的问民疾苦、观察民俗的传统也为明元帝所继承。即位之初的次月，明元帝“诏郑兵将军、山阳侯奚斤巡行诸州，问民疾苦，抚恤穷乏”。永兴三年（411 年）二月，明元帝又“诏北新侯安同等持节循行并、定二州及诸山居杂胡、丁零，问其疾苦，察举守宰不法；其冤穷失职、强弱相陵、孤寒不能自存者，各以事闻”②。明元帝通过检查督促地方官的行政行为，实现了体察

① 魏收 . 1974. 魏书 . 卷 2. 太祖纪 . 北京：中华书局 . 38

② 魏收 . 1974. 魏书 . 卷 3. 太宗纪 . 北京：中华书局 . 51。《魏书》卷三十《安同传》云：“又诏（安同）与肥如侯贺护持节循察并定二州及诸山居杂胡、丁零，宣诏抚慰，问其疾苦，纠举守宰不法。同至并州，表曰：‘窃见并州所部守宰，多不奉法。又刺史擅用御府针工古彤为晋阳令，交通财贿，共为奸利。请案律治罪。’太宗从之，于是郡国肃然”

民情、重视农业的目的。明元帝让崔宏与宜都公穆观等查办处理案件，认为他们处理案件“平当”①。神瑞元年（414年）十一月，明元帝“诏使者巡行诸州，校阅守宰资财，非自家所赍，悉簿为赃。诏守宰不如法，听民诣阙告言之”。明元帝更加重视对地方官廉政行为的考察，其目的还是为了发展农业经济。次年三月，明元帝再次发布诏书要求严惩地方官的不法行为，“刺史守宰，率多逋慢，前后怠惰，数加督罚，犹不悛改。今年赀调悬违者，谪出家财充之，不听征发于民”②。通过严格督促地方官，民众的不满情绪得到暂时的缓解。《魏书》卷一百一十一《刑罚志》评价明元帝云：“太宗即位，修废官，恤民隐，命南平公长孙嵩、北新侯安同对理民讼，庶政复有叙焉。帝既练精庶事，为吏者浸以深文避罪。”盖为确切之言。

作为一个少数民族的统治者，明元帝效法汉代皇帝将宫人放还民间。永兴三年二月，明元帝下诏：“其简宫人非所当御及执作伎巧，自余悉出以配鳏民。”之所以有此诏令，是因为他认识到“非夫耕妇织，内外相成，何以家给人足矣”，他想通过放还宫人以达到增加农业人口的目的。除了放免宫人增加农业人口外，明元帝还通过迁徙人口于农业耕作区以加速发展农业经济。永兴五年七月，奚斤等在跋那山（今内蒙包头西乌拉山）西攻破越勤倍泥部落，“获马五万匹，牛二十万头，徙二万余家于大宁，计口受田”。八月，“置新民于大宁川，给农器，计口受田”③。这是明元帝将原来非农业的人口，通过给予农器和土地，使他们成为农业人口，以达到稳固根本的作用。特别是在处置神瑞二年是否移民于邺城问题上更显示出重视农业的政治意向。因为代北京畿地区长期干旱少雨，饥民遍野，明元帝打算迁都邺城，后来听从崔浩的建议“分简尤贫者就食山东”，他又“敕有司劝课留农者”，并且告诫有关官员说：“前志有之，人生在勤，勤则不匮。凡庶民之不畜者祭无牲，不耕者祭无盛，不树者死无椁，不蚕者衣无帛，不绩者丧无衰。教行三农，生殖九谷；教行园囿，毓长草木；教行虞衡，山泽作材；教行薮牧，养蕃鸟兽；教行百工，饬成器用；教行商贾，阜通货贿；教行嫔妇，化治丝枲；教行臣妾，事勤力役。”在有关的官员的督促下，“自是民皆力勤，故岁数丰穰，畜牧滋息”④。从明元帝所下诏令可以看出，他已经完全是一个农业国度的帝王，而非草原游牧民族的首领。由此可见黄河流域传统的农业文化对鲜卑民族的影响。

---

① 魏收.1974. 魏书. 卷24. 崔玄伯传. 北京：中华书局.622
② 魏收.1974. 魏书. 卷3. 太宗纪. 北京：中华书局.55
③ 魏收.1974. 魏书. 卷3. 太宗纪. 北京：中华书局.53
④ 魏收.1974. 魏书. 卷110. 食货志. 北京：中华书局.2850

明元帝还通过访贫问苦，以表示官府对百姓的体恤。神瑞二年六月，在外出巡视路上，于赤城“亲见长老，问民疾苦，复租一年”。在上谷“问百年，访贤俊，复田租之半”。当七月回到京城后，“复所过田租之半”，以减轻农民的负担。此后，在巡视各地时，多有减免田租的诏令。十月，又针对水旱灾害频繁的现象，下诏赈恤民众，“顷者以来，频遇霜旱，年谷不登，百姓饥寒不能自存者甚众，其出布帛仓谷以赈贫穷”。泰常二年（417 年）春二月丙午，明元帝又诏曰：“九州之民，隔远京邑，时有壅滞，守宰至不以闻。今东作方兴，或有贫穷失农务者。其遣使者巡行天下，省诸州，观民风俗，问民疾苦，察守宰治行。诸有不能自申，皆因以闻。”十一月，在平定西山丁零翟蜀、洛支后，“复诸州租税”，以减轻民众受丁零骚扰后的经济负担。泰常三年八月，因雁门、河内大雨造成水灾，“复其租税”。泰常七年九月，巡视幽州时，“见耆年，问其所苦，赐爵号。分遣使者循行州郡，观察风俗”。泰常八年正月，在邺城“存恤民俗”[①]。我们引述史书中有关明元帝重视农业、察民疾苦的事例，其目的是为了证明他是以汉族地区的统治者身份出现在民众面前的，也充分说明黄河文化对来自草原地区的少数民族统治者影响之深。

明元帝又在鲜卑族中大力推行儒家文化，使鲜卑族尽快接受黄河文化中的精髓。永兴五年二月，“诏分遣使者巡求俊逸，其豪门强族为州闾所推者，及有文武才干、临疑能决，或有先贤世胄、德行清美、学优义博、可为人师者，各令诣京师，当随才叙用，以赞庶政”。从这一诏令我们可以看出，明元帝广求汉族士人中的贤才进入统治阶层，以实现两种文化的真正融合。究其实明元帝之所以有此诏令，可能与他所受的儒学教育分不开。《魏书》卷三《太宗纪》云：“帝礼爱儒生，好览史传。以刘向所撰《新序》、《说苑》于经典正义多有所阙，乃撰《新集》三十篇，采诸经史，该洽古义，兼资文武焉。”由此看来，明元帝不仅学习过儒家经典，而且还有很深的造诣。因明元帝喜好儒家经典，所以儒生受到重视的也比较多。如崔浩在明元帝即位之初就被授予博士祭酒，“常授太宗经书”。明元帝还令崔浩“解《急就章》、《孝经》、《论语》、《诗》、《尚书》、《春秋》、《礼记》、《周易》”，前后三年完毕。[②] 明元帝重视和推广在黄河流域广为流传的儒家经典，其目的还是为了加速鲜卑族接受黄河文化的进程。

明元帝在这时已经以中原王朝的统治者自居，对周边的少数民族则称胡人。神瑞初年，并州的“饥胡”刘虎率数万家向南抢掠河内，明元帝派遣将

① 魏收. 1974. 魏书. 卷 3. 太宗纪. 北京：中华书局. 63

② 魏收. 1974. 魏书. 卷 35. 崔浩传. 北京：中华书局. 825

军公孙表等率师讨伐失败。明元帝在与群臣对话中有“胡寇纵暴”、“胡众虽盛”、“胡丑畏服”① 等话语，说明在以明元帝为代表的鲜卑人心目中，鲜卑族已经与黄河流域的汉族一样成为主体民族。此种称其他少数民族为“胡”的现象在这一时期是非常普遍的。

正因为儒家的忠孝观念已经在明元帝心中深深扎下了根，所以，他对忠孝之人给予很高的地位。京兆人王洛儿和代人车路头在明元帝登基时起了很大的作用，因此明元帝即位后，即拜二人散骑常侍，分别赐爵新息公、金乡公，并且下诏褒扬：“士处家必以孝敬为本，在朝则以忠节为先，不然，何以立身于当世，扬名于后代也？”② 奚斤从其父以来，为北魏王朝的建立立下汗马功劳，明元帝即位后，“诏以斤世忠孝，赠其父箪为长宁子”。魏收评价曰：“奚斤世称忠孝，征伐有克。”③ 拓跋拔干作为皇室宗亲，在拓跋珪时期就受到重视，“有计略，屡效忠勤”，所以明元帝即位后，被任命为勃海太守。④

明元帝时期是北魏历史上黄河文化对草原文化影响的重要历史时期，虽然鲜卑族在这一阶段还处在相对落后的状态，但是随着与黄河流域汉族交往的增多，在统治阶级上层开始将黄河流域封建统治者行之已久的为政措施，如重视农业、严格官员的考察制度等应用到国家管理中，使鲜卑族开始重视农业在社会经济发展中的作用。另外，在所留存下来的史料中，虽然有关于明元帝带有草原地区游牧民族的习性的记载，但是，他重视儒家文化的传播，并以黄河流域统治者自居，称其他少数民族为胡人，说明在他心目中鲜卑族在这一时期已经成为黄河文化的主宰。

二、太武帝时期的民族融合

太武帝拓跋焘即位后，继续其父亲明元帝加速汉化、融合鲜卑民族进入黄河文化的进程。而民族之间的融合，最为关紧的是经济形式的转变和文化的融合，所以，太武帝在位期间对这两方面都采取了较大的措施来实现鲜卑族的历史性跨越。

太武帝即位以后，完全以中国文化的继承者自居，对于文化建设非常重视。他首先推行了文字的规范化。始光二年（425 年）三月，太武帝“初造新字千余”。他还为此发布诏书：“在昔帝轩，创制造物，乃命仓颉因鸟兽之

① 魏收. 1974. 魏书. 卷 24. 崔玄伯传. 北京：中华书局. 623
② 魏收. 1974. 魏书. 卷 34. 王洛儿传. 北京：中华书局. 799
③ 魏收. 1974. 魏书. 卷 29. 奚斤传. 北京：中华书局. 706
④ 魏收. 1974. 魏书. 卷 15. 昭成子孙 · 辽西公意烈传. 北京：中华书局. 384

迹以立文字。自兹以降，随时改作，故篆隶草楷，并行于世。然经历久远，传习多失其真，故令文体错谬，会义不惬，非所以示轨则于来世也。……今制定文字，世所用者，颁下远近，永为楷式。”① 太武帝造新字是欲通过文化上的革新来树立鲜卑族在黄河流域的影响。究其实太武帝此举只是对文字规范了写法，因为在此前的拓跋珪天兴四年十二月曾有文字整顿的先例，太武帝不过是继承其父整顿文字的做法。赵翼曾经指出：“是皆因书籍文字传写讹谬，特为刊正，以昭画一，使天下通行，而非另创一体，以便其国俗所用也。”② 然而北魏整顿文字的改革在当时人评价并不高。颜之推说：“北朝丧乱之余，书迹鄙陋，加以专辄造字，猥拙甚于江南。”③ 可见太武帝的文字改革是从鲜卑族使用方便出发的。

太武帝文化建设的第二项举措是加强对学校教育的控制，提倡兴办官学。始光三年二月，“起太学于城东，祀孔子，以颜渊配”。兴办国家学校，并承认孔子在中国文化史上的尊崇地位，也就是确定了鲜卑人对孔子及黄河流域千百年的传统文化的认同，也是为了唤起全社会对学校教育的重视。太平真君五年（444 年）正月诏曰：“自顷以来，军国多事，未宣文教，非所以整齐风俗，示轨则于天下也。今制自王公已下至于卿士，其子息皆诣太学。”④ 太武帝令王公以下直至卿士的子弟到太学中受教育，是为了鲜卑族能够接受更多的儒学传统教育，培养国家所需的人才。《魏书》卷八十四《儒林列传》云：“太宗世，改国子为中书学，立教授博士。世祖始光三年春，别起太学于城东，后征卢玄、高允等，而令州郡各举才学。于是人多砥尚，儒林转兴。”这也表明了太学教育的发展对于儒学传播的作用。

特别是中书学的发展史显示出太武帝欲从鲜卑族未来继承人的高度来培养具有较高儒学修养的社会上层。中书学因为是要培养王公贵族的子弟，所以，太武帝在选拔中书学的教师时，多为社会上有名望的儒学大师。《魏书》卷四上《世祖纪》载太武帝神䴥四年九月诏书曰：“顷逆命纵逸，方夏未宁，戎车屡驾，不遑休息。今二寇摧殄，士马无为，方将偃武修文，遵太平之化，理废职，举逸民，拔起幽穷，延登俊乂。昧旦思求，想遇师辅，虽殷宗之梦板筑，罔以加也。访诸有司，咸称范阳卢玄、博陵崔绰、赵郡李灵、河间邢颖、勃海高允、广平游雅、太原张伟等，皆贤俊之胄，冠冕州邦，有羽仪之用。……如玄之比，隐迹衡门、不耀名誉者，尽敕州郡以礼发遣。”于

① 魏收．1974．魏书．卷 4 上．太祖纪上．北京：中华书局．70

② 赵翼．1984．廿二史劄记．卷 29．各朝国书．北京：中华书局．436

③ 颜之推．1980．颜氏家训．卷 7．杂艺第十九．上海：上海古籍出版社．514

④ 魏收．1974．魏书．卷 4 下．太祖纪下．北京：中华书局．97

是太武帝下诏“征（卢）玄等及州郡所遣，至者数百人，皆差次叙用”。在上列诸人的《魏书》相关传中都有征其为中书博士的记载。除了上列诸人外，安定临泾人胡方回、宋隐之子宋温和其侄子宋宣、凉州人江强、敦煌人索敞、渔阳雍奴人高闾以及李敷、张灵符等人都先后入中书学为博士。中书博士由当时社会上学问最高的人担任，一些有关学问之事还要请中书博士检验。如崔浩研究的新历法完成后，他曾建议太武帝“以臣历术宣示中书博士，然后施用”①。邓渊之子邓颖就曾为太学生，太武帝令太常崔浩“集诸文学，撰述国书”，邓颍与崔浩之弟崔览等都参与其事。② 然而，太武帝求贤的政策在地方官的执行过程中出现了偏差，有的地方官甚至强迫各地有才华的人响应国家的召唤，所谓“辟召贤良，而州郡多逼遣之”就是这一现象的描写。延和元年（432 年）十二月，太武帝根据这一现象下诏曰：“朕除伪平暴，征讨累年，思得英贤，缉熙治道，故诏州郡搜扬隐逸，进举贤俊。古之君子，养志衡门，德成业就，才为世使。或雍容雅步，三命而后至；或栖栖遑遑，负鼎而自达。虽徇尚不同，济时一也。诸召人皆当以礼申谕，任其进退，何逼遣之有也！此刺史、守宰宣扬失旨，岂复光益，乃所以彰朕不德。自今以后，各令乡闾推举，守宰但宣朕虚心求贤之意。既至，当待以不次之举，随才文武，任之政事。其明宣敕，咸使闻知。”③ 可见太武帝已经认识到逼遣士人的弊病，故而下诏制止。

太武帝重视中书学的目的是很明确的，就是培养国家未来所需的人才，所以许多官宦子弟多进入中书学学习。谷浑“在官廉直，为世祖所器重”，在社会上声望也颇高，“诏以浑子孙十五以上悉补中书学生”。所以见诸记载的谷浑之子谷季孙、谷浑之孙谷洪都曾为中书学生，特别是谷洪因学业优异，“世祖以洪机敏有祖风，令入授高宗经。高宗即位，以旧恩为散骑常侍、南部长”④。范阳人李䜣因其父李崇在延和初年率十余郡归降，所以，李䜣得入中书学为中书学生。太武帝曾至中书学视察，见到李䜣感到非常惊奇，对随从人员说：“此小儿终效用于朕之子孙矣。”李䜣因为得到太武帝的眷顾，所以后来官运亨通。太武帝甚至让其舅杜超之女嫁与李䜣，因其认为李䜣“后必宦达，益人门户，可以女妻之，勿许他贵也”。在杜超的丧礼上，太武帝还对周围人说：“观此人举动，岂不有异于众？必为朕家干事之臣。”在太

---

① 魏收．1974．魏书．卷 35．崔浩传．北京：中华书局．825

② 魏收．1974．魏书．卷 24．邓渊传附邓颍传．北京：中华书局．635

③ 魏收．1974．魏书．卷 4 上．太祖纪上．北京：中华书局．81

④ 魏收．1974．魏书．卷 33．谷浑传．北京：中华书局．781

武帝的干预下，李䜣被授予中书助教博士，“入授高宗经”[①]。广平任人游明根经游雅推荐，“世祖擢为中书学生。性贞慎寡欲，综习经典”[②]。从太武帝时期中书学的发展可以看出，中书学的教师是由当时全国范围内的文化名流担任的，太武帝不惜代价从全国各地选拔了一批在学问上有影响的人担任教师，其目的是为了培养对鲜卑族所建立的政权有贡献的人；学生基本上来源于社会上层，一些汉族士人的子弟也因特殊情况进入中书学学习。太武帝通过中书学的兴办为国家培养了一批人才，使他们在以后的政治生活中发挥了重要的作用。

在发展中央官学的同时，太武帝同时又下令禁止民间私学的发展。为此他在太平真君五年正月下诏：“其百工伎巧、驺卒子息，当习其父兄所业，不听私立学校。违者师身死，主人门诛。”[③] 太武帝之所以有此规定，是因为在当时的情况下，私学的过度发展显然不利于北魏对新占领区的巩固。因禁止了民间私学的发展，州郡的官学就肩负着儒学在地方传播的任务。太延初年，薛谨为秦州刺史，“谨自郡迁州，威惠兼备，风化大行。时兵荒之后，儒雅道息。谨命立庠，教以诗书，三农之暇，悉令受业，躬巡邑里，亲加考试，于是河汾之地，儒道兴焉”[④]。在战火刚刚平息之时，薛谨就在秦州大力发展教育，体现出儒学教育在地方官员心目中所具有的崇高地位。

太武帝时期也是鲜卑族经济形态转变的重要历史时期，具体来讲，鲜卑族传统的畜牧业经济在北魏经济发展过程中已经逐步衰退，而农业经济开始引起统治者的高度重视，发展农业经济已经成为鲜卑族最高统治者的第一要务。

太武帝发展农业经济是随着对北方占领区的逐步扩大而进行的。因为在当时的情况下农业经济的发展决定着战争的胜负，只有农业发展才能为战争提供充足的后勤供应，所以太武帝对农业经济的发展非常重视。太武帝即位之初，南部新占领地区发大水，百姓面临饥荒，尚书令刘洁上奏论述了农业在国家发展中的重要性。他认为：“郡国之民，虽不征讨，服勤农桑，以供军国，实经世之大本，府库之所资。”而太行山以东地区，“偏遇水害，频年不收”，百姓“就食他所”。太武帝听从他的建议，“于是复天下一岁租赋”。太武帝通过减免租赋使遭灾的农业经济得到恢复。神䴥二年在讨伐蠕蠕问题

① 魏收．1974．魏书．卷46．李䜣传．北京：中华书局．1039
② 魏收．1974．魏书．卷55．游明根传．北京：中华书局．1213
③ 魏收．1974．魏书．卷4上．太祖纪上．北京：中华书局．97
④ 魏收．1974．魏书．卷42．薛辩传附谨传．北京：中华书局．942

上，刘洁也认为应当“广农积谷，以待其来”①，反映了来自汉族地区的士人对太武帝影响之大。始光二年四月，太武帝“诏天下十家发大牛一头，运粟塞上”。北燕灭亡后，冯弘逃奔高丽，太武帝令高丽送还冯弘，高丽留而不遣，太武帝准备讨伐高丽，乐平王拓跋丕建议太武帝“广修农殖，以饶军实，然后进图，可一举而灭”。太武帝采纳了拓跋丕的建议，大力发展农业。②

正因为北魏统治者认识到农业的重要性，所以在各地中出现了一批积极发展农业的官员。张昭虽然祖上是河内修武人，但自其父以来先后在鲜卑慕容部和拓跋部任职，而且其父曾为鲜卑东部大人，具有明显的鲜卑化倾向，但儒家文化仍然深深影响着他们父子。张昭在延和二年（433 年）出任幽州刺史后，针对幽州地区连年歉收的状况，他“乃使富人通济贫乏，车马之家籴运外境，贫弱者劝以农桑”，不到三年，幽州出现“岁乃大熟”的现象。③此后不久，太平真君五年四月末，刁雍出任薄骨律镇将。他到任后，上表太武帝谈到他在薄骨律镇所看到的现象，农妇虽然勤劳，但因“官渠乏水，不得广殖”，可见缺水制约了该地区农业的发展。他指出“乘前以来，功不充课，兵人口累，率皆饥俭”的原因在于农田水利设施没有发挥效用。他认为：“夫欲育民丰国，事须大田。此土乏雨，正以引河为用。”即兴修水利，引黄河之水来灌溉农田，以改变西北地区农业生产缺水的状况。然而当时所存在的“旧渠堰，乃是上古所制，非近代也。富平西南三十里，有艾山，南北二十六里，东西四十五里，凿以通河，似禹旧迹。其两岸作溉田大渠，广十余步，山南引水入此渠中。计昔为之，高于水不过一丈”。这一自上古以来留存的灌渠，因为长期以来无人管理，“河水激急，沙土漂流，今日此渠高于河水二丈三尺，又河水浸射，往往崩颓。渠溉高悬，水不得上。虽复诸处案旧引水，水亦难求”。通过对旧有的水利设施的考察，他认为主要是原有的水利设施长时间无人维修而遭破坏，所以他上表称：“今艾山北，河中有洲渚，水分为二。西河小狭，水广百四十步。臣今求入来年正月，于河西高渠之北八里、分河之下五里，平地凿渠，广十五步，深五尺，筑其两岸，令高一丈。北行四十里，还入古高渠，即循高渠而北，复八十里，合百二十里，大有良田。计用四千人，四十日功，渠得成讫。所欲凿新渠口，河下五尺，水不得入，今求从小河东南岸斜断到西北岸，计长二百七十步，广十步，高二丈，绝断小河。二十日功，计得成毕，合计用功六十日。小河之

① 魏收.1974.魏书.卷28.刘洁传.北京：中华书局.688

② 魏收.1974.魏书.卷17.明元六王·乐平王传.北京：中华书局.414

③ 魏收.1974.魏书.卷33.张蒲传附张昭传.北京：中华书局.780

水，尽入新渠，水则充足，溉官私田四万余顷。一旬之间，则水一遍，水凡四溉，谷得成实。官课常充，民亦丰赡。”刁雍不仅指出了旧有水利设施所存在的问题，而且对于新的水利设施的兴建提出了自己的设想。太武帝接此表以后，对刁雍非常赞赏，下诏褒扬曰：“卿忧国爱民，知欲更引河水，劝课大田。宜便兴立，以克就为功，何必限其日数也。有可以便国利民者，动静以闻。”① 通过刁雍所进之言我们可以看出，他当时不仅认识到灌溉对粮食作物增产有很大作用，而且对于兴修水利已经积累了较为丰富的经验，否则，不可能提出如此详细的建设计划。② 再如，崔鉴任东徐州刺史时，“于州内冶铜以为农具，兵民获利”③。北魏军队进攻刘宋的陈、汝两州，将淮北民众投降的七千余户，迁到兖、豫二州之南，设置淮阳郡以安居这些移民，并任命李祥为太守，“流民归之者万余家，劝课农桑，百姓安业”④。崔鸿赞美太武帝说：“世祖雄才睿略，阐曜威灵，农战兼修，扫清氛秽。”⑤ 真实地再现了太武帝发展农业经济，奠定北魏军事发展基础的情景。

为了发展农业经济，太武帝对于官员的管理和考察也很严格。始光四年十二月，太武帝至中山，“守宰贪污免者十数人”，所以，他在次年正月，“以天下守令多行非法，精选忠良悉代之”，加强对地方官的管理，表明了太武帝对农业经济的重视。在此后太武帝又多次发布诏书强调官员应当重视安民，以保证农业经济能够持续发展。延和三年二月，下诏：“故频年屡征，有事西北，运输之役，百姓勤劳，废失农业，遭离水旱，致使生民贫富不均，未得家给人足，或有寒穷不能自赡者，朕甚愍焉。今四方顺轨，兵革渐宁，宜宽徭赋，与民休息。其令州郡县隐括贫富，以为三级，其富者租赋如常，中者复二年，下穷者复三年。刺史守宰当务尽平当，不得阿容以罔政治。明相宣约，咸使闻知。”太延元年（435 年）十二月甲申，诏曰：“州郡县不得妄遣吏卒，烦扰民庶。若有发调，县宰集卿邑三老计赀定课，裒多益寡，九品混通，不得纵富督贫，避强侵弱。太守覆检能否，核其殿最，列言属州。刺史明考优劣，抑退奸吏，升进贞良，岁尽举课上台。牧守荷治民之行，当宣扬恩化，奉顺宪典，与国同忧。直道正身，肃居官次，不亦善乎？”太平真君四年（443 年）六月庚寅，诏曰：“朕承天子民，忧理万国，欲令百姓家给人足，兴于礼义。而牧守令宰不能助朕宣扬恩德，勤恤民隐，至乃

① 魏收. 1974. 魏书. 卷 38. 刁雍传. 北京：中华书局. 867，868

② 薛瑞泽. 2002. 北魏的农田水利建设. 安徽史学，(3)：15 ~ 18

③ 魏收. 1974. 魏书. 卷 49. 崔鉴传. 北京：中华书局. 1103

④ 魏收. 1974. 魏书. 卷 53. 李孝伯传. 北京：中华书局. 1174

⑤ 魏收. 1974. 魏书. 卷 67. 崔光传附崔鸿传. 北京：中华书局. 1503

侵夺其产，加以残虐，非所以为治也。今复民赀赋三年，其田租岁输如常。牧守之徒，各厉精为治，劝课农桑，不听妄有征发；有司弹纠，勿有所纵。”① 太武帝时圈占良田的现象，经高允的谏言也得以废除。太武帝晚年，“是时多禁封良田”，高允向太武帝讲述了大力发展农业的好处，“世祖善之。遂除田禁，悉以授民”②。

太武帝时期还继续完善国家的官僚机构。神䴥三年七月，诏曰：“昔太祖拨乱，制度草创；太宗因循，未遑改作，军国官属，至乃阙然。今诸征镇将军、王公仗节边远者，听开府辟召；其次，增置吏员。”十月戊寅，诏司徒崔浩改定律令。延和元年正月，下诏：“其王公将军以下，普增爵秩，启国承家，修废官，举俊逸，蠲除烦苛，更定科制，务从轻约，除故革新，以正一统。群司当深思效绩，直道正身，立功立事，无或懈怠，称朕意焉。”太延三年五月，诏曰：“方今寇逆消殄，天下渐晏。比年以来，屡诏有司，班宣惠政，与民宁息。而内外群官及牧守令长，不能忧勤所司，纠察非法，废公带私，更相隐置，浊货为官，政存苟且。夫法之不用，自上犯之，其令天下吏民，得举告守令不如法者。”③ 太武帝试图通过民众告发官吏的不良行为来整顿官僚机构。

综观太武帝时期重视儒学教育，发展农业经济乃至重视官僚体制建设，无不显示出北魏的政权机构在这一时期出现的重大转折，太武帝就是通过这一系列的举措，加速了黄河文化对以鲜卑族为代表的草原文化的影响，从而使鲜卑族真正成为黄河文化的主宰。

三、文成帝时期的文化融合

太武帝作为北魏历史上的一个强势君主，在他的一生并未完成鲜卑族完全汉化的历史进程，其后继的文成帝以及以后的献文帝都在继续推动汉化的进程。文成帝与其子献文帝在推进鲜卑族融入黄河流域的汉族过程中采取了多种措施，为了方便论述，我们分门别类加以研究。

（一）继续发展农业

恭宗拓跋晃监国时，曾经下令：“其制有司课畿内之民，使无牛家以人牛力相贸，垦殖锄耨。其有牛家与无牛家一人种田二十二亩，偿以私锄功七亩，如是为差。至与小、老无牛家种田七亩，小、老者偿以锄功二亩。皆以

① 魏收．1974．魏书．卷4下．世祖纪下．北京：中华书局．96

② 魏收．1974．魏书．卷48．高允传．北京：中华书局．1069

③ 魏收．1974．魏书．卷4上．世祖纪上．北京：中华书局．88

五口下贫家为率。各列家别口数，所劝种顷亩，明立簿目。所种者于地首标题姓名，以辨播殖之功。”除此之外，拓跋晃又禁止饮酒、杂戏以及弃农从商者，结果“垦田大为增辟”①。文成帝在位期间继承太武帝时期重视农业经济的政策，对农业的重视依然如故。我们知道，鲜卑族作为一个游牧民族，在进入黄河流域以后，经历了几代人的努力，其社会发展已经与早期在草原游牧阶段有了很大的不同，即农业经济已经在北魏的社会经济中占据着重要的地位，畜牧业经济虽然还存在，但已经不像早期那样深受统治者的重视。

文成帝即位以后，对民间疾苦也非常关注，他有时亲自到全国各地观察民俗，有时派遣使者体察民情，并要求地方官体恤民众。兴安二年十一月，文成帝到信都、中山巡视，“观察风俗”，通过观察民情风俗使他对各地的农业状况有了了解。太安元年六月，他派遣穆伏真等 30 人到各州郡“观察风俗”。据穆伏真等人的汇报，他得知“入其境，农不垦殖，田亩多荒，则徭役不时，废于力也；耆老饭蔬食，少壮无衣褐，则聚敛烦数，匮于财也；闾里空虚，民多流散，则绥导无方，疏于恩也；盗贼公行，劫夺不息，则威禁不设，失于刑也；众谤并兴，大小嗟怨，善人隐伏，佞邪当途，则为法混淆，昏于政也”。他认为这完全是地方官失察所致，应当“黜而戮之”②。由此可知，文成帝已经认识到地方官在农业经济发展中的重要作用，故而派遣大臣观察风俗以检查地方官的为政优劣，从而实现体恤民众、发展农业经济的目的。《魏书》卷一百一十《食货志》云：“高宗时，牧守之官，颇为货利。太安初，遣使者二十余辈循行天下，观风俗，视民所疾苦。诏使者察诸州郡垦殖田亩、饮食衣服、闾里虚实、盗贼劫掠、贫富强劣而罚之，自此牧守颇改前弊，民以安业。”从这段史料我们可以看出文成帝派遣使节的目的、考察官员为政的内容和所取得的效果。针对太安三年五个州镇的蝗灾，他在开仓赈济的同时，于次年正月“初设酒禁”，并在巡视辽西时，“亲对高年，劳问疾苦”。《资治通鉴》卷一百二十八《宋纪十·世祖孝武皇帝上》“大明二年”条云：“正月，丙午朔，魏设酒禁，酿、酤、饮者皆斩之；吉凶之会，听开禁，有程日。魏主以士民多因酒致斗及议国政，故禁之。”③ 五月，他又下诏对于“求欲无厌，断截官物以入于已，使课调悬少，而深文极墨，委罪

① 魏收．1974．魏书．卷 4 下．恭宗纪．北京：中华书局．109

② 魏收．1974．魏书．卷 5．高宗纪．北京：中华书局．114

③《通典》卷一百七十《刑法八·宽恕》云：“文成帝太安四年，始设酒禁。是时，年穀屡登，士人多因酒致酗讼，或议王政，故一切禁之，酿、酤、饮斩，吉凶宾亲，则开禁有日程。”《通典》卷一百六十四《刑法二·刑制中》也有相同的记载。到献文帝即位的当年六月，“魏开酒禁”

于民”的地方官予以严惩。然而，北魏社会积重难返的现象又使他深感忧虑。太安五年九月，文成帝又对“牧守莅民，侵食百姓，以营家业，王赋不充”的地方官，采取追究制，即使“岁满去职，应计前逋，正其刑罪”，“自今诸迁代者，仰列在职殿最，案制治罪”。这种追究制可以说是北魏历史上初次实行的官员问责制，有利于督促地方官为政清廉和发展当地的农业经济。十二月，面对六镇、云中、高平、二雍、秦州等地旱灾所造成的粮食歉收现象，他在开仓赈济的同时，又允许流民还乡，还可以“市籴他界，为关傍郡，通其交易之路”，并严令地方官执行。和平二年正月，文成帝再次下诏说：“刺史牧民，为万里之表。自顷每因发调，逼民假贷，大商富贾，要射时利，旬日之间，增赢十倍。上下通同，分以润屋。故编户之家，困于冻馁；豪富之门，日有兼积。为政之弊，莫过于此。其一切禁绝，犯者十疋以上皆死。布告天下，咸令知禁。”[①] 文成帝严格约束地方官的多个诏令表明了他欲借地方官来实现他重视农业、保护农民利益的思想。因为他深切知道，农民的稳定是国家稳定的前提，同时农业的发展是他与民休息理念的真正体现。从他所下的一系列诏书中我们也可以看到，文成帝已经完全成为一个农业国度的皇帝，而非草原民族的部落酋长。这与他对北魏社会的了解是有很大关系的。魏收曾说：“世祖经略四方，内颇虚耗。既而国衅时艰，朝野楚楚。”在这种情况下，如果继续对外扩张，必然引起社会矛盾的激化。而文成帝“与时消息，静以镇之，养威布德，怀缉中外”，使北魏社会经济得到了恢复，为以后的社会发展奠定了基础。“自非机悟深裕，矜济为心，亦何能若此！可谓有君人之度矣”。这种对文成帝的评价还比较贴切。和平六年五月，献文帝即位后，针对“徭赋不息”的问题，六月即下诏：“今兵革不起，畜积有余，诸有杂调，一以与民。”天安、皇兴年间，天下 11 州镇大旱，他在开仓赈济的同时，还派遣名医救治各地贫穷的百姓。[②] 然而因为东南前线与刘宋频繁交战，山东之民因“征戍转运”负担颇重，使农业经济发展受到严重的阻碍。

(二) 接受黄河流域的敬老风俗

鲜卑族在进入黄河流域后，逐步接受了汉族的社会风俗。黄河流域的传统观念开始为鲜卑族所接受，尊敬老人的社会习俗开始形成。天兴元年正月，拓跋珪在巡视中山、真定、高邑和鄚城时，对“民有老不能自存者，诏郡县赈恤之”。明元帝神瑞二年六月，在赤城“亲见长老，问民疾苦，复租

① 魏收. 1974. 魏书. 卷5. 高宗纪. 北京：中华书局. 119
② 魏收. 1974. 魏书. 卷6. 显祖纪. 北京：中华书局. 126~128

一年”。太武帝太延元年二月，“诏长安及平凉民徙在京师，其孤老不能自存者，听还乡里”。十一月，在巡视冀州、邺城时，“诸所过，对问高年，褒礼贤俊”。十二月，针对州郡县随意调发民众资财问题，太武帝下诏：“州郡县不得妄遣吏卒，烦扰民庶。若有发调，县宰集卿邑三老计赀定课，裒多益寡，九品混通，不得纵富督贫，避强侵弱。”在这里出现了发挥民间三老作用的记载。太延三年在巡察幽州时，“存恤孤老，问民疾苦”。太平真君六年正月，在定州“引见长老，存问之”。七年在长安又“存问父老”。十一年正月，“行幸洛阳，所过郡国，皆亲对高年，存恤孤寡”。太安元年六月，文成帝下诏：“其不孝父母，不顺尊长，为吏奸暴，及为盗贼，各具以名上。其容隐者，以所匿之罪罪之。”太安四年正月巡游至辽西黄山宫，“游宴数日，亲对高年，劳问疾苦”。和平二年二月到三月，在巡视中山、邺、信都途中，“舆驾所过，皆亲对高年，问民疾苦。诏民年八十以上，一子不从役”。四年春三月，“赐京师民年七十以上太官厨食，以终其年”①。作为来自草原地区的少数民族，鲜卑族在进入黄河流域后，在黄河文化的影响下，逐步接受了黄河流域的价值观念，这就是尊敬老人以及重视老人在国家政权建设中的作用。这种敬老习俗完全是受黄河文化的影响而形成的，从这一点可以看出两种文明融合的范围之广泛。

(三) 接受黄河流域的婚姻习俗

到文成帝时期，黄河流域的婚姻习俗也开始对鲜卑民族产生广泛的影响。这从文成帝颁布的有关诏书中即可得到反映。和平四年（463 年）十二月，文成帝下诏云：“今丧葬嫁娶，大礼未备，贵势豪富，越度奢靡，非所谓式昭典宪者也。有司可为之条格，使贵贱有章，上下咸序，著之于令。”这一诏书就是要求鲜卑族的上层遵照等级在丧葬礼仪问题上不能僭越，并且以法令的形式加以规范。次日，文成帝再次强调婚姻中的等级问题，要求不同社会等级之间不能通婚。其诏令云：“夫婚姻者，人道之始。是以夫妇之义，三纲之首，礼之重者，莫过于斯。尊卑高下，宜令区别。然中代以来，贵族之门多不率法，或贪利财贿，或因缘私好，在于苟合，无所选择，令贵贱不分，巨细同贯，尘秽清化，亏损人伦，将何以宣示典谟，垂之来裔。今制皇族、师傅、王公侯伯及士民之家，不得与百工、伎巧、卑姓为婚，犯者加罪。”② 鲜卑族在与黄河流域的交往过程中，一些少数民族不关注对方门第而图对方钱财，导致低等级的人与社会上层的人通婚，所以文成帝从本民族

① 魏收. 1974. 魏书. 卷5. 高宗纪. 北京：中华书局. 121

② 魏收. 1974. 魏书. 卷5. 高宗纪. 北京：中华书局. 122

的利益出发，规定了社会上层特别是不同等级之间严格婚配。文成帝即位之初，高允曾针对“风俗仍旧，婚娶丧葬，不依古式”的现象提出谏言。他首先分析了当时不符合封建礼教的婚娶现象。其一为婚娶奏乐问题。他指出：“前朝之世，屡发明诏，禁诸婚娶不得作乐……今诸王纳室，皆乐部给伎以为嬉戏，而独禁细民，不得作乐，此一异也。”他认为这一现象的出现与社会上层的影响有关，“虽条旨久颁，而俗不革变。将由居上者未能悛改，为下者习以成俗，教化陵迟，一至于斯”。他对社会上婚娶不依照社会等级的现象也分析了原因。他首先对中国古代婚娶重视等级进行了歌颂：“古之婚者，皆拣择德义之门，妙选贞闲之女，先之以媒娉，继之以礼物，集僚友以重其别，亲御轮以崇其敬，婚姻之际，如此之难。”然而鲜卑族因为社会发展的阶段性限制，“今诸王十五，便赐妻别居。然所配者，或长少差舛，或罪入掖庭，而作合宗王，妃嫔藩懿”。高允认为这种现象对社会影响甚为恶劣，“失礼之甚，无复此过”。这种不依照社会等级的婚娶也带来了一系列的问题，“往年及今，频有检劾。诚是诸王过酒致责，迹其元起，亦由色衰相弃，致此纷纭”。所以他对于不同社会阶层不同的标准非常不满，“今皇子娶妻，多出宫掖，令天下小民，必依礼限，此二异也”①。高允所描述的这些现象是鲜卑族在接受黄河文化过程中并没有完全摆脱本民族的落后习俗所致。

（四）其他方面的社会接受

北魏在文成帝时期，对黄河流域的社会文化处于全面接受时期，除了上述几个主要方面之外，鲜卑族也对黄河文化其他方面也表现出极大兴趣。

历法方面，在比较和鉴别的基础之上，北魏最终选择了《玄始历》。道武帝拓跋珪天兴初年，让太史令晁崇修理浑天仪以观测天象，并沿用曹魏明帝时期杨伟所制定的《景初历》。然而在使用的过程中，随着“岁年积久，颇以为疏”。兴安元年（452 年），在平定北凉沮渠氏后，获得赵匪攵《玄始历》，时人认为较之《景初历》严密，于是开始使用。到了太平真君八年，崔浩奏请颁行自己号称经 39 年潜心思考而编成的《五寅元历》。太平真君十一年六月，崔浩被诛，此历法不了了之，没有得到实行。② 由此可见，进入黄河流域的鲜卑族在接受黄河流域日益成熟的文化的同时，还在接受过程中有所创新。

北魏进入黄河流域以后，由原始的神祇崇拜逐步发展到多神崇拜，并在文成帝时期逐步完成。在北魏的发展史上，神的形象始终伴随着鲜卑人的信

---

① 魏收．1974．魏书．卷 48．高允传．北京：中华书局．1074

② 魏收．1974．魏书．卷 107．律历志上．北京：中华书局．2659

仰。拓跋鄰在位时，曾有神人劝说："此土荒遐，未足以建都邑，宜复徙居。"在其子圣武皇帝拓跋诘汾率领部族南迁过程中，甚而出现了"有神兽，其形似马，其声类牛，先行导引，历年乃出"的奇特现象。更具魅惑是拓跋诘汾与天女相交而生下始祖神元皇帝拓跋力微的传说[①]，这种神人后代的传说，对增强鲜卑族的凝聚力起了很大的作用。拓跋珪登国元年在牛川（今内蒙古乌兰察布盟内塔布河即锡拉木林河）即代王位，"西向设祭，告天成礼"。天兴元年（398 年）在平城即皇帝位，"立坛兆告祭天地"。次年正月，"祀上帝于南郊"，"其后，冬至祭上帝于圜丘，夏至祭地于方泽"。此外，拓跋珪时代所祭祀的神灵还有祖神、星神、王神、天神等一千余神。明元帝在即位前即开始在武周、车轮二山祈福于天地神祇，后来每年都要在此祭祀天地。明元帝所祭祀的神祇有皇天上帝、山神、天日月之神及诸小神、山川及海神。[②] 太武帝延和元年正月曾下诏称自己的成功是"赖神祇之助，将士宣力，用能摧折强竖，克翦大憝"。太延元年六月，太武帝在所下诏书中称"去春小旱，东作不茂"，为了求得神灵庇护，太武帝"忧勤克己，祈请灵祇，上下咸秩"，结果"云雨震洒，流泽沾渥"。后来又发现"旱疫平"玉印，太武帝认为是"盖神灵之报应也"。于是太武帝"其令天下大酺五日，礼报百神，守宰祭界内名山大川，上答天意，以求福禄"[③]。此时已经开始出现多神崇拜。而过多过乱的神祇也给人们的信仰带来混乱，所以，太延二年六月，司徒崔浩向太武帝建议："神祀多不经，案祀典所宜祀，凡五十七所，余复重及小神，请皆罢之。"得到太武帝的批准。文成帝即位后，虽然没有继续延续多神崇拜的狂热，但仍然在各地拜祭。《魏书》卷一百八之一《礼志四之一》云："和平元年正月，帝东巡。历桥山，祀黄帝；幸辽西，望祀医无闾山。遂缘海西南，幸冀州，北至中山，过恒岳，礼其神而返。明年，帝南巡，过石门，遣使者用玉璧牲牢，礼恒岳。四月旱，下诏州郡，于其界内神无大小，悉洒扫荐以酒脯。年登之后，各随本秩，祭以牲牢。至是，群祀先废者皆复之。"这种多神崇拜到孝文帝时期发展得更甚，"高祖延兴二年，有司奏天地五郊、社稷已下及诸神，合一千七十五所，岁用牲七万五千五百"[④]。多神崇拜已经成为一种灾难，太上皇献文帝感到杀生太多，"于是群祀悉用酒脯"。到孝文帝以后，北魏基本上沿用了黄河流域历代封建统治者的神祇崇拜，反映了黄河流域的社会风俗对鲜卑族的影响以及民族文化之

① 魏收. 1974. 魏书. 卷1. 序纪. 北京：中华书局. 2～3
② 魏收. 1974. 魏书. 卷108. 礼志四之一. 北京：中华书局. 2736
③ 魏收. 1974. 魏书. 卷4上. 世祖纪. 北京：中华书局. 85
④ 魏收. 1974. 魏书. 卷108. 礼志四之一. 北京：中华书局. 2739

间的融合。

北魏朝廷内部设置史官也显示了鲜卑族接受黄河文化的曲折过程。太武帝曾令高允与司徒崔浩撰写《国记》，著作令史闵湛、郄标“既而劝浩刊所撰国史于石，用垂不朽，欲以彰浩直笔之迹”。崔浩“尽述国事，备而不典。而石铭显在衢路，往来行者咸以为言，事遂闻发”①。然而，这种直笔书写历史的做法，引起了太武帝大怒。太平真君十一年六月，太武帝下令抓捕崔浩。而实际情况是《国记》完成于多人之手，前著作郎邓渊撰《太祖记》，《先帝记》及《今记》为崔浩和高允所撰。在此次分工上崔浩“综务处多，总裁而已”，高允负责注疏工作，究其实高允在国史的编纂中所起的作用更大，但因为魏恭宗的求情，太武帝没有追究高允的责任，反而将崔浩灭族。“魏崔浩之诛也，史官遂废”。崔浩被杀与他担任史官之后秉笔直书国史有关。虽然高允有赖魏恭宗的救援免于被杀，但是，高允对于崔浩的直书史实的做法也是赞同的。他在事后曾对魏恭宗说：“至于书朝廷起居之迹，言国家得失之事，此亦为史之大体，未为多违。”看来中国古代史官的责任在这种高压之下也没有改变。到了文成帝和平元年四月，“至是复置”②。此后史官的设置成为北魏历史上的惯例。

另外，鲜卑族在与中原交往过程中，也吸收了一些黄河流域早已被抛弃的习俗。比如祭尸习俗。高允上书文成帝对当时的丧葬习俗提出了批评。他认为：“古者祭必立尸，序其昭穆，使亡者有凭，致食飨之礼。今已葬之魂，人直求貌类者事之如父母，燕好如夫妻，损败风化，渎乱情礼，莫此之甚。上未禁之，下不改绝。”③《通典》卷四十八《礼八·立尸义》注云：“据文成帝时，其国犹在代北。”可见这种习俗是吸收了黄河流域早已抛弃的落后习俗而出现的。

四、献文帝时期的文化融合

献文帝在位时间较短，虽然对于黄河文化的接受并未出现断层，但仍然多处于被动的状态。孝文帝曾经评价他的祖辈：“太祖龙飞九五，初定中原，及太宗承基，世祖纂历，皆以四方未一，群雄竞起，故锐意武功，未修文德。高宗、显祖亦心存武烈，因循无改。”④ 可见为了争取本民族的生存空间而进行的战争一直是此前统治阶层不懈的追求，即使到孝文帝即位的初年仍

① 魏收 . 1974. 魏书 . 卷 35. 崔浩传 . 北京：中华书局 . 826
② 魏收 . 1974. 魏书 . 卷 5. 高宗纪 . 北京：中华书局 . 118
③ 魏收 . 1974. 魏书 . 卷 48. 高允传 . 北京：中华书局 . 1075
④ 魏收 . 1974. 魏书 . 卷 108. 礼志四之三 . 北京：中华书局 . 2783

然如此。鲜卑族拓跋部对黄河文化的吸收始终未停止过，这从献文帝时期发展地方教育即可看出来。

如果说太武帝时期，薛谨为秦州刺史时发展地方学校属于特例的话。那么到献文帝时期则是一种自觉的行为。献文帝即位之初，在给高允的诏书中首先分析了学校发展的薄弱状况："自顷以来，庠序不建，为日久矣。道肆陵迟，学业遂废，子衿之叹，复见于今。"随即表明了自己兴办地方教育的想法："欲置学官于郡国，使进修之业，有所津寄。"高允向献文帝论述了重视地方教育的重要性，并向献文帝建议："请制大郡立博士二人、助教四人、学生一百人，次郡立博士二人、助教二人、学生八十人，中郡立博士一人、助教二人、学生六十人，下郡立博士一人、助教一人、学生四十人。其博士取博关经典、世履忠清、堪为人师者，年限四十以上。助教亦与博士同，年限三十以上。若道业夙成，才任教授，不拘年齿。学生取郡中清望，人行修谨，堪循名教者，先尽高门，次及中第。"献文帝接受了高允的建议，"郡国立学，自此始也"[①]。《魏书》卷八十四《儒林列传》云："显祖天安初，诏立乡学，郡置博士二人，助教二人，学生六十人。后诏：大郡立博士二人，助教四人，学生一百人；次郡立博士二人，助教二人，学生八十人；中郡立博士一人，助教二人，学生六十人；下郡立博士一人，助教一人，学生四十人。"《魏书》卷六《显祖纪》也记载，天安元年九月，"己酉，初立乡学，郡置博士二人、助教二人、学生六十人"。从《显祖纪》专门记述兴办地方教育来看，在当时来说兴办地方教育是一件大事。

在献文帝时期可以称得上接受黄河流域文化影响的又一个典型事件是他在位时的禅让。《魏书》卷六《显祖纪》称献文帝"雅薄时务，常有遗世之心，欲禅位于叔父京兆王子推"。因为这种传位方式不符合传嫡的惯例，源贺等"群臣固请，帝乃止"。《魏书》卷九十四《阉官·赵黑传》亦载："显祖将传位京兆王子推，访诸群臣，百官唯唯，莫敢先言者，唯源贺等词义正直，不肯奉诏。"皇兴五年八月，献文帝将帝位传给太子拓跋宏。而当时献文帝年仅 17 岁。17 岁的一个青年皇帝为什么会有"遗世之心"而不愿当皇帝呢？这与当时北魏朝廷的政治环境有很大的关系。我们知道，文成帝死后，只有 11 岁的献文帝即位，当时他面临着复杂的形势，在朝廷内部争权夺利的斗争日趋白热化，先是丞相乙浑"位居诸王上，事无大小，皆决于浑"[②]，乙浑被杀后，诸王争权、太后冯氏掌控政权。在外南部边境与刘宋的争战从他即位以来就没有停息过，西北部的吐谷浑、柔然、敕勒等少数民族

---

① 魏收．1974．魏书．卷48．高允传．北京：中华书局．1077，1078

② 魏收．1974．魏书．卷6．显祖纪．北京：中华书局．126

不停地骚扰。所有这一切对于一个少年皇帝来说确实有些难以应付。特别是太后冯氏在杀乙浑后，“遂临朝听政”。皇兴元年八月，孝文帝出生后，冯太后“躬亲抚养”，不久就“罢令，不听政事”。然而，冯太后行为不端，“内宠李弈”。这也使献文帝颇感脸上无光，“显祖因事诛之（李弈），太后不得意”。受此种种不快事情的缠绕，对献文帝来说自然会有避世的想法。他即位以后，“敦信尤深，览诸经论，好老庄。每引诸沙门及能谈玄之士，与论理要”①，即表现出不太热衷于政治的心态。他之所以先传位于京兆王一方面既有试探大臣的想法，另一方面也是对冯太后过分干涉政治的不满。因为此时孝文帝只有五岁，所以他接受了大臣的建议：“今皇帝幼冲，万机大政，犹宜陛下总之。谨上尊号太上皇帝。”虽然做了太上皇帝，但他仍然要主持朝廷的“万机大政”。这从孝文帝初年献文帝仍然东征西讨即可看出，故而史书有“及传位高祖，犹躬览万机，刑政严明，显拔清节，沙汰贪鄙。牧守之廉洁者，往往有闻焉”的褒奖词语。② 献文帝以正当之年传位太子，这与黄河流域流传已久的禅让制的影响有很大的关系。从献文帝所下的诏书中所反映的内容即说明他对这一政治文化现象的了解。他说：“昔尧舜之禅天下也，皆由其子不肖。若丹朱、商均能负荷者，岂搜扬仄陋而授之哉？”他只是借上古的圣人来为自己寻求解脱。他所表达的“优游履道，颐神养性”，“希心玄古，志存澹泊”③，可能也是无奈的心境下的遁词而已。

献文帝禅让帝位给其长子拓跋宏，是为孝文帝。孝文帝是一个年仅五岁的幼童，自然难以掌控政权。献文帝虽然为太上皇帝，但“国之大事咸以闻”。从孝文帝即位初年献文帝的活动来看，他对北魏的军国大事仍然参与其间。延兴二年二月，蠕蠕侵犯北部边疆，“太上皇帝次于北郊，诏诸将讨之。虏遁走”。在东部边疆，敕勒叛逃蠕蠕，“太上皇帝追之，至石碛，不及而还”。三月，“太上皇帝至自北讨”。十月，蠕蠕攻入塞内，直至五原，威胁到北魏的国都安全。次月，“太上皇帝亲讨之，将度漠袭击。蠕蠕闻军至，大惧，北走数千里。以穷寇远遁，不可追，乃止”。延兴三年正月，“太上皇帝还至云中”。二月，“太上皇帝至自北讨，饮至策勋，告于宗庙”。八月，孝文帝“从太上皇帝幸河西”。十月，“太上皇帝亲将南讨”，十一月，“太上皇帝南巡，至于怀州”。次年二月，“太上皇帝至自南巡”。延兴五年十月，“太上皇帝大阅于北郊”④。从献文帝在孝文帝初年的行踪可以看出虽然

① 魏收．1974．魏书．卷114．释老志．北京：中华书局．3037
② 魏收．1974．魏书．卷110．刑罚志．北京：中华书局．2876
③ 魏收．1974．魏书．卷6．显祖纪．北京：中华书局．131
④ 魏收．1974．魏书．卷7上．高祖纪．北京：中华书局．142

表面上他退于政权的背后，但在孝文帝初年错综复杂的形势下，他也难以求得暂时的安宁，而且他带领军队东征西讨说明其仍然掌握着政权。然而到了承明元年，因为献文帝干涉冯太后的私生活，被冯太后害死，所以有“显祖暴崩，时言太后为之也”的说法。魏收也认为献文帝“而早怀厌世之心，终致宫闱之变，将天意哉!”

在献文帝为太上皇帝期间，鲜卑族对黄河文化的吸收主要表现在以下几个方面。

首先，再次重申孔子在中国文化史上的重要地位。我们在前文论述了太武帝始光三年二月，“起太学于城东，祀孔子，以颜渊配”，承认孔子在中国文化史上的尊崇地位。献文帝也继承了这一传统。皇兴年间，清徐一带平定，献文帝令中书令兼太常高允“至兖州祭孔子庙”[①]。延兴二年二月，献文帝下诏曰：“尼父禀达圣之姿，体生知之量，穷理尽性，道光四海。顷者淮徐未宾，庙隔非所，致令祠典寝顿，礼章殄灭，遂使女巫妖觋，淫进非礼，杀生鼓舞，倡优媟狎。岂所以尊明神敬圣道者也！自今已后，有祭孔子庙，制用酒脯而已，不听妇女合杂，以祈非望之福。犯者以违制论。其公家有事，自如常礼。牺牲粢盛，务尽丰洁。临事致敬，令肃如也。牧司之官，明纠不法，使禁令必行。”对于民间不尊崇孔子的现象进行批评和制止的同时，规定了如何扩大孔子在民间的影响，其中地方官应起积极的作用。延兴三年四月，“诏以孔子二十八世孙鲁郡孔乘为崇圣大夫，给十户以供洒扫”[②]。太和十三年七月，“立孔子庙于京师”。以冯太后为首的北魏统治者再次提升孔子的地位，与鲜卑族不断南下占领黄河流域有关。将孔子作为国家崇拜的象征，对于增强黄河流域汉民族对鲜卑族少数民族政权的认同感具有重要的意义，也加速了黄河文化与以鲜卑族为代表的草原文化的融合过程。

其次，选拔黄河流域的高门大族进入统治阶层，加速了以鲜卑族为代表的草原文化对黄河文化的认同。延兴二年六月，下诏曰：“顷者州郡选贡，多不以实，硕人所以穷处幽仄，鄙夫所以超分妄进，岂所谓旌贤树德者也！今年贡举，尤为猥滥。自今所遣，皆门尽州郡之高，才极乡闾之选。”要求地方官在选拔人才时将各地高门作为选拔对象就是认识到各地的上层人物在社会上的影响力，将他们吸引入政权队伍中来，有利于北魏对新占地区的控制。北魏统治者依赖黄河流域的社会上层还表现在依靠他们获得各地民情风俗的情况。延兴二年七月，“诏州郡县各遣二人才堪专对者，赴九月讲武，

① 魏收．1974．魏书．卷48．高允传．北京：中华书局．1085
② 魏收．1974．魏书．卷7上．高祖纪．北京：中华书局．139

当亲问风俗”。次年六月甲子，又下诏曰：“往年县召民秀二人，问以守宰治状，善恶具闻，将加赏罚。而赏者未几，罪者众多。肆法伤生，情所未忍。今特垂宽恕之恩，申以解网之惠。诸为民所列者，特原其罪，尽可贷之。”①

再次，重视农业经济的发展。延兴二年四月，“诏工商杂伎，尽听赴农。诸州郡课民益种菜果”。“诏沙门不得去寺浮游民间，行者仰以公文”。九月，“诏以州镇十一水，丐民田租，开仓赈恤。又诏流迸之民，皆令还本，违者配徙边镇”。延兴三年二月，“诏牧守令长，勤率百姓，无令失时。同部之内，贫富相通。家有兼牛，通借无者。若不从诏，一门之内终身不仕。守宰不督察，免所居官”。七月，“诏河南六州之民，户收绢一匹，绵一斤，租三十石”。我们知道，黄河以南的六州是鲜卑族杂居的地区，通过征收赋税强迫鲜卑族实现农业化的进程。为了实现对赋税徭役的征收，北魏政权开始登记人口，九月，“诏遣使者十人循行州郡，检括户口。其有仍隐不出者，州、郡、县、户主并论如律”。果然，到了十月，太上皇帝为了南征的需要，“诏州郡之民，十丁取一以充行，户收租五十石，以备军粮”②。以此看来，北魏政府登记户口的目的已经很明显了。

五、冯太后与孝文帝共同执政时期的文化融合

太上皇献文帝死后，冯太后被尊为太皇太后，“复临朝听政”、“临朝称制”。在她听政后，“省决万机”。孝文帝也曾说：“朕以虚寡，幼纂宝历，仰恃慈明，缉宁四海。”魏收也认为“文明摄事”，孝文帝“优游恭己”③。冯太后掌权期间，北魏社会在她的治理下呈现出迅速上升的态势。《魏书》卷十三《皇后·文成文明皇后冯氏传》评价云：“自太后临朝专政，高祖雅性孝谨，不欲参决，事无巨细，一禀于太后。太后多智略，猜忍，能行大事，生杀赏罚，决之俄顷，多有不关高祖者。是以威福兼作，震动内外。故杞道德、王遇、张祐、苻承祖等拔自微阉，岁中而至王公；王叡出入卧内，数年便为宰辅，赏赉财帛以千万亿计，金书铁券，许以不死之诏。李冲虽以器能受任，亦由见宠帷幄，密加锡赉，不可胜数。后性严明，假有宠待，亦无所纵。左右纤介之愆，动加捶楚，多至百余，少亦数十。然性不宿憾，寻亦待之如初，或因此更加富贵。是以人人怀于利欲，至死而不思退。”在冯太后的强权政治统治下，北魏社会不但没有出现衰退的迹象，而且经过她20年的努力，推进了北魏在多方位接受黄河文化。

① 魏收.1974.魏书.卷7上.高祖纪.北京：中华书局.139
② 魏收.1974.魏书.卷7上.高祖纪.北京：中华书局.139
③ 魏收.1974.魏书.卷7下.高祖纪.北京：中华书局.187

太和元年改元后，冯太后以孝文帝的口气发布了首个重农诏书，诏书首先强调了地方官在发展农业中的重要作用，然后指出地方官负有督促百姓勤于农业的职责，“宜简以徭役，先之劝奖，相其水陆，务尽地利，使农夫外布，桑妇内勤”，并告诫地方官不要随意征发民众，“若轻有征发，致夺民时，以侵擅论”，还委托地方官以刑罚威慑要求百姓从事农业生产，“民有不从长教，惰于农桑者，加以罪刑”。由此可以看出，鲜卑族所建立的政权已经完全农业化了，成为一个农业民族的政权。三月，再次发布诏书解决因“去年牛疫，死伤大半，耕垦之利，当有亏损”的问题。可见自然灾害导致的耕牛死亡造成农业生产难以进行，“今东作既兴，人须肆业”。所以她在诏书中要求地方官：“其敕在所督课田农，有牛者加勤于常岁，无牛者倍庸于余年。一夫制治田四十亩，中男二十亩。无令人有余力，地有遗利。”太和四年四月，在视察廷尉、籍坊两座监狱后，下诏放免囚犯：“今农时要月，百姓肆力之秋，而愚民陷罪者甚众。宜随轻重决遣，以赴耕耘之业。”太和五年四月，又颁布了同样内容的诏书：“农时要月，民须肆力，其敕天下，勿使有留狱久囚。”太和九年十月下诏：“今遣使者，循行州郡，与牧守均给天下之田，还受以生死为断，劝课农桑，兴富民之本。”① 从上述所发布的诏书来看，北魏统治者对于农业的重视已经到了无以复加的程度。因为随着占领地区的扩大，特别是进入黄河流域以后，北魏所面临的已经不再是游牧民族所面临的问题，发展农业、以农业为国家立身之本已经引起统治者的高度重视，所以冯太后和孝文帝共同执政的这段时间内，多次发布重农诏书，将道武帝、太武帝和文成帝时期已经形成的重农思想继续发扬光大，促使鲜卑民族完成了从游牧民族向农业民族的转变。在这一阶段，北魏各地的农业经济全面发展，奠定了孝文帝后续改革的经济基础。

冯太后与孝文帝执政期间继续强化推行黄河流域行之已久的门阀等级内婚制。太和二年五月，诏曰：“婚娉过礼，则嫁娶有失时之弊；厚葬送终，则生者有糜费之苦。圣王知其如此，故申之以礼数，约之以法禁。乃者，民渐奢尚，婚葬越轨，致贫富相高，贵贱无别。又皇族贵戚及士民之家，不惟氏族，下与非类婚偶。先帝亲发明诏，为之科禁，而百姓习常，仍不肃改。朕今宪章旧典，祗案先制，著之律令，永为定准。犯者以违制论。”这一诏书对婚姻的奢靡严厉禁止，并且分析了奢侈婚姻出现的原因以及为了求财导致社会不同等级之间婚姻频频出现的现象。因为这一现象的大量出现已经影响到了鲜卑族接受黄河流域门阀等级内婚制，所以，北魏统治者以诏令的形

① 魏收．1974．魏书．卷7上．高祖纪．北京：中华书局．156

式来严格社会不同等级之间的婚姻。太和七年十二月又下诏对鲜卑族原始的婚姻制度即近亲结婚问题进行了限制。诏书说："淳风行于上古，礼化用乎近叶。是以夏殷不嫌一族之婚，周世始绝同姓之娶。斯皆教随时设，治因事改者也。皇运初基，中原未混，拨乱经纶，日不暇给，古风遗朴，未遑厘改，后遂因循，迄兹莫变。朕属百年之期，当后仁之政，思易质旧，式昭惟新。自今悉禁绝之，有犯以不道论。"[①] 禁止鲜卑族内部的近亲结婚，对于鲜卑族接受黄河流域的婚姻制度，使鲜卑族迅速走上文明的道路具有重要的意义，也有助于黄河流域的汉族能够迅速接受这一来自草原地区的民族。

北魏政府除了在婚姻方面严格社会等级外，还继承了黄河流域的重农抑商政策，对商人采取了许多限制。我们知道，明元帝、文成帝时期商人曾经在国家建设中发挥过作用，但是，随着占领地域的扩大，商人的逐利本性急剧膨胀，并且开始向政治领域渗透。有鉴于此，太和元年八月，诏曰："工商皂隶，各有厥分，而有司纵滥，或染清流。自今户内有工役者，推上本部丞，已下准次而授。若阶藉元勋、以劳定国者不从此制。"从这一诏书所指出的情况我们可以看出，在此之前，从事工商业的人员与其他社会阶层是有区分的，然而因为有关官员的放纵，这些人开始进入所谓的清流，使社会等级秩序受到冲击。在这种情况下皇帝以诏令的方式来严格社会等级。当然，从诏书中我们也可以看出，并非所有的商人都受到管制，那些对民族发展有过贡献的商人是不受此限制的。在这里所规定的"自今户内有工役者，推上本部丞，已下准次而授"与北魏早期的官僚机构内部有一些商人负责调换官府所需物品相关。这种现象到太和八年六月官员俸禄制的颁行才得到彻底遏制。在新的官员俸禄制中规定："罢诸商人，以简民事。户增调三匹、谷二斛九斗，以为官司之禄。均预调为二匹之赋，即兼商用。虽有一时之烦，终克永逸之益。"这一规定废除了官僚机构与商人联合起来盘剥百姓的弊端。这说明在孝文帝早期虽然逐步实行了抑制商人的政策，但是商人的地位仍然不低。这从当年八月所发布的诏书中征求"直言极谏"即可看出，在诏书中所征求的对象为"百辟卿士，工商吏民"，可见工商业者在社会上的地位并不低。在次年二月所颁布的完善官员俸禄制的诏书中也要求"百司卿士及工商吏民，其各上书极谏，靡有所隐"[②]。太和十一年十一月，"诏罢尚方锦绣绫罗之工，四民欲造，任之无禁。其御府衣服、金银、珠玉、绫罗、锦绣，太官杂器，太仆乘具，内库弓矢，出其太半，班赍百官及京师士庶，下至工

① 魏收．1974．魏书．卷7上．高祖纪．北京：中华书局．153

② 魏收．1974．魏书．卷7上．高祖纪．北京：中华书局．155

商皂隶，逮于六镇戍士，各有差”①。在此诏书中“工商皂隶”仍然具有和社会其他群体共同的待遇。通过以上论述我们可以看出，北魏在进入黄河流域以后虽然接受了黄河流域早已存在的重农抑商思想，但执行得并非像其他朝代那样严格，特别是对依附于官府的商人仍然关照有加。

继续延续黄河流域传统文化中的有关内容是孝文帝融合两种文化分歧的重要手段。孝文帝即位后，继续前代的养老政策，以期在全社会形成尊重老人的社会风气。太和三年五月，下诏：“昔四代养老，问道乞言。朕虽冲昧，每尚其美。今赐国老各衣一袭，绵五斤，绢布各五匹。”十一月，又“赐京师贫穷、高年、疾患不能自存者衣服布帛各有差”。太和四年七月，“诏会京师耆老，赐锦彩、衣服、几杖、稻米、蜜、面，复家人不徭役”。次年正月，在中山郡又“亲见高年，问民疾苦”。二月一日，“赐孝悌力田、孤贫不能自存者谷帛有差；免宫人年老者还其所亲”。即使罪犯的年老之人也受到照顾。太和十二年正月一日，诏曰：“镇戍流徙之人，年满七十，孤单穷独，虽有妻妾而无子孙，诸如此等，听解名还本。诸犯死刑者，父母、祖父母年老，更无成人子孙，旁无期亲者，具状以闻。”太和十三年四月，又针对在灾荒之年登楼散发物品送给百姓，结果导致人马践踏多有毁伤的状况，下诏：“今可断之，以本所费之物，赐穷老贫独者。”孝文帝还强调用传统的儒家伦理道德教化百姓。太和十一年十月，诏曰：“乡饮礼废，则长幼之叙乱。孟冬十月，民闲岁隙，宜于此时导以德义。可下诸州，党里之内，推贤而长者，教其里人父慈、子孝、兄友、弟顺、夫和、妻柔。不率长教者，具以名闻。”②

北魏开始效法黄河流域既往的封建政权给予官员的有关待遇。首先效法中原王朝给予百官俸禄。在北魏早期官员是没有俸禄的，官员的经济来源主要靠掳掠而来。因而有“魏百官不给禄，少能以廉白自立者”的说法。献文帝甚至下诏对贪贿的官员严厉惩治，“显祖诏诸监临之官，所监治受羊一口、酒一斛者，罪至大辟，与者以从坐论。纠告得尚书已下罪状者，各随所纠官轻重而授之”。白泽谏曰：“请依律令旧法，稽同前典，班禄酬廉，首去乱群，常刑无赦。苟能如此，则升平之轨，期月可望，刑措之风，三年必致矣。”献文帝只得罢黜新法。③ 随着鲜卑族进入黄河流域，农业经济逐步成为鲜卑族社会经济的重要内容，继续维持原来的官员供给方式，显然已经行不通。因此，太和八年六月，孝文帝重拾其父亲所推行的百官俸禄制，颁布诏

① 魏收．1974．魏书．卷7下．高祖纪．北京：中华书局．163
② 魏收．1974．魏书．卷7下．高祖纪．北京：中华书局．162
③ 魏收．1974．魏书．卷24．张衮传附度曾孙白泽传．北京：中华书局．616

书曰："置官班禄，行之尚矣。《周礼》有食禄之典，二汉著受俸之秩。逮于魏晋，莫不聿稽往宪，以经纶治道。自中原丧乱，兹制中绝，先朝因循，未遑厘改。朕永鉴四方，求民之瘼，夙兴昧旦，至于忧勤。故宪章旧典，始班俸禄。罢诸商人，以简民事。户增调三匹、谷二斛九斗，以为官司之禄。均预调为二匹之赋，即兼商用。虽有一时之烦，终克永逸之益。禄行之后，赃满一匹者死。变法改度，宜为更始，其大赦天下，与之惟新。"九月，孝文帝又颁布诏书："俸制已立，宜时班行，其以十月为首，每季一请。"从此以后，"于是内外百官，受禄有差"。然而俸禄制在实行过程中出现了一些偏差。太和九年二月，孝文帝在诏书中承认："朕班禄删刑，虑不周允。"[①] 至太和十年十一月，"议定州郡县官依户给俸"。在推行俸禄制过程中，虽然出现了偏差，但是，继承黄河流域原来封建王朝的俸禄制，对于鲜卑族政权过去官员没有俸禄，而靠掳掠获取经济来源的旧制得以彻底废除起了很大的作用。这一制度的推行，减轻了农民被官员过量剥削的现象，对黄河流域农业经济的发展和社会的稳定都是有利的，也加速了鲜卑族的进一步汉化。除此之外，北魏对官员的服饰也做了规定。太和十年四月一日，"始制五等公服"。"八月乙亥，给尚书五等品爵已上朱衣、玉珮、大小组绶"。太和十一年正月一日，"诏定乐章，非雅者除之"[②]。所有这些都是鲜卑族欲从制度上加速吸收黄河文化的举措。

核实农业户口，是冯太后和孝文帝初期进一步吸收黄河文化、加速鲜卑族汉化的重要举措。早在延兴三年九月，曾有登记户口之举，但是多有遗漏。太和十一年，因为春旱少雨，农业歉收，为了缓解京城平城的危机，七月，孝文帝下诏"听民出关就食"。为了有选择地将京城的民众派往关东地区，孝文帝"遣使者造籍，分遣去留，所在开仓赈恤"。到了九月又重申户口登记，诏曰："去夏以岁旱民饥，须遣就食，旧籍杂乱，难可分简，故依局割民，阅户造籍，欲令去留得实，赈贷平均。然乃者以来，犹有饿死衢路，无人收识。良由本部不明，籍贯未实，廪恤不周，以至于此。朕猥居民上，闻用慨然。可重遣精检，勿令遗漏。"[③] 可见是因为户口登记不实，百姓多有饿死，所以孝文帝强调要求对户口"精检"，不致有所遗漏。

从明元帝到孝文帝初年是北魏社会发展的重要历史阶段，在这一历史时期北魏社会初步实现了从游牧民族向农业民族的转变，而在这一转变过程中黄河文化发挥了重大的历史作用。我们知道，北魏作为鲜卑族所建立的政

① 魏收．1974．魏书．卷7上．高祖纪．北京：中华书局．155
② 魏收．1974．魏书．卷7下．高祖纪．北京：中华书局．162
③ 魏收．1974．魏书．卷7下．高祖纪．北京：中华书局．162

权，长期以来游离于黄河流域北部的草原地区，在其民族发展过程中随着不断地南迁，开始接触到黄河流域的文化和社会。高度发达的黄河文化对鲜卑族产生了深远的影响，北魏统治者也深深认识到作为一个游牧民族如果长期游离于高度发达的农业文明之外，只能如同北方草原原有的民族一样，最后自生自灭或被其他游牧民族所吞并，而黄河文化绵延不断的发展过程对鲜卑族所产生的影响和吸引力，使北魏统治者认识到只有融入黄河文化发展的主序列中去，才能够使本民族得到持续发展和永久生存。所以从明元帝开始，北魏的统治者采取积极主动的态度吸收黄河文化、学习黄河文化。我们前列诸位帝王学习黄河文化的各个方面，既有政治体制上的学习，也有文化层面上的吸收，还有农业生产上的转化，这无疑表明了黄河文化所具有的强大的吸引力。当然，对于北魏统治阶级的上层所进行的学习和融入黄河文化我们也应当辩证地看待，因为少数民族社会发展阶段性的限制，这种学习和借鉴乃至融入都是不全面的，而这一切都有待于其后继者孝文帝来完成。

第十章
孝文帝改革与黄河文化和草原文化的全面融合

作为中国历史上著名的改革，孝文帝的汉化改革是在其父辈持续吸收黄河文化的基础之上，采取了更全面、更强有力的措施，从而全面完成了鲜卑族的汉化，使鲜卑族成为黄河流域的主体民族之一，完全改变了鲜卑族原有的生活方式，实现了这一民族从社会文化到经济形态的全面汉化即农耕民族化的转变。经过孝文帝的改革，鲜卑族真正实现了社会大跨越。随着鲜卑族与黄河流域的汉族交往的日益加深，这一民族最终也融入汉族的肌体里来，实现了黄河文化的进一步发展。

第一节　改革前的形势

我们在前文用了较大的篇幅对从北魏初年到冯太后与孝文帝联合执政时期黄河文化与草原文化融合做了研究，这只是从正面论述了两种文化融合问题。但是，作为一个来自草原地区的游牧民族，鲜卑族在其发展过程中虽然吸收了黄河文化促使了本民族的快速发展，但是，其社会发展阶段还没有达到黄河流域封建王朝的水平，社会生产力仍然落后，草原民族的落后习俗依然存在。所有这一切都阻碍着以鲜卑族为代表的草原文化真正融入黄河文化中。具体地分析，孝文帝改革前面临的形势是复杂的，既有支持改革的鲜卑族上层，也有反对改革的鲜卑族权贵，统治阶级内部守旧势力与革新势力的矛盾非常尖锐；另外，统治阶级与被统治阶级的矛盾、汉族与鲜卑族之间的矛盾也呈现出难以调和的状态，如果不对各种错综复杂的矛盾加以解决，势必威胁到北魏政权的稳定乃至鲜卑族在黄河流域的生存问题。

一、孝文帝改革前的移民与民族矛盾

我们首先来看民族之间错综复杂的矛盾。北魏作为鲜卑族所建立的政权，在进入黄河流域以后与黄河流域原有的土著民族汉族之间不可避免地要

发生矛盾；再者，鲜卑族作为占领者的强势群体，以其武力扫平了黄河流域原有的政权，只能使原来的矛盾表面得到解决，一遇风吹草动，矛盾即迅速激化。为了说明这一问题，我们首先从北魏进入黄河流域后鲜卑族与汉民族的矛盾着手研究。

以鲜卑族为代表的草原文化与黄河流域以汉文化为代表的黄河文化的融合虽然取得了不菲的成绩，但是，因为鲜卑族进入黄河流域是以征服者的姿态进入的，所以自鲜卑族进入黄河流域开始，就压迫这里的汉族民众，而汉民族的反抗从来就没有停止过。北魏在占领黄河流域的过程中，除了攻城略地外，另一个重要的做法就是与十六国时期其他少数民族所建立的政权一样对人口的占有，这主要通过大规模移民来实现。通过移民一方面充实了京城地区的人口，另一方面将所占领地区的民众迁离其原居地，使其失去发动反抗的基础，这不仅有利于政权的巩固，而且也有利于民族之间的融合，但在迁徙过程中及其以后，因民族歧视政策不可避免地会导致民族之间的仇恨。从登国初年到皇始年间，拓跋珪在征讨过程中俘获的人口，往往被赏赐给将士为奴。随着登国六年九月占领五原等水陆便利处发展农业以后，北魏统治者开始关注对农业人口的迁移。天兴元年正月，拓跋珪占据邺城后，今河北大部地区为北魏所占领，拓跋珪“徙山东六州民吏及徒何、高丽杂夷三十六万，百工伎巧十万余口，以充京师”。这些内徙的新民很快被鲜卑族用于农业生产。二月，“诏给内徙新民耕牛，计口受田”，让他们从事农业生产。七月，北魏迁都平城后，十二月，拓跋珪“徙六州二十二郡守宰、豪杰、吏民二千家于代都”。将这些原来的地方官和豪杰迁离其原居地既便于对他们控制，又瓦解了他们反抗鲜卑统治的基础。天兴二年（399 年）七月，“陈郡、河南流民万余口内徙，遣使者存劳之”①。虽然史书记载流民是自动迁到鲜卑族占领地区的，但也不排除武力迁徙的可能。

拓跋珪在南下占领黄河流域过程中，也遇到了各地民众的节节抵抗。皇始二年（397 年）正月，拓跋珪进占信都（今河北冀县），后燕慕容宝为了抵抗北魏军队，“悉出珍宝及宫人招募郡县，群盗无赖者多应之”。这些所谓的“群盗无赖”多是当地不满鲜卑族拓跋部军队暴行的民众。天兴元年，北魏迁徙六州民众于代郡，也引起了六州民众的反抗。“博陵、勃海、章武群盗并起”，最后拓跋珪派遣略阳公元遵镇压了民众的抵抗。天兴二年八月，范阳人卢溥，“聚众海滨”，自称使持节、征北大将军、幽州刺史，“攻掠郡县，杀幽州刺史封沓干”。次年正月，卢溥的起义被北魏军队镇压。天兴五

① 魏收．1974．魏书．卷 2．太祖纪．北京：中华书局．35

年二月，“沙门张翘自号无上王，与丁零鲜于次保聚党常山之行唐。夏四月，太守楼伏连讨斩之”。僧人与丁零联合反抗北魏军队的暴行，说明当地民众反抗的激烈。到了十一月，又有上党人秦颇、丁零人翟都在壶关起兵，拓跋珪派遣左将军莫题镇压了这次反抗。① 拓跋珪时期的移民和黄河流域民众的反抗，说明两种文化的交融过程是在血与火的斗争中实现的。

明元帝在位期间，黄河流域民众的反抗与北魏的移民问题交织在一起，使民族冲突更加频繁。永兴二年（410 年）正月，“平阳民黄苗等，依汾自固”，并且接受了姚兴所授予的官号，明元帝派遣并州刺史元六头镇压了这次起义。因为平阳处在与后秦交界的重要战略位置，因此，二月初一日明元帝“诏将军于栗磾领步骑一万镇平阳”，以防止再发生类似黄苗起兵的事件。这一年的八月，章武（今河北行唐）民刘牙聚众反抗，被山阳侯奚斤镇压。面对京畿附近连续不断的汉族民众对鲜卑族统治的反抗，永兴三年二月，明元帝“诏北新侯安同等持节循行并、定二州及诸山居杂胡、丁零，问其疾苦，察举守宰不法；其冤穷失职、强弱相陵、孤寒不能自存者，各以事闻”。明元帝采取的缓和民族矛盾的做法，对并、定二州日趋尖锐的民族矛盾暂时起了缓解的作用。在此政策的影响下，同年四月，“河东蜀民黄思、郭综等率营部七百余家内属”；六月，“西河胡张贤等率营部内附”；天兴五年四月，“河东民薛相率部内属”。虽然存在周边地区少数民族不断归附的事例，但随即又发生了“上党民劳聪、士臻群聚为盗，杀太守令长，相率外奔”。很显然，上党郡的百姓是因为无法忍受鲜卑族拓跋部的压迫而外逃的。为了安置内迁的少数民族，天兴五年八月，“置新民于大宁川，给农器，计口受田”。迁居内地的新民通过计口授田成为农业人口。神瑞元年十二月，河内人司马顺宰自称晋王反叛，并在次年三月与屯聚上党的河西胡人联合起来共同反抗鲜卑的统治。泰常元年九月这次起义才被镇压。② 虽然在明元帝时期北方民众的反抗多是小规模的，但是也充分反映了两种文化之间在融合中的冲突。

北魏太武帝时期的移民较之于以前更加频繁，除了黄河流域的移民外，还有许多是鲜卑族将其他少数民族迁往内地。我们在这里仅仅考察黄河流域汉民族的迁移过程。始光三年（426 年）十一月，太武帝袭击赫连昌，“至其城下，徙万余家而还”。这次迁徙因为正值冬季，路途不便，到次年正月方才完成，“从人在道多死，其能到都者才十六七”。太武帝之所以将夏民众迁离夏都统万城，其目的就是为了清除夏再次复兴的基础，将夏民众迁往代

① 魏收. 1974. 魏书. 卷 2. 太祖纪. 北京：中华书局. 40

② 魏收. 1974. 魏书. 卷 3. 太宗纪. 北京：中华书局. 54 ~ 56

京附近，便于控制。延和元年（432 年）七月，太武帝打败北燕冯文通后，“徙营丘、成周、辽东、乐浪、带方、玄菟六郡民三万家于幽州，开仓以赈之”。这次大规模的移民仍是为了将原来北燕控制的民众迁移到北魏便于控制的地区。延和三年六月，太武帝派遣抚军大将军、永昌王健，司空、汝阴公长孙道生，侍中古弼，督诸军讨和龙（又称龙城，今辽宁朝阳市），“芟其禾稼，徙民而还”。至次年二月，“丕等至于和龙，徙男女六千口而还”。在关中地区这种大规模的移民也在进行。延和三年正月，“杨难当克汉中，送雍州流民七千家于长安”。太延元年（435 年）二月，“诏长安及平凉民徙在京师，其孤老不能自存者，听还乡里”。太延五年十月，平定凉州沮渠牧犍后，“徙凉州民三万余家于京师”①。太平真君五年（444 年）六月，北部部落民众杀衡阳公莫孤，并率领五千余部落逃往漠北，太武帝追击到漠南，杀其首领，“余徙居冀、相、定三州为营户”。六年四月，北魏高凉王拓跋那进攻占据阴平白兰的吐谷浑慕利延，为了防止占据桴罕（今甘肃临夏县新集乡后古城遗址）的慕利延兄子什归救援，朝廷又派秦州刺史封敕文进攻什归。六月，太武帝大军西征，什归放弃桴罕逃走。八月，封敕文进入桴罕，“分徙千家还上邽（今甘肃天水西南）”。与此同时，太武帝“徙诸种杂人五千余家于北边”。这种移民是将可能带来危险的其他少数民族迁往边陲之地。十一月，太武帝选六州兵勇猛者二万人，派永昌王拓跋仁、高凉王拓跋那分别率领一万骑兵，分二道“南略淮泗以北，徙青徐之民以实河北”。太平真君七年二月，永昌王拓跋仁至高平（今山东微山县），擒刘宋王章，攻占金乡（今山东金乡县）、方与（今山东鱼台县北），“迁其民五千家于河北”。高凉王拓跋那至济南东平陵，“迁其民六千余家于河北”。拓跋仁与拓跋那所占领的高平、济南等地是北魏和刘宋王朝交互占领的地区，将一万余户居民北迁黄河以北地区一方面增加了黄河以北的人口，另一方面，使这一地区成为没有居民的空旷之地，即使刘宋占领此地也难以立足。三月，太武帝又“徙长安城工巧二千家于京师”。八年三月，“徙定州丁零三千家于京师”。九年二月，“徙西河离石民五千余家于京师”。正平元年三月，在征讨刘宋归来后，“以降民五万余家分置近畿”②。太武帝不断地将黄河流域的汉族民众和其他少数民族迁往都城，使都城成为多民族杂居的地区，从表面上看有利于民族融合。再者，北魏统治者还通过移民实现对人口的控制，以增加黄河流域因为战争减少的人口。

太武帝时期是北魏急剧扩张的历史时期。鲜卑族在实力壮大的同时，与

① 魏收．1974．魏书．卷 4 上．世祖纪．北京：中华书局．90
② 魏收．1974．魏书．卷 4 下．世祖纪．北京：中华书局．105

黄河流域的汉族民众不可避免地发生矛盾，也使这一时期民族之间的矛盾频繁爆发。随着对黄河流域的逐步占领，鲜卑族落后的习俗不可避免地会与黄河流域先进的汉文化发生冲突。鲜卑族在占领一个地区以后往往将俘获的民众赏赐给将士，这些原有的农业人口就成为鲜卑族的奴隶，其社会地位非常低。如始光四年六月，鲜卑族攻占赫连昌的都城后，不仅俘虏了赫连昌的亲属及王公大臣数万人，还俘虏了“秦雍人士数千人”，这些人后来被作为“生口”，“班赉将士”[①]。这些原来的社会上层人物随着国家的败亡沦落为鲜卑族的奴隶，其社会地位一落千丈。在鲜卑族对黄河流域民众压榨残暴的地区，民众起来反抗的往往较多，有的时候是各民族联合起来反抗鲜卑族的压迫。

神䴥元年（428 年）十月，定州（今河北定州）的少数民族丁零（即敕勒），在首领鲜于台阳、翟乔等率领下，二千余家逃入西山，“劫掠郡县”，定州的军队讨伐失利。太武帝派遣镇南将军叔孙建率军讨伐。至次年正月，鲜于台阳等人投降，太武帝并不敢杀掉这些人，反而下诏赦免他们。太武帝很清楚，如果杀掉鲜于台阳等首领，可能会激起定州丁零残部的更强烈的反叛。太武帝对普通的汉族民众造反则采取了镇压的措施。神䴥二年正月，上党人李禹聚众杀太守，“自称无上王，署置将帅”。北魏的河内守将打败李禹的军队，李禹虽然逃到山中，但最终还是被杀。三年三月，云中、河西敕勒千余家反叛，“尚书令刘洁追灭之”。四月，云中郡的敕勒万余部落叛走，“诏尚书封铁追讨灭之”。太武帝之所以对叛逃的敕勒人予以追杀，是因为这些叛逃者如果形成规模，必将引起京畿地区的动荡，威胁北魏政权。除了敕勒反叛外，西河郡（郡治在今山西汾阳）的山胡部落首领白龙也率众抵抗北魏政权。延和三年（434 年）七月，太武帝命令讨伐西河郡的山胡。九月，攻占了白龙的城池，斩白龙及其将帅并屠城。十月，在五原打败白龙残部。为了安抚山胡部落的剩余民众，太武帝“诏山胡为白龙所逼及归降者，听为平民”，而数千名死心塌地跟随白龙的山胡人被杀，“虏其妻子，班赐将士各有差”。至太延三年（437 年）七月，在西河郡才将白龙残部消灭。[②] 阳平王拓跋他，代人娥清、奚眷、陈建，河东蜀人的后裔薛谨都参加了此次平叛战争。

太平真君六年九月，卢水胡盖吴聚众反于杏城（今陕西黄陵西南），并且规模迅速扩大。北魏政府调集了并、秦、雍等州的军队前去镇压，虽然暂时镇压了下去，但到太平真君七年五月，盖吴复聚众于杏城，自称秦地王，

① 魏收 . 1974. 魏书 . 卷 4 上 . 世祖记 . 北京：中华书局 . 72
② 魏收 . 1974. 魏书 . 卷 4 上 . 世祖纪 . 北京：中华书局 . 84

“假署山民，众旋复振”。太武帝派遣永昌王拓跋仁、高凉王拓跋那督领北路诸军协同讨伐。六月，太武帝又征发定、冀、相三州军队二万人驻扎在长安南山诸山谷，“以防越逸”。太武帝还征发司、幽、定、冀四州十万人“筑畿上塞围，起上谷，西至于河，广袤皆千里”。太武帝之所以动用如此庞大的军事力量镇压盖吴起义，是因为盖吴在关中起义使西北地区再次陷入混乱，威胁北魏在西北地区的进一步发展。到了八月，盖吴被其部下所杀，传首京师，拓跋仁平定了残余的起义力量。与此同时，河东地区的蜀人薛永宗也起兵响应，但在太平真君七年正月被镇压。在镇压这两次起义后，是年二月，在盩厔（今陕西周至），太武帝又诛叛民耿青、孙温二垒与盖吴通谋者。[①] 除了上述大规模的反抗之外，黄河流域其他少数民族小范围的反抗更是层出不穷，可见民族之间的矛盾，特别是鲜卑族对黄河流域汉族的民族歧视和民族压迫是导致这一阶段社会动荡的根源。

在此后的文成帝和献文帝时期，民族矛盾依然尖锐。文成帝对反抗鲜卑族统治的各民族起义继续采取强力镇压的措施。兴安二年（453 年）十二月，文成帝率领群臣观察各地风俗，对河间鄚县（今河北任丘北）民众为“贼盗”者予以诛杀，“男年十五以下为生口，班赐从臣各有差”。太安二年（456 年）二月，丁零数千家亡匿井陉山（今河北获鹿西南），“聚为寇盗”。文成帝诏令定州刺史许宗之、并州刺史乞佛成龙镇压了这股丁零武装力量。和平元年二月，河西一带胡人再次反叛，文成帝令乐安王拓跋良督率东雍（今山西临汾）、吐京（今山西石楼县）、六壁（今山西孝义西南）诸军向河西进军，征西将军皮豹子等督率河西诸军向南接近石楼，“以讨河西叛胡”。在如此强大军事力量的威慑之下，河西一带反叛的胡人到长安投降，“遣使者安慰之”[②]。西北地区少数民族不断地骚扰，黄河下游民众的反抗也未停止。徐州地区是北魏与刘宋政权反复争夺的一个地区，汉民族的反抗也最激烈。献文帝皇兴二年（468 年）二月，司马休符自称晋王，在徐州汇聚各股起义力量，后被“将军尉元讨平之”。皇兴四年八月，各路反抗的武装力量攻入彭城，杀镇将元解愁，后被长史率兵镇压。[③] 到献文帝禅位给孝文帝后，北魏的民族矛盾并没有解决。黄河流域汉民族起义仍然此起彼伏。延兴元年（471 年）九月，青州高阳（今山东临淄北）人封辩自称齐王，“聚党千余人”，后被州军镇压。十月，朔方人曹平原招集民众，攻破石楼堡，杀北魏的军将。十一月，司马小君聚众反于平陵（今山东章丘市西北），被齐州刺

① 魏收. 1974. 魏书. 卷 4 下. 世祖纪. 北京：中华书局. 100
② 魏收. 1974. 魏书. 卷 5. 高宗纪. 北京：中华书局. 118
③ 魏收. 1974. 魏书. 卷 6. 显祖纪. 北京：中华书局. 130

史、武昌王拓跋平原镇压，司马小君被俘。延兴二年正月，统万镇少数民族相率北叛。献文帝令宁南将军、交阯公韩拔等追灭之。三月，连川（今陕西榆林境内）敕勒谋叛，被徙配青、徐、齐、兖四州为营户。七月，光州（今山东胶东半岛）人孙晏等聚拢千余人叛通刘宋，被光州刺史叔孙瓒镇压。面对如火如荼的农民起义和民族反抗，延兴三年二月，北魏政府颁布诏令，“诏县令能静一县劫盗者，兼治二县，即食其禄；能静二县者，兼治三县，三年迁为郡守。二千石能静二郡，上至三郡，亦如之，三年迁为刺史”，试图凭此平定民族反抗，但收效甚微，黄河中下游地区民众对北魏的统治反抗仍然层出不穷。承明元年（476 年）五月，冀州武邑（今河北省武邑县）人宋伏龙聚众造反，自称南平王，后被郡县镇压。献文帝死后，太和元年正月，秦州略阳人王元寿聚众五千余家，自号为冲天王。二月，被秦益二州刺史尉洛侯镇压。十月，怀州人伊祁苟初自称尧后应王，聚众于重山，被洛州刺史冯熙镇压。太和四年正月，雍州氐人齐男王率众造反，杀美阳县令，被州郡捕斩。十月，兰陵（今山东枣庄市）人桓富杀其县令，与昌虑人桓和太山张和颜等联合，聚党保五固（今地不详），推举司马朗之为首领，后被尉元和薛虎子率军镇压。①

从孝文帝改革之前的移民和民族矛盾的复杂化来看，如果北魏长期以平城为都，接近草原地区，鲜卑族的民族本性难以得到很大的改善，其游牧生活方式将持续存在，很难融入黄河文化中。长期这样发展，鲜卑族的生存都将是统治者所面临的重要问题。在此情况下，提升本民族的社会声望，使黄河流域的汉民族能够接受鲜卑族，是孝文帝在代京时期经历了 20 余年的考察所得出来的历史性认识。有鉴于此，孝文帝认识到，只有进行改革，使本民族脱离原有的生活方式成为农业民族，并进而融入黄河文化发展的主序列中，才能实现本民族长久的生存。

二、守旧势力与革新势力的矛盾

在北魏的发展历史上，代表鲜卑族的传统守旧势力始终很强大。考察北魏的历史发展过程即可发现，鲜卑族进入黄河流域以后每前进一步都是在与落后的守旧势力作斗争的结果，孝文帝的改革不过是北魏历史上不断改革与前进过程的一个组成部分。鲜卑族南下的过程，就是守旧势力与革新势力矛盾发展的过程。为了说明这一问题，我们从以下两个方面论述。

首先，从官制的变迁可以看出鲜卑族原有部落势力的衰落过程。北魏早

① 魏收．1974．魏书．卷 7 上．高祖纪．北京：中华书局．148～149

期实行的是部落联盟制，各部落大人在政权中起着重要的作用，而随着鲜卑族与黄河流域封建政权交往的增多，逐步吸收了黄河文化中的优秀内容，加强王权的过程必然与部落联盟制发生矛盾。因此，削弱部落大人的权力，增强王权过程的斗争有时是非常尖锐的。这在拓跋部落早期即开始。拓跋力微早年曾经依赖没鹿回部大人窦宾救援，躲过了西部大人的进攻，但到窦宾死后，他的两个儿子因为不服从拓跋部落，拓跋力微“召杀之，尽并其众”，在其威慑之下，“诸部大人，悉皆款服，控弦上马二十余万”。拓跋力微迁都盛乐（今内蒙古和林格尔）后，在举行祭天仪式时，各部落的酋长都来助祭，“唯白部大人观望不至，于是征而戮之，远近肃然，莫不震慑”。为了拓跋部的长久发展，他派遣儿子沙漠汗先后两次到曹魏和西晋的国都洛阳学习汉文化，长达八年之久。因为诸部落大人的挑拨，沙漠汗在返回部落途中被害死。之所以会如此，是因为诸部落大人担心沙漠汗继位后，“变易旧俗”。到拓跋力微病重期间，乌丸王库贤趁机破坏诸部落的团结，以“上恨汝曹谗杀太子，今欲尽收诸大人长子杀之”蛊惑人心，使各部落大人“各各散走”。在拓跋禄官时，鲜卑族分为三部。到拓跋猗卢时，以盛乐为北都，以故平城为南都，并以其子六修统领南部。但不久拓跋猗卢即为六修所杀。[①]我们在前文所列的北魏早期诸部落大人的废立都显示了部落的强大势力。

到拓跋什翼犍建国二年，北魏开始“始置百官，分掌众职”。然而此时官员的设立还没有正常化。《魏书》卷一百一十三《官氏志》云：“建国二年，初置左右近侍之职，无常员，或至百数，侍直禁中，传宣诏命。皆取诸部大人及豪族良家子弟仪貌端严，机辩才干者应选。又置内侍长四人，主顾问，拾遗应对，若今之侍中、散骑常侍也。其诸方杂人来附者，总谓之‘乌丸’，各以多少称酋、庶长，分为南北部，复置二部大人以统摄之。时帝弟孤监北部，子实君监南部，分民而治，若古之二伯焉。”可见此时官员的设置仍然杂糅了部落时期的许多内容，这与部落的强大势力仍然有许多关系。即使到道武帝拓跋珪时期，这一现象还没有太大的改观，“太祖登国元年，因而不改，南北犹置大人，对治二部。是年置都统长，又置幢将及外朝大人官。其都统长领殿内之兵，直王宫；幢将员六人，主三郎卫士直宿禁中者自侍中已下中散已上皆统之，外朝大人无常员，主受诏命外使，出入禁中，国有大丧大礼皆与参知，随所典焉”。从拓跋什翼犍到道武帝即位初年，部落大人仍然具有很大的权力。道武帝即位之时，对于部落大人的权力也无法进行限制，只得开始采取分其权力的办法来提高对权力的控制。当道武帝的地

① 魏收．1974．魏书．卷1．序纪．北京：中华书局．9

位得到逐步巩固以后，他开始模仿黄河流域汉族政权的官员设置来构建其政权体系。皇始元年七月改元后，九月，“初建台省，置百官，封拜公侯、将军、刺史、太守，尚书郎已下悉用文人”①。《魏书》卷一百一十三《官氏志》则称道武帝“始建曹省，备置百官，封拜五等；外职则刺史、太守、令长已下有未备者，随而置之”。天兴元年至三年，道武帝基本确立了带有黄河流域封建政权色彩的国家机构，部落旧势力受到遏制。所以在天兴三年十二月，大权在握的道武帝踌躇满志地说：“今世俗，佥以台辅为荣贵，企慕而求之。夫此职司，在人主之所任耳，用之则重，舍之则轻。然则官无常名，而任有定分，是则所贵者至矣，何取于鼎司之虚称也。”② 但是，道武帝在官员设置上并没有彻底根除鲜卑族原有的部落大人的影响，从此后明元帝到太武帝时期官员名称中仍然照顾到部落大人的情况即可反映出这一点。如明元帝神瑞元年春，“置八大人官，大人下置三属官，总理万机，故世号八公云”。泰常二年夏，“置六部大人官，有天部，地部，东、西、南、北部，皆以诸公为之。大人置三属官”。这些“八大人官”、“六部大人官”就是原来部落内部的部落大人权势残余的体现。这种部落势力残余的情况到孝文帝改革时仍然要加以考虑。太和十九年孝文帝在定姓族诏中规定：“原出朔土，旧为部落大人，而自皇始已来，有三世官在给事已上，及州刺史、镇大将，及品登王公者为姓。若本非大人，而皇始已来，职官三世尚书已上，及品登王公而中间不降官绪，亦为姓。诸部落大人之后，而皇始已来官不及前列，而有三世为中散、监已上，外为太守、子都，品登子男者为族。若本非大人，而皇始已来，三世有令已上，外为副将、子都、太守，品登侯已上者，亦为族。”③ 由此可见原有的部落势力影响之大。田余庆先生在研究北魏早期离散诸部落问题时，曾经以个案研究取得了卓越的成绩。如果从官僚体制方面来分析，也可以看出部落制的残余对北魏社会的影响。

其次，宗主督护制的兴衰也反映了北魏在接受黄河流域原有的社会管理方面，为孝文帝的改革所带来的不利因素。我们知道，宗主督护制是鲜卑族进入中原以后，为了盘剥原有的农业人口而设立的一项制度，但是这一制度后来成为北魏巩固中央集权的障碍，并减少了政府的收入，所以对其进行改革，实行有利于国家政权的赋税征收制度就成为当务之急。

宗主督护制的实行与北魏鲜卑族进入黄河流域以后的形势有很大的关系。在十六国时期，黄河流域因为长期受少数民族入侵的骚扰，许多地方的

① 魏收．1974．魏书．卷2．太祖纪．北京：中华书局．27

② 魏收．1974．魏书．卷2．太祖纪．北京：中华书局．37

③ 魏收．1974．魏书．卷113．官氏志．北京：中华书局．3014

世族地主利用在当地的声望，开始建立起坞壁，并在坞壁组织内部奴役许多无地少地的农民。鲜卑族进入黄河流域以后，对于黄河流域这种奴役民众的社会组织方式也采取了认同的态度。在北魏政府所委认的这些宗主督护的统领下，北魏对所占领的黄河流域的控制得到了加强。在宗主督护制的实行过程中，出现了“民多隐冒，五十、三十家方为一户”的现象。① 赵郡平棘人李显甫因以“豪侠知名”，在北魏初年“集诸李数千家于殷州西山，开李鱼川方五六十里居之，显甫为其宗主”。后来“以军功赐爵平棘子，位河南太守”。即使到其子李元忠时，李鱼川仍为其家族的重要根据地。② 然而，这些依附于宗主的普通民众，在负担上要较之于国家统治下的编户重得多，因而有“魏初不立三长，故民多荫附。荫附者皆无官役，豪强征敛，倍于公赋”之说。孝文帝也下诏指出：“自昔以来，诸州户口，籍贯不实，包藏隐漏，废公罔私。富强者并兼有余，贫弱者糊口不足。赋税齐等，无轻重之殊；力役同科，无众寡之别。”③ 在太延元年（435 年）十二月，太武帝为了解决征调过程中“纵富督贫”问题，要求“若有发调，县宰集卿邑三老计赀定课，裒多益寡，九品混通，不得纵富督贫，避强侵弱”④。所谓“九品混通”即“户调帛二匹、絮二斤、丝一斤、粟二十石；又入帛一匹二丈，委之州库，以供调外之费”。这是吸收了西晋王朝的“九品相通”的租调制度。献文帝天安、皇兴年间，因为天下大旱，再加上对刘宋用兵，“山东之民咸勤于征戍转运”，为了解决民众的负担，献文帝“遂因民贫富，为租输三等九品之制。千里内纳粟，千里外纳米；上三品户入京师，中三品入他州要仓，下三品入本州”。这种三等九品之制虽然是为了解决租调运输的困难，但因地方官上下其手，普通民众并没有因此减轻负担。孝文帝就曾指出：“虽建九品之格，而丰埆之土未融；虽立均输之楷，而蚕绩之乡无异。致使淳化未树，民情偷薄。”⑤ 由此可见，宗主督护制的存在和与其相配套的“九品混通制”已经严重制约了经济的继续发展，也引起了社会贫富不均的加剧，使贫者愈贫。所以在孝文帝实行三长制改革时，“豪富并兼者尤弗愿也”。由上述客观条件来分析，孝文帝所进行的改革就是要通过新的制度的实行，来改变旧有的导致社会不公平的制度，调和收入分配，从制度上形成解决社会矛盾的新的体制。

---

① 魏收 . 1974. 魏书 . 卷 53. 李冲传 . 北京：中华书局 . 1180
② 李延寿 . 1974. 北史 . 卷 33. 李灵传 . 北京：中华书局 . 1202
③ 魏收 . 1974. 魏书 . 卷 110. 食货志 . 北京：中华书局 . 2855
④ 魏收 . 1974. 魏书 . 卷 4 上 . 世祖纪 . 北京：中华书局 . 86
⑤ 魏收 . 1974. 魏书 . 卷 110. 食货志 . 北京：中华书局 . 2856

三、阶级矛盾的复杂化

鲜卑族进入黄河流域后，与黄河流域的士族结合起来，构成了新的统治群体。这一新的统治群体既压迫黄河流域原有的汉族居民，也对本民族和其他民族进行压迫，这就构成了两个阶级阵营之间的斗争。孝文帝改革前阶级矛盾非常尖锐，统治阶级不得不采取措施来缓和阶级矛盾，以实现社会的稳定和政权的长治久安。

被统治阶级的构成成分复杂，既有黄河流域汉族的自耕农和前文所提及的依附人口，也有少数民族中的贫穷者，还有被俘虏来的奴隶等。黄河流域的自耕农是指占有小片土地的农民，他们虽然逃过了十六国战争带给他们的灾难，但是在鲜卑族的统治之下仍然难以维持基本的生存。我们在前文曾经考察了鲜卑族统治者将今天河北一带的民众大量迁往平城附近从事农业生产，从而增加了京城附近的自耕农人数，同时，又将周边地区的少数民族迁往黄河流域使他们成为脱离原来游牧生活方式的自耕农。这种大规模移民的方式到太武帝末年已经基本完成。所以，太武帝的太子拓跋晃在监国时对京畿附近的自耕农采取鼓励的措施，督促他们积极从事农业生产。他下令曰："其制有司课畿内之民，使无牛家以人牛力相贸，垦殖锄耨。其有牛家与无牛家一人种田二十二亩，偿以私锄功七亩，如是为差，至与小、老无牛家种田七亩，小、老者偿以锄功二亩。皆以五口下贫家为率。各列家别口数，所劝种顷亩，明立簿目。所种者于地首标题姓名，以辨播殖之功。"① 兴安二年（453 年）正月，"诏与民杂调十五"。十二月，"诛河间鄚民为贼盗者，男年十五以下为生口，班赐从臣各有差"。正因为统治阶级的压榨，民众反抗此起彼伏，所以文成帝在镇压农民起义后，采取了一些缓和阶级矛盾的做法。和平二年（461 年）正月，文成帝针对自耕农受尽盘剥甚为不满的问题下诏曰："刺史牧民，为万里之表。自顷每因发调，逼民假贷，大商富贾，要射时利，旬日之间，增赢十倍。上下通同，分以润屋。故编户之家，困于冻馁；豪富之门，日有兼积。为政之弊，莫过于此。其一切禁绝，犯者十疋以上皆死。布告天下，咸令知禁。"和平四年三月，对于地方官滥征徭役，使自耕农负担加重，文成帝又下诏要求地方官"当厉己竭诚，务省徭役，使兵民优逸，家给人赡。今内外诸司、州镇守宰，侵使兵民，劳役非一。自今擅有召役，逼雇不程，皆论同枉法"。七月，他又对自耕农因灾荒卖鬻子女的情况进行查处，"前以民遭饥寒，不自存济，有卖鬻男女者，尽仰还其家。

① 魏收. 1974. 魏书. 卷 4 上. 恭宗纪. 北京：中华书局. 108

或因缘势力，或私行请托，共相通容，不时检校，令良家子息仍为奴婢。今仰精究，不听取赎，有犯加罪。若仍不检还，听其父兄上诉，以掠人论”。十月，“以定、相二州霣霜杀稼，免民田租”。次年春天，“诏以州镇十四去岁虫、水，开仓赈恤”。正因为文成帝在太武帝“经略四方，内颇虚耗”之后，关注民生，所以史臣赞誉他说：“高宗兴时消息，静以镇之，养威布德，怀缉中外。”① 和平六年五月，献文帝即位后立即下诏减轻自耕农的负担：“夫赋敛烦则民财匮，课调轻则用不足，是以十一而税，颂声作矣。先朝榷其轻重，以惠百姓。朕承洪业，上惟祖宗之休命，夙兴待旦，惟民之恤，欲令天下同于逸豫。而徭赋不息，将何以塞烦去苛，拯济黎元者哉！今兵革不起，畜积有余，诸有杂调，一以与民。”献文帝还多次下诏开仓赈恤百姓。特别是在皇兴四年（470 年）三月下诏对染病的百姓进行救治，“朕思百姓病苦，民多非命，明发不寐，疚心疾首。是以广集良医，远采名药，欲以救护兆民。可宣告天下，民有病者，所在官司遣医就家诊视，所须药物，任医量给之”②。所有这些都是为了缓和自耕农对政府的不满情绪。然而因与刘宋之间的战争，自耕农的负担并没有减轻，至孝文帝即位之初，阶级矛盾更加尖锐，这从前文我们所列举的民众起义已经得到反映。而且在孝文帝初年，北魏所面临的形势更加复杂，既要对抗刘宋的军事进攻，还要应付西北地区各少数民族的不断骚扰，所以在战事不断的情况下，自耕农的负担进一步加重。如果不采取果断的措施进行改革，政权的稳定必将受到影响。这就为孝文帝的改革提出了要求。

北魏被统治阶级中较之于自耕农地位更低的是依附人口，他们类似于农奴，依附于某些权贵人物或豪强地主，为他们从事各种劳动。这些人因为人身依附，不用服国家徭役，但没有人身自由。为了说明这些不同的依附人口的身份，我们分类进行考证。

（1）隶户。隶户的地位很低，往往被皇帝赏赐给有功之臣成为其奴隶。登国初年，安同因为屡次出使不辱使命，拓跋珪“以使功居多，赐以妻妾及隶户三十，马二匹，羊五十口，加广武将军”③。在这里安同受赐的三十户隶户是与马、羊同赐的，说明隶户是被看做和牲畜一样的。李先因为熟悉军国大事，明元帝“赐（李）先绢五十匹、丝五十斤、杂彩五十匹、御马一匹。拜安东将军、寿春侯，赐隶户二十二”④。隶户在这里同样被当作物品一样用

① 魏收 . 1974. 魏书 . 卷 5. 高宗纪 . 北京：中华书局 . 123
② 魏收 . 1974. 魏书 . 卷 6. 显祖纪 . 北京：中华书局 . 130
③ 魏收 . 1974. 魏书 . 卷 30. 安同传 . 北京：中华书局 . 712
④ 魏收 . 1974. 魏书 . 卷 33. 李先传 . 北京：中华书局 . 790

来赏赐。姚兴之子姚黄眉是明元帝皇后之弟，在姚泓灭亡后，姚黄眉投奔明元帝，明元帝“厚礼待之，赐爵陇西公，尚阳翟公主，拜驸马都尉，赐隶户二百”①。姚黄眉受赐隶户数量多是因为他与公主结婚。司马义隆因为跟随太武帝征凉州，“以功赐隶户一百”②。正因为隶户多来自凉州一带，所以有“魏虏西凉之人，没为隶户”之说。隶户没有人身自由，受主人奴役，有时婚姻自由也受到限制。如孝文帝弟咸阳王元禧取任城王隶户为妻，受到孝文帝指责，并为其重新娶高门之女为妻，“前者所纳，可为妾媵”③。孝文帝为了推行门阀等级内婚制，使元禧所娶隶户之妻降为妾媵。北魏时也有极个别隶户通过自己的努力改变了命运。如太武帝时隶户赵黑，入宫为阉官后，因为服侍太武帝有功，累官至刺史，并得以养子传后。④ 隶户的身份世代相袭，一般不能改变，到北齐时期仍然存在，如北齐后主的一个李夫人就出身于隶户。周武帝灭北齐以后，“欲施宽惠”之政，建德六年八月下诏曰：“以刑止刑，世轻世重。罪不及嗣，皆有定科。杂役之徒，独异常宪，一从罪配，百世不免。罚既无穷，刑何以措。道有沿革，宜从宽典。凡诸杂户，悉放为民。配杂之科，因之永削。”⑤《隋书》卷二十五《刑法志》云：“魏虏西凉之人，没入名为隶户。魏武入关，隶户皆在东魏，后齐因之，仍供厮役。建德六年，齐平后，帝欲施轻典于新国，乃诏凡诸杂户，悉放为百姓。自是无复杂户。”可见隶户主要是由北魏前期掳掠而来的人口组成，且身份世代不变。

（2）营户。营户是十六国以来一个社会身份低下的特殊群体，他们不属于政府的编户齐民，而是隶属于军队，在军队驻地从事农业生产，且身份世代相袭。东晋太和元年（366 年）前燕慕容暐的仆射悦绾对前燕的宽政很不满，向慕容暐进言：“今诸军营户，三分共贯，风教陵弊，威纲不举，宜悉罢军封，以实天府之饶，肃明法令，以清四海。”慕容暐采纳了悦绾的建议，并且令悦绾“定制”，清理隶属于军队的营户，“出户二十余万”。可见当时隶属于军队的营户规模之大。因为悦绾清理营户损害了权贵的利益，上庸王慕容评“大不平，寻贼绾，杀之”⑥。东晋太元十九年（394 年），后秦姚兴在泾阳山南战败苻登，“散其部众，归复农业。徙阴密（今甘肃灵台县西）

① 魏收 . 1974. 魏书 . 卷 83 上 . 外戚 · 姚黄眉传 . 北京：中华书局 . 1814
② 魏收 . 1974. 魏书 . 卷 37. 司马楚之传 . 北京：中华书局 . 856
③ 魏收 . 1974. 魏书 . 卷 21 上 . 献文六王 · 咸阳王传 . 北京：中华书局 . 534
④ 魏收 . 1974. 魏书 . 卷 94. 阉官 · 赵黑传 . 北京：中华书局 . 2016
⑤ 令狐德棻 . 1971. 周书 . 卷 6. 武帝纪下 . 北京：中华书局 . 103
⑥ 房玄龄 . 1974. 晋书 . 卷 111. 慕容暐载记 . 北京：中华书局 . 2853

三万户于长安，分大营户为四，置四军以领之”[①]。这是姚兴将前秦原来的农户作为营户分给其军队的记载。在南朝刘宋时期也有以俘虏作为营户的记载。元嘉十九年，雍州的蛮族借雍州刺史刘道产死亡之机，“群蛮大动”。沈庆之在征西司马朱修之讨蛮失利的情况下，“专军进讨，大破缘沔诸蛮，禽生口七千人。进征湖阳，又获万余口”。当时刘骏（即后来的孝武帝）为雍州刺史，因为蛮族的阻隔，无法到任，乃派遣沈庆之突袭蛮族，“大破之，降者二万口”。沈庆之随即与荆州刺史王玄谟等人合力讨伐蛮族，“平定诸山，获七万余口”，又平定了郧山蛮族，“禽三万余口”。不久，雍州的蛮族再次起来为寇，宋文帝又派遣沈庆之等率领二万人讨伐山蛮。特别是在平定南新郡蛮族过程中，沈庆之“大破诸山，斩首三千级，虏生蛮二万八千余口，降蛮二万五千口，牛马七百余头，米粟九万余斛”。沈庆之又率领众军讨伐凭险据守的幸诸山犬羊蛮族，沈庆之采取围困的办法，使犬羊蛮因缺粮而穷乏，最后归降。在讨伐蛮族过程中，沈庆之俘虏了大量蛮族，他将“前后所获蛮，并移京邑，以为营户”[②]。

北魏营户的存在与黄河流域战乱造成的户口混乱有关。《魏书》卷一百一十《食货志》云：

> 先是，禁纲疏阔，民多逃隐。天兴中，诏采诸漏户，令输纶绵。自后诸逃户占为细茧罗縠者甚众。于是杂营户帅遍于天下，不隶守宰，赋役不周，户口错乱。始光三年诏一切罢之，以属郡县。[③]

可见北魏早期所存在的营户造成了户口错乱，使政府的赋役征发困难。虽然在太武帝初年曾经废止了营户的设置，但从后来的历史记载中可以发现这种废止仅仅只是暂时性的。北魏在对外征战过程中所俘获的民众也多作为营户，且大多安居在冀、相、定三州。太武帝太平真君五年六月，鲜卑北部百姓杀立义将军、衡阳公莫孤，并率领五千余部落民众逃往漠北，太武帝在漠南追击北逃的北部部落民众，杀其首领，“余徙居冀、相、定三州为营户”[④]。孝文帝延兴元年十月，沃野、统万二镇的敕勒叛逃，朝廷派遣太尉源贺率军追击，并在枹罕（今甘肃临夏枹罕山，即大力加山）消灭了叛逃的敕勒，“徙其遗迸于冀、定、相三州为营户”。延兴二年三月，“连川敕勒谋

---

① 房玄龄．1974．晋书．卷117．姚兴载记上．北京：中华书局．2976

② 沈约．1974．宋书．卷77．沈庆之传．北京：中华书局．1998

③ 魏收．1974．魏书．卷94．阉官·仇洛齐传．云：“魏初禁网疏阔，民户隐匿漏脱者多。东州既平，绫罗户民乐葵因是请采漏户，供为纶绵。自后逃户占为细茧罗縠者非一。于是杂、营户帅遍于天下，不属守宰，发赋轻易，民多私附，户口错乱，不可检括。洛齐奏议罢之，一属郡县”

④ 魏收．1974．魏书．卷4下．世祖纪．北京：中华书局．97

叛，徙配青、徐、齐、兖四州为营户”①。承明元年，沙门统昙曜曾经上奏“凉州军户赵苟子等二百家为僧祇户，立课积粟，拟济饥年，不限道俗，皆以拯施”②。这可以说明当时存在营户转为僧祇户的事实。这些僧祇户虽然符合拯济百姓的宗旨，但依然是脱离政府的管辖范围。在宣武帝景明二年九月，“免寿春营户为扬州民”③。这是北魏免除营户而为州郡编户的最后记载。

（3）杂户。鲜卑拓跋部在统一北部中国的过程中，往往把俘虏作为官府役使的各种特殊户口，如工匠、乐人、屯、牧等杂役人，因为名色繁多，故称为百杂之户，即杂户。北魏不仅将俘虏配给官府作为杂役人户，而且也把犯罪入官的人户配没为杂户，都具有奴隶性。在北朝史籍中，常见以杂户充作赏赐的记载。北魏时期，杂户不入县，“单立户籍，书以赤纸”。其来源为官府强制征发的民间工匠、战俘与驱掠人口和罪犯及家属。父子世代相传，不能做官改业，“一从罪配，百世不免”④。与奴隶同是最受压迫的社会阶层。

北魏前期社会下层的复杂化，导致社会底层的社会关注力降低，其人身自由和生存诉求无法得到基本的保证。就自耕农而言，虽然说与传统的自耕农相比并无二致，但是，在北魏前期的自耕农负担更重，除了负担政府的什一之税外，还要负担一些额外的徭役和赋税，有时政府在正税之外还另外加税，更使他们的生活难以得到保障。至于说杂户的社会地位则更低，他们没有人身自由，作为依附民，他们世代依附于某一社会上层，为某一特殊的社会群体进行生产。他们不在国家的户籍登记范围之内，不享受国家的赋税减免等优惠。这一社会群体虽然规模不大，但是因为社会地位太低，所以也是社会不稳定的因素。杂户的存在与鲜卑族社会发展的限制还有很大的关系。我们知道，鲜卑族从草原游牧民族过渡到农业民族的过程中，保留了较多的部落制的残余，在对外战争过程中俘虏了大量农业人口或其他手工业人口。他们将这些人赏赐给某一特权群体如军队，或在政府的控制之下，既有利于使特权群体保持高昂的战斗力，解除军队的供应问题，也能使政府在物资紧缺的情况下依靠这些人供应官府所需，同时也有利于官府对这些杂户进行

---

① 魏收．1974．魏书．卷7上．高祖纪．北京：中华书局．136

② 魏收．1974．魏书．卷114．释老志．北京：中华书局．3042

③ 魏收．1974．魏书．卷8．世宗纪．北京：中华书局．194

④ 令狐德棻．1971．周书．卷6．武帝纪下．北京：中华书局．103。关于“杂户”问题，学术界前辈学者曾经进行过研究，参见：唐长孺．1955．拓跋国家的建立及其封建化．载：魏晋南北朝史论丛．北京：三联书店．193～249。张维训．1983．略论杂户的形成和演变．中国史研究．（1）。高敏．1987．杂户考．载：魏晋南北朝社会经济史探讨．北京：人民出版社．297～301

控制。

第二节　户籍制度的建立与土地制度的改革

北魏孝文帝的改革是鲜卑族发展史上最具意义的历史飞跃。孝文帝的改革体现在多个层面，并且呈现出改革历时长、稳健推进等特色。在改革过程中因考虑到鲜卑民族的接受能力，从而使鲜卑族能够通过改革彻底完成了从草原民族到农耕民族的转化，实现了两种文化的真正融合。关于孝文帝的改革在学术界已经论述很多，学术创新已经很难，但为了本书的完整性，我们在这里还要做一简单的论述，试图有所创新。

一、户籍制度的建立

我们在前文曾经论及北魏早期黄河流域盛行的是宗主都护制，而这一制度的实行使政府所控制的人口减少，“民多隐冒，五十、三十家方为一户”[①]。又因为“民多荫附。荫附者皆无官役，豪强征敛，倍于公赋”，政府的财政收入受到限制，荫附户的负担反而更加重了。而且这些宗主在财力增强后也对政府所控制的地方政权构成威胁。孝文帝曾经指出宗主督护制的弊端：“自昔以来，诸州户口，籍贯不实，包藏隐漏，废公罔私。富强者并兼有余，贫弱者糊口不足。赋税齐等，无轻重之殊；力役同科，无众寡之别。虽建九品之格，而丰堉之土未融；虽立均输之楷，而蚕绩之乡无异。致使淳化未树，民情偷薄。”所以，北魏孝文帝为了加强中央集权，采纳了李冲的建议，实行黄河流域封建王朝曾经实行过的三长制。孝文帝曾经说：“邻里乡党之制，所由来久”[②]。孝文帝大概也是为了说明自己实行三长制是对黄河流域旧有的传统的恢复。

太和十年（486年）二月，给事中李冲认为“三正治民，所由来远，于是创三长之制而上之”。他指出：“宜准古，五家立一邻长，五邻立一里长，五里立一党长，长取乡人强谨者。邻长复一夫，里长二，党长三。所复复征戍，余若民。三载亡愆则陟用，陟之一等。其民调，一夫一妇帛一匹，粟二石。民年十五以上未娶者，四人出一夫一妇之调；奴任耕，婢任绩者，八口当未娶者四；耕牛二十头当奴婢八。其麻布之乡，一夫一妇布一匹，下至牛，以此为降。大率十匹为公调，二匹为调外费，三匹为内外百官俸，此外

① 魏收．1974．魏书．卷53．李冲列传．北京：中华书局．1180

② 魏收．1974．魏书．卷110．食货志．北京：中华书局．2855

杂调。民年八十已上，听一子不从役。孤独癃老笃疾贫穷不能自存者，三长内迭养食之。”① 冯太后见到李冲的奏章“览而称善”，并与公卿大臣商议实行三长制的问题。中书令郑羲、秘书令高祐等认为李冲所提议的三长制“言似可用，事实难行”。郑羲甚至危言耸听地说：“不信臣言，但试行之。事败之后，当知愚言之不谬。”其他官员虽然没有反对，但多数认为“方今有事之月，校比民户，新旧未分，民必劳怨。请过今秋，至冬闲月，徐乃遣使，于事为宜”。这些官员认为应当避开春耕时节在冬季推行，不至于引起社会的动荡，虽然这不符合冯太后的想法，但仍是站在改革的立场上。而支持改革的太尉元丕认为，“此法若行，于公私有益”，支持推行三长制。李冲进一步阐述了尽快实行三长制的必要性。他指出：“若不因调时，百姓徒知立长校户之勤，未见均徭省赋之益，心必生怨。宜及课调之月，令知赋税之均。既识其事，又得其利，因民之欲，为之易行。”只有著作郎傅思益担心：“民俗既异，险易不同，九品差调，为日已久，一旦改法，恐成扰乱。”在众说纷纭的情况下，冯太后坚定了改革的决心：“立三长，则课有常准，赋有恒分；苞荫之户可出，侥幸之人可止。何为而不可？”虽然在官僚群体内部对实行三长制的看法不一，但都“以变法为难”，而其他方面人们再也提不出异议，于是确定推行三长制。②

当确定实行三长制后，孝文帝“于是遣使者行其事”。他在诏书中说：“今革旧从新，为里党之法，在所牧守，宜以喻民，使知去烦即简之要。”在“定民户籍”过程中，当时尧暄以南部尚书的身份为东道十三州使，他“更比户籍”，受到孝文帝的嘉奖，“赐独车一乘，厩马四匹”③。闾庄为定户籍大使，“甚有时誉”④。在三长制推行之初，“百姓咸以为不若循常，豪富并兼者尤弗愿也”。然而在施行之后，“计省昔十有余倍。于是海内安之”⑤。可见及时实行三长制的必要性。

北魏太和十年所确立的三长制是鲜卑族发展史上的一件大事，它标志着鲜卑族所建立的政权彻底摆脱了原始的部落制，进入到封建国家的社会政治体制中，原始的游牧经济的社会管理体制被以农业经济为基础的社会管理体制所代替。而这一切都是鲜卑族的统治者在对黄河流域原有的社会管理方式接受之后而实现的，显示出黄河文化对草原文化的影响。三长制的实行表明

① 魏收．1974．魏书．卷110．食货志．北京：中华书局．2855
② 魏收．1974．魏书．卷53．李冲列传．北京：中华书局．1180
③ 魏收．1974．魏书．卷42．尧暄传．北京：中华书局．954
④ 魏收．1974．魏书．卷83上．外戚·闾毗传．北京：中华书局．1816
⑤ 魏收．1974．魏书．卷110．食货志．北京：中华书局．2856

国家对农业人口的控制进一步加强。将原来属于宗主督护制所控制下的人口纳入政府所控制之下，一方面扩大了国家统治的群众基础和经济基础，另一方面削弱了豪强势力与国家政权对抗的经济基础，使国家的控制力更加增强，提升了中央集权的行政能力。另外，三长制的推行，也使原来依附人口的人身依附关系进一步松弛，依附民变为国家控制下的自耕农，加速了鲜卑族向封建政权迈进的步伐，同时也为孝文帝的日后改革奠定了社会和经济的基础。

二、从土地制度的变革看均田制的实行

大凡谈到北魏的土地制度的改革都会涉及均田制的问题。关于均田制的研究经过学术界多年的探讨已经几无剩意，其内容也在多种著作中被提及，我们在这里已经无法就这一问题提出更新的观点，兹仅就土地制度的变革作一简单论述，亦即试图通过北魏土地制度的变革来分析鲜卑族是如何接受并实行黄河流域的封建土地制度的。

我们知道，均田制的实质是一种授田制度，是政府将自己所控制的土地分配给无地或少地的民众，使他们从事农业生产，政府则收取一定的实物作为地租。在这种情况之下，国家就是最大的地主，因为国家较之于地主盘剥农民尚有一定的限制，所以，均田制在某种程度上是国家土地改革的一种形式。鲜卑族在进入黄河流域以后正是采取了将所占有的大片无主荒田授给百姓的办法来恢复和发展农业生产的。

拓跋珪在皇始二年，平定中山，天兴元年正月，“徙山东六州民吏及徒何、高丽杂夷三十六万，百工伎巧十万余口，以充京师”①。拓跋珪将26万人迁往京城，从而充实了京师的人口，并对这些人“各给耕牛，计口授田”。拓跋珪正是接受了黄河流域农业民族的生产方式，将土地分配给新迁来的人口，使他们成为农民，为政府生产粮食。天兴初年，拓跋珪划定了京邑的范围，东至代郡（今山西大同），西及善无（定襄郡的郡治，今山西左云右玉镇南），南极阴馆（今山西朔州市），北尽参合（今山西省阳高县东北），作为京畿内土地；在京畿外的四方四维设置八部帅以监督民众，“劝课农耕，量校收入，以为殿最”②。这仍然是将土地分给百姓以使其从事农业生产。他还亲自耕作籍田，为百姓作表率。当然其前提是在这里有大量的无主荒田。

太武帝时，曾经“多禁封良田”，圈占了大面积良田。高允向太武帝谈论农业的重要性时认为，当天下广收之后，即使遇到饥年，社会也不会动

① 魏收. 1974. 魏书. 卷2. 太祖纪. 北京：中华书局. 32
② 魏收. 1974. 魏书. 卷110. 食货志. 北京：中华书局. 2850

荡，太武帝对他的论说很感兴趣，“遂除田禁，悉以授民”[①]。太武帝晚年，拓跋晃监国时下令：“其制有司课畿内之民，使无牛家以人牛力相贸，垦殖锄耨。其有牛家与无牛家一人种田二十二亩，偿以私锄功七亩，如是为差。至与小、老无牛家种田七亩，小、老者偿以锄功二亩。皆以五口下贫家为率。各列家别口数，所劝种顷亩，明立簿目。所种者于地首标题姓名，以辨播殖之功。”[②] 这实际上是鼓励民众广为垦田，发展农业生产。到孝文帝初年也对农业生产倍加关注。太和元年三月，孝文帝下诏：“今东作既兴，人须肄业。其敕在所督课田农，有牛者加勤于常岁，无牛者倍庸于余年。一夫制治田四十亩，中男二十亩。无令人有余力，地有遗利。”[③] 田余庆先生认为太和九年颁布的均田令与此有渊源关系。[④] 太和九年之前在北魏境内所实行的授田过程，说明均田制也是北魏在黄河流域逐步实现的，是鲜卑族接受了黄河流域经济社会文化的发展而推行的一项制度。

北魏均田制的实行实际上也是对豪强地主无限制占有土地的一种遏制。黄河流域因战乱频繁，再加之自然灾害连绵，“民困饥流散，豪右多有占夺”。李安世曾经根据自己所了解到的情况向孝文帝描述其所见所闻：“窃见州郡之民，或因年俭流移，弃卖田宅，漂居异乡，事涉数世。三长既立，始返旧墟，庐井荒毁，桑榆改植。事已历远，易生假冒。强宗豪族，肆其侵凌，远认魏晋之家，近引亲旧之验。又年载稍久，乡老所惑，群证虽多，莫可取据。各附亲知，互有长短，两证徒具，听者犹疑，争讼迁延，连纪不判。良畴委而不开，柔桑枯而不采，侥幸之徒兴，繁多之狱作。欲令家丰岁储，人给资用，其可得乎！”豪强广占土地，使小农经济受到很大威胁，同样也使基层政权不稳，与儒家传统的均衡观念相左，也就是李安世所说的“雄擅之家，不独膏腴之美；单陋之夫，亦有顷亩之分。所以恤彼贫微，抑兹贪欲，同富约之不均，一齐民于编户”。在李安世看来，只有社会各个等级的人无论豪强或者小民都有生存的机会，使“细民获资生之利，豪右靡余地之盈”，社会才能趋于稳定。他还建议：“所争之田，宜限年断，事久难明，悉属今主。然后虚妄之民，绝望于觊觎；守分之士，永免于凌夺矣。”这其实就是承认豪强对所占有土地的所有权，政府可以把无主或荒地授给普通农民，限制豪强地主继续广占土地。孝文帝采纳了李安世的建议，“均田

① 魏收. 1974. 魏书. 卷48. 高允传. 北京：中华书局. 1069
② 魏收. 1974. 魏书. 卷4下. 恭宗纪. 北京：中华书局. 108
③ 魏收. 1974. 魏书. 卷7上. 高祖纪. 北京：中华书局. 144
④ 翦伯赞. 1979. 中国史纲要（第二册）. 北京：人民出版社. 56

之制起于此矣”①。由此可见，均田制在实行之前北魏已经面临土地制度必须改革的窘境，如果不进行土地制度的改革，就会威胁到政权的稳定。

第三节　迁都洛阳及改革的全面展开

孝文帝迁都洛阳是北魏历史上的重大事件，标志着鲜卑族通过迁都，完成了与黄河流域汉民族的真正融合。而孝文帝之所以要迁都洛阳，是由当时复杂的情况所决定的。

我们知道，鲜卑族作为草原地区兴起的一个少数民族，虽然建立了政权，但在黄河流域汉族人的心目中，这个民族还是一个落后的、野蛮的民族，这也就导致了黄河流域的汉族人没有把鲜卑族的政权作为正统的封建政权来看待。而鲜卑族要真正得到黄河流域汉族的认可，就必须融入汉族的肌体中来，成为其中的一分子，并且成为主宰。因为鲜卑族长期偏居代北地区，与汉族的主体相隔离，长久下去，势必被排斥在黄河文化发展的主流之外，所以，接受黄河文化，成为黄河文化的主流群体，就成为历史的必然。

一、迁都争论所显示的两种文化的冲突

作为北方草原地区兴起的少数民族，其政权内部仍然有草原民族的特色，长期的游牧生活虽然在迁都代以后有了很大的改观，但其游牧本性仍然难以得到根本改变。这就导致了孝文帝在前期进行了一系列改革。如果不从根本上改变这一民族的生产与生活习性，其政权最终将很难继续维持下去。而改变民族的习性最直接的方法就是使这一民族脱离其原来生活的环境。迁都洛阳，离开鲜卑族原来的生存环境，对于巩固改革已经取得的成果和继续进行新的改革，以促进本民族继续生存和发展，都具有极其重要的意义。由此可见，孝文帝迁都洛阳是历史的必然。为了取得迁都的成功，孝文帝进行了一系列准备。

为了迁都的顺利进行，孝文帝首先要解决鲜卑族上层中守旧势力反对的问题。在当时鲜卑族的上层对迁都有两种意见，分为反对和赞成两派。在迁都洛阳之前，因为孝文帝担心公开宣布迁都洛阳必然引起守旧势力的反对，所以他对外宣布南伐，并在明堂以龟卜易筮南伐之事。任城王元澄对孝文帝提出了异议，但最终还是赞成迁都。孝文帝向元澄说出自己迁都的想法：

---

① 魏收．1974．魏书．卷53．李孝伯传附安世传．北京：中华书局．1176

"国家兴自北土，徙居平城，虽富有四海，文轨未一，此间用武之地，非可文治，移风易俗，信为甚难。崤函帝宅，河洛王里，因兹大举，光宅中原。"元澄最终赞同孝文帝迁都并且说："伊洛中区，均天下所据。陛下制御华夏，辑平九服，苍生闻此，应当大庆。"孝文帝曰："北人恋本，忽闻将移，不能不惊扰也。"元澄曰："此既非常之事，当非常人所知，唯须决之圣怀，此辈亦何能为也?"从孝文帝和元澄的对话可以看出，孝文帝欲通过迁都来实现鲜卑族所代表的草原文化真正融入黄河文化。但是，在当时的情况下反对意见也是很明显的。所以，孝文帝在洛阳决定迁都时，就派遣任城王元澄到代京"问彼百司，论择可否"。当元澄将这一消息告诉留守在代京的北魏官员时，"众闻迁诏，莫不惊骇"，经元澄的解释，"众乃开伏"。因为当时留守在旧京的反对势力仍很强大，所以孝文帝感慨地说："若非任城，朕事业不得就也。"①

即使在迁都洛阳以后，孝文帝还不得不面对来自守旧势力的反对，他还要对那些守旧的官员做一番解释。太和十八年二月，孝文帝"诏天下，喻以迁都之意"。回到平城之后，"临太极殿，引见留守之官大议"，最后"谕在代群臣以迁移之略"②。为了平息反对迁都人的不满情绪，孝文帝让他们畅所欲言。燕州刺史穆罴表达反对迁都的意见为：首先，东西南北四方未平定，不适宜迁都。其次，向外征伐需要马匹，而当时马匹不多。再者，从古以来，"古昔圣王不必悉居中原"。孝文帝对穆罴的言论进行了批驳，他指出，关于马匹问题北魏在平城设置有专门的养马牧场，何言无马。而迁居中原也是历史的必然，"今代在恒山之北，为九州之外，以是之故，迁于中原"。尚书于果又提出建都中原的封建王朝"数有篡夺"，而建都平城的北魏"与天地并固，日月齐明"。他还担心迁居中原后，鲜卑旧人"惧不乐也"。对于元丕提出的占卜决定是否迁都问题，孝文帝表达了"朕既以四海为家，或南或北，迟速无常。南移之民，朕自多积仓储，不令窘乏"的决心。最后虽然仍有前怀州刺史青龙、前秦州刺史吕受恩等"仍守愚固，帝皆抚而答之，辞屈而退"。孝文帝又招广陵王元羽、陆睿、元赞等人，向他们讲述了迁都的重要性："朕为天子，何假中原，欲令卿等子孙，博见多知。若永居恒北，值不好文主，卿等子孙，不免面墙也。"很明显，孝文帝向他们讲述了迁都洛阳的重要性是"移宅中原，肇成皇宇"，即通过接受中原地区先进的文化使鲜卑族的国家迅速强大。③ 然而，孝文帝的解释和说教并没有使那些顽固

① 魏收. 1974. 魏书. 卷19中. 景穆十二王传中·任城王传. 北京：中华书局. 465

② 魏收. 1974. 魏书. 卷7下. 高祖纪. 北京：中华书局. 174

③ 魏收. 1974. 魏书. 卷14. 神元平文诸帝子孙·元谓传附丕传. 北京：中华书局. 360

地反对迁都的人有所收敛，他们反而勾结起来发动叛乱。恒州刺史穆泰、定州刺史陆叡、安乐侯元隆、抚冥镇将、鲁郡侯元业、骁骑将军元超、阳平侯贺头、射声校尉元乐平、前彭城镇将元拔、代郡太守元珍、镇北将军、乐陵王思誉等联合起来，商议推朔州刺史阳平王元颐为主。元颐假装答应，随即向孝文帝告发，孝文帝派遣任城王元澄平定了叛乱，保卫了迁都所取得的成果。①

北魏孝文帝迁都洛阳的争论和较量，反映出北魏社会上层对于是否接受黄河文化的不同态度。以守旧势力为代表的鲜卑旧贵族所担心的是一旦进入黄河流域的腹地，就会破坏鲜卑族原有的旧的习俗，被黄河文化所同化。而以孝文帝为首的进步势力，出于对本民族发展的考虑，以积极的态度决定迁都洛阳，来到黄河文化的腹地，对鲜卑族接受黄河文化带来得天独厚的条件。侍臣李韶曾对孝文帝说："洛阳九鼎旧所，七百攸基，地则土中，实均朝贡，惟王建国，莫尚于此。"② 这固然是接受黄河文化便利的地理因素。而孝文帝对广陵王元羽等人所讲的话，当是其心理的真实反映，他就是想让鲜卑族迁居黄河流域的中心地带，使这一民族接受先进的黄河文化，从而使这一民族能够持续地向前发展。历史事实也证明了孝文帝这一想法是正确的。

二、孝文帝迁都洛阳后黄河文化与草原文化的融合

孝文帝迁都洛阳后所进行的一系列改革，是他和冯太后在平城改革的继续。迁都洛阳以后，在平城改革所遭遇的守旧势力的力量已经大不如从前，所以孝文帝改革所遇到的阻力相对较小，这就保证了他所进行的汉化改革能够取得成功。孝文帝在洛阳的改革主要有以下几方面的内容。

其一，改穿汉服。太和十八年十二月初二日，"革衣服之制"。《魏书》卷二十一上《咸阳王禧传》记载，孝文帝引见王公卿士，指责留京的官员说："昨望见妇女之服，仍为夹领小袖。我徂东山，虽不三年，既离寒暑，卿等何为而违前诏？"关于孝文帝雷厉风行地禁穿胡服之事，《魏书》卷十九中《景穆十二王列传·任城王云传附子澄传》记述得颇为详尽。兹将有关文字摘录如下：

> 高祖还洛，引见公卿。高祖曰："营国之本，礼教为先。朕离京邑以来，礼教为日新以不？"澄对曰："臣谓日新。"高祖曰："朕昨入城，见车上妇人冠帽而著小襦袄者，若为如此，尚书何为不察？"澄曰："著犹少于不著者。"高祖曰："深可怪也。任城意

① 魏收.1974.魏书.卷27.穆崇附泰传.北京：中华书局.663
② 魏收.1974.魏书.卷39.李宝传附承子韶传.北京：中华书局.886

欲令全著乎？一言可以丧邦者，斯之谓欤？可命史官书之。”

《资治通鉴》将此事系于永元元年（即太和二十三年），在孝文帝推行服饰改革五年以后洛阳城尚有妇女戴帽、穿窄袖的衣服，“此代北妇人之服也。乘车妇人，皆贵臣之家也”（胡三省语），说明社会习俗改革之艰难。孝文帝欲从根本上杜绝鲜卑族服饰在黄河流域的流行，其目的就是为了吸纳汉族服饰，从生活习俗上进行汉化。胡三省评曰：“史言魏主汲汲于用夏变夷”。其实，孝文帝迁都洛阳后所进行的服饰汉化改革，只不过是他在平城所进行的服饰改革的继续。早在太和十年四月初一，孝文帝就“始制五等公服”。八月，“给尚书五等品爵已上朱衣、玉珮、大小组绶”①，对官员的服饰进行汉化。改穿汉服只不过是将原来官员穿汉服普及到所有鲜卑人都穿汉服，但是其民族灵魂深处仍喜爱本民族服饰。到北齐时期因为鲜卑族再次成为社会发展的主流，特别是北齐王朝的统治者作为鲜卑化的汉人，在社会上大力推进鲜卑化的运动，胡服又得到了复兴。沈括曾经指出：“中国衣冠，自北齐以来，乃全用胡服。窄袖、绯绿短衣、长靿靴、有蹀躞带，皆胡服也。窄袖利于驰射。短衣、长靿，皆便于涉草。胡人乐茂草，常寝处其间。”②

其二，改说汉话。禁止鲜卑语作为官方语言，使用黄河流域流行的汉语。太和十九年（495 年）五月，在与群臣商议禁止鲜卑语时，孝文帝说：“自上古以来及诸经籍，焉有不先正名，而得行礼乎？今欲断诸北语，一从正音。年三十以上，习性已久，容或不可卒革。三十以下，见在朝廷之人，语音不听仍旧。若有故为，当降爵黜官。各宜深戒。如此渐习，风化可新。若仍旧俗，恐数世之后，伊洛之下复成被发之人。王公卿士，咸以然不？”孝文帝提出改说汉话的倡议得到了多数大臣的赞同，唯有李冲阿谀逢迎：“四方之语，竟知谁是？帝者言之，即为正矣，何必改旧从新。”孝文帝对此深恶痛绝。他认为“冲之此言，应合死罪”③。六月己亥，“诏不得以北俗之语言于朝廷，若有违者，免所居官”④。当然，对于年老的官员因习惯鲜卑语者，孝文帝并不强令改说汉话，如太傅元丕，“雅爱本风，不达新式，至于变俗迁洛，改官制服，禁绝旧言，皆所不愿。高祖知其如此，亦不逼之，但诱示大理，令其不生同异”⑤。孝文帝欲通过语言的改革，使鲜卑族能够迅速

---

① 魏收. 1974. 魏书. 卷 7 下. 高祖纪. 北京：中华书局. 161

② 沈括. 2001. 梦溪笔谈. 卷 1. 故事一. 长春：时代文艺出版社. 3

③ 魏收. 1974. 魏书. 卷 21 上. 咸阳王禧传. 北京：中华书局. 536

④ 魏收. 1974. 魏书. 卷 7 下. 高祖纪下. 北京：中华书局. 177

⑤ 魏收. 1974. 魏书. 卷 14. 神元平文诸帝子孙 · 元谓传附丕传. 北京：中华书局. 360

接受黄河流域的汉文化，加速鲜卑族的汉化。

其三，将代人的籍贯改为洛阳人。太和十九年五月，孝文帝的堂弟广川王元谐逝世，而在此前，元谐之妻已在代京平城亡故。在处理元谐丧葬问题上，有关官员“未审以新尊从于卑旧，为宜卑旧来就新尊？”于是上奏孝文帝求得如何解决，魏孝文帝下诏鲜卑族人死后原则上也要葬在洛阳。其诏书云：“迁洛之人，自兹厥后，悉可归骸邙岭，皆不得就茔恒代。其有夫先葬在北，妇今丧在南，妇人从夫，宜还代葬；若欲移父就母，亦得任之。其有妻坟于恒代，夫死于洛，不得以尊就卑。欲移母就父，宜亦从之。若异葬亦从之。若不在葬限，身在代丧，葬之彼此，皆得任之。其户属恒燕，身官京洛，去留之宜，亦从所择。其属诸州者，各得任意。”[①] 再如冯熙的姑、姊先后入宫，“姑先入掖庭，为世祖左昭仪。妹为高宗文成帝后，即文明太后”，冯熙也因此之故，“尚恭宗女博陵长公主，拜驸马都尉”。博陵长公主先于冯熙死去，并且葬于代。太和十九年三月，冯熙在代病亡，根据惯例随地埋葬符合人之常情，然而孝文帝为了贯彻迁洛之人死葬洛阳的诏令，“诏有司豫辨凶仪，并开魏京之墓，令公主之柩俱向伊洛。凡所营送，皆公家为备。又敕代给彩帛前后六千匹，以供凶用”。因为“高祖前后纳熙三女，二为后，一为左昭仪”，所以，在迁葬过程中，“皇后诣代都赴哭，太子恂亦赴代哭吊”，当冯熙的灵柩“至洛七里涧，高祖服衰往迎，叩灵悲恸而拜焉”[②]。为了实现自己的政治愿望，孝文帝从皇亲国戚开始实施这一诏令。这一年的六月，孝文帝再次“诏迁洛之民，死葬河南，不得还北。于是代人南迁者，悉为河南洛阳人”[③]。这就是我们在后来史书中屡屡看到以元姓为代表的鲜卑后人在述及其籍贯时多云其为河南洛阳人的缘故。在《魏书》中直接标明籍贯为洛阳人的有 8 人，《周书》中有 10 人都是代迁来的。《北齐书》标明河南人者薛琡，“其先代人，本姓叱干氏”，很显然是从代迁而来。[④]《汉魏南北朝墓志汇编》中标明北魏时期籍贯为洛阳人的有 84 人，东魏时期籍贯为洛阳人的有 13 人，北齐时期有 3 人，西魏和北周时期各有 1 人，无年月的残志有 3 人。北魏和东魏标明河南人各 1 人。[⑤] 虽然说史书和墓志不可能将当时的人物籍贯收录齐全，但至少给我们提供了一个大概的信息，即孝文帝改革鲜卑人籍贯之广泛。代人改为洛阳人使鲜卑贵族脱离了原来的生存环境，

① 魏收 . 1974. 魏书 . 卷 20. 广川王略传附子谐传 . 北京：中华书局 . 527
② 魏收 . 1974. 魏书 . 卷 83 上 . 外戚 · 冯熙传 . 北京：中华书局 . 1820
③ 魏收 . 1974. 魏书 . 卷 21 上 . 咸阳王禧传 . 北京：中华书局 . 178
④ 李百药 . 1972. 北齐书 . 卷 26. 薛琡传 . 北京：中华书局 . 369
⑤ 赵超 . 1992. 汉魏南北朝墓志汇编 . 天津：天津古籍出版社

在黄河文化的浸润下，他们也逐步接受了黄河文化的精华，从而摆脱了鲜卑族落后的社会习俗，有利于孝文帝改革的顺利进行。

其四，改鲜卑族的复姓为汉族的单姓。太和二十年正月，“诏改姓为元氏”。其他的八姓也相继改为单字姓。丘穆陵氏，后改为穆氏。步六孤氏，后改为陆氏。贺赖氏，后改为贺氏。独孤氏，后改为刘氏。贺楼氏，后改为楼氏。勿忸于氏，后改为于氏。纥奚氏，后改为嵇氏。西方尉迟氏，后改为尉氏。这八姓因从道武帝以来，“勋著当世，位尽王公，灼然可知者”，他令司州、吏部官员这八姓“勿充猥官”，一如汉族的崔、卢、李、郑四姓。至于说源出代北的其他鲜卑旧族，孝文帝也亲自为他们“定姓族”，并令司空公穆亮、领军将军元俨、中护军广阳王嘉、尚书陆琇等“详定北人姓，务令平均”。据统计可考的改姓有 118 姓。[①] 姓氏的更改加速了鲜卑族与黄河流域汉族的真正融合，经过一代或者数代之后，鲜卑族的姓氏与汉族已没有差别。这就是从唐代以后，我们在史书中很少看到鲜卑族的复姓以及以鲜卑族为族别的原因，鲜卑族到后来已经完全融合进了汉族中。

其五，通过与汉族的通婚，使鲜卑民族快速融入汉族中，成为黄河流域真正的居民。关于孝文帝在婚姻方面所采取的民族融合措施，主要有以下几点。首先，皇室与黄河流域的四姓名族结为姻亲。孝文帝自己带头选择大姓女子以充后宫，“魏主雅重门族，以范阳卢敏、清河崔宗伯、荥阳郑羲、太原王琼四姓，衣冠所推，咸纳其女以充后宫。陇西李冲以才识见任，当朝贵重，所结姻娅，莫非清望；帝亦以其女为夫人”[②]。而且他所纳入后宫的女子，也完全按照“初依《周礼》，置夫、嫔之列”[③]。他还为六个弟弟选择了当时的名门望族女子为妻，“咸阳王禧，可聘故颍川太守陇西李辅女；河南王幹，可聘故中散大夫代郡穆明乐女；广陵王羽，可聘骠骑咨议参军荥阳郑平城女；颍川王雍，可聘故中书博士范阳卢神宝女；始平王勰，可聘廷尉卿陇西李冲女；北海王详，可聘吏部郎中荥阳郑懿女”[④]。其次，在孝文帝的倡导下，民间以与鲜卑族结为姻亲为荣。到北魏后期，鲜卑族与汉族通婚的现象更加普遍。自灵太后当政后，“自此素族名家，遂多乱杂，法官不加纠治，婚宦无贬于世，有识咸以叹息矣”。虽然史家是在慨叹北魏末年婚姻等级秩序的错乱，但也反映了婚姻关系已经突破了孝文帝所制定的等级观念，社会各阶层出现了相互通婚的现象。而且这种现象也引起了皇帝的重视，孝明帝

① 魏收．1974．魏书．卷 113．官氏志．北京：中华书局．3014
② 司马光．1956．资治通鉴．卷 140．齐纪六．北京：中华书局．4393
③ 魏收．1974．魏书．卷 53．李冲列传．北京：中华书局．1181
④ 魏收．1974．魏书．卷 21 上．咸阳王禧传．北京：中华书局．535

在孝昌二年（526 年）闰十一月就曾下诏："顷旧京沦覆，中原丧乱，宗室子女，属籍在七庙之内，为杂户滥门所拘辱者，悉听离绝。"[①] 这说明在当时社会上普遍存在着鲜卑族的社会上层与黄河流域的社会下层通婚的现象。

其六，北魏孝文帝时将"西郊祭天"的仪式废除，采用汉地祭天地仪式，即圆丘祭天，方泽祭地，并以祖宗配天。太和十三年（489 年）五月，"车驾有事于方泽"。这是北魏历史上最早的祭祀方泽的制度。胡三省云："方泽者，为方丘于泽中以祭地祇。"迁都洛阳后，孝文帝又在洛阳附近寻找重建方泽的场所。太和十八年二月乙丑，"行幸河阴，规建方泽之所"。太和二十年四月丙戌，"初营方泽于河阴"，次日，孝文帝在方泽举行了祭地的仪式。[②] 这一举动表明了孝文帝试图从祭祀天地的仪式上接受汉族地区的宗教文化。

其七，尊崇中华先贤，以表明鲜卑人对中华文化的继承。我们在前文曾经对北魏从太武帝到献文帝之间尊崇孔子作过研究，表明鲜卑族的政权将中华先贤作为国家崇拜的象征，对于黄河流域的汉民族接纳鲜卑族具有重要的意义。孝文帝迁都洛阳以后，对中华先贤的崇拜再次表明了他欲通过尊崇先贤融合两种文化的战略远见。太和十九年四月，孝文帝"行幸鲁城，亲祠孔子庙。辛酉，诏拜孔氏四人、颜氏二人为官"。"又诏选诸孔宗子一人，封崇圣侯，邑一百户，以奉孔子之祀。又诏兖州为孔子起园柏，修饰坟垅，更建碑铭，褒扬圣德"。[③] 尊崇孔子也就是对中华文化的尊崇，自然而然地会取得黄河流域民众的认同感。除了孔子之外，中国历史上的名人比干、周公、刘邦等都被祭祀和尊崇。太和十八年正月二十二日，在经由邺城回洛阳途中，"经殷比干之墓，祭以太牢"。十一月十四日，在巡视邺城时，"经比干之墓，伤其忠而获戾，亲为吊文，树碑而刊之"。太和十九年九月再至邺城时，"遣黄门郎以太牢祭比干之墓"[④]。宣武帝于景明三年九月在巡视邺城过程中，也曾"诏使者吊殷比干墓"[⑤]。孝文帝之所以对比干尊崇有加，是因为比干为古之忠烈。至于说周公、刘邦都因其在中华民族的历史上或以"握发吐哺"，或以功名远播引起孝文帝的重视而被多次祭祀。

其八，度量衡改革。太和十九年六月，"诏改长尺大斗，依《周礼》制度，班之天下"[⑥]。《资治通鉴》云："魏改用长尺、大斗，其法依《汉志》

① 魏收 . 1974. 魏书 . 卷 9. 肃宗纪 . 北京：中华书局 . 245
② 魏收 . 1974. 魏书 . 卷 7 下 . 高祖纪下 . 北京：中华书局 . 179
③ 魏收 . 1974. 魏书 . 卷 7 下 . 高祖纪下 . 北京：中华书局 . 177
④ 魏收 . 1974. 魏书 . 卷 7 下 . 高祖纪下 . 北京：中华书局 . 178
⑤ 魏收 . 1974. 魏书 . 卷 8. 世宗纪 . 北京：中华书局 . 195
⑥ 魏收 . 1974. 魏书 . 卷 7 下 . 高祖纪下 . 北京：中华书局 . 178

为之。”孝文帝的这一做法受到时人的称颂。张普惠赞颂说，“高祖废大斗，去长尺，改重秤，所以爱万姓，从薄赋”，并认为减轻民众的负担，符合《易经》所说“悦以使民，民忘其劳”①。

孝文帝迁都洛阳及其前后所进行的一系列改革所具有的历史作用是很明显的。首先，孝文帝的改革使鲜卑族彻底摆脱了落后的社会习俗，接受了黄河流域相对进步的社会习俗。我们知道，鲜卑族早期的婚姻制度延续了许多部落间婚姻的因素，到后来婚娶重财问题又引起孝文帝的重视，近亲结婚现象也依然存在，而且不同社会等级之间的婚姻现象极为普遍，所以，从冯太后在太和二年到太和七年乃至孝文帝在太和十七年九月，下诏“厮养之户不得与士民婚”。多次下诏对鲜卑族婚姻不按礼法的规定来进行，甚而为了求财与低门结婚的现象予以制止，显示出孝文帝欲使鲜卑族迅速与汉族世族地主联姻的迫切心情。其次，孝文帝汉化政策的推行，使鲜卑族尽快地接受了黄河文化，虽然说语言与服饰的汉化改革只是表面现象，但从深层次发掘，我们可以看出语言与服饰的汉化加速了鲜卑族对黄河文化的认同感，使该民族迅速融入黄河流域的汉族中间去。另外，黄河流域的汉族在服饰和语言上也吸收以鲜卑族为代表的草原文化，如黄河流域的语言在吸收鲜卑语言之后，出现“北杂夷虏”的现象，极大地丰富了黄河文化的内涵。

第四节　从经济与社会发展看黄河文化与草原文化的融合

北魏迁都洛阳以后，政治文化的中心移到了黄河流域，随着政治文化中心的南移，北魏的社会经济也呈现出两种文化融合的迹象。无论农业（包括畜牧业）发展，或是手工业的发展，两种文化都呈现出全面融合的势头。

一、鲜卑族南迁黄河流域以后从事农业经济

鲜卑族南迁并不是仅仅社会上层的南迁，随着孝文帝所率领的官僚群体迁到黄河流域的中心城市洛阳，鲜卑族的普通民众南迁的也不在少数。据葛剑雄教授研究，北魏孝文帝将都城南迁洛阳，原在平城的鲜卑人基本都已南迁，就是原来由北方各地迁至平城的移民大多也转迁洛阳，因此估计移民的总数在百万以上。② 在进入黄河流域腹地以后，因为环境已经发生了很大的

---

① 魏收．1974．魏书．卷78．张普惠传．北京：中华书局．1736

② 葛剑雄．1992．宋以前的洛阳和移民．河洛史志．（1）：1～5

变化，鲜卑族开始放弃原来的游牧生活方式，成为从事农业生产的农民。

从孝文帝开始，北魏的统治者就督促迁到黄河流域腹地的鲜卑族人从事农业生产，以实现鲜卑族生产方式的重大转变。太和十八年十二月，在讨论是否继续南伐问题时，任城王元澄说："今代迁之众，人怀恋本，细累相携，始就洛邑，居无一椽之室，家阙儋石之粮，而使怨苦即戎，泣当白刃，恐非歌舞之师也。今兹区宇初构，又东作方兴，正是子来百堵之日，农夫肆力之秋，宜宽彼逋诛，惠此民庶。且三军已援，无稽赴接。苟其款实，力足纳抚，待克平襄沔，然后动驾。"① 这就是说，跟随孝文帝南迁来的普通鲜卑民众，因为刚移居到一个新的地区，没有最基本的生活来源，所以，元澄建议孝文帝暂缓南伐，在春耕方兴之时，鼓励农夫从事农业生产，"惠此民庶"。太和二十年五月，孝文帝下诏论述农业的重要性，要求新迁来的移民趁雨后的良好墒情，"其令畿内严加课督，惰业者申以楚挞，力田者具以名闻"。七月，针对刚迁来黄河流域的鲜卑民众，孝文帝下诏："又京民始业，农桑为本，田稼多少，课督以不，具以状言。"② 对于新迁来的鲜卑民众要求他们汇报开垦的土地和庄稼的收成，可见孝文帝对新迁来的鲜卑民众生存状况的重视。孝文帝反复强调要督促刚刚迁到黄河流域的鲜卑民众勤于农业，也正是想将鲜卑民族尽快变为农业民族。

宣武帝也如同其父亲一样督促迁来的鲜卑人从事农业生产。宣武帝景明三年九月，河南尹李平在宣武帝即将巡视邺城时，上书劝谏："嵩京创构，洛邑俶营，虽年跨十稔，根基未就。代民至洛，始欲向尽，资产罄于迁移，牛畜毙于辇运，陵太行之险，越长津之难，辛勤备经，得达京阙，富者犹损太半，贫者可以意知。兼历岁从戎，不遑启处，自景明已来，差得休息。事农者未积二年之储，筑室者裁有数间之屋，莫不肆力伊瀍，人急其务。实宜安静新人，劝其稼穑，令国有九年之粮，家有水旱之备。若乘之以羁绁，则所废多矣。一夫从役，举家失业。今复秋稼盈田，禾菽遍野，銮驾所幸，腾践必殷。未若端拱中天，坐招四海，耀武崧原，礼射伊洛，士马无跋涉之劳，兆民有康哉之咏，可不美欤？"然而，宣武帝没有采纳他的建议，继续巡视邺城。③ 其实，宣武帝对黄河流域的农业还是很重视的。景明三年十二月下诏，在强调农业的重要性以后，宣武帝打算"便可表营千亩，开设宫坛，秉耒援筐，躬劝亿兆"，为百姓作出勤于农业的表率。阳固建议宣武帝

① 魏收．1974．魏书．卷 19 中．景穆十二王・任城王传．北京：中华书局．466

② 魏收．1974．魏书．卷 7 下．高祖纪下．北京：中华书局．179

③ 魏收．1974．魏书．卷 65．李平列传．北京：中华书局．1451，1452

"贵农桑，贱工贾"，"协定鼎嵩河之心，副高祖殷勤之寄"①。很显然，阳固请求宣武帝关照迁往黄河流域的鲜卑人，使他们能够安心从事农业生产。

孝明帝在熙平元年五月初一日，也下诏表示对旱灾造成农业生产受损的忧心忡忡，并停止其他一切建设，希望"劝农省务，肆力田畴。庶嘉泽近降，丰年可必"。此后他又多次下诏关注黄河流域的农业经济发展。元晖曾向孝明帝谈及迁居河北的鲜卑民众因"饥荒多年，户口流散"的情况，他认为应当"安人劝农，惠此中夏"。我们知道，从明元帝神瑞二年九月，"京师民饥，听出山东就食"，"分民诣山东三州食"，到太武帝时期，平城周围的民众多移居河北地区，因而"河北数州，国之基本""国之资储，唯藉河北"的观念深入人心，然而灾害导致原来居住的鲜卑人口纷纷外逃，所以元晖向孝明帝建议"更立权制，善加检括"，保证农业生产的顺利进行。②

从上面的论述我们可以看出，迁居黄河流域的鲜卑人经过数十年的发展，已经逐步摆脱其原有的游牧生活方式，开始变为国家控制下的农业人口。正是他们的到来，使经过十六国混战的黄河中游地区原本人口稀少的景象得到了改变，这里又迅速恢复为北方地区繁盛的农业经济区，成为多民族融合的一个成功典范。

二、鲜卑族南迁对黄河流域社会生活的影响

鲜卑族南迁以后，黄河流域汉族民众的社会生活也对其产生了很大的影响，鲜卑族开始接受黄河流域腹地民众的社会生活方式。同样，鲜卑族的社会生活也影响了黄河流域的汉族人。

首先，鲜卑族的饮食习惯影响到了黄河流域居民的生活习惯。我们知道，农耕地区的汉族多以素食为主，当鲜卑族进入黄河流域后，将草原地区的荤食生活习惯传入黄河流域，使当地居民的生活发生了很大的变化，食用畜产品成为黄河流域居民日常生活习惯。阉官高平人王琚跟随孝文帝从平城迁往洛阳后，"常饮牛乳，色如处子"③。冯翊李润镇羌人王遇为宦官，"又长于人事，留意酒食之间，每逢僚旧，具设肴果，觞膳精丰"④。王超"性豪华，能自奉养，每食必穷水陆之味"⑤。《魏书》卷十九上《景穆十二王·元推传附太兴传》云：

① 魏收．1974．魏书．卷72．阳尼传．北京：中华书局．1604
② 魏收．1974．魏书．卷15．昭成子孙·常山王遵传附晖传．北京：中华书局．380
③ 魏收．1974．魏书．卷94．阉官·王琚传．北京：中华书局．2015
④ 魏收．1974．魏书．卷94．阉官·王遇传．北京：中华书局．2024
⑤ 魏收．1974．魏书．卷93．恩幸·王叡传附从子翔传．北京：中华书局．1994

初，太兴遇患，请诸沙门行道，所有资财，一时布施，乞求病愈，名曰“散生斋”。及斋后，僧皆四散，有一沙门方云乞斋余食。太兴戏之曰：“斋食既尽，唯有酒肉。”沙门曰：“亦能食之。”因出酒一斗，羊脚一只，食尽犹言不饱。及辞出后，酒肉俱在，出门追之，无所见。太兴遂佛前乞愿，向者之师当非俗人，若此病得差，即舍王爵入道。未几便愈，遂请为沙门，表十余上，乃见许。

这条材料说明了食肉在鲜卑族人中的普遍，僧人饮酒食肉当属特例，但也可以想见当时之普遍。鲜卑族人食肉的习俗也影响到南来投奔北魏的士人，最为典型的事件是王肃改变原来的饮茶食鱼的生活习惯而逐步适应了鲜卑族的饮食习惯。《洛阳伽蓝记》卷三《城南》云：

肃初入国，不食羊肉及酪浆等物，常饭鲫鱼羹，渴饮茗汁。京师士子，道肃一饮一斗，号为“漏卮”。经数年已后，肃与高祖殿会，食羊肉酪粥甚多。高祖怪之，谓肃曰：“卿中国之味也。羊肉何如鱼羹？茗饮何如酪浆？”肃对曰：“羊者是陆产之最，鱼者乃水族之长。所好不同，并各称珍。以味言之，甚是优劣。羊比齐、鲁大邦，鱼比邾、莒小国。唯茗不中，与酪作奴。”

正因为王肃此言，此后，北魏显贵甚至以饮茶为酪奴。当时给事中刘缟羡慕王肃之风范，“专习茗饮”，结果被人耻笑。“自是朝贵宴会，虽设茗饮，皆耻不复食，唯江表残民远来降者好之”。两种不同的饮食风俗在交融过程中，因鲜卑族强大的社会舆论导向，饮茶风气在北魏没有得到大的发展。而食肉习俗则感染了南来之人。有时人们甚至以鲜卑人的饮食奢华来与汉族人的饮食清淡相比较，如高阳王元雍，“嗜口味，厚自奉养，一食必以数万钱为限，海陆珍羞，方丈于前”。而陈留侯李崇虽然富倾天下，僮仆千人，“而性多俭吝，恶衣粗食，亦常无肉，止有韭茹韭菹”，世人因此讥笑他。宣武帝时，元弼“入嵩山，以穴为室，布衣蔬食”。元弼之子元晖业，在北魏末年“以时运渐谢，不复图全，唯事饮啖，一日三羊，三日一犊”①。孝明帝时，孝文帝之子汝南王元悦因与道士崔延夏交往，“合服仙药松术之属。时轻与出采芝，宿于城外小人之所。遂断酒肉粟稻，唯食麦饭”②。这是因为特殊的价值取向而改变原有的生活方式，进而转向黄河流域普通民众的生活方式。在南朝人投奔北朝时，不食肉就引起人们的关注，萧宝夤投奔北魏后，“居处有礼，不饮酒食肉，辍笑简言，一同极哀之节”③。

---

① 魏收．1974．魏书．卷19上．景穆十二王·元新成传．北京：中华书局．448

② 魏收．1974．魏书．卷22．孝文五王·元悦传．北京：中华书局．593

③ 魏收．1974．魏书．卷59．萧宝夤传．北京：中华书局．1313

北魏迁都洛阳以后，鲜卑民族开始向农业民族转变，但是，畜牧业在社会经济中仍然占有重要的地位，“高祖即位之后，复以河阳为牧场，恒置戎马十万匹，以拟京师军警之备。每岁自河西徙牧于并州，以渐南转，欲其习水土而无死伤也，而河西之牧弥滋矣”。当时负责河阳牧场建设的宇文福在孝文帝下令他选择“牧马之所”时，“福规石济以西、河内以东，拒黄河南北千里为牧地。事寻施行，今之马场是也。及从代移杂畜于牧所，福善于将养，并无损耗，高祖嘉之”①。而河阳牧场的发展，则为京师洛阳提供了大量畜产品，满足了京师鲜卑人对肉食的需求，而到“正光以后，天下丧乱，遂为群寇所盗掠焉”。河阳牧场的消失，导致鲜卑官员肉食减少。《魏书》卷一百一十《食货志》记载，正光以后，“而关西丧失尤甚，帑藏益以空竭。有司又奏内外百官及诸蕃客禀食及肉悉二分减一，计终岁省肉百五十九万九千八百五十六斤，米五万三千九百三十二石”。随着肉食的减少，鲜卑族的后人必将以黄河流域的素食为主。

其次，黄河流域的服饰习惯已经为鲜卑族所接受，鲜卑族的服饰也融入汉族服饰中去，双方的相互交流，使黄河流域的服饰发生了重大变化。宣武帝景明初年，河南人褚緭跟随陈伯之从梁朝逃奔北魏，北魏打算任用褚緭，但褚緭在元会日时，作诗戏谑魏人，诗云：“帽上著笼冠，袴上著朱衣，不知是今是，不知非昔非。”很明显地有戏弄魏人的意思，“魏人怒，出为始平太守”②。从这件事中也可以看出鲜卑人南迁洛阳以后服饰杂糅黄河流域服饰的一些情况。《魏书》卷十九上《景穆十二王·元万寿传附忠传》云：

> 出帝泛舟天渊池，命宗室诸王陪宴。忠愚而无智，性好衣服，遂著红罗襦，绣作领，碧绸袴，锦为缘。帝谓曰：“朝廷衣冠，应有常式，何为著百戏衣？”忠曰：“臣少来所爱，情存绮罗，歌衣舞服，是臣所愿。”帝曰：“人之无良，乃至此乎！”

元忠身为王室成员，本应在服饰上有所检点，但他因为喜好百戏服饰，所以在服饰上不太注意，以致引起孝武帝的反感，但因为当时北魏政治已经极度衰败，孝武帝仅仅口头指责而已。颜之推说邺城一带的妇女在服饰上“绮罗盈府寺……河北人事，多由内政，绮罗金翠，不可废阙”，“此乃恒、代之遗风乎”③。这也反映了鲜卑服饰对黄河流域的影响。

其三，随着鲜卑族进入黄河流域，少数民族的礼仪习俗也杂糅进黄河流域的礼仪中来。王夫之《读通鉴论》卷七《明帝》云：“永嘉之后，夷礼杂

---

① 魏收．1974．魏书．卷44．宇文福传．北京：中华书局．1000

② 姚思廉．1973．梁书．卷20．陈伯之传．北京：中华书局．315

③ 颜之推．1980．颜氏家训．卷1．治家第五．上海：上海古籍出版社．60

附，而天道人事终于昏翳，惜哉!”虽然王夫之的着眼点是针对十六国时期的礼仪制度崩坏的现象而发出历史的感慨，但就北魏迁都洛阳后的历史情况来看，鲜卑民族的社会习俗也开始融入黄河流域的礼仪制度。《魏书》卷一百八《礼志一》云：

> 自永嘉扰攘，神州芜秽，礼坏乐崩，人神歼殄。太祖南定燕赵，日不暇给，仍世征伐，务恢疆宇。虽马上治之，未遑制作，至于经国轨仪，互举其大，但事多粗略，且兼阙遗。高祖稽古，率由旧则，斟酌前王，择其令典，朝章国范，焕乎复振。早年厌世，睿虑未从，不尔，刘马之迹夫何足数！世宗优游在上，致意玄门，儒业文风，顾有未洽，坠礼沦声，因之而往。肃宗已降，魏道衰羸，太和之风，仍世凋落，以至于海内倾圮，纲纪泯然。①

从魏收所记载的礼仪制度在北魏社会的实行情况来看，在十六国时期礼仪制度因为社会的动荡而被毁坏殆尽，拓跋珪及其以后，由于鲜卑族为了争取生存空间，所以礼仪制度也多欠缺。② 到孝文帝时期所制定的礼仪制度则是杂糅了鲜卑旧俗和黄河流域原有的礼仪制度。宣武帝时期，因为“致意玄门”，导致“坠礼沦声，因之而往”，而孝明帝以后，随着天下逐渐混乱，孝文帝时期所建立的礼仪制度也“纲纪泯然”。

北魏的礼仪制度在早期杂糅了旧有的习俗也引起了当时汉族士大夫的忧虑，高允在文成帝时期就曾针对北魏社会“风俗仍旧，婚娶丧葬，不依古式”的礼仪制度混乱的情况上书加以抨击，他指出：“前朝之世，屡发明诏，禁诸婚娶不得作乐，及葬送之日歌谣、鼓舞、杀牲、烧葬，一切禁断。虽条旨久颁，而俗不革变。将由居上者未能悛改，为下者习以成俗，教化陵迟，一至于斯。”虽然《礼记》对婚礼有“嫁女之家，三日不息烛；娶妇之家，三日不举乐”的详细规定，但是社会上层首先破坏这一规定：“今诸王纳室，皆乐部给伎以为嬉戏。”在为诸王子的选妃问题上旧有的习俗更加明显，“今诸王十五，便赐妻别居。然所配者，或长少差舛，或罪人掖庭，而作合宗

---

① 魏收．1974．魏书．卷四十三．张彝列传．记载张彝上表云：“及惠帝失御，中夏崩离，刘苻专据秦西，燕赵独制关左，姚夏继起，五凉竞立，致使九服摇摇，民无定主，礼仪典制，此焉堙灭。”也指出了永嘉之乱后少数民族进入黄河流域导致礼仪丧失。魏收．1974．魏书．卷七十七《辛雄传》亦说河阴之变后，“丧乱既久，礼仪罕习”，因而辛雄建议朝廷“如有闺门和穆、孝悌卓然者，宜表其门闾”

② 虽然从道武帝到献文帝之前，北魏制定礼仪制度频繁见诸记载，如魏收．1974．魏书．卷三十五《崔浩传》云：崔浩“朝廷礼仪、优文策诏、军国书记，尽关于浩。浩能为杂说，不长属文，而留心于制度、科律及经术之言”。北魏任用汉人进入统治群体，其所制定的制度还是较多地采用了黄河流域的传统制度，但原有的带有鲜卑色彩的风俗仍然存在，这就导致了北魏礼仪制度杂糅两种文化的色彩

王，妃嫔藩懿”。他认为这一习俗完全不符合礼仪的规定：“皆拣择德义之门，妙选贞闲之女，先之以媒娉，继之以礼物，集僚友以重其别，亲御轮以崇其敬，婚姻之际，如此之难。”而随意赐妻的做法“失礼之甚，无复此过”。婚姻问题不符合礼仪的方面尚如此，丧葬方面的乱象更令人忧虑，“今国家营葬，费损巨亿，一旦焚之，以为灰烬”。甚而出现了一方亡故配偶乱娶的现象，“今已葬之魂，人直求貌类者事之如父母，燕好如夫妻”，他认为这种旧的习俗“损败风化，渎乱情礼，莫此之甚”①。上述四种落后的习俗仅仅局限在北魏社会上层，而北魏统治者要求民间的婚丧习俗加以禁绝，充分反映了鲜卑旧俗的顽强性。

在迁都洛阳之前，孝文帝曾对穆亮说：“三代之礼，日出视朝，自汉魏以降，礼仪渐杀。《晋令》有朔望集公卿于朝堂而论政事，亦无天子亲临之文。今因卿等日中之集，中前则卿等自论政事，中后与卿等共议可否。”于是孝文帝“遂命读奏案，高祖亲自决之”②。很显然孝文帝所说的北魏的朝见与汉魏以前相比已经有了很大的改变。而孝文帝迁都洛阳以后，因处于不断稳定政权的关键时刻，也无暇顾及礼仪的制定，朝廷礼仪中掺杂了许多鲜卑族的旧俗，所以，孝文帝晚年，着手“方修礼仪，正丧服，以经人伦之化”，然而天不遂人愿，孝文帝“竟未就而崩”③。

北魏礼仪制度杂糅了两种民族的文化特性，北魏孝文帝迁都洛阳并未对黄河流域礼仪制度采取全面接受，而是在接受黄河流域礼仪制度的同时，也将鲜卑族的旧俗融合进了黄河流域传统礼仪中，使原有的礼仪制度更加丰富多彩。两种文化的融合与交流再次得到体现。

---

① 魏收．1974．魏书．卷48．高允传．北京：中华书局．1075

② 魏收．1974．魏书．卷27．穆崇传附罴弟亮传．北京：中华书局．670

③ 魏收．1974．魏书．卷1.5．天象志．北京：中华书局．2429

第十一章
北魏与其他少数民族的文化融合

作为兴起于北方草原地区的少数民族，鲜卑族在进入黄河流域前后与周边地区的少数民族也发生了或多或少的联系。随着鲜卑族拓跋部由一个弱小的部落逐渐发展壮大，北魏前期与周边地区其他少数民族的联系日趋增多，构成了北方草原地区民族融合的主流，并逐步统一了黄河流域。在这一发展过程中，草原文化与黄河文化的交往和融合构成了北方民族融合的主要内容。孝文帝迁都洛阳以后，北魏以黄河流域主宰王朝的身份，对周边地区的少数民族形成了强大的影响力。

第一节　北魏前期的民族融合与草原文化的发展

在道武帝拓跋珪之前，鲜卑族拓跋部虽然与其他少数民族有所交往，但多处于弱势。到拓跋珪时代，鲜卑族拓跋部开始壮大起来，在与其他少数民族的交往过程中逐步处于优势，形成了融合各少数民族的状况。为了简便起见，我们仅选择一些少数民族不断归附的事例加以说明（当然，少数民族反叛的事例因与主题相左，略而不论）。

我们首先来看鲜卑族拓跋部与山胡的交往。山胡主要分布在今天汾水西和陕西北部，其社会发展大约还处在部落制阶段，酋帅是部落的首领。随着鲜卑拓跋部势力的强大，山胡的一些部落相继归附北魏。登国六年（391年）十二月，山胡首领幡颓、业易于等率领三千余家降附，拓跋珪将其安置于马邑。天兴二年八月，“西河胡帅护诺于、丁零帅翟同、蜀帅韩砻，并相率内附”①。永兴二年（10年）十二月，明元帝派遣将军周观率众到西河离石，“镇抚山胡”。次年二月，明元帝又令北新侯安同等持符节循察并、定二州以及在山区居住的杂胡、丁零等少数民族，问其疾苦，察举守宰不法行

① 魏收.1974.魏书.卷2.太祖纪.北京：中华书局.36

为。六月，西河郡一带的少数民族张贤等率领部落内附。神瑞元年六月，河西少数民族首领刘遮、刘退孤“率部落等万余家，渡河内属”。神瑞二年（415年）二月，河西少数民族刘云等“率数万户内附”。泰常三年（418年）正月，河东少数民族“胡、蜀五千余家相率内属”①。始光四年（427年）五月，太武帝讨伐赫连昌，渡过君子津后，“三城胡酋鹊子相率内附”。神䴥元年（428年）六月，上郡匈奴族休屠部首领金崖率部内属。九月，北魏军队攻占上洛后，并在十月消灭白龙余部于五原。太武帝随即下诏山胡中为白龙所逼迫而归降的人，听从转为平民。“上洛巴渠泉午触等万余家内附”。延和三年（434年）七月，“命诸军讨山胡白龙于西河”，在九月平定了白龙后，将当地民众转为平民。太延三年（437年）七月，使永昌王拓跋健，上党王长孙道生，讨灭山胡白龙余党于西河郡。太平真君六年（445年）二月，太武帝西至吐京（今山西石楼县），“讨徙叛胡，出配郡县”②。这些被迁徙的少数民族与汉族人杂居后，受汉族的影响日渐增多。

作为一个活动在草原地区的民族，鲜卑族早期与其他草原民族的关系只能看做两个草原民族的关系，它们之间的交往和战争，是草原文化内部融合的必然现象。鲜卑族与柔然民族的交往就是这样的。拓跋力微时期，柔然出现在北魏的史书记载，到拓跋猗卢时期，开始有部众，自称柔然。太武帝时期，“以其无知，状类于虫，故改其号为蠕蠕”。登国六年十月，拓跋珪北征柔然，“及于大碛南床山下，大破之，虏其半部”。柔然东西二部首领匹候跋及缊纥提相继投降，别帅屋击于被斩。又俘获了缊纥提子曷多汗及曷多汗兄诰归之、社仑、斛律等，以及部众数百人，拓跋珪将其分配给诸部落首领。登国九年十月，曷多汗与社仑率众西逃，并成为拓跋部北部最大的隐患，形成了“其西则焉耆之地，东则朝鲜之地，北则渡沙漠，穷瀚海，南则临大碛。其常所会庭，敦煌、张掖之北”的势力范围。在这一阶段，柔然在与周边其他少数民族交往过程中，社会有了很大的进步。“始立军法：千人为军，军置将一人；百人为幢，幢置帅一人。先登者赐以虏获，退懦者以石击首杀之，或临时垂挞。无文记，将帅以羊屎粗计兵数，后颇知刻木为记”。拓跋珪感慨道：“今社仑学中国，立法，置战阵，卒成边害。”由此可见民族之间的交往对柔然社会的发展所产生的积极影响。至拓跋珪天兴五年正月，社仑趁拓跋珪征讨姚兴之机，从参合陂（今山西阳高东北）攻入，深入到鲜卑族的腹地豺山（今山西大同北）及善无北泽。是后，社仑又多次入侵，直到永兴二年（410年）死为止。社仑死后，柔然内部内讧迭起，但仍有多次进犯

① 魏收．1974．魏书．卷3．太宗纪．北京：中华书局．58
② 魏收．1974．魏书．卷4上．世祖纪．北京：中华书局．98

鲜卑的记载。在神瑞元年八月，明元帝“遣谒者悦力延抚慰蠕蠕”①。此后，大檀（社崘叔父仆浑之子）在柔然内部角逐中获胜，自称牟汗纥升盖可汗。太武帝即位后，在始光元年（424 年）和二年先后两次打败大檀。特别是神䴥二年四月开始的清剿行动中，太武帝力排众议，主动出击，分东西两路合击大檀，“大檀闻之震怖，将其族党，焚烧庐舍，绝迹西走，莫知所至。于是国落四散，窜伏山谷，畜产布野，无人收视”。而北方的高车（敕勒）又“杀大檀种类前后归降三十余万，俘获首虏及戎马百余万匹”。大檀部落因此衰落，大檀病死。大檀死后，其子吴提继位，自称敕连可汗。为了避免吴提继续骚扰北魏，太武帝对边境俘获的柔然 20 余人，“赐之衣服，遣归”。吴提对太武帝遣归俘虏的做法非常感激，在神䴥四年六月闰月，遣使朝献，太武帝“厚宾其使而遣之”。延和三年二月，“以吴提尚西海公主，又遣使者纳吴提妹为夫人，又进为左昭仪”。随后，“吴提遣其兄秃鹿傀及左右数百人来朝，献马二千匹。帝大悦，班赐甚厚”。这种和亲的现象仅仅维持了三年，至太延二年（436 年）柔然开始频繁入侵北魏北部边境，直到孝文帝即位之初仍然如此。②

与鲜卑族同时活动于北方地区的其他少数民族也与鲜卑族拓跋部发生了或多或少的联系。南匈奴的一支宇文部长期在辽东塞外活动，在丘不勤时，平帝拓跋绰“以女妻拨子丘不勤”③。在逊昵延时期，被慕容廆打败。经过此次战败，宇文部受到重创，逊昵延“乃卑辞厚币，遣使朝贡于昭帝，帝嘉之，以女妻焉”。逊昵延死后，其子乞得龟又被慕容廆打败，部众全部被慕容廆俘虏，“乘胜长驱，入其固城，收资财亿计，徙部人数万户以归”。后来乞得龟又被别部逸豆归所杀，逸豆归“与慕容晃迭相攻击”。什翼犍建国八年，在与慕容晃作战失败后，逸豆归逃奔高丽，慕容晃“徙其部众五千余落于昌黎，自是散灭矣”④。可见此后这一支的宇文部已经融合进了黄河流域的民族中。

在北方草原地区还活动着一个强大的少数民族高车，初号为狄历，北方以为敕勒、黄河流域的汉族称其为高车、丁零。其部众庞杂，有狄氏、袁纥氏、斛律氏、解批氏、护骨氏、异奇斤氏等。鲜卑族兴起的过程也就是与高车作战的过程。什翼犍建国二十六年（364 年）十月，“帝讨高车，大破之，获万口，马牛羊百余万头”。三十三年，鲜卑族又大败高车。三十九年，在

---

① 魏收 . 1974. 魏书 . 卷 3. 太宗纪 . 北京：中华书局 . 54

② 魏收 . 1974. 魏书 . 卷 103. 蠕蠕传 . 北京：中华书局 . 2294

③ 魏收 . 1974. 魏书 . 卷 1. 序纪 . 北京：中华书局 . 5

④ 李延寿 . 1974. 北史 . 卷 98. 匈奴宇文莫槐传 . 北京：中华书局 . 3268

与苻坚作战过程中，什翼犍失利，逃往漠北，而归附的“高车杂种尽叛，四面寇钞，不得刍牧”①。所以，拓跋珪继位后对高车诸部落采取了各个击破的战略。登国四年（389年）正月，“袭高车诸部落，大破之”。次年三月，拓跋珪进军鹿浑海（今蒙古哈尔和林北鄂尔浑河东侧），“袭高车袁纥部，大破之，虏获生口、马牛羊二十余万”。十月，“讨高车豆陈部于狼山，破之”。天兴二年（399年）正月，经过数年的准备，拓跋珪分三路大军袭击高车。常山王拓跋遵等三军从东道出长川（今内蒙古兴和县西北），高凉王拓跋乐真等七军从西道出牛川（今内蒙古集宁市一带），拓跋珪亲自率领六军从中道自驳髯水（今内蒙古察哈尔右翼后旗境）西北出击。二月初一，诸路大军合击，“破高车杂种三十余部，获七万余口，马三十余万匹，牛羊百四十余万。骠骑大将军、卫王仪督三万骑别从西北绝漠千余里，破其遗迸七部，获二万余口，马五万余匹，牛羊二十余万头，高车二十余万乘，并服玩诸物”②。在北魏军队的打击下，“于是高车大惧，诸部震骇”。天兴三年十一月，“高车侄利曷莫弗敕力犍率其九百余落内附，拜敕力犍为扬威将军，置司马、参军，赐谷二万斛。后高车解批莫弗幡豆建复率其部三十余落内附，亦拜为威远将军，置司马、参军，赐衣服，岁给廪食”。柔然社仑在北魏的打击下，率部众逃往漠北，又侵入高车领地。高车斛律部帅倍侯利感到社仑必将危害高车，但是其他人丧失警惕，被社崘吞并，倍侯利逃奔拓跋部，拓跋珪赐爵孟都公，受到重用，“赏赐丰厚，命其少子曷堂内侍”。倍侯利死后，拓跋珪在深感惋惜的同时，“葬以魏礼，谥曰忠壮王”。天兴六年十月，拓跋珪再次派遣将军伊谓率骑二万北袭高车袁纥乌部落，并打败高车。在拓跋珪离散部落时，只有高车“以类粗犷，不任使役，故得别为部落”。可见高车部落的社会发展还相对较为落后，不顺从北魏政府的管理。太武帝时，东部高车势力逐渐强大，神䴥二年五月，在征讨柔然后，太武帝得知高车占据巳尼陂，“人畜甚众”。八月，太武帝下诏令左仆射安原等前去讨伐。安原率领万余骑兵，奔袭千里，到达巳尼陂（今贝加尔湖），“高车诸部望军而降者数十万落，获马牛羊亦百余万”。对于投降的高车人，太武帝将其迁移到漠南。这些被迁往漠南的高车人，“乘高车，逐水草，畜牧蕃息，数年之后，渐知粒食，岁致献贡”。被迁往漠南的高车人已经开始农业化的过程，对农业生产日渐了解，与北魏的关系日益紧密。随着高车人依附于鲜卑族，北魏的畜产品供应也日趋丰富，“由是国家马及牛、羊遂至于贱，毡皮委积”。特别是文成帝时，高车举行数万人的祭天大会，文成帝“车驾临幸，

① 魏收．1974．魏书．卷1．序纪．北京：中华书局．9
② 魏收．1974．魏书．卷2．太祖纪．北京：中华书局．34

莫不忻悦”[①]。这一阶段可以说是北魏与高车关系相对融洽的阶段。

西部草原地区兴起的吐谷浑，在鲜卑族的发展历史上也曾发挥过重要的作用。吐谷浑本为辽东鲜卑徒河涉归之子，西晋末年，从辽东迁往今甘肃和青海交界处，“南界昂城（今四川阿坝境）、陇涸（今四川松潘），从洮水西南极白兰（今青海省都兰县、巴隆县一带），数千里中，逐水草，庐帐而居，以肉酪为粮”。在吐谷浑长子吐延时，就表现出对黄河文化的向往。他说：“大丈夫生不在中国，当高、光之世，与韩、彭、吴、邓并驱中原，定天下雌雄，使名垂竹帛，而潜窜穷山，隔在殊俗，不闻礼教于上京，不得策名于天府，生与麋鹿同群，死作毡裘之鬼，虽偷观日月，独不愧于心乎！”[②] 从吐延所表露的心声可以看出他对黄河文化已经有了较深的了解。吐延死后，其子叶延在位时期，黄河文化对吐谷浑的影响更为明显，叶延“颇视书传，自谓曾祖弈洛韩始封昌黎公，吾为公孙之子，案《礼》，公孙之子得以王父字为氏，遂以吐谷浑为氏焉”。阿豺在位时，吐谷浑因“阿豺兼并氐、羌，地方数千里，号为强国”。阿豺死后，慕璝继位，“慕璝招集秦、凉亡业之人，及羌戎杂夷众至五六百落，南通蜀、汉，北交凉州、赫连，部众转盛”[③]。慕璝南连刘宋，北与北魏王朝融洽关系，并且在相当长的时间内延续了这一对外交往的政策。北魏太武帝时期，慕璝与北魏王朝联系，遣其侍郎谢大宁奉表归魏。神䴥四年六月，大夏国赫连定北袭沮渠蒙逊，被慕璝抓获。七月，慕璝上表请求送赫连定。太武帝“以慕璝为大将军、西秦王”。延和元年（432年）二月，慕璝将赫连定送往北魏京师。十月，“慕璝遣使朝贡”。到太延二年慕璝死，吐谷浑与北魏仍保持着相对稳定的关系。[④] 北魏太武帝继续对吐谷浑采取安抚的政策，“诏遣使者策谥慕璝曰惠王。后拜慕利延镇西大将军、仪同三司，改封西平王；以慕璝子元绪为抚军将军”[⑤]。太延五年，太武帝征凉州的沮渠牧犍，慕利延担心北魏军队入侵，率领部众西逃沙漠腹地。后来太武帝因慕利延兄长慕璝有抓获赫连定的功劳，派使臣召回慕利延。慕利延的侄子纬代欲与北魏的使臣一起归附北魏，慕利延杀死纬代，纬代之弟叱力延等八人逃归北魏的京师，请求太武帝发兵讨伐慕利延。太武帝封叱力延为归义王，并派遣晋王拓跋伏罗率大军讨伐慕利延。面对北魏大军的威势，慕利延的从弟伏念等人率领一万三千余部落投降北魏。慕利延逃到

① 魏收.1974. 魏书. 卷103. 高车传. 北京：中华书局.2309

② 房玄龄.1974. 晋书. 卷97. 四夷·西戎·吐谷浑传. 北京：中华书局.2538

③ 李延寿.1974. 北史. 卷96. 吐谷浑传. 北京：中华书局.3180

④ 魏收.1974. 魏书. 卷4上. 世祖纪. 北京：中华书局.81

⑤ 魏收.1974. 魏书. 卷101. 氐传. 北京：中华书局.2237

于阗国，到太延七年方才回到故国。

慕利延死后，拾寅继位，拾寅在位期间是吐谷浑社会迅速发展的历史时期。“始邑于伏罗川，其居止出入，窃拟王者”，表明拾寅已经开始了城市与国家政权的建设。太武帝末年，拾寅为了本部落生存的需要，对北魏和刘宋都采取了承认的策略。他对北魏“奉修贡职，受魏正朔”，并接受了太武帝拜封的“镇西大将军、沙州刺史、西平王”；对刘宋“受宋封爵，号河南王”，并接受了宋明帝的官号。文成帝和平元年（460年），定阳侯曹安建议出兵攻占拾寅所占据的白兰，因为这里“多有金银、牛马”。六月，文成帝派遣阳平王新成等督率统万、高平等镇军队出南道，南郡公李惠等督率凉州诸军出北道，进攻拾寅。虽然拾寅逃到南山，但北魏的军队因染病仅仅获得驼马二十余万匹。献文帝皇兴四年四月，献文帝派遣征西大将军、上党王长孙观征讨拾寅，拾寅逃走。至孝文帝延兴三年，因部落内部饥荒，拾寅又进攻浇河，被长孙观所率领的军队打败。长孙观的军队进入吐谷浑的境内后，“刍其秋稼”。拾寅窘迫无奈，请降，并“遣子斤入侍”。在北魏军队的强大压力下，“自是岁修职贡”①。从吐谷浑在北魏前期的发展我们可以看出，因为吐谷浑的社会发展阶段还相对较落后，而且还处在生态环境相对恶劣的草原地区，不可避免地为了生存不断地进攻北魏沿边地区，以求得财富，维持民族的生存，这就与北魏早期扩大生存环境发生了矛盾，而吐谷浑作为一个弱小民族自然不是北魏的对手，最终被北魏所降伏。

从北魏前期与诸草原民族的交往与融合过程我们可以看出，鲜卑族作为与黄河流域汉族交往较多的一个民族，其社会发展较为迅速，而其他少数民族因为长期游离于黄河流域农耕社会之外，社会发展多处在部落制阶段，其游牧民族的本性还很明显，他们与鲜卑族所争夺的是物质财富，而不是为了占有土地。而鲜卑族在与黄河流域的农耕民族——汉族的交往过程中，已经逐步接受了汉族地区的生产方式，开始了农耕化的生活，其生产与生活方式开始转变。为了保卫已经取得的成果，他们不得不以武力来抗击其他少数民族对其生存空间的威胁，这就导致了鲜卑族在与其他少数民族的交往过程中，除了使用和亲、归附等方式之外，还通过战争解决争端。

第二节　四夷里与北魏后期民族融合

北魏社会发展到中期，即太武帝到孝文帝之际，黄河流域的农业生产方

① 李延寿.1974. 北史. 卷96. 吐谷浑传. 北京：中华书局.3184

式对鲜卑族这一草原民族开始产生广泛的影响，使其社会制度也开始逐步向封建制转变。特别是孝文帝迁都洛阳，加速了以鲜卑族为代表的草原文化和以汉族为代表的黄河文化的融合。随着鲜卑族在黄河流域的政治社会生活中开始占据主导地位，北魏政府也采取了一系列的措施加强黄河流域的文化融合，特别是对北方民族的融合更显现出北魏政府海纳百川的雄心。

孝文帝迁都洛阳以后，北魏社会进入全面发展时期，与黄河流域的汉民族的融合也日趋紧密。随着北魏在黄河流域的中心城市洛阳站稳脚跟，北魏政府与周边地区的少数民族也开始了更为密切的交往。为了便于内迁各少数民族在洛阳的居住，北魏政府修建了四夷馆。《洛阳伽蓝记》卷三《城南》云：

> 永桥以南，圜丘以北，伊、洛之间，夹御道，东有四夷馆。一名金陵，二名燕然，三曰扶桑，四名崦嵫。道西有四夷里：一曰归正，二曰归德，三曰慕化，四曰慕义。吴人投国者，处金陵馆。三年已后，赐宅归正里。景明初，伪齐建安王萧宝寅来降，封会稽公，为筑宅于归正里，后进爵为齐王，尚南阳长公主。宝寅耻与夷人同列，令公主启世宗，求入城内，世宗从之，赐宅于永安里。正光四年中，萧衍子西丰侯萧正德来降，处金陵馆，为筑宅归正里。正德舍宅为归正寺。北夷来附者处燕然馆，三年已后，赐宅归德里。正光元年，蠕蠕主郁久闾阿那肱来朝，执事者莫知所处，中书舍人常景议云："咸宁中单于来朝，晋世处之王公特进之下，可班郍肱蕃王仪同之间。"朝廷从其议，又处之燕然馆，赐宅归德里。北夷酋长遣子入侍者，常秋来春去，避中国之热，时人谓之雁臣。东夷来附者，处扶桑馆，赐宅慕化里。西夷来附者，处崦嵫馆，赐宅慕义里。

在景明初年跟随萧梁萧宝夤一起来到洛阳的张景仁也曾被赐宅归正里，但他"住此以为耻，遂徙居孝义里焉"。从《洛阳伽蓝记》所引的材料我们可以看出，北魏迁都洛阳以后，随着国势的日渐强盛，周边地区的少数民族和南朝的国家频频出使或归附北魏，为了安置这些人，北魏政府在洛阳洛水之南、铜驼街御道两旁设置了四夷馆及四夷里。四夷馆的设置体现了北魏开放的民族政策和民族之间往来的频繁。①

北魏与北方周边地区其他少数民族的关系随着北魏国力的逐步强大而发生了一些变化。北魏政府在以武力对抗其他少数民族的同时，以民族和亲、

① 王静 . 1999. 北魏四夷馆论考 . 民族研究，(4)：74 ~ 82

民族交往为主要方式的文化融合开始占据主流地位。

以柔然为代表的北方草原地区的少数民族从文成帝开始与北魏王朝的战争并未停息。这可以看做两个草原民族之间的生存空间的争夺。兴光元年（454 年）十一月，北镇将领房杖抗击柔然，俘虏柔然大将豆浑与句等，“获马千余匹”。太安四年（458 年）十一月，文成帝至漠北征讨，率领“骑十万，车十五万两，旌旗千里，遂渡大漠”，柔然处可汗吐贺真绝迹远逃，柔然的其他部落乌朱贺颓、库世颓率众投降。[①] 和平五年（464 年），处可汗吐贺真死，其子予成继位，自称受罗部真可汗。七月，予成“率部侵塞，北镇游军大破其众”。献文帝即位后，皇兴三年（469 年）二月和七月，予成两次遣使朝贡。皇兴四年八月，柔然再次进攻边塞。九月，献文帝亲自率领大军分东西两路进讨，献文帝设奇兵，“虏众奔溃，逐北三十余里，斩首五万级，降者万余人，戎马器械，不可称计”。孝文帝即位后，柔然对北魏王朝仍然频繁进攻，身为太上皇的献文帝可以说无年不征。延兴四年（474 年）五月，柔然又遣使朝贡。延兴五年，为了迷惑北魏，“予成求通婚聘”，有关官员认为“予成数犯边塞，请绝其使，发兵讨之”。献文帝认为，柔然虽然贪利忘义，北魏应当“以信诚待物”，不能断绝与柔然的来往，现在予成“遣使请和，求结姻援，安可孤其款意？”于是答诏要求按照传统儒家的规定来进行婚娶仪式，他说：“所论婚事，今始一反，寻览事理，未允厥中。夫男而下女，爻象所明，初婚之吉，敦崇礼聘，君子所以重人伦之本。不敬其初，令终难矣。”然而因为予成并未真心与北魏通过联姻建立起友好的关系，所以，献文帝在世时，予成“更不求婚”。献文帝死后，文明太后临朝称制。太和元年（477 年）四月，予成又派遣莫何去汾[②]比拔等人献良马、貂裘。比拔等人请求观看北魏王朝的珍奇异宝，为了展示北魏的富庶，孝文帝“乃敕有司出御府珍玩金玉文绣器物，御厩文马、奇禽、异兽及人间所宜用者，列之京肆，令其历观焉”。比拔等人看到如此丰厚的珍宝，感叹其一生未见。太和二年二月，予成又派遣比拔等人朝贡，并且再次向北魏求和亲。当时孝文帝“志存招纳，许之”。此后，直到予成太和九年死之前，柔然共朝贡六次，有时是一年内两次朝贡。予成死后，其子豆仑继位，自称伏古敦可汗。豆仑在位期间，残暴好杀，引起内部混乱。虽然在太和十年和十一年，柔然三次进攻北魏，对劝其与北魏通和的大臣加以杀戮，但因为内讧不止，所以北魏的北部边境保持了相对的稳定。柔然的其他部落纷纷投奔北魏，太和十

① 魏收．1974．魏书．卷 5．高宗纪．北京：中华书局．117

② 罗新．2005．可汗号研究——兼论中国古代“生称谥”问题．中国社会科学，（2）：177～188

二年十二月，“蠕蠕伊吾戍主高羔子率众三千以城内附”。太和十三年，“蠕蠕别帅叱吕勤率众内附”①。到太和十六年八月，在孝文帝12将军七万大军讨伐豆仑之际，其内部高车阿伏至罗趁机率众十余万西逃，自立为主。在进攻阿伏至罗过程中，豆仑又连连失败。国人推举豆仑的叔父那盖为主，杀豆仑母子，那盖自称候其伏代库者可汗。此后直到宣武帝景明二年（501年）七月，才又有柔然进攻边塞的记载。正始三年（506年），那盖死，其子伏图继位，自称他汗可汗。此时，北魏国力强盛，对于逐渐衰落的柔然也不再容忍，所以当此年和永平元年（508年），伏图两次派遣使臣朝贡，宣武帝都表示了“若修蕃礼，款诚昭著者，当不孤尔也”之意，要求伏图修藩国之礼。虽然到伏图之子丑奴在位时，熙平元年（516年），重创高车，“禽其王弥俄突，杀之，尽并叛者，国遂强盛”。但在正光初年，与高车余部战败丑奴，丑奴被其母亲联合大臣所杀，其弟阿那瓌被立为主。因国中内讧，阿那瓌逃奔北魏。②

虽然柔然长期困扰北魏王朝的北部边境，但因内讧而逃往北魏王朝的阿那瓌，仍然受到孝明帝的高度重视。正光元年（520年）九月，孝明帝派遣兼侍中陆希道、兼散骑常侍孟威为正、副使主，“迎劳近畿”，又派京兆王元继等人在近郊“并申宴劳，引至阙下”。十月，孝明帝在显阳殿举行了盛大的欢迎宴会，宴请阿那瓌，参加宴会的有在京从五品以上清官、皇宗、藩国使客等。不久，孝明帝封阿那瓌朔方郡公、蠕蠕王，赐以衣冕，加之轺、盖，禄从仪卫，与皇室成员被封享有同等待遇。至次年正月，阿那瓌辞别孝明帝请求回到北方的草原，孝明帝给予了丰厚的赏赐。然而，其国内的形势已经发生了很大变化，其从兄婆罗门为主，号称弥偶可社句可汗。适逢婆罗门被高车所追赶，率领十部落在凉州投降，后被押往洛阳，安置在四夷馆中的燕然馆。正光二年五月，散居草原的数万柔然人请求阿那瓌回国，七月，阿那瓌几经周折方才回国。正光三年十二月，阿那瓌兄长柔然后主俟匿伐投奔北魏，到洛阳后，孝明帝在西堂接见了俟匿伐。正光五年，婆罗门死在洛水南的燕然馆，孝明帝“诏赠使持节、镇西将军、秦州刺史、广牧公”。孝昌元年（525年），阿那瓌又出兵帮助镇压沃野镇人破六韩拔陵起义。随着军事力量的恢复，阿那瓌自称敕连头兵伐可汗。此后，终孝明帝之世，阿那瓌频繁朝贡。

河阴之变后，北魏朝廷日渐衰微，从孝庄帝以后，北魏朝廷对阿那瓌采取了笼络政策。建义初年，孝庄帝对阿那瓌下诏称“自今以后，赞拜不言

① 魏收. 1974. 魏书. 卷7下. 高祖纪. 北京：中华书局. 165

② 李延寿. 1974. 北史. 卷98. 蠕蠕传. 北京：中华书局. 3257

名，上书不称臣”。太昌元年（532 年）六月，阿那瓌派遣乌勾兰树升伐等朝贡，“并为长子请尚公主”。永熙二年（533 年）四月，孝武帝以范阳王诲之长女琅琊公主许配给阿那瓌长子，然而“未及成婚，帝入关”。此后，东、西魏竞相与阿那瓌通婚。西魏文帝乃以孝武帝时舍人元翌之女冒称为化政公主，嫁给阿那瓌兄弟塔寒为妻，又自纳阿那瓌女为后。阿那瓌“遂留东魏使元整，不报信命。后遂率众度河，又废后为言，文帝不得已，遂敕废后自杀”。在西魏文帝后（即阿那瓌女）死后，东魏高欢乘机诬陷说是魏文帝及宇文泰既害孝武帝，又杀阿那瓌之女，并且“妄以疏属假公主之号，嫁彼为亲”，结果柔然主阿那瓌又与东魏融洽了关系。[①] 北魏末年，在黄河流域纷争不息的情况下，柔然作为草原地区的主体民族，似乎能够左右逢源，但因为北方新兴的突厥已经日益强大，并威胁到柔然的生存，在这种情况下，柔然因为没有充分利用与黄河流域业已分裂的东西魏的关系，结果最终遭到历史性的覆亡。

柔然在与黄河流域鲜卑族的长期交往过程中，其政治制度与社会经济的发展都受到北魏的影响，社会发展也开始呈现出较为迅速的态势。柔然的社会经济以畜牧业为主，但在与北魏的交往过程中农业经济也有所发展。其中以粟种植规模较大。神龟末年，“蠕蠕主阿那瓌、后主婆罗门并以国乱来降”，朝廷采纳了袁翻的建议，将阿那瓌安置在怀朔镇北、婆罗门安置在西海后，令他们率领部落民众“殖田以自供，籍兽以自给”。袁翻甚至设想阿那瓌与婆罗门“彼此相资，足以自固”[②]。《北史》卷九十八《蠕蠕传》记载，正光三年十二月，“阿那瓌上表，乞粟以为田种。诏给万石”。北魏一次给付柔然种子万石说明其粮食种植已有一定的规模。在与北魏的交往过程中，北魏政府还赏赐给吐谷浑一些粮食。正光二年正月，阿那瓌北归时，孝明帝赏赐给阿那瓌的物品中有“新乾饭一百石，麦麨八石，榛麨五石”。同年十月，针对阿那瓌归国后的生存问题，有关官员建议“计沃野、怀朔、武川镇各差二百人，令当镇军主监率，给其粮仗，送至前所。仍于彼为其造构，功就听还。诸于北来在婆罗门前投化者，令州镇上佐，准程给粮，送诣怀朔阿那瓌，镇与使人，量给食禀；在京馆者，任其去留。阿那瓌草创，先无储积，请给朔州麻子乾饭二千斛，官驼运送”。这一建议得到孝明帝的认可。[③] 通过上述有关材料可以看出柔然已经接受了黄河流域的农业生产方式与生活习惯，虽然这仅仅是北魏与柔然族初步的接触，但表明了两种文化的

---

① 李延寿 . 1974. 北史 . 卷 98. 蠕蠕传 . 北京：中华书局 . 3264
② 李延寿 . 1974. 北史 . 卷 47. 袁翻传 . 北京：中华书局 . 1716
③ 李延寿 . 1974. 北史 . 卷 98. 蠕蠕传 . 北京：中华书局 . 3262

融合迹象。

随着与黄河流域北魏王朝的接触，柔然的手工业经济也开始出现。首先是服务于骑兵需要的冶铁业较为发达。《周书》卷五十《异域下·突厥传》记载，突厥的先祖阿史那一部，有数百家，后“臣于茹茹。居金山之阳，为茹茹铁工”。大统十二年，高车（敕勒）讨伐柔然，突厥的土门率领部众截击柔然，“尽降其众五万余落”，并乘强盛之际，向柔然求婚，阿那瓌大怒，使人骂辱土门曰：“尔是我锻奴，何敢发是言也？”土门怒杀柔然使者，与其断绝往来，从这件事情可以看出突厥早期是作为柔然的铁工，且有数百家之多可见冶铁规模的庞大。正光二年正月，阿那瓌北归时，孝明帝赏赐给阿那瓌的物品中有“细明光人马铠一具，铁人马铠六具”，说明柔然族对精美铁器的喜爱。

随着与北魏王朝的交往，黄河流域的丰富物产也引起了柔然族的重视，与北魏王朝展开了贸易往来。阿那瓌返回故国后，因饥荒连绵不断，柔然人纷纷相率入塞，阿那瓌上表请求北魏给予赈给。孝明帝诏令元孚为北道行台到柔然赈恤。元孚上表中说：“又贸迁起于上古，交易行于中世，汉与胡通，亦立关市。今北人阻饥，命悬沟壑，公给之外，必求市易，彼若愿求，宜见听许。”[①] 孝明帝没有采纳他的意见。从元孚所上的表中可以看出柔然人是善于经商的，而且在元孚看来，从事商业贸易对于缓解柔然的灾荒是有利的。根据有关材料的记载，柔然可能已有自己的丝织业。《南齐书》卷五十九《芮芮虏传》云：

> （永明元年，公元483年）芮芮王求医工等物，世祖诏报曰：“知须医及织成锦工、指南车、漏刻，并非所爱。南方治疾，与北土不同。织成锦工，并女人，不堪涉远。指南车、漏刻、此虽有其器，工匠久不复存，不副为恨。”

柔然作为草原民族，向萧齐求医生及纺织锦工，说明其已经具备从事纺织的技术，至少表明柔然有学习纺织技术的愿望。

柔然的政治制度受黄河流域北魏王朝的影响也见诸史书记载。其借鉴黄河流域的官职有国相，《南齐书》卷五十九《芮芮虏传》记载，“宋世其国相希利垔解星算数术，通胡、汉语，常言南方当有姓名齐者，其人当兴”。还有国相邢基祇罗回的记载。这些官名当与黄河流域的北魏王朝影响有关。柔然还设有管理宗教的国师，南齐僧人释法瑗的次兄法爱也是僧人，“解经

① 魏收．1974．魏书．卷18．太武五王·临淮王谭传附昌弟孚传．北京：中华书局．425

论兼数术，为芮芮国师，俸以三千户”[1]。这也是传自黄河流域佛教兴盛以后所出现的僧官设置。而且柔然地区的佛教在国师的管理下与北魏王朝也曾发生过联系。《北史》卷九十八《蠕蠕传》云：“永平四年九月，醜奴遣沙门洪宣奉献珠像。”柔然还借鉴了北魏对军队的管理，在社崘时期，“始立军法：千人为军，军置将一人。百人为幢，幢置帅一人。先登者赐以虏获，退懦者以石击首杀之，或临时捶挞。无文记，将帅以羊屎粗计兵数，后颇知刻木为记”。道武帝就曾感叹道：“今社崘学中国，立法，置战阵，卒成边害。”足见当时民族之间交往的实效。

到孝文帝时，随着北魏迁都洛阳，北方六镇对草原少数民族的控制逐步减弱，高车（敕勒）开始不满于北魏的兵力征集。太和二十二年（498 年）八月，孝文帝征召高车人南讨萧齐，高车人不愿随孝文帝南行，于是推举袁纥树者为主，相率北叛，并且到拓跋什翼犍的金陵上踩踏，引起了孝文帝的恼怒。孝文帝派遣都督宇文福率军追讨，结果大败而还。孝文帝又诏平北将军、江阳王元继为都督率军讨伐。袁纥树者先是逃往柔然，后来又“相率而降”。十二月，元继班师回朝。

高车有五个部落，分为十二姓，其中第十姓副伏罗部，先为柔然所控制，在太和十一年，阿伏至罗与从弟穷奇乘柔然主豆仑屡次进攻北魏之际，脱离了豆仑。太和十四年，阿伏至罗派遣商人越者至北魏京师代京，“以二箭奉贡”。但是，孝文帝并不相信阿伏至罗所派遣人的话，于是派使者于提随前往观察虚实。随后，阿伏至罗又派遣使者薄颉随于提到京城朝贡。孝文帝派遣员外散骑侍郎可足浑长生再次与于提出使高车，“各赐绣裤褶一具，杂彩百匹”。在穷奇之子弥俄突继位后，高车再次迁使朝贡，时已是宣武帝时期。在宣武帝时期，弥俄突共派遣使节朝贡四次，宣武帝也给予丰厚的赏赐。孝明帝初年，弥俄突被柔然主丑奴俘虏杀死。弥俄突之弟伊匐数年后复国。复国后，伊匐随即派使节奉表朝贡，孝明帝“于是诏遣使者谷楷等拜为镇西将军、西海郡开国公、高车王”。伊匐又打败柔然主婆罗门。正光年间，伊匐再次遣使朝贡，“因乞朱画步挽一乘并幔褥、鞦鞦一副、伞扇各一枚、青曲盖五枚、赤漆扇五枚、鼓角十枚，诏给之”。伊匐后来兄弟之间相互残杀，多次被柔然打败。至高欢控制东魏政权时，“齐神武欲招纳远人，上言封去宾为高车王，拜安北将军、肆州刺史。既而病死”[2]。

孝文帝在位期间，虽然吐谷浑的度易侯和伏连筹与北魏王朝的关系不太

---

① 释慧皎．1992．高僧传．卷 8．义解五・齐京师灵根寺释法瑗传．汤用彤（校注）．北京：中华书局．312

② 李延寿．1974．北史．卷 98．高车传．北京：中华书局．3275

融洽，但因为孝文帝相对温和的政策，与吐谷浑保持了较为长久的安定局面。孝文帝给予伏连筹使持节、都督西垂诸军事、征西将军、领护西戎中郎将、西海郡开国公、吐谷浑王等荣誉，并且“麾旗章绶之饰，皆备给之”。所以，孝文帝死后，伏连筹“遣使赴哀，尽其诚敬”。正因为孝文帝相对温和的民族政策，感召了伏连筹，使其能够在孝文帝世“内修职贡，外并戎狄，塞表之中，号为强富”。然而，伏连筹在力量逐步强大后，“准拟天朝，树置官司，称制诸国，以自夸大”。因而，宣武帝即位之初，专门下诏指责伏连筹的过分行为。① 正因为北魏当时国力强盛，到孝明帝正光年间，吐谷浑与北魏保持了较为密切的关系。

在与黄河流域的北魏王朝和汉族的接触过程中，吐谷浑的社会发展有了很大的进步，到伏连筹之子夸吕时，吐谷浑的政权框架已经开始吸收黄河流域政治文明的某些内容，西晋时期，吐谷浑的官僚机构设置有“其官置长史、司马、将军，颇识文字”②。到北魏时期又有所发展，“官有王、公、仆射、尚书及郎中、将军之号”，这些显然是在与黄河流域的北魏王朝接触过程中学习黄河流域的政权建设而设置的。他甚至效法北魏政府给他的诏书，在与宕昌书信往来中，称对方的书信为“表”，自己的回信则称为“旨”，因而受到宣武帝的严词指责。这些都说明吐谷浑已使用汉字及其行文方式来进行交流。《洛阳伽蓝记》卷五《城北》记载，宋云与惠生出使西域时，到吐谷浑国，“其国有文字，况同魏。风俗政治，多为夷法”，可见吐谷浑的文化与政治杂糅了内地与边域的文化特色。

虽然吐谷浑建立了城池伏俟城，但并不居住，而是继续其“恒处穹庐，随水草畜牧”的生活方式。因而有“然有城郭而不居，随逐水草，庐帐为屋，以肉酪为粮”的记载。《梁书》卷五十四《西北诸戎传·河南传》云：“有屋宇，杂以百子帐，即穹庐也。”《南齐书》卷五十九《芮芮虏传》云：“多畜，逐水草，无城郭。后稍为宫屋，而人民犹以毡庐百子帐为行屋。”但在吐谷浑境内见之于记载的城池还有不少，如曼头城、伏俟城、西强城、洪和城、浇河城、树墩城、贺真城、鸣鹤城等，都具备一定的规模。在经济上虽然游牧生活方式占据主要地位，“好射猎，以肉酪为粮”，但受到北魏和周边地区其他少数民族的影响，农业经济也有所发展。《晋书》卷九十七《四夷·西戎·吐谷浑传》云：“地宜大麦，而多蔓菁，颇有菽粟。”“亦知种田，有大麦、粟、豆。然其北界气候多寒，唯得芜青、大麦，故其俗贫多富

① 李延寿.1974. 北史. 卷96. 吐谷浑传. 北京：中华书局.3185
② 房玄龄.1974. 晋书. 卷97. 四夷·西戎·吐谷浑传. 北京：中华书局.2537

少。”[①] 有人认为，吐谷浑的农业发展受羌族的影响较深，而羌族的农业发展与黄河流域的农业民族有很大关系，可见民族之间的相互影响是深远的。正因为吐谷浑的经济是农牧业杂糅在一起，所以有“毛衣肉食，取资佃畜”之说。[②]

在吐谷浑的发展过程中，手工业经济也得到发展。吐谷浑境内“饶铜、铁、朱砂”。白兰一带“土出黄金、铜、铁”[③]。丰富的矿产资源使吐谷浑开始了对矿产的开采与利用，史书记载吐谷浑国“兵器有弓、刀、甲、稍”，这些铁器可能都是本地冶炼的。前秦强盛时期，叶延长子辟奚在位时期，曾经“遣使献马五十匹，金银五百斤”[④]。宋文帝元嘉二十七年（450 年），慕延遣使上表“献乌丸帽、女国金酒器、胡王金钏等物”[⑤]。《梁书》卷五十四《西北诸戎·河南传》云：“天监十三年（514 年），（伏连筹）献金装马脑钟二口。”这说明了吐谷浑的金属锻冶已达较高水平，其装饰工艺品也达到较高层次，故有“锦组缯纨，见珍殊俗”的说法。[⑥]

从吐谷浑人的发式和服饰上来看，吐谷浑受黄河流域汉族的影响也很明显。《晋书》卷九十七《四夷·西戎·吐谷浑传》云：“其男子通服长裙，帽或戴羃䍦。妇人以金花为首饰，辫发萦后，缀以珠贝。”《梁书》卷五十四《西北诸戎·河南传》云：“著小袖袍、小口袴、大头长裙帽。”《北史》卷九十六《吐谷浑传》记载夸吕可汗，“椎髻毦珠，以皂为帽，坐金狮子床。号其妻为母尊，衣织成裙，披锦大袍，辫发于后，首戴金花冠。其俗：丈夫衣服略同于华夏，多以罗幂为冠，亦以缯为帽；妇人皆贯珠贝，束发，以多为贵”。结发于顶，成椎形，戴黑色帽，这与黄河流域的汉族风俗相同。从西晋以来，吐谷浑作为北方少数民族之一，一直试图得到黄河流域封建王朝的认同，甚至不远万里，辗转向长江流域的封建王朝朝贡，以期得到汉文化的认可，所以，吐谷浑在服饰方面也效法黄河流域的封建王朝，从其“服长裙”和戴帽都体现出该民族的这种追求。然而作为一个草原民族，该民族在服饰方面也保留了本民族的一些习俗。女子发式的本民族化，不椎发，而是“束发”，亦即辫发，或云“披发为辫”，正是这种民族风格的显示。而坐金

① 李延寿.1974. 北史. 卷96. 吐谷浑传. 北京：中华书局.3186

② 沈约.1974. 宋书. 卷96. 吐谷浑传. 北京：中华书局.2373

③ 沈约.1974. 宋书. 卷96. 吐谷浑传. 北京：中华书局.2373

④ 房玄龄.1974. 晋书. 卷97.《四夷·西戎·吐谷浑传》，同书卷113《苻坚载记上》“五十匹”作“五千匹”。《资治通鉴》卷一百三《晋纪二十五·太宗简文皇帝》“咸安元年”条云：“吐谷浑王辟奚闻杨纂败，五月，遣使献马千匹、金银五百斤于秦。”

⑤ 沈约.1974. 宋书. 卷96. 吐谷浑传. 北京：中华书局.2372

⑥ 沈约.1974. 宋书. 卷96. 吐谷浑传. 北京：中华书局.2373

狮子床乃受西域的波斯风影响，这种现象到唐代的龟兹国也仍然保留着这种风俗，“其王以锦蒙项，著锦袍金宝带，坐金狮子床”①。

黄河文化因北魏鲜卑族的融入而迅速强盛起来，北魏后期的民族融合与北魏王朝经过汉化改革后的强大有关，新的文明体系能够以其强大的影响力，对周边地区的草原民族产生吸引力，所以说北魏时期是黄河文化与草原文化融合的高潮。这一民族融合引发了黄河流域社会的快速发展，使北方的社会经济快速发展，为此后的隋唐盛世奠定了坚实的基础。

① 刘昫．1975．旧唐书．卷198．西戎・龟兹传．北京：中华书局．5303

第十二章
鲜卑人的文化修养与黄河文化对草原文化的影响

作为一个草原地区兴起的少数民族，鲜卑族在与黄河流域的汉族接触以后，接受了以儒家文化为特色的黄河文化，其文化修养特别是对中国传统文化的理解已经达到较高的层次。从鲜卑族的文化修养也可以看出黄河文化对草原文化的影响。

第一节　鲜卑人的文学修养

中国是一个文学的国度，文学在黄河文化的发展过程中发挥过重要的作用，魏晋南北朝时期作为中国历史上文学的自觉时期，因北方少数民族的文学精神已融合进文学发展的肌体，使文学的内涵更加丰富。鲜卑族在与黄河流域的汉族接触以后，开始接受黄河流域主体的汉族文学熏陶，其文学修养也达到很高的层次。流传下来的鲜卑族的文学作品以无可辩驳的事实说明，鲜卑族在与汉族长期融合过程中开始接受黄河文化的熏陶，文学作品具有一定的水准。

以帝王的文学创作而言，所留存的诗文作品（因为帝王的诏书有的不是出自本人之手，在这里略而不论）或豪迈大气，具有草原民族的豪爽，或哀婉凄美，具有汉族文学作品的俊美。前者最为典型的是孝文帝等人所做的《悬瓠方丈竹堂飨侍臣联句诗》。郑道昭以员外散骑侍郎、秘书丞兼中书侍郎的身份，跟随孝文帝“从征沔汉”。孝文帝在悬瓠方丈竹堂宴请群臣，郑道昭与其兄郑懿“俱侍坐焉”。在酒宴正酣时，孝文帝与群臣作了一首联句诗。《魏书》卷五十六《郑羲传附道昭传》云：

> 高祖乃歌曰：“白日光天无不曜，江左一隅独未照。”彭城王勰续歌曰：“愿从圣明兮登衡会，万国驰诚混江外。”郑懿歌曰：“云雷大振兮天门辟，率土来宾一正历。”邢峦歌曰：“舜舞干戚兮天下归，文德远被莫不思。”道昭歌曰：“皇风一鼓兮九地匝，戴日依天

清六合。”高祖又歌曰：“遵彼汝坟兮昔化贞，未若今日道风明。”宋弁歌曰：“文王政教兮晖江沼，宁如大化光四表。”高祖谓道昭曰：“自比迁务虽猥，与诸才俊不废咏缀，遂命邢峦总集叙记。当尔之年，卿频丁艰祸，每眷文席，常用慨然。”

据此记载，与大臣以诗歌抒发感情是孝文帝经常性的文化活动。这在鲜卑贵族轻视汉文化的氛围之下，无疑起到了促使鲜卑族接受黄河流域文学的作用。而且这种与群臣饮宴赋诗的现象在北魏孝文帝以后的帝王中也形成了一种风气。孝明帝曾与其母亲胡氏在洛阳华林园“宴群臣于都亭曲水，令王公已下各赋七言诗”，胡太后赋诗曰：“化光造物含气贞。”孝明帝以诗句“恭己无为赖慈英”感谢慈祥母亲的教养。①

到北魏末年，身处厄境的孝庄帝元子攸和节闵帝元恭的诗则显现出更多的悲凉。永安三年（530年）九月二十五日，尔朱荣、尔朱天穆和尔朱荣之子尔朱菩提从晋阳到洛阳朝拜，孝庄帝不愿再受尔朱荣的摆布，就在洛阳明光殿杀死尔朱荣等人。十月，右仆射尔朱世隆至高都，尔朱兆也从晋阳到高都与其相会。二人共推太原太守、长广王元晔为主。十二月初三，尔朱兆攻进洛阳城，将孝庄帝迁往晋阳，二十三日，将孝庄帝缢杀于三级佛寺。孝庄帝在临死前，“帝临崩礼佛，愿不为国王”，并作五言诗一首：“权去生道促，忧来死路长。怀恨出国门，含悲入鬼乡！隧门一时闭，幽庭岂复光？思鸟吟青松，哀风吹白杨。昔来闻死苦，何言身自当！”② 这首诗向我们展示了孝庄帝临死前无奈绝望的心态，其诗作可与汉族诗人的诗相媲美。与孝庄帝一样，节闵帝在普泰二年（532年）四月被高洋废掉后，也赋诗云：“朱门久可患，紫极非情玩。颠覆立可待，一年三易换。时运正如此，唯有修真观。”通观此诗我们对节闵帝被人玩弄于股掌之上的了解更加深刻，其无助之心态令人扼腕。在此前正月，节闵帝曾与群臣在宴饮时做联体诗。《北史》卷三十六《薛辩传附孝通传》云：

普泰二年正月乙酉，中书舍人元翙献酒肴，帝因与元翌及孝通等宴，兼奏弦管，命翙吹笛，帝亦亲以和之。因使元翌等嘲，以酒为韵。孝通曰：“既逢尧舜君，愿上万年寿。”帝曰：“平生好玄默，惭为万国首。”帝曰：“卿所谓寿，岂容徙然！”便命酌酒赐孝通，仍命更嘲，不得中绝。孝通即竖忠为韵。帝曰：“卿不忘忠臣之心。”翙曰：“圣主临万机，享世永无穷。”孝通曰：“岂唯被草木，方亦及昆虫。”翌曰：“朝贤既济济，野苗又芃芃。”帝曰：“君

① 魏收．1974．魏书．卷13．皇后·宣武灵皇后胡氏．北京：中华书局．338
② 杨衒之．1963．洛阳伽蓝记．卷1．城内．北京：中华书局．47

臣体鱼水，书轨一华戎。”孝通曰：“微臣信庆渥，何以答华嵩？”

史书还记载：“于时，孝通内典机密，外参朝政，军国动静，预以谋谟。加以汲引人物，知名之士，多见推荐。”可见在这些大臣的辅佐下，节闵帝似乎还有作为打算的，但随后的政治变化使他的政治抱负随即消散。所谓的诗言志，从所引的前后不到三个月的诗作可以看出节闵帝的心理变化。

从所引北魏孝文帝到节闵帝所作的诗文我们可以看出，迁都洛阳以后的鲜卑族在文化上已经接受了黄河流域汉文化的影响。如果说孝文帝与大臣所做的联句诗还不能完整体现出汉文化的影响力的话，那么，孝庄帝与节闵帝的诗作已经完全具备完整的思想内容，体现了他们的人生艰难，是当时社会现象的真实反映。

鲜卑人的其他诗文作品也显现出黄河文化对这一来自草原地区民族的影响，可以说经过孝文帝的改革，迁都洛阳的鲜卑族在诗歌创作上已经开始迈上了一个新的台阶。彭城王元勰所做的《应制赋铜鞮山松诗》堪与曹植的七步诗相媲美。《魏书》卷二十一下《献文六王·彭城王传》云：

后幸代都，次于上党之铜鞮山。路旁有大松树十数根。时高祖进伞，遂行而赋诗，令人示勰曰：“吾始作此诗，虽不七步，亦不言远。汝可作之，比至吾所，令就之也。”时勰去帝十余步，遂且行且作，未至帝所而就。诗曰：“问松林，松林经几冬？山川何如昔，风云与古同。”高祖大笑曰：“汝此诗亦调责吾耳。”诏曰：“弟勰所生母潘早龄谢世，显号未加，勰祸与身具，痛随形起，今因其展思，有足悲矜，可赠彭城国太妃，以慰存亡。”

彭城王元勰所作的赞美松树的诗与汉族诗人所作的诗几乎难分伯仲。孝明帝正光元年（520 年）七月，宦官刘腾与元叉合谋杀死清河王元怿，中山王元熙兄弟因被元怿所亲昵，起兵进攻元叉，结果兵败被杀。在临死前他曾作了两首五言诗。其一，示其僚吏曰：“义实动君子，主辱死忠臣。何以明是节？将解七尺身。”其二，与知友别曰：“平生方寸心，殷勤属知己。从今一销化，悲伤无极已。”① 这两首诗表明了他自己的心迹。东魏孝静帝时，高澄掌握政权，魏济阴王元晖业“以时运渐谢，不复图全”，曾经赋诗云：“昔居王道泰，济济富群英。今逢世路阻，狐兔郁纵横。”② 通过诗文显示出他对高氏弄权的不满。

至于说北魏鲜卑族女性诗人所留存的诗文，则更为黄河文化对草原文化产生影响做了充分的说明。《洛阳伽蓝记》卷三《城南》“延贤里”记载王

① 魏收. 1974. 魏书. 卷 19 下. 景穆十二王上·南安王传. 北京：中华书局. 504

② 魏收. 1974. 魏书. 卷 19 上. 景穆十二王上·济阴王传. 北京：中华书局. 448

肃在太和十八年从南齐逃奔洛阳，受到孝文帝的重用。宣武帝时又娶陈留长公主为妻，后来谢氏从江南投奔王肃。

> 肃在江南之日，聘谢氏女为妻。及至京师，复尚公主。其后谢氏入道为尼，亦来奔肃。见肃尚主，谢作五言诗以赠之。其诗曰："本为箔上蚕，今作机上丝。得路逐胜去，颇忆缠绵时。"公主代肃答谢云："针是贯线物，目中恒任丝。得帛缝新去，何能衲故时。"肃甚有愧谢之色，遂造正觉寺以憩之。

陈留长公主能够针对谢氏的质问答对，足以显示出她的文化修养之高。

从鲜卑族社会上层所做的诗文来看，鲜卑族受黄河流域汉文化的影响是很明显的，其诗作已经达到很高的水平。这只能说经过短短十几年的时间，鲜卑族已经在文化上完全接受了黄河文化。

第二节　鲜卑人的经学修养

经学对鲜卑族的影响经历了一个较长的过程，这主要与鲜卑族和汉族的交往过程联系在一起。为了更好地说明这一问题，我们从道武帝时期设立《五经》博士开始进行研究，试图勾勒出黄河流域的经学在北魏鲜卑人中的流传过程。

天兴二年（399 年）三月甲子，拓跋珪"初令《五经》群书各置博士，增国子太学生员三千人"。设立《五经》博士，并征召 3000 人的太学生，其目的就是为了传播以《五经》为代表的儒家文化。虽然在这里我们无法肯定进入太学的都是拓跋部的子弟，但应当说以道武帝为首的鲜卑族上层有如此想法，这无疑会对经学的传播起到促进作用。天兴四年十二月，拓跋珪又"集博士儒生，比众经文字，义类相从，凡四万余字，号曰《众文经》"①。整理经学文字，其目的还是为了更有利于经学的传播。最具典型的例子是拓跋珪听从李先的建议，征集天下的儒家经典。《魏书》卷三十三《李先传》云：

> 太祖问先曰："天下何书最善，可以益人神智？"先对曰："唯有经书。三皇五帝治化之典，可以补王者神智。"又问曰："天下书籍，凡有几何？朕欲集之，如何可备？"对曰："伏羲创制，帝王相承，以至于今，世传国记，天文秘纬不可计数。陛下诚欲集之，严

① 魏收 . 1974. 魏书 . 卷 2. 太祖纪 . 北京：中华书局 . 39

制天下诸州郡县搜索备送，主之所好，集亦不难。”太祖于是班制天下，经籍稍集。

拓跋珪按照李先的建议征集以儒家经书为主的图书，表明了拓跋珪已经认识到儒家经典的重要性。明元帝曾经听崔浩讲述《易经》及《尚书·洪范》篇，很喜好这种学问。正因为儒家经典对他影响深刻，所以泰常八年（423年）四月，明元帝在征战到达洛阳后，“观《石经》”，以寻求儒家文化的精髓。孝文帝在太和十七年（493年）九月，南迁洛阳以后，也曾“幸太学，观《石经》”，表达了对儒家经学的重视。《魏书》卷七下《高祖纪》在评述孝文帝的儒学修养时说：“雅好读书，手不释卷。《五经》之义，览之便讲，学不师受，探其精奥。史传百家，无不该涉。善谈《庄》、《老》，尤精释义。才藻富赡，好为文章，诗赋铭颂，任兴而作。有大文笔，马上口授，及其成也，不改一字。自太和十年已后诏册，皆帝之文也。自余文章，百有余篇。”如此，我们从孝文帝重视儒家经学的传播中也能探索出其真正的原因来。元澄曾对宣武帝讲述孝文帝喜好儒家经典的情况：“先帝未常不以《书》、《典》在怀，《礼经》为事，周旋之则，不辍于时。”① 可以这样认为，正因为孝文帝深厚的儒学修养，使他能够在后来改革中极力吸收儒家文化。其继任者宣武帝也具有较高的儒学修养。正始三年（506年）十一月，宣武帝在式乾殿为京兆王元愉、清河王元怿、广平王元怀、汝南王元悦讲解《孝经》，体现出其对儒家文化的深刻理解，史书记载他“雅爱经史”②，足见儒家文化对他的影响。经由此传承，北魏后期的皇帝都从幼年即学习儒家经典，以精通儒家经典为修身之本。崔光与王遵业、王延业兄弟曾为孝明帝讲《孝经》，采取“遵业预讲，延业录义”的方式进行。③ 崔光在临死前，向孝明帝推荐冯元兴为侍读，贾思伯为侍讲，“授肃宗《杜氏春秋》于式乾殿，（冯）元兴常为摘句，儒者荣之”④。正因为有较高的儒学修养，所以正光二年（521年）二月，孝明帝“车驾幸国子学，讲《孝经》。三月庚午，帝幸国子学祠孔子，以颜渊配”。“肃宗行释奠之礼，讲《孝经》”，同辈人之中羊深“独蒙引听，时论美之”⑤。即使到了北魏末年的永熙三年（534年）春天，孝武帝“诏延公卿学官于显阳殿，敕祭酒刘廞讲《孝经》，黄门李郁讲《礼记》，中书舍人卢景宣解《大戴礼》《夏小正》篇。时广招儒学，

---

① 魏收. 1974. 魏书. 卷19上. 景穆十二王·任城王云传附子澄传. 北京：中华书局. 471
② 魏收. 1974. 魏书. 卷8. 世宗纪. 北京：中华书局. 215
③ 魏收. 1974. 魏书. 卷38. 王慧龙传附琼子遵业传. 北京：中华书局. 879
④ 魏收. 1974. 魏书. 卷79. 冯元兴传. 北京：中华书局. 1760
⑤ 魏收. 1974. 魏书. 卷77. 羊深传. 北京：中华书局. 1703

引令预听”。当时李同轨“经义素优，辩析兼美，而不得执经，深为慨恨”①。由此可见，北魏鲜卑族最高统治者因为长期受儒家文化的影响，所以形成代代相传的现象，他们都对儒家经典著作深入学习和传播。

北魏统治者不仅积极学习儒家经典，而且还利用儒家经典来指导其行政，显现出儒学对北魏政治的深刻影响。天兴三年（400年）十二月乙未，拓跋珪所下的《天命诏》中有“《春秋》之义，大一统之美”的说法，赞美天下一统。② 神䴥四年九月太武帝在所下《征卢玄崔绰等诏》中用“《诗》不云乎：‘鹤鸣九皋，声闻于天’，庶得其人，任之政事，共臻邕熙之美。《易》曰：‘我有好爵，吾与尔縻之。’如玄之比，隐迹衡门、不耀名誉者，尽敕州郡以礼发遣”，表明了自己对人才的渴望。当群臣建议他兴建京邑城隍时，他“以从《周易》设险之义，又陈萧何壮丽之说”来表明自己不愿兴建都城之意，也表明了儒家的节俭理念对他的濡染。太武帝之子拓跋晃为了鼓励百姓勤于农业，在所下令中用《周书》所言“任农以耕事，贡九谷；任圃以树事，贡草木；任工以余材，贡器物；任商以市事，贡货贿；任牧以畜事，贡鸟兽；任嫔以女事，贡布帛；任衡以山事，贡其材；任虞以泽事，贡其物”③，强调发展农业的重要性。

如果说北魏前期帝王所下的诏书有可能来自臣下之手，无法真正看出皇帝对儒家经典的掌握程度，那么到孝文帝时期所下的诏书基本上都出自他本人之手，反映了他对儒家文化的掌握程度。延兴二年十二月，孝文帝所下《牧守久任诏》对太守久任贪贿严重现象忧心忡忡，他在诏书中引用《尚书》“三载一考，三考黜陟幽明”强调对官员考核的重要性。太和十八年春，广陵王元羽建议对京官加以考核，孝文帝在答诏中又引用《礼记》中的《明堂》、《月令》等篇论证了京官的考核，“每考之义，应在年终，既云此年，何得春初也！今始维夏，且待至秋后”。随后在论及考课制度时，孝文帝又以“《书》称三考之绩，《礼》云考成之章”作为严格考核制度的根据。④ 太和八年六月在所颁行的《班禄大赦诏》中引用“《周礼》有食禄之典”来说明实行俸禄制的必要性。包括后宫的设置，孝文帝也遵从《周礼》的规定，“高祖初依《周礼》，置夫、嫔之列，以（李）冲女为夫人”⑤。他深受儒学精神的影响，以至于在国家大事上也以儒家经典作为理论支撑。孝

① 魏收．1974．魏书．卷36．李顺传附族人同轨传．北京：中华书局．849
② 魏收．1974．魏书．卷2．太祖纪．北京：中华书局．37
③ 魏收．1974．魏书．卷4．世祖纪．北京：中华书局．108
④ 魏收．1974．魏书．卷21上．献文六王·广陵王羽传．北京：中华书局．547
⑤ 魏收．1974．魏书．卷53．李冲传．北京：中华书局．1181

文帝迁都洛阳时，用儒家经典《易经》来为自己的政治行动寻找理论依据。《魏书》卷十九上《景穆十二王·任城王云传附子澄传》云：

后高祖外示南讨，意在谋迁，斋于明堂左个，诏太常卿王谌，亲令龟卜，易筮南伐之事，其兆遇《革》。高祖曰："此是汤武革命，顺天应人之卦也。"群臣莫敢言。澄进曰："《易》言革者更也。将欲应天顺人，革君臣之命，汤武得之为吉。陛下帝有天下，重光累叶。今曰卜征，乃可伐叛，不得云革命。此非君人之卦，未可全为吉也。"高祖厉声曰："《象》云'大人虎变'，何言不吉也！"澄曰："陛下龙兴既久，岂可方同虎变！"高祖勃然作色曰："社稷我社稷，任城而欲沮众也！"澄曰："社稷诚知陛下之社稷，然臣是社稷之臣子，豫参顾问，敢尽愚衷。"高祖既锐意必行，恶澄此对。

当后来元澄明白孝文帝之意后，转而支持孝文帝，可见儒家经典在鲜卑族上层影响之深。太和十七年九月，孝文帝至洛阳，周巡汉晋以来废弃的宫殿基址，感伤"晋德不修，早倾宗祀，荒毁至此"。"遂咏《黍离》之诗，为之流涕"。我们知道《黍离》之诗是周王室贵族后裔悲悼故国的代表作，孝文帝咏《黍离》之诗表明自己对西晋王朝衰亡的哀伤。太和十八年，广陵侯徐州刺史元衍病重，孝文帝派遣徐成伯乘传车前往疗疾，治好了元衍的病，孝文帝因此赏赐徐成伯三千匹绢，而徐成伯只收一千匹，孝文帝曰："《诗》云'人之云亡，邦国殄瘁。'以是而言，岂惟三千匹乎？"足见孝文帝对元衍的重视。[①] 孝文帝在这里所引《诗经》的话，出自《大雅·瞻印》，意即此人若亡，将是国家的损失。正因为儒家经典对孝文帝影响很深，所以在太和十九年六月"改长尺大斗"度量衡时，他"依《周礼》制度，班之天下"[②]。对于此次度量衡的改革，宣武帝时御史中尉王显叙述了其颁行的过程。王显曰："高祖孝文皇帝以睿圣统天，克复旧典。乃命故中书监高闾广旌儒林，推寻乐府，依据《六经》，参诸国志，以黍裁寸，将均周汉旧章。属云构中迁，尚未云就。高祖睿思玄深，参考经记，以一黍之大，用成分体，准之为尺，宣布施行。"[③] 在此后直至孝明帝时，都屡次改革度量衡，而且在论证时都先后引述了《周礼》。可见新的度量衡制度也经历了一个较长的制定和颁布过程，而在其中起主导理论作用的是儒家的传世经典《周礼》。

---

① 魏收.1974.魏书.卷19上.景穆十二王·阳平王新成传附子衍传.北京：中华书局.442

② 魏收.1974.魏书.卷7上.高祖纪.北京：中华书局.178

③ 魏收.1974.魏书.卷19上.景穆十二王·广平王洛侯传附嗣子济南王匡传.北京：中华书局.453

如果我们仔细阅读《魏书》卷一百八《礼志》即可看到北魏帝王及群臣在讨论"礼"的问题时，多次引用儒家经典为其立论的基础。

在涉及婚姻问题上，孝文帝也以儒家经典来指导社会上层的婚姻缔结。太和二十年（496 年）为了解决婚姻失时问题，孝文帝颁诏"夫妇之道，生民所先，仲春奔会，礼有达式，男女失时者以礼会之"，这完全是《诗经·郑风》中相关叙述的翻版。在推行门阀等级内婚制时，孝文帝也引述了儒家经典来表达自己的心意。根据历来的惯例，"王国舍人应取八族及清修之门"，然而咸阳王元禧取任城王隶户为妻，受到孝文帝的严厉指责。孝文帝还为此下诏："夫婚姻之义，曩叶攸崇，求贤择偶，绵代斯慎。故刚柔著于《易经》，《鹊巢》载于《诗》典，所以重夫妇之道，美尸鸠之德，作配君子，流芳后昆者也。然则婚者，合二姓之好，结他族之亲，上以事宗庙，下以继后世，必敬慎重正而后亲之。夫妇既亲，然后父子君臣、礼义忠孝，于斯备矣。"[①] 在叙述了这一理论根据之后，他下诏为其六个弟弟选择了高门之女为妃。从孝文帝所下的诏书中我们可以看出，他既引述了儒家的经典著作《易经》和《诗经》，而且他下文所阐述的婚姻观念也完全是深受儒家思想影响的结果。孝文帝迁都洛阳以后，打算为太子元恂娶司徒冯诞长女为妃，因为冯诞长女尚幼，先为娉彭城刘长文、荥阳郑懿女为左右孺子，当时元恂只有 14 岁。他曾对郭祚、崔光、宋弁曰："人生须自放，不可终朝读书。我欲使恂旦出省经传，食后还内，晡时复出，日夕为罢。卿等以为何如？"崔光曰："孔子称'血气未定，戒之在色'，《传》曰：'昼以访事，夜以安身'。太子以幼年涉学之日，不宜于正昼之时，舍书御内，又非所以安柔弱之体，固永年之命。"孝文帝"以光言为然，乃不令恂昼入内"[②]。正因为崔光所言符合儒家的理念，并以孔子的话作为立论的依据，所以得到孝文帝的赞同。

宣武帝在正始元年（504 年）十一月所下的恢复太学的诏书中，对古代的圣贤之君"莫不崇建胶序，开训国胄，昭宣《三礼》，崇明四术，使道畅群邦，风流万宇"推崇备至。因而他"敕有司依汉魏旧章，营缮国学"，可见宣武帝营建国学的目的是为了用儒家的经典教育鲜卑族的后代。就连胡太后"临朝听政"时，也要依照《周礼》行事。史称"太后以肃宗冲幼，未堪亲祭，欲傍《周礼》夫人与君交献之义，代行祭礼，访寻故式"，因为大臣的反对，最后只得"据汉和熹邓后荐祭故事"来行初祀仪式。[③] 元澄对胡

① 魏收．1974．魏书．卷 21 上．献文六王·咸阳王禧传．北京：中华书局．534
② 魏收．1974．魏书．卷 22．孝文五王·废太子传．北京：中华书局．589
③ 魏收．1974．魏书．卷 13．皇后·宣武灵皇后胡氏传．北京：中华书局．338

太后醉心于佛教、浪费大量钱财很不满，他在上书劝谏中曾引用《易经·系辞下》中的“何以守位曰仁，何以聚人曰财”表明自己的想法。[①] 孝庄帝末年，针对乐器残缺的情况，令元孚加以修正，元孚上表曰：“臣今据《周礼》凫氏修广之规，磬氏倨句之法，吹律求声，叩钟求音，损除繁杂，讨论实录，依十二月为十二宫，各准辰次，当位悬设，月声既备，随用击奏，则会还相为宫之义，又得律吕相生之体。今量钟磬之数，各以十二架为定。”元孚上表以后，孝庄帝批准了他的建议，并依照实行，结果“于时缙绅之士，咸往观听，靡不咨嗟叹服而返。太傅、录尚书长孙承业妙解声律，特复称善”[②]。元孚在这里所依据的“凫氏修广之规，磬氏倨句之法”出自《周礼·冬官·考工记》。

在北魏鲜卑族大臣中，探讨儒家经典的也不在少数。登国八年（393年），拓跋珪派遣贺狄干以一千匹马匹送给姚苌，欲与姚苌结为姻亲，适逢姚苌病死，姚兴继位后断绝了与鲜卑族拓跋部的关系，“因止狄干而绝婚”。贺狄干被幽闭在长安十余年，“因习读书史，通《论语》、《尚书》诸经，举止风流，有似儒者”[③]。乐平王元丕因为相信日者董道秀卜筮之言，最后因此而死，高允在所著《筮论》中分析认为董道秀若推六爻以答对元丕：“《易》称‘亢龙有悔’，穷高曰亢，高而无民，不为善也。夫如是，则上宁于王，下保于己，福禄方至，岂有祸哉？今舍于本而从其末，咎衅之至不亦宜乎！”[④] 文明太后死后，孝文帝哀伤过度，一个多月也无法排解自己的忧伤，穆亮在劝解孝文帝时，分别用了《礼记》和《尚书》中的有关记载。后来，穆亮在孝文帝即将沿黄河“自小平泛舟幸石济”时，劝谏说：“臣闻垂堂之诲，振古成规，于安思危，著于《周易》。”[⑤] 穆亮作为鲜卑后人，有此见识，实属不易。太和十六年十月，太极殿建成后，孝文帝准备行“考室之礼”[⑥]，当大臣会集后，因天下大雪使宴会无法举行，孝文帝感到是自己没有德感苍天，楼毅劝说孝文帝时说：“今隆冬雪降，固是其时。又《礼》云：‘雨沾服失容，则废’，礼自古而然，不足为异。”[⑦] 楼毅作为鲜卑后人这时

① 魏收．1974．魏书．卷19上．景穆十二王·任城王云传附子澄传．北京：中华书局．479

② 魏收．1974．魏书．卷18．临淮王谭传附昌弟孚传．北京：中华书局．428

③ 魏收．1974．魏书．卷28．贺狄干传．北京：中华书局．686

④ 魏收．1974．魏书．卷17．明元六王·乐平王丕传．北京：中华书局．414

⑤ 魏收．1974．魏书．卷27．穆崇传附罴弟亮传．北京：中华书局．670

⑥ 李贤注：李奇曰：“凡宫新成，杀牲以衅祭，致其五祀之神，谓之考室。”师古曰：“考，成也，成其礼也。《诗·小雅·斯干》之诗序曰‘《斯干》，宣王考室也’，故奉引之。”载：班固．1962．汉书．卷75．翼奉传．北京：中华书局．3177

⑦ 魏收．1974．魏书．卷30．楼伏连传附从曾孙毅传．北京：中华书局．718

已经具有很高的文化修养，否则不可能在此紧要关头，引经据典来劝解孝文帝。宣武帝永平年间高阳王元雍在上奏“行考陟之法”的表中，引用《诗经》“王事靡盐，不遑启处”，“岂不怀归，畏此简书”和《采薇》、《杕杜》、《皇华》、《四牡》等篇来论证自己的观点。[①] 说明他对《诗经》内容之熟稔。胡太后因为“颇事妆饰，数出游幸”，元顺当面劝谏说：“《礼》，妇人夫丧，自称未亡人，首去珠玉，衣不被彩。陛下母临天下，年垂不惑，过甚修饰，何以示后世?”胡太后因此不再外出。[②] 胡太后对《礼记》之书肯定有所了解，否则她无法听懂元顺之话。在当时鲜卑妇女对儒家经典也有所知晓，于忠的后妻是中山王元尼须之女，“微解《诗》、《书》”，灵太后临朝称制后，“引为女侍中，赐号范阳郡君”[③]。因为对儒学稍微的了解，就受到如此重视。

鲜卑族对儒家经学的熟知不仅表现在用儒家经典指导其行政行为，还有鲜卑族因研习儒家经典而流传下来相关研究成果。安丰王元猛之子元延明在河阴之变时逃往江南，最后死在江南。他“所著诗赋赞颂铭诔三百余篇，又撰《五经宗略》、《诗礼别义》，注《帝王世纪》及《列仙传》。又以河间人信都芳工算术，引之在馆。其撰古今乐事，《九章》十二图，又集《器准》九篇，芳别为之注，皆行于世”[④]。从元延明所撰述的有关儒家经典的解释性著作，说明他对儒家经典有着自己的见解。元怿曾撰写《孝经解诂》，请人指出其中的错误，“命伟伯为《难例》九条，皆发起隐漏”[⑤]。

从鲜卑族社会上层对儒家经学的学习和传播，到北魏统治者以儒家经学来指导其行政行为，表明鲜卑族已经以黄河流域的主导思想儒学来实现政权的稳固；从帝王兴办学校传播儒家经典，到帝工所下的诏书频繁地引用儒家经典，乃至王公大臣探讨儒家经典，说明儒学已经深入到了鲜卑民族的灵魂深处，融入鲜卑民族的文化层面。也可以这样认为，经过鲜卑族进入黄河流域一百余年的发展，儒家思想也成为鲜卑族的民族指导思想。随着思想上与黄河流域的汉族的逐步靠近，鲜卑族最终融入汉族已经成为历史的必然，从这个层面上可以看出，以儒学为精髓的黄河文化的强势影响力。

---

① 魏收. 1974. 魏书. 卷21上. 献文六王·高阳王雍. 北京：中华书局. 553
② 魏收. 1974. 魏书. 卷19中. 景穆十二王·任城王云传附彝兄顺传. 北京：中华书局. 482
③ 魏收. 1974. 魏书. 卷31. 于栗磾传附祚弟忠传. 北京：中华书局. 746
④ 魏收. 1974. 魏书. 卷20. 文成五王·安丰王猛传附子延明传. 北京：中华书局. 530
⑤ 魏收. 1974. 魏书. 卷32. 封懿传附轨子伟伯传. 北京：中华书局. 766

第三节　鲜卑人的史学修养

黄河流域的史学对鲜卑族的影响有一个渐进的过程，从初期的逐步接触，到后来逐步接受黄河流域的史学观念和史学编纂的传统，构建了带有黄河文化特色的史学。从所接触到的材料我们可以看出，鲜卑族社会上层的史学修养在不断提高。

北魏的史官之设在道武帝拓跋珪时期。皇始二年（397 年）九月，慕容宝的弟弟慕容贺麟进攻新市，拓跋珪率军抵抗，太史令晁崇认为不吉。天兴元年（398 年）十一月，“太史令晁崇造浑仪，考天象”[①]。晁崇本为慕容垂的太史郎，登国十年（395 年）十一月的参合陂之战时，后燕大败，晁崇被俘，后来拓跋珪赦免了他并因“爱其伎术，甚见亲待。从平中原，拜太史令”。他不仅制成了浑仪，而且还预测了天兴五年的牛疫。[②] 神瑞二年（415 年），因秋稼歉收，太史令王亮、苏垣通过华阴公主等言谶书说国家当迁都邺，劝明元帝迁都。因崔浩与特进周澹言的谏言，明元帝否决了迁都计划。[③] 明元帝虽然没有迁都，但仍可说明太史令在国家政治生活中发挥着重要的作用。泰常八年（423 年）正月，明元帝派遣司空奚斤、吴兵将军公孙表平定兖豫，还围虎牢。然而，公孙表将军队停在虎牢关以东，“不得利便之地，故令贼不时灭”，被太史令王亮等人所奏，明元帝在攻虎牢关时，“士卒多伤”，乃将公孙表缢杀。[④] 张渊曾先后在苻坚、姚兴、赫连昌等政权中任太史令。太武帝灭大夏后，张渊被俘，“世祖以渊为太史令，数见访问”。当时的太史令多会观测天象，因而有“先是太祖、太宗时太史令王亮、苏坦，世祖后破和龙，得冯文通太史令闵盛，高祖时太史令赵樊生，并知天文。后太史赵胜、赵翼、赵洪庆、胡世荣、胡法通等二族，世业天官者”的说法。到了北魏孝武帝永熙年间，“诏通直散骑常侍孙僧化与太史令胡世荣、张龙、赵洪庆及中书舍人孙子良等，在门下外省校比天文书。集甘、石二家《星经》及汉魏以来二十三家经占，集为五十五卷。后集诸家撮要，前后所上杂占，以类相从，日月五星、二十八宿、中外官图，合为七十五卷”[⑤]。孝文帝时，

① 魏收 . 1974. 魏书 . 卷 2. 太祖纪 . 北京：中华书局 . 33
② 魏收 . 1974. 魏书 . 卷 91. 术艺 · 晁崇传 . 北京：中华书局 . 1943
③ 魏收 . 1974. 魏书 . 卷 35. 崔浩传 . 北京：中华书局 . 808
④ 魏收 . 1974. 魏书 . 卷 33. 公孙表传 . 北京：中华书局 . 783
⑤ 魏收 . 1974. 魏书 . 卷 91. 术艺 · 张渊传附徐路、高崇祖传 . 北京：中华书局 . 1954

曾经任太史令的还有张明豫、崔光。宣武帝时辛宝贵、赵胜、胡荣等都先后担任过太史令。

北魏时期鲜卑族还接受了黄河流域史书编纂的某些传统。如为皇帝撰写起居注问题，在孝文帝时期开始被引入史书编写。太和十四年（490年）二月，孝文帝“初诏定起居注制”①。因为起居注对鲜卑族来讲刚刚开始，所以，有关人员在编写起居注时并不认真，孝文帝就曾对负责起居注的元景曰：“卿等自任集书，合省逋坠，致使王言遗滞，起居不修，如此之咎，责在于卿。今降为中大夫、守常侍，夺禄一周。”② 孝文帝对元景在编写起居注时的失职采取罚俸的处理。李伯尚曾以通直散骑侍郎的身份，受“敕撰《太和起居注》”。他可能没有真正从事起居注的撰写，因为不久他就转任秘书丞。③ 关于此后起居注的撰写，魏收云：“世宗时，命邢峦追撰《高祖起居注》，书至太和十四年，又命崔鸿、王遵业补续焉。下讫肃宗，事甚委悉。”④ 崔鸿与王遵业在补续孝文帝起居注时非常认真，故有“事甚委悉”之说。王遵业曾以右军将军的身份兼散骑常侍，借到北部沿边“慰劳蠕蠕”之机，“乃诣代京，采拾遗文，以补《起居》所缺”⑤。宣武帝时，太常刘芳、侍中崔光等当世大儒欣赏房景先，“叹其精博”，崔光建议宣武帝让房景先兼著作佐郎，修国史。不久又任司徒祭酒、员外郎。侍中穆绍又启奏请房景先撰《世宗起居注》。⑥ 宣武帝时期，封肃也曾参与过起居注的纂修。在孝明帝初年，裴延儁以散骑常侍的身份，“监起居注”⑦。景明三年（502年），崔鸿以员外郎兼尚书虞曹郎中的身份，受“敕撰《起居注》”。正光三年（522年），崔鸿以司徒长史加前将军“修高祖世宗《起居注》”⑧。正光年间，山伟、裴询都曾参与起居注的纂修。孝昌元年正月，郑伯猷因跟随安丰王元延明平定徐州叛乱有功，“事宁还都，迁尚书外兵郎中，典《起居注》，以军功赐爵阳武子”⑨。祖莹在孝昌年间以国子祭酒的身份，“监起居事”⑩。

---

① 魏收.1974.魏书.卷7下.高祖纪.北京：中华书局.165
② 魏收.1974.魏书.卷21上.献文六王·广陵王羽传.北京：中华书局.549
③ 魏收.1974.魏书.卷39.李宝传附辅子伯尚传.北京：中华书局.893
④ 魏收.1974.魏书.卷104.自序.北京：中华书局.2326
⑤ 魏收.1974.魏书.卷38.王慧龙传附琼子遵业传.北京：中华书局.878
⑥ 魏收.1974.魏书.卷43.房法寿传附族子景先传.北京：中华书局.978
⑦ 魏收.1974.魏书.卷69.裴延儁传.北京：中华书局.1529
⑧ 魏收.1974.魏书.卷67.崔光列传附敬友子鸿传.北京：中华书局.1502
⑨ 魏收.1974.魏书.卷56.郑羲列传附从孙伯猷传.北京：中华书局.1244
⑩ 魏收.1974.魏书.卷82.祖莹传.北京：中华书局.1800

辛贲、阴道方在孝庄帝建义初年，参与修起居注。① 许绚也曾在北魏末年参与起居注的编纂。② 节闵帝普泰初年，羊深升任散骑常侍、卫将军、右光禄大夫，“监《起居注》”③。至东魏孝静帝初年，山伟再次担任监修起居注的任务。④ 北魏末年参与过起居注纂修的还有裴伯茂、邢昕、魏收等人。

从鲜卑族统治者接受了黄河流域原来封建政权的纂修起居注的制度来看，黄河文化中重视修史的传统也为鲜卑族所接受，表明了鲜卑族欲从文化上接受汉文化的民族心理。从孝文帝开始采取措施加强对起居注的编纂，到孝明帝时期编纂起居注的人员频繁更换，这其中主要的原因是皇权旁落，一些官员刚接手起居注，马上又被任命为其他官职。史官变动频繁导致了起居注的编纂成果不明显，倒是形成了庞大的编纂队伍。

除了在编修起居注方面鲜卑族接受了黄河文化的撰修传统外，在与黄河流域的汉族接触过程中，鲜卑族的社会上层读史、用史已经蔚然成风，从这个角度来看读史现象更深层次地表明黄河文化对以鲜卑族为代表的草原文化的影响。

关于鲜卑上层读史的现象史书记载颇多。从道武帝拓跋珪开始就认识到借鉴历史的重要性。拓跋珪经常向崔玄伯“问古今旧事，王者制度，治世之则”。崔玄伯则借机向拓跋珪宣讲黄河流域历代王朝的“古人制作之体，及明君贤臣，往代废兴之由”。即使到拓跋珪晚年因服寒食散导致喜怒无常，也仍然请崔玄伯讲《汉书》。在听讲过程中还颇有心得，“至娄敬说汉祖欲以鲁元公主妻匈奴，善之，嗟叹者良久”。正因为听崔玄伯讲《汉书》有心得，他在处理与周边地区其他民族的关系时，也借鉴汉高祖刘邦的做法，“是以诸公主皆厘降于宾附之国，朝臣子弟，虽名族美彦，不得尚焉”⑤。拓跋珪虽然是出自少数民族的首领，但由于他对黄河流域的历史的借鉴，不能不说其开放的胸怀对鲜卑族的继续发展起了重要的作用。

在此后鲜卑族所建立的北魏王朝的帝王喜好读史的颇多。明元帝“礼爱儒生，好览史传”。在读史过程中，他感到刘向所撰写的《新序》、《说苑》等书“于经典正义多有所阙”，就撰写《新集》一书，在书中他“采诸经史，该洽古义，兼资文武焉”，可以说对刘向的著作多有补充。⑥ 正因为对经

① 魏收．1974．魏书．卷45．辛绍先传附孙祥传．北京：中华书局．1027。魏收．1974．魏书．卷52．阴仲达列传附遵和兄子道方传．北京：中华书局．1164

② 魏收．1974．魏书．卷46．许彦传附宗之从曾孙绚传．北京：中华书局．1037

③ 魏收．1974．魏书．卷77．羊深传．北京：中华书局．1704

④ 魏收．1974．魏书．卷81．山伟传．北京：中华书局．1793

⑤ 魏收．1974．魏书．卷24．崔玄伯传．北京：中华书局．621

⑥ 魏收．1974．魏书．卷3．太宗纪．北京：中华书局．64

史的喜爱，所以，当太延五年（439 年）凉州平定，江式迁往代京后，因“上书三十余法，各有体例，又献经史诸子千余卷，由是擢拜中书博士”①。因为太武帝喜爱史书，江式由此被擢升。拓跋晃年轻时，“好读经史，皆通大义”②。宣武帝“雅爱经史”③。这些事实充分说明黄河流域的传统史学已经被鲜卑族最高统治者所喜爱。

除了帝王外，鲜卑族的王公大臣喜欢读史的也大有人在。元瞻“颇爱书史”④。元端“美容貌，颇涉书史”⑤。彭城王元勰“敏而耽学，不舍昼夜，博综经史，雅好属文”⑥。清河王元怿“博涉经史，兼综群言，有文才，善谈理，宽仁容裕，喜怒不形于色”⑦。汝南王元悦，“好读佛经，览书史”⑧。元晖“少沉敏，颇涉文史”⑨。元晖业“涉子史，亦颇属文”。齐文襄高澄曾经问他：“比何所披览?”他对曰：“数寻伊霍之《传》，不读曹马之书。”⑩元顺十六岁时,“通《杜氏春秋》，恒集门生，讨论同异”⑪。彭城王元勰“敦尚文史，物务之暇，披览不辍”⑫。至于说鲜卑族的其他大臣读史的也有记载。代人燕凤“好学，博综经史，明习阴阳谶纬”⑬。陆希道“历览经史，颇有文致”⑭。这些喜读史书的鲜卑族王公大臣大多以读史提高文化修养、提高为政效率为目的。

北魏的统治者不仅读史，而且还继承了黄河流域历代封建王朝的修史传统，编纂本民族的国史。在起初编纂史书过程中，所编纂的史书还不成熟，拓跋珪下诏令邓渊撰《国记》，“渊造十余卷，惟次年月起居行事而已，未有体例”⑮。这可以看做北魏最早的史书编纂。此后，编纂国史的鲜卑族大臣频频见诸记载。太武帝时，崔浩与高允曾经在邓渊所撰《国记》的基础上继

① 魏收 . 1974. 魏书 . 卷 91. 术艺 · 江式传 . 北京：中华书局 . 1960
② 魏收 . 1974. 魏书 . 卷 4 下 . 世祖纪附恭宗纪 . 北京：中华书局 . 107
③ 魏收 . 1974. 魏书 . 卷 8. 世宗纪 . 北京：中华书局 . 215
④ 魏收 . 1974. 魏书 . 卷 19 中 . 景穆十二王 · 任城王云传附嵩弟赡传 . 北京：中华书局 . 489
⑤ 魏收 . 1974. 魏书 . 卷 21 上 . 献文六王 · 高阳王雍传附子端传 . 北京：中华书局 . 557
⑥ 魏收 . 1974. 魏书 . 卷 21 下 . 献文六王 · 彭城王勰传 . 北京：中华书局 . 571
⑦ 魏收 . 1974. 魏书 . 卷 22. 孝文五王 · 清河王怿传 . 北京：中华书局 . 591
⑧ 魏收 . 1974. 魏书 . 卷 22. 孝文五王 · 汝南王悦传 . 北京：中华书局 . 593
⑨ 魏收 . 1974. 魏书 . 卷 15. 昭成子孙 · 常山王遵传附忠从子晖传 . 北京：中华书局 . 378
⑩ 魏收 . 1974. 魏书 . 卷 19 上 . 景穆十二王 · 济阴王小新成传附弼子晖业传 . 北京：中华书局 . 447
⑪ 魏收 . 1974. 魏书 . 卷 19 中 . 景穆十二王 · 任城王云传附彝兄顺传 . 北京：中华书局 . 481
⑫ 魏收 . 1974. 魏书 . 卷 21 下 . 献文六王 · 彭城王勰传 . 北京：中华书局 . 582
⑬ 魏收 . 1974. 魏书 . 卷 24. 燕凤传 . 北京：中华书局 . 609
⑭ 魏收 . 1974. 魏书 . 卷 40. 陆俟传附叡子希道传 . 北京：中华书局 . 914
⑮ 魏收 . 1974. 魏书 . 卷 24. 邓渊传 . 北京：中华书局 . 635

续编写《国记》。大约文成帝和孝文帝之间，高允曾经推荐江式的父亲江绍兴为秘书郎，“掌国史二十余年”①。太和年间，高祐曾与丞李彪等上奏孝文帝曰：“臣等疏陋，忝当史职，披览《国记》，窃有志焉。愚谓自王业始基，庶事草创，皇始以降，光宅中土，宜依迁固大体，令事类相从，纪传区别，表志殊贯，如此修缀，事可备尽。”即按照黄河流域历代封建王朝的史书编纂体例撰写北魏的历史。他们的建议得到了孝文帝的同意。② 从孝文帝的气度可以看出，当时的北魏统治者已经认识到传统的史学体例对编纂鲜卑族历史的优越之处。崔光曾与李彪共同修北魏的《国书》，到太和末年，崔光完全负责《国书》编写。李彪后来因为犯罪被解除职务。到宣武帝初年，李彪上书“求成《魏书》”，宣武帝同意了李彪的请求，“彪遂以白衣于秘书省著述”。崔光虽然当史官之任，但他“以彪意在专功，表解侍中、著作以让彪，世宗不许”。至永平四年，孙惠蔚代替崔光任著作郎，但是孙惠蔚在位数年无所作为，所以，当宣武帝死后，“任城王澄表光宜还史任，于是诏光还领著作”③。大约到北魏灭亡，官修的史书还没有完成。

与此同时，受黄河文化影响日益加深的鲜卑族人开始编写一些史书。彭城王元勰“敦尚文史，物务之暇，披览不辍。撰自古帝王贤达至于魏世子孙，三十卷，名曰《要略》”④。这三十卷的《要略》是出自鲜卑族人所编写的通史性著作，虽然我们今天无法知道此书大概，但从此书名可知其是纲要性质的通史。元晖“颇涉文史”，他曾“招集儒士崔鸿等撰录百家要事，以类相从，名为《科录》，凡二百七十卷，上起伏羲，迄于晋、宋，凡十四代”。这部《科录》虽然不是北魏历史，但至少可以说是从先秦到当代的文学史，他在病重时将其献给朝廷。⑤ 元顺“撰《帝录》二十卷”⑥。到北齐时鲜卑族的后代仍然撰写当代史，元晖业在晋阳时，无所事事，“乃撰魏藩王家世，号为《辨宗室录》，四十卷，行于世”⑦。可见鲜卑族已经完全接受了汉族编纂史书的传统，开始编纂本民族的史学著作，吸取历史的教训。

在编纂史书过程中，北魏统治者的史学观念也发生了变化。从早期的史官纯粹记录历史，到后期史官的督察功能逐渐显现。崔浩的事迹实际上反映

---

① 魏收.1974. 魏书. 卷91. 术艺·江式传. 北京：中华书局.1960

② 魏收.1974. 魏书. 卷57. 高祐传. 北京：中华书局.1260

③ 魏收.1974. 魏书. 卷67. 崔光传. 北京：中华书局.1491

④ 魏收.1974. 魏书. 卷21下. 献文六王·彭城王勰传. 北京：中华书局.582

⑤ 魏收.1974. 魏书. 卷15. 昭成子孙·常山王遵传附忠从子晖传. 北京：中华书局.380

⑥ 魏收.1974. 魏书. 卷19中. 景穆十二王·任城王云传附彝兄顺传. 北京：中华书局.485

⑦ 魏收.1974. 魏书. 卷19上. 景穆十二王·济阴王小新成传附弼子晖业传. 北京：中华书局.448

了太武帝的历史观，就是史学家要为尊者讳，暴露丑恶的当代史是不允许书写的。根据相关记载，太武帝令崔浩和高允共同撰写《国记》（又称《国书》），他们在邓渊所撰写的《太祖纪》的基础上，又增补了《先帝记》及《今记》。崔浩因为听信了著作令史闵湛、郄摽的建议，“既而劝浩刊所撰国史于石，用垂不朽，欲以彰浩直笔之迹”，而崔浩在撰写史书过程中，“尽述国事，备而不典。而石铭显在衢路，往来行者咸以为言，事遂闻发”，结果引起太武帝的大怒，崔浩及其家族被诛，高允赖拓跋晃的营救得免。高允虽然躲过了这场劫难，但是他的历史观并未因此发生改变，他对拓跋晃说：“夫史籍者，帝王之实录，将来之炯戒，今之所以观往，后之所以知今。是以言行举动，莫不备载，故人君慎焉。……至于书朝廷起居之迹，言国家得失之事，此亦为史之大体，未为多违。”[①] 太武帝在太平真君十一年杀崔浩后，废掉了史官。到了文成帝和平元年六月才恢复了史官的设置。到太和十五年正月，孝文帝又“初分置左右史官”[②]。到孝文帝时对国讳的回避已经不再存在。孝文帝曾经对史官曰：“直书时事，无讳国恶。人君威福自己，史复不书，将何所惧？”[③] 他不仅是这样说的而且也是这样做的。《魏书》卷十九中《景穆十二王·任城王云传附子澄传》云：

> 高祖还洛，引见公卿。高祖曰：“营国之本，礼教为先。朕离京邑以来，礼教为日新以不？”澄对曰：“臣谓日新。”高祖曰：“朕昨入城，见车上妇人冠帽而著小襦袄者，若为如此，尚书何为不察？”澄曰：“著犹少于不著者。”高祖曰：“深可怪也！任城意欲令全著乎？一言可以丧邦者，斯之谓欤？可命史官书之。”

孝文帝就是想通过史官有暴露丑恶的权力对一些官员的行为加以威慑，有利于迁都洛阳的一系列改革能够顺利进行。这种对史官秉笔直书的传统到后来北齐建立以后仍然被继承下来。高洋曾经对魏收说：“好直笔，我终不作魏太武诛史官。”[④] 高洋作为鲜卑化的汉人能有这种认识确实难能可贵。从太武帝忌讳史官书写本民族的丑恶历史，到孝文帝以博大的胸怀鼓励史官“直书时事，无讳国恶”的转变，充分反映了鲜卑族史学观念的变化，鲜卑族已经接受了汉族的史学观念，认识到历史的功用。

由鲜卑族从草原地区到进入黄河流域后，逐步接受黄河流域日趋成熟的史学理念与史学编纂的传统我们可以看出，鲜卑族以开阔的胸怀接受了异族

---

① 魏收．1974．魏书．卷 48．高允传．北京：中华书局．1071

② 魏收．1974．魏书．卷 7 下．高祖纪．北京：中华书局．167

③ 魏收．1974．魏书．卷 7 下．高祖纪．北京：中华书局．186

④ 魏收．1974．魏书．卷 104．自序．北京：中华书局．2326

的历史文化，并且将这一历史文化现象作为本民族发展的一面镜子，接受历史的教训，接受历史的监督，接受历史的改造，加速了本民族的汉化。从这里我们也可以看出，鲜卑族的汉化过程是该民族全面汉化的过程，过去历史书上的记载，有的仅仅从政治经济等方面加以考察，究其实这是不全面的，鲜卑族的汉化过程是全方位的，从鲜卑族的历史学修养快速转变也可以得到证实。

如果我们将鲜卑族接受黄河流域的史学传统放在中国历史的大环境中进行考察，就会发现一个接受先进地区民族历史观念的民族就会在其发展过程中少走弯路，加速本民族的进步。鲜卑族也正是通过接受黄河流域的史学传统，从史书的编纂、史学理论的吸收，认识到史学在鲜卑族发展过程的重要性，从而以积极的态度开始本民族历史的撰写。鲜卑族史学修养的进步给予我们的是更多的历史启迪。

第四节　道教和佛教对鲜卑人的影响

鲜卑族作为兴起于草原地区的少数民族，对黄河文化的吸收可以说是多方位的，不仅对黄河流域的以儒学为主流的思想予以积极吸收，而且对其他诸子的学说也加以认同，并采纳其中某些在当时人看来符合统治阶级思想意志的内容为鲜卑族的发展服务。我们下面择主要的诸子学说在鲜卑族的接受过程加以论述。

一、道教思想对鲜卑族的影响

道教作为兴起于黄河流域的一个宗教，在汉末错综复杂的历史形势下迅速发展起来。《魏书》卷一百一十四《释老志》有黄河流域所流行的道教被鲜卑族接受的过程，我们下面主要以此为线索加以论述。道武帝拓跋珪因“好老子之言，诵咏不倦”。拓跋珪因相信道家的炼丹术，以期求得丹药，所以他对道家思想的接受是与炼丹术杂糅在一起的。天兴年间，仪曹郎董谧献服食仙经数十篇。拓跋珪“于是置仙人博士，立仙坊，煮炼百药，封西山以供其薪蒸”，但在炼丹过程中，因试药致使多人死亡，且没有结果，拓跋珪“意少懈，乃止”，可见这种相信老子之言是为了炼丹求长生的需要。

明元帝时期，在中岳嵩山经过十几年的发展，形成了以寇谦之为代表的道教势力，太武帝始光初年，寇谦之“奉其书而献之，世祖乃令谦之止于张曜之所，供其食物”。当时这种宗教对鲜卑族来说是一种全新的宗教，“时朝野闻之，若存若亡，未全信也”，只有崔浩“独异其言，因师事之，受其法术”。崔浩还上书太武帝“赞明其事”。太武帝“以清净无为，有仙化之证，遂信行其术”，接受了这种宗教，“于是崇奉天师，显扬新法，宣布天下，道业大行”。太武帝还派人“奉玉帛牲牢，祭嵩岳”，并将寇谦之的四十余个弟子接到代京。“遂起天师道场于京城之东南，重坛五层，遵其新经之制。给道士百二十人衣食，齐肃祈请，六时礼拜，月设厨会数千人”。道教在鲜卑族中迅速兴起。太武帝为了表达对道教的诚心，甚至将年号改为太平真君。在寇谦之的蛊惑下，太武帝举行了“登受符书”的仪式，“于是亲至道坛，受符录。备法驾，旗帜尽青，以从道家之色也”。在太武帝的影响下，“自后诸帝，每即位皆如之”。寇谦之甚至鼓动太武帝建造静轮宫，花费大量人力物力。太武帝对境内的道士多方礼遇，影响至深。不过就太武帝佞信道教后，采取灭佛的政策，对于已经本土化的佛教来讲不能不说是一件憾事。

到孝文帝时期，针对道教兴盛对北魏社会产生了不良的影响，在太和十五年（491 年）秋天，下诏将京城之内的寺宇迁往京城之南，“桑乾之阴，岳山之阳，永置其所”。在这里建崇虚寺，并限定了人数，“给户五十，以供斋祀之用”，“可召诸州隐士，员满九十人”。迁都洛阳以后，孝文帝又在洛阳城南建道坛，规定每年的正月七日、七月七日、十月十五日，各地的坛主、道士、高人一百零六人，以行拜祠之礼。然而因为当时北魏大兴佛教，道教受到压抑，“诸道士罕能精至，又无才术可高”。所以到孝静帝武定六年，“有司执奏罢之”。

北魏时期，道教在黄河流域的兴盛时期主要在太武帝时期，其社会影响因为太武帝的倡导而迅速扩大，而到太武帝以后，因为佛教更能适应中国社会的客观形势，虽然经历了太武帝的镇压，但又迅速发展起来，并成为北魏后期社会的主流宗教，对中国社会产生了广泛的影响。

二、佛教兴盛对鲜卑族的影响

佛教经过魏晋十六国的发展，已经适应了中国社会的基本情况，呈现出本土化的趋势，成为黄河流域的主流宗教派别。在北魏时期，佛教也对来自草原地区的鲜卑族产生了深刻影响，并在北魏后期因为社会上佞佛人数众多，酿成了严重的社会灾难。为了弄清佛教对鲜卑族的影响，我们以《魏书》卷一百一十四《释老志》为线索对佛教在鲜卑族的传播作一评述。

鲜卑族接触佛教是在魏晋之际，“神元与魏、晋通聘，文帝久在洛阳，昭成又至襄国，乃备究南夏佛法之事”。这表明沙漠汗在魏晋时期滞留洛阳期间可能接触到佛教，什翼犍也曾以人质的身份进入石勒的国都襄国，当时，佛图澄以独特法术使石勒信仰佛教，赵国寺院林立，什翼犍有可能接触到佛教。

见之于记载的北魏首位对佛教发生兴趣的帝王是道武帝拓跋珪。皇始年间，拓跋珪征召赵郡僧人法果到京师，并以他任“道人统”，“绾摄僧徒”。为了更好地传教，法果多次称颂拓跋珪“明叡好道，即是当今如来，沙门宜应尽礼，遂常致拜”。他甚至对人说：“能鸿道者人主也，我非拜天子，乃是礼佛耳。”因此之故，佛教受到重视。天兴元年（398年），拓跋珪下诏在京城建佛教寺院，“始作五级佛图、耆阇崛山及须弥山殿，加以缋饰。别构讲堂、禅堂及沙门座，莫不严具焉”。在佛教的影响下，拓跋珪“颇览佛经”。明元帝即位后也崇信佛教，“京邑四方，建立图像，仍令沙门敷导民俗”。对于法果“弥加崇敬”，并在永兴年间，“前后授以辅国、宜城子、忠信侯、安成公之号”。虽然法果辞去了这些封号，但明元帝“常亲幸其居，以门小狭，不容舆辇，更广大之”。在法果死后，明元帝“三临其丧，追赠老寿将军、越胡灵公”，并令其子继承法果的道人统。太武帝即位后，对佛教也深信不疑。“每引高德沙门，与其谈论。于四月八日，舆诸佛像，行于广衢，帝亲御门楼，临观散花，以致礼敬。”然而到了太武帝中期，因为崔浩崇信道教，并多次在太武帝面前对佛教“数加非毁，常谓虚诞，为世费害”，道教大盛，再加上长安的佛教徒饮酒、私藏武器乃至与贵室女私行淫乱，太武帝震怒，太平真君七年（446年）初，“诏诛长安沙门，焚破佛像，敕留台下四方，令一依长安行事”，到了三月，太武帝再次下诏：“有司宣告征镇诸军、刺史，诸有佛图形像及胡经，尽皆击破焚烧，沙门无少长悉坑之。”开始在全国范围内灭佛，出现了“土木宫塔，声教所及，莫不毕毁矣”的现象。①

文成帝即位后，对佛教采取了稍微宽松的政策，允许各地在人口聚居区建佛塔，出家人要品行端正，无恶行，但他同时限定出家人数为“率大州五十，小州四十人，其郡遥远台者十人”，佛教开始恢复。献文帝时对佛教“敦信尤深，览诸经论”。他还“每引诸沙门及能谈玄之士，与论理要”。甚至他即位后所改的第一个年号就与佛教有密切的关系。《魏书》卷一百一十四《释老志》云：

> 初，高宗太安末，刘骏于丹阳中兴寺设斋。有一沙门，容止独秀，举众往目，皆莫识焉。沙门惠璩起问之，答名惠明。又问所住，答云，从天安寺来。语讫，忽然不见。骏君臣以为灵感，改中

① 魏收．1974．魏书．卷114．释老志．北京：中华书局．3035

兴为天安寺。是后七年而帝践祚，号天安元年。

献文帝随即在京城大兴佛事，先后兴建永宁寺佛塔、天宫寺释迦立像、三级石佛塔等，特别是后者“镇固巧密，为京华壮观”。然而，随着北魏朝廷管理的放松，佛教徒迅速增加，导致鱼龙混杂，“比丘不在寺舍，游涉村落，交通奸猾，经历年岁”，直接威胁到社会的稳定，有鉴于此，北魏朝廷要求对无籍僧人严加查处，并对奢侈化的佛教现象加以遏止。

献文帝死后，文明太后掌权，对佛教采取了更为宽松的政策，佛教徒的队伍迅速发展，王公大臣信佛的人数迅速增加。京兆王元子推之子元太兴患病后，请僧人行道治病，但在给僧人布施斋饭时，他给一个僧人“出酒一斗，羊脚一只”。因羞辱佛教徒，在僧人辞去后，“太兴遂佛前乞愿，向者之师当非俗人，若此病得差，即舍王爵入道。未几便愈，遂请为沙门。表十余上，乃见许”①。孝文帝的太子元恂因害怕洛阳一带夏季气候炎热，准备逃往北方，被孝文帝羁押，“恂在困踬，颇知咎悔，恒读佛经，礼拜归心于善”②。孝文帝迁都洛阳以后，鲜卑族崇信佛教，对北魏社会佛教的兴盛起了推波助澜的作用。

北魏迁都洛阳以后，黄河流域的佛教寺院的兴盛与皇帝带头兴建寺院有着密切的关系。从孝文帝开始，北魏的皇帝就开始在洛阳建寺院。孝文帝在其祖母冯太后死后，“为冯太后追福”，在开阳门外三里处修建报德寺。③ 宣武帝即位后，在恒农郡荆山用珉玉造一丈六尺高的佛像一座。永平三年冬，“迎置于洛滨之报德寺，世宗躬观致敬”④。这表明后人建造寺院的真实意图是为了感念先人。宣武帝在位时先后建了瑶光寺、景明寺和永明寺三座寺院。瑶光寺是一座尼寺，孝明帝即位后，宣武帝的高皇后“寻为尼，居瑶光寺，非大节庆不入宫中”。神龟元年九月，高氏被胡太后害死在瑶光寺，“殡葬皆以尼礼”⑤。景明寺是因“景明年中立，因以为名”⑥。宣武皇帝时佛教昌盛，洛阳因为作为国都的特殊位置，“异国沙门，咸来辐辏，负锡持经，适兹乐土”，宣武帝又建永明寺以安置外国僧人。⑦

北魏时期诸王也多建寺院，这些寺院既有尼寺，也有僧寺。清河王元怿修建的景乐寺，“以是尼寺，丈夫不得人。得往观者，以为至天堂”。元怿死

① 魏收.1974.魏书.卷19上.景穆十二王·京兆王子推传附子太兴传.北京：中华书局.444
② 魏收.1974.魏书.卷22.孝文五王·废太子恂传.北京：中华书局.588
③ 杨衒之.1963.洛阳伽蓝记.卷3.城南.北京：中华书局.121
④ 魏收.1974.魏书.卷114.释老志.北京：中华书局.3041
⑤ 李延寿.1974.北史.卷13.后妃上·魏宣武皇后高氏传.北京：中华书局.502
⑥ 杨衒之.1963.洛阳伽蓝记.卷3.城南.北京：中华书局.113
⑦ 杨衒之.1963.洛阳伽蓝记.卷4.城西.北京：中华书局.173

后，“寺禁稍宽，百姓出入，无复限碍”。元怿弟元悦又对景乐寺“复修之”①。元怿还在洛阳城西建融觉寺，规模也较大，“有五层浮图一所，与冲觉寺齐等。佛殿僧房，充溢三里”②。彭城王元勰修建的明悬尼寺在洛阳城东。③ 外戚冯熙虽然“为政不能仁厚”，但因崇信佛教，“自出家财在诸州镇建佛图精舍，合七十二处”，当僧人劝阻他在建佛塔“伤杀人牛”时，他居然说：“成就后，人唯见佛图，焉知杀人牛也。”他在北芒山建北芒寺，“其碑文，中书侍郎贾元寿词，孝文频登北芒寺，亲读碑文，称为佳作”④。这里的北芒寺即是《洛阳伽蓝记》卷一《城内》所说的冯王寺。此外广陵王所建的龙华寺、北海王所建的追圣寺与灵太后所建的秦太上公寺是京师洛阳的三大名寺。⑤

鲜卑族的官员为了表达对佛教的虔诚，纷纷舍宅为寺。洛阳城内的愿会寺、建中寺、昭仪寺和光明寺都是官员舍宅为寺。普泰元年（531 年），尔朱世隆所立的建中寺本是宦官刘腾的宅院。刘腾因为与元义共同幽禁了胡太后，所以，孝昌二年（526 年）胡太后重新掌权后，将已死的刘腾宅院赏赐给高阳王元雍，“雍薨，太原王尔朱荣停憩其上，荣被诛。建明元年（530 年），尚书令乐平王尔朱世隆为荣追福，题以为寺，朱门黄阁，所谓仙居也”⑥。愿会寺是“中书侍郎王翊舍宅所立也”⑦。宜寿里苞信县令段晖住宅的地下常有钟声传出，并常常见五色光照亮堂宇。段晖“遂掘光所，得金像一躯，可高三尺。并有二菩萨，趺上铭云：‘晋太始二年五月十五日侍中中书监荀勖造。’”段晖于是舍宅为光明寺。⑧

在洛阳城东达官贵人舍宅为寺的有平等寺和建宁寺。平等寺为广平王元怀舍宅所立。杨椿分宅院为景宁寺后，杨椿之子杨昱因在永安末年率众抵抗尔朱仲远，普泰元年杨氏家族被尔朱世隆灭族，“后舍宅为建中寺”⑨。

在洛阳城西的冲觉寺，“太傅清河王怿舍宅所立也”⑩。宣忠寺是“侍中司州牧城阳王所立也”。永安二年五月，北海王元颢攻入洛阳，元徽与庄帝逃到长子城，在这种情况下，“徽愿入洛阳舍宅为寺。及北海败散，国道重

① 杨衒之．1963．洛阳伽蓝记．卷 1．城内．北京：中华书局．57～58
② 杨衒之．1963．洛阳伽蓝记．卷 4．城西．北京：中华书局．170
③ 杨衒之．1963．洛阳伽蓝记．卷 2．城东．北京：中华书局．71
④ 李延寿．1974．北史．卷 80．外戚·冯熙传．北京：中华书局．2677
⑤ 杨衒之．1963．洛阳伽蓝记．卷 3．城南．北京：中华书局．72．128．119
⑥ 杨衒之．1963．洛阳伽蓝记．卷 1．城内．北京：中华书局．51
⑦ 杨衒之．1963．洛阳伽蓝记．卷 1．城内．北京：中华书局．61
⑧ 杨衒之．1963．洛阳伽蓝记．卷 1．城内．北京：中华书局．62
⑨ 杨衒之．1963．洛阳伽蓝记．卷 2．城东．北京：中华书局．104
⑩ 杨衒之．1963．洛阳伽蓝记．卷 4．城西．北京：中华书局．143

晖，遂舍宅焉”①。追先寺本是“侍中尚书令东平王略之宅也”。建义元年，元略薨于河阴，其子景式“舍宅为此寺”②。在融觉寺西一里左右的大觉寺，“广平王怀舍宅也”③。高阳王寺本是高阳王元雍的住宅，在津阳门外三里御道西。元雍“为尔朱荣所害也，舍宅以为寺”④。对于鲜卑族官员纷纷舍宅为寺的现象，《洛阳伽蓝记》卷四《城西》云：“经河阴之役，诸元歼尽，王侯第宅，多题为寺。寿丘里间，列刹相望，祇洹郁起，宝塔高凌。”《魏书》卷一百一十四《释老志》亦云：“河阴之酷，朝士死者，其家多舍居宅，以施僧尼，京邑第舍，略为寺矣。”从皇帝到鲜卑族王公大臣都参与到寺院的建设足以证明佛教对社会影响之大，至于说为父母追福，为纪念先辈的原因虽然占有一定的比例，但从整个社会发展的趋势来看，北魏时期社会上层广建寺院无疑对佛教影响人们生活产生了广泛的作用。

从北魏统治者对佛教的态度可以看出，佛教作为一种宗教在北魏社会传承的过程，因为北魏统治者认识到这种宗教对于饱经社会动荡的民众是一种精神麻痹，所以在迁都洛阳以后大力倡导这种宗教，并形成燎原之势。然而，因为佛教的过分兴盛，耗费了大量的社会财富，佛教徒的增多也引发了一系列的社会矛盾，所以到北魏末年佞佛现象终于引发了社会矛盾的大爆发，敲响了北魏丧亡的钟声。

---

① 杨衒之．1963．洛阳伽蓝记．卷4．城西．北京：中华书局．146
② 杨衒之．1963．洛阳伽蓝记．卷4．城西．北京：中华书局．170
③ 杨衒之．1963．洛阳伽蓝记．卷4．城西．北京：中华书局．172
④ 杨衒之．1963．洛阳伽蓝记．卷3．城南．北京：中华书局．137

第十三章
北齐和北周之际黄河文化与草原文化的融合

河阴之变后，北魏朝政彻底陷于混乱，不久即分裂为东魏和西魏。在这种情况下，作为北魏后期各种矛盾的进一步加剧的余绪，北齐和北周时期民族矛盾更加复杂，以至于民族融合多是在血与火的历史环境下实现的。

第一节　东魏北齐与西魏北周时期

北齐王朝是从高欢开始奠定了建立的基础。高欢从其祖辈以来，一直活动在北部边境，“既累世北边，故习其俗，遂同鲜卑”，所以后来学术界多称高欢是鲜卑化的汉人。

作为鲜卑化的汉人所建立的王朝，高齐王朝在处理汉族和少数民族的关系上颇费周折，既要处理好鲜卑族与汉族之间的关系，也要处理好高齐王朝内部与鲜卑族的关系。首先，我们来看高齐王朝处理与汉人的关系。高欢在其起事的过程中很注意充分利用与汉民族之间的关系。节闵帝普泰元年（531 年）四月，为了挑动六镇将士对尔朱兆的不满情绪，高欢先“诈为书，言尔朱兆将以六镇人配契胡为部曲，众皆愁”。高欢又伪造并州刺史的符节，“征兵讨步落稽。发万人将遣之”，其长史孙腾和其姐夫尉景请多留五日。在送行时，高欢借机鼓动六镇兵士反抗尔朱兆。在起兵之前，他约束六镇士兵说：“尔乡里难制，不见葛荣乎？虽百万众，无刑法，终自灰灭。今以吾为主，当与前异，不得欺汉儿，不得犯军令，生死任吾，则可。不尔，不能为取笑天下。”[①] 为了平弥鲜卑族对他照顾汉人的不满，他甚至对鲜卑人说：“汉民是汝奴，夫为汝耕，妇为汝织，输汝粟帛，令汝温饱，汝何为陵之？”他又对汉人说：“鲜卑是汝作客，得汝一斛粟，一匹绢，为汝击贼，令汝安宁，

① 李延寿．1974．北史．卷 6．齐本纪上・高祖神武帝纪．北京：中华书局．215

汝何为疾之?”[①] 高欢已经看出北魏末年复杂的民族矛盾所引发的社会动荡，所以他要求六镇的鲜卑军人平等对待汉人，以化解民族矛盾。

但在行事过程中，高欢对汉人仍然不放心，有时还利用鲜卑人牵制汉人。在与尔朱兆作战时，身为大都督的高昂率领同乡人王桃汤、东方老、呼延族等三千部曲跟随高欢讨伐尔朱兆于韩陵（今河南安阳东北）。高欢说：“高都督纯将汉儿，恐不济事，今当割鲜卑兵千余人共相参杂，于意如何?”话语中透露出对汉族人战斗力的轻视。高昂对高欢讲述了自己军队的战斗力，并且认为胡汉夹杂在一起只能引起更多的矛盾。他说：“敖曹（高昂字。——引者注）所将部曲，练习已久，前后战斗，不减鲜卑，今若杂之，情不相合，胜则争功，退则推罪，愿自领汉军，不烦更配。”[②] 高欢同意了高昂的想法，而在此次战斗中正是高昂所率领的汉人军队发挥的作用，才使高欢转败为胜。高昂作为汉人的代表有时也使高欢有所顾忌，“时鲜卑共轻华人，唯惮高敖曹。欢号令将士，常鲜卑语，敖曹在列，则为之华言”。正因为高昂作战勇敢，所以在鲜卑人轻视汉人之时，他敢于挺身而出，与鲜卑的权贵相抗衡。有一次，高昂与刘贵在一起时，“外白治河役夫多溺死”。刘贵轻蔑地说：“一钱汉，随之死!”高昂听后，拔刀斫刘贵，甚至准备发兵讨伐刘贵。[③] 高欢有时甚至将重用汉族人作为对自己的标榜。卢勇是涿郡人，北魏末年跟随高欢，在元象元年（538 年）的广州（今河南襄城）大战立功卓著，被任命为阳州刺史，镇守宜阳。他曾上书请求入朝，高欢给他写信说：“吾委卿阳州，唯安枕高卧，无西南之虑矣。但依朝廷所委，表启宜停。卿之妻子任在州住，当使汉儿之中无在卿前者。”[④] 从高欢的话语中，我们可以明了高欢在使用汉人将领时并不完全信任，可能汉人将领的家属还要被扣押在京城作为人质，他这样对待卢勇已经是很照顾了。

到北齐建立以后，对汉人的打压更为明显。据田余庆先生研究，北齐的统治者在政权建设中重用鲜卑人和鲜卑化的汉人，汉族士人受到排挤。[⑤] 天保七年（556 年）十一月，高洋下诏并省豪强大族自立的州郡，“于是并省三州、一百五十三郡、五百八十九县、二镇二十六戍。又制刺史令尽行兼，不给干物”[⑥]。从而大大削弱了汉族士人在地方政权中的影响。地方政权如此，在中央政权内部虽然北齐的统治者任用了一批汉族士人，但是，民族之

① 司马光 . 1956. 资治通鉴 . 卷 157. 梁纪十三 · 高祖武皇帝 . 北京：中华书局 . 4882
② 李百药 . 1972. 北齐书 . 卷 21. 高乾传附弟昂传 . 北京：中华书局 . 294
③ 司马光 . 1956. 资治通鉴 . 卷 157. 梁纪十三 · 高祖武皇帝 . 北京：中华书局 . 4882 ~ 4883
④ 李百药 . 1972. 北齐书 . 卷 22. 卢文伟传附族人勇传 . 北京：中华书局 . 323
⑤ 翦伯赞 . 1965. 中国史纲要（第二册）. 北京：人民出版社 . 70
⑥ 李百药 . 1972. 北齐书 . 卷 4. 文宣帝纪 . 北京：中华书局 . 63

间的矛盾并未消除，高洋对待不遵从他的汉人则采取了严厉的镇压措施。高洋杀害跟随他多年的杜弼就是典型的例证。杜弼从高洋早年发迹开始就跟随他，并为北齐政权的建立立下汗马功劳。然而，杜弼“性质直”，多次向高洋进谏言。高洋曾经询问杜弼：“治国当用何人?”杜弼答曰：“鲜卑车马客，会须用中国人。”高洋认为杜弼讥讽他，再加上高德政“数言其短”，并且让人告发杜弼在担任长史时“受人请属，大营婚嫁”，结果使高洋对杜弼更加痛恨。虽然杜弼已经外放为胶州刺史，但天保十年夏天，高洋“因饮酒，积其愆失，遂遣就（胶）州斩之”①。至北齐末年，胡汉之间的矛盾更加尖锐，汉族士人大多被杀逐。最为典型的是武平四年（573 年）十月崔季舒等汉人被杀事件。崔季舒被杀则是长期以来胡汉之间矛盾的总爆发，而这一矛盾的形成从高澄重用崔季舒就开始了。当时鲜卑族的“勋贵多不法”，受到高澄的制裁，这些人认为“以季舒及崔暹等所为，甚被怨疾”。高澄死后，崔季舒被发配北边，后来虽然回到京城任职，但多次被排挤。齐后主高纬武平四年十月，在与南朝陈作战时，寿春被围，而齐后主这时却要到晋阳，崔季舒与张雕商议指出，此时外边盛传“大驾向并，畏避南寇；若不启谏，必动人情”。于是与随从的文官劝谏高纬，而高纬宠幸的韩长鸾乘机上奏曰：“汉儿文官连名总署，声云谏止向并，其实未必不反，宜加诛戮。”结果联名上奏的崔季舒、张雕、刘逖、封孝琰、裴泽、郭遵等为首官员，“并斩之殿庭，长鸾令弃其尸于漳水”。崔季舒等人的家属“男女徙北边，妻女子妇配奚官，小男下蚕室，没入赀产”②。韩长鸾不仅对崔季舒等人是这样，对汉族其他士人官僚也同样如此。每当朝士在讨论朝廷大事时，士人“莫敢仰视，动致呵叱”，他甚至骂詈士人云：“狗汉大不可耐，唯须杀却。”③ 即使被齐后主高纬所亲近的汉人祖珽，在目盲以后，求任领军一职，高纬已经答应，要求侍中斛律孝卿署名上奏，然而斛律孝卿私下却告诉高元海不要举荐祖珽，高元海对侯吕芬、穆提婆说：“孝征汉儿，两眼又不见物，岂合作领军也。”在次日面奏高纬时，“具陈（祖）珽不合之状，并书珽与广宁王孝珩交结，无大臣体”④。在这次内讧之中，虽然祖珽取得胜利，但也由之可以看出鲜卑人对汉人的民族仇恨之深。再如善无人高阿那肱无才无德，却受到齐后主高纬的重用，把持朝政。武平四年，尚书郎中源师曾经与他商议天文现象，源师云：“龙见，当雩。”高阿那肱问源师说：“何处龙见？作何物

① 李百药 . 1972. 北齐书 . 卷 24. 杜弼传 . 北京：中华书局 . 353
② 李百药 . 1972. 北齐书 . 卷 39. 崔季舒传 . 北京：中华书局 . 513
③ 李百药 . 1972. 北齐书 . 卷 50. 恩幸・韩凤传 . 北京：中华书局 . 693
④ 李百药 . 1972. 北齐书 . 卷 39. 祖珽传 . 北京：中华书局 . 519

颜色？”源师云：“此是龙星见，须雩祭，非是真龙见。”高阿那肱轻蔑地说：“汉儿强知星宿！”史官称高阿那肱“其墙面如此”①。源师在出宫以后，感慨地说：“国家大事，在祀与戎。礼既废也，何能久乎？齐亡无日矣。”②从上述诸多事例可以看出，当时鲜卑化的汉人和鲜卑族一样对待汉人都是轻蔑的，这种现象到北齐后期更加严重。

因为北魏末年的大乱，黄河流域也成为多民族聚居的地区之一，民族关系更趋复杂，而北齐时期如何处理与周边地区其他民族的关系，就成为维护黄河流域稳定的关键。我们首先来看北齐的统治者是如何处理好与柔然的关系的。

我们知道，北魏迁都洛阳以后与柔然建立起了相对稳定的关系，加速了对北方地区草原文化的进一步融合，北魏衰落后，柔然与东魏和北齐王朝的关系逐步融洽。天平二年（535 年），柔然头兵可汗向东魏求婚，高欢以常山王元骘妹乐安公主改封为兰陵公主出塞嫁柔然，“魏收赋《出塞》及《公主远嫁诗》二首，（祖）珽皆和之，大为时人传咏”③。兴和三年（541 年）五月，高欢到北部边境巡视，“使使与蠕蠕通和”。为了与柔然融洽关系，在这一年，高欢为他年仅八岁的儿子高湛娉庵罗辰女“邻和公主”为妻，史称高湛“冠服端严，神情闲远，华戎叹异”④。通过联姻以稳定与柔然之间的关系。武定三年（545 年）十月，高欢因为幽州、安州、定州北境与奚、柔然接壤，在险要处设立城防以防备柔然。⑤高洋称帝后，天保元年（550 年）和二年，柔然两次遣使朝贡。天保三年二月，柔然首领阿那瓌被突厥打败，阿那瓌自杀，“其太子庵罗辰及瓌从弟登注俟利、登注子库提并拥众来奔”。柔然残余势力立登注次子铁伐为新的首领。天保四年二月，为了处理好与柔然残余势力的关系，高洋“送蠕蠕铁伐父登注及子库提还北”。然而，此时柔然势力更加弱小，来自其他少数民族的威胁日益严重，“铁伐寻为契丹所杀，国人复立登注为主，仍为其大人阿富提等所杀，国人复立库提为主”。柔然首领的频繁更换使其力量受到更大的损伤，这一年的十二月，“突厥复攻蠕蠕，蠕蠕举国来奔”。在这种情况下，高洋“北讨突厥，迎纳蠕蠕”，并趁机废掉库提首领，立阿那瓌的太子庵罗辰为柔然首领，“置之马邑川”。高洋随之追击突厥到朔方郡，突厥降伏。至天保五年三月，庵罗辰率领部落反叛，被高洋打败，庵罗辰父子北逃。四月，柔然又进攻肆州，高洋再次率

① 李百药 . 1972. 北齐书 . 卷 50. 恩幸 · 高阿那肱传 . 北京：中华书局 . 690
② 魏徵，令狐德棻 . 1971. 隋书 . 卷 66. 源师传 . 北京：中华书局 . 1553
③ 李延寿 . 1974. 北史 . 卷 47. 祖莹传附子珽传 . 北京：中华书局 . 1736
④ 李延寿 . 1974. 北史 . 卷 6. 齐本纪上 · 世祖武成帝纪 . 北京：中华书局 . 281
⑤ 李延寿 . 1974. 北史 . 卷 6. 齐本纪上 · 高祖神武帝纪 . 北京：中华书局 . 229

领大军讨伐。经过艰苦作战，“获庵罗辰妻子、生口三万余”。到了六月，柔然远遁。天保六年六月和七月，高洋又两次北讨柔然，消灭了柔然的有生力量。① 到了西魏恭帝二年（555 年），面临突厥强大压力的柔然，“遂率部千余家奔关中”。突厥则借兵强马壮并与西魏和好之机，“恐其遗类依凭大国，使驿相继，请尽杀以甘心”。宇文泰迫于突厥的压力，“遂收缚蠕蠕主已下三千余人付突厥使，于青门外斩之。中男以下免，并配王公家”②。

从柔然在北朝的发展及其衰落可以看出，柔然族因为长期游离于黄河文化的影响之外，虽然与黄河流域的北魏王朝有交往，但是，并没有真正融入黄河文化发展的主序列中来，无论是以政权框架为特色的政治发展，或者其所具有的社会经济发展，都没有根本性的转变，游牧经济仍然是柔然族的主流经济形态，因而就导致其在与草原地区新兴的民族突厥的较量中处于弱势，并最终在突厥和北齐的夹攻下而灭亡。

建明元年（530 年），活动在河西地区的少数民族首领费也头纥豆陵步藩攻入秀容，威逼晋阳，并打败尔朱兆的军队，兵势日盛，在此情况下，高欢与尔朱兆联合打败纥豆陵步藩。永熙二年（533 年），费也头虏纥豆陵伊利占据库泄河，凭险据守，高欢屡次派人劝降，纥豆陵伊利不从。永熙三年正月，高欢西伐纥豆陵伊利于黄河以西，“灭之，迁其部于河东”。但在黄河西仍有费也头部落的残余，天平三年三月，高欢率军突袭西魏夏州，擒获夏州刺史费也头斛拔俄弥突，加以任用，并“迁其部落五千户以归”。对于高欢对待少数民族的政策，史家评曰：“北怀蠕蠕，吐谷浑、阿至罗咸所招纳，获其力用，规略远矣。”③ 可以这样认为，高欢对待少数民族的怀柔政策，为他在北魏末年复杂民族关系环境下的发展壮大提供了有力的保障。

西魏北周时期黄河流域的草原文化与黄河文化的融合以及与东魏北齐时期的文化融合同时进行。北周的建立者宇文泰是汉化较深的鲜卑人，他在政权建设中意识到了北魏末年和北齐对待汉族的打压态度所造成的社会矛盾，注意平弥汉族士人的不满情绪，在政权中充分利用汉族士人，赢得了关中地区的社会稳定。

为了说明这一问题，我们选取几位宇文泰任用的较有代表性的汉族士人加以述评。苏绰为曹魏文帝时期侍中苏则的九世孙，其从兄苏让将他推荐给宇文泰，后来仆射周惠达在宇文泰面前称苏绰“有王佐之才”，因而受到宇文泰的重用，“参典机密”。苏绰为宇文泰“始制文案程式，朱出墨入，及

① 李延寿．1974．北史．卷 7．齐本纪中·显祖文宣帝纪．北京：中华书局．245～252

② 李延寿．1974．北史．卷 98．蠕蠕传．北京：中华书局．3267

③ 李延寿．1974．北史．卷 6．齐本纪上·高祖神武帝纪．北京：中华书局．232

计帐、户籍之法”。大统元年（535 年）三月，宇文泰制定“可以益国利民便时适治者”二十四条以及大统十年（544 年）七月的十二条新制，都经过当时任尚书的苏绰的加工。大统十一年三月，宇文泰为了实现“革易时政，务弘强国富民之道”的政治理想，苏绰又帮助宇文泰制定了六条诏书：“一曰清心，二曰敦教化，三曰尽地利，四曰擢贤良，五曰恤狱讼，六曰均赋役。”宇文泰甚至“令百司习诵之，其牧守令长非通六条及计帐者，不得居官”。苏绰还帮助宇文泰革新了文章的浮华现象，受到文人群体的效法。史书称苏绰在位期间，“博求贤俊，共弘治道，凡所荐达，皆至大官。太祖亦推心委任，而无间言”①。这样一个汉族士人受到重用说明了宇文泰有着较高的政治视野，这可能也是北周最终灭北齐的重要原因。其他的汉族士人如卢辩也受到宇文泰的重用，“自魏末离乱，孝武西迁，朝章礼度，湮坠咸尽。辩因时制宜，皆合轨度”。宇文泰准备依照《周官》进行官制改革，但主持其事的苏绰不久病死，宇文泰令卢辩继续研究改革的方略，“于是依《周礼》建六官，置公、卿、大夫、士，并撰次朝仪，车服器用，多依古礼，革汉、魏之法。事并施行”②。其时，士人崔猷也参与了《周官》的制定。由此可见，宇文泰所进行的改革是以中国传统的文化经典作为理论指导来进行的。

如果说西魏文帝在位时，宇文泰还有所顾忌的话，那么，在文帝死后，宇文泰在逐步控制政权以后，开始对政权进行进一步的汉化改革。在魏废帝三年（554 年）正月，宇文泰对官制和行政区划的设置进行了改革，“始作九命之典，以叙内外官爵。以第一品为九命，第九品为一命。改流外品为九秩，亦以九为上。又改置州郡及县”，特别是郡县的改革较大，“改州四十六，置州一，改郡一百六，改县二百二十”。行政区划的改革为户籍制度和赋税制度的进一步改革奠定了基础。而官制的改革则经历了长时期的酝酿，主要宗旨是依照周代礼制进行官僚体制的改革，宇文泰“汉魏官繁，思革前弊”，他命令苏绰、卢辩“依周制改创其事，寻亦置六卿官”，经过二人的努力，到魏恭帝三年正月，依照《周礼》所确定的“六官”制度正式形成。于是，宇文泰以“太祖为太师、大冢宰，柱国李弼为太傅、大司徒，赵贵为太保、大宗伯，独孤信为大司马，于谨为大司寇，侯莫陈崇为大司空”，并告知天下。到周武帝宇文邕即位后又再次“班太祖所述六官焉”。史臣评价宇文泰的官制改革曰：“摈落魏晋，宪章古昔，修六官之废典，成一代之鸿规。”③ 与此同时，宇文泰也仿照周官六军制度对北魏的兵制也进行了改革。

① 令狐德棻. 1971. 周书. 卷 23. 苏绰传. 北京：中华书局. 394
② 令狐德棻. 1971. 周书. 卷 24. 卢辩传. 北京：中华书局. 404
③ 令狐德棻. 1971. 周书. 卷 2. 文帝纪下. 北京：中华书局. 38

关于这一点学术界论述颇多，兹略而不论。

西魏北周时期，柔然作为北方草原地区强大的少数民族力量，在东西分裂的时刻，利用东西方的矛盾，左右逢源，所以，这一阶段民族关系较为复杂。兴和二年夏，宇文泰征召诸军驻扎沙苑以防备柔然。右仆射周惠达征发军队守长安，并召雍州刺史王罴商议，王罴对使者曰：“若茹茹至渭北者，王罴帅乡里自破之，不烦国家兵马。何为天子城中作如此惊动！由周家小儿恇怯致此。”① 而柔然军至夏州而退。武定三年（545 年），西魏与柔然兵头可汗联合准备讨伐东魏，高欢对此事非常忧虑，并且派遣郎中杜弼出使柔然，为自己的儿子高澄向兵头求婚，兵头则要求高欢娶柔然公主。这时，高欢的妻子娄昭君为了国家的安危则劝说高欢娶柔然公主，其子高澄等人也劝说高欢娶之，“及蠕蠕公主至，后避正室处之，神武愧而拜谢焉”②。头兵可汗对于高欢的举动并不放心，“使其弟秃突佳来送女，且报聘”，并且告诫曰：“待见外孙乃归。”柔然公主与高欢结婚后，“终身不肯华言”③。通过西魏北周和东魏北齐与柔然争相通婚的历史现象，我们可以看出在当时复杂的历史环境下，是否赢得柔然的归附就成为能否最终胜利的重要因素。虽然说在此次与柔然婚聘过程中，高欢暂时占取上风，但是，因为北齐后来的以其后主为首的统治者荒淫暴虐葬送了北齐王朝，但是通过婚姻来促进民族融合在这一时期还是占据民族融合的主流。

第二节　北齐北周时期

黄河流域长期以来作为黄河文化的主要地区，在其发展过程中融合来自北方地区的草原文化已经成为其蓬勃发展的强大生命力来源。自北魏以来，北方少数民族对黄河文化采取了全方位吸收的态势，形成了黄河文化发展的多渠道现象。为了论述的方便起见，我们这里主要从多方面对北齐和北周时期黄河文化与草原文化的融合做一论述。

作为黄河流域长期存在的儒家文化，对于北齐和北周社会也产生了深刻的影响。其社会上层对儒家经典多有涉及。前文我们所说的宇文泰所进行的一系列改革所效法的就是传统的儒家经典《周礼》，他“崇尚儒术”，使儒学之士受到重用。周明帝宇文毓也有很高的儒学修养，“及即位，集公卿已

① 令狐德棻. 1971. 周书. 卷 18. 王罴传. 北京：中华书局. 292

② 李延寿. 1974. 北史. 卷 14. 后妃下·齐武明皇后娄氏传. 北京：中华书局. 516

③ 司马光. 1956. 资治通鉴. 卷 159. 梁纪十五·高祖武皇帝. 北京：中华书局. 4929

下有文学者八十余人于麟趾殿，刊校经史。又捃采众书，自羲、农以来，讫于魏末，叙为《世谱》，凡五百卷云”①。整理传统经典著作，便利了以儒家文化为内涵的黄河文化的传播。天和元年（566 年）五月，周武帝宇文邕在正武殿“集群臣亲讲《礼记》”。天和三年八月，周武帝又在大德殿“集百僚及沙门、道士等亲讲《礼记》”。对僧人和道士讲解儒家著作，说明周武帝有融合百家的想法。

北周的宗室对于儒家经典的研习者也颇多。宇文泰第二子宋献公宇文震，在十岁时就开始“诵《孝经》、《论语》、《毛诗》。后与世宗（宇文毓）俱受《礼记》、《尚书》于卢诞”②。宇文泰第五子齐炀王宇文宪，“少与高祖（宇文邕）俱受《诗》、《传》，咸综机要，得其指归”。他的儿子宇文贵在幼年时刚读《孝经》，便对人说：“读此一经，足为立身之本。”③ 这足以反映儒家经典对北周宗室影响的深刻。为了提高宗室子弟的儒学修养，宇文泰还聘请儒学修养颇深的士人教授子弟。《周书》卷四十五《儒林传・樊深传》记载：

> 太祖置学东馆，教诸将子弟，以（樊）深为博士。深经学通赡，每解书，尝多引汉、魏以来诸家义而说之。故后生听其言者，不能晓悟。皆背而讥之曰：“樊生讲书多门户，不可解。”然儒者推其博物。

宇文泰设置学东馆专门教授子弟儒家经典，虽然说樊深的教学方法不得要领而引起诸子弟的讥笑，但在儒士群体中还是有很高的威望的。同卷《乐逊传》也记载，“魏废帝二年，太祖召逊教授诸子。在馆六年，与诸儒分授经业。逊讲《孝经》、《论语》、《毛诗》及服虔所注《春秋左氏传》。魏恭帝二年，授太学助教”。宇文泰聘请多人对子弟进行儒学教育，表明他已经认识到儒学在鲜卑族人心目中具有崇高的地位。至于说其他鲜卑族的后裔在这时所显现出来的儒学修养更是不亚于汉族士人。大统年间，魏文帝与宇文泰等群臣宴饮，魏文帝曾经说：“《孝经》一卷，人行之本，诸公宜各引要言。”长孙澄应声答道：“夙夜匪懈，以事一人。”此句出自《孝经・卿大夫章第四》，意即作为卿大夫要敬事其君，因为深合宇文泰之意，宇文泰“深叹（长孙）澄之合机”④。斛斯徵“五岁诵《孝经》、《周易》，识者异之。及长，博涉群书，尤精《三礼》，兼解音律”。正因为他对儒家经典的熟稔，所以在西魏迁到长安以后，重建雅乐，“自魏孝武西迁，雅乐废缺，征博采遗逸，稽诸典故，创新改旧，方始备焉”。在周宣帝为鲁公时，“与诸皇子等

① 令狐德棻. 1971. 周书. 卷 4. 明帝纪. 北京：中华书局. 60
② 令狐德棻. 1971. 周书. 卷 13. 文闵明武宣诸子・宋献公震传. 北京：中华书局. 201
③ 令狐德棻. 1971. 周书. 卷 12. 齐炀王宪传. 北京：中华书局. 196
④ 令狐德棻. 1971. 周书. 卷 26. 长孙绍远传附弟澄传. 北京：中华书局. 431

咸服青衿，行束脩之礼，受业于（斛斯）徵，仍并呼徵为夫子”①。斛斯徵作为鲜卑族的后人，能够勤于学习儒家经典，并达到较高的水平，足以证明以儒学为核心的黄河文化对来自草原地区的少数民族影响之深刻。周武帝时期，甚为重视儒学教育，保定末年，沈重从后梁到长安，“诏令讨论《五经》，并校定钟律”。天和年间，周武帝又令他在紫极殿讲三教教义，“朝士、儒生、桑门、道士至者二千余人。重辞义优洽，枢机明辩，凡所解释，咸为诸儒所推”②。作为儒学出身的沈重能够学兼儒道佛的理论，正迎合了周武帝融合百家的想法。从北周社会上层到一般的官员对于传统儒家经典的认同程度表明北周统治者作为汉化的鲜卑人，其儒学修养已经具有很高的程度。这也进一步说明以儒家文化为代表的黄河文化在当时所具有的强势影响力。

传统儒家经典也引起北齐社会上层的高度重视。北齐的创立者高欢虽然是鲜卑化的汉人，但是其后代喜好儒家经典的也大有人在。高洋令国子博士李宝鼎、邢峙教授儿子高殷，并为其讲解儒家经典，高殷因此“贯综经业，省览时政，甚有美名”。天保七年（556年）冬天，高洋“召朝臣文学者及礼学官于宫宴会，令以经义相质，亲自临听”。当时身为太子的高殷“手笔措问，在坐莫不叹美”。天保九年，文宣帝高洋滞留晋阳时，高殷监国，“集诸儒讲《孝经》”③。中山北平人张雕因“遍通《五经》，尤明《三传》”，在北魏末年被高欢召入府中，“高祖令与诸子讲读”。齐废帝时张雕任国子博士，武成帝初年，“琅邪王俨求博士精儒学，有司以（张）雕应选，时号得人”。武成帝的侍讲马敬德死后，张雕入宫为武成帝“授经书”。武成帝非常重视张雕，“以为侍读，与张景仁并被尊礼，同入华光殿，共读《春秋》”④。张雕从高欢到武成帝初年先后以儒学经典教授北齐皇子和皇帝，赢得了很高的尊敬，并进入北齐政坛。齐后主在武平年间还为太子挑选讲述《孝经》之人。《北齐书》卷四十四《儒林·马敬德传附子元熙传》云：

> 武平中，皇太子将讲《孝经》，有司请择师友，帝曰：“马元熙朕师之子，文学不恶，可令教儿。”于是以《孝经》入授皇太子，儒者荣其世载。

齐后主为自己的儿子挑选讲述儒家经典的儒生，说明儒家经典在他心目中的地位。河间王高孝琬之子高正礼，“能诵《左氏春秋》”。赵郡王高琛之子高睿因父早丧，被其伯父高欢抚养，“睿初读《孝经》，至‘资于事父’，

① 令狐德棻．1971．周书．卷26．斛斯徵传．北京：中华书局．432
② 令狐德棻．1971．周书．卷45．儒林·沈重传．北京：中华书局．810
③ 李延寿．1974．北史．卷7．齐本纪中．北京：中华书局．263
④ 李百药．1972．北齐书．卷44．儒林·张雕传．北京：中华书局．594

辄流涕歔欷”①。太安狄那人王纮“为小部酋帅”。王纮十三岁时，见扬州刺史太原郭元贞，郭元贞问他：“汝读何书？”王纮答曰：“诵《孝经》。”郭元贞问：“《孝经》云何？”王纮曰：“在上不骄，为下不乱。”郭元贞问：“吾作刺史，岂其骄乎？”王纮曰：“公虽不骄，君子防未萌，亦愿留意。”受到郭元贞的称赞。② 一个来自北方草原民族的童子，对传统儒家经典有如此深刻的理解，足见黄河文化的深远影响。虽然说从高欢开始北齐的统治上层对黄河文化采取敌视的态度，但是，因为黄河文化强大的生命力，也使鲜卑化的汉人对黄河文化积极吸纳。

再者，北周北齐的统治者在黄河文化的影响下，也采取多种措施传播黄河文化，其中太学的兴办就具有典型的意义。在经历了北魏末年黄河流域的战乱之后，太学的恢复与发展就不仅具有黄河文化恢复的标志性意义，而且具有促进黄河文化进一步扩大影响的意义。

我们首先来看北周的太学教育。北周的太学教育延续了北魏的传统，太学受到统治者的高度重视。在北魏颇有影响的人物多出自太学。如令狐休“起家太学生”，再如李昶在北魏末年就以《明堂赋》扬名洛京，拜见宇文泰后，“太祖深奇之，厚加资给，令入太学。太祖每见学生，必问才行于昶。昶神情清悟，应对明辨，太祖每称叹之”③。北周建立后太学教育仍然受到北周统治者的重视。保定三年（563 年）四月，周武帝宇文邕至太学考察，并“以太傅、燕国公于谨为三老而问道焉”。周武帝还举行了规模盛大的仪式，“帝于是服衮冕，乘碧辂，陈文物，备礼容，清跸而临太学。袒割以食之，奉觞以酳之。斯固一世之盛事也”④。恢复太学对于黄河文化的进一步恢复与

① 李百药．1972．北齐书．卷 13．赵郡王琛传附子睿传．北京：中华书局．170

② 李百药．1972．北齐书．卷 25．王纮传．北京：中华书局．365

③ 令狐德棻．1971．周书．卷 38．李昶传．北京：中华书局．686

④ 关于周武帝拜于谨为三老的具体过程，《周书》卷十五《于谨传》云：“三年四月，诏曰：‘树以元首，主乎教化，率民孝悌，置之仁寿。是以古先明后，咸若斯典，立三老五更，躬自袒割。朕以眇身，处兹南面，何敢遗此黄发，不加尊敬。太傅、燕国公谨，执德淳固，为国元老，馈以乞言，朝野所属。可为三老，有司具礼，择日以闻。’谨上表固辞，诏答不许。又赐延年杖。高祖幸太学以食之。三老入门，皇帝迎拜门屏之间，三老答拜。有司设三老席于中楹，南向。太师、晋国公护升阶，设几于席。三老升席，南面凭几而坐，以师道自居。大司寇、楚国公宁升阶，正舄。皇帝升阶，立于斧扆之前，西面。有司进馔，皇帝跪设酱豆，亲自袒割。三老食讫，皇帝又亲跪授爵以酳。有司撤讫。皇帝北面立而访道。三老乃起立于席后。皇帝曰：‘猥当天下重任，自惟不才，不知政治之要，公其诲之。’三老答曰：‘木受绳则正，后从谏则圣。自古明王圣主，皆虚心纳谏，以知得失，天下乃安。唯陛下念之。’又曰：‘为国之本，在乎忠信。是以古人云去食去兵，信不可失。国家兴废，莫不由之。愿陛下守而勿失。”又曰：“治国之道，必须有法。法者，国之纲纪。纲纪不可不正，所正在于赏罚。若有功必赏，有罪必罚，则有善者日益，为恶者日止。若有功不赏，有罪不罚，则天下善恶不分，下民无所措其手足矣。’又曰：‘言行者立身之基，言出行随，诚宜相顾。愿陛下三思而言，九虑而行。若不思不虑，必有过失。天子之过，事无大小，如日月之蚀，莫不知者。愿陛下慎之。’三老言毕，皇帝再拜受之，三老答拜焉。礼成而出。”

发展提供了平台，使黄河文化能够在战乱之后迅速复兴。北周灭北齐后，周武帝对学校建设更加重视，“衣儒者之服，挟先王之道，开黉舍延学徒者比肩；励从师之志，守专门之业，辞亲戚甘勤苦者成市”①。由此可见，正因为北周统治者的倡导，所以才出现了全社会对学校教育的重视。

在北周时期值得一书的是露门学的兴办，也表明了北周统治者加强对子弟进行儒学教育。露门学是一所专门针对贵族子弟而兴办的学校，其教学内容不以经学为限。露门学官有文学博士四人，露门学博士下大夫，露门学士若干人。天和元年（566 年）七月周武帝下诏：“诸胄子入学，但束脩于师，不劳释奠。释奠者，学成之祭，自今即为恒式。”这是周武帝即位后加强对贵胄教育的开始。天和二年七月，“立露门学，置生七十二人”②。似乎这一年是露门学设立之始，但是，《隋书》卷三十九《豆卢勣传》记载，慕容鲜卑后人豆卢勣在周明帝时期任左武伯中大夫，“自以经业未通，请解职游露门学。帝嘉之，敕以本官就学”。据此似乎在此前露门学已经设立。天和初年，临淄公唐瑾曾推荐乐运为露门学士。③ 梁武帝的侄子萧㧑投降北周后，当周武帝设置露门学时，以萧㧑与唐瑾、元伟、王褒等四人作为文学博士。④沈重在保定末年，从后梁归附北周，因有很高的儒学修养，天和六年，被授予露门博士，“仍于露门馆为皇太子讲论”⑤。后梁灭亡后，明克让归附长安的周明帝，并担任麟趾殿学士。周武帝即位后，“复征为露门学士，令与太史官属正定新历”⑥。陇西狄道人辛公义因父亲早死，其母亲“亲授书传”，天和年间作为太学生“以勤苦著称”。“武帝时，召入露门学，令受道义。每月集御前令与大儒讲论，数被嗟异，时辈慕之”⑦。后梁灭亡后，刘臻被宇文护“辟为中外府记室”，后来他曾任露门学士。⑧ 建德六年（577 年），北周灭北齐，北齐的国子博士熊安生入北周，任露门学博士，因而史家有周武帝“降至尊而劳万乘，待熊生以殊礼”的说法。周静帝大象二年（580 年）二月，周静帝到露门学，“行释奠之礼”⑨。五月，周宣帝病重，“诏（静）帝入宿于露门学”⑩。北周王朝中期开始兴办露门学，从其人员构成、设置以

① 令狐德棻．1971．周书．卷45．儒林传．北京：中华书局．806
② 令狐德棻．1971．周书．卷5．武帝纪上．北京：中华书局．74
③ 令狐德棻．1971．周书．卷40．颜之仪传附乐运传．北京：中华书局．721
④ 令狐德棻．1971．周书．卷42．萧㧑传．北京：中华书局．752
⑤ 令狐德棻．1971．周书．卷45．儒林·沈重传．北京：中华书局．810
⑥ 魏徵，令狐德棻．1971．隋书．卷58．明克让传．北京：中华书局．1415
⑦ 魏徵，令狐德棻．1971．隋书．卷73．循吏·辛公义传．北京：中华书局．1681
⑧ 魏徵，令狐德棻．1971．隋书．卷76．文学·刘臻传．北京：中华书局．1731
⑨ 令狐德棻．1971．周书．卷7．宣帝纪．北京：中华书局．122
⑩ 令狐德棻．1971．周书．卷8．静帝纪．北京：中华书局．131

及教师的来源可以看出，北周统治者对黄河流域的儒家文化是非常重视的，要求社会上层通过学习进一步掌握儒家文化。

北齐时期，对于儒学教育也非常重视。从高洋开始就在北齐境内大力发展学校教育，以扩大儒学在社会上的影响。天保元年（550 年）八月，高洋即位之初，“诏郡国修立黉序，广延髦俊，敦述儒风。其国子学生亦仰依旧铨补，服膺师说，研习《礼经》。往者文襄皇帝所运蔡邕石经五十二枚，即宜移置学馆，依次修立”①。高洋在刚刚夺取政权后，就下诏令各地兴办学校，并以儒家经典《礼经》作为教材，还将运往邺城的 52 块石经作为典范重新梳理。孝昭帝高演即位后，在皇建元年（550 年）八月，“诏国子寺可备立官属，依旧置生，讲习经典，岁时考试”，并再次强调将高欢从洛阳运到邺城的石经“施列于学馆”。他还要求“外州大学，亦仰典司，勤加督课”。因而史臣评价他“且敦学校之风”②。从高洋到高演的重视学校教育来看，其目的都是为了通过儒学教育，以扩大黄河文化的影响。

北周和北齐对于黄河流域行之已久的史学传统也都加以继承，通过史学修养的提高，借鉴历史、编纂历史在这一时期也蔚然成风。如北齐孝昭帝高演“笃志读《汉书》，至《李陵传》，恒壮其所为焉”③。武成帝河清年间，赵郡王高睿因在朝中“渐被疏忌，乃撰古之忠臣义士，号曰《要言》，以致其意”④。这是以史讽谏的典型事例。

最为值得称道的是，齐后主时开始编写大型的供皇帝阅览的政治史。武平三年（572 年）二月，齐后主设立文林馆，“敕撰《玄洲苑御览》，后改名《圣寿堂御览》”。八月，“《圣寿堂御览》成，敕付史阁。后改为《修文殿御览》”⑤。从齐后主下诏将《圣寿堂御览》存于史阁可以看出，《圣寿堂御览》是有关史书的文献。当时，参与撰写《圣寿堂御览》的有封孝琰、崔季通、崔季舒、阳休之、祖珽、魏澹等人。⑥《北齐书》卷四十五《文苑传》记载，武平三年，齐后主接受祖珽的建议，设立文林馆，征召天下文学士，“谓之待诏文林馆焉”。祖珽上奏齐后主撰写《御览》，齐后主下诏祖珽以及特进

① 李百药 . 1972. 北齐书 . 卷 4. 文宣纪 . 北京：中华书局 . 53

② 李延寿 . 1974. 北史 . 卷 7. 齐本纪中 . 北京：中华书局 . 273

③ 李延寿 . 1974. 北史 . 卷 7. 齐本纪中 . 北京：中华书局 . 266

④ 李百药 . 1972. 北齐书 . 卷 13. 赵郡王琛附子睿传 . 北京：中华书局 . 172

⑤ 李延寿 . 1974. 北史 . 卷 8. 齐本纪下・后主纪 . 北京：中华书局 . 293，294

⑥ 李延寿 . 1974. 北史 . 卷 24. 封懿传附孝琬弟孝琰传 . 北京：中华书局 . 896。卷 32. 崔鉴传附仲哲子叔瓒传 . 北京：中华书局 . 1161。卷 32. 崔挺传附振从子季舒传 . 北京：中华书局 . 1185。卷 47. 阳尼传附固子休之传 . 北京：中华书局 . 1726 ~ 1727。卷 56. 魏季景传附子澹传 . 北京：中华书局 . 2044

魏收、太子太师徐之才、中书令崔劼、散骑常侍张雕、中书监阳休之监撰。祖珽等人又"奏追通直散骑侍郎韦道逊、陆乂、太子舍人王劭、卫尉丞李孝基、殿中侍御史魏澹、中散大夫刘仲威、袁奭、国子博士朱才、奉车都尉眭道闲、考功郎中崔子枢、左外兵郎薛道衡、并省主客郎中卢思道、司空东阁祭酒崔德、太学博士诸葛汉、奉朝请郑公超、殿中侍御史郑子信等入馆撰书"。齐后主"并敕放、悫、之推等同入撰例。复令散骑常侍封孝琰、前乐陵太守郑元礼、卫尉少卿杜台卿、通直散骑常侍王训、前南兖州长史羊肃、通直散骑常侍马元熙、并省三公郎中刘珉、开府行参军李师上、温君悠入馆，亦令撰书。复命特进崔季舒、前仁州刺史刘逖、散骑常侍李孝贞、中书侍郎李德林续入待诏"。齐后主还不满足，又令入馆"诸人各举所知"，结果又有"前济州长史李翥、前广武太守魏骞、前西兖州司马萧溉、前幽州长史陆仁惠、郑州司马江旰、前通直散骑侍郎辛德源、陆开明、通直郎封孝骞、太尉掾张德冲、并省右民郎高行恭、司徒户曹参军古道子、前司空功曹参军刘颉、获嘉令崔德儒、给事中李元楷、晋州治中阳师孝、太尉中兵参军刘儒行、司空祭酒阳辟疆、司空士曹参军卢公顺、司徒中兵参军周子深、开府参军王友伯、崔君洽、魏师謇并入馆待诏，又敕右仆射段孝言亦入焉"。可见当时参与《御览》一书撰写的人数之多。但是因为举荐之人并非出于公心，导致"凡此诸人，亦有文学肤浅，附会亲识，妄相推荐者十三四焉"。不过从总的方面来看，"待诏文林，亦是一时盛事"。齐后主汇聚文人参与史书的撰写，对北齐史学的恢复与发展起了重要的作用。

在这一时期，官修史书也颇具规模，其中以魏收所撰写的《魏书》最为有名。齐文宣帝高洋天保二年，"诏撰魏史"，魏收向高洋表达了"臣愿得直笔东观，早成《魏书》"的心愿。所以，高洋"使收专其任"，并给予他魏尹的官职，"优以禄力，专在史阁，不知郡事"。又令平原王高隆之总监《魏书》的撰写。高洋还向魏收表明了撰写的原则："好直笔，我终不作魏太武诛史官。"魏收率领房延祐、辛元植、刁柔、裴昂之、高孝乾等人，"辨定名称，随条甄举，又搜采亡遗，缀续后事，备一代史籍"。到天保五年年末，最终完成了《魏书》的编纂。魏收在编纂史书过程中得罪了门阀大族，被称为"秽史"。齐孝昭帝即位后，又令魏收对《魏书》加以修改。"收奉诏，颇有改正"。不久，"诏行魏史"。武成帝即位后，因为群臣对《魏书》颇多攻击，"多言魏史不实"，武成帝下诏令魏收再次修改。因为当时门阀制度盛行，魏收无论如何修改也难以满足门阀大族的无穷愿望。① 所以，武平

① 李百药. 1972. 北齐书. 卷37. 魏收传. 北京：中华书局. 494

三年（572年）魏收死后，武平四年五月，齐后主“诏史官更撰《魏书》”，但是并没有修成。这是北齐时所修的唯一一部北魏的官修史书的过程。在北齐官方修史的影响下，私人撰写史书的也不少。其中有的宗室成员也参与到史书的撰写中来。鲜卑人的后代元晖业在北魏灭亡后，居住在晋阳，“乃撰魏藩王家世，号为《辩宗录》，四十卷，行于世”①。这是带有家谱性质的史书。

在黄河文化的影响下，鲜卑族的文学创作也迈上了一个新的台阶。武定四年（546年）九月，在与西魏交战过程中，高欢因病退军，而军中则流传着高欢中弩的说法，为了稳定众人的情绪，高欢勉强作欢颜会见朝中大臣，“使斛律金《敕勒歌》，神武自和之，哀感流涕”②。《乐府诗集》称：“其歌本鲜卑语，易为齐言，故其句长短不齐。”北周与北齐在洛阳交战，高澄的第四子兰陵王高长恭战胜周军，“武士共歌谣之，为《兰陵王入阵曲》是也”③。兰陵武王高孝瓘武平四年死后，其弟安德王高延宗经过其墓感慨万千，做《经墓兴感诗》，诗云：“夜台长自寂，泉门无复明。独有鱼山树，郁郁向西倾。睹物令人感，目极使魂惊。望碑遥堕泪，轼墓转伤情。轩丘终见毁，千秋空建名。”从此时所披露的高氏家族的后人也具有较高的文学修养来看，鲜卑化的影响应当仅仅局限在高欢早期。再者从北齐所流传下来的郊庙歌辞来分析，黄河文化对北齐文学创作的影响是非常明显的，可以说北齐虽然是鲜卑化的汉人所建立的封建王朝，但是，鲜卑族的草原文化最终还是被黄河文化所同化。这些郊庙歌辞有《大禘圜丘及北郊歌辞十三首》、《祀五帝於明堂乐歌十一首》、《享庙乐辞十八首》、《元会大飨歌十首》。此外其舞曲歌辞有《文武舞歌四首》等。这些“齐之郊庙诸歌，多（陆）卬所制”，而陆卬的儒学修养非常高，并且深受高欢的重视，官至吏部郎中。④

北周的诗歌创作也深受黄河文化的影响。周明帝宇文毓留存有三首诗歌，分别是《贻韦居士诗》、《过旧宫诗》和《和王褒咏摘花》，周宣帝宇文赟留存有“自知身命促，把烛夜行游”的诗句。赵王宇文招《从军行》，滕王宇文逌《至渭源诗》等。虽然我们可以看出宇文氏家族人所流传下来的诗歌水平难以与汉族士人的诗作相比，但其写实的风格显现出草原民族与黄河文化结合以后，既有大漠雄风的浑厚，又有黄河文化的细腻，确实是中国诗

① 李延寿. 1974. 北史. 卷17. 景穆十二王传上·济阴王小新成传附弼子晖业传. 北京：中华书局. 637

② 李延寿. 1974. 北史. 卷6. 齐本纪上·高祖神武帝纪. 北京：中华书局. 230

③ 李延寿. 1974. 北史. 卷52. 齐宗室诸王传下·兰陵王长恭传. 北京：中华书局. 1879

④ 李延寿. 1974. 北史. 卷28. 陆俟传附子彰子卬传. 北京：中华书局. 1018

风的重要转变。如宇文招《从军行》云："辽东烽火照甘泉，蓟北亭障接燕然。水冻菖蒲未生节，关寒榆荚不成钱。"宇文逌《至渭源诗》云："源渭奔禹穴，轻澜起客亭。浅浅满涧响，荡荡竟川鸣。潘生称运石，冯子听波声。斜去临天半，横来对始平。合流应不杂，方知性本清。"这些诗歌既有建安风骨，又有此后唐诗的风韵。而且当时宇文氏家族还与汉族士人有诗歌上的往来，如庾信就有《和宇文内史春日游山诗》、《和宇文京兆游田诗》、《和宇文内史入重阳阁诗》等诗。可以说正是与汉族士人的交往使鲜卑族的后人宇文氏深受汉族诗风的濡染。

第三节　娱乐活动所显现出的两种文化的融合

《通典》卷一百四十二《乐二·历代沿革下》云："初，孝文皇帝因讨淮、汉，宣武定寿春，收其声伎。江左所传中原旧曲《明君》、《圣主》、《公莫》、《白鸠》之属，及江南吴歌、荆楚西声，总谓《清商》。至于殿庭飨宴兼奏之。其圆丘、方泽、上辛、地祇、五郊、四时拜庙、三元、冬至、社稷、马射、籍田乐人之数，各有差等。"这说明孝文帝迁都洛阳后，从音乐方面来看黄河文化已经成为融合各方文化的一种全新的文化。

然而，鲜卑民族对自身文化的喜爱，以及黄河流域草原文化因素的增多，这种多元文化的融合现象并没有持续多久，来自草原地区的"胡声"开始充斥黄河流域的各个角落。杜佑随之写道：

> 自宣武已后，始爱胡声，洎于迁都。屈茨，琵琶，五弦，箜篌，胡篁，胡鼓，铜钹，打沙罗，胡舞铿锵镗铬，洪心骇耳，抚筝新靡绝丽，歌响全似吟哭，听之者无不凄怆。琵琶及当路琴瑟殆绝音。皆初声颇复闲缓，度曲转急躁。按此音所由，源出西域诸天诸佛韵调，娄罗胡语，直置难解，况复被之土木？是以感其声者，莫不奢淫躁竞，举止轻飙，或踊或跃，乍动乍息，脚弹指，撼头弄目，情发于中，不能自止。论乐岂须钟鼓，但问风化浅深，虽此胡声，足败华俗。非唯人情感动，衣服亦随之以变，长衫戆帽，阔带小鞾，自号惊紧，争入时代；妇女衣髻，亦尚危侧，不重从容，俱笑宽缓。盖惊危者，势不久安，此兆先见，何以能立！形貌如此，心亦随之。亡国之音，亦由浮竞，岂唯哀细，独表衰微。操弦执籥，虽出瞽史；易俗移风，实在时政。

我们在这里不厌其烦地长篇大段引用《通典》的内容，是因为通过杜佑的精彩概述我们可以看出当时北方草原地区的少数民族文化对黄河文化的深深浸润。从舞曲、歌词、音乐、舞姿乃至服饰，无不折射出草原文化的强大影响力。虽然有的汉族士人因不习惯对这种风习的盛行而大加抨击，但作为一种文化现象，其在北魏末年已经成为社会的潮流。

从音乐方面也可以看出北周和北齐的音乐融合了黄河流域各民族的音乐。北齐的郊庙音乐多效法自汉代以来的郊庙音乐。皇建元年八月，北齐孝昭帝高演即位，九月，他就下诏议定三祖乐，十一月，“有司奏太祖献武皇帝庙宜奏《武德之乐》，舞《昭烈之舞》；世宗文襄皇帝庙宜奏《文德之乐》，舞《宣政之舞》；高祖文宣皇帝庙宜奏《文正之乐》，舞《光大之舞》”，得到允准实行。[①] 究其实，这些音乐是借鉴春秋战国以至两汉时期所实行的郊庙乐曲。《北史》卷八十二《儒林下·何妥传》云：

> 汉祖之初，叔孙通因秦乐人，制宗庙之乐。迎神于庙门，奏《嘉至之乐》，犹古降神之乐也；皇帝入庙门，奏《永至之乐》，以为行步之节，犹古《采荠肆夏》也；乾豆上荐，奏《登歌之乐》，犹古清庙之歌也；登歌再终，奏《休成之乐》，美神飨也；皇帝就东厢坐定，奏《永安之乐》，美礼成也；其《休成》、《永至》二曲，叔孙通所制也。汉高祖庙，奏《武德》、《文始》、《五行之舞》。当春秋时，陈公子完奔齐，陈是舜后，故齐有《韶》乐。孔子在齐闻韶，三月不知肉味是也。秦始皇灭齐，《韶》乐传于秦。汉高祖灭秦，《韶》乐传于汉。汉高祖改名《文始》，以示不相袭也。《五行舞》者，本周《大武》乐也，始皇改曰《五行》。及于孝文，复作《四时之舞》，以示天下安和，四时顺也。孝景采《武德舞》以为《昭德》。孝宣又采《昭德》以为《盛德》。虽变其名，大抵皆因秦旧事。至于魏、晋，皆用古乐。魏之三祖，并制乐辞。自永嘉播越，五都倾荡，乐声南度，以是大备江东。宋、齐已来，至于梁代，所行乐事，犹皆传古。三雍四始，实称大盛。及侯景篡逆，乐师分散，其四舞三调，悉度伪齐。齐氏虽知传受，得曲而不用之于宗庙朝廷也。

由此可见，北齐的郊庙音乐仍然是继承了黄河流域历代王朝的郊庙音乐而来的。

而在北齐的礼乐流传过程中，其杂糅黄河流域的礼乐而形成了固有的特色。作为鲜卑族利益的代表，高欢对黄河流域的文化有着一种文化上的隔

---

① 李延寿. 1974. 北史. 卷7. 齐本纪中·孝昭帝纪. 北京：中华书局. 270

膜，他曾对杜弼说："江东复有一吴儿老翁萧衍者，专事衣冠礼乐，中原士大夫望之以为正朔所在。"[①] 黄河文化的南传使中原地区的士大夫怀有一种对固有文化的向往，高欢这种担心也不是没有道理的，因为北魏末年的战乱使融合了草原文化的黄河文化受到很大的破坏，中原地区的士大夫对黄河文化的向往也就在情理之中。因此之故北齐的统治者对于新的礼乐制度的制定就非常用心。高洋禅代以后，在当年就命大臣崔昂与太子少师邢邵"议定国初礼"。随即又"损益礼乐"[②]。然而，少数民族的一些习惯也引起了汉族士人的反感。如高洋死后，高阳王高湜作为司徒，"导引梓宫，吹笛"，"又击胡鼓为乐"，结果，"太后杖湜百余，未几薨"[③]。可见对此种不符合黄河文化传统礼仪的行为处理之严格。

当时，北方鲜卑族的乐舞也在社会上流传，如魏收"好声乐，善胡舞"[④]。武成帝即位后，祖珽为中书侍郎，"帝于后园使珽弹琵琶，和士开胡舞，各赏物百段"。和士开也是因"又能弹胡琵琶，因致亲宠"[⑤]。武成帝所喜爱的琵琶和胡舞均来自少数民族，此两种娱乐方式引起北齐社会上层的喜爱，也说明北齐社会胡风的盛行。而祖珽善弹琵琶在当时是很有名的，"又自解弹琵琶，能为新曲，招城市年少，歌舞为娱，游集诸倡家，与陈元康、穆子容、任胄、元士亮等为声色之游"[⑥]。关于琵琶在北齐的流传，从北齐举国上下弹琵琶的盛行还可以看出这一少数民族的乐器对当时人们生活的影响。高澄"尝令章永兴马上弹琵琶，奏十余曲，试使（尔朱）文略写之，遂得八"。尔朱文略"弹琵琶，吹横笛，谣咏倦极，便卧唱挽歌"，显现出鲜卑族的风貌。[⑦] 还有齐后主弹琵琶的典故，齐后主"盛为无愁之曲，帝自弹胡琵琶而唱之，侍和之者以百数，人间谓之无愁天子"[⑧]。因为齐后主喜爱琵琶，其妃子冯小怜投其所好，"慧黠能弹琵琶，工歌舞"。乐人曹僧奴与其子曹妙达"以能弹胡琵琶，甚被宠遇，俱开府封王"[⑨]。曹僧奴又将两个女儿送给齐后主，大女儿因为忤旨，被剥去面皮，小女儿因善弹琵琶，被封为昭仪。[⑩] 琵琶作为传自少数民族的乐器在黄河流域的广泛流播和接受，表明

① 李百药 . 1972. 北齐书 . 卷 24. 杜弼传 . 北京：中华书局 . 347
② 李百药 . 1972. 北齐书 . 卷 30. 崔昂传 . 北京：中华书局 . 411
③ 李百药 . 1972. 北齐书 . 卷 10. 高阳王湜传 . 北京：中华书局 . 138
④ 李百药 . 1972. 北齐书 . 卷 37. 魏收传 . 北京：中华书局 . 495
⑤ 李延寿 . 1974. 北史 . 卷 92. 恩幸传 · 和士开传 . 北京：中华书局 . 3043
⑥ 李延寿 . 1974. 北史 . 卷 47. 祖莹传附子珽传 . 北京：中华书局 . 1736
⑦ 李延寿 . 1974. 北史 . 卷 48. 尔朱荣传附子文略传 . 北京：中华书局 . 1764
⑧ 李延寿 . 1974. 北史 . 卷 8. 后主纪 . 北京：中华书局 . 300
⑨ 李延寿 . 1974. 北史 . 卷 92. 恩幸传 · 齐诸宦者传附胡小儿传 . 北京：中华书局 . 3055
⑩ 李延寿 . 1974. 北史 . 卷 14. 后妃传下 . 北京：中华书局 . 526

两种音乐文化融合的多维性，而在北齐特殊的历史境况之下，琵琶这种乐器又承载了多种文化内涵。

然而，少数民族的音乐往往引起汉族士大夫的反感。卢道虔有很高的儒学修养，其“奴在马上弹琵琶，道虔闻之，杖奴一百”[①]。正因为齐后主在末年喜爱琵琶等乐器导致国家的覆亡，所以，在北周灭北齐以后，周武帝在云阳宴请北齐的君臣时，“自弹胡琵琶，命（高）孝珩吹笛”。高孝珩推辞曰：“亡国之音，不足听也。”周武帝强要他吹奏，“举笛裁至口，泪下呜咽，武帝乃止”[②]。可见乐器因为特殊的历史环境也被赋予了深刻的文化含义。

至于说来自周边地区其他少数民族的乐器在这一时期流传于黄河流域也频频见诸史书的记载。《隋书》卷八十一《东夷·百济传》云：“有鼓角、箜篌、筝、竽、箎、笛之乐。”同书卷八十三《西域·康国传》云：“有大小鼓、琵琶、五弦、箜篌、笛。”这些乐器多是由草原民族传到黄河流域的周边地区，而黄河流域也有这些乐器流传的迹象。故而有“其曲项琵琶、竖箜篌之徒，并出自西域，非华夏旧器”的说法。不仅如此，这些来自边域地区的曲调与黄河流域长久流传的华夏故曲也有不同，“杨泽新声、神白马之类，生于故歌，非汉魏遗曲。故其乐声调，悉与书史不同。其歌曲有《永代乐》，解曲有《万代丰曲》，有《于寘佛曲》”。演奏人员所穿的服饰也多来自原有边地的特色，“工人平上帻绯褶，白舞一人，方舞四人。白舞令阙，方舞四人，假髻，玉支钗，紫丝布褶，白大口袴，五彩接袖，乌皮靴”[③]。

特别是箜篌为许多人所喜爱。为了说明这一问题，我们略举两例加以说明。河阴之变时，高阳王元雍被尔朱荣杀死，其家中所养的歌舞女艺人或出家，或嫁于他人为妾。元雍有一个叫徐月华的美人善于弹箜篌，“能为《明妃出塞》之曲歌，闻者莫不动容”。永安年间，嫁给卫将军原士康为侧室。她的住宅接近青阳门，“徐鼓箜篌而歌，哀声入云，行路听者，俄而成市”[④]。足见其曲艺之高超。《北齐书》卷二十二《卢文伟传附孙询祖传》记载，卢宗道任南营州刺史，“尝于晋阳置酒，宾游满坐。中书舍人马士达目其弹箜篌女妓云：‘手甚纤素。’宗道即以此婢遗士达，士达固辞，宗道便命家人将解其腕，士达不得已而受之”。在晋阳官宦人家中有专门弹箜篌的女妓，说

① 李延寿．1974．北史．卷30．卢玄传附道将弟道虔传．北京：中华书局．1078

② 李延寿．1974．北史．卷52．齐宗室诸王传下·文襄诸子传·广宁王孝珩传．北京：中华书局．1878

③ 李昉．1960．太平御览．卷569．乐部七·优倡．北京：中华书局．2571

④ 杨衒之．1963．洛阳伽蓝记．卷3．城南．北京：中华书局．139

明箜篌在当时可能流行，并成为黄河流域民众喜爱的乐曲。

周边地区的一些娱乐活动方式在这一时期纷纷流传至内地。“百戏”已经具备边陲特色的风格，并且经过北魏时期的发展日趋成熟。“后魏道武帝天兴六年冬，诏太乐总章鼓吹，增修杂戏，造五兵角抵、麒麟、凤凰、仙人、长蛇、白象武及诸畏兽、鱼龙、辟邪、鹿马、仙车，高絙百尺长，趫幢跳丸，以备百戏。大飨，设之于殿前。明元帝初，又增修之，撰合大曲，更为锺鼓之节。北齐神武平中山，有鱼龙烂漫、俳优、侏儒、山车、巨象、拔井、种瓜、杀马、剥驴等奇怪异端，百有余物，名为百戏”①。这些来自异域的娱乐方式，到隋朝初年曾被废止。到隋炀帝大业二年（606 年），又从突厥传入新的百戏，并在洛阳举行了盛大的演出。

周边少数民族地区乐舞的传入，对黄河流域接受新鲜的异域文化、丰富自身的内涵起了促进作用。学术界长期以来都认为隋唐时期是中华文化大放异彩的历史时期，而这一时期的奠基则植根于北朝时期，北朝各个朝代的对外开放风气和容纳各方文化的胸怀，开启了隋唐开放风气的先河，也使黄河流域的社会文化内涵更加丰富。

① 李昉．1960．太平御览．卷 569．乐部七·优倡．北京：中华书局．2571

余论

秦汉魏晋南北朝时期黄河文化与草原文化的发展此消彼长，两种文化的交融曲折渐进。分析两种文化交融的历史，有助于我们完整地了解黄河文化发展壮大的必然性，以及对东亚地区的文化影响力。

从秦代开始，历经两汉和魏晋，在黄河流域活动和建立王朝的一直是汉族，主要的政权更替是在汉族中间进行。因而在这一历史时期，黄河文化的主体以汉族为主要创造者，黄河文化的内核也就是汉文化。十六国北朝时期，虽然不同的少数民族建立了一系列的政权，但这些民族的最后归宿都是被黄河流域的汉族所同化，诚如马克思所说："野蛮的征服者，按照一条永恒的历史规律，本身被他们所征服的臣民的较高文明所征服。"① 恩格斯也说："由比较野蛮的民族进行的每一次征服，不言而喻，都阻碍了经济的发展，摧毁了大批的生产力。但是在长期的征服中，比较野蛮的征服者，在绝大多数情况下，都不得不适应由于征服而面临的比较高的'经济情况'；他们为被征服者所同化，而且多半甚至不得不采用被征服者的语言。"② 这些经典理论可谓对十六国北朝时期黄河文化最终融合草原文化的历史性概括。十六国北朝时期活动在黄河流域的少数民族最终融入了黄河流域的主体民族汉族中间，从而丧失了原来民族的个性。这也是我们在隋唐以后很少看到十六国北朝时期少数民族及其名称的重要原因，很明显是以汉文化为主体的黄河文化最终融合了以少数民族为主体的草原文化，先进文化在历史上的影响力就是如此巨大。

虽然秦汉魏晋南北朝时期黄河流域的封建政权更迭变化，但黄河文化的内涵没有变化，主体执政者的更替没有影响到农耕文明的发展进程，黄河文化仍然持续着农耕文化的经济特色。这也是黄河文化在发展中所形成的文化特色。而在草原地区所出现的草原文化则不同，随着社会的发展，草原文化的主体民族也在变化。从战国秦汉时期的匈奴族为主宰，到东汉中后期鲜卑

---

① 马克思．1995．不列颠在印度统治的未来结果．载：马克思恩格斯选集．卷1．北京：人民出版社．768

② 恩格斯．1995．反杜林论．载：马克思恩格斯选集．卷3．北京：人民出版社．526～527

族、乌桓族开始出现，原有的草原文化主体民族被新的民族所取代，到十六国时期草原文化的主体民族深入到了黄河流域的腹地，并且形成了匈奴、鲜卑、羯、氐、羌多民族共同建立政权的局面，这似乎昭示着草原文化的兴盛，但是，因为这些少数民族（鲜卑族除外）生产力的发展是建立在游牧经济之上，没有适应黄河流域农耕文明的经济基础，其所建立的政权因此都是短命的。唯有鲜卑族在进入黄河流域以后，以一系列的改革完成了本民族由游牧民族向农耕民族的转变，才最终稳固了政权，成为黄河流域的主体民族之一，并融入汉族之中，实现了本民族质的飞跃，从而再次证明了马克思主义经典作家民族理论的普适性。

综观秦汉魏晋南北朝黄河文化与草原文化交流、融合的历史进程我们可以看出，作为中国北方地区两大主流文化，黄河文化与草原文化在各自的发展过程中形成了不同的特色。以草原文化为内核的中国古代北方民族，在与恶劣的自然环境抗争中，形成了坚忍不拔、积极进取的民族精神，创造了丰富多彩的草原文化。以农耕生活方式为主的黄河流域的汉民族，在长期的社会发展中，形成了安土重迁的生存方式，以宽厚、持重的民族个性，张扬了以汉文化为特色的黄河文化。农业经济的发展，优裕的生活环境，无论在民族精神的升华，抑或物质创造的重大发明上，都谱写了令后世感到骄傲的辉煌文化。

假如代表草原文化的少数民族在其活动的地域继续发展，可能会永远无法感受到黄河文化的不同特色，也无法对黄河文化进一步吸收和融合。正是因为民族发展的必然性和草原地区的特殊环境，使活动在草原地区的少数民族通过不同的方式，或使节往来，或军事进攻等，不仅看到了黄河文化的恢弘壮观，而且感受到了黄河文化的进步。黄河文化在发展过程中如果仅仅局限在黄河流域，显然也无法扩大民族的视野，更无法吸收草原文化的优长之处来丰富自己的文化内涵。显然由于发展的需要和历史的必然，在秦汉魏晋南北朝特定的历史条件下，黄河文化与草原文化得到了积极的交流与融合，为两种文化的再提升创造了条件。

回顾黄河流域的开发史可以发现，从先秦以来，黄河流域的开发表现为先平原地区然后再到山区，先近河流域然后再到远离河流的地区，先人口稠密的地区然后到人口稀少的地区，先华夏族聚居地然后到其他戎狄聚居地。这一历史发展进程经历了漫长而艰辛的过程。先秦时期中国社会的几次变革都是以黄河流域为中心进行的，也再次证明了黄河文化的进步性。秦朝统一结束了长达数个世纪诸侯林立的局面，黄河文化在大一统封建政权之下进入了新的时代。

秦汉魏晋南北朝既是黄河文化自身完善的过程，也是黄河文化融合周边地区特别是以草原文化为核心的少数民族文化的过程。秦王朝作为第一个大一统的封建王朝，在与以草原文化为代表的匈奴族的交往过程中，以文化的强势对匈奴族展开了军事上的压服，开启了长达数个世纪的抵抗匈奴的战争，在这一过程中也培养了黄河流域民众的民族气节，这就是面对强敌毫不畏惧，齐心协力共同抵御外患的英勇不屈精神。

两汉时期黄河文化与草原文化交融的方式因社会背景不同而有所差异。西汉时期是以匈奴族为代表的草原文化与以汉族为代表的黄河文化激烈较量的历史时期。黄河文化由西汉初年处于弱势的状态，历经汉文帝、汉景帝时期的力量积蓄，终于在汉武帝时期实现了对匈奴族的反击，这一阶段两种文化的交往虽然形式多样，但其激烈程度是此后任何一个时期都无法比拟的，其交往的频繁也创下历史的新高，并最终以汉武帝时期对匈奴的三次征伐实现了北部边境的暂时安定。东汉建都洛阳后，因国力稍弱，黄河文化在与草原文化的交融过程中，显示出更多的灵活性，即根据黄河流域社会文化的整体实力来确定与草原文化的交往程度与深度。东汉初年鉴于国力稍弱，以刘秀为代表的东汉政府对与少数民族交往并不热心，采取了内敛的态度，以防守为主。汉和帝以后，固然因为朝廷内部外戚与宦官交替控制中央政权，内讧加剧，在对外交往中往往处于守势，但以班超为首的使节频繁出使西域，却将黄河文化传播到了遥远的西域，使两汉以来黄河文化对西部草原文化的影响达到了高潮。

魏晋南北朝时期黄河流域处于和平与战争交替的状态，北方草原地区的少数民族凭借其优势的生存方式，频繁地进入黄河流域，可以说是在战争的环境下与黄河流域的汉民族共同谱写了两种文化交流的历史。曹操在位时期以武力平定周边各地少数民族的不断进攻，为黄河文化的发展奠定了良好的基础，也为曹丕建魏以后两种文化之间的交融提供了种种便利。而曹魏时期灵活多变的民族政策又为两种文化的交流提供了相对宽松的政治环境，扩大了各自的发展空间，显示了黄河文化海纳百川的优秀品格。西晋时期北方地区民族关系非常复杂，晋武帝时期尚能维持原有的状态，两种文化之间的交流还比较融洽，但到晋惠帝时期因为朝廷内部的政治斗争升温，少数民族不断南下，导致两种文化之间的冲突加剧，也因此葬送了经过魏晋长期发展所形成的良好局面。十六国时期是北方民族关系最为复杂的历史时期，由于黄河流域长期陷于战争状态，导致了草原文化在这一时期的发展因不能融合黄河文化的长处而处于单一化的状态，难以进一步发展。北魏统一黄河流域后，以鲜卑族进入黄河流域并建立新政权为契机，通过一系列的改革，实现了民族发展史上的重大转移。正因为以鲜卑族为代表的草原民族，采取措施融合黄河文化与草原文化，奠定了社会飞跃的基础，这就为隋唐时期中国社会的繁荣与昌盛提供了原动力。

在长达八百余年的历史长河中，黄河文化与草原文化虽然说总体上走的是不同的发展道路，但在某些特定的历史条件下，两种文化之间的交流与融合无疑扩大了各自文化发展的空间，正是这种文化上的交融形成了两种文化的一些共同特点。

首先，黄河文化与草原文化在交流过程中都得到了升华。黄河文化通过与草原文化的交流扩大了其文化的内涵，融合进了许多草原文化的因素。西汉时期良种马匹进入黄河流域，提高了这里的牲畜品质，使汉武帝征讨匈奴族具备了充足的物质条件。随着丝绸之路的开通，西域地区的植物品种也源源不断地传入内地，改善了黄河流域的种植结构，增加了食物的来源。草原地区的饮食习惯也传到黄河流域，使黄河流域居民的饮食结构发生了变化。所有这一切都应归功于文化交流。北方草原地区的少数民族在与黄河流域汉族的交往过程中，有的吸收了黄河流域的生产方式，如匈奴族的农业生产得到了较快的发展，其经济结构发生了一定的变化。鲜卑族受黄河文化的影响，直接迁都黄河流域的腹地城市——洛阳，建立起封建政权，并从各个层面接受黄河流域已经成熟的传统文化以及宗教文化。通过互相的交融，各自的文化都得到了提高，同时推动了东亚地区社会经济的全面发展。

其次，黄河文化与草原文化的交融，不仅使黄河流域人们的视野得到扩大，使人们对黄河流域以外的地区有了更多的了解，而且也使草原民族对黄河文化有了更深刻的认识。黄河流域的人们甚至通过交往了解到西亚以及罗马帝国的情况，黄河文化通过与欧亚地区的交往进一步扩大了影响。而草原民族在与黄河流域的汉民族接触后，对其生产与生活方式有了更多的了解，从而出现了草原民族不断南迁的历史过程，这也可以看出黄河文化感染力的深远。

其三，黄河文化与草原文化在发展过程中的冲突与碰撞，尽管对每一个民族或地区来说都是痛苦的过程，但当我们将其放在中国历史发展的总体进程中进行观察时，就会发现这一过程不仅是文化交流的一种方式，而且是文化在特定历史条件下交流的必需方式，倘若没有魏晋南北朝时期民族之间的冲突，可以说就没有此后隋唐时期民族融合的高潮，正是魏晋南北朝民族之间的冲突与碰撞造就了民族之间的认同，加速了民族之间融合的步伐，因此，对秦汉魏晋南北朝时期黄河文化与草原文化的碰撞融合应当辩证地看待。

其四，在黄河文化与草原文化的发展过程中，文化领域也因新的民族的融入而显现出勃勃生机。这段历史证明，每一次新的社会思潮的出现都与两种文化之间的交流相关联。如果说两汉之际佛教传入黄河流域使东汉中后期出现了文化多元化的现象，那么魏晋时期则因草原民族的不断进入黄河流域，在文学、思想等领域都出现了转机，特别是来自草原民族的风格引起了文坛的巨大变化，一批大漠雄风的狂放作品掀起了文坛的新气象。

黄河文化与草原文化的交融对中国社会的发展同时产生了多方面的影响。就秦汉魏晋南北朝中央政府的角色与定位来讲，在相当长的历史时期因为北部和西部边境少数民族南进的压力，中央政府动用了相当多的兵力来防守西部、北部边境，使民众负担加重的同时也增加了中央的财政负担，服务于抗击北部少数民族入侵的战时经济，在一定时间内成为全民族的主要任务，这从汉武帝时期对匈奴的战争即可得到反映。从中国历史的进程来看，黄河文化与草原文化的交融，表现为农耕文化与草原文化的对抗、融合。当以农耕文化为主的黄河文化占据优势地位时，少数民族或游牧于草原，或归附于黄河流域的汉族政权。当草原文化占据优势时，少数民族就会从西部和北部边疆入侵黄河流域。这种特殊的历史环境也造就了当时黄河流域汉民族的文化品格，这就是在国家处于弱势时，总有许多仁人志士为了民族的利益挺身而出，显示出高尚的民族气节。民族的交往与文化的融合是一个说不尽的话题，我们希望这段历史能给后人以有益的启迪。

参考文献

班固 . 1962. 汉书 . 北京：中华书局
常璩 . 1984. 华阳国志 . 成都：巴蜀书社
陈桥驿注释 . 水经注 . 2001. 杭州：浙江古籍出版社
陈寿 . 1982. 三国志 . 第 2 版 . 北京：中华书局
陈序经 . 2007. 匈奴史稿 . 北京：中国人民大学出版社
崔豹 . 1956. 中华古今注 . 北京：商务印书馆
董诰 . 全唐文 . 上海：上海古籍出版社
杜佑 . 1988. 通典 . 北京：中华书局
范晔 . 1965. 后汉书 . 北京：中华书局
方汉文 . 2004. 匈族（Huns）西迁与罗马帝国的崩溃 . 寻根，(6)
房玄龄 . 1974. 晋书 . 北京：中华书局
葛剑雄 . 1992. 宋以前的洛阳和移民 . 河洛史志 .（1）
顾炎武 . 日知录 . 周苏平，陈国庆，1997. 点注 . 兰州：甘肃民族出版社
郭茂倩 . 1979. 乐府诗集 . 北京：中华书局
贾思勰 . 2006. 齐民要术 . 上海：上海古籍出版社
翦伯赞 . 1965. 中国史纲要 . 北京：人民出版社
郎瑛 . 1958. 七修类稿 . 上海：中华书局
李昉 . 1960. 太平御览 . 北京：中华书局
李延寿 . 1974. 北史 . 北京：中华书局
李百药 . 1972. 北齐书 . 北京：中华书局
林幹 . 2007. 匈奴史 . 呼和浩特：内蒙古人民出版社
林梅村 . 1990. 公元 100 年罗马商团的中国之行 . 中国社会科学，(4)
令狐德棻 . 1971. 周书 . 北京：中华书局
刘昫 . 1975. 旧唐书 . 北京：中华书局
卢元骏 . 1977. 说苑今注今译 . 台北：台湾商务印书馆
罗新 . 2005. 可汗号研究——兼论中国古代“生称谥”问题 . 中国社会科学 .（2）
吕思勉 . 1987. 中国民族史 . 上海：东方出版中心
马长寿 . 2006. 乌桓与鲜卑 . 桂林：广西师范大学出版社
欧阳询 . 1982. 艺文类聚 . 新 1 版 . 上海：上海古籍出版社
沈括 . 2001. 梦溪笔谈 . 长春：时代文艺出版社

沈约 . 1974. 宋书 . 北京：中华书局
释慧皎 . 1992. 高僧传 . 北京：中华书局
司马光 . 1956. 资治通鉴 . 北京：中华书局
司马迁 . 1982. 史记 . 北京：中华书局
汤球 . 1985. 十六国春秋 . 载：丛书集成初编 . 1985. 北京：中华书局
王国维 . 1959. 观堂集林 . 北京：中华书局
王静 . 1999. 北魏四夷馆论考 . 民族研究，(4)
王贞珉 . 1995. 盐铁论注译 . 长春：吉林文史出版社
王洲明，徐超 . 贾谊集校注 . 甲编 . 北京：人民文学出版社
魏收 . 1974. 魏书 . 北京：中华书局
魏征，令狐德棻 . 1971. 隋书 . 北京：中华书局
徐陵 . 1999. 玉台新咏 . 长春：吉林人民出版社
薛瑞泽 . 1993. 从《楼兰尼雅出土文书》看汉魏晋在鄯善地区的农业生产 . 中国农史，(3)
薛瑞泽 . 1993. 从《楼兰尼雅出土文书》看汉晋时期鄯善地区商业贸易 . 简牍学报，(年刊)
薛瑞泽 . 2002. 北魏的农田水利建设 . 安徽史学，(3)
严可均 . 1958. 全后汉文 . 北京：中华书局
颜之推 . 1980. 颜氏家训 . 上海：上海古籍出版社
杨衒之 . 1963. 洛阳伽蓝记 . 北京：中华书局
姚思廉 . 1973. 梁书 . 北京：中华书局
张彦远 . 2000. 历代名画记 . 北京：京华出版社
赵超 . 1992. 汉魏南北朝墓志汇编 . 天津：天津古籍出版社
赵翼 . 1984. 廿二史劄记 . 北京：中华书局
朱熹 . 1986. 朱子语类 . 北京：中华书局